NomosPraxis

Dr. Claus-Henrik Horn [Hrsg.]

Gesetzliche Vertretung im BGB

Vormundschafts-, Kindschafts-, Pflegschafts- und Betreuungsrecht

Dr. Barbara Ackermann-Sprenger, Rechtsanwältin, Fachanwältin für Familienrecht und für Erbrecht, Stuttgart | **Dr. Christa Bienwald,** Rechtsanwältin, Oldenburg/Peißenberg | **Dr. Claus-Henrik Horn,** Rechtsanwalt und Fachanwalt für Erbrecht, Düsseldorf | **Dr. Thomas Kischkel,** Richter am Oberlandesgericht, Frankfurt am Main | **Prof. Dr. Ludwig Kroiß,** Präsident des Landgerichts, Traunstein | **Prof. Dr. Markus Lamberz,** Fachhochschule für Rechtspflege Nordrhein-Westfalen, Bad Münstereifel | **Dr. Karin Raude,** Notarin, Aachen | **Dr. Sibylle Seiferlein,** Rechtsanwältin, Fachanwältin für Erbrecht und Notarin, Offenbach am Main | **Prof. Dr. Maximilian Zimmer,** Notar, Wernigerode

Nomos

Zitiervorschlag: Horn Gesetzliche Vertretung/Bearbeiter § ... Rn. ...

Die Deutsche Nationalbibliothek verzeichnet diese Publikation in der Deutschen Nationalbibliografie; detaillierte bibliografische Daten sind im Internet über http://dnb.d-nb.de abrufbar.

ISBN 978-3-8487-7662-7 (Print)
ISBN 978-3-7489-3578-0 (ePDF)

1. Auflage 2023

Vorwort

Es ist die größte Reform des Vormundschafts-, Kindschafts-, Pflegschafts- und Betreuungsrechts seit dem 1.1.1900, dem Inkrafttreten des BGB. Zum 1.1.2023 hat der Gesetzgeber 131 Paragrafen durch 113 neue Paragrafen ersetzt und 13 im Kindschafts- bzw. 9 im Erbrecht geändert sowie eine Notvertretung unter Ehegatten geschaffen. Das Erfreuliche: Das Recht wird modernisiert – man geht etwa nun von dem bargeldlosen Zahlungsverkehr aus – und aufgrund der völlig neuen Systematik verständlicher. Die unzähligen Reformen in den letzten Jahrzehnten haben es nicht anwenderfreundlicher gemacht.

Dieses Handbuch stellt das neue Recht vor. Dabei wird nicht altes und neues Recht rechtshistorisch verglichen. Vielmehr behandelt es in Handbuchform alle Fragen zur gesetzlichen Vertretung im BGB nach dem neuen Recht und schlägt dazu noch Formulierungsmuster vor. Im Autorenteam sind Anwälte, Notare, Richter und Hochschullehrer vertreten – wir wollten ein Buch für alle schaffen.

Übrigens beschäftige ich mich mit der Reform schon seit einigen Jahren. Als Berichterstatter des Ausschusses für Familien- und Erbrecht der Bundesrechtsanwaltskammer habe ich deren vier Stellungnahmen zur Reform vorbereitet. Bei uns im Ausschuss war die Freude groß, dass der Gesetzgeber einige Anregungen aufgenommen hat.

Mein Dank gilt den Autorinnen und Autoren dieses Buches, die sich für dieses Buchprojekt begeistern ließen und sich Zeit für ihre durchdachten Beiträge genommen haben. Gleichermaßen danke ich Lektor Frank Michel, der das Entstehen höchst engagiert begleitet hat.

Stand von Rechtsprechung und Literatur ist August 2022, aber Gesetzesstand ist der 1.1.2023.

Düsseldorf, im September 2022 *Claus-Henrik Horn*

Inhaltsverzeichnis

Bearbeiterverzeichnis

Dr. Barbara Ackermann-Sprenger, Rechtsanwältin, Fachanwältin für Familienrecht und für Erbrecht, Stuttgart (§ 4 Notvertretungsrecht von Ehegatten – § 1358 BGB, § 10 Entzug der Vertretungsmacht der Eltern und des Vormunds, § 12 Rechte des Mündels bzw. der betreuten Person, § 20 Spezielle Themen bei minderjährigen Kindern)

Dr. Christa Bienwald, Rechtsanwältin, Oldenburg/Peißenberg (§ 11 Übertragung von Teilbereichen an einen zusätzlichen/Ergänzungspfleger bzw. Ergänzungsbetreuer, § 15 Vermögensverwaltung einschl. Verzeichnis, Anzeige- und Sperrpflichten, § 21 Spezielle Themen bei betreuten Personen)

Dr. Claus-Henrik Horn, Rechtsanwalt und Fachanwalt für Erbrecht, Düsseldorf (§ 1 Historie und Hintergründe zur großen Reform, § 2 Überblick über die neue Systematik zur gesetzlichen Vertretung im BGB; § 3 Übergangsvorschriften (gemeinsam mit *Kroiß*); § 22 Gestaltungsoptionen für Testierende und Schenker; § 23 Die betreute bzw. minderjährige Person bei erbrechtlichen Geschäften (gemeinsam mit *Kroiß*))

Dr. Thomas Kischkel, Richter am Oberlandesgericht, Frankfurt am Main (§ 6 Die Auswahl des Amtsträgers und seine Entlassung, § 17 Vergütung und Aufwendungsersatz)

Prof. Dr. Ludwig Kroiß, Präsident des Landgerichts, Traunstein (§ 3 Übergangsvorschriften (gemeinsam mit *Horn*); § 23 Die betreute bzw. minderjährige Person bei erbrechtlichen Geschäften (gemeinsam mit *Horn*); § 24 Letztwillige Verfügungen durch Minderjährige und durch Betreute; § 25 Besonderheiten bei minderjährigen und betreuten Beteiligten sowie bei der Nachlasspflegschaft)

Prof. Dr. Markus Lamberz, Fachhochschule für Rechtspflege Nordrhein-Westfalen, Bad Münstereifel (§ 19 Genehmigungsbedürftige Rechtsgeschäfte §§ 1848 ff. BGB, § 26 Überblick – Gesetzliche Vertretung/Betreuung im internationalen Kontext)

Dr. Karin Raude, Notarin, Aachen (§ 7 Folgen der Beendigung für den Amtsträger bzw. des Ruhens für Eltern, § 13 Befreiungen der Amtsträger, § 14 Allgemeine Pflichten von Eltern und Amtsträgern, § 16 Haftung der Eltern und der Amtsträger)

Dr. Sibylle Seiferlein, Rechtsanwältin, Fachanwältin für Erbrecht und Notarin, Offenbach am Main (§ 8 Vertretungsbefugnis der Eltern und der Amtsträger, § 9 Ausschluss der Vertretungsmacht der Eltern und der Amtsträger, Ruhen der elterlichen Sorge)

Prof. Dr. Maximilian Zimmer, Notar, Wernigerode (§ 5 Einrichtung der Ämter, Arten von Ämtern, Aufgaben, Umfang und Beendigung der Ämter, § 18 Aufsicht und allgemeine Aufgaben durch das Gericht einschließlich Rechnungslegung)

Literaturverzeichnis[1]

A. Kommentare

Beck'scher Online Kommentar BGB, hrsg. v. Hau/Poseck
zitiert: BeckOK BGB/*Bearbeiter* § … Rn. …

beck-online.GROSSKOMMENTAR BGB, GesamtHrsg: Gsell/Krüger/Lorenz/Reymann, hrsg. v. Müller-Engels
zitiert: BeckOGK BGB/*Bearbeiter* § … Rn. …

Bienwald/Sonnenfeld/Harm/Felix/Reh/Reinfarth, Betreuungsrecht Kommentar, 7. Aufl. 2022
zitiert: Bienwald/Sonnenfeld/Harm/*Bearbeiter* § … Rn. …

Bumiller/Harders/Schwamb, Freiwillige Gerichtsbarkeit, 12. Aufl. 2019
zitiert: Bumiller/Harders/Schwamb/*Bearbeiter* FamFG § … Rn …

Burandt/Rojahn, Erbrecht, 4. Aufl. 2022
zitiert: Burandt/Rojahn/*Bearbeiter* BGB § … Rn. …

Damrau/Tanck, Praxiskommentar Erbrecht, 4. Aufl. 2020
zitiert: Damrau/Tanck/*Bearbeiter* BGB § … Rn. …

Erman, Bürgerliches Gesetzbuch, 16. Aufl. 2020
zitiert: Erman/*Bearbeiter* BGB § … Rn. …

Handkommentar Betreuungsrecht, hrsg. v. Jurgeleit, 4. Aufl. 2018
zitiert: HK-BetreuungsR/*Bearbeiter*

Handkommentar BGB, hrsg. v. Schulze, 11. Aufl. 2022
zitiert: HK-BGB/*Bearbeiter* § … Rn. …

Heilmann, Praxiskommentar Kindschaftsrecht, 2. Aufl. 2020
zitiert: Heilmann/*Bearbeiter* § … Rn. …

Johannsen/Henrich, Familienrecht, 7. Aufl. 2020
zitiert: Johannsen/Henrich/Althammer/*Bearbeiter* § … Rn. …

Jürgens, Betreuungsrecht, 6. Aufl. 2019
zitiert: Jürgens/*Bearbeiter* § … Rn. …

Jox/Fröschle, Praxiskommentar Betreuungs- und Unterbringungsverfahren, 4. Aufl. 2020
zitiert: Fröschle/*Bearbeiter* § … Rn. …

Keidel, FamFG, 20. Aufl. 2020,
zitiert: Keidel/*Bearbeiter* FamFG § … Rn. …

Korintenberg, GNotKG, 22. Aufl. 2022
zitiert: Korintenberg/*Bearbeiter* GNotKG § … Rn. …

1 Stand: August 2022.

Kurze, Vorsorgevollmacht, 1. Aufl. 2017
zitiert: *Kurze* VorsorgeR/Bearbeiter

Materialienkommentar Erbrecht, hrsg. v. Horn, 1. Aufl. 2020
zitiert: Horn MatK ErbR BGB § ... Rn. ...

Münchener Kommentar zum Bürgerlichen Gesetzbuch, 8. Aufl. 2020
zitiert: MüKoBGB/*Bearbeiter* § ... Rn. ...

Münchener Kommentar zur Zivilprozessordnung, 6. Aufl. 2020
zitiert: MüKoZPO/*Bearbeiter* § ... Rn. ...

Musielak/Voit, Kommentar zur Zivilprozessordnung, 19. Aufl. 2022
zitiert: Musielak/Voit/*Bearbeiter* ZPO § ... Rn. ...

Nachfolgerecht, hrsg. v. Kroiß/Horn/Solomon, 2. Aufl. 2019
zitiert: NK-NachfolgeR/*Bearbeiter*

NomosKommentar BGB, hrsg. v. Kroiß/Horn, 6. Aufl. 2022
zitiert: NK-BGB/*Bearbeiter* § ... Rn. ...

Grüneberg [vormals Palandt], Bürgerliches Gesetzbuch, 81. Aufl. 2022
zitiert: Grüneberg/*Bearbeiter* BGB § ... Rn. ...

Reimann/Bengel/Dietz, Testament und Erbvertrag, 7. Aufl. 2020
zitiert: Reimann/Bengel/Dietz Testament-HdB/*Bearbeiter* § ... Rn. ...

RGRK, Das Bürgerliche Gesetzbuch, 5. Bd. Erbrecht, 12. Aufl.,
1. Teil: §§ 1922–2146, 1974, 2. Teil: §§ 2147–2385, 1975
zitiert: RGRK-BGB/*Bearbeiter* § ... Rn. ...

Staudinger, Bürgerliches Gesetzbuch
zitiert: Staudinger/*Bearbeiter* BGB § ... Rn. ...

Winkler, Beurkundungsgesetz, 20. Aufl. 2022
zitiert: Winkler BeurkG/*Bearbeiter* § ... Rn. ...

Zöller, Zivilprozessordnung, 34. Aufl. 2022
zitiert: Zöller/*Bearbeiter* ZPO § ... Rn. ...

B. Lehr- und Handbücher, Monographien

Beck'sches Notar-Handbuch, hrsg. v. Brambring/Jerschke, 7. Aufl. 2019
zitiert: BeckNotar-HdB/*Bearbeiter*

Bode, Das neue Vormundschaftsrecht, 1. Aufl. 2021
zitiert: Bode Vormundschaftsrecht

Bürkel/Plitzko, BtOG – Das neue Betreuungsorganisationsgesetz, 1. Auf. 2021
zitiert: *Bürkel/Plitzko* BtOG

Damrau, Der Minderjährige im Erbrecht, 3. Aufl. 2019
zitiert: *Damrau* ErbR

Deinert/Lütgens/Meier, Die Haftung des Betreuers, 3. Aufl. 2018
zitiert: Deintert/Lütgens/Meier Haftung des Betreuers/*Bearbeiter* § ... Rn. ...

Fiala, Geldanlagen für Mündel und Betreute, 4. Aufl. 2018

zitiert: *Fiala* Geldanlagen S.

Fiala, Genehmigungen bei Betreuung, Bevollmächtigung und Vormundschaft, 3. Aufl. 2014
zitiert: *Fiala* Genehmigungen S.

Firsching/Dodegge, Familienrecht 2. Halbband: Betreuungssachen und Andere Gebiete der Freiwilligen Gerichtsbarkeit, 8. Aufl. 2015
zitiert: Firsching/Dodegge FamR/*Bearbeiter* § ... Rn. ...

Firsching/Graf, Nachlassrecht, 11. Aufl. 2019
zitiert: Firsching/Graf NachlassR/*Bearbeiter*

Firsching/Schmid, Familienrecht 1. Halbband: Familiensachen, 8. Aufl. 2015
zitiert: Firsching/Schmid FamR/*Bearbeiter* § ... Rn. ...

Fröschle, Handbuch Vormundschaft und Pflegschaft, 2. Aufl. 2020
zitiert: *Fröschle*, Vormundschaft und Pflegschaft, S.

Groll/Steiner, Praxis-Handbuch Erbrechtsberatung, 5. Aufl. 2020
zitiert: Groll/Steiner ErbR-HdB/*Bearbeiter* Rn. ...

Hoffmann, Personensorge, 3. Aufl. 2018
zitiert: *Hormann* Personensorge Rn. ...

Joecker, Das neue Betreuungsrecht, 1. Aufl. 2021
zitiert: *Joecker* Betreuungsrecht

Brosey/Lesting/Loer/Marschner, Betreuungsrecht kompakt, 9. Aufl. 2022
zitiert: Brosey/Lesting/Loer/Marschner BetreuungsR/*Bearbeiter* § ... Rn. ...

Krauß, Vermögensnachfolge in der Praxis, 6. Aufl. 2022
zitiert: *Krauß* Vermögensnachfolge

Kurze, Die Reform des Vormundschafts- und Betreuungsrechts, 1. Aufl. 2023
zitiert: *Kurze*, Die Reform des Vormundschafts- und Betreuungsrechts

Lange, Erbrecht, 2. Aufl. 2017
zitiert: *Lange* ErbR

Lange/Kuchinke, Erbrecht, 5. Aufl. 2001
zitiert: *Lange/Kuchinke* ErbR

Langenfeld/Fröhler, Testamentsgestaltung, 5. Aufl. 2015
zitiert: *Langenfeld/Fröhler* Testamentsgestaltung

Limmer/Hertel/Frenz/Mayer, Würzburger Notarhandbuch, 6. Aufl. 2021
zitiert: WürzNotar-HdB/*Bearbeiter*

Lipp, Handbuch der Vorsorgeverfügungen, 1. Aufl. 2009
zitiert: Lipp Vorsorgeverfügungen-HdB/*Bearbeiter*

Matta/Engels/Brosey/Köller, Qualität in der rechtlichen Betreuung – Abschlussbericht, 1. Aufl. 2018
zitiert:Matta/Engels/Brosey/Köller Abschlussbericht

Meier/Deinert, Handbuch Betreuungsrecht, 2. Aufl. 2016

zitiert: *Meiner/Deinert* BetreuungsR-HdB/*Bearbeiter*

Meier/Reinfarth, Handbuch Vermögenssorge und Wohnungsangelegenheiten, 3. Aufl. 2016
zitiert: *Meier/Reinfarth*, Vermögenssorge und Wohnungsangelegenheiten, S.

Müller-Engels/Braun [vormals Müller/Renner], Betreuungsrecht und Vorsorgeverfügungen in der Praxis, 6. Aufl. 2022
zitiert: *Müller-Engels/Braun* BetreuungsR und Vorsorgeverfügungen/*Bearbeiter*

Münch, Familienrecht in der Notar- und Gestaltungspraxis, 3. Aufl. 2020
zitiert: Münch FamR-NotGP/*Bearbeiter*

Münchener AnwaltsHandbuch Erbrecht, hrsg. v. Scherer, 5. Aufl. 2018
zitiert: MAH ErbR/*Bearbeiter*

Münchener AnwaltsHandbuch Familienrecht, hrsg. v. Schnitzler, 5. Aufl. 2020
zitiert: MAH FamR/*Bearbeiter*

Nieder/Kössinger, Handbuch der Testamentsgestaltung, 6. Aufl. 2020
zitiert: Nieder/Kössinger Testamentsgestaltung-HdB/*Bearbeiter*

Pardey/Kieß, Betreuungs- und Unterbringungsrecht, 6. Aufl. 2018
zitiert: Pardey/Kieß BetreuungsR/*Bearbeiter*

Reimann/Bengel/Dietz, Testament und Erbvertrag, 7. Aufl. 2020
zit.: Reimann/Bengel/Dietz Testament-HdB/*Bearbeiter Syst. A-C / Form. / § ... Rn. ...*

Roth, Erben und Vererben bei rechtlicher Betreuung, 2. Aufl. 2022
zitiert: *Roth*, Erbfall und Betreuungsrecht, S.

Rudolf/Bittler/Roth, Vorsorgevollmacht, Betreuungsverfügung und Patientenverfügung, 5. Aufl. 2020
zitiert: Rudolf/Bittler/Roth Vorsorgevollmacht/*Bearbeiter*

Schnellenbach/Normann-Scheerer/Giers/Thielke, Betreuungsrecht für die Praxis, 1. Aufl. 2023
zitiert: Schnellenbach/Normann-Scheerer/Giers/Thielke, Betreuungsrecht für die Praxis

Socha, Vormundschaft und Pflegschaft in der Rechtspraxis, 1. Aufl. 2023
Zitiert: Socha, Vormundschaft und Pflegschaft in der Rechtspraxis

Völker/Clausius, Sorge- und Umgangsrecht, 8. Aufl. 2021
zitiert: Völker/Clausius FamR-Mandat/*Bearbeiter*

Zimmermann, Erbschein und Erbscheinsverfahren, 3. Aufl. 2016
zitiert: *Zimmermann* Erbschein

Zimmermann, Die Nachlasspflegschaft, 5. Aufl. 2020
zitiert: *Zimmermann* Nachlasspflegschaft

Zimmermann, Betreuung und Erbrecht, 2. Aufl. 2017
zitiert: *Zimmermann* Betreuung und ErbR

Zimmermann, Vorsorgevollmacht Betreuungsverfügung Patientenverfügung für die Beratungspraxis, 3. Aufl. 2017
zitiert: *Zimmermann* Vorsorgevollmacht

C. Formularbücher

AnwaltFormulare Testamente in der anwaltlichen und notariellen Praxis (=NotarFormulare Testamente), hrsg. v. Tanck/Krug/Süß, 6. Aufl. 2020
zitiert: Tanck/Krug/Süß AnwForm Testamente/*Bearbeiter* § … Rn. …

AnwaltFormulare Vorsorgevollmachten (= Notarformulare Vorsorgevollmachten), hrsg. v. Horn, 1. Aufl. 2020
zitiert: Horn AnwForm Vorsorgevollmachten/*Bearbeiter*

AnwaltFormulare Erbrecht, hrsg. v. Krug/Rudolf/Kroiß/Bittler, 6. Aufl. 2019
zitiert: KRKB AnwaltForm ErbR/*Bearbeiter* § … Rn. …

Beck'sches Formularbuch Erbrecht, hrsg. v. Keim/Lehmann, 4. Aufl. 2019
zitiert: BeckFormB ErbR/*Bearbeiter* Form. …

FormularBibliothek Vertragsgestaltung, hrsg. v. Dombek/Kroiß, 3. Aufl. 2018
zitiert: FormBib-V ErbR/*Bearbeiter*

Kretz/Albrecht/Wittkämper, Betreuungsrecht, 4. Aufl. 2018
zitiert: Kretz/Albrecht/Wittkämper FormB BetreuungsR/*Bearbeiter*

Kroiß/Siede, FamFG, 2. Aufl. 2018
zitiert: GForm-FamFG/*Bearbeiter* § … Rn. …

Münchener Prozessformularbuch, hrsg. v. Klinger, Bd. 4: Erbrecht, 5. Aufl. 2021
zitiert: MPFormB ErbR/*Bearbeiter* Form. …

Münchener Vertragshandbuch, Band 6: Bürgerliches Recht II, hrsg. v. Herrler, 8. Aufl. 2020
zitiert: MVHdB VI BürgerlR II/*Bearbeiter* Form. …

Musterverzeichnis

Allgemeines Abkürzungsverzeichnis

aA	**anderer Ansicht/Auffassung**
aaO	am angegebenen Ort
Abb.	Abbildung
abgedr.	abgedruckt
Abh.	Abhandlungen
Abk.	Abkommen
ABl.	Amtsblatt
abl.	ablehnend
Abs.	Absatz
abschl.	abschließend
Abschn.	Abschnitt
Abt.	Abteilung
abw.	abweichend
abzgl.	abzüglich
AdR	Ausschuss der Regionen
aE	am Ende
aF	alte Fassung
AktR	Aktienrecht
allg.	allgemein
allgA	allgemeine Ansicht
allgM	allgemeine Meinung
Alt.	Alternative
aM	andere Meinung
amtl.	amtlich
Änd.	Änderung
ÄndG	Änderungsgesetz
Anh.	Anhang
Anl.	Anlage
Anm.	Anmerkung
ArbR	Arbeitsrecht
Arch.	Archiv
Arg.	Argumentation
Art.	Artikel
AsylR	Asylrecht
AT	Allgemeiner Teil
Auff.	Auffassung
aufgeh.	aufgehoben
Aufl.	Auflage
Aufs.	Aufsatz
ausdr.	ausdrücklich
ausf.	ausführlich
ausl.	ausländisch

AuslR	Ausländerrecht
ausschl.	ausschließlich
Az.	Aktenzeichen
BAnz.	**Bundesanzeiger**
Bad.	Baden
bad.	badisch
BArbBl.	Bundesarbeitsblatt
BankR	Bankrecht
BauR	Baurecht
Bay.	Bayern
bay.	bayerisch
Bbg.	Brandenburg
bbg.	brandenburgisch
Bd.	Band
Bde.	Bände
Bearb.	Bearbeiter
bearb.	bearbeitet
Begr.	Begründung
begr.	begründet
Beil.	Beilage
Bek.	Bekanntmachung
Bem.	Bemerkung
Ber.	Berichtigung
ber.	berichtigt
BerufsR	Berufsrecht
bes.	besonders
Beschl.	Beschluss
beschr.	beschränkt
Bespr.	Besprechung
bespr.	besprochen
bestr.	bestritten
Betr.	Betreff
betr.	betrifft, betreffend
BGBl.	Bundesgesetzblatt
Bl.	Blatt
Bln.	Berlin
bln.	berlinerisch
BilanzR	Bilanzrecht
BR	Bundesrat
BR-Drs.	Bundesrats-Drucksache
BR-Prot.	Bundesrats-Protokoll
BRD	Bundesrepublik Deutschland
Brem.	Bremen
brem.	bremisch

brit.	britisch
Bsp.	Beispiel
bspw.	beispielsweise
BStBl.	Bundessteuerblatt
BT	Bundestag; Besonderer Teil
BT-Drs.	Bundestags-Drucksache
BT-Prot.	Bundestags-Protokoll
Buchst.	Buchstabe
BürgerlR	Bürgerliches Recht
BW	Baden-Württemberg
bw.	baden-württembergisch
bzgl.	bezüglich
bzw.	beziehungsweise
ca.	circa
d.	der, des, durch
Darst.	Darstellung
DDR	Deutsche Demokratische Republik
ders.	derselbe
dgl.	dergleichen, desgleichen
dh	das heißt
dies.	dieselbe
diesbzgl.	diesbezüglich
diff.	differenziert, differenzierend
Dig.	Digesten
Diss.	Dissertation
div.	diverse
Dok.	Dokument
Drs.	Drucksache
dt.	deutsch
E	Entwurf
ebd.	ebenda
Ed.	Edition
ehem.	ehemalig
Einf.	Einführung
einf.	einführend
eing.	eingehend
Einl.	Einleitung
einschl.	einschließlich
EL	Ergänzungslieferung
Empf.	Empfehlung
endg.	endgültig
engl.	englisch

Entsch.	Entscheidung
Entschl.	Entschluss
entspr.	entspricht, entsprechend
EP	Europäisches Parlament
ER	Europäischer Rat
ErbR	Erbrecht
Erg.	Ergebnis, Ergänzung
erg.	ergänzend
Ergbd.	Ergänzungsband
Erkl.	Erklärung
Erl.	Erlass, Erläuterung
EStR	Einkommensteuerrecht, Einkommensteuerrichtlinie
etc	et cetera (und so weiter)
europ.	europäisch
EuropaR	Europarecht
ev.	evangelisch
eV	eingetragener Verein
evtl.	eventuell
EZB	Europäische Zentralbank
f., ff.	**folgende Seite bzw. Seiten**
FamR	Familienrecht
Fn.	Fußnote
FG	Festgabe; Finanzgericht
frz.	französisch
FS	Festschrift
G	**Gesetz**
GBl.	Gesetzblatt
GE	Gesetzesentwurf
geänd.	geändert
geb.	geboren
gem.	gemäß
ges.	gesetzlich
GesR	Gesellschaftsrecht
GesundhR	Gesundheitsrecht
gewöhnl.	gewöhnlich
GewR	Gewerberecht
GewRS	Gewerblicher Rechtsschutz
ggf.	gegebenenfalls
ggü.	gegenüber
glA	gleicher Ansicht
GLE	Gleichlautendende Ländererlasse
GMBl.	Gemeinsames Ministerialblatt
Grdl.	Grundlage

grdl.	grundlegend
grds.	grundsätzlich
GS	Gedenkschrift, Gedächtnisschrift
GVBl.	Gesetz- und Verordnungsblatt
GVOBl.	Gesetz- und Verordnungsblatt
hA	**herrschende Ansicht/Auffassung**
Halbbd.	Halbband
HandelsR	Handelsrecht
Hmb.	Hamburg
hmb.	hamburgisch
HdB	Handbuch
Hess.	Hessen
hess.	hessisch
hins.	hinsichtlich
hL	herrschende Lehre
hM	herrschende Meinung
Hrsg.	Herausgeber
hrsg.	herausgegeben
Hs.	Halbsatz
ic	**in concreto/in casu**
idF	in der Fassung
idR	in der Regel
idS	in diesem Sinne
iE	im Einzelnen
iErg	im Ergebnis
ieS	im engeren Sinne
iHd	in Höhe des/der
iHv	in Höhe von
iJ	im Jahre
Inf.	Information
insbes.	insbesondere
InsR	Insolvenzrecht
int.	international
IPR	Internationales Privatrecht
iRd	im Rahmen des/der
iS	im Sinne
iSd	im Sinne des/der
iSv	im Sinne von
it.	italienisch
iÜ	im Übrigen
iVm	in Verbindung mit
iW	im Wesentlichen
iwS	im weiteren Sinne

iZw	im Zweifel
Jg.	**Jahrgang**
Jge.	Jahrgänge
Jh.	Jahrhundert
JMBl.	Justizministerialblatt
jur.	juristisch
Kap.	**Kapitel**
KapMarktR	Kapitalmarktrecht
KapMarktStrafR	Kapitalmarktstrafrecht
KartellR	Kartellrecht
kath.	katholisch
Kfz	Kraftfahrzeug
Kj.	Kalenderjahr
Kl.	Kläger
kl.	klagend
Kom.	Komitee, Kommission
Komm.	Kommentar
KommunalR	Kommunalrecht
KonzernR	Konzernrecht
krit.	kritisch
Ld.	**Land**
LebensmittelR	Lebensmittelrecht
lfd.	laufend
Lfg.	Lieferung
Lit.	Literatur
lit.	litera
Lkw	Lastkraftwagen
Ls.	Leitsatz
LSA	Sachsen-Anhalt
LStR	Lohnsteuerrecht
lt.	laut
LT-Drs.	Landtags-Drucksache
mÄnd	**mit Änderungen**
mAnm	mit Anmerkung
MarkenR	Markenrecht
maW	mit anderen Worten
Mat.	Materialien
max.	maximal
MBl.	Ministerialblatt
mE	meines Erachtens
MedienR	Medienrecht
MedR	Medizinrecht

MietR	Mietrecht
mind.	mindestens
Mio.	Million(en)
Mitt.	Mitteilung(en)
mN	mit Nachweisen
Mot.	Motive
Mrd.	Milliarde(n)
mspätÄnd	mit späteren Änderungen
mtl.	monatlich
MultimediaR	Multimediarecht
MV	Mecklenburg-Vorpommern
mv.	mecklenburg-vorpommerisch
mwH	mit weiteren Hinweisen
mwN	mit weiteren Nachweisen
mWv	mit Wirkung vom
nachf.	**nachfolgend**
Nachw.	Nachweise
Nds.	Niedersachsen
nds.	niedersächsisch
nF	neue Fassung
Nr.	Nummer
nrkr	nicht rechtskräftig
NRW	Nordrhein-Westfalen
nrw.	nordrhein-westfälisch
nv	nicht veröffentlicht
o.	**oben, oder**
oÄ	oder Ähnliche/s
OEuR	Osteuroparecht
ÖffBauR	Öffentliches Baurecht
öffentl.	öffentlich
ÖffR	Öffentliches Recht
ÖffTarifR	Öffentliches Tarifrecht
Öst.	Österreich
öst.	österreichisch
og	oben genannte(r, s)
oV	ohne Verfasser
PatentR	**Patentrecht**
PersGesR	Personengesellschaftsrecht
PharmaR	Pharmarecht
Pkw	Personenkraftwagen
POR	Polizei- und Ordnungsrecht
Preuß.	Preußen

preuß.	preußisch
PrivBauR	Privates Baurecht
PrivVersR	Privatversicherungsrecht
Prot.	Protokoll
RAnz.	**Reichsanzeiger**
rd.	rund
RdErl.	Runderlass
RdSchr.	Rundschreiben
RegE	Regierungsentwurf
RGBl.	Reichsgesetzblatt
RhPf.	Rheinland-Pfalz
rhpf.	rheinland-pfälzisch
rkr.	rechtskräftig
RL	Richtlinie
Rn.	Randnummer
Rs.	Rechtssache
Rspr.	Rechtsprechung
RVO	Rechtsverordnung; Reichsversicherungsordnung (SozR)
S.	**Seite(n), Satz**
s.	siehe
sa	siehe auch
Saarl.	Saarland
saarl.	saarländisch
SachenR	Sachenrecht
Sachs.	Sachsen
sächs.	sächsisch
sachsanh.	sachsen-anhaltinisch
SchlH	Schleswig-Holstein
schlh.	schleswig-holsteinisch
Schr.	Schrifttum, Schreiben
SchuldR	Schuldrecht
schweiz.	schweizerisch
Sen.	Senat
Slg.	Sammlung
s. o.	siehe oben
sog.	so genannt
SozR	Sozialrecht
Sp.	Spalte
st.	ständig
StaatsR	Staatsrecht
Stellungn.	Stellungnahme
SteuerR	Steuerrecht
Stichw.	Stichwort

str.	streitig, strittig
StrafProzR	Strafprozessrecht
StrafR	Strafrecht
StrafVerfR	Strafverfahrensrecht
stRspr	ständige Rechtsprechung
StVR	Straßenverkehrsrecht
s. u.	siehe unten
Suppl.	Supplement
teilw.	**teilweise**
Thür.	Thüringen
thür.	thüringisch
Tz.	Textziffer
u.	**und**
u.a.	und andere, unter anderem
uÄ	und Ähnliches
uÄm	und Ähnliches mehr
UAbs.	Unterabsatz
UAbschn.	Unterabschnitt
uam	und anderes mehr
überarb.	überarbeitet
Überbl.	Überblick
überw.	überwiegend
Übk.	Übereinkommen
uE	unseres Erachtens
Umf.	Umfang
umfangr.	umfangreich
umstr.	umstritten
UmwR	Umweltrecht
unstr.	unstreitig
unv.	unverändert, unveränderte Auflage
unveröff.	unveröffentlicht
unzutr.	unzutreffend
UrhR	Urheberrecht
Urt.	Urteil
usw	und so weiter
uU	unter Umständen
uvam	und vieles anderes mehr
uvm	und viele mehr
v.	**vom, von**
v.a.	vor allem
vAw	von Amts wegen
Var.	Variante

Verf.	Verfasser, Verfassung
VerfassungsR	Verfassungsrecht
VergR	Vergaberecht
Verh.	Verhandlung
VerkehrsR	Verkehrsrecht
Veröff.	Veröffentlichung
Vers.	Versicherung
VersR	Versicherungsrecht
VertrR	Vertragsrecht
Verw.	Verwaltung
VerwProzR	Verwaltungsprozessrecht
VerwR	Verwaltungsrecht
VerwVerfR	Verwaltungsverfahrensrecht
Vfg.	Verfügung
vgl.	vergleiche
vH	von Hundert
VO	Verordnung
VölkerR	Völkerrecht
Vol., vol.	volume (Band)
Voraufl.	Vorauflage
Vorb.	Vorbemerkung
vorl.	vorläufig
Vorschr.	Vorschrift
VorstandsR	Vorstandsrecht
vs.	versus
WEigR	**Wohnungseigentumsrecht**
WettbR	Wettbewerbsrecht
WirtschaftsR	Wirtschaftsrecht
Wiss.	Wissenschaft
wiss.	wissenschaftlich
Wj.	Wirtschaftsjahr
Württ.	Württemberg
württ.	württembergisch
zahlr.	**zahlreich**
zB	zum Beispiel
Ziff.	Ziffer
zit.	zitiert
ZivilProzR	Zivilprozessrecht
ZivilR	Zivilrecht
zT	zum Teil
zul.	zuletzt
zusf.	zusammenfassend
zust.	zustimmend

zutr.	zutreffend
zVb	zur Veröffentlichung bestimmt
ZVR	Zwangsvollstreckungsrecht
zw.	zweifelhaft
zzgl.	zuzüglich
zzt.	zurzeit

§ 1 Historie und Hintergründe zur großen Reform

I. Drei Stränge zum Reformgesetz

Der Gesetzgeber hat drei Stränge – Kindschafts-, Betreuungs- und Ehegattennotvertretungsrecht – in das am 12.5.2020 verkündete und zum 1.1.2023 in Kraft tretende „Gesetz zur Reform des Vormundschafts- und Betreuungsrechts“ münden lassen. Es handelt sich um die umfassendste Reform des Betreuungsrechts seit seiner Einführung am 1.1.1992 und des Kindschaftsrechts seit Inkrafttreten des BGB am 1.1.1900. Neu geschaffen wurde ein Notvertretungsrecht unter Ehegatten. 1

Seit langer Zeit stand der große Reformbedarf im Vormundschafts- und Betreuungsrecht fest. Das Gesetz zur Änderung des Vormundschafts- und Betreuungsrechts vom 29.6.2011[1] stellte nur eine vorgezogene kleine Reform dar. Angefangen hat die große Reform mit dem Eckpunktepapier vom 13.10.2014, woran später die Bereiche Betreuungsrecht und Notvertretungsrecht von Ehegatten angeschlossen wurden. Davor waren noch Änderungen bei der Vergütung erforderlich, so dass das Gesetz zur Anpassung der Betreuer- und Vormündervergütung vom 22.6.2019[2] ebenfalls vorgezogen wurde. 2

Mit dem endgültigen Reformgesetz, dem Gesetz zur Reform des Vormundschafts- und Betreuungsrechts vom 4.5.2021, werden dann auch drei Vorgaben des Koalitionsvertrags für die 19. Legislaturperiode umgesetzt: Die vereinbarten Ziele aus dem Koalitionsvertrag vom 12.3.2018 zwischen CDU, CSU und FDP bauten auf den Ergebnissen der beiden in der 18. Legislaturperiode durchgeführten Forschungsvorhaben im Bereich des Betreuungsrechts auf. Initiiert waren die beiden Forschungsvorhaben durch das Bundesministerium für Justiz und Verbraucherschutz (BMJV). Es handelt sich um die 3

1 BGBl. 2011 I 1305.
2 BGBl. 2019 I 866.

in den Jahren 2015 bis 2017[3] durchgeführten Forschungsvorhaben zur „Qualität in der rechtlichen Betreuung“[4] und zur „Umsetzung des Erforderlichkeitsgrundsatzes in der betreuungsrechtlichen Praxis im Hinblick auf vorgelagerte andere Hilfen“.[5]

4 Konkret haben sich zur 19. Legislaturperiode in dem Koalitionsvertrag vom 12.3.2018 CDU, CSU und SPD vorgenommen, „*das Vormundschaftsrecht [zu] modernisieren und das Betreuungsrecht (...) in struktureller Hinsicht [zu] verbessern.*“[6] Darüber hinaus hatte man in dem Koalitionsvertrag[7] ins Auge gefasst, es Ehepartnern zu ermöglichen, „*im Betreuungsfall füreinander Entscheidungen über medizinische Behandlungen zu treffen, ohne dass es hierfür der Bestellung einer Betreuerin bzw. eines Betreuers oder der Erteilung einer Vorsorgevollmacht bedarf.*“ Zur Vorbereitung der konkreten, umfassenden Reform hat das BMJV von Juni 2018 bis November 2019 einen Diskussionsprozess zu „Selbstbestimmung der Qualität im Betreuungsrecht“ durchgeführt, wobei die Diskussionen in 4 Facharbeitsgruppen stattfanden.

II. Notvertretungsrecht unter Ehegatten

5 Bereits in der 18. Legislaturperiode hatte der Bundesrat am 14.10.2016 den Entwurf eines Gesetzes zur Verbesserung der Beistandsmöglichkeiten unter Ehegatten und Lebenspartnern in Angelegenheiten der Gesundheits- und Fürsorgeangelegenheiten[8] beschlossen und in den Bundestag eingebracht.[9] Durch die „Formulierungshilfe der Bundesregierung für einen Änderungsantrag der Fraktionen CDU/CSU und SPD“ sollte sich die geplante Vollmacht ausdrücklich nur noch auf Gesundheitsangelegenheiten beschränken. Verbunden hatte der Deutsche Bundestag das Gesetzesvorhaben des Bundesrats mit einer Erhöhung der Vergütung der Vormünder und Betreuer, was zur Folge hatte, dass das „Gesetz zur Verbesserung der Beistandsmöglichkeiten unter Ehegatten und Lebenspartnern in Angelegenheiten der Gesundheitssorge und zur Anpassung der Betreuer- und Vormündervergütung“[10] der Zustimmung des Bundesrates bedurfte. Es war kurz vor Ende der 18. Legislaturperiode, so dass der Bundesrat den Gesetzesbeschluss des Bundestages nicht mehr abschließend behandelt hat.

III. 20 Stationen bis zum Inkrafttreten

1. Eckpunkte-Papier vom 13.10.2014

6 Eine vom BMJV eingesetzte Expertengruppe hatte Empfehlungen erarbeitet, die durch die vorgezogene Reform in dem Gesetz zur Änderung des Vormundschafts- und Betreuungsrechts vom 29.6.2011[11] umgesetzt wurden. Diese Expertengruppe schlug darüber hinaus auch die Prüfung verschiedener Eckpunkte vor.[12] Diese Überlegungen

3 Joecker, Das neue Betreuungsrecht, 2021, 2.
4 Matta/Engels/Brosey/Köller u.a., Abschlussbericht, Bundesanzeiger Verlag 2018.
5 Nolting/Zich/Tisch/Braeseke, Abschlussbericht, Band I und II, Bundesanzeiger Verlag 2018.
6 Koalitionsvertrag zur 19. Legislaturperiode, Z. 6257–6266.
7 Koalitionsvertrag zur 19. Legislaturperiode, Z. 6252–6255.
8 BT-Drs. 18/10485, sehr krit. Bundesrechtsanwaltskammer in ihrer Stellungnahme Nr. 10/2017 von März 2017.
9 Zur Entstehung: Joecker, Das neue Betreuungsrecht, 2021, 5 f.
10 BT-Drs. 18/12427.
11 BGBl. 2011 I 1305.
12 Bode, Das neue Vormundschaftsrecht, 11.

nahm eine weitere interdisziplinäre Arbeitsgruppe auf und erarbeitete die „Eckpunkte für die weitere Reform des Vormundschaftsrechts“, die am 13.10.2014 veröffentlicht wurden. Bemängelt wurde darin, dass das Vormundschaftsrecht zwar die Vermögenssorge detailliert regeln würde, hingegen die Personensorge nur rudimentär. Es solle die Verantwortung des Vormunds für die Erziehung stärker hervorgehoben werden. Auch solle die Vermögenssorge den heutigen Verhältnissen angepasst und entbürokratisiert werden.

2. Diskussionsteilentwurf des BMJV vom 18.8.2016

Durch den „Diskussionsteilentwurf zur Reform des Vormundschaftsrechts“ vom 18.8.2016 stellte das BMJV konkrete neue Paragrafen nach einem neuen System für die Begründung, Führung und das Ende der Vormundschaft vor. Dieser Teilentwurf basierte auf der Diskussion mit einer vom BMJV einberufenen Expertengruppe. 7

3. Zweiter Diskussionsteilentwurf des BMJV vom 3.9.2018

Ein überarbeitetes und vor allem auch erweitertes Formgesetz legte das BMJV im Rahmen eines „2. Diskussionsteilentwurfs“ vom 3.9.2018 vor. Nunmehr sah das Reformgesetz auch einige Änderungen im Kindschaftsrecht, aber auch einen ersten Entwurf für das Betreuungsrecht sowie eine Änderung des Gesetzes über die Vergütung von Vormündern und Betreuern vor. Die Bundesrechtsanwaltskammer begrüßte zwar das große Reformvorhaben, zeigte aber auch verschiedene Optimierungsmöglichkeiten auf.[13] 8

4. Referentenentwurf des BMJV vom 23.6.2020

Das BMJV veröffentlichte am 23.6.2020 einen 492-seitigen Reformvorschlag, der auch einen Entwurf zum Betreuungsorganisationsgesetz (BtOG), welches das Betreuungsbehördengesetz (BtBG) ablöst, enthielt. Auch wurden Änderungen an verschiedenen Sozialgesetzbüchern, an einigen Vorschriften des FamFG und auch des EGBGB vorgeschlagen. Dabei werden nunmehr die Vorschriften aus dem Vormundschaftsrecht zur Vermögenssorge, zur Fürsorge und Aufsicht des Gerichts sowie zum Aufwendungsersatz und zur Vergütung in das Betreuungsrecht eingeordnet; das Vormundschaftsrecht verweist nach dem neuen vorgeschlagenen System auf die Regelungen im Betreuungsrecht. Zuvor verwies das Betreuungsrecht auf viele Vorschriften aus dem Vormundschaftsrecht. 9

5. Gesetzesentwurf der Bundesregierung vom 23.9.2020

Das Bundeskabinett hat am 23.9.2020 den vom BMJV vorgelegten Entwurf für ein Gesetz zur Reform des Vormundschafts- und Betreuungsrechts beschlossen. Der „Entwurf eines Gesetzes zur Reform des Vormundschafts- und Betreuungsrechts“ der Bundesregierung ist am 25.9.2020 dem Bundesrat zugeleitet worden, wobei die Stellungnahme des Nationalen Normenkontrollrates gem. § 6 Abs. 1 NKRG als Anlage beigefügt war.[14] 10

13 Bundesrechtsanwaltskammer Stellungnahme Nr. 38/2018, November 2018.
14 BR-Drs. 564/20.

6. Empfehlungen der Bundesrat-Ausschüsse vom 27.10.2020

11 Die „Empfehlungen der Ausschüsse"[15] vom 27.10.2020 des federführenden Rechtsausschusses sowie der Ausschüsse für Arbeit, Integration und Sozialpolitik, für Frauen und Jugend, für Familie und Senioren sowie der Finanzausschuss haben gem. Art. 76 Abs. 2 GG auf 102 Seiten Stellung bezogen.

7. Antrag des Freistaates Sachsen im Bundesrat vom 3.11.2020

12 Der Freistaat Sachsen hat am 3.11.2020 einen Antrag zu Art. 8 des Reformgesetzes, betreffend §§ 8, 19 VBVG, an den Bundesrat gestellt.[16]

8. Erster Durchgang im Bundesrat am 6.11.2020

13 Der Bundesrat hat in seiner 995. Sitzung am 6.11.2020 ohne Wortmeldungen, aber mit einer Erklärung zu Protokoll durch Staatsministerin Bätzing-Lichtenthäler (Rheinland-Pfalz), das Reformgesetz behandelt. Er hat über die Ausschussempfehlungen vom 27.10.2020 und den Landesantrag vom 3.11.2020 abgestimmt; nur wenige Ausschussempfehlungen hat der Bundesrat nicht übernommen.

9. Stellungnahme des Bundesrates am 6.11.2020

14 Der Bundesrat hat am 6.11.2020 eine 91-seitige Stellungnahme im Bundestag abgegeben, wozu er gem. Art. 76 Abs. 2 GG berechtigt war.[17] Vor allem hat er darin gefordert, im weiteren Gesetzgebungsverfahren Kostenschätzungen zum Erfüllungsaufwand vorzulegen. Der Bund müsse sich an den Kosten der zulasten der Länder und Kommunen neu geschaffenen Aufgaben beteiligen. Umfassende Änderungen schlug der Bundesrat bei dem Notvertretungsrecht von Ehegatten vor, wozu die Bundesregierung später in ihrer Gegenäußerung (auch) nicht zugestimmt hat.

10. Gesetzesentwurf der Bundesregierung vom 18.11.2020

15 Mit Schreiben vom 18.11.2020 hat die damalige Bundeskanzlerin Angela Merkel dem Präsidenten des Deutschen Bundestages den „Entwurf eines Gesetzes zur Reform des Vormundschafts- und Betreuungsrechts" zur Herbeiführung einer Beschlussfassung übersandt.[18] Als Anlage 4 war die Gegenäußerung der Bundesregierung zu der Stellungnahme des Bundesrates beigefügt. Nahezu sämtliche Änderungsvorschläge des Bundesrates hat damit die Bundesregierung zurückgewiesen.

11. Antrag einiger Abgeordneter vom 24.11.2020

16 Abgeordnete der FDP haben am 24.11.2020 einen Antrag mit dem Thema „Selbstbestimmte Vorsorge in Gesundheitsangelegenheiten stärken" gestellt.[19] Die FDP-Fraktion hat sich dabei für die Stärkung der Vorsorgevollmacht ausgesprochen. Hierzu sollte das

---

15 BR-Drs. 564/20.
16 BR-Drs. 564/20.
17 BR-Drs. 564/20 (Beschl.).
18 BT-Drs. 19/24445. Als weitere Anlage, also als Anlage 2, war die Stellungnahme des Nationalen Normenkontrollrates beigefügt, dann als Anlage 3 die Stellungnahme des Bundesrates vom 6.11.2020 und als Anlage 4 die Gegenäußerung der Bundesregierung zu der Stellungnahme des Bundesrates.
19 BT-Drs. 19/24638.

Ehegatten-Notvertretungsrecht, wie es in dem Reformentwurf vorgesehen ist, auf die Gesundheitssorge beschränkt und auf einen Zeitraum von drei Monaten befristet sein.

12. Erste Beratung im Bundestag am 26.11.2020

Der Bundestag hat sich in erster Beratung am 26.11.2020 mit dem Reformentwurf und dem Antrag der FDP-Fraktion beschäftigt. An der Aussprache haben sich durch Redebeiträge Rita Hagl-Kehl, Thomas Seitz, Paul Lehrieder, Katrin Helling-Plahr, Sören Pellmann, Corinna Rüffer, Mechthild Rawert und Axel Müller beteiligt.[20] Das Plenum hat den Reformentwurf sodann an den Ausschuss für Recht und Verbraucherschutz (federführend), für Familie, Senioren, Frauen und Jugend sowie für Gesundheit überwiesen. 17

13. Sachverständigenanhörung im Rechtsausschuss am 16.12.2020

Der Ausschuss für Recht und Verbraucherschutz des Deutschen Bundestages hat am 16.12.2020 eine öffentliche Anhörung durchgeführt. Sachverständige waren Thorsten Becker, Dr. Heike Berger, Dr. Sabine Bernot, Walter Klitschka, Brigitte Meyer-Wehage, Hülya Özkan, Tim Otto und Kerrin Stumpf. 18

14. Beschlussempfehlung des Rechtsausschusses vom 3.3.2021

Der Ausschuss für Recht und Verbraucherschutz (6. Ausschuss) hat am 3.3.2021[21] eine 32-seitige Stellungnahme zu dem Gesetzesentwurf der Bundesregierung und dem Antrag der FDP-Fraktion vorgelegt. 19

15. Entschließungsantrag der Fraktion Bündnis 90/Die Grünen vom 3.3.2021

Im Vorgriff zur dritten Beratung des Gesetzesentwurfes der Bundesregierung hat die Fraktion Bündnis 90/Die Grünen am 3.3.2021 einen Entschließungsantrag vorgestellt.[22] Die Rechte und die Selbstbestimmung von Betreuten sollen demzufolge gestärkt werden. Da das geplante Notvertretungsrecht von Ehegatten Missbrauch zulasse, solle es zur Stärkung von Vorsorgevollmacht und Patientenverfügung nicht eingeführt werden. 20

16. Zweite und dritte Beratung im Bundestag

Der Deutsche Bundestag hat in seiner 216. Sitzung am 5.3.2021 die 2. und 3. Beratung zu dem „Entwurf eines Gesetzes zur Reform des Vormundschafts- und Betreuungsrechts" und zu dem FDP-Antrag[23] und dem Bündnis 90/Die Grünen-Antrag[24] durchgeführt.[25] An der Aussprache haben sich Mechthild Rawert, Jens Maier, Paul Lehrieder, Katrin Helling-Plahr, Sören Pellmann, Katja Keul, Ulla Schmidt und Wilfried Oellers beteiligt. Der Gesetzesentwurf ist sodann in zweiter und dritter Beratung beschlossen worden. Sowohl der Entschließungsantrag der Fraktion Bündnis 90/Die Grünen als auch der Antrag der FDP-Fraktion werden abgelehnt. 21

20 Dt. Bundestag, Plenarprotokoll 19/195, Z. 24706–74713.
21 BT-Drs. 19/27287.
22 BT-Drs. 19/27293.
23 BT-Drs. 19/24638.
24 BT-Drs. 19/27293.
25 Dt. Bundestag, Plenarprotokolle 19/216, 27292–27299.

17. Vorlage des Gesetzesbeschlusses an Bundesrat am 5.3.2021

22 Der Gesetzesbeschluss des Deutschen Bundestages und damit die beabsichtigten Änderungen sind am 5.3.2021 dem Bundesrat vorgelegt worden.[26]

18. Zweiter Durchgang im Bundesrat am 26.3.2021

23 Der Bundesrat hat in seiner 1002. Sitzung am 26.3.2021 – ohne Beratung und im Block mit weiteren Empfehlungen und Vorschlägen – beschlossen, dem Gesetzesentwurf gem. Art. 104 Abs. 4 GG zuzustimmen.[27]

19. Zustimmung durch Bundesrat am 26.3.2021

24 Die Zustimmung vom 26.3.2021 des Bundesrates ist durch gesondertes Dokument[28] festgehalten worden.

20. Verkündung im Bundesgesetzblatt am 12.5.2021 und 1. Reparaturgesetz

25 Das „Gesetz zur Reform des Vormundschafts- und Betreuungsrechts" vom 4.5.2021 ist am 12.5.2021 im Bundesgesetzblatt verkündet worden.[29] Es tritt bzw. trat zum 1.1.2023 in Kraft. Kleinere Änderungen insbesondere im Betreuungsorganisationgesetzt erfolgten durch das „Gesetz zur Durchführung der EU-Verordnungen über

- grenzüberschreitende Zustellungen und grenzüberschreitende Beweisaufnahmen
- in Zivil- oder Handelssachen, zur Änderung der Zivilrechtshilfe,
- des Vormundschafts- und Betreuungsrechts sowie sonstiger Vorschriften",
- das am 30.6.2022 im Bundesgesetzesblatt verkündet wurde.[30]

26 BR-Drs. 199/21.
27 BR-Prot. 1002, 97.
28 BR-Drs. 199/21 (Beschl.).
29 BGBl. 2021 I 882–937.
30 BGBl. 2022 I 959, zuvor der Regierungsentwurf vom 17.2.2022.

§ 2 Überblick über die neue Systematik zur gesetzlichen Vertretung im BGB

I. Übersicht

Das neue System des Kindschafts- und Betreuungsrechts jeweils mit Pflegschaften ist im BGB im 4. Buch (Familienrecht), Abschnitt 3, in 4 Titel untergliedert, und zwar: 1

- Titel 1: Vormundschaft
- Titel 2: Pflegschaft für Minderjährige
- Titel 3: Rechtliche Betreuung
- Titel 4: Sonstige Pflegschaften

Überzeugend hat der Gesetzgeber sich dafür entschieden, nach über 120 Jahren diesen Teil des BGB vollkommen neu zu gestalten. Das hat ihm die Chance eröffnet, eine eingängigere Systematik zu schaffen. Aufgrund der vielen Reformen war das Gesetz „geflickschustert". Da für das Verständnis des neuen Systems der Aufbau und die Untergliederungen des Abschnitts 3 des 4. Buches des BGB hilfreich sind, wird die Gliederung wie folgt wiedergegeben: 2

Titel 1 Vormundschaft

Untertitel 1 Begründung der Vormundschaft
  Kapitel 1 Bestellte Vormundschaft
    Unterkapitel 1 Allgemeine Vorschriften (§§ 1773–1777 BGB)
    Unterkapitel 2 Auswahl des Vormunds (§§ 1778–1785 BGB)
  Kapitel 2 Gesetzliche Amtsvormundschaft (§§ 1786–1787 BGB)
Untertitel 2 Führung der Vormundschaft
  Kapitel 1 Allgemeine Vorschriften (§§ 1788–1794 BGB)
  Kapitel 2 Personensorge (§§ 1795–1797 BGB)
  Kapitel 3 Vermögenssorge (§§ 1798–1801 BGB)
Untertitel 3 Beratung und Aufsicht durch das Familiengericht (§§ 1802–1803 BGB)
Untertitel 4 Beendigung der Vormundschaft (§§ 1804–1807 BGB)
Untertitel 5 Vergütung und Aufwendungsersatz (§ 1808 BGB)

Titel 2 Pflegschaft für Minderjährige (§§ 1809–1813 BGB)

Titel 3 Rechtliche Betreuung

Untertitel 1 Betreuerbestellung (§§ 1814–1820 BGB)
Untertitel 2 Führung der Betreuung
  Kapitel 1 Allgemeine Vorschriften (§§ 1821- 1826 BGB)
  Kapitel 2 Personenangelegenheiten (§§ 1827–1834 BGB)
  Kapitel 3 Vermögensangelegenheiten
    Unterkapitel 1 Allgemeine Vorschriften (§§ 1835–1837 BGB)

Unterkapitel 2 Verwaltung von Geld, Wertpapieren und Wertgegenständen (§§ 1838–1845 BGB)
Unterkapitel 3 Anzeigepflichten (§§ 1846–1847 BGB)
Unterkapitel 4 Genehmigungsbedürftige Rechtsgeschäfte (§§ 1848–1854 BGB)
Unterkapitel 5 Genehmigungserklärung (§§ 1855–1858 BGB)
Unterkapitel 6 Befreiungen (§§ 1859–1860 BGB)
Untertitel 3 Beratung und Aufsicht durch das Betreuungsgericht (§§ 1861–1867 BGB)
Untertitel 4 Beendigung, Aufhebung oder Änderung von Betreuung und Einwilligungsvorbehalt (§§ 1868–1874 BGB)
Untertitel 5 Vergütung und Aufwendungsersatz (§§ 1875–1881 BGB)

Titel 4 Sonstige Pflegschaft (§§ 1882–1888 BGB)

II. Unterteilung zwischen Kindschafts- und sonstigen Sachen mit Auswirkungen auf unterschiedliche Pflegschaften

3 Der Gesetzgeber unterscheidet weiterhin zwischen der Zeit vor Volljährigkeit und der Zeit nach Volljährigkeit der betroffenen Person, mithin

- einerseits den Kindschaftssachen, wozu die Vertretung durch die Eltern und die Vormundschaft zählt, und
- andererseits den Betreuungen.

4 Dabei ordnet er dieser Unterteilung entsprechende Arten von Pflegschaften zu. Als Pflegschaften für Minderjährige sieht das Gesetz folgende Arten vor, wobei ergänzend die Vorschriften für eine Vormundschaft (§ 1813 Abs. 1 BGB) gelten:

- Bei Verhinderung der Eltern oder des Vormundes hinsichtlich eines Teilbereiches wird eine **Ergänzungspflegschaft** nach § 1809 BGB eingerichtet.
- Für ein bereits gezeugtes, aber noch nicht geborenes Kind kann bis zu seiner Geburt die **Pflegschaft für ein ungeborenes Kind** nach § 1910 BGB bestellt werden.
- Hat eine Person, die einem Minderjährigen etwas durch Schenkung oder von Todes wegen zugewendet hat, angeordnet, dass die Eltern oder der Vormund den Zuwendungsgegenstand nicht verwalten sollen, dann hat das Gericht eine **Zuwendungspflegschaft** nach § 1811 BGB anzuordnen.

5 Ist für ein minderjähriges Kind ein Vormund bestellt, können folgende Pflegschaften eingerichtet werden:

- Bei einem ehrenamtlichen Vormund können mit dessen Einverständnis einzelne Vermögensangelegenheiten auf den **Zusätzlichen Pfleger** nach § 1776 BGB übertragen werden.
- Einzelne Sorgeangelegenheiten kann das Familiengericht auf die **Pflegeperson als Pfleger** nach § 1777 BGB übertragen.

6 Ergänzend für „Sonstige Pflegschaften“ verweist § 1888 BGB auf die Anwendung des Betreuungsrechts, für die folgende Arten zu nennen sind:

- Eine **Pflegschaft für unbekannte Beteiligte**, auch für ungewisse Beteiligte, ist nach § 1882 BGB einzurichten, wenn eine Fürsorge erforderlich ist. Ausdrücklich nennt das Gesetz hierfür bislang unbekannte Nacherben.
- Wenn die zur Verwaltung einer öffentlichen Sammlung berufene Person weggefallen ist, kann vorübergehend eine **Pflegschaft für gesammeltes Vermögen** nach § 1883 BGB eingerichtet werden.
- Ist ein Volljähriger abwesend, also dessen Aufenthalt unbekannt, erhält dieser nach § 1884 BGB einen **Abwesenheitspfleger**, soweit seine Vermögensangelegenheiten der Fürsorge bedürfen.

III. Vertretungsregeln und Genehmigungserfordernisse

Die **Vertretungsbefugnis von Eltern** für ihre Kinder ergibt sich weiterhin aus § 1629 7
BGB. In der Praxis wird oft verkannt, dass das Vertretungsverbot eines Elternteils etwa wegen einer Interessenkollision auch das andere Elternteil „infiziert", so dass eben in solchen Situationen nicht das andere Elternteil vertritt.[1] Die Vertretungsbefugnis eines Vormundes ergibt sich aus § 1789 Abs. 2 S. 1 BGB, wobei auch § 168b FamFG zu beachten ist. Ist ein Ergänzungspfleger bestellt, so leitet sich seine Vertretungsbefugnis aus §§ 1813 Abs. 1, 1789 Abs. 2 S. 1 BGB ab; dies gilt auch für die Pflegschaft für ein ungeborenes Kind und die Zuwendungspflegschaft. Auf § 1789 Abs. 2 S. 1 BGB wird für den Zusätzlichen Pfleger von § 1776 Abs. 3 S. 1 BGB und für die Pflegeperson als Pfleger von § 1777 Abs. 4 S. 2 BGB verwiesen.

Die **Vertretungsbefugnis des Betreuers** ergibt sich aus § 1823 BGB. Auf diese Vorschrift 8
verweist § 1888 Abs. 1 BGB für die Pflegschaft für unbekannte Beteiligte, für Pflegschaften für gesammeltes Vermögen und für die Abwesenheitspflegschaft.

Nachdem nach altem Recht die Vorschriften zur **Genehmigungsbedürftigkeit** gewisser 9
Rechtsgeschäfte im Vormundschaftsrecht verortet waren, hat der Gesetzgeber nunmehr diese Bestimmungen in das Betreuungsrecht eingegliedert, und zwar unter §§ 1848–1858 BGB. Darauf verweisen (teilweise) für die Vertretung

- durch Eltern § 1643 Abs. 1 BGB,
- durch den Vormund §§ 1795 Abs. 2, 1799 Abs. 1 BGB,
- durch die Pfleger nach §§ 1809–1811 BGB der § 1813 BGB,
- durch den Zusätzlichen Pfleger nach § 1776 BGB der § 1776 Abs. 3 S. 1 BGB und durch die Pflegeperson als Pfleger der § 1777 Abs. 4 S. 2 BGB, die beide auf § 1813 BGB verweisen und
- durch die Pfleger nach §§ 1882–1884 BGB der § 1888 Abs. 1 BGB.

IV. Vergütung und Auslagen

Die zentralen Vorschriften zur Vergütung und zum Auslagenersatz finden sich nunmehr 10
im Betreuungsrecht, und zwar in den §§ 1875–1881 BGB, und natürlich im neuen VBVG, genauer §§ 7 ff. VBVG. Nach § 1808 Abs. 1 BGB wird die Vormundschaft „grundsätzlich" unentgeltlich geführt, außer das Familiengericht hat gem. § 1808

1 BGH NJW 1972, 1708 (1709); OLG Frankfurt a.M. ZErb 2018, 346 (349) Rn. 26.

Abs. 2 S. 2 BGB eine „angemessene Vergütung“ bewilligt. Erstattung und Vorschuss richten sich nach § 1808 Abs. 2 S. 1 BGB, der auf §§ 1877–1880 BGB verweist. Falls „ausnahmsweise“ die Vormundschaft berufsmäßig geführt wird, gelten nach § 1808 Abs. 3 BGB die §§ 1–6 VBVG. § 4 VBVG regelt den Aufwendungsersatz und verweist auf § 1877 Abs. 1 BGB. Für die Pfleger nach §§ 1809–1811 BGB verweist § 1813 BGB auf die Regeln des Vormundschaftsrechts, die auch für den Zusätzlichen Pfleger nach § 1776 Abs. 3 S. 1 BGB und für die Pflegeperson als Pfleger nach § 1777 Abs. 4 S. 2 BGB gelten, und für die Pfleger nach §§ 1882–1884 BGB der § 1888 Abs. 1 BGB auf die Regeln der Betreuung.

§ 3 Übergangsvorschriften

I. Überblick

Das umfassende Reformgesetz tritt am 1.1.2023 in Kraft. 1

Art. 229 EGBGB § 54

(1) Eine bei Ablauf des 31.12.2022 bestehende Geschäftsfähigkeit besteht fort.

(2) Mit Inkrafttreten dieses Gesetzes am 1.1.2023 wird die Bestellung eines Gegenvormunds und eines Gegenbetreuers wirkungslos.

(3) Ist am 1.1.2023 ein Betreuer zur Besorgung aller Angelegenheiten bestellt, ist der Aufgabenkreis bis zum 1.1.2024 nach Maßgabe des § 1815 Abs. 1 des Bürgerlichen Gesetzbuchs zu ändern.

(4) [1]Auf Betreuungen, die am 1.1.2023 bestehen, findet § 1815 Abs. 2 Nummer 1–4 des Bürgerlichen Gesetzbuchs bis zum 1.1.2028 keine Anwendung. [2]Bei der nächsten Entscheidung über die Aufhebung oder Verlängerung der Betreuung oder im Rahmen eines gerichtlichen Genehmigungsverfahrens nach § 1831 Abs. 2 des Bürgerlichen Gesetzbuchs hat das Betreuungsgericht über den Aufgabenkreis nach Maßgabe des § 1815 Abs. 2 des Bürgerlichen Gesetzbuchs zu entscheiden.

(5) Betreuer, die erstmals durch § 1859 Abs. 2 des Bürgerlichen Gesetzbuchs befreit sind, haben bis zum Ablauf des am 1.1.2023 noch laufenden Betreuungsjahres Rechnung zu legen.

(6) Auf vor dem 1.1.2023 abgeschlossene Vorgänge bleibt das bisherige Internationale Privatrecht anwendbar.

II. Beendigung bei Gegenvormund und Gegenbetreuer

Nachdem § 1792 BGB aF den Gegenvormund und §§ 1908i Abs. 1 S. 2, 1792 BGB aF 2 den Gegenbetreuer vorsahen, sieht das Reformgesetz diese Funktionen nicht mehr vor. Bestehende Bestellungen werden mit Inkrafttreten des Gesetzes wirkungslos. Nach der Gesetzesbegründung sind sie verfahrensrechtlich wie entlassene Vormünder oder Betreuer zu behandeln.[1]

Ab dem 1.1.2023 ist es unzulässig, einen Betreuer mit einem Aufgabenkreis für alle 3 oder sämtliche Angelegenheiten zu bestellen. § 1815 Abs. 1 BGB sieht vor, dass die Aufgabenbereiche im Einzelnen zu benennen sind. Damit bestehende Betreuungen mit solch pauschalen Aufgabenkreisen nicht zum 1.1.2023 unwirksam werden, sieht Art. 229 EGBGB § 54 Abs. 3 eine Übergangsfrist von einem Jahr vor. Diese Übergangsfrist müssen die Betreuungsgerichte nutzen, um den Aufgabenkreis der Betreuungen zu ändern und die erforderlichen Aufgabenbereiche im Einzelnen anzuordnen. Nach der Gesetzesbegründung gelten hierzu die Verfahrenserleichterungen gem. § 294 FamFG, da mit der Änderung in keinem Fall eine Erweiterung des Aufgabenkreises einhergeht.[2]

1 BT-Drs. 19/24445, 321.
2 BT-Drs. 19/24445, 322.

III. Konkrete Bezeichnung der Aufgabengebiete der Betreuer

4 § 1815 Abs. 2 BGB sieht vor, dass der Betreuer einige besondere Entscheidungen nur treffen darf, wenn diese als Aufgabenbereich vom Betreuungsgericht ausdrücklich angeordnet worden sind. Für 4 der 6 aufgelisteten Bereiche sieht Art. 229 EGBGB § 54 Abs. 4 eine Übergangsfrist von drei Jahren vor. Bis dahin sollen die erhaltenen Befugnisse bestehen bleiben. Betroffen sind folgende Bereiche (§ 1815 Abs. 2 BGB):

- eine mit Freiheitsentziehung verbundene Unterbringung des Betreuten nach § 1831 Abs. 1 BGB (Nr. 1),
- eine freiheitsentziehende Maßnahme iSd § 1831 Abs. 4 BGB, unabhängig davon, wo der Betreute sich aufhält (Nr. 2),
- die Bestimmung des gewöhnlichen Aufenthaltes des Betreuten im Ausland (Nr. 3) und
- die Bestimmung des Umgangs des Betreuten (Nr. 4).

5 Nach der Gesetzesbegründung[3] kann ein Betreuer mit dem bisherigen Aufgabenbereich der Aufenthaltsbestimmung auch über eine mit Freiheitsentzug verbundene Unterbringung für weitere drei Jahre entscheiden. Nach der Begründung sind die Betreuungsgerichte angehalten, bei den anstehenden Überprüfungen die Anordnung der Aufgabenbereiche dem neuen Gesetz anzupassen.

IV. Umstellung bei Rechnungslegung bei befreiten Betreuern

6 § 1859 Abs. 2 BGB befreit zukünftig Großeltern, Enkel und Geschwister von der Pflicht zur jährlichen Rechnungslegung. Durch Art. 229 EGBGB § 54 Abs. 5 wird sichergestellt, dass für das gesamte bei Inkrafttreten des Gesetzes laufende Betreuungsjahr noch eine vollständige Rechnung zu legen ist.

V. Internationales Privatrecht

7 Koalitionsrechtliche Änderungen von abgeschlossenen Tatbeständen bleiben unberührt. Nach der Gesetzesbegründung[4] richtet sich die Geschäftsfähigkeit für Altfälle weiterhin nach dem Recht des Heimatstaates der Person und nicht nach dem Recht an ihrem gewöhnlichen Aufenthalt. Umfasst sind auch Fürsorgeverhältnisse, die noch nach altem Recht kraft Gesetzes bzw. durch Rechtsgeschäft begründet worden sind. Sie bestehen nach der Gesetzesbegründung fort, sofern nicht das neue Statut ihre Beendigung vorsieht oder sie nicht durch gerichtliche bzw. behördliche Maßnahmen aufgehoben werden. Hinsichtlich ihrer Ausübung, ihrer Änderung und ihres Endes soll nach Inkrafttreten der Neuregelung das Recht am gewöhnlichen Aufenthalt des Fürsorgeberechtigten in den Blick genommen werden. In behördlichen bzw. gerichtlichen Verfahren in Bezug auf ein Fürsorgeverhältnis ist nun immer deutsches Recht anzuwenden. Nach der Gesetzesbegründung bleiben davon betroffene Entscheidungen unberührt. Auch in Altfällen soll sich die Ausübung eines angeordneten Fürsorgeverhältnisses im Inland jedoch nach deutschem Recht richten.

---

3 BT-Drs. 19/24445, 322.
4 BT-Drs. 19/24445, 322.

VI. Laufende Genehmigungsverfahren vor Rechtskraft am 1.1.2023

Eine Übergangsregelung, welches Recht bei laufenden Genehmigungsverfahren anzuwenden ist, hat der Gesetzgeber leider nicht geschaffen. Bei Einführung des FamFG gab es eine solche, und zwar Art. 111 Abs. 1 FGG-ReformG. Dieser lautete: 8

„Auf Verfahren, die bis zum Inkrafttreten des Gesetzes zur Reform des Verfahrens in Familiensachen und in den Angelegenheiten der freiwilligen Gerichtsbarkeit eingeleitet worden sind oder deren Einleitung bis zum Inkrafttreten des Gesetzes zur Reform des Verfahrens in Familiensachen und in den Angelegenheiten der freiwilligen Gerichtsbarkeit beantragt wurde, sind weiter die vor Inkrafttreten des Gesetzes zur Reform des Verfahrens in Familiensachen und in den Angelegenheiten der freiwilligen Gerichtsbarkeit geltenden Vorschriften anzuwenden."

Überträgt man diesen Regelungsgedanken auf die Reform des Betreuungsrechts, so wäre für alle Verfahren, die vor dem Stichtag 1.1.2023 eigeleitet worden sind, das bisherige Recht anwendbar. Es bleibt abzuwarten, wie sich die Rechtsprechung zu dieser Frage positioniert.

§ 4 Notvertretungsrecht von Ehegatten – § 1358 BGB

I. Einführung

Die Sicherstellung der Vertretung durch den Ehegatten im Krankheitsfall hat hohe praktische Relevanz, da der Ehegatte regelmäßig die nächste Vertrauensperson ist. Entgegen der landläufigen Erwartungshaltung war jedoch bisher die Entgegennahme von Informationen von Behandlern und Pflegenden sowie die Mitwirkung an Entscheidungen grundsätzlich rechtlich einwandfrei nur mit Vorlage einer Vorsorgevollmacht möglich. Zumindest in das Vorsorgeregister waren zuletzt lediglich 4,7 Mio. Vorsorgevollmachten eingetragen.[1] In der Mehrzahl der Fälle dürfte daher kein geeignetes Dokument vorliegen. Die gesetzliche Neuregelung gem. § 1358 BGB adressiert diese Problematik und wird folgenden Inhalt haben: 1

§ 1358 Gegenseitige Vertretung von Ehegatten in Angelegenheiten der Gesundheitssorge

(1) Kann ein Ehegatte aufgrund von Bewusstlosigkeit oder Krankheit seine Angelegenheiten der Gesundheitssorge rechtlich nicht besorgen (vertretener Ehegatte), ist der andere Ehegatte (vertretender Ehegatte) berechtigt, für den vertretenen Ehegatten

1. **in Untersuchungen des Gesundheitszustandes, Heilbehandlungen oder ärztliche Eingriffe einzuwilligen oder sie zu untersagen sowie ärztliche Aufklärungen entgegenzunehmen,**
2. **Behandlungsverträge, Krankenhausverträge oder Verträge über eilige Maßnahmen der Rehabilitation und der Pflege abzuschließen und durchzusetzen,**
3. **über Maßnahmen nach § 1831 Absatz 4 zu entscheiden, sofern die Dauer der Maßnahme im Einzelfall sechs Wochen nicht überschreitet, und**
4. **Ansprüche, die dem vertretenen Ehegatten aus Anlass der Erkrankung gegenüber Dritten zustehen, geltend zu machen und an die Leistungserbringer aus den Verträgen nach Nummer 2 abzutreten oder Zahlung an diese zu verlangen.**

1 https://www.bundestag.de/webarchiv/presse/hib/2020_07/707306-707306###:~:text=Laut%20dieses%20Registers%20waren%20demnach,4%2C7%20Millionen%20Vorsorgevollmachten%20eingetragen (letzter Zugriff: 22.8.2022).

(2) [1]Unter den Voraussetzungen des Absatzes 1 und hinsichtlich der in Absatz 1 Nummer 1 bis 4 genannten Angelegenheiten sind behandelnde Ärzte gegenüber dem vertretenden Ehegatten von ihrer Schweigepflicht entbunden. [2]Dieser darf die diese Angelegenheiten betreffenden Krankenunterlagen einsehen und ihre Weitergabe an Dritte bewilligen.

(3) Die Berechtigungen nach den Absätzen 1 und 2 bestehen nicht, wenn

1. die Ehegatten getrennt leben,
2. dem vertretenden Ehegatten oder dem behandelnden Arzt bekannt ist, dass der vertretene Ehegatte
   a) eine Vertretung durch ihn in den in Absatz 1 Nummer 1 bis 4 genannten Angelegenheiten ablehnt oder
   b) jemanden zur Wahrnehmung seiner Angelegenheiten bevollmächtigt hat, soweit diese Vollmacht die in Absatz 1 Nummer 1 bis 4 bezeichneten Angelegenheiten umfasst,
3. für den vertretenen Ehegatten ein Betreuer bestellt ist, soweit dessen Aufgabenkreis die in Absatz 1 Nummer 1 bis 4 bezeichneten Angelegenheiten umfasst, oder
4. die Voraussetzungen des Absatzes 1 nicht mehr vorliegen oder mehr als sechs Monate seit dem durch den Arzt nach Absatz 4 Satz 1 Nummer 1 festgestellten Zeitpunkt vergangen sind.

(4) [1]Der Arzt, gegenüber dem das Vertretungsrecht ausgeübt wird, hat

1. das Vorliegen der Voraussetzungen des Absatzes 1 und den Zeitpunkt, zu dem diese spätestens eingetreten sind, schriftlich zu bestätigen,
2. dem vertretenden Ehegatten die Bestätigung nach Nummer 1 mit einer schriftlichen Erklärung über das Vorliegen der Voraussetzungen des Absatzes 1 und das Nichtvorliegen der Ausschlussgründe des Absatzes 3 vorzulegen und
3. sich von dem vertretenden Ehegatten schriftlich versichern zu lassen, dass
   a) das Vertretungsrecht wegen der Bewusstlosigkeit oder Krankheit, aufgrund derer der Ehegatte seine Angelegenheiten der Gesundheitssorge rechtlich nicht besorgen kann, bisher nicht ausgeübt wurde und
   b) kein Ausschlussgrund des Absatzes 3 vorliegt.

[2]Das Dokument mit der Bestätigung nach Satz 1 Nummer 1 und der Versicherung nach Satz 1 Nummer 3 ist dem vertretenden Ehegatten für die weitere Ausübung des Vertretungsrechts auszuhändigen.

(5) Das Vertretungsrecht darf ab der Bestellung eines Betreuers, dessen Aufgabenkreis die in Absatz 1 Nummer 1 bis 4 bezeichneten Angelegenheiten umfasst, nicht mehr ausgeübt werden.

(6) § 1821 Absatz 2 bis 4, § 1827 Absatz 1 bis 3, § 1828 Absatz 1 und 2, § 1829 Absatz 1 bis 4 sowie § 1831 Absatz 4 in Verbindung mit Absatz 2 gelten entsprechend.

2 Geregelt wird ein zeitlich befristetes und inhaltlich begrenztes Notvertretungsrecht in Gesundheitsangelegenheiten unter Ehegatten. Dies trägt zumindest im Ansatz der sozialen – und ebenso verbreiteten wie unzutreffenden[2] – Erwartung Rechnung, es bestehe eine selbstverständliche Berechtigung, für den erkrankten Ehegatten rechtlich tätig werden und Informationen zum Gesundheitszustand verlangen zu dürfen. Das gesetzliche Vertretungsrecht ist personell, sachlich und zeitlich eingeschränkt.[3] Aufgrund der im Ergebnis geringen Wirkungsreichweite wird die Neuregelung die Notwendigkeit, sich gegenseitig durch Vorsorgevollmachten abzusichern, nicht entfallen lassen. Zudem werden andere als eheliche Formen des Zusammenlebens, auch wenn eine empfundene gegenseitige Einstandspflicht oder eine Garantenstellung[4] bestehen, nicht umfasst.

II. Bisherige Regelung

3 Nach bisherigem Recht besteht keine gegenseitige gesetzliche Vertretungsberechtigung zwischen Ehegatten, vergleichbar dem elterlichen Vertretungsrecht gem. § 1629 BGB.

2 Szantay NZFam 2021, 805: „böses Erwachen“.
3 Müller-Engels FamRZ 2021, 645 (651).
4 FS strafrechtliche Garentenstellung unter Lebensgefährten/WG.

Die Neuregelung ist von Anfang an Bedenken begegnet.[5] Als Motivation für die Neuregelung wird Zeit- und Kostenersparnis für ein vermeidbares Betreuungsverfahren vermutet.[6] Eine kontraproduktive Wirkung auf die Bereitschaft, eine Vorsorgevollmacht zu errichten, wird – ungeachtet der hervorgehobenen Bedeutung von Patientenverfügungen gem. § 1358 Abs. 6 iVm § 1827 BGB – befürchtet.[7]

1. Keine Vertretungsbefugnis aus § 1357 BGB

§ 1357 BGB begründet kein gesetzliches Vertretungsrecht, sondern schafft eine reine Verpflichtungsermächtigung mit Wirkung für den anderen Ehegatten für Geschäfte zur angemessenen Deckung des Lebensbedarfs. Dass die sog. Schlüsselgewalt sich anerkannt auf medizinisch gebotene Heilbehandlungen erstreckt,[8] begründet ebenfalls kein Vertretungsrecht, da die Mitverpflichtung sich gerade auf den anderen, also den nicht selbst rechtsgeschäftlich tätigen Ehegatten bezieht, der Fremdgeschäftsführungswille also fehlt.[9] 4

2. Errichtung einer Betreuung gem. § 1896 BGB

Besteht keine Vorsorgevollmacht, die der Errichtung einer Betreuung gem. § 1896 Abs. 2 BGB vorgeht, kommt lediglich die Errichtung einer Betreuung gem. § 1896 Abs. 1 BGB zu den Aufgabenbereichen in Betracht, für die die Betreuung konkret erforderlich ist. Soweit die wirksame Vertretung des Ehegatten reicht, soll der Bedarf nach der Errichtung einer Betreuung mangels Erforderlichkeit fehlen,[10] was mit dem Vorrang der Betreuung gem. § 1358 Abs. 5 nicht vereinbar scheint, da anderenfalls die Betreuung stets erst nach Wegfall der Voraussetzungen für die Ausübung des Vertretungsrechts, insbesondere Ablauf der Frist gem. Abs. 2 Nr. 4, zulässig errichtet werden könnte. 5

Zur Errichtung der Betreuung ist ein Betreuungsverfahren gem. §§ 271–311 FamFG zu durchlaufen. Dies schließt insbesondere umfassende Anhörungspflichten gem. § 279 FamFG sowie die Einholung eines Gutachtens gem. § 280 FamFG bzw. die Vorlage eines ärztlichen Zeugnisses gem. § 281 FamFG ein. Obwohl gem. § 287 FamFG die Wirksamkeit bereits mit Bekanntgabe eintritt, kann die Rechtsmittelfähigkeit gem. § 303 FamFG eine Verzögerung der Erlangung von Rechtssicherheit für die Vertretung bewirken. Die Auswahl des Betreuers erfolgt nach Eignung gem. § 1897 BGB. Die Definition des Aufgabenbereichs, für den eine Betreuung überhaupt erforderlich ist, richtet sich nach § 1896 Abs. 2. Schließlich ist die zeitliche Befristung der Betreuung gem. § 286 Abs. 3 FamFG zwingend. Der zeitliche Aufwand für das Verfahren ist folglich aktuell erheblich. Die Möglichkeit, gem. § 300 FamFG bei Dringlichkeit eine einstweilige Anordnung zu erlassen, ist vor dem Hintergrund des zwingenden Außerkrafttretens nach 6 Monaten gem. § 302 FamFG zu betrachten und lieferte offensichtlich einen Orientierungsmaßstab für die gesetzliche Neuregelung gem. § 1358 Abs. 3 Nr. 4 BGB. 6

5 Zusammenfassend Horn ZEV 2020, 748 zitiert BRAK mit „Missbrauchsgefahr" durch beschleunigte Herbeiführung des Erbfalls durch Behandlungsabbruch.
6 Kurze ZErb 2021, 345 (350 f.).
7 Müller-Engels FamRZ 2021, 645 (652).
8 BGH NJW 2005, 2069; LG Heidelberg NJW-RR 14, 777.
9 Szantay NZFam 2021, 805: grundsätzlich kein Selbstverpflichtungswille.
10 Schneider FamRZ 2020, 1796 (1798).

Auch § 1357 Abs. 3 BGB, der die Verpflichtungsermächtigung bei Getrenntleben der Ehegatten ausschließt, dürfte als Vorbild für § 1358 Abs. 3 Nr. 1 BGB gedient haben.

III. Neuregelung

Die Neuregelung umfasst folgende Inhalte:

1. Umfang des Vertretungsrechts gem. § 1358 BGB

7 § 1358 Abs. 1 BGB bestimmt den Anwendungsbereich des gesetzlichen Vertretungsrechts:

a) Bewusstlosigkeit oder Krankheit des vertretenen Ehegatten

8 Als Bewusstlosigkeit gem. § 105 Abs. 2 BGB als Fall der vorübergehenden Geschäftsunfähigkeit ist neben der Ohnmacht ein Zustand zu verstehen, der die freie Willensbestimmung ausschließt. Dies kann durch hochgradige Trunkenheit,[11] hohes Fieber, Hypnose, Nachtwandeln, epileptische oder hochgradig manisch-depressive Anfälle verursacht sein.[12] Notwendig ist daher ein völliger Ausschluss der freien Willensbestimmung.[13]

9 Der Begriff der Krankheit umfasst jede Störung der normalen Beschaffenheit oder der normalen Tätigkeit des Körpers, die geheilt, dh beseitigt oder gelindert werden kann.[14]

10 Anders als in § 1896 BGB wird nicht zwischen einer psychischen Erkrankung und einer körperlichen, geistigen oder seelischen Behinderung differenziert. Nicht verzichtet wird jedoch auf die Kausalität der Krankheit für die Unfähigkeit der Besorgung der eigenen Angelegenheiten. Gemeint ist, dass die Unfähigkeit, die eigenen Angelegenheiten einigermaßen angemessen wahrzunehmen, sich aus dem festgestellten Krankheitsbild und der mit ihm einhergehenden eingeschränkten Selbstbestimmung ergeben muss.[15] Auch auf die Kausalität wird sich die gem. § 1358 Abs. 4 Nr. 1 BGB zu erstellende ärztliche Bestätigung erstrecken müssen, so wie gem. § 1896 BGB das ärztliche Attest eine Aussage zur Kausalität treffen muss.[16]

11 Die Bewusstlosigkeit oder Krankheit wird wie bei der Betreuerbestellung[17] im Zeitpunkt der Bestätigung gem. § 1358 Abs. 4 Nr. 1 BGB, aber wohl auch während der gesamten Zeit der Ausübung des Vertretungsrechts vorliegen müssen. Denn anders als die Betreuerbestellung führt die Feststellung gem. Abs. 4 nicht zur Erlangung einer Rechtsposition, die von der weiteren Entwicklung des Zustandes des Vertretenen – der die Aufhebung der Betreuung beantragen oder auf das Auslaufen der Befristung warten muss – unabhängig sein kann, sondern knüpft in Abs. 1 gerade an das Vorliegen dieses

11 BGH WM 1972, 972.
12 Spickhoff/Spickhoff Medizinrecht, 3. Aufl. 2018, BGB §§ 104–105a Rn. 5.
13 OLG Düsseldorf WM 1988, 1407 (1408).
14 BGH NJW 1958, 916.
15 MüKoBGB/Schneider § 1896 aF Rn. 21; BayObLG FamRZ 1993, 1489 (1490); BayObLG FamRZ 1996, 897.
16 BayObLG FamRZ 1993, 1489 (1490); OLG Hamm FamRZ 1995, 433 (435).
17 BayObLG NJW-RR 1995, 1274 = FamRZ 1995, 510; FamRZ 1996, 1370; zu schubhaft auftretenden Erkrankungen: BayObLG FamRZ 1994, 319 (320); BayObLG FamRZ 1994, 1551 (1553); BayObLG NJW-RR 1995, 1274 = FamRZ 1995, 510.

Zustandes an. Dieser muss also während der gesamten Zeit der Ausübung des Vertretungsrechts fortbestehen.

b) Einwilligung in und Untersagung von Untersuchungen, Behandlungen und Eingriffe

Der vertretende Ehegatte ist berechtigt, mit Wirkung für den Vertretenen in medizi- 12
nische Maßnahmen[18] einzuwilligen oder diese zu untersagen. Der rechtmäßige Heileingriff setzt zwei Komponenten voraus: die Einwilligung nach ordnungsgemäßer Aufklärung und die objektive medizinische Indikation.[19] Unabhängig von dem Vertretungsrecht wird ein kontraindizierter oder fehlerhafter Eingriff nicht einwilligungsfähig sein.[20] Da nicht oder kontraindizierte und fehlerhafte Eingriffe grundsätzlich nicht einwilligungsfähig sind, kann eine Einwilligung in solche nicht wirksam erklärt werden.[21] Dies gilt etwa für den Fall einer unsinnig selbsterstellten Diagnose.[22] Das Vertretungsrecht des Ehegatten kann folglich nicht weiter reichen, als die Einwilligungsmöglichkeit des Vertretenen selbst. Umgekehrt muss die Ablehnung einer objektiv indizierten Maßnahme grundsätzlich von dem behandelnden Arzt hingenommen werden.[23] Etwas anderes kann bei rechtsmissbräuchlichem Verhalten des vertretenden Ehegatten gelten. In diesem Fall wird der Arzt, wie im Fall des durch seine Eltern vertretenen Minderjährigen, eine Pfleger- bzw.- Betreuerbestellung anregen dürfen (vermutlich auch: müssen).[24]

Eine Eilbedürftigkeit oder Dringlichkeit der Maßnahme ist nicht erforderlich.[25] Dies 13
überrascht zumindest insoweit, als die Vorschrift schon im Hinblick auf die vorgesehene relativ kurze Befristung und den Vorrang von Betreuung und Vorsorgevollmacht einen interimistischen Bedeutungsgehalt erkennen lässt. Es ist daher nicht selbsterklärlich, dass der Anwendungsbereich auch für solche Maßnahmen eröffnet bleiben soll, die zeitlich so unkritisch sind, dass ausreichend Zeit für die Anregung der Errichtung einer Betreuung bleiben würde.

An die Einwilligungsfähigkeit[26] und Umfang[27] und Auslegung der Einwilligung[28] wer- 14
den die gleichen Anforderungen zu stellen sein, wie wenn der Vertretene die Erklärung selbst abgegeben hätte

18 Krit. zur Unschärfe des Begriffs Dutta FamRZ 2020, 1881 (1882).
19 BeckOGK BGB/Spindler § 823 Rn. 820 f.; Bender NJW 1999, 2706: Zwei-Säulen-Modell.
20 BGH BeckRS 2008, 00501; Spickhoff/Seibl MedR 2008, 436; OLG Düsseldorf VersR 2002, 612; OLG Karlsruhe VersR 2004, 245; Spickhoff/Greiner Medizinrecht, 3. Aufl. 2018, Rn. 35; Geiß/Greiner, Arzthaftpflichtrecht, 7. Aufl. 2014, Kap. C Rn. 13.
21 OLG Karlsruhe VersR 2004, 245; OLG Düsseldorf VersR 2002, 611 (612); OLG Oldenburg NJW-RR 1999, 1329; OLG Köln NJW-RR 1999, 968; OLG Nürnberg VersR 1988, 299 (300).
22 BGH NJW 1978, 1206.
23 BGHZ 90, 103 (105 f.) = NJW 1984, 1397; BGHZ 102, 17 (22) = NJW 1988, 763.
24 BeckOGK BGB/Spindler § 823 Rn. 899 f.; Laufs/Katzenmeier/Lipp/Katzenmeier ArztR, 8. Aufl. 2021, Kap. V B Rn. 54; Wolter-Riedel/Taupitz/Lipp Einwirkungen der Grundrechte auf das Zivilrecht, Öffentliche Recht und Strafrecht, 1999, 75 (90); Kern MedR 1991, 66 (69).
25 Krit. dazu Dutta FamRZ 2020, 1881 (1882).
26 BGH NJW 1978, 1206; MüKoBGB/Huber § 1626 Rn. 40; Nebendahl MedR 2009, 197; Damm MedR 2010, 451 (460); Laufs NJW 1977, 1081 (1085); NJW 1969, 529 (530): keine Gleichsetzung mit Geschäftsfähigkeit; OLG Koblenz NJW 2015, 79 Rn. 38: Vermutung der Einwilligungsfähigkeit bei Erwachsenem.
27 BGH NJW 1987, 2291 (2293); BGH NJW 1993, 2372 (2374): mutmaßliche Einwilligung bei akuter Indikation; BGHZ 90, 103 (111) = NJW 1984, 1397; BGHZ 29, 176 (187) = NJW 1959, 814; BGH NJW 2007, 2771 Rn. 17 ff.; BGH NJW 1996, 3073 (3074); BGH NJW 1994, 799 (801); BGH NJW 1991, 2344 (2345); BGH NJW 1991, 1543 (1544); BGH NJW 1990, 2928 (2929): hypothetische Einwilligung bei ordnungsgemäßer Aufklärung.
28 OLG Karlsruhe VersR 1979, 58 (59; Taupitz, 63. DJT, 2000, A 107; Bender VersR 2009, 450; aA Berger JZ 2000, 797 (801): allgemeine Auslegungsgrundsätze gelten.

15 Fraglich ist, wie das Vertretungsrecht des Ehegatten mit Willensäußerungen des Vertretenen aus gesunden Tagen zu koordinieren ist. Relevant könnte dies in Fällen sein, in denen sich der Vertretene gegen eine bestimmte Art zB lebensverlängernder Maßnahmen – zB künstliche Ernährung – ausgesprochen hat, der vertretene Ehegatte diese aber für den Vertretenen wünscht. Ein Wirksamkeitsvorbehalt durch eine Bindung an die zB in der mit der Vorsorgevollmacht verbundene Patientenverfügung wird hier zumindest für das Außenverhältnis schwerlich angenommen werden können. Die grundsätzliche Beachtlichkeit des Betroffenenwillens und einer Patientenverfügung ergibt sich jedoch aus der entsprechenden Anwendung gem. § 1358 Abs. 6 iVm § 1827 BGB. Auch ein Verstoß gegen die in § 1353 BGB bestimmte Pflicht zur gegenseitigen Rücksichtnahme und zum Beistand[29] wird zumindest dann kaum zu bejahen sein, wenn die Aufnahme bzw. Fortsetzung der unerwünschten Behandlung aus ärztlicher Sicht sinnvoll bzw. empfohlen ist. Da so verstanden im Rahmen des gesetzlichen Vertretungsrechts der vertretende Ehegatte seine Überzeugung zumindest im Außenverhältnis über die ihm bekannte Auffassung des Vertretenden setzen darf, ist der Vertretene schlechter gestellt als bei Ausübung einer Vorsorgevollmacht mit verschriftlichter Patientenverfügung und entsprechender Weisung an den Vollmachtnehmer. Konsequent ist daher, dass die Vollmacht gem. § 1358 Abs. 3 Nr. 2 b BGB der gesetzlichen Vertretung vorgeht.

c) Entgegennahme ärztlicher Aufklärung

16 Das gesetzliche Vertretungsrecht qualifiziert den vertretenden Ehegatten zur Entgegennahme ärztlicher Aufklärung. Diese ist Voraussetzung für eine wirksame Einwilligung gem. § 630d BGB[30] und Bestandteil des Behandlungsvertrages gem. § 630e BGB. Die Einwilligung kann nur wirksam erteilt werden, wenn der Patient – hier der ihn vertretende Ehegatte – weiß, worin er einwilligt.[31] Neben der zur Einwilligung qualifizierenden Aufklärung schuldet der Arzt eine Sicherungsaufklärung über diagnostische Erkenntnisse, Risiken und die Notwendigkeit der Änderung von Lebensgewohnheiten.[32] Die Aufklärung muss den Befund, dessen Zuverlässigkeit sowie etwa bestehende Behandlungsalternativen umfassen.[33]

17 Das Gebot zur schonenden Aufklärung unter Meidung der Beförderung unnötiger Ängste und Belastungen wird auch gegenüber dem vertretenden Ehegatten gelten müssen.[34]

d) Abschluss von Behandlungsverträgen

18 Der Behandlungsvertrag verpflichtetet gem. § 630a BGB den Behandler zur Erbringung der zugesagten medizinischen Behandlung, den Patienten zur Gewährung der vereinbarten Vergütung, soweit nicht ein Dritter – die gesetzliche oder private Krankenversicherung – zur Zahlung verpflichtet ist.

---

29 Grüneberg/Siede BGB § 1353 8 f.; BGH NJW 1967, 324; BGH NJW 1988, 2032.
30 BGH NJW 1981, 633 f.
31 BeckOGK BGB/Spindler § 823 Rn. 845; Geigel/Haag Haftpflichtprozess, 28. Aufl. 2020, Kap. 14 Rn. 214: informed consent.
32 BeckOGK BGB/Spindler § 823 Rn. 846, 956.
33 BeckOGK BGB/Spindler § 823 Rn. 874, 881.
34 BGH NJW 2014, 2190; OLG Köln VersR 1996, 1021 (1022).

Die Regelung ergänzt allgemeine Vorschriften wie die Möglichkeit des Abschlusses eines Vertrages zugunsten Dritter innerhalb der Reichweite des § 1357 BGB und im Wege der Geschäftsführung ohne Auftrag.[35] 19

Der formlos mögliche Anschluss eines totalen Krankenhausaufnahmevertrages (KHAV) stellt den Regelfall der stationären Krankenhausbehandlung dar, bei dem der Patient allein mit dem Krankenhausträger in vertragliche Beziehungen tritt.[36] Neben dem Abschluss des Krankenhausvertrages können Wahlleistungsvereinbarungen getroffen werden, die der Schriftform unterliegen, § 17 Abs. 1 S. 1, Abs. 2 S. 1 KHEntgG. Dabei soll unerheblich sein, ob diese in einem gesonderten Schriftstück oder als Teil des KHAV vereinbart werden.[37] Obwohl diese in § 1358 Abs. 1 Nr. 2 BGB nicht ausdrücklich genannt werden, wird das Vertretungsrecht den Ehegatten auch zum Abschluss von Wahlleistungsvereinbarungen berechtigen. Dafür spricht der Sachzusammenhang und die schwer leistbare Abgrenzung bei einer Fassung in einem Schriftstück. Für eine Einschränkung für die Auswahl von Zusatzleistungen erst nach Abstimmung wie bei § 1357 BGB[38] ergeben sich keine Anhaltspunkte, wobei der vertretende Ehegatte ein eigenes Interesse an der Auswahl einer den ehelichen Lebensverhältnissen entsprechenden und finanzierbaren Behandlung haben wird. 20

Die gesonderte Berechtigung zur Durchsetzung von Ansprüchen aus den genannten Verträgen muss im Interesse des vertretenen Ehegatten die vollständige Wahrnehmung der Rechte aus den Vertragsbeziehungen umfassen, also auch die Geltendmachung von Haftungs- und Gewährleistungs- und zB (Verzugs-)Schadensersatzansprüchen. 21

e) Entscheidung über Maßnahmen gem. § 1831 Abs. 4 BGB bis zu 6 Wochen

Die Definition der freiheitsentziehenden Maßnahmen entspricht der in § 1906 Abs. 4 BGB. Zu typischen Fällen gehören das Festhalten durch einen Leibgurt,[39] Bettgitter,[40] Anbringung ungewöhnlich komplizierter Schließmechanismen,[41] Hinderung am Verlassen der Einrichtung durch Medikamentengabe (Schlafmittel).[42] Nicht umfasst ist die Zuführung zu einer ambulanten Zwangsbehandlung.[43] Die Befristung der Vertretung in die Einwilligung auf 6 Wochen stellt sicher, dass bei länger andauerndem Erfordernis die Genehmigung durch das Betreuungsgericht gem. § 1906 Abs. 2 aF (§ 1381 Abs. 2 BGB) eingeholt und dazu eine Betreuung eingerichtet werden muss. Der Verweis in § 1358 Abs. 6 BGB auf § 1831 Abs. 4 iVm 2 BGB stellt klar, dass das grundsätzliche 22

35 Dutta FamRZ 2020, 1881 (1882) hinterfragt mit Blick auf diese bestehenden Möglichkeiten die Erforderlichkeit der gesetzlichen Neuregelung.

36 Laufs/Kern/Rehborn/Stollmann/Wollschläger Handbuch des Arztrechts, 5. Aufl. 2019, § 88 Rn. 10; BGHZ 2, 94; BGHZ 5, 321 (323) = NJW 1952, 658; BGH NJW 1982, 706; BGH VersR 1988, 272; BGH NJW 1998, 1778; BGHZ 163, 42 (48) = NJW 2005, 2069 (2071).

37 Laufs/Kern/Rehborn/Stollmann/Wollschläger Handbuch des Arztrechts, 5. Aufl. 2019, § 88 Rn. 12.

38 BGH FamRZ 1985, 576; BGH FamRZ 1992, 291; LG Bonn NJW 1983, 344.

39 BayObLG FamRZ 1994, 721: betr. Anbinden durch einen Beckengurt; BayObLG FamRZ 1994, 779 (780): betr. Festbinden des Armes am Bett, um den Patienten zu hindern, eine Magensonde zu entfernen; OLG Hamm FamRZ 1993, 1490: betr. Bettgitter und Bauchgurt im Rollstuhl; LG Frankfurt FamRZ 1993, 601: betr. Therapietisch am Rollstuhl; LG Köln FamRZ 1993, 110: betr. Fixierstuhl, Fixiertuch; AG Hof BtPrax 2004, 119: betr. Fixierung in einem Pflegestuhl zur Durchführung der Körperpflege.

40 OLG Frankfurt FamRZ 1994, 992.

41 AG Stuttgart-Bad Cannstadt BtPrax 1996, 35: Abgrenzung zu freiheitsentziehender Unterbringung fließend.

42 OLG Düsseldorf FamRZ 1995, 118; OLG Hamm NJWE-FER 1997, 178 = FamRZ 1998, 190.

43 BGHZ 145, 297 = NJW 2001, 888 = FamRZ 2001, 149 (150).

Genehmigungserfordernis durch das Betreuungsgericht unberührt bleibt. Das gesetzliche Vertretungsrecht schafft mithin eine Möglichkeit zur Entscheidung über freiheitsentziehende Maßnahmen mit einer Karenzfrist bis zur Vorlage der betreuungsgerichtlichen Genehmigung von 6 Wochen, was über die Anordnungen in § 1831 Abs. 2 BGB – Absehen von Genehmigung nur bei Gefahr in Verzug – erheblich hinausgeht. Gestaltungsmodell könnte die anerkannte Möglichkeit einer Vollmacht für Unterbringungsmaßnahmen gem. § 1906 Abs. 5 BGB aF sein.[44]

f) Geltendmachung von Ansprüchen aus Anlass der Erkrankung zur Abtretung bzw. Zahlung an Leistungserbringer

23 Zu Ansprüchen aus Anlass der Erkrankung werden alle Ansprüche aus Versicherungsverträgen, sozialversicherungsrechtliche Ansprüche zB gegen die Pflegeversicherung gem. §§ 36 ff. SGB XI gehören. Die Einschränkung, dass diese Ansprüche zur Abtretung oder Zahlung geltend gemacht werden müssen, schließt aus, dass durch die Vertretung eine bestimmungswidrige Verwendung in Betracht kommt. Die Regelung ergänzt zum Schutz des Vertretenen die gesetzlichen Anspruchsübergangsbestimmungen wie §§ 116 bzw. 119 SGB X und § 86 VVG.

24 Nicht ausdrücklich angesprochen ist die Geltendmachung von Schmerzensgeldansprüchen gem. § 823 iVm 253 Abs. BGB. Dabei hat der Ausgleich von immateriellen Schäden des Verletzten Vorrang, insbesondere hinsichtlich der erlittenen Einbußen an Lebensfreude und -chancen. In Abweichung zum Grundsatz der Ersatzpflicht allein von Vermögensschäden gem. § 253 Abs. 1 BGB muss das Schmerzensgeld wie eine immaterielle „Naturalrestitution" wirken, auch wenn erlittene psychische Beeinträchtigungen oder Schmerzen nicht mit Geld aufgewogen werden können.[45]

25 Soweit sich solche Ansprüche gem. §§ 253 Abs. 2, 278, 280 Abs. 1, 611, 823 BGB aus Behandlungsverträgen ergeben, wird die Vertretung von der Durchsetzung von Ansprüchen gem. Nr. 2 umfasst sein. Wenn aber ein Dritter schadensersatzpflichtig aufgrund immaterieller Schäden ist, die nicht der Abtretung an Leistungserbringer unterliegen, weil gerade kein tatsächlicher korrespondierender Vermögensschaden auszugleichen ist, spricht mehr dafür, die Geltendmachung solcher Ansprüche von dem gesetzlichen Vertretungsrecht auszunehmen. Eine Beeinträchtigung der Interessen des Vertretenen ist zudem eher nicht zu besorgen, weil die Geltendmachung von Schmerzensgeldansprüchen regelmäßig keine besondere Dringlichkeit beinhalten wird, da die Ersatzfähigkeit von Vermögensschäden nicht beeinträchtigt wird. Die Geltendmachung eigener Ansprüche zB gem. § 843 BGB bleibt davon unberührt. Schmerzensgeldansprüche von Angehörigen werden grundsätzlich verneint.[46] Bei einer Verletzung des Ehegatten, die nicht zu dessen Tod führt, sind weder § 844 BGB noch § 845 BGB einschlägig, der verletzte Ehegatte kann jedoch einen eigenen Schadensersatzanspruch gel-

44 Dazu BGH FamRZ 2012, 969, krit. Zimmermann NJW 2014, 1573 (1575).
45 BeckOK BGB/Spindler § 253 Rn. 15.
46 Ausführlich mit internationalem Vergleich Klinger NZV 2005, 290; vgl. auch zur Kfz-Haftpflichtversicherung EuGH LSK 2014, 150340.

tend machen, der gem. § 287 ZPO die Kosten für eine haushaltsführende Ersatzkraft umfassen kann.[47]

g) Schweigepflichtentbindung

Der behandelnde Arzt oder Leistungserbringer von Leistungen gem. § 1358 Abs. 1 Nr. 1 BGB und aus Verträgen gem. § 1358 Abs. 1 Nr. 2 BGB unterliegt grundsätzlich der strafbewehrten Schweigepflicht gem. § 203 StGB. Den Arzt trifft auch im Verhältnis zu den Familienangehörigen des Patienten die Geheimhaltungspflicht. Nur in Ausnahmefällen und bei Vorliegen besonderer Rechtfertigungsgründe darf der Arzt die Verschwiegenheit dem Ehegatten oder Kindern gegenüber brechen oder lockern.[48] 26

§ 1358 Abs. 2 BGB begründetet eine gesetzliche Entbindung von dieser Schweigepflicht. Der vertretende Ehegatte kann das Recht auf Einsichtnahme in Behandlungsunterlagen gem. § 630g BGB geltend machen. Dieses Patientenrecht erstreckt sich auf sämtliche Aufzeichnungen über die Anamnese, objektive Befunde, die Diagnose und sämtliche Eintragungen über therapeutische Maßnahmen sowie auf die Aufzeichnungen apparativer und bildgebender Diagnosemaßnahmen. Der Anspruch bezieht sich inzwischen wohl auch auf Aufzeichnungen über persönliche Eindrücke bei Gesprächen mit dem Patienten.[49] 27

2. Ausschluss der Vertretungsberechtigung

Abs. 3 definiert Ausnahmetatbestände zum gesetzlichen Vertretungsrecht des Ehegatten, in denen angenommen wird, dass die Vertretung nicht im Interesse des zu vertretenden Ehegatten liegt. 28

a) Getrenntleben

Bei Getrenntleben wird angenommen, dass das Vertrauens- und Näheverhältnis, das der gesetzlichen Vertretungsberechtigung zugrunde liegt, nicht mehr besteht. Getrenntleben ist in § 1357 BGB definiert.[50] Die Regelung ist mit der die sog. Schlüsselgewalt begrenzenden Einschränkung gem. § 1357 Abs. 3 BGB vergleichbar. Getrenntleben liegt vor, wenn eine vollständige, auf Trennungswillen und Ablehnung der ehelichen Lebensgemeinschaft beruhende Aufhebung der häuslichen Gemeinschaft feststellbar ist.[51] Davon zu unterscheiden ist ein lediglich zeitweises oder durch äußere Umstände erzwungenes Getrenntleben, wie etwa bei Strafhaft[52] oder bei Krankenhaus- oder Pflegeheimaufenthalt.[53] In solchen Fällen der erzwungenen Trennung beginnt das Getrenntleben erst mit Bekanntgabe des Trennungswillens durch einen Ehegatten.[54] Konflikthaft kann sich hier die fehlende Nachweisbarkeit des Zusammenlebens – also des Nichtgetrenntlebens – bei Handlungsunfähigkeit des zu vertretenden Ehegatten und ggf. die unterschiedliche Würdigung der ehelichen Beziehungen durch die Ehegatten 29

47 Detailliert: Scholz/Kleffmann/Eckebrecht, Praxishandbuch Familienrecht, 41. EL September 2019, Teil A 1. Absch. Rn. 108 f.
48 Laufs/Kern/Rehborn Handbuch des Arztrechts, 5. Aufl. 2019, § 145 Rn. 32.
49 MAH MedR/Terbille/Feifel § 1 Rn. 22.
50 BGH NJW 2016, 2122 Rn. 12 = FamRZ 2016, 1142 (1143).
51 MüKoBGB/Weber-Monecke § 1361 Rn. 5.
52 BGHZ 38, 266; OLG Bamberg FamRZ 81, 52.
53 OLG Köln FamRZ 10, 2076.
54 HK-BGB/Kemper § 1567 Rn. 3.

auswirken.[55] Die denkbare Option eines „Vertretungssperrvermerks“ zB im Zentralen Vorsorgeregister wird zurecht als schwer praktikabel kritisiert,[56] wobei die naheliegende und bewährte Möglichkeit die Errichtung einer Vorsorgevollmacht zugunsten einer anderen Vertrauensperson als dem getrennt lebenden Ehegatten bleiben wird.

b) Ablehnung der Vertretung

30 Die Vertretungsberechtigung soll entfallen, wenn der zu vertretende Ehegatte diese ablehnt. Neben der ausdrücklichen Äußerung kommt dabei insbesondere bei schwer erkrankten bzw. nicht mehr zur Willensbildung fähigen Betroffenen in Betracht, auf eine in gesunden Tagen errichtete Vorsorgevollmacht abzustellen, die einen anderen als den Ehegatten als Vollmachtnehmer vorsieht. In diesem Fall ist jedoch bereits die Alternative § 1358 Abs. 3 Nr. 2b BGB einschlägig. Richtig dürfte daher sein, den Anwendungsbereich über die spontan geäußerte Ablehnung hinaus auf Fälle zu erstrecken, in denen der Betroffene eine Patientenverfügung errichtet hat, von deren Vorgaben der andere Ehegatte ungeachtet des Verweises in § 1358 Abs. 6 BGB auf § 1827 BGB abweichen will. Umfasst wären dann auch Fälle, in denen es dem Betroffenen nicht (allein) darum geht, nicht vom Ehegatten, sondern auch „nicht so“ vertreten zu werden.[57] Eine Prüfung, ob der vertretene Ehegatte nicht mehr einwilligungsfähig ist, wird nicht vorgesehen.[58]

31 Die Vertretungseinschränkung muss dem Ehegatten oder dem behandelnden Arzt zudem bekannt sein. Diese zusätzliche Voraussetzung ist insofern problematisch, als diese nur für das Innenverhältnis feststellbar ist und die Wirksamkeit des Handelns des Vertreters nicht berührt.[59] Der Verweis in § 1358 Abs. 6 auf §§ 1821, 1827, 1828 und 1829 BGB zum Vorrang der Ermittlung und Berücksichtigung des Betroffenenwillens löst das faktische Problem der Feststellbarkeit nicht. Weiß der vertretende Ehegatte vom entgegenstehenden Willen des Betroffenen sowie in Fällen des evidenten Missbrauchs,[60] kann der handelnde Ehegatte sich allenfalls nach Maßgabe der Kriterien des Vollmachtmissbrauchs verantworten müssen. Teilt der Vertretene sich dem behandelnden Arzt nicht mit, kann Kenntnis bei diesem nur aus anderen Quellen, etwa den in Patientenunterlagen ersichtlichen früheren Äußerungen des Betroffenen oder durch konkrete Nachfrage begründet werden. Anders als ein Betreuer muss der vertretende Ehegatte nicht eine Entlassung gem. § 1908b BGB fürchten, sondern es kann allenfalls – wie im Fall des Missbrauchs einer Vorsorgevollmacht gem. § 1896 BGB – die Notwendigkeit der Errichtung einer Betreuung eintreten.[61] Wegen des grundsätzlichen Vorrangs der Betreuung gem. § 1358 Abs. 3 Nr. 3 BGB und der zeitlichen Befristung der gesetzlichen Vertretung gem. § 1358 Abs. 3 Nr. 4 BGB wird für die Errichtung lediglich einer Kontrollbetreuung gem. § 1896 Abs. 3 BGB kein Anwendungsbereich verbleiben.

55 Gritzwotz NZFam 2021, 410 (413 f.).
56 Gritzwotz ZPR 2020, 248 (251).
57 Krit. zu dieser Problemstellung bereits Dutta FamRZ 2017, 581 (583).
58 Müller-Engels DNotZ 2021, 84 (99 f.).
59 Zu § 1901 BGB: BGH NJW 2008, 2333 (2336) = BGHZ 176, 262 = FamRZ 2008, 1404; ferner LG Berlin BeckRS 2015, 21025; BGH FamRZ 2000, 1526 (1529) = BeckRS 2001, 00546; BeckOGK BGB/Schmidt-Recla § 1901 aF Rn. 59.
60 OLG Düsseldorf RNotZ 2020, 568 = FGPrax 2020, 256.
61 BeckOGK BGB/Schmidt-Recla § 1896 aF Rn. 257–259.

c) Anderweitige Bevollmächtigung

Die Alternative § 1358 Abs. 3 Nr. 2 b BGB stellt klar, dass eine etwa errichtete Vorsorge- oder Generalvollmacht der gesetzlichen Vertretung vorgeht. Das Vorrangverhältnis entspricht der Regelung in § 1896 Abs. 2 S. 2 BGB. Die Bevollmächtigung muss sich gerade auf die in Abs. 1 genannten Aufgabenbereiche beziehen, eine anderweitige Vollmacht zB in Vermögensangelegenheiten oder eine Bankvollmacht steht der gesetzlichen Vertretung nicht entgegen. Voraussetzung wird zudem die Wirksamkeit der erteilten Vollmacht[62] sein müssen, die bei Geschäftsunfähigkeit des Vollmachtgebers fehlt. Richtig wird es hier sein, die Darlegungs- und Beweislast dem Ehegatten zu belassen, der vertreten will.[63] 32

Die Ergänzung einer Vorsorgevollmacht um die Aussage, dass die dort getroffenen Anordnungen dem gesetzlichen Vertretungsrecht gem. § 1358 BGB vorgehen, bietet sich an. Folgende Formulierung kann in Betracht kommen: 33

Meine in dieser Vorsorgevollmacht mit Patientenverfügung getroffenen Anordnungen gehen dem gesetzlichen Vertretungsrecht gem. § 1358 BGB stets vor.

d) Betreuerbestellung

Ist ein Betreuer gem. § 1896 Abs. 1 BGB bestellt, dessen Aufgabenkreis die in Abs. 1 genannten Bereiche einschließt, ist für die gesetzliche Vertretung kein Raum mehr. Die Subsidiarität der Betreuung gem. § 1896 Abs. 2 BGB soll hier nicht gelten.[64] Die Errichtung einer Betreuung setzt voraus, dass eine psychische Krankheit oder eine seelische, geistige oder körperliche Behinderung vorliegt. Eine rein physische Krankheit, die nicht zu einer bleibenden Beeinträchtigung führt, reicht nicht aus und eine rein körperliche Behinderung eines geschäftsfähigen Erwachsenen rechtfertigt die Errichtung einer Betreuung selten.[65] Bei einer (lediglich) akuten Erkrankung des vertretenen Ehegatten wird daher ein Ausschluss durch eine bestehende Betreuung nicht vorliegen, so dass hier ein Hauptanwendungsfall der gesetzlichen Vertretung zu vermuten ist. 34

e) Wegfall der Voraussetzungen oder Ablauf von sechs Monaten

Die Befristung der gesetzlichen Vertretung auf die Dauer von 6 Monaten nach Feststellung unterstreicht den Charakter der Regelung zur Gewährleistung der Handlungsfähigkeit im akuten Bedarfsfall. 35

f) Ärztliche Bestätigung (Abs. 4)

Der Arzt, dem gegenüber das Vertretungsrecht – wohl: erstmals[66] – ausgeübt wird, hat die Voraussetzungen des § 1358 Abs. 1 BGB und den Zeitpunkt des Eintritts schriftlich zu bestätigen. Dabei wird sich die Feststellung des Arztes auf die gesundheitlichen Umstände beschränken müssen. Fraglich ist, was im Hinblick auf das Auslaufen der Sechsmonatsfrist für den Zeitpunkt der Bestätigung gilt, zu dem der Zustand gem. Abs. 1 spätestens eingetreten ist. Weiß der Arzt aus der Behandlung seines Patienten, dass der 36

62 BGH BeckRS 2012, 08833 Rn. 10 = FamRZ 2012, 969; BGH NJW 2013, 3373 Rn. 8 = FamRZ 2013, 1724.
63 BGH NJW 1972, 681; OLG Düsseldorf FamRZ 1998, 1064; OLG München FamRZ 2009, 2033.
64 Krit. Dutta FamRZ 2017, 581 (584): Fehlanreiz?
65 OLG Köln FamRZ 1996, 249 (250).
66 Joecker VormundschaftsR, 43.

Zustand – zB Bewusstlosigkeit bei einem Komapatienten – schon länger eingetreten ist, der Bedarf nach einer gesetzlichen Vertretung durch den Ehegatten jedoch erst später vorgebracht wird, muss der Arzt nach dem Wortlaut den konkreten, länger zurückliegenden Zeitpunkt des Eintritts bestätigen. Dies kann dazu führen, dass der Sechsmonatszeitraum bei Abgabe der Bestätigung bereits vollständig oder überwiegend abgelaufen ist und die Bestätigung nur noch während einer kurzen Dauer Wirkung entfaltet.

37 Der Arzt sollte sich von dem vertretenden Ehegatten eine schriftliche Erklärung über das Vorliegen der Voraussetzungen und das Fehlen von Ausschlussgründen vorlegen lassen.[67] Die Erklärung kann folgenden Inhalt haben:

Ich bestätige, dass meine Patientin/mein Patient (Name, Geburtsdatum und -ort, Anschrift) seit spätestens (Datum) aufgrund von Bewusstlosigkeit oder Krankheit ihre/seine Angelegenheiten der Gesundheitssorge rechtlich nicht besorgen kann.

Der Ehegatte meiner Patientin/meines Patienten hat mir schriftlich versichert, dass das gesetzliche Vertretungsrecht bisher nicht ausgeübt wurde und folgende Ausschlussgründe gem. § 1358 Abs. 3 BGB nicht vorliegen:

- Getrenntleben
- Ablehnung der Vertretung durch den Ehegatten seitens meiner Patientin/meines Patienten
- anderweitige Bevollmächtigung eines Dritten zur Wahrnehmung der Angelegenheiten der Gesundheitssorge gem. § 1358 Abs. 1 Nr. 1–4 BGB durch meine Patientin/meinen Patienten
- Bestellung eines Betreuers für meine Patientin/meinen Patienten, dessen Aufgabenkreis die in § 1358 Abs. 1 Nr. 1 bis 4 BGB bezeichneten Angelegenheiten umfasst

Diese Bestätigung zusammen mit ihrer/seiner schriftlichen Versicherung habe ich dem Ehegatten meiner Patientin/meines Patienten am (Datum) ausgehändigt.

Eine rechtliche Beratung durch mich erfolgte nicht. Der Ehegatte meiner Patientin/meines Patienten beschafft sich die notwendigen rechtlichen Informationen selbst.

38 Die Bestätigung wird konstitutiv qualifiziert werden müssen, da die Handlungsbefugnis zwar kraft Gesetzes eintreten, ihre Ausübung aber von der Vorlage der ärztlichen Bestätigung ausdrücklich abhängen soll.[68]

39 Das Dokument ist dem vertretenden Ehegatten gem. § 1358 Abs. 4 S. 2 BGB für die weitere Ausübung der Vertretung auszuhändigen, erhält damit also den Charakter eines Nachweises vergleichbar der Ausfertigung eines Betreuerausweises. Ob dem Dokument Rechtsscheinwirkung vergleichbar einem Testamentsvollstreckerzeugnis bzw. Erbschein gem. § 2368 S. 2 Hs. 1 BGB zukommen soll, ergibt sich nicht. Dagegen dürfte jedoch bereits sprechen, dass man dem ausstellenden Arzt keine rechtliche Prüfungspflicht bzw. -kompetenz zuschreiben kann. Dieser wird sich vielmehr auf eine Wiedergabe der Angaben des Ehegatten des Patienten beschränken und sich auf diese verlassen müssen.

g) Vorrang der Bestellung einer Betreuung

40 Das Vertretungsrecht darf ab der Bestellung eines Betreuers für die genannten Aufgabenbereiche nicht mehr ausgeübt werden. Dies unterstreicht den Charakter einer Vertretungsmöglichkeit für Fälle des akut auftretenden Bedarfs, dessen Eilbedürftigkeit mit dem Zeitaufwand für die Durchführung des Betreuungsverfahrens nicht vereinbar ist.

67 Joecker VormundschaftsR, 43.

68 AA Dutta FamRZ 2020, 1881 (1883): lediglich Nachweiswirkung ohne Gutglaubenswert.

Umgekehrt die Erforderlichkeit der Errichtung einer Betreuung gem. § 1896 BGB solange und soweit zu verneinen, wie das gesetzliche Vertretungsrecht reicht,[69] würde dazu führen, dass die Betreuung erst nach Ablauf der Sechsmonatsfrist wieder wirksam errichtet werden könnte. Für eine solche Mindestdauer des gesetzlichen Vertretungsrechts finden sich keine Anhaltspunkte. Dies gilt erst recht im Hinblick auf den beschränkten Bereich der Angelegenheiten gem. § 1358 Abs. 1 BGB, der die Errichtung einer weitergehenden Betreuung zB in Vermögensangelegenheiten – zur Finanzierung der Gesundheits- und Pflegekosten – mit ineinandergreifenden Interessen des Betroffenen gerade nahelegt.

h) Anwendbare Vorschriften des Betreuungsrechts

§ 1358 Abs. 6 BGB definiert die entsprechende Geltung wesentlicher Vorschriften des 41
Betreuungsrechts zum Schutz der Interessen des Betroffenen und zur Wahrung seiner selbst geäußerten Wünsche orientiert an §§ 1901–1906 BGB in der Neufassung:

a) Die gegenüber § 1901 BGB aF neu gefasste Vorschrift des § 1821 BGB bestimmt neben dem Erforderlichkeitsgrundsatz gem. Abs. 1 die Verpflichtung des Betreuers, den Wünschen des Betreuten zur Geltung zu verhelfen und diese festzustellen (§ 1821 Abs. 2 BGB). Scheitert eine solche Feststellung oder kann den Wünschen des Betreuten zur Meidung einer Gefährdung oder mangels Einsichtsfähigkeit bzw. Zumutbarkeit für den Betreuer nicht entsprochen werden (§ 1831 Abs. 3 Nr. 1 BGB), muss der mutmaßliche Wille erforscht werden.
b) Auch § 1827 BGB wird gegenüber § 1901a BGB neu gefasst und regelt den Vorrang im Sinne einer Allgemeinverbindlichkeit[70] einer wirksam errichteten Patientenverfügung unter dem Vorbehalt des Zutreffens der Bestimmungen für die aktuelle Lebenssituation des Betreuten (§ 1827 Abs. 1 BGB-E) und der Verpflichtung zur Ermittlung des mutmaßlichen Patientenwillens bei Fehlen einer Patientenverfügung (§ 1827 Abs. 2 BGB) anhand früherer Äußerungen oder weltanschaulicher Überzeugungen. In § 1827 Abs. 3 BGB wird der Vorrang des Patientenwillens ausdrücklich unabhängig von Stadium und Schwere der Erkrankung verlangt.
c) § 1828 BGB definiert gegenüber § 1901b BGB aF das Gespräch mit dem behandelnden Arzt als Grundlage für die Entscheidung über die medizinische Maßnahme unter Berücksichtigung des Patientenwillens (Konsultations- und Anhörungsverfahren)[71] und bestimmt die Einbeziehung von Angehörigen und sonstigen Vertrauenspersonen (§ 1827 Abs. 2 BGB). Da es sich bei dem Ehegatten, der die gesetzliche Vertretung ausübt, regelmäßig um die dem Betroffenen am nächsten stehende Vertrauensperson handeln wird, wird dem Abstimmungsgrundsatz geringere Bedeutung zukommen.
d) § 1829 BGB bestimmt einen Genehmigungsvorbehalt des Betreuungsgerichts für die Fälle, in denen die ärztlichen Maßnahmen die Gefahr des Todes oder schwere und länger dauernde Gesundheitsschäden einschließen; Von dem Genehmigungsvorbehalt darf nur bei Gefahr abgesehen werden. Abs. 2 beschreibt einen „negativen"

69 So aber wohl Schneider FamRZ 2020, 1796 (1798).
70 Grüneberg/Götz BGB § 1901a aF Rn. 16.
71 Grüneberg/Götz BGB § 1901b aF Rn. 1.

Einwilligungsvorbehalt für das Absehen von Maßnahmen mangels Einwilligung des Betroffenen.

e) § 1831 BGB bestimmt schließlich entsprechend § 1906 BGB aF den Vorbehalt für freiheitsentziehende Maßnahmen nach Maßgabe der Erforderlichkeit zur Abwendung von Selbstgefährdung und die Genehmigung durch das Betreuungsgericht (außer in Notfällen).

IV. Gesamtschau, Problemstellung

42 Das gesetzliche Vertretungsrecht stellt den Ehegatten in Gesundheitsangelegenheiten faktisch so, als hätte der zu vertretende Ehegatte ihm – insoweit – eine Vorsorgevollmacht erteilt. Die gesetzlich konstruierte Vertretung ist sachlich und zeitlich beschränkt und konkurriert innerhalb dieser Grenzen nicht mit den vorrangigen Möglichkeiten der Errichtung einer Vollmacht oder Betreuung, weil sie deren Fehlen voraussetzt. Versteht man die Regelung als „Vollmachtsfiktion“ wird deutlich, dass die strukturellen Probleme entsprechend liegen: Weder kann der Ehegatte vor Vollmachtsmissbrauch mit Wirkung im Außenverhältnis geschützt sein, noch kann das gesetzliche Vertretungsrecht der Errichtung einer Betreuung entgegengehalten werden. Im Vordergrund bleibt damit die Erleichterung der Vertretung im Rechtsverkehr außerhalb des zeitintensiven Betreuungsverfahrens und damit eine Entlastung der Betreuungsgerichte für in der Lebenswirklichkeit häufig vorkommende Sachverhalte. Aufgrund des Auslaufens des Vertretungsrechts reduziert sich die Entlastung zudem auf eine Verringerung des Erledigungsdrucks, da bis zum Ablauf der gesetzlichen Frist das Betreuungsverfahren dann doch noch durchgeführt werden muss, es sei denn der Betreuungsbedarf erledigt sich durch gesundheitliche Wiederherstellung oder Tod des vertretenen Ehegatten. Es bleibt daher bei der Relevanz der Regelung als „Akuthilfe“, die im Hinblick auf die Entscheidung über das Absehen von einer Vollmachterteilung oder Formulierung einer Patientenverfügung nicht überschätzt werden darf.

§ 5 Einrichtung der Ämter, Arten von Ämtern, Aufgaben, Umfang und Beendigung der Ämter

Literatur:

Bode, Das neue Vormundschaftsrecht 2021; *Hoffmann*, Der zusätzliche Pfleger nach § 1776 BGB, FamRZ 2021, 1773; *Joecker*, Das neue Betreuungsrecht 2021, *Müller-Engels*, Vorsorgevollmacht und Betreuung, DNotZ 202, 84; *Schwab*, Die große Paragrafenwanderung und mehr, FamRZ 2020, 1321; *Socha*, Sicherheit statt Sollbruchstelle – der vorläufige Vormund, FamRZ 2021, 87; *Zimmer/Oppermann*, Geschäftsunfähigkeit, „Demenztourismus" und gewöhnlicher Aufenthalt nach der EuErbVO am Beispiel der Schweiz, ZEV 2016, 126.

A. Überblick

Die Reform des Vormundschafts- und Betreuungsrechts hat für die **Einrichtung der Vormundschaft**, abgesehen von Fragen der Auswahl des Vormunds (→ § 6 Rn. 4) vor 1 allem redaktionelle Änderungen erfahren. Insbesondere die Vorschriften über die Voraussetzungen für die Anordnung der Vormundschaft (§ 1773 f. BGB) sind zwar sprachlich neu gefasst, aber jedenfalls inhaltlich nahezu unverändert geblieben.[1] Dies gilt zunächst für die Anordnung der Vormundschaft von Amts wegen, die nunmehr in § 1773 BGB zusammengefasst ist. Neu ist hingegen die vorläufige Vormundschaft nach § 1781 BGB,[2] die nicht mit der vorläufigen Übernahme der Vormundschaft nach § 1787 Abs. 2 BGB (aF) zu verwechseln ist. Abgeschafft wurde hingegen der Gegenvormund (§ 1792 BGB aF). An seine Stelle tritt nunmehr meist das Genehmigungserfordernis des Familiengerichts, etwa bei der Verfügung über Grundpfandrechte (§ 1850 Nr. 1 BGB).

2 Die **Einrichtung der Betreuung** (§§ 1814 ff. BGB) hat dagegen eine Reihe von Änderungen erfahren; insbesondere betont der Gesetzgeber nunmehr, dass es weniger auf das Vorliegen eines medizinischen Defizits ankommen soll, sondern er stellt vielmehr auf die eingeschränkte Selbstbestimmungsfähigkeit als Voraussetzung für die Betreuung ab.[3] Wie sich diese Vorstellung in der Praxis auswirken wird, bleibt abzuwarten. Auch hat der Gesetzgeber weitere Betreuer für besondere Situationen, etwa den Verhinderungsbetreuer (§ 1817 Abs. 4 BGB) geschaffen, dagegen aber den Gegenbetreuer beseitigt.

3 Für die **Pflegschaft** hat der Gesetzgeber eine **„Pflegschaft für Minderjährige“** und **„sonstige Pflegschaften“** geschaffen, die sich in vielfältiger Weise unterscheiden. Die Voraussetzungen für die Einrichtung der Pflegschaft haben sich hingegen nicht wesentlich geändert. Die Pflegschaft für Minderjährige erfährt einen Bedeutungszuwachs jedoch durch die Verweisung auf die Pflegschaft Minderjähriger beim „Zusätzlichen Pfleger“ (nach § 1776 Abs. 3 S. 1 BGB) und die Schaffung weiterer Rechte für die **Pflegeperson**, für die ebenfalls auf die Vorschriften der Pflegschaft Minderjähriger verwiesen wird (§ 1777 Abs. 4 S. 2 BGB).

B. Vormundschaft

I. Einleitung der Vormundschaft

4 Die Einleitung des Verfahrens zur Anordnung der Vormundschaft bedurfte bereits nach teilweise vertretener Auffassung zum früheren Recht eines förmlichen Beschlusses durch das Familiengericht.[4] § 168a FamFG sieht nunmehr ausdrücklich vor, dass neben der Anordnung der Vormundschaft („auch“) nähere Angaben über den Vormund im Beschluss enthalten sein müssen. Die Anordnung hat damit nunmehr ausdrücklich durch Beschluss zu erfolgen (§ 168a FamFG), ergibt sich mit der Bezeichnung des Vormunds daraus jedenfalls eindeutig die Anordnung der Vormundschaft. Die Anordnung der Vormundschaft kann damit mit dem Beschluss nach § 168a FamFG über die Bestellung des Vormunds verbunden werden.

5 Möglich ist in bestimmten Fällen aber nach wie vor, dass die Vormundschaft ohne Anordnung kraft Gesetzes eintritt (→ § 5 Rn. 21).

1 Bode Vormundschaftsrecht, 103 („mehr Übersichtlichkeit“).
2 Krit. Socha FamRZ 2021, 87.
3 Vgl. Schneider FamRZ 2020, 1796.
4 Etwa MüKoBGB/Spickhoff § 1774 aF Rn. 4.

1. Anordnung Vormundschaft

Auch das neue Vormundschaftsrecht unterscheidet zwischen der Anordnung der Vormundschaft „von Amts wegen“ und der unmittelbar durch Gesetz eintretenden Amtsvormundschaft. Die redaktionelle Neufassung der §§ 1773 ff. BGB und der amtlichen Überschrift mit der Ersetzung „Anordnung von Amts wegen“ in § 1774 BGB in „Vormund“ ändert daran nichts. Der Gesetzgeber hat im Gesetzestext selbst durch die Verwendung des Begriffs „anzuordnen“ klargestellt, dass es einer konstitutiven Anordnung durch das Familiengericht bedarf, deren Inhalt nunmehr in § 168a FamFG geregelt ist. 6

Neben der Anordnung der Vormundschaft gibt es nach wie vor Vormundschaften, die ohne Anordnung eintreten, insbes. die Amtsvormundschaft nach § 1786 BGB oder nach § 1751 Abs. 1 BGB bei der Annahme als Kind, schließlich bei der vertraulichen Geburt (§ 1787 BGB). 7

2. Voraussetzungen für die Anordnung der Vormundschaft

Nach § 1773 Abs. 1 BGB erhalten Minderjährige, die ihren gewöhnlichen Aufenthalt in Deutschland haben (vgl. Art. 24 Abs. 1 EGBGB) unter den dort genannten Voraussetzungen einen Vormund. Auf die Staatsangehörigkeit des Mündels, des Vormunds, den gewöhnlichen Aufenthalt des Vormunds oder den aktuellen Aufenthalt kommt es nicht an. Zum Begriff des gewöhnlichen Aufenthalts (vgl. § 343 FamFG und Art. 7 Abs. 1 Brüssel IIB-VO) kann auf die Rechtsprechung zur EuErbVO zurückgegriffen werden (→ § 5 Rn. 102 und § 26 Rn. 39).[5] 8

a) Vormundschaft von Amts wegen

Das Familiengericht hat (§ 1773 BGB) die Vormundschaft für einen Minderjährigen anzuordnen und ihm einen Vormund zu bestellen, wenn 9

1. er nicht unter elterlicher Sorge steht,
2. seine Eltern nicht berechtigt sind, ihn in den seine Person und sein Vermögen betreffenden Angelegenheiten zu vertreten, oder
3. sein Familienstand nicht zu ermitteln ist.

aa) Minderjährigkeit

Bereits seit 1992 ist die Bestellung der Vormundschaft ausschließlich für Minderjährige zulässig. Mit Wegfall der Voraussetzungen, vor allem mit Eintritt der Volljährigkeit (§ 2 BGB) endet die Vormundschaft (§ 1806 BGB) kraft Gesetzes. Gegebenenfalls kann nach § 1814 Abs. 5 bereits ab 17. Lebensjahr – (mit Wirkung zum Eintritt des 18. Lebensjahres) eine Betreuung angeordnet werden. 10

Ist das Alter des Fürsorgebedürftigen zweifelhaft und daher nicht sicher, ob die Volljährigkeit erreicht ist, sind zunächst alle zugänglichen Erkenntnisquellen auszuschöpfen, um das Alter zu bestimmen, wozu auch die Untersuchung von Handwurzel und Gebiss gehören können.[6] Verbleiben immer noch Zweifel an der Volljährigkeit, darf zugunsten des Betroffenen von seiner Minderjährigkeit ausgegangen werden.[7] 11

---

5 Etwa OLG Hamm ZEV 2018, 343.
6 Vgl. KG FamRZ 2020, 842.
7 MüKoBGB/Spickhoff § 1773 aF Rn. 5.

12 Bei Ausländern (zur Zuständigkeit bei Auslandsberührung vgl. § 99 FamFG) ist die Frage nach dem Vorliegen der Minderjährigkeit grds. nicht nach § 2 BGB zu klären, sondern das einschlägige Recht nach den Regeln des IPR zu klären.[8] Für die Feststellung der Volljährigkeit ist Art. 7 Abs. 1 EGBGB, also autonomes Kollisionsrecht heranzuziehen, das lediglich für den Verkehrsschutz durch Art. 13 Rom I VO eingeschränkt wird. Art. 7 Abs. 1 EGBGB (aF) hat dabei auf das Heimatrecht des Betroffenen verwiesen. Nunmehr stellt Art. 7 Abs. 2 EGBGB für die Feststellung der Geschäftsfähigkeit auf das Recht des Staates ab, in dem das Mündel auch seinen gewöhnlichen Aufenthalt hat. Für die Anordnung der Vormundschaft wird also zukünftig seltener auf ausländisches Recht zurückzugreifen sein, weil die Vormundschaft idR nur in Frage kommt, wenn das Mündel seinen ständigen Aufenthalt in Deutschland hat, vor allem dürfte die Volljährigkeit meist nach § 2 BGB eintreten. Allerdings ist nach Art. 7 Abs. 2 S. 2 EGBGB die einmal erlangte Geschäftsfähigkeit auch nach dem Aufenthaltswechsel nicht beeinträchtigt. Dies kann auch bedeuten, dass durch das Heimatrecht mit der Heirat Mündigkeit eintritt.[9] Ob also eine Vormundschaft anzuordnen ist, hängt damit immer noch jedenfalls teilweise von dem ausländischen Recht ab. Das deutsche Gericht hat dabei ausländisches Recht im Wege des Freibeweises zu ermitteln.[10] Bei komplexen und dem deutschen Recht fremden Rechtsnormen sind höhere Anforderungen an die Feststellungen zu stellen als bei dem deutschen Recht ähnlichen Normen.[11] Bei Letzteren dürfte die Ermittlung der einschlägigen kodifizierten Norm genügen.

13 Zur Anwendung des § 2 BGB kann es aber über § 2 Abs. 1 AsylG – Art. 12 Abs. 1 des Abkommens über die Rechtsstellung der Flüchtlinge vom 28.7.1951 (Genfer Flüchtlingskonvention – GFK)[12] kommen, das für das Personalstatut eines Flüchtlings in das Recht seines Wohnsitzes und in Ermangelung eines solchen seines Aufenthaltslandes verweist.[13] Dies setzt aber die Feststellung der Flüchtlingseigenschaft voraus.

bb) Fehlen elterlicher Sorge oder Vertretungsmacht

14 Die elterliche Sorge fehlt dann, wenn kein Elternteil die elterliche Sorge innehat. Steht das Kind unter elterlicher Sorge, erhält es gleichwohl einen Vormund, wenn die sorgeberechtigten Eltern (oder der allein sorgeberechtigte Elternteil) nicht berechtigt ist, das Kind zu vertreten. Dies kann aber nur dann der Fall sein, wenn die elterliche Sorge ruht. Die elterliche Sorge eines Elternteils ruht, wenn das Familiengericht feststellt, dass dieses auf längere Zeit die elterliche Sorge tatsächlich nicht ausüben kann (§ 1674 BGB). Auch der Fall der vertraulichen Geburt zählt hierher (§ 1674a BGB).

15 An der Sorge oder der Vertretungsmacht und damit an der Voraussetzung für die Anordnung der Vormundschaft fehlt es nicht, wenn nur die Personensorge oder nur die Vermögenssorge entzogen ist. Auch dort, wo allein einzelne Befugnisse nach § 1666 BGB entzogen sind, kann keine Vormundschaft angeordnet werden.

---

8 MüKoBGB/Spickhoff § 1773 aF Rn. 5.
9 Vgl. KG FamRZ 91, 1456.
10 BGH NJW 2018, 613.
11 BGH NJW 2018, 613.
12 BGBl. 1953 II 559 f.
13 BGH NJW 2018, 613.

Besonderheiten gelten zudem bei der Annahme als Kind. Mit der Einwilligung eines Elternteils in die Annahme als Kind ruht dessen elterliche Sorge (§ 1751 Abs. 1 BGB) nachfolgend. 16

(1) Gemeinsame Sorge (insbes. Tod beider Elternteile)

Bei gemeinsamer Sorge (§ 1626 a BGB) fehlt die elterliche Sorge dann, wenn sie in Ansehung beider Elternteile beendet ist. Hauptanwendungsfall ist der Tod beider Elternteile. Die Gründe für die Beendigung können bei den beiden Elternteilen aber auch unterschiedlich sein, etwa Tod eines Elternteils und zugleich Ruhen der elterlichen Sorge wegen Geschäftsunfähigkeit des anderen Elternteils (§ 1673 Abs. 1 BGB). Kann bei gemeinsamer Sorge nur durch einen Elternteil die elterliche Sorge nicht ausgeübt werden, fehlt es an der Voraussetzung der Vormundschaft, die elterliche Sorge steht dem anderen Elternteil zu (§ 1680 Abs. 1 BGB). 17

(2) Alleinsorge eines Elternteils

Bei Alleinsorge eines Elternteils setzt im häufigsten Fall des § 1626a Abs. 3 BGB die Anordnung der Vormundschaft voraus, dass für diesen Elternteil die elterliche Sorge beendet ist und dass die elterliche Sorge (Vertretungsmacht) nicht auf den anderen Elternteil übertragen wird. Stand der Mutter das Sorgerecht nach § 1626a Abs. 3 BGB allein zu, hat das Familiengericht dem Vater das Sorgerecht zu übertragen, wenn die Mutter stirbt, ihr das Sorgerecht entzogen wird oder die Sorge dauerhaft ruht und eine Übertragung auf den Vater dem Wohl des Kindes dient (§ 1680 Abs. 2 BGB). Für eine Vormundschaft ist hier kein Raum, auch dann nicht, wenn die Mutter nach § 1782 BGB eine Benennung eines Vormunds vorgenommen hat, denn die Vormundschaft setzt voraus, dass die elterliche Sorge nicht ausgeübt werden kann. Entsprechendes gilt, wenn einem Elternteil die elterliche Sorge entzogen war und der Elternteil, dem das Sorgerecht allein zustand, das Sorgerecht nicht mehr ausüben kann. 18

Die Vormundschaft ist auch dann anzuordnen, wenn die Eltern nicht berechtigt sind, das Kind in den seine Person und sein Vermögen betreffenden Angelegenheiten zu vertreten. Der Verlust der Vertretungsmacht kann etwa auf § 1666 BGB beruhen. 19

(3) Kein Familienstand

Die Vormundschaft ist auch dort anzuordnen, wo der Familienstand nicht zu ermitteln ist, etwa bei Findelkindern (§§ 24, 25 PStG), nicht dagegen dort, wo der Familienstand lediglich streitig ist.[14] 20

3. Vormundschaft kraft Gesetzes

Neben der Anordnung der Vormundschaft kann die Amtsvormundschaft unmittelbar durch Gesetz eintreten. Mit der Einwilligung eines Elternteils in die Adoption ruht dessen elterliche Sorge (§ 1751 Abs. 1 S. 1 BGB), das Jugendamt wird, ohne dass es einer Anordnung bedarf, kraft Gesetzes Vormund des Kindes, sofern nicht der andere Elternteil das Sorgerecht allein ausübt (vgl. § 1678 Abs. 1 BGB). Die Vormundschaft des Jugendamts tritt also insbesondere bei der Stiefkindadoption nicht ein. Diese Vormundschaft endet gewöhnlich mit Wirksamwerden der Annahme. 21

14 Grüneberg/Götz BGB § 1773 aF Rn. 4.

22 Einen weiteren Fall der Amtsvormundschaft kraft Gesetzes regelt § 1786 BGB. Danach wird das Jugendamt Vormund mit der Geburt des Kindes, dessen Eltern nicht miteinander verheiratet sind und das eines Vormundes bedarf. Dies gilt allerdings nicht, wenn bereits vor der Geburt ein Vormund bestellt ist. Hierzu gehört auch der ausdrückliche Fall der vertraulichen Geburt nach § 1674a BGB iVm § 25 ff. SchKG. Danach soll zur Unterstützung Schwangeren, die anonym bleiben wollen, die Möglichkeit gegeben werden, das Kind unter medizinischer Aufsicht zur Welt zu bringen. Dies können auch Fälle sein, die unter dem Begriff „Babyklappe" geführt werden.[15] Bis zur Neuregelung war in diesen Fällen nur das Ruhen der elterlichen Sorge der Mutter angeordnet; der Vater – weil er unbekannt ist und von der Geburt meist nichts weiß – konnte die elterliche Sorge aus tatsächlichen Gründen nicht ausüben, so dass meist nach § 1773 Abs. 2 BGB (aF) Vormundschaft anzuordnen war. Mit der Reform ruht nicht nur die elterliche Sorge der Mutter, sondern die elterliche Sorge ruht auch für den Vater (§ 1674a BGB). Daher hat der Gesetzgeber in § 1787 BGB auch für diesen Fall eine mit der Geburt eintretende Amtsvormundschaft angeordnet.

4. Beschluss über die Bestellung des Vormunds (§ 168a FamFG)

23 Der Beschluss über die Bestellung des Vormunds ist nunmehr in § 168a FamFG geregelt. Eines gesonderten Beschlusses über die Anordnung der Vormundschaft bedarf es nicht. Dies entspricht auch der früheren Praxis.[16]

24 Nach § 168b FamFG (vgl. § 1791 BGB aF) erhält der Vormund eine Bestellungsurkunde.

25 Der Inhalt der Bestellungsurkunde und ihr Aufbau ist an die Bestellungsurkunde des Betreuers nach § 290 FamFG angelehnt. Die Bestellungsurkunde dient dem Vormund als Bescheinigung seiner gesetzlichen Vertretungsmacht im Rechtsverkehr. Daher hat die Urkunde neben der genauen Bezeichnung von Mündel und Vormund auch Angaben über etwaige Einschränkungen seiner Vertretungsmacht zu enthalten, die sich aus einer Übertragung von Angelegenheiten auf einen Pfleger (§§ 1776, 1777 BGB) oder die Beschränkung seiner Vertretungsmacht nach § 1789 Abs. 2 S. 3 BGB ergeben. Auch etwaige Befreiungen des Vormunds müssen sich aus der Bestellungsurkunde ergeben.

26 Tritt die Vormundschaft kraft Gesetzes (§§ 1791c, 1751 Abs. 1 S. 2 BGB) ein, erhält das Jugendamt (wie bisher nach § 1791c Abs. 3 BGB aF) eine Bescheinigung über den Eintritt der Vormundschaft. Die Bescheinigung ist auch bei vertraulicher Geburt zu erteilen (vgl. oben).

27 Eine entsprechende Bescheinigung ist dem Pfleger für Minderjährige (§ 1809 ff. BGB) zu erteilen (§ 168 f. FamFG). Dies gilt auch für zusätzliche Pfleger oder Pflegepersonen als Pfleger, soweit ihnen Vertretungsmacht erteilt worden ist.

5. Beendigung der Vormundschaft

28 Die Vormundschaft (zur Beendigung des Amtes (vgl. → § 6 Rn. 36 ff.) endet mit dem Wegfall ihrer Voraussetzungen (§ 1806 BGB). Neben dem Tod des Mündels, dem Ein-

15 MüKoBGB/Hennemann § 1674a aF Rn. 2.
16 Vgl. Grüneberg/Götz BGB § 1774 aF Rn. 1.

tritt oder Wiedereintritt der elterlichen Sorge ist hier vor allem das Erreichen der Volljährigkeit (§ 2 BGB) zu nennen.

a) Auslandsberührung

Verlegt das Mündel seinen Lebensmittelpunkt dauerhaft und nicht nur vorübergehend in das Ausland, endet die Vormundschaft zunächst nicht. Art. 24 Abs. 1 EGBGB knüpft zwar für die Vormundschaft an das Recht des gewöhnlichen Aufenthalts des Mündels an. An der nach dem deutschen § 1773 BGB angeordneten Vormundschaft (Art. 24 Abs. 2 S. 1 EGBGB) ändert sich aber allein durch die Aufenthaltsänderung nichts, und zwar auch dann nicht, wenn die Voraussetzungen sich im Aufenthaltsstaat vom deutschen Recht unterscheiden.[17] Erst wenn im Aufenthaltsstaat eine neue Vormundschaft begründet wird, endet die Vormundschaft nach §§ 1173 ff. BGB. Bei nur vorübergehendem Wechsel des Aufenthalts ist deutsches Recht auf das Vormundschaftsverhältnis uneingeschränkt anwendbar.[18] 29

Die Wirkungen der Beendigung treten ohne Weiteres ein, insbes. Bedarf es keines Beschlusses über die Beendigung der Vormundschaft.[19] Ob die Voraussetzungen für die Aufhebung vorliegen, ist von Amts wegen festzustellen.[20] Bestehen jedoch aufgrund unklarer Volljährigkeit (→ § 5 Rn. 11 s. o.) Zweifel oder Uneinigkeit (vgl. oben → § 5 Rn. 11), ob und wann eine Vormundschaft kraft Gesetzes geendet hat, ist hierüber nach dem neu geschaffenen § 168e FamFG ein Beschluss zu erteilen, der auch den Zeitpunkt der Beendigung festzustellen hat. Der Beschluss ist beschwerdefähig, was nach früherem Recht zweifelhaft war.[21] 30

Lagen die materiellrechtlichen Voraussetzungen für die Anordnung der Vormundschaft von vornherein nicht vor, so war nach teilweise vertretener Auffassung die Anordnung der Vormundschaft gegenstandslos und ohne Wirkung.[22] Nach aA war die Vormundschaft bei Nichtvorliegen der Voraussetzungen für die Anordnung, abgesehen von schweren Mängeln, gleichwohl wirksam und durch Beschluss aufzuheben und war bis dahin wirksam.[23] Der Wortlaut des § 168e FamFG erfasst zwar den Fall der bereits fehlerhaften Anordnung nicht, die Vorschrift ist entsprechend anzuwenden, so dass auch hier ein Beschluss zu ergehen hat. Von schweren Mängeln abgesehen ist die Bestellung der Vormundschaft mit der bisher hM als wirksam anzusehen. Wegen der rechtsbegründenden Wirkung der Anordnung ist das Prozessgericht an die Anordnung gebunden.[24] Bei Zweifeln kommt allein die Aussetzung des Verfahrens bis zur Klärung in Betracht. 31

b) Folgen der Beendigung der Vormundschaft

Mit der Beendigung der Vormundschaft (nicht erst mit dem Feststellungsbeschluss nach § 168e FamFG) wandelt die Vormundschaft sich in ein Abwicklungsverhältnis 32

17 Bode Vormundschaftsrecht, 334.
18 Vgl. zum Begriff des dauerhaften Aufenthalts vgl. Zimmer/Oppermann ZEV 2016, 26.
19 MüKoBGB/Spickhoff § 1882 aF Rn. 5.
20 MüKoBGB/Spickhoff § 1882 aF Rn. 15.
21 Vgl. MüKoBGB/Spickhoff § 1782 aF Rn. 16 mwN.
22 MüKoBGB/Spickhoff aF § 1774 Rn. 9; aA Soergel/Zimmermann BGB § 1774 aF Rn. 8.
23 OLG Köln MDR 2013, 286; Grüneberg/Götz BGB § 1774 aF Rn. 2.
24 Prütting/Wegen/Weinreich/Bauer BGB § 1774 aF Rn. 2.

zwischen Vormund und Mündel, das erst mit Erfüllung aller Abwicklungspflichten erlischt.

33 Nach § 168b Abs. 3 FamFG hat der Vormund nach Beendigung seines Amtes, also auch Beendigung der Vormundschaft überhaupt, die Bestellungsurkunde oder im Fall der gesetzlichen Amtsvormundschaft das Jugendamt die erteilte Bescheinigung zurückzugeben.

34 Mit der Beendigung der Vormundschaft endet auch die Rechtsstellung des zusätzlichen Pflegers nach § 1776 BGB und die ggf. Vertretungsmacht der Pflegeperson als Pfleger (§§ 1776 Abs. 3 S. 1, 1777 Abs. 4 S. 2 iVm § 1812 Abs. 2 BGB). Die dem Pfleger erteilte Vollmacht (§ 168f FamFG iVm 168b FamFG) ist ebenfalls zurückzugeben.

35 Mit Vollendung des 17. Lebensjahres kann nach § 1814 Abs. 5 BGB die Einrichtung einer Betreuung angeordnet werden, wenn anzunehmen ist, dass eine Betreuung erforderlich sein wird. Die Betreuung wird aber erst mit Eintritt der Volljährigkeit wirksam und kann damit nahtlos an die damit beendete Vormundschaft anschließen.

II. Pflegschaften

36 Anders als beim Vormundschaftsrecht hat der Gesetzgeber bei Pflegschaften erhebliche Änderungen auch in der Systematik des Gesetzes vorgenommen. Der Gesetzgeber unterscheidet nunmehr zwischen **Pflegschaften für Minderjährige** (§§ 1809 ff. BGB) und **sonstigen Pflegschaften** (§§ 1882 ff. BGB). Insbesondere die Pflegschaft für Minderjährige wird durch die Schaffung der Rechte für den „zusätzlichen Pfleger“ (§ 1776 BGB) und die „Pflegeperson“ aufgewertet, für die die Vorschriften über die Pflegschaft Minderjähriger entsprechend gelten (§ 1776 Abs. 3 S. 1 und § 1777 Abs. 4 BGB). Ob der „zusätzliche Pfleger“ tatsächlich praktische Bedeutung erlangen wird, bleibt allerdings abzuwarten (→ § 5 Rn. 55 ff.).

37 Die Unterscheidung zwischen diesen beiden Arten der Pflegschaft für Minderjährige oder sonstige Pflegschaften hat für die Zuständigkeit erhebliche Folgen. Während für die Pflegschaft für Minderjährige das Familiengericht zuständig ist (§ 1813 BGB), ist für die sonstigen Pflegschaften die Zuständigkeit des Betreuungsgerichts (§ 1888 BGB) gegeben.

38 Die Unterscheidung hat aber auch materiellrechtliche Auswirkungen. Während auf die Pflegschaft idR die Vorschriften über die Vormundschaft Anwendung finden (§ 1813 BGB), sind für sonstige Pflegschaften idR die Vorschriften des Betreuungsrechts anzuwenden (§ 1888 BGB); die Pflegschaft für Minderjährige wird mithin durch das „Vormundschaftsrecht“ regiert, die sonstigen Pflegschaften werden hingegen durch das Betreuungsrecht regiert.[25]

1. Die Pflegschaft für Minderjährige

a) Ergänzungspflegschaft (§ 1809 BGB)

39 Im Wesentlichen dem bisherigen Recht (§ 1909 BGB aF) entspricht die Ergänzungspflegschaft. Für Angelegenheiten, an deren Besorgung die Eltern oder der Vormund

25 Schwab FamRZ 2020, 1321.

verhindert sind, bedarf es der Bestellung eines Pflegers (§ 1810 Abs. 1 S. 1 BGB). Die Ergänzungspflegschaft hat vor allem dort Bedeutung, wo den Eltern das Sorgerecht nicht vollständig, sondern in Teilbereichen entzogen (vgl. §§ 1666, 1666a BGB) ist. Hier wird ein Vormund nicht bestellt, sondern ein Ergänzungspfleger für diejenigen Bereiche, in denen die Eltern kein Sorgerecht haben.

Auch das Verhältnis der Pflegschaft zur Vormundschaft ist unverändert. Weggefallen 40
ist hingegen § 1909 Abs. 3 BGB aF wonach ein Pfleger zu bestellen war, wenn zwar Voraussetzungen für die Vormundschaft vorlagen, aber ein Vormund noch nicht bestellt war. Hierfür ist nunmehr das Amt des vorläufigen Vormunds geschaffen worden (§ 1781 BGB). Sind die Eltern oder der allein sorgeberechtigte Elternteil aus tatsächlichen Gründen länger gehindert, die gesamte Sorge auszuüben, ist kein Pfleger zu bestellen, sondern das Ruhen der elterlichen Sorge festzustellen und vorbehaltlich des § 1678 Abs. 2 BGB die Vormundschaft anzuordnen.

b) Vorliegen einer Verhinderung

Sind beide Elternteile sorgeberechtigt, so müssen beide verhindert sein; ist nur ein 41
Elternteil verhindert, ist idR der andere Teil zur alleinigen Vertretung berechtigt (zB § 1638 Abs. 3 S. 2; § 1678 Abs. 1 BGB).

Sind hingegen mehrere Vormünder bestellt (§ 1775 BGB), bedarf es einer Pflegerbe- 42
stellung im Falle der Verhinderung eines Mitvormunds nur dann, wenn allein ein Vormund verbleibt (was der Regelfall sein dürfte).

Ist der Vormund länger an der Ausübung der Vormundschaft gehindert, kommt die 43
Entlassung (§ 1804 BGB) des Vormunds und die Bestellung eines neuen Vormunds in Betracht. Ist der Vormund aber nach § 1776 Abs. 1 BGB an der Ausübung der Rechte gehindert, weil diese einem zusätzlichen Pfleger übertragen sind, kommt es auf seine Verhinderung nicht an; maßgeblich ist allein die Verhinderung der weiteren Pflegeperson.

Durch die Stärkung der Rechte des zusätzlichen Pflegers (§ 1776 BGB) und der Pflege- 44
person (§ 1777 BGB) steht diesen im übertragenen Aufgabenkreis ein Vertretungsrecht (§ 1776 Abs. 1 BGB; § 1777 Abs. 1 BGB) oder aber ein „Mitentscheidungsrecht" (§ 1777 Abs. 2 BGB) zu. Ist der zusätzliche Pfleger oder die Pflegeperson an der Vertretung des Mündels gehindert, findet über die Verweisung des § 1776 Abs. 3 S. 1 BGB und § 1777 Abs. 4 S. 2 BGB die Vorschrift des § 1813 Abs. 1 BGB und damit die Vorschriften über die Vormundschaft Anwendung. Für diese Personen ist damit ein Ergänzungspfleger nach § 1809 BGB (ähnlich dem Verhinderungsbetreuer nach § 1817 Abs. 4 BGB oder Ergänzungsbetreuer nach § 1817 Abs. 5 BGB) zu bestellen. Dem steht auch § 1776 Abs. 3 S. 2 BGB und § 1777 Abs. 4 S. 3 BGB nicht entgegen, weil die Vorschrift allein die Aufspaltung der Sorgebefugnisse auf einen zu großen Personenkreis verhindern will.[26]

26 So die Begründung: BT-Drs. 19/24445, 194.

aa) Gründe für die Verhinderung

45 Die Gründe der Verhinderung können sowohl tatsächlicher als auch rechtlicher Art sein. Gründe tatsächlicher Art sind etwa Krankheit, Abwesenheit (etwa durch Verbüßung einer Freiheitsstrafe).

46 Rechtliche Gründe liegen dann vor, wenn die Personen- oder Vermögenssorge fehlt, etwa nach § 1666 BGB, § 1675 BGB oder wenn die Vertretung durch den Vormund ausgeschlossen ist (zB § 1789 Abs. 2 S. 2 iVm § 1824 BGB).

bb) Pflegschaft für das ungeborene Kind (§ 1810 BGB)

47 Nach § 1810 kann für das bereits gezeugte, aber noch nicht geborene Kind ein Pfleger zur Wahrung seiner künftigen Rechte bestellt werden. Die bisher in § 1912 BGB (aF) enthaltene Pflegschaft für eine Leibesfrucht wird damit nunmehr in § 1810 BGB geregelt. Die Vorschrift entspricht im Wesentlichen dem § 1912 BGB (aF), jedoch wird der Begriff „Leibesfrucht" durch den Begriff „bereits gezeugtes Kind" ersetzt. Damit ist aber keine Rechtsänderung verbunden; es muss eine Schwangerschaft bestehen und das Kind darf noch nicht geboren sein. § 1810 S. 2 BGB entspricht 1918 Abs. 2 BGB (aF). Durch die Vorschrift ist klargestellt, dass das gezeugte, aber noch nicht geborene Kind nicht unbekannt ist, sondern die Vorschriften über die Pflegschaft Minderjähriger anzuwenden sind. Für nicht gezeugte Kinder, insbesondere bei Fällen der Nacherbschaft (→ § 5 Rn. 69 f.), bleibt es bei der sonstigen Pflegschaft nach § 1882 BGB, die damit in die Zuständigkeit des Betreuungsgerichts fällt.

48 Die Voraussetzungen für die Anordnung der Pflegschaft sind ggü. dem früheren Recht unverändert. Es bedarf zunächst der Existenz der Leibesfrucht, fehlt es daran, ist die Pflegschaft nach § 1882 BGB anzuordnen.

49 Weiter muss die Möglichkeit bestehen, dass dem gezeugten Kind nach der Geburt Rechte zustehen, zB als Erbe (§ 1923 Abs. 2 BGB), soweit nicht Nachlasspflegschaft nach § 1960 BGB angeordnet wird.[27] Es bedarf daneben eines Fürsorgebedürfnisses, das etwa dann fehlt, wenn ein Testamentsvollstrecker (§ 2197 BGB) oder Nachlasspfleger (§ 1960 BGB) bestellt ist. Schließlich müssen die Eltern an der Ausübung der elterlichen Sorge verhindert sein, wenn das Kind bereits geboren wäre, etwa nach § 1629 Abs. 2 BGB.

cc) Zuwendungspflegschaft (§ 1811 BGB)

50 Die Zuwendungspflegschaft, die bislang in § 1909 Abs. 1 S. 2 BGB (aF) – allerdings ohne den Begriff „Zuwendungspflegschaft" – geregelt war, ist nunmehr umfassend in § 1811 BGB geregelt. Danach kann ein Zuwendungspfleger bestellt werden, wenn ein Minderjähriger entweder von Todes wegen, durch unentgeltliche Zuwendung auf den Todesfall (2301 BGB) oder unter Lebenden Vermögen erwirbt (§ 1811 Abs. 1 BGB). Voraussetzung für die Zuwendungspflegschaft ist, dass der Erblasser durch letztwillige Verfügung oder der Zuwendende bei der Zuwendung bestimmt hat, dass die Eltern oder der Vormund das Vermögen nicht verwalten dürfen (§ 1811 Abs. 1 Nr. 2 BGB).

27 Vgl. Prütting/Wegen/Weinreich/Zimmer BGB § 1960 Rn. 9.

Es handelt sich bei der Zuwendungspflegschaft um einen Unterfall der rechtlichen Verhinderung,[28] die sich aus den § 1638 Abs. 1 BGB und § 1837 BGB ergibt. 51

Der Gesetzgeber unterscheidet hier zwischen Zuwendungen von Todes wegen, Zuwendungen auf den Todesfall und Zuwendungen unter Lebenden. 52

(1) Erwerb von Todes wegen

Der Erwerb von Todes wegen setzt nicht voraus, dass der Minderjährige Erbe oder Miterbe (§ 1922 BGB) sein muss, es kann auch ein Vermächtnis (§ 2147 BGB) oder eine andere Art der Zuwendung sein, die ihm einen Vermögensvorteil verschafft. Auch eine Vor- und Nacherbenstellung (§§ 2100 ff. BGB) können eine solche Zuwendung enthalten. Schließlich liegt eine Zuwendung von Todes wegen auch dann vor, wenn das Kind allein den Pflichtteil erhält.[29] Dass die Zuwendung selbst auf einer letztwilligen Verfügung beruht, kann nicht verlangt werden. Hier wie auch in § 1638 BGB wird allein auf den Erwerb von Todes wegen abgestellt, nicht darauf, auf welche Art und Weise die Zuwendung erfolgt. 53

(2) Zuwendung auf den Todesfall

Die Zuwendung auf den Todesfall wird in erster Linie das Schenkungsversprechen auf den Todesfall (§ 2301 BGB) bedeuten. Das Schenkungsversprechen ist dabei die Schenkung unter der Bedingung des Überlebens. In der Praxis wird es sich dabei meist um Schenkungsversprechen auf den Todesfall in Form eines Bankguthabens handeln, das nach dem Tod an den Empfänger auszuzahlen ist. Es handelt sich dabei um einen Vertrag mit dem Kreditinstitut zugunsten Dritter nach § 328 BGB, das sog. Deckungsverhältnis. Auf der Ebene zwischen Kontoinhaber (Zuwendender) und Versprechensempfänger (Kind) liegt meist eine Schenkung oder ein Schenkungsversprechen vor (§§ 516 ff. BGB). 54

Auch Leistungen aus einer Lebensversicherung können Zuwendungen auf den Todesfall sein. Lebensversicherungen gehören zum Vermögen des Erblassers und sind vererblich.[30] Etwas anderes gilt, wenn vom Versicherungsnehmer ein Bezugsberechtigter benannt ist. Hier handelt es sich regelmäßig um einen Vertrag zugunsten Dritter nach § 328 BGB. Die Bezeichnung des Bezugsberechtigten erfolgt durch einseitige rechtsgestaltende Willenserklärung des Versicherungsnehmers ggü. dem Versicherer. Der Rechtserwerb des Bezugsberechtigten vollzieht sich im Zeitpunkt des Todes des Versicherungsnehmers. Auch hier liegt im Valutaverhältnis regelmäßig eine Schenkung (Schenkungsversprechen) zugrunde. 55

(3) Zuwendung unter Lebenden

Der Erwerb von Vermögen unter Lebenden ist meist die Zuwendung unter Vorwegnahme der Erbfolge. Der Gesetzgeber nimmt hier eine Einschränkung auf die Zwecksetzung anders als etwa in § 1374 Abs. 2 BGB nicht vor, so dass auch Zuwendungen anderer Art, wie etwa die Ausstattung (§ 1624 BGB), Ausgleichsgelder oder eine bloße Schenkung nach §§ 516 ff. BGB zu den Zuwendungen iSd § 1812 BGB zählen können. 56

28 NK-BGB/Rohde/Recknagel § 1909 aF Rn. 14.
29 NK-BGB/Rohde/Recknagel § 1909 aF Rn. 14; Soergel/Zimmermann BGB § 1909 aF Rn. 7.
30 Prütting/Wegen/Weinreich/Zimmer BGB § 1922 Rn. 49.

(4) Ausschluss der Verwaltung

57 Die Zuwendungspflegschaft setzt neben der Zuwendung voraus, dass der Zuwendende oder Erblasser den Ausschluss der Verwaltung angeordnet hat, er also bestimmt hat, dass die Eltern oder der Vormund das Vermögen nicht verwalten sollen. Besondere Anforderungen an die Formulierung der Erklärung sind nicht gestellt. Es kann dabei genügen, wenn die „gerichtliche Verwaltung" verlangt wird.[31] Die Anordnung einer Testamentsvollstreckung genügt hierfür jedoch nicht.[32] Im Fall der letztwilligen Zuwendung bedarf der Ausschluss allerdings der Form des Testaments, eine Erklärung, die diesen Anforderungen nicht genügt, etwa eine mündliche Äußerung oder ein Verstoß gegen die Form, stellt keinen wirksamen Ausschluss der Verwaltung dar, denn es handelt sich um eine Formvorschrift, deren Nichtbeachtung zur Nichtigkeit führt (§ 125 BGB). Bei anderen Zuwendungen bedarf es der Anordnung des Ausschlusses der Verwaltung bei der Zuwendung, einer besonderen Form bedarf es nicht, allerdings ist die nachträgliche Anordnung nicht möglich, etwa bei lebzeitiger Zuwendung die durch späteres Testament erfolgte Anordnung des Ausschlusses der Verwaltung für lebzeitig bereits übertragenes Vermögen. Insoweit kann auf die vergleichbare Vorschrift des § 2315 BGB verwiesen werden, wo auch bei der Zuwendung die Anrechnung auf den Pflichtteil erklärt sein muss.[33]

58 **Muster: Antrag auf Einrichtung einer Zuwendungspflegschaft**

An das Amtsgericht

– Familiengericht –

Betr. Kind ..., geboren am ..., wohnhaft ....

Hiermit beantragen wir die Einrichtung einer Zuwendungspflegschaft nach § 1811 BGB.

Begründung

Unserer minderjährigen Tochter ist durch letztwillige Verfügung durch ihren Großvater vermächtnisweise ein Geldbetrag von 25.000 EUR zugewandt worden. Der Erblasser ist vor zwei Monaten verstorben. Das notarielle Testament (UVZ des Notars ...) ist zwischenzeitlich eröffnet worden. Eine Kopie mit Eröffnungsprotokoll ist in Anlage beigefügt. Der Erblasser hat zugleich bestimmt, dass die Eltern von der Verwaltung des ererbten Vermögens ausgeschlossen sein sollen. Einen Zuwendungspfleger hat er nicht benannt. Die testamentarischen Erben wollen das Vermächt nis zeitnah erfüllen.

Wir – die Eltern des Kindes – beantragen daher die Bestellung eines Zuwendungspflegers, der das vermächtnisweise Vermögen des Kindes verwaltet.

2. Zusätzlicher Pfleger nach § 1776 BGB und die pflegende Person nach § 1777 BGB

59 Der durch die Reform neu geschaffene „zusätzliche Pfleger" ist keine weitere Pflegschaft, insbesondere ist er kein Ergänzungspfleger iSd § 1809 BGB, sondern ein „Institut eigener Art",[34] denn es geht nicht um die Fälle der Verhinderung des Vormunds. Die Stellung des zusätzlichen Pflegers entspricht von der Funktion her eher der Beistandschaft des Jugendamts nach §§ 1712 ff. BGB.[35] Die Bestellung des sonstigen Pfle-

31 NK-BGB/Rohde/Recknagel § 1909 aF Rn. 14.
32 OLG Brandenburg FamRZ 2019, 1247.
33 Vgl. Grüneberg/Weidlich BGB § 2314 Rn. 2.
34 Hoffmann FamRZ 2021, 1773.
35 Hoffmann FamRZ 2021, 1773.

gers kommt nur neben der Bestellung eines ehrenamtlichen Vormunds (vgl. § 1 VBVVG) in Betracht (→ § 6 Rn. 19).

Die Bestellung des zusätzlichen Pflegers setzt voraus, dass zugleich ein Vormund bestellt wird oder aber der Vormund bereits bestellt ist; insbes. kann der zusätzliche Pfleger nicht bestellt werden, solange die Eltern das Sorgerecht ausüben oder zumindest ein Elternteil die elterliche Sorge ausübt. Die Bestellung des zusätzlichen Pflegers soll aber nur subsidiär erfolgen, wenn andere Angebote, etwa des Jugendamts oder von Vormundschaftsvereinen nicht in gleicher Weise zu erhalten sind.[36] 60

Die Übertragung setzt im Gegensatz zu der Übertragung von Aufgaben auf die Pflegeperson nach § 1777 keinen Antrag voraus, lediglich bei nachträglicher Anordnung ist das Einverständnis des Vormunds erforderlich (§ 1776 Abs. 1 S. 2 BGB). 61

Die Übertragung von Aufgaben auf einen zusätzlichen Pfleger setzt voraus, dass dies im Interesse des Kindes erforderlich ist. Dies ist dann der Fall[37], wenn 62

- der ehrenamtliche Vormund nicht alle Angelegenheiten des Kindes ausreichend zum Wohl des Kindes wahrnehmen kann
- der Vormund für die Wahrnehmung der weiteren Aufgaben in besonderer Weise geeignet ist (zB wegen familiärer Verbundenheit)
- die Regelung der auf den zusätzlichen Pfleger zu übertragenden Aufgaben durch ihn sinnvoll übernommen werden kann.

Damit kommt es insbes. nicht darauf an, ob der Vormund zur Wahrnehmung der Aufgaben nicht geeignet wäre.[38] 63

a) Aufgabenkreis des zusätzlichen Pflegers

Die Übertragung von Aufgaben auf einen zusätzlichen Pfleger erfolgt von Amts wegen für einzelne Sorgeangelegenheiten oder kommt für eine bestimmte Art von Sorgeangelegenheiten in Betracht.[39] Beispielhaft kann nach der Begründung[40] die Beantragung von Sozialleistungen oder die Geltendmachung von Unterhaltsansprüchen sein. Auch „Behördenangelegenheiten“ können demnach Gegenstand der übertragenen Aufgaben sein. 64

Die übertragenen Aufgaben müssen wiederum im Beschluss nach § 168e FamFG wiedergegeben werden, damit der zusätzliche Pfleger auch im Außenverhältnis die Rechte des Mündels durchsetzen kann. Umgekehrt muss bei der Erteilung der Bescheinigung für den Vormund ausdrücklich aufgeführt werden, welche Aufgaben ihm nicht übertragen sind (§ 168b FamFG). Davon unberührt bleibt das Notvertretungsrecht (§ 1792 Abs. 5 BGB iVm § 1629 Abs. 1 S. 4 BGB). 65

b) Die Pflegeperson nach § 1777 BGB

Nach § 1777 BGB kann das Familiengericht auf Antrag des Vormunds oder der Pflegeperson (oder nach § 1777 Abs. 3 BGB auf Antrag des Mündels) einzelne Sorgeange- 66

36 Hoffmann FamRZ 2021, 1773.
37 Vgl. Hoffmann FamRZ 2021, 1773 mit Hinweisen auf die Begründung.
38 Bode Vormundschaftsrecht, 116.
39 Vgl. Hoffmann FamRZ 2021, 1773.
40 BT-Drs. 19/24445, 192.

legenheiten oder eine bestimmte Art von Sorgeangelegenheiten auf die Pflegeperson als Pfleger übertragen, wenn

- das Mündel seit längerer Zeit bei der Pflegeperson lebt oder bereits bei Begründung des Pflegeverhältnisses eine persönliche Bindung zwischen dem Mündel und der Pflegeperson besteht,
- die Pflegeperson oder der Vormund dem Antrag des jeweils anderen auf Übertragung zustimmt und
- die Übertragung dem Wohl des Mündels dient.

67 Anders als bei den sonstigen Pflegepersonen sind Vormund und Pfleger bei Sorgeangelegenheiten von besonderer Bedeutung für das Mündel und ihnen sind Aufgaben zur gemeinsamen Wahrnehmung (vgl. § 1792 BGB) übertragen. Dies bedeutet auch eine Gesamtvertretung nach außen.

68 Damit diese Sorgeangelegenheiten auch durchgeführt werden können, bedarf es in der Anordnung der Übertragung von Aufgaben einer konkreten Bezeichnung der Angelegenheiten, die zur gemeinsamen Wahrnehmung übertragen sind. Korrespondierend bedarf es der Klarstellung der insoweit bestehenden Einschränkung der Vertretungsmacht des Vormunds (§ 168b FamFG).

3. Sonstige Pflegschaften

69 Die sog. „Sonstige Pflegschaft" nach §§ 1802 ff. BGB umfasst die bisher bekannten Pflegschaften, soweit sie nicht bereits bei den Pflegschaften für Minderjährige (§§ 1809 ff. BGB) geregelt sind. Es handelt sich dabei um die Pflegschaft für unbekannte Beteiligte (§ 1882 BGB), die Pflegschaft für gesammeltes Vermögen (§ 1883 BGB) und die Abwesenheitspflegschaft. Von praktischer Bedeutung ist dabei allein die Pflegschaft für unbekannte Beteiligte. Insbesondere für die in § 1882 S. 2 BGB hervorgehobene Pflegerbestellung für noch nicht gezeugte Nacherben (für bereits gezeugte Nacherben → § 5 Rn. 47) bedarf es der Bestellung eines Pflegers für Minderjährige. Der Nacherbe hat bei Eintritt des Erbfalls, aber vor Eintritt des Nacherbfalls eine Reihe von Rechten, aber auch Pflichten.[41] Die Wahrnehmung dieser Rechte zwischen Erbfall und Nacherbfall für das noch nicht gezeugte Kind muss häufig durch einen Pfleger wahrgenommen werden. Entsprechendes gilt für den bedingt eingesetzten Vermächtnisnehmer nach § 2178 BGB.[42] Ist im Nachlass Grundbesitz, bedarf es für die Löschung des Nacherbenvermerks nach § 51 GBO dort, wo durch letztwillige Verfügung eine unbestimmte Zahl von Personen eingesetzt ist („meine Abkömmlinge", „meine dereinstigen Kinder" usw) der Bewilligung oder Zustimmung des Pflegers nach § 1882 BGB.[43] Ein Nacherbe ist allerdings nicht schon deshalb unbekannt, weil ungewiss ist, ob er den Nacherbfall erleben, also den Vorerben überleben wird (vgl. § 2108 Abs. 2 S. 1 BGB). Auch steht der Annahme, der Nacherbe sei bekannt, nicht entgegen, dass dieser in der letztwilligen Verfügung nur abstrakt bestimmt worden ist (zB erstgeborenes Kind). Ein nur abstrakt bestimmter Nacherbe ist im Zweifel ebenso bekannt wie ein namentlich bezeichneter

41 Vgl. etwa Prütting/Wegen/Weinreich/Kummer BGB § 2100 Rn. 5.
42 Soergel/Zimmermann BGB § 1913 aF Rn. 4.
43 Vgl. BGH NJW 2014, 1532 mAnm Zimmer; RGRK-BGB/Johannsen § 2113 Rn. 41.

Erbe, wenn feststeht, wer die abstrakte Bestimmung erfüllt und sich daran bis zum Nacherbfall außer durch den Tod der bestimmten Person nichts mehr ändern kann.[44]

Unbekannt ist ein Nacherbe hingegen insbesondere, wenn er bzw. der Kreis der Nach- 70
erben erst im Zeitpunkt des Eintritts des Nacherbfalls bestimmt werden kann,[45] oder wenn er nur für den Fall als Nacherbe berufen sein soll, dass er den Vorerben überlebt.

In der Testamentsgestaltung sollte zur Vermeidung von Pflegschaften bei der Bestim- 71
mung des Nacherben besondere Sorgfalt aufgewandt werden.[46]

4. Beendigung der Pflegschaft für Minderjährige (§ 1812 BGB)

Die Pflegschaft für Minderjährige ist nach § 1812 Abs. 1 BGB aufzuheben, wenn der 72
Grund für die Anordnung weggefallen ist, in Ausnahmefällen endet die Pflegschaft jedoch ohne Aufhebung unmittelbar durch Gesetz, etwa nach § 1812 Abs. 2 BGB mit Beendigung der elterlichen Sorge oder Vormundschaft, also meist mit Erreichen der Volljährigkeit. Dies beruht darauf, dass die Pflegschaft oftmals in der Person des gesetzlichen Vertreters im Hinblick auf einen Interessengegensatz begründet ist und mit dem Wegfall des gesetzlichen Vertreters auch der Interessengegensatz wegfällt. Die Beendigung der Pflegschaft bei Wegfall der Vormundschaft trifft insbesondere auch für die Pfleger nach §§ 1776, 1177 BGB zu. Bei Zweifeln über das Erreichen der Volljährigkeit (→ § 5 Rn. 11 s. o.) muss das Familiengericht eigene Ermittlungen durchführen.[47]

Auch Pflegschaften, die nur für einen bestimmten Zweck eingerichtet sind (etwa die 73
Mitwirkung bei einem Rechtsgeschäft), enden wie im bisherigen Recht, wenn die Angelegenheit erledigt ist. Eines besonderen Aufhebungsbeschlusses bedarf es nicht, ein solcher nur deklaratorisch wirkender Beschluss ist aber zulässig.

5. Aufhebung sonstiger Pflegschaften

Wie bereits in § 1919 BGB (aF) stellt § 1886 BGB den Grundsatz auf, dass die sonstige 74
Pflegschaft nicht ipso jure endet, sondern aufzuheben ist. Eine Pflicht zur Aufhebung besteht dann, wenn der Grund für ihre Anordnung wegfällt, wobei die in § 1886 Abs. 1 BGB genannten Gründe nur beispielhaft sind. Auch bei von vornherein fehlerhafter Anordnung bedarf es zur Beseitigung der Pflegschaft einer Anordnung. Der Tod des „Pfleglings“ ist Grundvoraussetzung für seine Anordnung, führt jedoch unabhängig von der Aufhebung zur automatischen Beendigung der Pflegschaft.[48]

Für die in der Praxis bedeutsame Nachlasspflegschaft gilt, dass mit dem Wegfall 75
zumindest einer Voraussetzung für die Nachlasssicherung die getroffenen Maßnahmen unverzüglich aufzuheben sind;[49] bis zur Aufhebung ist die angeordnete Pflegschaft wirksam.[50]

44 Vgl. Soergel/Zimmermann BGB § 1913 aF Rn. 3; RGRK-BGB/Dickescheid § 1913 aF Rn. 2.
45 BayObLG FamRZ 2001, 1561 (1562).
46 Vgl. Zimmer ZEV 2014, 526.
47 Zur Verwertung von Alters-Feststellungen des Jugendamts nach § 42f Abs. 2 S 3 SGB VIII vgl. KG FamRZ 2020, 842.
48 BayObLG NJW 1965, 297.
49 Prütting/Wegen/Weinreich/Zimmer BGB § 1960 Rn. 4; MüKoBGB/Leipold § 1960 Rn. 27.
50 BGHZ 49, 1.

76 Der Beschluss über die Aufhebung der Pflegschaft wird gemäß § 40 FamFG mit seiner Bekanntgabe wirksam.

C. Betreuung

I. Allgemeines

77 Die Eingangsvorschrift für die Betreuung ist nunmehr in § 1814 BGB geregelt. Die Voraussetzungen für die Bestellung des Betreuers in § 1814 Abs. 1 BGB sind ggü. § 1896 Abs. 1 BGB (aF) insoweit klargestellt, als es sich um die ganze oder teilweise Unfähigkeit der Erledigung der eigenen Angelegenheiten in rechtlicher Hinsicht handeln muss. In der Praxis dürfte sich hier nur ausnahmsweise eine Änderung ergeben, weil der rechtliche Bezug der „Angelegenheiten“ auch in der Vergangenheit Voraussetzung für die Betreuung war.[51] Auch der Verzicht auf das Merkmal der „psychischen“ Erkrankung dürfte den Kreis der Betroffenen nicht vergrößern.[52]

78 Von größerer Bedeutung dürfte bereits bei Einrichtung der Betreuung im gerichtlichen Bestellungsverfahren[53] die Berücksichtigung der Wünsche (anstelle des „Wohls des Betreuten“) sein. Die Stärkung der Wünsche (vgl. § 1821 Abs. 2 BGB) des Betroffenen wird auch durch die Stärkung seiner Verfahrensrechte gewährleistet. So sieht der neu geschaffene § 275 Abs. 2 FamFG vor, dass das Gericht den Betroffenen bei Einleitung des Verfahrens in möglichst adressatengerechter Weise über die Aufgaben eines Betreuers, den möglichen Verlauf de s. Verfahrens sowie die Kosten, die allgemein aus der Bestellung eines Betreuers folgen können, unterrichtet.

79 Auch erfolgt eine Stärkung der Verfahrensrechte bei der Bestellung eines Betreuers, wenn sie gegen den erklärten Willen des Betroffenen erfolgen soll oder bei der beabsichtigten Anordnung eines Einwilligungsvorbehalts gegen den erklärten Willen des Betroffenen durch die Bestellung eines Verfahrenspflegers (§ 276 Abs. 1 Nr. 2 FamFG). Auch hat der Verfahrenspfleger, der eine natürliche Person sein muss, die Wünsche, hilfsweise den mutmaßlichen Willen des Betroffenen festzustellen und im gerichtlichen Verfahren zur Geltung zu bringen. Auch aus weiteren Vorschriften ergibt sich die stärkere Einbeziehung des Betroffenen in das Verfahren (vgl. § 278 Abs. 2 FamFG).

80 Ergeben sich abgesehen von der Stärkung der Verfahrensrechte und der Berücksichtigung der Wünsche des Betroffenen in der Einrichtung der Betreuung keine wesentlichen Änderungen, hat der Gesetzgeber eine Reihe von besonderen Betreuungen geschaffen, die in der Vergangenheit nicht oder nur am Rande geregelt waren. Dabei handelt es sich etwa um den Verhinderungsbetreuer (§ 1817 Abs. 4 BGB) oder den Sterilisationsbetreuer (§ 1817 Abs. 2 BGB). Weggefallen ist ebenso wie der Gegenvormund (→ § 3 Rn. 2) der Gegenbetreuer (§§ 1792 iVm 1908i BGB aF), weil die Aufgaben nunmehr durch das Betreuungsgericht vorgenommen werden.

51 Soergel/Zimmermann BGB § 1896 aF Rn. 15 – vgl. auch § 1901 Abs. 1 BGB aF.
52 Krit. Schwab FamRZ 2021, 1321.
53 Zur Stärkung der Rechte des Betroffenen im Vorfeld des gerichtlichen Bestellungsverfahrens vgl. Schellenbach/Normann-Scheerer/Loer BtPrax 20, 119.

II. Betreuung nach § 1814 BGB

Die Bestellung eines Betreuers erfolgt auf Antrag des Betroffenen oder von Amts wegen (§ 1814 Abs. 4 S. 1 BGB). 81

Die Grundsätze für die Bestellung haben sich durch die Reform nicht geändert.

1. Erforderlichkeit

Die Betreuung muss erforderlich sein, insbesondere ist die Betreuung nicht erforderlich (§ 1814 Abs. 3 S. 2 Nr. 1, 2, Abs. 2 S. 2 BGB), wenn die Angelegenheiten 82

- durch einen Bevollmächtigten (der nicht zu den in § 1816 Abs. 6 BGB bezeichneten Personen gehört) oder
- durch andere Hilfen, bei denen kein gesetzlicher Vertreter bestellt wird, erledigt werden können.

2. Nachrangigkeit der Betreuung

Aus der Erforderlichkeit lässt sich schließlich eine Nachrangigkeit, sog. Subsidiarität, der Betreuung erkennen gegenüber 83

- gewillkürter, rechtlicher Hilfe aufgrund Vollmacht, insbesondere Vorsorgevollmacht (vgl. dazu anderweitige tatsächliche Hilfe (etwa durch Angehörige, Nachbarn, Wohlfahrtsverbände usw)).

Dazu gehört nunmehr auch das Notvertretungsrecht des Ehegatten nach § 1358 BGB. 84 Das Betreuungsgericht hat also bei verheirateten Betroffenen die Pflicht zur Prüfung der Voraussetzungen und ggf. auf Vorlage des Dokuments nach § 1358 Abs. 4 S. 2 BGB hinzuwirken (Einzelheiten § 1 Rn. 4 f., § 21 Rn. 49 f.).

3. Weitere Betreuungsfälle

a) Der Kontrollbetreuer §§ 1815 Abs. 3, 1820 Abs. 3 BGB

Der nunmehr erstmalig gesetzlich normierte Kontrollbetreuer nach §§ 1815 Abs. 3, 85 1820 Abs. 3 BGB hat vor allem die Aufgabe, die Rechte des Betreuten ggü. einem Bevollmächtigten geltend zu machen.

Nach früherem Recht konnte ein Betreuer auch zur Geltendmachung von Rechten des 86 Betreuten gegenüber seinem Bevollmächtigten bestellt werden. Mit dieser sogenannten Kontrollbetreuung – die nichts anderes als eine Betreuung mit einem bestimmten Aufgabenkreis war – konnte im Falle einer wirksam erteilten Vorsorgevollmacht für eine Kontrolle des Bevollmächtigten gesorgt werden, wenn der Vollmachtgeber aufgrund einer psychischen Krankheit oder einer körperlichen, geistigen oder seelischen Behinderung nicht mehr in der Lage war, den Bevollmächtigten zu überwachen und gegebenenfalls die Vollmacht zu widerrufen.[54] Die Voraussetzungen für eine derartige Kontrollbetreuung waren aber gesetzlich nicht geregelt, was oftmals zu Unsicherheiten geführt hat, zumal der Aufgabenkreis oft nicht sicher zu bestimmen war. Der BGH[55] hat zudem an den Widerruf einer vom Betreuten erteilten Vollmacht besondere Anforderungen gestellt, weil der Widerruf der Vollmacht zur endgültigen Beseitigung

54 BGH FamRZ 2018, 1188; FamRZ 2015, 2163.
55 Zum früheren Recht: BGH FamRZ 2015, 1702.

der Vollmacht führte und damit einen schwerwiegenden Eingriff in die Rechte des Betreuten bedeutete. Der Betreuer konnte eine Vorsorgevollmacht nur widerrufen, wenn ihm diese Befugnis als eigenständiger Aufgabenkreis ausdrücklich zugewiesen war. Dieser Aufgabenkreis durfte einem Betreuer aber nur dann übertragen werden, wenn das Festhalten an der erteilten Vorsorgevollmacht eine künftige Verletzung des Wohls des Betroffenen mit hinreichender Wahrscheinlichkeit und in erheblicher Schwere befürchten ließ und mildere Maßnahmen zur Abwehr eines Schadens für den Betroffenen nicht geeignet waren.

87 Die gesetzliche Normierung der Kontrollbetreuung schafft in dieser Hinsicht Rechtssicherheit. Die Anforderungen an das Selbstbestimmungsrecht des Betreuten werden durch die Kontrollbetreuung nunmehr nicht allein zu einer Ermächtigungsgrundlage für die Eingriffe in die Rechte des Betreuten führen; der Gesetzgeber hat auch inhaltliche und verfahrensrechtliche Änderungen vorgenommen.

88 Zum einen kann dem Betreuer nach § 1815 Abs. 3 BGB (neben anderen Aufgabenbereichen) der Aufgabenbereich eines Kontrollbetreuers übertragen werden, insoweit spiegelt dies den in der Rechtsprechung entwickelten Fall des bisherigen Kontrollbetreuers wider.

89 Nunmehr kann aber auch unmittelbar ein Kontrollbetreuer bestellt werden, wenn die Bestellung erforderlich ist, dh wenn

- der Vollmachtgeber aufgrund einer Krankheit oder Behinderung nicht mehr in der Lage ist, seine Rechte gegenüber dem Bevollmächtigten auszuüben, und
- aufgrund konkreter Anhaltspunkte davon auszugehen ist, dass der Bevollmächtigte die Angelegenheiten des Vollmachtgebers nicht entsprechend der Vereinbarung oder dem erklärten oder mutmaßlichen Willen des Vollmachtgebers besorgt.

90 Unter die Geltendmachung von Rechten des Betreuten gegenüber seinem Betreuer fällt auch der Widerruf der Vollmacht, da es sich auch hierbei um ein Recht des Betreuten gegenüber seinem Betreuer handelt. Mit der Anordnung dieses Aufgabenbereichs geht somit unmittelbar die Ermächtigung zum Widerruf der Vollmacht einher. Wird also ein Kontrollbetreuer nach § 1820 Abs. 3 BGB bestellt, bedarf es nicht der Angabe eines Aufgabenkreises oder Aufgabenbereiches, insbes. nicht des Aufgabenkreises „Widerruf einer Vollmacht“.

91 Auch verfahrensrechtlich sind an die Kontrollbetreuung und insbesondere den Widerruf der Vorsorgevollmacht besondere Anforderungen gestellt. Die Einrichtung der Kontrollbetreuung unterliegt zunächst dem Richtervorbehalt. Der Widerruf der Vorsorgevollmacht bedarf nunmehr nach § 1820 Abs. 5 S. 2 BGB der betreuungsgerichtlichen Genehmigung. Hinzuweisen ist auch auf die neu geschaffene Möglichkeit, eine Vorsorgevollmacht vorübergehend zu suspendieren (§ 1820 Abs. 4 BGB), womit ein endgültiger Widerruf der Vollmacht mit seinen schwerwiegenden Folgen zunächst verhindert werden kann (→ § 21 Rn. 21 ff.).

Muster: Anregung einer Kontrollbetreuung 92

An das Amtsgericht

– Betreuungsgericht –

Unser Bewohner Herr ...

Als Heimleiter des Pflegeheimes „Abendsegen" in Braunschweig bitte ich für Herrn ..., geb. am ..., wohnhaft ..., um Anordnung einer Kontrollbetreuung. Herr ... lebt seit einigen Jahren in unserem Pflegeheim und ist infolge einer fortschreitenden Demenz nicht mehr in der Lage, seine Angelegenheiten selbst zu erledigen. Eine Betreuung ist nicht angeordnet, weil sein Neffe, Herr ... aufgrund einer umfassenden Vorsorgevollmacht für ihn handeln kann (Kopie anliegend). Der Neffe kommt aber Aufforderungen zur Mitwirkung bei wichtigen Angelegenheiten nicht nach. Vielmehr befürchtet Herr ..., dass der Neffe ihn „bestiehlt". Seiner Bitte um Vorlage von Kontoauszügen kommt der Neffe seit vielen Monaten nicht nach. Auch werden Lastschriften zurückgegeben, weil offensichtlich das Konto nicht gedeckt ist. Hier ist aber bekannt, dass Herr ... über eine hohe Pension als Oberstudienrat a.D. verfügt und zudem erhebliche Ersparnisse hatte. Der Neffe des Herrn ... hat auf unsere wiederholte Bitte nicht reagiert. Weitere Angehörige oder Vertrauenspersonen sind nicht vorhanden.

Es ist daher zu befürchten, dass der Bevollmächtigte hier Mittel nicht im Sinne des Herrn ... verwendet.

Ich bitte daher möglichst um Einrichtung einer Kontrollbetreuung.

Mit freundlichen Grüßen

b) Der Verhinderungsbetreuer und der Ergänzungsbetreuer

Der Verhinderungsbetreuer ist aus dem früheren Recht bekannt als Sonderfall des Ergänzungsbetreuers (§ 1899 Abs. 4 BGB). Nunmehr kann das Betreuungsgericht nach § 1817 Abs. 4 BGB schon vorsorglich einen Verhinderungsbetreuer bestellen, der die Angelegenheiten des Betreuten zu besorgen hat, wenn und soweit der Betreuer aus tatsächlichen Gründen verhindert ist. Damit soll nach der Vorstellung des Gesetzgebers vermieden werden, dass im Falle einer vorübergehenden tatsächlichen Verhinderung eines Betreuers, insbesondere wegen Krankheit oder Urlaubs, bei einem in dieser Zeit bestehenden Betreuungsbedarf ein gerichtliches Verfahren zur Bestellung eines Verhinderungsbetreuers eingeleitet werden muss. In der Praxis wurde aus diesem Grunde durch den Betreuer der Verhinderungsfall durch die Erteilung von Vollmachten „abgesichert". 93

Ob die Neuregelung praktikabel ist, erscheint allerdings zweifelhaft. Während in § 1817 Abs. 1, 3 BGB beim Vorhandensein mehrerer Betreuer ausdrücklich das Verhältnis mehrerer Betreuer im Außenverhältnis geregelt und damit sichergestellt ist, dass auch Dritte die Vertretungsmacht des Betreuers feststellen können, erscheint dies beim vorsorglich bestellten Verhinderungsbetreuer zweifelhaft. Nach früherem Recht war die Bestellung des Verhinderungsbetreuers nur möglich, wenn der eigentliche Betreuer an der Erledigung seiner Aufgaben aus tatsächlichen Gründen verhindert war; die Bestellung eines Ergänzungsbetreuers war nur dann veranlasst, wenn eine derartige Verhinderung des Betreuers konkret zu besorgen und daher zu erwarten war, dass der Ergänzungsbetreuer von seiner Entscheidungsverantwortung Gebrauch machen muss.[56] 94

56 BGH BtPrax 2020, 31.

95 Ob der Verhinderungsbetreuer nur im tatsächlichen Verhinderungsfall tätig werden darf und seine Vertretungsmacht auch nur im Verhinderungsfall besteht oder ob seine Vertretungsmacht bereits mit Bestellung zum Verhinderungsbetreuer und unabhängig vom Verhinderungsfall besteht, ist ungeklärt. Die Gesetzesbegründung geht von einer umfassenden Vertretungsmacht aus.[57] Dies widerspräche allerdings dem gesetzlichen Regelfall der Einzelbetreuung.[58] Die Durchbrechung des Grundsatzes der Einzelbetreuung kam jedenfalls nach früherem Recht nur bei einem entsprechend konkret absehbaren Bedarf für das Tätigwerden eines Ergänzungsbetreuers in Betracht;[59] der Verhinderungsbetreuer hatte also nach früherem Recht keine dauerhafte Vertretungsbefugnis. Dass bei fehlender ausdrücklicher Regelung dem Verkehrsschutz der Vorrang vor dem Schutz des Betreuten zu gewähren ist, erscheint jedenfalls zweifelhaft.

96 Unproblematisch ist hingegen der Ergänzungsbetreuer, der im Falle der Verhinderung des Betreuers aus rechtlichen Gründen zu bestellen ist. Dieser ist nunmehr in § 1817 Abs. 5 BGB ausdrücklich genannt. Seine Stellung ist ggü. dem früheren Recht unverändert und vor allem dort erforderlich, wo der Betreuer nach § 1824 an der Vertretung gehindert ist (→ § 22 Rn. 6 ff.)

c) Beendigung der Betreuung

97 Nach § 1870 BGB endet die Betreuung mit der Aufhebung durch das Betreuungsgericht oder mit dem Tod des Betreuten. Die in § 295 Abs. 2 FamFG zwingend geforderte Befristung führt jedoch damit nicht zu einer automatischen Beendigung der Betreuung. Nach der Beendigung der Betreuung kann der Betreuer jedoch nach § 1874 Abs. 1 BGB wirksam für den Betreuten handeln, wenn er vom Wegfall der Betreuung keine Kenntnis hat und ist im Rahmen der Notgeschäftsführung nach § 1874 Abs. 2 BGB sogar verpflichtet, für die Erben des Betreuten tätig zu werden.

aa) Tod des Betreuten

98 Das frühere Recht enthielt keine Bestimmung über ein automatisches Ende der Betreuung, allerdings hat die Rechtsprechung die Beendigung der Betreuung ipso jure mit dem Tod des Betreuten bejaht.[60] Nunmehr hat der Gesetzgeber in § 1870 BGB ausdrücklich auch den Tod als Beendigungsgrund anerkannt, wie dies auch für das Vormundschaftsrecht stets ausdrücklich geregelt war. Neben dem Tod dürfte auch die Todeserklärung nach § 44 Abs. 2 VerschG zur automatischen Beendigung der Betreuung führen, auch wenn es sich nur um eine Vermutungsregelung handelt.[61]

99 Die bislang im BGB geregelte Pflicht zur Rückgabe der Bestellungsurkunde ergibt sich nunmehr aus § 290 Abs. 3 FamFG.

bb) Wegfall der Voraussetzungen

100 Die Betreuung ist nach § 1871 Abs. 1 S. 1 BGB aufzuheben, wenn ihre Voraussetzungen weggefallen sind. Wichtigste Anwendungsfälle sind hier der Wegfall der Betreuungs-

57 BT-Drs. 19/24445, 242; ebenso Kurze ZErb 2021, 345.
58 Vgl. BGH FamRZ 2017, 549.
59 BGH BtPrax 2020, 31.
60 BGH FamRZ 2012, 295.
61 NK-BGB/Heitmann/Füchtenkord § 1908d aF Rn. 12; im Regelfall dürfte der Betreuung aber eine Abwesenheitspflegschaft (§ 1884 BGB) vorausgegangen sein.

bedürftigkeit durch Heilung oder Rehabilitation oder die Erledigung der Aufgaben, für die Betreuung angeordnet wurde. Auch die Bestellung eines Bevollmächtigten, insbes. eines Vorsorgebevollmächtigten (§ 1814 Abs. 3 BGB) ist ein Anlass für die Aufhebung der Betreuung.[62] Erlangt das Betreuungsgericht Kenntnis vom Notvertretungsrecht der Ehefrau (§ 1358 BGB) ist die Betreuung ebenfalls aufzuheben. Das Betreuungsgericht muss Hinweisen, die zur Aufhebung der Betreuung führen können, von Amts wegen nachgehen.[63] In der Praxis erfährt das zuständige Betreuungsgericht hiervon durch eine entsprechende Mitteilung des Betreuers nach § 1864 Abs. 2 Nr. 1 BGB. Macht der Betreuer von sich aus keine entsprechende Meldung an das Betreuungsgericht, so hat er die Pflicht zu überprüfen, ob nach wie vor Gründe für eine Betreuung und/oder einen gegebenenfalls angeordneten Einwilligungsvorbehalt gegeben sind.

Wird der gewöhnliche dauerhafte Aufenthalt des Betreuten ins Ausland verlegt, bleibt 101 es bei der nach deutschem Recht angeordneten Betreuung, und zwar auch dann, wenn die Voraussetzungen für eine Betreuung im Aufenthaltsstaat vom deutschen Recht abweichen. Zwar richtet sich die Betreuung nach dem Recht des Staates, in dem der Betreute seinen dauerhaften Aufenthalt hat, die angeordnete Betreuung bleibt jedoch bestehen bis der Staat in dem der Betreute seinen dauerhaften Aufenthalt hat, betreuungsrechtliche Maßnahmen einleitet (Art. 24 Abs. 2 EGBGB).[64]

Unter „gewöhnlichem Aufenthalt" (§ 343 FamFG und Art. 21 EuErbVO) ist der tat- 102 sächliche Lebensmittelpunkt einer natürlichen Person zu verstehen, der mittels einer Gesamtbeurteilung der Lebensumstände des Erblassers in der Zeit vor seinem Tod und zum Zeitpunkt des Todes festzustellen sei.[65] Es spricht nichts dagegen, hier einen Gleichlauf auch mit Art. 24 EGBGB anzunehmen. Fehlt es beim Betreuten an der Geschäftsfähigkeit, stellt sich die Frage, ob ein ohne seinen Willen vorgenommener Ortswechsel in das Ausland einen neuen gewöhnlichen Aufenthalt begründen kann.[66]

62 BGH FamRZ 2012, 969.
63 BGH NJW 2011, 1289.
64 Bode Vormundschaftsrecht, 334 (für die Vormundschaft).
65 OLG Celle ZEV 2020, 229.
66 Verneinend Zimmer/Oppermann ZEV 2016, 126; OLG München FamRZ 2017, 1251; aA etwa OLG Celle ZEV 2020, 229.

§ 6 Die Auswahl des Amtsträgers und seine Entlassung

Literatur:

Bartels, Die große Reform: Primat der Wünsche des Betreuten – die neuen Vorschriften des Betreuungsrechts, FamRB 2021, 204; *Bartels*, Die große Reform: Vom Recht des Vormunds zu den Rechten des Mündels – die neuen Vorschriften des Vormundschafts- und Pflegschaftsrechts, FamRB 2021, 113; *Bode*, Das neue Vormundschaftsrecht. Einführung – Erläuterungen – Materialien – Schnellüberblick, Köln 2021; *Christl*, Akzeptanz und Qualität ehrenamtlicher Betreuung in der Reform, FamRZ 2021, 81; *Dürbeck*, Der Gesetzentwurf der Bundesregierung zur Reform des Vormundschafts- und Betreuungsrechts v. 25.9.2020. Das neue Vormundschaftsrecht im Bereich der Personensorge, FamRZ 2020, 1789; *Grziwotz*, Struktureller Wandel des Betreuungsrechts?, ZRP 2020, 248; *Horn*, Die Reform des Vormundschafts- und Betreuungsrechts: fast der große Wurf, ZEV 2020, 748; *Schwab*, Die große Paragrafenwanderung und mehr – Zum Referentenentwurf einer Reform des Vormundschafts- und Betreuungsrechts –, FamRZ 2020, 1321; *Socha*, Sicherheit statt Sollbruchstelle – der „vorläufige Vormund" in der Reform des Vormundschafts- und Betreuungsrechts, FamRZ 2021, 87; *Veit*, Die Reform des Vormundschaftsrechts nach dem zweiten Diskussionsteilentwurf, FamRZ 2019, 337

A. Einführung

Sind die Voraussetzungen für die familiengerichtliche Anordnung einer Vormundschaft, einer zusätzlichen oder einer Ergänzungspflegschaft nach §§ 1773, 1776 Abs. 3, 1809 BGB oder für die Einrichtung einer Betreuung nach §§ 1814 ff. BGB durch das Betreuungsgericht erfüllt (siehe dazu → § 5 Rn. 4 ff., 59 ff. und 81 ff.), stellt sich die Frage nach der für die Übernahme des Amts **geeigneten Person** und insbesondere den für ihre **Auswahl maßgeblichen Kriterien.** 1

2 Für die **Vormundschaft** und über die Verweisung in § 1813 BGB auch für die Pflegschaft (vgl. dazu → § 5 Rn. 39 ff.) gilt dabei, dass **Leitbild des Gesetzes die ehrenamtliche Einzelvormundschaft** ist: Danach soll eine natürliche Person zum Vormund bzw. Pfleger für einen oder wenige Mündel bestellt werden, für die sie in vergleichbarer Weise sorgt wie Eltern für ihre Kinder.[1] Angesichts der in der familiengerichtlichen Praxis in der Vergangenheit demgegenüber regelhaft zu beobachtenden Einrichtung von Amtsvormundschaften – in ca. 80 % der Fälle[2] – verfolgt der Gesetzgeber mit der zum 1.1.2023 in Kraft getretenen Reform des Vormundschaftsrechts nicht nur das Ziel, die Position des Mündels als Rechtssubjekt zu stärken, sondern auch die Erziehungsverantwortung des Vormunds und die Bedeutung des Verhältnisses vom Vormund zu der Pflegeperson, die den Mündel im Alltag erzieht, zu betonen.[3]

3 Bei der **Betreuerauswahl** (→ Rn. 43 ff.) soll nach der Intention des Gesetzgebers ebenfalls die **Einzelbetreuung durch eine ehrenamtlich tätige natürliche Person** Vorrang vor allen anderen in Betracht kommenden Möglichkeiten haben, im Übrigen aber das Wohl des Betreuten auschlaggebend sein.[4] Auch hier sind in der Praxis in der Vergangenheit jedoch erhebliche Abweichungen von den Vorstellungen des Gesetzgebers aufgetreten,[5] denen mit der Reform des Betreuungsgesetzes abgeholfen werden soll: Die Gewinnung ehrenamtlicher Betreuer soll erleichtert werden, zugleich sollen aber wegen der empirisch bei diesen festgestellten Qualitätsdefizite und der erhöhten Anforderungen an die rechtliche Betreuung die professionellen Hilfen erweitert werden. Weiteres Ziel des Gesetzgebers ist die weitestmögliche Wahrung der Selbstständigkeit des Betreuten.[6]

B. Die Auswahl des Vormunds/Pflegers durch das Familiengericht

4 Eines der zentralen Anliegen der zum 1.1.2023 in Kraft getretenen Reform des Vormundschaftsrechts ist die **Förderung und Verbesserung der Auswahl der Person des Vormunds** durch das Familiengericht in §§ 1778 ff. BGB, der vom Gesetzgeber eine besondere Bedeutung für das Gelingen der Vormundschaft beigemessen wird.[7]

I. Vorbemerkung

5 Das Familiengericht soll unter den nach §§ 1774 f. BGB in Betracht kommenden Vormündern den für die Sorge für die Person und das Vermögen des Mündels **am besten Geeigneten** aussuchen. Im Gesetz werden differenzierte Eignungsvoraussetzungen genannt: Neben den mündelbezogenen Kriterien des § 1778 Abs. 2 BGB (Wille des Mündels, familiäre Beziehungen, persönliche Bindungen etc) konkretisiert § 1779 Abs. 1 BGB die persönlichen und fachlichen Voraussetzungen, die eine natürliche Person für die Übernahme einer Vormundschaft erfüllen muss. Allerdings gilt ein **eingeschränkter Subsidiaritätsgrundsatz**, nach dem jedenfalls bei gleicher Eignung unterschiedlicher

1 BVerfGE 54, 251 (266); vgl. zum Folgenden Staudinger/Veit BGB Vorbem. zu §§ 1773 aF ff. Rn. 29 f.
2 BT-Drs. 19/24445, 194.
3 BT-Drs. 19/24445, 2.
4 BGH FamRZ 2010, 1899; BayObLG FamRZ 2004, 1600.
5 Im Einzelnen vgl. Staudinger/Bienwald BGB Vorbem. zu §§ 1897 ff. aF Rn. 20 ff.
6 Christl FamRZ 2021, 81.
7 BT-Drs. 19/24445, 124; Dürbeck FamRZ 2020, 1789; Veit/Marchlewski FamRZ 2017, 779.

Aspiranten eine ehrenamtlich tätige Person bei der Auswahl vorrangig zu berücksichtigen ist.[8] Schließlich kann nach §§ 1781, 1774 Abs. 2 BGB für eine begrenzte Zeit auch ein Vormundschaftsverein oder das Jugendamt zum **vorläufigen Vormund** bestellt werden, um dem Gericht die – im Einzelfall durchaus zeitaufwendige – Ermittlung und Auswahl des geeigneten Vormunds zu ermöglichen, ohne den Mündel in dieser Zeit ohne gesetzliche Vertretung zu lassen.

II. Vorrangige testamentarische Auswahlentscheidung der Eltern

Eine **Auswahl** nach den in § 1778 ff. BGB niedergelegten Kriterien ist dem Gericht allerdings **verwehrt**, wenn – in der Praxis eher selten[9] – die leiblichen Eltern des Kindes im Wege letztwilliger Verfügung selbst eine Auswahl getroffen haben, § 1782 BGB. Diese ist für das Gericht nur dann nicht bindend, wenn Veranlassung besteht, den Berufenen zu übergehen. Dieser hat nämlich ein Recht auf seine Bestellung und darf vom Gericht nur übergangen werden, wenn einer der in § 1783 Abs. 1 BGB enumerativ aufgezählten Gründe vorliegt (§ 1783 Abs. 2 BGB):[10] Vorliegen der **personenbezogenen Ausschlussgründe des § 1784 BGB**, Kindeswohlabträglichkeit der Bestellung, Widerspruch des mindestens vierzehnjährigen Mündels, Verhinderung aus rechtlichen oder tatsächlichen Gründen und schließlich die fehlende Erklärung der Bereitschaft zur Übernahme.[11] 6

§ 1782 Abs. 1 S. 2 BGB lässt sich weiter entnehmen, dass das Benennungsrecht (wie bereits nach § 1777 Abs. 1 BGB aF) nur den **sorgeberechtigten Eltern** zustehen soll, und zwar nicht gemeinsam, sondern, wie aus Abs. 2 folgt, jedem Elternteil allein. Berufen zum Vormund ist deshalb, wer von beiden Elternteilen oder von dem Elternteil benannt wurde, der allein von dem Benennungsrecht Gebrauch gemacht hat.[12] Entgegen der Wertung des § 1627 BGB müssen die Eltern das Benennungsrecht gem. § 1782 Abs. 2 BGB nicht gemeinsam ausüben; daher gelangt § 1628 BGB bei gemeinsamer elterlicher Sorge auch im Falle einer möglichen Meinungsverschiedenheit über die Person des zu berufenden Vormunds nicht zur Anwendung. Denn nach der **vorrangigen Regelung des § 1782 Abs. 2 BGB** ist die Bestimmung jedes Elternteils auch wirksam, wenn Vater und Mutter verschiedene Personen benennen. Dann gilt jedoch die Maßgabe, dass die Benennung durch den letztversterbenden Elternteil maßgeblich ist, auch dann, wenn sie zeitlich früher als die des Vorverstorbenen getroffen wurde.[13] Steht das Sorgerecht allerdings einem Elternteil allein zu (gem. §§ 1626a Abs. 3 oder 1671 BGB), hat dieser auch die alleinige Benennungsbefugnis. Ein Recht zur Benennung haben natürlich auch die Adoptiveltern bzw. der Einzeladoptierende, die leiblichen Eltern nach Abgabe der Adoptionseinwilligungserklärung gem. § 1751 BGB dagegen nicht mehr. Daher ändert eine zuvor durch diese erfolgte Benennung auch nichts mehr an der nach § 1751 Abs. 1 S. 1, 2 BGB eintretenden Amtsvormundschaft. Kein Benennungsrecht besteht 7

8 BT-Drs. 19/24445, 124; OLG Brandenburg FamRZ 2020, 349; OLG Stuttgart FamRZ 2017, 218; Grüneberg/Götz BGB § 1779 aF Rn. 9.
9 Dürbeck FamRZ 2020, 1789.
10 Staudinger/Veit BGB § 1779 aF Rn. 7.
11 Vgl. Bartels FamRB 2021, 113 (115); ähnlich bereits § 1778 Abs. 1 BGB aF.
12 Vgl. MüKoBGB/Spickhoff § 1776 aF Rn. 4.
13 Staudinger/Veit BGB § 1782 aF Rn. 17.

weiter, wenn zum maßgeblichen Zeitpunkt die elterliche Sorge ruht oder den Eltern entzogen wurde.[14]

8 **Muster: Benennung/Ablehnung eines Vormunds nach § 1782 BGB im Rahmen einer letztwilligen Verfügung**

... Die elterliche Sorge für unser minderjähriges Kind ..., geb. am ..., steht uns gemeinsam zu.

Für den Fall, dass wir beide versterben sollten, bevor ... das 18. Lebensjahr vollendet hat, benennen wir zu seinem Vormund:

Herrn/Frau ...., geb. am ...., derzeit wohnhaft: ...

Begründung

(Angabe der Auswahlkriterien, zB Verwandtschaft, besonderes Näheverhältnis, Fachkunde, Wunsch des Kindes etc).

Sollte Herr/Frau als Vormund wegfallen, benennen wir ersatzweise zum Vormund:

Herrn/Frau ...., geb. am ..., derzeit wohnhaft: ...

Begründung

(wie oben)

(oder/und)

Herrn/Frau ...., geb. am ...., derzeit wohnhaft: ..., schließen wir dagegen von der Vormundschaft aus. (Begründung) ...

III. Ausnahmsweise vorrangige Amtsvormundschaft

9 Eine gerichtliche Auswahl des Vormunds nach §§ 1778 ff. BGB findet aber auch dann nicht statt, wenn bei Geburt des betroffenen Kindes **kein Elternteil sorgeberechtigt** ist oder wenn das Bedürfnis nach Einrichtung einer Vormundschaft erstmals dadurch entsteht, dass das (alleinige) Sorgerecht des vermeintlich leiblichen Vaters durch Anfechtung endet (§ 1592 Nr. 1 oder 2 BGB). In beiden Fällen tritt nach § 1786 BGB **Amtsvormundschaft** kraft Gesetzes ein.[15]

10 Ferner wird das Jugendamt nach § 1787 BGB im Falle einer **vertraulichen Geburt nach § 25 Abs. 1 S. 2 SchKG** mit der Geburt des Kindes automatisch dessen Vormund. Damit ist gewährleistet, dass das Kind bereits einen Vormund hat, wenn es um die Auswahl von Adoptiveltern geht.[16]

IV. Zweistufiger Auswahlprozess

11 Liegt keiner der oben unter → Rn. 6 ff. genannten Ausnahmefälle vor, gelangen bei der Auswahl der Person des zu bestellenden Vormunds die §§ 1778 ff. BGB zur Anwendung: Das Familiengericht hat in einem zweistufigen Auswahlverfahren zunächst zu ermitteln (§ 26 FamFG), welche Personen überhaupt für das Amt **in Betracht kommen.** In einer zweiten Stufe hat es unter diesen – in Ausübung seines durch §§ 1778 Abs. 2, 1779 und 1775 BGB gebundenen Ermessens – **den am besten Geeigneten** als Vormund

14 MüKoBGB/Spickhoff § 1776 aF Rn. 4 mwN.
15 Vgl. BeckOGK BGB/B. Hoffmann§ 1791c aF Rn. 1.
16 Vgl. BT-Drs. 19/24445, 202.

auszuwählen.[17] Allerdings gehen die für die beiden Stufen maßgeblichen Entscheidungskriterien fließend ineinander über (vgl. zur Auswahl Schema I → Rn. 28).

1. Erste Stufe: Auswahl der als Vormund in Betracht kommenden Personen

Das Familiengericht muss zunächst für die Führung der Vormundschaft geeignete Personen ermitteln, zu denen auch Berufs- oder Vereinsvormünder und natürlich das örtlich zuständige Jugendamt zählen können; es gilt der **Amtsermittlungsgrundsatz** des § 26 FamFG. Nach § 168 Abs. 1 FamFG ist das Familiengericht insbesondere dazu verpflichtet, Angehörige und Vertrauenspersonen des Mündels anzuhören, wenn dies ohne erhebliche Verzögerung möglich ist, ferner nach Abs. 2 dazu, vor der Bestellung eine Auskunft nach § 41 BZRG einzuholen. 12

Allerdings ist das Jugendamt ebenfalls in der Pflicht: Nach **§ 53 Abs. 1 und 2 SGB VIII** hat es dem Gericht **Personen vorzuschlagen**, die sich im konkreten Fall zur Bestellung als Vormund eignen, seinen Vorschlag darüber hinaus zu begründen und schließlich darzulegen, welche Maßnahmen es zur Ermittlung des für den Mündel am besten geeigneten Vormunds unternommen hat. Die in Betracht kommenden Aspiranten müssen nach ihren charakterlichen und geistigen Eigenschaften, nach ihren persönlichen und wirtschaftlichen Verhältnissen sowie nach ihren Kenntnissen und Erfahrungen in der Lage und auch bereit sein, das Amt so zu führen, wie es das Wohl des Mündels erfordert.[18] Eine **Eignung des Jugendamts wird** vom Gesetzgeber **vorausgesetzt.** Eine familiengerichtliche Prüfung der Eignung des mit der Führung der Vormundschaft betrauten Behördenmitarbeiters erfolgt nicht,[19] denn diese Aufgabe unterliegt der Zuständigkeit des Jugendamts selbst, § 55 Abs. 2 S. 1 SGB VIII. Wegen staatsorganisationsrechtlicher Bedenken im Hinblick auf die Wahrung des kommunalen Selbstverwaltungsrechts wäre es im Übrigen auch kaum möglich, bei der Anordnung einer Amtsvormundschaft unmittelbar den intern beim Jugendamt mit der Führung der Vormundschaft betrauten Mitarbeiter zu bestellen.[20] Allerdings hat das Jugendamt dem Familiengericht vor seiner Bestellung zum Vormund gem. § 57 Abs. 2 S. 1 SGB VIII die Person zu benennen, der dort die Aufgabe der Führung der Vormundschaft übertragen werden soll. Ungeachtet dieser Fragen handelt es sich bei dem Terminus „Eignung" um einen **unbestimmten Rechtsbegriff**, dessen Anwendung im konkreten Einzelfall in vollem Umfang der Überprüfung durch das Rechtsmittelgericht unterliegt.[21] 13

a) Mündelbezogene Auswahlkriterien

Für die Auswahl in Betracht zu ziehen sind nach der Intention des Gesetzgebers, der die persönlichen Belange des Mündels in § 1778 Abs. 2 BGB bewusst an die erste Stelle der Auswahlkriterien gesetzt hat,[22] vor allem Personen, deren Bestellung zum Vormund dem **Willen des Mündels** entspricht. Abgesehen von der damit beabsichtigten Stärkung der Subjektstellung des Mündels trägt die Berücksichtigung der in seiner Willensäuße- 14

17 BVerfG FamRZ 2012, 938 Rn. 22 ff.; OLG Brandenburg Rpfleger 2016, 228 Rn. 9; Staudinger/Veit BGB § 1779 aF Rn. 9.
18 Vgl. KG FamRZ 2008, 2306.
19 BT-Drs. 19/24445, 195; vgl. BGH FamRZ 2017, 1938 Rn. 10.
20 Dürbeck FamRZ 2020, 1789.
21 Vgl. KG FamRZ 2008, 2306.
22 BT-Drs. 19/24445, 195.

rung zum Ausdruck kommenden persönlichen Bindungen sicherlich auch zu einer besseren Akzeptanz und damit letztlich zum Gelingen der Vormundschaft bei.[23] Zu berücksichtigten sind weiter die **familiären Beziehungen** des Mündels, seine **persönlichen Bindungen**, sein **religiöses Bekenntnis** und sein **kultureller Hintergrund.** Die vorzugsweise Berücksichtigung von Familienangehörigen und Verwandten des Kindes oder Jugendlichen ist nach st. Rspr. des BVerfG schon verfassungsrechtlich geboten (Art. 6 GG), sofern keine Interessenkollision besteht oder aus anderen Gründen die Bestellung eines Dritten erforderlich ist.[24] Der Begriff des religiösen Bekenntnisses in § 1778 Abs. 2 S. 2 BGB ist im weiteren Sinne des Art. 4 GG zu verstehen, die Auswahl eines bekenntnisfremden Vormunds damit jedenfalls nicht ausgeschlossen.[25] Unklar bleibt, welche Bedeutung dem Begriff „kultureller Hintergrund" beizumessen ist. Nach der Gesetzesbegründung soll bei Mündeln mit Migrationshintergrund nach Möglichkeit auf die im Zusammenhang mit dem kulturellen Hintergrund bestehenden Besonderheiten Rücksicht genommen werden.[26] Letztlich dürfte damit im Zusammenhang des Vormundschaftsrechts eine negative Abgrenzung iSe Abwehr von Versuchen der Mehrheitskultur gemeint sein, Angehörige einer Minderheit kulturell zu dominieren oder zu assimilieren. Damit entspricht der Gesetzgeber zwar seinen Verpflichtungen aus Art. 2 Abs. 1 und 6 Abs. 1 und 2 GG sowie aus Art. 8 EMRK und Art. 7 der Europäischen Grundrechtecharta.[27] Andererseits stellt sich die Frage, inwieweit vor allem der letztgenannte Gesichtspunkt praktische Relevanz für die sorgerechtlichen Entscheidungen der Familiengerichte haben kann, wenn zugleich die gesellschaftliche Integration des Kindes erklärtes Ziel des Handelns der mit Kinder- und Jugendhilfe beauftragten staatlichen Institutionen ist[28] oder religiöse Orientierung oder überkommene kulturelle Wertvorstellungen der Eltern sogar erst zu einer – in der Regel nach den Wertevorstellungen der hiesigen Mehrheitsgesellschaft zu beurteilenden – Gefährdung des Kindeswohls geführt haben.[29] Wesentlich dürften für die Auswahlentscheidung daher – bezogen auf den konkreten Einzelfall – auch die Belange des Kindeswohls insgesamt sein.[30]

15 Wichtige mündelbezogene Kriterien können neben dem eigenen Willen des Mündels aber auch der **wirkliche oder mutmaßliche Wille seiner Eltern** und seine **Lebensumstände** sein, § 1779 Abs. 2 Nr. 2 und 3 BGB. Zwar sieht das Gesetz in § 1782 BGB ein Benennungsrecht der Eltern nur für den Todesfall vor, nicht dagegen für den Fall des Ruhens oder des Entzugs der elterlichen Sorge.[31] Allerdings ist der Wille der Eltern bei der Auswahl des Vormunds zumindest dann zu beachten – darf also nicht gänzlich übergangen werden –, wenn sie bis zu dem Ereignis, das die Anordnung der Vormundschaft ausgelöst hat, sorgeberechtigt waren; anders dagegen, wenn ihnen bereits zuvor

23 Vgl. Erman/Schulte-Bunert BGB § 1779 aF Rn. 6.
24 BVerfG FamRZ 2009, 291 Rn. 29; BVerfGE 33, 236.
25 Erman/Schulte-Bunert BGB § 1779 aF Rn. 8; Grüneberg/Götz BGB § 1779 aF Rn. 10.
26 BT-Drs. 19/24445, 195; vgl. OLG Düsseldorf FamRZ 2019, 988 Rn. 12.
27 BeckOGK BGB/B. Hoffmann § 1779 aF Rn. 3.
28 Vgl. nur §§ 1 Abs. 1 und 3 Nr. 1 und 2 SGB VIII.
29 Vgl. OLG Frankfurt ZKJ 2021, 231; Heilmann/Cirullies Praxiskommentar Kindschaftsrecht BGB § 1666 Rn. 25; Peschel-Gutzeit FPR 2012, 195.
30 Vgl. Staudinger/Veit BGB § 1779 aF Rn. 54.
31 Vgl. OLG Hamm FamRZ 2017, 1941 Rn. 10; OLG Saarbrücken FamRZ 2014, 1866 Rn. 17; Staudinger/Veit BGB § 1779 aF Rn. 59; Grüneberg/Götz BGB § 1779 aF Rn. 1.

die elterliche Sorge gefehlt hatte.[32] Daher kann im Einzelfall für einen unbegleiteten minderjährigen syrischen Flüchtling entsprechend dem Wunsch seiner in Syrien verbliebenen Eltern seine in Deutschland lebende Schwester zum Vormund zu bestellen sein oder – zumindest bei der Abwägung – sogar der Wille eines Kindesvaters zu berücksichtigen sein, dem die elterliche Sorge wegen Tötung der Kindesmutter entzogen worden ist, weil andernfalls in unverhältnismäßiger Weise in sein Elternrecht eingegriffen würde, das ja auch nach dem Entzug der elterlichen Sorge bestehen bleibt.[33]

b) Vormundbezogene Auswahlkriterien

In §§ 1779 und 1780 BGB finden sich die vormundbezogenen Auswahlkriterien. 16
Nach § 1779 Abs. 1 BGB sind für das Amt **natürliche Personen** geeignet, die die dort genannten Voraussetzungen erfüllen (die Eignung des Jugendamts wird, wie bereits oben ausgeführt, vorausgesetzt). Gemeint sind damit Menschen, die nach ihren Kenntnissen und Erfahrungen, ihren persönlichen Eigenschaften, ihren persönlichen Verhältnissen und ihrer Vermögenslage sowie ihrer Fähigkeit und Bereitschaft zur Zusammenarbeit mit den anderen an der Erziehung des Mündels beteiligten Personen geeignet sind, die Vormundschaft so zu führen, wie es dessen Wohl erfordert.[34] **Nicht bestellt werden kann** daher – abgesehen vom Ausnahmefall des § 1781 Abs. 1 BGB – **ein Vormundschaftsverein als Körperschaft**; diese Einschränkung dient nach den Vorstellungen des Gesetzgebers der Personalisierung der Vormundschaft.[35] Im Übrigen entspricht dies auch der durch die Rechtsprechung des BGH zur Vergütung von Vereinsvormündern bereits nach früherer Rechtslage veranlassten Praxis, nicht den Verein selbst, sondern ausschließlich den dort jeweils zuständigen Mitarbeiter zum Vormund zu bestimmen.[36]

Darüber hinaus soll bei Bestellung eines Berufs- oder Vereinsvormunds dessen **berufliche Arbeitsbelastung**, insbesondere die Anzahl und der Umfang der bereits von ihm geführten Vormundschaften und Pflegschaften berücksichtigt werden, § 1780 BGB. Über diese Regelung soll die in § 55 SGB VIII gesetzlich festgelegte Maximalzahl von 50 Fällen für einen vollzeitlich tätigen Amtsvormund zur angestrebten Personalisierung der Vormundschaft auch für die Bestellung des Berufsvormunds relevant werden.[37] Daher ist die in die Auswahl genommene Person dem Familiengericht auch zur Auskunft über ihre berufliche Belastung verpflichtet.[38] 17

Die vormundbezogenen Auswahlkriterien dienen dem Zweck, eine am Kindeswohl orientierte Auswahl sicherzustellen und sind damit Ausfluss des **kindlichen Schutzanspruchs gegenüber dem Staat**:[39] Liegt eine nicht anders abwendbare schwerwiegende Kindeswohlgefährdung vor, hat der Staat aufgrund des ihm obliegenden Wächteramts (Art. 2 Abs. 1 und 2 S. 1 iVm Art. 6 Abs. 2 S. 2 GG) Pflege und Erziehung des Kindes 18

32 MüKoBGB/Spickhoff § 1779 aF Rn. 7.
33 OLG Hamm FamRZ 2017, 1941; OLG Frankfurt FamRZ 2008, 1554.
34 Neu sind im Vergleich zur Vorgängerregelung des § 1779 BGB aF die dem potenziellen Vormund abverlangten Kenntnisse und Erfahrungen sowie die von ihm geforderte Kooperationsbereitschaft und -fähigkeit mit den übrigen Erziehungspersonen; vgl. BT-Drs. 19/24445, 195 f. Vgl. zu den vormundbezogenen Auswahlkriterien auch die Darstellung bei Socha Vormundschaft und Pflegschaft, Rn. 43 ff.
35 Dürbeck FamRZ 2020, 1789 (1790).
36 Vgl. BGH FamRZ 2013, 946; FamRZ 2011, 1394; Dürbeck FamRZ 2020, 1789 (1790).
37 BT-Drs. 19/24445, 197.
38 Zur Fallzahlenbegrenzung bei Vereinen s. § 54 Abs. 1 Nr. 2 SGB VIII.
39 BVerfG FamRZ 2018, 1092.

auch für den Fall des Entzugs der elterlichen Sorge sicherzustellen; dieser Anspruch schließt aber bereits die Auswahl des zu bestellenden Vormunds ein. Der Staat würde seiner Schutzverantwortung gegenüber dem Kind nicht gerecht, wenn vom Familiengericht sehenden Auges ein ungeeigneter Vormund ausgewählt werden könnte,[40] sei es wegen dessen fehlender persönlicher Qualität, sei es wegen seiner Überlastung durch die Vielzahl von ihm bereits geführter Vormund- oder Pflegschaften.

19 Das in § 1779 Abs. 1 Nr. 1 BGB an erster Stelle genannte Auswahlkriterium der **Kenntnisse und Erfahrungen** dürfte vor allem Relevanz für die Auswahlentscheidung zwischen zwei oder mehr für das Amt des Vormunds im Übrigen gleich geeigneten natürlichen Personen zukommen. Denn einschlägige Kenntnisse und Erfahrungen im Bereich der Vormundschaft können zumindest bei erstmaliger Bestellung einer natürlichen Person nicht gefordert werden, da mit der gesetzlichen Regelung sonst ein Ausschlusskriterium für diesen Personenkreis geschaffen würde. Abhilfe kann in solchen Fällen allerdings die Regelung des § 1776 Abs. 1 S. 1 BGB schaffen, nach der das Familiengericht bei Bestellung eines ehrenamtlichen Vormunds **mit dessen Einverständnis** einzelne Sorgeangelegenheiten oder eine bestimmte Art von Sorgeangelegenheiten auf einen **zusätzlichen Pfleger** übertragen kann, wenn die Übertragung dieser Angelegenheiten dem Wohl des Mündels dient. Ist ein ehrenamtlicher Vormund im Wesentlichen geeignet, fehlen ihm aber bestimmte Kenntnisse in komplexen oder konfliktträchtigen Angelegenheiten der elterlichen Sorge (zB bei der Beantragung von Sozialleistungen oder in sonstigen Verwaltungsverfahren, bei der Geltendmachung von Unterhaltsansprüchen oder der Regelung des Umgangs), soll seine Bestellung nicht daran scheitern.[41] Die gem. § 1813 Abs. 1 BGB den Regeln des Vormundschaftsrechts folgende Auswahl und Bestellung des zusätzlichen Pflegers kann bereits bei Bestellung des Vormunds erfolgen, aber auch nachträglich, wenn sich die oben angesprochenen Defizite erst später zeigen. Die Übertragung einzelner oder einer bestimmten Art von Sorgeangelegenheiten auf einen zusätzlichen Pfleger stellt weder die generelle Eignung des Vormunds in Frage, noch beeinträchtigt sie – anders als nach altem Recht, das lediglich zwei voneinander abzugrenzende Pflegschaften mit unterschiedlichen Aufgabenkreisen, aber nicht die Kombination von Vormundschaft und Pflegschaft kannte[42] – seine Stellung als Vormund als solche. Für die Bestellung des zusätzlichen Pflegers gelten nach § 1776 Abs. 3 S. 1 BGB die Vorschriften über die Pflegschaft für Minderjährige entsprechend. Nicht möglich ist nach § 1776 Abs. 3 S. 2 BGB allerdings die Bestellung des zusätzlichen Pflegers neben einem Ergänzungspfleger nach § 1809 BGB.[43] Ergänzend gilt allerdings, dass die Übertragung einzelner Sorgeangelegenheiten auf den zusätzlichen Pfleger nach § 1776 Abs. 2 BGB aufzuheben ist, wenn sie dem Wohl des Mündels widerspricht oder Vormund oder Pfleger dies beantragen, der jeweils andere zustimmt und die Aufhebung nicht dem Wohl des Mündels schadet oder schließlich auf Antrag des über vierzehnjährigen Mündels mit Zustimmung von Vormund und Pfleger.

40 BVerfG FamRZ 2018, 1092 Rn. 7; FamRZ 2017, 524 Rn. 39.
41 BT-Drs. 19/24445, 197; zur Kritik vgl. Dürbeck FamRZ 2020, 1789 (1792), der im Hinblick auf anderweitige Hilfsangebote für den Vormund von einer fehlenden Praxisrelevanz des Rechtsinstituts ausgeht.
42 Vgl. BGH FamRZ 2013, 1206; JAmt 2013, 426.
43 Dürbeck FamRZ 2020, 1789 (1792).

Für die Frage nach hinreichenden Kenntnissen und Erfahrungen iSd § 1779 Abs. 1 Nr. 1 BGB kann allerdings der Gesichtspunkt einer **zu geringen Lebenserfahrung** von Belang sein,[44] ggf. aber auch der Aspekt fehlender basaler Fähigkeiten, der dem Besitz und auch dem Erwerb der erforderlichen Kenntnisse dauerhaft entgegensteht. Weiteres Kriterium kann ein Mangel an besonderen Erziehungskompetenzen sein, die evtl. im Umgang mit einem gefährdeten bzw. geschädigten Mündel erforderlich sind. Umgekehrt dürften erfahrene familienfremde **Pflegeeltern** wegen ihrer Erfahrungen im Umgang mit der meist besonders vulnerablen Klientel der Mündel besonders geeignet sein, eine Vormundschaft für Kinder zu übernehmen, die in einer anderen Pflegefamilie leben.[45] Dies gilt erst recht für die Pflegeltern des Mündels selbst, wenn sie ihn bereits über einen längeren Zeitraum hinweg betreut und in die Pflegefamilie integriert haben.[46] 20

Zu den in § 1779 Abs. 1 Nr. 1 BGB an zweiter Stelle angeführten **persönlichen Eigenschaften** zählen die gesundheitliche Verfassung und das Alter der in Frage kommenden Personen, damit eine Ausübung der Vormundschaft über ihre gesamte voraussichtliche Dauer hinweg gewährleistet ist.[47] Eine wesentliche persönliche Eigenschaft kann auch das Geschlecht des Vormunds sein, wenn ein Kind Gewalt oder sexuellem Missbrauch durch eine weibliche oder männliche Person ausgesetzt war und deshalb eine Person des anderen Geschlechts geeigneter erscheint, aber auch, wenn ein Kind überwiegend mit weiblichen Bezugspersonen aufwächst.[48] Als Ausschlussgrund für die Bestellung des Vormunds sind im Bereich der persönlichen Eigenschaften dagegen (natürlich) einschlägige Vorstrafen wegen Misshandlung oder Missbrauchs von Kindern anzusehen.[49] Daher hat das Gericht nach **§ 168 Abs. 2 FamFG** vor der Bestellung eines ehrenamtlichen oder eines Berufsvormunds auch eine **Auskunft nach § 41 BZRG** einzuholen und dies in angemessenen Zeitabständen, spätestens alle zwei Jahre nach der Bestellung, zu wiederholen. 21

Die **persönlichen Verhältnisse und die Vermögenslage** des zu bestellenden Vormunds können vor allem im Hinblick auf seine Eignung zur Verwaltung von Mündelvermögen von Bedeutung sein. So können sittenwidrige oder ungeregelte Erwerbsverhältnisse Anlass zu Zweifeln an der charakterlichen Eignung des Auszuwählenden geben, Überschuldung oder Mittellosigkeit dagegen befürchten lassen, dass er notwendige, mit Aufwendungen verbundene Maßnahmen für den Mündel unterlässt.[50] Natürlich ist eine Person, die ein Verbraucherinsolvenzverfahren betreibt, nicht grundsätzlich ungeeignet zur Führung einer Vormundschaft, es bedarf aber einer umfassenden Prüfung aller Umstände des Einzelfalls, ob sich daraus die konkrete Besorgnis einer Gefährdung des Mündelvermögens ergeben kann.[51] Ein wirtschaftliches Interesse des Aspiranten, weil er eine Tätigkeit als 22

44 MüKoBGB/Spickhoff § 1779 aF Rn. 5; Socha Vormundschaft und Pflegschaft Rn. 44.
45 So zutreffend Staudinger/Veit BGB § 1779 aF Rn. 43.
46 OLG Brandenburg FamRZ 2020, 349; FamRZ 2014, 1863 Rn. 10; OLG Karlsruhe FamRZ 2013, 1665 Rn. 37 ff.; Heilmann/Dürbeck Praxiskommentar Kindschaftsrecht BGB § 1779 aF Rn. 6; Schweppe ZKJ 2013, 237 (241).
47 BeckOGK BGB/B. Hoffmann § 1779 aF Rn. 17.
48 Vgl. OLG Karlsruhe FamRZ 2013, 1665; Hoffmann FamRZ 2014, 1084.
49 Vgl. BT-Drs. 19/24445, 196; BeckOGK BGB/B. Hoffmann § 1779 aF Rn. 22.
50 Staudinger/Veit BGB § 1779 aF Rn. 22.
51 Grüneberg/Götz BGB § 1779 aF Rn. 5.

Berufsbetreuer anstrebt, steht seiner Bestellung als Vormund zwar nicht entgegen, sollte aber jedenfalls nicht seine alleinige Motivation sein.[52]

23 Für die **Fähigkeit und Bereitschaft zur Zusammenarbeit mit den anderen an der Erziehung des Mündels beteiligten Personen** schließlich ist vor allem maßgeblich, dass die auszuwählende Person in der Lage ist, einen dem Mündelwohl dienlichen Kontakt zu den die Erziehung im Alltag leistenden Pflegepersonen zu halten, der auch die Belange der Pflegeperson berücksichtigt (vgl. § 1796 BGB).[53] Daneben können auch Kooperationswilligkeit und -bereitschaft mit dem Jugendamt und das emotionale Verhältnis zu den Eltern oder sonstigen Bezugspersonen des Kindes oder Jugendlichen von Belang sein, auf der anderen Seite aber auch Wille, Fähigkeit und Möglichkeit, den Mündel dem negativen Einfluss anderer Personen zu entziehen. Nicht zuletzt können auch die Art der emotionalen Einbindung in die Probleme der zuvor Sorgeberechtigten und – uU damit verbunden – die Vorstellungen des Aspiranten über den künftigen Lebensmittelpunkt des Kindes zu berücksichtigen sein.[54]

Praxistipp: Steht die Einrichtung einer Vormundschaft an, kann es sich anbieten, Jugendamt und Familiengericht schriftlich über ein mögliches Übernahmeinteresse zu informieren und dabei sogleich Ausführungen zu og Auswahlkriterien zu machen. Gericht und Behörde sind dann nach §§ 26 FamFG bzw. 53 Abs. 1 und 2 FamFG zumindest gehalten, dieser Anregung nachzugehen und selbstständig weiter zu ermitteln.

2. Zweite Stufe: Die Auswahl der am besten geeigneten Person

24 Stellt das vom Jugendamt beratene Gericht fest, dass nach den oben genannten Kriterien *keine* natürliche Person zur Führung der Vormundschaft für den konkreten Mündel geeignet ist, bleibt nur die Amtsvormundschaft des Jugendamts (vgl. § 1791b BGB aF). Kommt dagegen (nur) eine einzige natürliche Person – sei es als ehrenamtlicher, sei es als Berufsvormund – für die Führung der Vormundschaft in Betracht, kann diese als Vormund ausgewählt werden, sofern sich das Jugendamt nicht im Einzelfall als besser geeignet erweist.[55] Die frühere Subsidiarität der Amtsvormundschaft (§ 1791b Abs. 1 S. 1 BGB) und der Vereinsvormundschaft (§ 1791a Abs. 1 S. 2 BGB) besteht nicht mehr; die in § 1774 Abs. 1 BGB genannten **Vormundschaftstypen sind grundsätzlich gleichrangig.**[56] Kommen jedoch mehrere geeignete Personen zur Führung der Vormundschaft in Betracht, hat das Gericht unter ihnen nach pflichtgemäßem Ermessen diejenige auszuwählen, die bei der Beurteilung der gesamten Umstände am besten geeignet erscheint, die Mündelinteressen wahrzunehmen.[57] Bei gleicher Eignung genießt allerdings nach § 1779 Abs. 2 BGB eine **natürliche Person**, die geeignet und bereit ist, die Vormundschaft ehrenamtlich zu führen, **Vorrang** vor den in § 1774 Abs. 1 Nr. 2 bis 4 BGB genannten Vormündern. Dies beruht auf der Annahme des Gesetzgebers, der ehrenamtliche bringe im Vergleich zum Berufsvormund mehr Zeit, Engagement und persönliche Zuwendung für den Mündel auf. Auch sei aufgrund seiner Motivationslage am ehesten

52 Vgl. DIJuF-Rechtsgutachten vom 12.7.2001 JAmt 2001, 336.
53 BT-Drs. 19/24445, 196.
54 Staudinger/Veit BGB § 1779 aF Rn. 40.
55 BT-Drs. 19/24445, 195.
56 Dürbeck FamRZ 2020, 1789 (1791).
57 Vgl. OLG Celle FamRZ 2016, 647 Rn. 22; KG FamRZ 2002, 267; Staudinger/Veit BGB § 1779 aF Rn. 54.

die Entstehung der erwünschten familiär geprägten persönlichen Beziehung zum Mündel zu erwarten.[58] Ist der Berufsvormund jedoch aus anderen Gründen besser geeignet, was in der Praxis häufig der Fall ist,[59] ist dieser vorzuziehen.

Für die gerichtliche Auswahlentscheidung ist zunächst der Gesichtspunkt maßgeblich, welche der in Betracht kommenden Personen am ehesten in der Lage ist, die Vormundschaft so zu führen, wie es das **Wohl des Mündels** erfordert. Dabei steht an erster Stelle das Recht des Mündels auf Förderung seiner Entwicklung und Erziehung zu einer eigenverantwortlichen und gemeinschaftsfähigen Persönlichkeit, § 1788 Nr. 1 BGB. Die Eignung des Vormunds ist daran zu messen, inwieweit er diesem Recht im Rahmen seiner vormundschaftlichen Sorge für die Person und das Vermögen des Mündels gerecht werden kann, §§ 1789 ff. BGB.[60] Das gerichtliche Ermessen wird allerdings durch die og Auswahlkriterien der §§ 1778 Abs. 2, 1789 und 1780 BGB eingeschränkt; zudem ist das Gericht bei der Bestellung von Mitvormündern – die ausschließlich bei Eheleuten in Betracht kommt – an die Vorgaben des § 1775 Abs. 1 BGB gebunden, auch soll gem. § 1775 Abs. 2 BGB für Geschwisterkinder nur *ein* Vormund bestellt werden. Die in der Praxis bedeutungslose Gegenvormundschaft nach § 1799 BGB aF ist ersatzlos entfallen.[61] 25

Nach § 1785 Abs. 1 BGB ist die vom Familiengericht ausgewählte Person grundsätzlich zwar verpflichtet, die Vormundschaft zu übernehmen, wenn ihr die Übernahme unter Berücksichtigung ihrer familiären, beruflichen und sonstigen Verhältnisse zugemutet werden kann. Allerdings darf sie nach Abs. 2, anders als nach § 1785 BGB aF,[62] erst dann zum Vormund bestellt werden, wenn sie sich zur Übernahme bereit erklärt hat, ihr steht damit faktisch ein **Ablehnungsrecht** zu. Daher kann einerseits – im Interesse des Mündels – eine Zumutbarkeit nach Abs. 1 nur dann bejaht werden, wenn auch eine Zustimmung der für das Amt vorgesehenen Person vorliegt,[63] andererseits kommt der Norm damit im Ergebnis nur noch ein appellativer Charakter zu, der sie praktisch entbehrlich macht. 26

Die Auswahlentscheidung des Gerichts kann im Rechtsmittelverfahren auf **Ermessensfehler** überprüft werden. Diese können vorliegen, wenn die in §§ 1778 Abs. 2 ff. BGB genannten Kriterien in ihrer Bedeutung verkannt oder in ihrem Verhältnis zueinander fehlerhaft gewichtet wurden.[64] 27

58 Vgl. BT-Drs. 19/24445, 196.
59 Dürbeck FamRZ 2020, 1789 (1791).
60 BT-Drs. 19/24445, 196.
61 Dürbeck FamRZ 2020, 1789 (1792).
62 Der ohnehin keine praktische Relevanz hatte; vgl. BT-Drs. 19/24445, 202.
63 BT-Drs. 19/24445, 202.
64 BVerfG FamRZ 2012, 938 (939); MüKoBGB/Spickhoff § 1779 aF Rn. 4 mwN.

3. Schema I: Auswahl des Vormunds

28

Eine Auswahl findet nur statt, wenn kein Fall der §§ 1786, 1787 BGB gegeben ist (Fehlen eines sorgeberechtigten Elternteils oder vertrauliche Geburt)

→ In diesen Fällen: Amtsvormundschaft des Jugendamts, §§ 1786 S. 1 und 1787 BGB

↓

Außerdem Vorrang der Bestimmung der sorgeberechtigten Eltern im Wege letztwilliger Verfügung nach § 1782 BGB

→ Regelfolge: Bestellung der von den Elternbenannten Person (vgl. aber §§ 1783, 1784 BGB)

↓

Liegt keine Bestimmung nach § 1782 BGB vor oder ist der Benannte nach § 1783 Abs. 1 BGB zu übergehen (insbesondere bei Vorliegen eines Ausschlussgrundes nach § 1784 BGB):

↓

Auswahl einer als Vormund geeigneten Person durch das Familiengericht nach §§ 1774 ff. BGB

← Vorschlag des Jugendamts nach § 53 Abs. 1 und 2 SGB VIII

↓

in Betracht kommen gem. § 1774 Abs. 1 BGB (sofern nicht nach § 1782 BGB ausgeschlossen)
1. ehrenamtlicher Vormund
2. Berufsvormund
3. Vereinsvormund (einzelne Mitarbeiter)
4. das Jugendamt

↔ gem. § 1781 BGB kann jedoch bis zum Abschluss des Auswahlprozesses ein vorläufiger Vormund nach § 1774 Abs. 2 BGB bestellt werden:
1. Vormundschaftsverein (als Verein)
2. das Jugendamt.

↓

Auswahlkriterien: beste Eignung nach § 1778 Abs. 1 BGB, im Einzelnen geregelt in §§ 1779, 1780 BGB; sind die oben unter Zf. 2-4 genannten Personen besser geeignet als der ehrenamtliche Vormund, sind diese zu bestellen, bei gleicher Eignung jedoch dieser (vgl. § 1779 Abs. 2 BGB)

→ Folge: Bestellung der bestgeeigneten Person zum Vormund, das Amt des vorläufig bestellten Vormunds endet (§ 1781 Abs. 5 BGB)

C. Verfahrensfragen bei Bestellung des vorläufigen Vormunds nach § 1781 BGB

Angesichts des materiellrechtlichen Schwerpunkts des vorliegenden Werks soll auf Ausführungen zu dem im FamFG geregelten – und im Hinblick auf Auswahl und Ernennung des Vormunds auch nach der Reform des Vormundschaftsrechts im Wesentlichen unverändert gebliebenen – kindschaftsrechtlichen Verfahren zwar weitgehend verzichtet werden.[65] Allerdings verhält sich der im materiellen Recht verortete § 1781 BGB in wesentlichem Umfang auch zu Verfahrensfragen und bedarf in dieser Hinsicht einer näheren Betrachtung. Nach dieser Vorschrift hat das Familiengericht einen **vorläufigen Vormund** zu bestellen, **wenn die erforderlichen Ermittlungen** zur Auswahl des geeigneten Vormunds insbesondere im persönlichen Umfeld des Mündels zum Zeitpunkt der Anordnung der Vormundschaft noch **nicht abgeschlossen sind** oder ein **vorübergehendes Hindernis** für die Bestellung des Vormunds besteht. Mit dieser Regelung werden also materiell- und verfahrensrechtliche Fragen im Sinne einer wechselseitigen Abhängigkeit miteinander verbunden.[66] 29

Bei der praktischen Umsetzung dieser gesetzlichen Vorgabe ergeben sich unter Berücksichtigung des vom Gesetzgeber möglicherweise verkannten verfassungsgerichtlichen Postulats einer einheitlichen Führung der Verfahren zur Einrichtung der Vormundschaft und zur Bestellung des Vormunds jedoch **Schwierigkeiten**: Das BVerfG geht davon aus, dass die **Vormundauswahl** unter dem Gesichtspunkt der Verhältnismäßigkeit **integraler Bestandteil der Sorgerechtsentscheidung** sein muss, weil die Verfassungsmäßigkeit des Entzugs der elterlichen Sorge davon abhängen kann, dass für das Kind auch ein geeigneter Vormund ausgewählt wird.[67] Als Konsequenz aus dieser Rechtsprechung ordnet der mit seiner Entscheidung in die elterliche Sorge eingreifende Familienrichter trotz funktioneller Unzuständigkeit in einem einheitlichen Beschluss zugleich mit dem Sorgeentzug die Vormundschaft an und wählt auch den Vormund aus. Verfahrensrechtlich beruht diese Vorgehensweise auf § 6 RPflG, nach dem der Richter diese Angelegenheiten an sich ziehen und das Vormundanordnungs- und Bestellungsverfahren gem. § 20 FamFG mit dem Sorgerechtsverfahren verbinden kann.[68] Nach den Maßstäben des BVerfG können der Entzug der elterlichen Sorge und die Bestellung eines vorläufigen Vormunds ohne Beantwortung der vorrangigen Frage nach der Person eines Einzelvormunds aus dem familiären oder sozialen Umfeld des Kindes dagegen dem Verdikt der **Verfassungswidrigkeit** unterliegen.[69] 30

Allerdings besteht jedenfalls im Verfahren des **einstweiligen Rechtsschutzes** kein Bedarf für die Einrichtung einer vorläufigen Vormundschaft, weil die einstweilige Anordnung ohnehin nur vorläufigen Charakter hat und als solche – entgegen der in den Gesetzgebungsmaterialien zu Tage tretenden Rechtsauffassung[70] – auch die Bestellung des Vor- 31

---

65 Zu § 168 FamFG vgl. o. → Rn. 12; zu den überwiegend das Betreuungsrecht betreffenden Änderungen des FamFG vgl. Art. 6 des Gesetzes zur Reform des Vormundschafts- und Betreuungsrechts.

66 Vgl. Socha FamRZ 2021 87 (89); Dürbeck spricht daher in FamRZ 1789, 1791 von der „in rechtlicher Hinsicht fragwürdigsten Regelung der Reform".

67 BVerfG FamRZ 2015, 208 Rn. 23; FamRZ 2012, 938; vgl. auch Dürbeck ZKJ 2019, 208 (211).

68 BeckOGK BGB/B. Hoffmann § 1779 aF Rn. 92; Dürbeck FamRZ 2020, 1789 (1791); Hammer JAmt 2015, 291.

69 Vgl. Socha FamRZ 2021, 87 (89); Dürbeck FamRZ 2020, 1789 (1791).

70 Vgl. BT-Drs. 19/24445, 202: Nach geltendem Recht werde in diesem Fall „eine Vormundschaft und nicht etwa eine Vormundschaft durch einstweilige Anordnung angeordnet."

munds einschließt.[71] Dies wiederum hat zur Folge, dass im Eilverfahren – sofern Jugendamt oder Gericht nicht bereits bei Einleitung des Verfahrens eine andere geeignete natürliche Person bekannt ist – nach wie vor regelhaft das Jugendamt, ggf. auch ein Berufsvormund, als geeigneter Vormund iSd §§ 1774, 1778 ff. BGB zu bestellen sein dürfte, weil bis zum Entscheidungszeitpunkt meist keine hinreichende Zeit für weitergehende Ermittlungen besteht. Da die Eilentscheidung nach § 56 FamFG ihre Geltung verliert, wenn eine anderweitige Regelung in Kraft tritt, muss die Bestellung des Vormunds im Eilverfahren im nachfolgenden Hauptsacheverfahren ohnehin vollständig neu geprüft werden.[72]

32 Sieht das Familiengericht gleichwohl ein Bedürfnis für eine lediglich vorläufige Bestellung, dürfte nach dem Verhältnismäßigkeitsprinzip allenfalls ein **vorläufiger Ergänzungspfleger** mit den für das Eilverfahren relevanten Aufgabenkreisen (zB des Aufenthaltsbestimmungsrechts und der Gesundheitsfürsorge) einzusetzen sein.[73] Dann jedoch wäre es mit dem – auch in § 1781 Abs. 3 BGB Ausdruck findenden – Beschleunigungsgrundsatz des § 155 Abs. 1 FamFG sicherlich nicht vereinbar, wenn das Familiengericht 6 Monate nach Bestellung eines vorläufigen Ergänzungspflegers erstmals einen vorläufigen Vormund einsetzen und dadurch die zur Verfügung stehende Zeit für Ermittlungen zur Auswahl des endgültigen Vormunds (im Eilverfahren!) um weitere 6 Monate verlängern könnte.[74]

33 Daher dürfte die in § 1781 BGB vorgesehene Bestellung des vorläufigen Vormunds im Ergebnis **nur für das Hauptsacheverfahren von Bedeutung** sein.[75] Dort stellt sich allerdings die Frage, in welcher Entscheidungsform die Bestellung des vorläufigen Vormunds zu erfolgen hat. Da das Verfahren zur Auswahl des Vormunds noch nicht beendet ist, könnte die Bestellung des vorläufigen Vormunds im Wege des Teilbeschlusses analog § 301 ZPO erfolgen[76] und der (endgültige) Vormund sodann durch Endbeschluss bestimmt werden.[77] Allerdings ist dabei die Gefahr einander widersprechender Entscheidungen nicht auszuschließen, wenn die Bestellung des vorläufigen Vormunds im Rahmen eines Sorgerechtsverfahrens nach § 1666 BGB durch den Richter erfolgt, dagegen Rechtsmittel eingelegt und anschließend ebenfalls durch den Richter der endgültige Vormund nach § 1781 Abs. 3 BGB ermittelt wird. Verfahrensrechtlich gangbar und praktikabel erscheint daher derzeit nur der aus og Gründen verfassungsrechtlich gebotene Erlass eines **einheitlichen richterlichen Endbeschlusses**, mit dem **gleichzeitig** der Entzug der elterlichen Sorge, die Einrichtung der Vormundschaft und die Bestellung des vorläufigen Vormunds angeordnet werden. Die Auswahl des endgültigen Vormunds nach § 1781 Abs. 3 BGB ist anschließend von dem nach § 3 Nr. 2a RPflG funktionell zuständigen **Rechtspfleger** durchzuführen und seine Bestellung mit einem weiteren Beschluss vorzunehmen.[78]

71 KG FamRZ 2016, 649 (650); Staudinger/Veit BGB § 1779 aF Rn. 131; Dürbeck FamRZ 2020, 1789 (1792); krit. gegenüber der Gesetzesbegründung auch Bartels FamRB 2021, 113 (116 f.).
72 Socha FamRZ 2021, 87 (89); Dürbeck FamRZ 2020, 1789 (1792).
73 Vgl. Bartels FamRB 2021, 113 (117).
74 Bartels FamRB 2021, 113 (117).
75 Ebenso Socha FamRZ 2021, 87 (89).
76 Vgl. OLG Frankfurt NZFam 2022, 121; NZFam 2021, 1030; Kischkel NZFam 2022, 107 (109).
77 Dürbeck FamRZ 2020, 1789 (1791 f.).
78 Vgl. DIJuF-Rechtsgutachten 12.11.2010, JAmt 2010, 564.

34 Mit der Bestellung des vorläufigen Vormunds im Hauptsacheverfahren endet nach § 56 Abs. 1 S. 1 FamFG das Amt eines ggf. im Wege der einstweiligen Anordnung bereits zuvor bestellten vorläufigen Vormunds oder Vormunds. Eines Rekurses auf § 1781 Abs. 5 BGB, nach dem mit der Bestellung des Vormunds das Amt des vorläufigen Vormunds endet, bedarf es daher nicht.

35 **Muster: Bestellung des Vormunds (Rechtspfleger)**[79]

Amtsgericht – Familiengericht – ...

Az.:

Beschluss

In der Kindschaftssache

pp.

wird Herr/Frau ...

zum Vormund für das Kind

..., geb. am ...,

bestellt.

...[80]

Gründe

Mit Beschluss des Amtsgerichts – Familiengericht – ... vom ... (Az. ...) wurde den leiblichen Eltern die elterliche Sorge für das betroffene Kind entzogen, Vormundschaft angeordnet und das Jugendamt der Stadt ... zum vorläufigen Vormund bestimmt, weil die erforderlichen Ermittlungen zur Auswahl eines geeigneten Vormunds zu diesem Zeitpunkt noch nicht abgeschlossen waren (§ 1781 Abs. 1 BGB).

Nunmehr ist Herr/Frau ... zum (endgültigen) Vormund des Kindes zu bestellen, weil er/sie nach dem Ergebnis der Ermittlungen des Gerichts am besten geeignet ist, das Amt in kindeswohlgerechter Weise auszuüben. Er/sie hat seine/ihre Bereitschaft zur Übernahme des Amtes erklärt.

Das persönlich angehörte Kind selbst und seine leiblichen Eltern haben der Bestellung von Herrn/Frau ... zum Vormund ausdrücklich zugestimmt/keine Einwände erhoben. Auf das Protokoll der Anhörung vom ... wird Bezug genommen.

Herr/Frau ... ist nach seinen/ihren Kenntnissen und Erfahrungen, seinen/ihren persönlichen Eigenschaften, seinen/ihren persönlichen Verhältnissen und seiner/ihrer Vermögenslage sowie seiner/ihrer Fähigkeit und Bereitschaft zur Zusammenarbeit mit den anderen an der Erziehung des Kindes beteiligten Personen geeignet, die Vormundschaft so zu führen, wie es dessen Wohl erfordert (§ 1779 BGB).

Im Einzelnen ergibt sich dies aus folgenden Umständen: ...

Eine Auskunft nach § 41 BZRG wurde eingeholt; sie steht der Bestellung nicht entgegen.

Rechtsmittelbelehrung ...

Unterschrift Rechtspfleger

---

79 Zum notwendigen Inhalt des Bestellungsbeschlusses vgl. § 168a FamFG.

80 Angaben zu den Aufgaben des Vormunds im Bestellungsbeschluss können hilfreich sein und sind jedenfalls dann geboten, wenn neben dem Vormund ein zusätzlicher Pfleger bestellt wurde. Ein Ausspruch zur Entlassung des vorläufigen Vormunds ist dagegen entbehrlich (§ 1781 Abs. 5 BGB), ebenso eine Wertfestsetzung (Nr. 1311 KV FamGKG). Eine Kostenentscheidung kann im Hinblick auf evtl. anfallende Anwaltsgebühren erforderlich sein (vgl. BeckOK Streitwert/Dürbeck, 40. Ed. 1.7.2022, Familienrecht – Vormundschaft Rn. 3).

D. Die Entlassung des Vormunds

36 Während in § 1806 BGB die Gründe für eine **Aufhebung der Vormundschaft** genannt werden, regelt § 1804 BGB die Voraussetzungen für eine **Entlassung des konkreten Vormunds**. Diese hat das Familiengericht nach Abs. 1 Nr. 1 der Norm vorzunehmen, wenn die Fortführung des Amtes durch den Vormund, insbesondere wegen Verletzung seiner Pflichten, **das Interesse oder Wohl des Mündels gefährden** würde. Entlassen werden kann danach, anders als nach § 1886 BGB aF, auch der Amts- oder Vereinsvormund. Eine Gefahr für die Interessen oder das Wohl des Mündels kann aus im Verhalten oder in der Person des Vormunds liegenden Gründen drohen.[81] Dazu zählen u.a. die Herbeiführung erheblicher finanzieller Nachteile für den Mündel, lang andauernde Verstöße gegen die Pflicht zur mündelsicheren Vermögensanlage, aber auch der Eintritt von Vernachlässigung und Verwahrlosung des Mündels.[82] Zu den personenbedingten Gründen für eine Entlassung können eine länger andauernde Erkrankung oder Abwesenheit des Vormunds oder die durch einen Umzug eingetretene (zu) weite Entfernung zwischen dem Wohnsitz des Vormunds und des Mündels gerechnet werden.[83] Nach § 1804 Abs. 1 Nr. 2 BGB hat das Familiengericht ferner einen Amts-, Vereins- oder Berufsvormund von Amts wegen zu entlassen, wenn ein **ehrenamtlicher Vormund** zur Verfügung steht und der Entlassung des bisherigen Vormunds nicht das Wohl des Mündels – etwa im Hinblick auf dessen Interesse an der Kontinuität der Bezugsperson Vormund – entgegensteht.[84] Nr. 3 sieht ferner die Entlassung des – anders als nach früherer Rechtslage nur noch als natürliche Person zu bestellenden – Vereinsvormunds von Amts wegen vor, wenn sein Arbeitsverhältnis mit dem Verein beendet wird. Das Familiengericht kann in diesem Fall allerdings prüfen, ob eine erneute Bestellung des Entlassenen als ehrenamtlicher oder ggf. als Berufsvormund in Betracht kommt, § 1805 Abs. 2 BGB.[85] Nach § 1804 Abs. 1 Nr. 4 BGB ist der Vormund auch dann zu entlassen, wenn nachträglich Ausschlussgründe in seiner Person bekannt werden, die der Übernahme der Vormundschaft nach § 1784 BGB entgegenstehen würden. Nr. 5 schließlich (Entlassung aus „sonstigem wichtigen Grund") dient als Auffangregelung für die von Nr. 1–4 nicht erfassten Gründe. Die Gesetzesbegründung nennt hier beispielhaft die Rücknahme einer dem Vormund zuvor erteilten dienstrechtlichen Genehmigung zur Übernahme des Amts.[86]

37 Eine Entlassung ist nach § 1804 Abs. 2 BGB aber auch vorgesehen, wenn nach Bestellung des Vormunds Umstände eintreten, aufgrund derer ihm die Fortführung des Amtes nicht mehr zugemutet werden kann und er diese beantragt (Nr. 1) oder wenn der Verein für den Vereinsvormund die Entlassung beantragt (Nr. 2). Nach Nr. 1 ist bei der Prüfung, ob dem Vormund die Weiterführung seines Amts zugemutet werden kann, zwar auf das Wohl des Mündels zu achten, in erster Linie sind aber die Interessen des Vormunds zu berücksichtigen, um zu verhindern dass dieser durch die Weiterführung des

81 BeckOGK BGB/Wentzell § 1886 aF Rn. 12.
82 Im Einzelnen vgl. BeckOGK BGB/Wentzell § 1886 aF Rn. 12 ff. mwN.
83 BeckOGK BGB/Wentzell § 1886 aF Rn. 17.
84 BT-Drs. 19/24445, 221; vgl. auch Socha Vormundschaft und Pflegschaft, Rn. 269.
85 BT-Drs. 19/24445, 222.
86 BT-Drs. 19/24445, 222.

Amts in unbilliger Weise beeinträchtigt wird.[87] Ein **Entlassungsanspruch** liegt vor – insoweit dürften die in § 1786 Abs. 1 Nr. 2–7 BGB aF genannten Gründe eine Orientierung geben –, wenn der Einzelvormund das 60. Lebensjahr vollendet, die elterliche Sorge für Person oder Vermögen von mindestens vier minderjährigen Kindern erlangt, die Vormundschaft krankheitsbedingt nicht mehr ordnungsgemäß führen kann oder sein Wohnsitz zu weit vom Sitz des Familiengerichts entfernt liegt.[88]

38 Nach § 1804 Abs. 3 BGB schließlich soll der Vormund auch **auf Antrag entlassen** werden, wenn der Wechsel dem Wohl des Mündels dient. Antragsberechtigt sind neben dem bisherigen und dem potenziellen neuen Vormund auch der Mündel selbst, sofern er das 14. Lebensjahr vollendet hat, sowie jeder andere, der ein berechtigtes Interesse des Mündels geltend macht (vgl. Abs. 3 S. 2 Nr. 1–4). Voraussetzung für die Entlassung des bisherigen Vormunds sind damit nicht eine mangelhafte Amtsführung oder Bedenken hinsichtlich seiner Amtsführung. Ausreichend ist vielmehr, dass mit dem Wechsel dem Wohl des Mündels *besser* gedient wird. Daher ist auch das Jugendamt, von dessen grundsätzlicher Eignung zur Vormundschaft auszugehen ist, gem. Abs. 3 zu entlassen, wenn ein für den Mündel besser geeigneter Vormund zur Verfügung steht.[89]

Praxistipp: Ist die Übernahme einer laufenden Vormundschaft beabsichtigt, empfiehlt es sich, gegenüber dem Familiengericht lediglich zu den in §§ 1778 Abs. 2, 1789 und 1780 BGB genannten Eigenschaften des Kandidaten vorzutragen und von persönlichen Angriffen auf den derzeitigen Amtsinhaber abzusehen. Im Hinblick auf die erwünschte Fähigkeit und Bereitschaft zur Zusammenarbeit mit den anderen an der Erziehung des Mündels beteiligten Personen könnten sich andernfalls Zweifel an seiner persönlichen Eignung ergeben.

39 Nach der Entlassung des bisherigen Amtsinhabers oder bei seinem Versterben hat das Familiengericht nach § 1805 BGB **unverzüglich** einen **neuen Vormund** für den Mündel zu bestellen, für dessen Auswahl §§ 1778 bis 1785 BGB wieder entsprechend gelten. Für die Zeitdauer des Auswahlprozesses kann ein Vormundschaftsverein oder das Jugendamt als vorläufiger Vormund bestellt werden.[90]

E. Auswahl und Entlassung des zusätzlichen Pflegers, des Pflegers für Minderjährige und des sonstigen Pflegers

40 Das Familiengericht kann bei Bestellung eines ehrenamtlichen Vormunds mit dessen Einverständnis einzelne Sorgeangelegenheiten oder eine bestimmte Art von Sorgeangelegenheiten auf einen **zusätzlichen Pfleger** übertragen, wenn die Übertragung dieser Angelegenheiten dem Wohl des Mündels dient (§ 1776 Abs. 1 S. 1 BGB). Im Unterschied dazu wird der (Ergänzungs-)**Pfleger für Minderjährige** nur dann bestellt, wenn die Eltern oder der Vormund an der Besorgung einzelner Teile der elterlichen Sorge verhindert sind (§ 1809 Abs. 1 S. 1 BGB). Während auf Auswahl, Bestellung und Entlassung des zusätzlichen und des Ergänzungspflegers (vgl. §§ 1781, 1809 BGB) über

87 Staudinger/Veit BGB § 1889 aF Rn. 3.
88 Vgl. BeckOGK BGB/Wentzell § 1889 aF Rn. 5-9; Staudinger/Veit BGB § 1889 aF Rn. 4 ff.
89 Vgl. BT-Drs. 19/24445, 222.
90 BT-Drs. 19/24445, 223.

die Verweisung in § 1813 Abs. 1 BGB im Wesentlichen die für die Vormundschaft geltenden Regelungen zur Anwendung gelangen, gilt für den **sog. sonstigen Pfleger** etwas anderes. Nach §§ 1883 ff. BGB haben Betreuungs- bzw. Nachlassgericht in den dort aufgezählten Fällen (Pflegschaft für unbekannte Beteiligte nach § 1883 BGB, für gesammeltes Vermögen nach § 1884 BGB und Abwesenheitspflegschaft nach § 1885 BGB), aber auch bei Einrichtung der Nachlasspflegschaft nach § 1960 BGB,[91] die Pflegschaft anzuordnen und einen geeigneten Pfleger zu bestellen. Anders als nach früherem Recht (vgl. § 1915 BGB aF[92]) wird für diesen Bereich der sog. sonstigen Pflegschaften (so die Überschrift des 4. Titels) nicht mehr auf das Vormundschaftsrecht verwiesen; auch finden die Auswahlvorschriften des Betreuungsrechts – vor allem hinsichtlich der dort maßgeblichen Wünsche des Betreuten – trotz der entsprechenden Verweisung in § 1888 Abs. 1 BGB auf die sonstigen Pflegschaften *keine* Anwendung.[93] Daher trifft § 1885 BGB eine eigene Regelung für Anordnung, Auswahl und Bestellung des Pflegers. Den potenziellen Aufgabenkreisen der sonstigen Pflegschaften entsprechend kommt dabei den auf die Person des Pflegers bezogenen und natürlich erst recht den mündelbezogenen Auswahlkriterien ein geringeres Gewicht als bei der Auswahl des Vormunds oder des zusätzlichen Pflegers iSd § 1776 BGB zu. Das Gericht hat schlicht die für die konkrete Pflegschaft geeignete Person auszuwählen und dabei in Anlehnung an § 1779 Abs. 1 BGB allenfalls **elementare Anforderungen** an seine Kenntnisse und Erfahrungen, persönliche Eigenschaften, persönliche Verhältnisse zu stellen. An etwaige Wünsche ist es dabei nicht gebunden, wird diese aber in seine Auswahlentscheidung mit einzubeziehen haben.[94] Im Übrigen kann eine Bestellung des sonstigen Pflegers erst erfolgen, nachdem er sich zur Übernahme des Amts bereit erklärt hat. Aufhebung und gesetzliches Ende der Pflegschaft sind in §§ 1886, 1887 BGB geregelt, eine Entlassung des sonstigen Pflegers richtet sich dagegen nach den Regeln des Betreuungsrechts, §§ 1888 Abs. 1, 1868 BGB (vgl. u. → Rn. 53 ff.).

F. Die Auswahl des Betreuers durch das Betreuungsgericht

41 Ähnlich der mit der Vormundschaftsrechtsreform beabsichtigten Stärkung der Subjektstellung des Mündels verfolgt der Gesetzgeber mit der (ebenfalls) zum 1.1.2023 in Kraft getretenen Reform des Betreuungsrechts die **Stärkung der Selbstbestimmung der Betroffenen** iSd Art. 12 UN-BRK bereits im Vorfeld und auch innerhalb der rechtlichen Betreuung sowie die Verbesserung der Qualität der rechtlichen Betreuung in der Anwendungspraxis. Schließlich will er durch eine bessere Umsetzung des **Erforderlichkeitsgrundsatzes** sicherstellen, dass ein Betreuer nur dann bestellt wird, wenn dies zum Schutz der Betroffenen auch erforderlich ist.[95]

91 BT-Drs. 19/24445, 316.
92 Vgl. im Einzelnen BeckOGK BGB/Schöpflin § 1915 aF Rn. 6, 6.1.
93 BT-Drs. 19/24445, 315.
94 BT-Drs. 19/24445, 315.
95 BT-Drs. 19/24445, 107; vgl. auch Joecker Betreuungsrecht, 2 ff.

I. Vorbemerkung

Für die konkrete Betreuerauswahl ist daher maßgeblich, dass den Wünschen des Betroffenen bereits im Vorfeld der Bestellung ein größeres Gewicht beigemessen wird: Das Betreuungsgericht soll dem **Wunsch des Betroffenen** nach einem bestimmten Betreuer – vorausgesetzt, dass dieser auch geeignet ist – grundsätzlich entsprechen.[96] Soweit der Betroffene den in Frage kommenden Betreuer nicht kennt, soll ihm vor dessen Bestellung über die Betreuungsbehörde die Möglichkeit eines persönliches Gesprächs zum Kennenlernen gegeben werden, § 12 Abs. 2 BtOG. Im Übrigen bleibt die Ehrenamtlichkeit das gesetzgeberische Leitbild der rechtlichen Betreuung[97] und gilt nach § 1816 Abs. 5 S. 1 BGB selbst dann, wenn der Betroffene die Bestellung eines beruflichen Betreuers ausdrücklich wünscht.[98] Daher müssen ehrenamtliche Betreuer auch keine fachlichen Mindeststandards erfüllen. Es verbleibt nach § 21 BtOG bei der aufgabenbezogenen Eignungsprüfung als negative Auslese zum Schutz vor Überforderung des Betreuers.[99] 42

II. Der Auswahlprozess

Hat das Betreuungsgericht festgestellt, dass die Voraussetzungen für die Einrichtung einer Betreuung nach § 1814 BGB gegeben sind und auch die in Betracht kommenden Aufgabenkreise (§ 1815 BGB) ermittelt (→ § 5), hat es für den Betroffenen nach § 1816 Abs. 1 S. 1 BGB einen geeigneten Betreuer zu bestellen (s. dazu Schema II → Rn. 52). Zunächst sind dabei die hinsichtlich der Person des Betreuers geäußerten Wünsche des Betroffenen zu beachten, auch wenn diese noch vor Einleitung des Betreuungsverfahrens, zB in einer **Betreuungsverfügung**, artikuliert wurden, § 1816 Abs. 2 S. 4 BGB. Gleiches Gewicht kommt in diesem Zusammenhang aber auch der **Ablehnung eines bestimmten Betreuers** zu.[100] Finden die Wünsche des Betroffenen keine Berücksichtigung, kann er nach § 291 FamFG eine **Überprüfung der Auswahlentscheidung** verlangen.[101] Im Übrigen ist „Eignung" auch hier, wie im Vormundschaftsrecht, ein unbestimmter Rechtsbegriff, der die Ausübung eines in der Rechtsmittelinstanz überprüfbaren richterlichen Ermessens erfordert.[102] Ganz allgemein kann Eignung dabei als individuelles Vorhandensein derjenigen psychischen Leistungs- und Verhaltensvoraussetzungen verstanden werden, die eine effiziente Lösung von Arbeitsaufgaben gewährleisten und bei angemessener Qualifizierung ermöglichen.[103] 43

1. Mitwirkung der Betreuungsbehörde bei der Betreuerauswahl

Bei der Bestellung eines geeigneten Betreuers wird das Betreuungsgericht nach § 11 Abs. 1 S. 2 Nr. 2 BtOG von der Betreuungsbehörde unterstützt, die verpflichtet ist, dem 44

96 Vgl. Bartels FamRB 2021, 206 ff.; so bereits BayObLG FamRZ 2004, 1600, zu § 1897 BGB aF.
97 BT-Drs. 19/24445, 135.
98 Christl FamRZ 2021, 81.
99 Christl FamRZ 2021, 81.
100 Vgl. Grziwotz ZRP 2020, 248 (249).
101 Bartels FamRB 2021, 203.
102 BayObLG FamRZ 2003, 1775.
103 So die Definition von Bienwald/Sonnenfeld/Harm/Bienwald BGB § 1897 aF Rn. 112; vgl. ebenso BeckOGK BGB/Schmidt-Recla § 1897 aF Rn. 28.

Gericht (auch ohne Aufforderung) zusammen mit dem nach § 279 Abs. 2 FamFG zu übermittelnden Sozialbericht stets auch einen geeigneten **Betreuer vorzuschlagen.**

45 Dabei wird von der Betreuungsbehörde zunächst die allgemeine, dh vom konkreten Betreuungsverfahren unabhängige **persönliche Eignung und Zuverlässigkeit** der als künftiger ehrenamtlicher Betreuer ins Auge gefassten Person gem. §§ 21 und 23 BtOG geprüft.[104] Zu diesem Zweck, aber auch zum Ausschluss des Vorliegens von Ausschlussgründen nach § 21 Abs. 1 S. 2 BtOG haben – außer im Eilverfahren – alle Betreuer zu diesem Zweck ein **Führungszeugnis** nach § 30 Abs. 5 BZRG und eine **Auskunft aus dem zentralen Schuldnerverzeichnis** nach § 882 b ZPO vorzulegen, die beide jeweils nicht älter als drei Monate sein sollen. Das Führungszeugnis hat der potenzielle Betreuer „als Begünstigter des Verwaltungsaktes" selbst zu beantragen. Hat er keine familiäre Beziehung oder persönliche Bindung zum Betroffenen, wird von ihm darüber hinaus der Abschluss einer Vereinbarung mit Betreuungsverein oder -behörde nach §§ 22 Abs. 2, 15 Abs. 2 bzw. 5 Abs. 2 BtOG erwartet. Dies soll eine kompetente und konstante Begleitung während der Betreuungsführung durch Schulung, Beratung und sonstige Unterstützung sicherstellen.[105] Im Hinblick auf die vom Gesetzgeber gewünschte Verbesserung der Akquise von ehrenamtlichen Betreuern scheinen diese Regelungen aus Sicht des Praktikers – auch im Hinblick auf die dem Betreuer ohnehin obliegenden Berichts- und Rechenschaftspflichten gegenüber dem Gericht und die nach wie vor zu vernachlässigende Höhe der Aufwandsentschädigung (→ § 17) – nicht zielführend (zum Berufsbetreuer → Rn. 47).[106] Das Ergebnis der Auskunft wird dem Betreuungsgericht nach § 12 Abs. 3 BtOG zusammen mit dem Betreuervorschlag mitgeteilt.

46 Darüber hinaus muss auch der ehrenamtliche Betreuer den auf ihn entsprechend anwendbaren Voraussetzungen des § 23 Abs. 2 Nr. 1, 2 und 4 BtOG genügen. Erforderlich sind dafür nach den Vorstellungen des Gesetzgebers die Kenntnis des örtlichen Unterstützungssystems und der einschlägigen sozialen Leistungsträger und -erbringer. Ferner soll der Betreuer über minimale organisatorische und schriftliche Fähigkeiten und eine geordnete Dokumentenablage verfügen, die Einhaltung des Datenschutzes gewährleisten sowie persönlich und telefonisch erreichbar sein. An persönlichen Eigenschaften werden soziale Kompetenz mit der Fähigkeit zu Selbstreflexion gefordert, Frustrationstoleranz, Wertschätzung, Konfliktfähigkeit, Rollenbewusstsein, Durchsetzungsvermögen, Empathiefähigkeit, Kommunikationsfähigkeit, Fähigkeit zum Zuhören, Kooperationsbereitschaft sowie schließlich die Fähigkeit zur kritischen Distanz zu sich selbst und zu anderen.[107]

Praxistipp: Bei Interesse an der Übernahme einer ehrenamtlichen Betreuung dürfte trotz dieses auf den ersten Blick überwältigenden Anforderungsprofils außer im Falle deutlich eingeschränkter oder gänzlich fehlender Eignung keine Gefahr der Zurückweisung des Interessenten bestehen, da die Betreuungsbehörden in der Praxis – wie auch der Gesetzgeber zutreffend erkannt hat – erhebliche Schwierigkeiten bei der Gewinnung

104 BT-Drs. 19/24445, 237.
105 Vgl. zum Ganzen BT-Drs. 19/24445, 145.
106 Christl FamRZ 2021, 81.
107 BT-Drs. 19/24445, 368.

von geeigneten Betreuern haben. Dies gilt erst recht bei Verwandtschaft oder guter persönlicher Beziehung zum Betroffenen.

2. Besonderheiten bei der Auswahl des Berufsbetreuers nach§§ 23–29 BtOG

An beruflich tätige Betreuer (selbstständige Berufsbetreuer und Vereinsbetreuer) werden mit dem in §§ 23 ff. BtOG geregelten **Zugangs- und Registrierungsverfahren** weitere Anforderungen gestellt. Im Rahmen dieses Verfahrens muss der Berufsbetreuer neben seiner persönlichen Eignung und Zuverlässigkeit (geordnete Vermögensverhältnisse, Vorlage eines Führungszeugnisses) auch eine ausreichende **Sachkunde** (Vorhandensein bestimmter Fachkenntnisse) sowie das Vorliegen einer **Berufshaftpflichtversicherung** nachweisen.[108] Die erforderliche Sachkunde umfasst nach § 23 Abs. 3 BtOG Kenntnisse des Betreuungs- und Unterbringungsrechts, des dazugehörigen Verfahrensrechts sowie auf den Gebieten der Personen- und Vermögenssorge, der sozialrechtlichen Unterstützungssysteme, der Kommunikation mit Personen mit Erkrankungen und Behinderungen und schließlich von Methoden zur Unterstützung bei der Entscheidungsfindung. Zuständig für das Registrierungsverfahren ist die Betreuungsbehörde am Sitz bzw. Wohnsitz des beruflichen Betreuers als **Stammbehörde.** Eine behördliche Sachkundeprüfung findet nicht statt, weil der Antragsteller die in § 24 Abs. 1 BtOG vorgesehenen Nachweise selbst erbringen und nach seiner Registrierung fortlaufend die in § 25 BtOG bestimmten Mitteilungs- und Nachweispflichten erfüllen muss. Er unterliegt einer Fortbildungspflicht, § 29 BtOG. Die Registrierung, deren Voraussetzungen im Einzelnen im Wege einer Rechtsverordnung des BMJV[109] geregelt werden, gilt **bundesweit.** Nach § 27 BtOG sind allerdings unter den dort genannten Voraussetzungen **Widerruf, Rücknahme und Löschung der Registrierung** möglich, dh vor allem bei gravierenden Pflichtverstößen, Verlust der Berufshaftpflichtversicherung und unqualifizierter Führung von Betreuungen, aber auch bei Beendigung der Berufstätigkeit. Die Maßnahme wird von der Betreuungsbehörde den -gerichten mit der unmittelbaren Folge mitgeteilt, dass der Betreuer dort keine Vergütung mehr verlangen kann. Im Regelfall entfällt mit der Registrierung auch die Eignung, so dass dem Betreuer nach § 1868 Abs. 2 BGB in den von ihm aktuell geführten Betreuungsverfahren die Entlassung durch das Gericht droht.[110] 47

3. Auswahlkriterien des Gerichts

Als für die Bestellung wesentliches Kriterium nennt § 1816 Abs. 1 BGB an erster Stelle noch vor dem **Wunsch des Betroffenen** – insoweit über die oben unter Nr. 2 aE angeführte Definition hinausgehend – die Fähigkeit des Betroffenen, die Angelegenheiten des Betreuten in dem gerichtlich angeordneten Aufgabenkreis **nach Maßgabe des § 1821 BGB** rechtlich zu besorgen und insbesondere in dem hierfür erforderlichen Umfang persönlichen Kontakt mit dem Betreuten zu halten.[111] Allgemein gesprochen geht 48

108 BT-Drs. 19/24445, 147.

109 Aktuell (Juli 2022) noch in Vorbereitung. Der jüngste Entwurf einer BtRegV datiert vom 11.3.2022; eine Änderung der Ermächtigungsgrundlage (§ 23 Abs. 4 BtOG) ist jedoch noch mit Gesetz vom 24.6.2022 (BGBl. I, 963) erfolgt.

110 BT-Drs. 19/24445, 385.

111 Die in § 1897 BGB aF verwendete Formulierung, „persönlich zu betreuen“ soll in der Vergangenheit zu Missverständnissen geführt haben, vgl. BT-Drs. 19/24445, 237.

es also um die Frage, ob die in Aussicht genommene Person den Aufgabenkreis, der ihr übertragen werden soll, übernehmen kann und ob sie in der Lage ist, die betroffene Person rechtlich und persönlich zu betreuen und ihr Wohl zu fördern.[112] Durch den Hinweis auf § 1821 BGB (bezeichnet als „Magna Charta des Betreuungsrechts") wird deutlich, dass sich die Eignung des ins Auge gefassten Kandidaten gerade darauf beziehen muss, die Betreuung so zu führen, wie es den Vorgaben dieser Norm entspricht. Darunter fällt vor allem die Fähigkeit, die Wünsche und den mutmaßlichen Willen des Betreuten zu ermitteln und adäquat umzusetzen. Allerdings hat auch das Betreuungsgericht die oben unter lit. a) aufgeführten Eignungskriterien der §§ 21, 23 BtOG zu beachten.[113] Werden diese Voraussetzungen, die auch für anerkannte Betreuungsvereine und Betreuungsbehörden gelten, erfüllt, kommt grundsätzlich jede natürliche Person als gesetzlicher Betreuer in Betracht,[114] Spezialwissen und außergewöhnliche Fertigkeiten sind nicht erforderlich.[115]

49 Umgekehrt ist von einer **fehlenden persönlichen Eignung** vor allem dann auszugehen, wenn das Betreuungsgericht anhand konkreter Tatsachen erhebliche Interessenkonflikte der als Betreuer ins Auge gefassten Person feststellt oder wenn ein **Missbrauch** eines zu der betroffenen Person bestehenden **Vertrauensverhältnisses** durch den potenziellen Betreuer zu befürchten ist.[116] Das ist vor allem dann möglich, wenn das Vertrauensverhältnis aufgrund eines vorangegangenen beruflichen Kontakts, zB im Rahmen eines anwaltlichen Mandatsverhältnisses oder einer Arzt-Patienten-Beziehung, entstanden ist. Besteht die konkrete Gefahr eines Missbrauchs dieser Beziehung, scheidet eine Bestellung zum Betreuer mangels Eignung aus. Nach § 1816 Abs. 6 BGB dürfen daher auch Mitarbeiter von Einrichtungen oder Diensten, die in der Versorgung des Betroffenen tätig sind oder zu diesen in einer anderen engen Beziehung stehen, im Regelfall nicht zum Betreuer bestellt werden; Ausnahmen sind möglich, wenn im Einzelfall keine konkrete Gefahr einer Interessenkollision besteht.

50 Nach § 1818 Abs. 1 BGB kann – dessen Einwilligung vorausgesetzt – auch ein anerkannter **Betreuungsverein** Betreuer werden, wenn der Betroffene dies wünscht oder wenn es an einer geeigneten natürlichen Person für dieses Amt fehlt. Nach Abs. 2 überträgt der Verein die Wahrnehmung der Betreuung auf einzelne Personen, wobei unter den Mitarbeitern des Vereins wiederum die ehrenamtlich tätigen Vorrang genießen. Allerdings erhält der Verein nach § 13 Abs. 1 VBVG nur dann eine Vergütung, wenn er die Betreuung einem hauptamtlichen Mitarbeiter überträgt, der als beruflicher Betreuer registriert ist (vgl. dazu → § 17).

51 Ähnlich wie nach § 1785 Abs. 1 BGB der Vormund ist nach § 1819 Abs. 1 BGB die vom Betreuungsgericht ausgewählte Person grundsätzlich zwar verpflichtet, die Betreuung zu übernehmen, wenn ihr die Übernahme unter Berücksichtigung ihrer familiären, beruflichen und sonstigen Verhältnisse zugemutet werden kann. Allerdings darf sie nach

112 So in st. Rspr. der BGH zu § 1897 BGB aF: FamRZ 2021, 797; FamRZ 2021, 977; FamRZ 2021, 222; vgl. auch BeckOGK BGB/Schmidt-Recla § 1897 aF Rn. 27 mwN.

113 BT-Drs. 19/24445, 237; dass das Gericht die Auswahl hier ohne ausdrückliche gesetzliche Regelung nach den für die Behörde als Teil der Exekutive geltenden Maßstäben treffen soll, begegnet allerdings Bedenken.

114 BeckOGK BGB/Schmidt-Recla § 1897 aF Rn. 28 mwN.

115 BGH FamRZ 2015, 2165; BeckOGK BGB/Schmidt-Recla § 1897 aF Rn. 37 mwN.

116 BT-Drs. 19/24445, 237; vgl. im Einzelnen die Beispiele bei Staudinger/Bienwald BGB § 1897 aF Rn. 50 ff. mwN.

Abs. 2 erst dann zum Betreuer bestellt werden, wenn sie sich zur Übernahme bereit erklärt hat, auch ihr steht damit letztlich ein Ablehnungsrecht zu; die Norm hat insoweit, wie schon § 1785 Abs. 1 BGB im Vormundschaftsrecht, lediglich appellativen Charakter. Vereins- und Behördenbetreuer dürfen schließlich gem. § 1818 Abs. 3 BGB nur mit Zustimmung des Vereins bzw. der Betreuungsbehörde bestellt werden.

4. Schema II: Auswahl des Betreuers

52

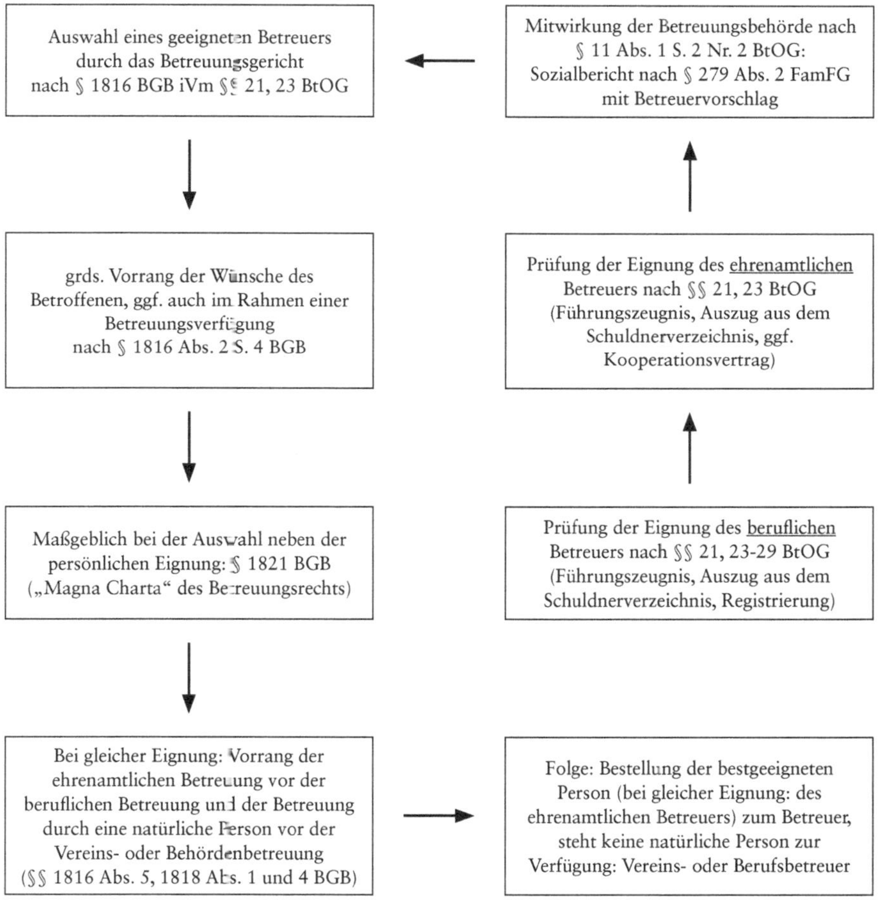

G. Die Entlassung des Betreuers

Nach § 1807 BGB endet die Betreuung entweder mit ihrer Aufhebung durch das Be- 53
treuungsgericht oder mit dem Tod des Betreuten; die **Gründe für eine Entlassung des konkreten Betreuers dagegen finden sich in § 1868 BGB.** Dazu zählen nach Abs. 1 zunächst der **Wegfall der** nach § 1816 BGB vorausgesetzten **Eignung**, die Angelegenheiten des Betroffenen zu besorgen oder ein anderer (vergleichbar) wichtiger Grund. Das Gesetz nennt hier beispielhaft – aber nicht abschließend – die vorsätzliche Erteilung einer

falschen Abrechnung und das Fehlen eines persönlichen Kontakts zum Betreuten. Eine fehlende Eignung wird u.a. angenommen,[117] wenn der Betreuer nichts gegen eine völlige Verwahrlosung des psychisch kranken Betroffenen unternimmt, weil er auf diesen keinen Druck ausüben will,[118] wenn er die notwenige Medikamenteneinnahme nicht sicherstellen kann[119] oder den Betroffenen nicht vor körperlichen Übergriffen des Ehegatten schützt.[120] Die Entlassung eines Berufsbetreuers kommt auch in Betracht, wenn er der Corona-Schutzimpfung des Betreuten dauerhaft entgegenwirkt.[121] Hinsichtlich der Vermögenssorge ist von einem wichtigen Grund iSd Abs. 1 u.a. auszugehen, wenn gegen den Betreuer ein Strafverfahren wegen Abrechnungsfehlern eingeleitet[122] oder über sein Vermögen das Insolvenzverfahren eröffnet worden ist.[123] § 1868 Abs. 2 BGB sieht ferner die zwingende Entlassung des Berufsbetreuers vor, wenn dessen **Registrierung nach § 27 Abs. 1 und 2 BtOG widerrufen oder zurückgenommen** wurde; allerdings kann ihn das Gericht im Einzelfall mit seiner Zustimmung als ehrenamtlichen Betreuer in dem Verfahren belassen.[124] Abs. 3 unterstreicht den Primat der ehrenamtlichen Betreuung mit der Regelung, dass das Betreuungsgericht den Berufs- oder Behördenbetreuer, den Betreuungsverein oder die -behörde entlassen soll, wenn der Betreute **ehrenamtlich** betreut werden kann. Nach Abs. 4 und 5 kann der Betreuer entlassen werden, wenn er dies verlangt, weil ihm die Führung der Betreuung nicht mehr zugemutet werden kann oder wenn der Betreute eine mindestens gleich geeignete Person als neuen Betreuer vorschlägt, die auch zur Übernahme des Amts bereit ist. In den Absätzen 5 und 6 schließlich geht es um die Beendigung der Betreuung durch einen Vereinsbetreuer: Diese ist zum einen (Abs. 6) möglich, wenn der Betreuungsverein selbst dies beantragt. Damit soll nach der Vorstellung des Gesetzgebers der praktisch häufig zu beobachtenden Übung sich selbstständig machender Vereinsbetreuer entgegengewirkt werden, die von ihnen geführten Betreuungen mitzunehmen und so dem Betreuungsverein einen Teil der ihm zugewiesenen Betreuungen zu entziehen.[125] Zum anderen (Abs. 7) sind Betreuungsverein oder -behörde als Betreuer zu entlassen, wenn der Betreute durch eine natürliche Person hinreichend betreut werden kann und dem Wechsel nicht widerspricht.

54 Nach der Entlassung des bisherigen Amtsinhabers oder bei seinem Versterben hat das Familiengericht nach § 1869 BGB einen **neuen Betreuer** zu bestellen, für dessen Auswahl §§ 1816, 1818 ff. BGB und 21, 23 ff. BtOG entsprechend gelten.

117 Vgl. zum Folgenden auch BeckOGK/Schmidt-Recla § 1908b aF Rn. 14 f. mwN.
118 Vgl. LG Darmstadt Rpfleger 2014, 202.
119 BayObLG FamRZ 1997, 1360.
120 BayObLG FamRZ 2000, 1456.
121 BVerfG FamRZ 2021, 1146.
122 BayObLG FamRZ 2005, 931.
123 Vgl. MüKoBGB/Schneider § 1908b aF Rn. 9.
124 BT-Drs. 19/24445, 306.
125 BT-Drs. 19/24445, 307.

Muster: Entlassung des Betreuers (Rechtspfleger) 55

Amtsgericht – Familiengericht – …

Az.:

Beschluss

In dem Betreuungsverfahren

pp.

hier: Entlassung und Neubestellung eines Betreuers

wird der/die bisherige/r Betreuer/in,

Herr/Frau … *(Name/Anschrift)*

entlassen

und stattdessen

Herr/Frau … *(Name/Anschrift)*

zum/zur neuen Betreuer/in bestellt.

Sein/ihr Aufgabenkreis umfasst auch weiterhin ….

Gründe

Herr/Frau … war als Betreuer/in zu entlassen, weil der/die Betroffene mit Herrn/Frau … eine gleich geeignete Person vorgeschlagen hat, die zur Übernahme der Betreuung bereit ist (§ 1868 Abs. 5 BGB).

Seine/ihre Eignung ergibt sich dabei aus folgenden Umständen: … *(Kriterien der § 1816 BGB iVm §§ 21, 23 BtOG)*

Ein aktuelles Führungszeugnis nach § 30 Abs. 5 BZRG und eine aktuelle Auskunft aus dem zentralen Schuldnerverzeichnis nach § 882 b ZPO wurden der zuständigen Betreuungsbehörde vorgelegt und stehen der Bestellung zum/zur Betreuer/in nicht entgegen.

Rechtsmittelbelehrung …

…

Unterschrift Rechtspfleger

§ 7 Folgen der Beendigung für den Amtsträger bzw. des Ruhens für Eltern

Mit Erlöschen der gesetzlichen Vertretungsbefugnis des Vormunds, Pflegers, der Eltern oder Betreuers enden nicht dessen gesetzliche Verpflichtungen gegenüber dem Mündel oder dem Betreuten bzw. deren Rechtsnachfolgern. Vielmehr sind beispielsweise bei einem Ende der Betreuung gem. §§ 1872 ff. BGB das Vermögen des Betreuten bzw. Mündels herauszugeben (→ Rn. 11 ff.), erlangte Dokumente auszuhändigen (→ Rn. 20 ff.) und gegebenenfalls Rechnungslegungsverpflichtungen (→ Rn. 24 ff.) zu erfüllen. Dieser Verpflichtungen sollten sich Amtsträger bereits bei Übernahme des Amtes bewusst sein, und die entsprechenden Dokumente auch bei längerer „Amtsdauer“ sorgfältig aufbewahren. 1

A. Regelungssystematik

Die Rechtsfolgen des Ruhens und der Beendigung der elterlichen Sorge für die Eltern regelt § 1698 BGB (→ Rn. 43 ff.). 2

Die Folgen der Beendigung des Amtes für die übrigen gesetzlichen Vertreter war bisher in den §§ 1890 ff. BGB aF geregelt und somit im Recht der Vormundschaft. Für die Betreuung und die Pflegschaft wurde auf die Regelungen im Vormundschaftsrecht verwiesen. 3

Mit der am 1.1.2023 in Kraft getretenen Neuregelung sind die maßgeblichen Vorschriften nun ins Betreuungsrecht gewandert. Die Regelungen zu den Rechtsfolgen für den Amtsträger finden sich in den §§ 1872–1874 BGB. Diese finden über den Verweis in § 1807 BGB auch auf die Vormundschaft und über § 1813 iVm § 1807 BGB auf die Pflegschaft über Minderjährige sowie über § 1888 Abs. 1 BGB auch auf die sonstigen Pflegschaften Anwendung. Die nachfolgende Darstellung bezieht sich daher überwiegend auf die sich im Betreuungsrecht befindlichen, nunmehr deutlich konkretisierten Regelungen und verweist lediglich dort, wo in den übrigen Regelungsbereichen Abweichungen gelten, auf die spezielleren Regelungen im Recht der Vormundschaft, elterlichen Sorge bzw. der Pflegschaft. 4

Im Rahmen der Reform wurden die bestehenden Verpflichtungen deutlich konkretisiert und teilweise entschärft. Die Verpflichtungen treffen ehrenamtliche wie berufsmäßige Betreuer grundsätzlich gleichermaßen. § 1872 Abs. 5 BGB enthält jedoch Erleichterungen für den befreiten Betreuer (→ Rn. 33 ff.). 5

B. Herausgabe von Vermögen und Unterlagen

6 Gem. § 1872 Abs. 1 BGB ist der Betreuer nach dem Ende der Betreuung dazu verpflichtet, das seiner Verwaltung unterliegende Vermögen und alle im Rahmen der Betreuung erlangten Unterlagen an den Betreuten, dessen Erben oder sonstige Berechtigten herauszugeben. Damit bleibt der bisher in § 1890 BGB aF geregelte, neben den allgemeinen Herausgabe- und Bereicherungsansprüchen stehende **besondere Herausgabeanspruch** des Betreuten bzw. Mündels und deren Rechtsnachfolger bestehen.[1]

7 Die Vorschrift gilt aber nicht nur für die Fälle, in denen die Betreuung nur die Vermögenssorge umfasste, sondern, dies macht die Aufnahme der Herausgabepflicht über alle im Rahmen der Betreuung erlangten Unterlagen deutlich, auch für die Personensorge. Damit ist klargestellt, dass nicht etwa nur Kontoauszüge und ähnliche vermögensbezogene Unterlagen herauszugeben sind,[2] sondern alle im Zusammenhang mit der Betreuung erlangten Unterlagen, etwa auch ärztliche Untersuchungsberichte und Schriftverkehr.

I. Anspruchsberechtigte

8 Anspruchsberechtigte sind der Betreute, sofern dieser geschäftsfähig ist, dessen Erben oder sonstige Berechtigte, bzw. bei Wechsel des Betreuers der neue Betreuer (§ 1872 Abs. 4 BGB). Als sonstige Berechtigte kommt dabei beispielsweise ein Testamentsvollstrecker in Betracht,[3] ähnliches dürfte für einen Nachlasspfleger gelten. Ein Vermächtnisnehmer ist nicht zur Geltendmachung des Anspruchs berechtigt.[4]

9 Bei Ende der **Vormundschaft** ist der Mündel anspruchsberechtigt, sofern dieser volljährig und geschäftsfähig ist, ansonsten ein Anschlussbetreuer oder die Eltern. Ist der Anschlussbetreuer mit dem bisherigen Vormund **personenidentisch**, dürfte die Verpflichtung zur Vermögensherausgabe bereits aufgrund Konfusion entfallen. Zu § 1890 BGB aF wurde vertreten, dass in diesen Fällen die Verpflichtung zur Erstellung einer Schlussrechnung (→ Rn. 24 ff.) jedoch nicht entfallen sollte, da dem Familiengericht ansonsten seine Prüfungsmöglichkeit genommen werde.[5] Nach nunmehr geltender Rechtslage dürfte eine Verpflichtung zur Vorlage einer Schlussrechnung von vornherein ausscheiden, da eine solche gem. § 1872 Abs. 2 BGB nur noch auf Verlangen des Anspruchsberechtigten aufzustellen ist. Ein solches Verlangen erscheint aufgrund der in diesen Fällen vorliegenden Personenidentität ausgeschlossen.[6]

II. Anspruchsverpflichteter

10 Anspruchsverpflichteter ist der aus dem Amt geschiedene Betreuer bzw. Amtsträger selbst. Sollte dieser verstorben sein, so geht die Verpflichtung als **rein privatrechtliche, nicht höchstpersönliche Verpflichtung** auf dessen Erben über, auch wenn das

1 Hierzu BeckOGK BGB/Wentzell § 1890 aF Rn. 2.
2 Vgl. zur alten Rechtslage Meier/Deinert BetreuungsR-HdB Rn. 1783.
3 So die Gesetzesbegründung BT-Drs. 19/24445, 308.
4 OLG Hamm BB 76, 671; BeckOGK BGB/Wentzell § 1890 aF Rn. 10.
5 BeckOGK BGB/Wentzell § 1890 aF Rn. 11; MüKoBGB/Spickhoff § 1890 aF Rn. 13.
6 So schon zur alten Rechtslage Staudinger/Veit BGB § 1882 aF Rn. 17; § 1890 aF Rn. 8.

Betreueramt selber aufgrund seiner Personenbezogenheit unvererblich ist.[7] Sollte das Amt wegen fehlender Geschäftsfähigkeit des Betreuers geendet haben, hat dessen gesetzlicher Vertreter die entsprechenden Verpflichtungen zu erfüllen.[8]

III. Herausgabe von Vermögen

Mit der Beendigung des Amtes sind unverzüglich alle Sachen und zugehörigen Urkunden, die im Eigentum des Betreuten stehen oder diesem materiellrechtlich zur Nutzung zustehen dem Berechtigten zu übergeben, was im Regelfall die Verschaffung des **unmittelbaren Besitzes** an den betreffenden Gegenständen bedeutet. Ist der Betreute lediglich mitberechtigt an dem betreffenden Gegenstand, so hat die Herausgabe an alle Berechtigten gemeinschaftlich zu erfolgen.[9] Zum Vermögen gehören auch Forderungen, sonstige Rechte und hinterlegte Gegenstände sowie EC- und Kreditkarten.[10] Auch diese sind dem Berechtigten zu übertragen. 11

Der Umfang des Anspruchs bestimmt sich dabei nach dem Zeitpunkt der Beendigung des Amtes. Späterer **Wegfall** von Vermögensgegenständen ist somit für die Bestimmung der Herausgabeverpflichtung des Verpflichteten irrelevant und begründet uU Haftungsansprüche.[11] Für den Verpflichteten sollte es daher von großem Interesse sein, seiner Verpflichtung möglichst bald nachzukommen, um nicht das Risiko eines nachträglichen Untergangs von Vermögensgegenständen des Betreuten tragen zu müssen. Die Überlegungsfrist des Berechtigten, ob die Aufstellung einer Schlussrechnung gem. § 1872 Abs. 2 BGB verlangt wird, bedeutet nicht, dass auch die Herausgabe der Vermögensgegenstände so lange verzögert werden darf.[12] 12

Da es sich bei der Herausgabepflicht um einen **einheitlichen Gesamtanspruch** handelt, ist gem. § 260 Abs. 1 BGB ein **Bestandsverzeichnis** des gesamten Vermögens vorzulegen. Hierzu kann auf ein zu Beginn der Betreuung erstelltes Vermögensverzeichnis zurückgegriffen werden.[13] Im Bestandsverzeichnis sind Aktiva und Passiva übersichtlich zusammenzustellen.[14] Bei Zweifeln an der Richtigkeit oder Vollständigkeit des Verzeichnisses muss die Richtigkeit gem. § 260 Abs. 2 BGB **an Eides statt** versichert werden, wenn nicht § 259 Abs. 3 BGB eingreift und nur geringes Vermögen vorhanden ist. 13

Die betreffenden Gegenstände sind in dem Zustand herauszugeben, die sie nach ordnungsgemäßer Verwaltung haben. Für Verschlechterung, Untergang oder die Weitergabe der Gegenstände an dritte, nichtberechtigte Personen haftet der Betreuer nach den allgemeinen Grundsätzen. 14

Die Löschung von **Sperrvermerken** muss der Betreuer allerdings nicht veranlassen. Hierzu ist der ehemalige Betreute nach Wegfall der Beschränkungen selbst berechtigt.[15] 15

---

7 Hierzu BGH NJW 2017, 3596 (3597).
8 BeckOGK BGB/Wentzell § 1890 aF Rn. 5.
9 BeckOGK BGB/Wentzell § 1890 aF Rn. 20.
10 BeckOGK BGB/Wentzell § 1890 aF Rn. 17.
11 OLG Brandenburg NJW-RR 2008, 95; OLG Dresden ZEV 2000, 402 (404); BeckOGK BGB/Wentzell § 1890 aF Rn. 41.
12 BT-Drs. 19/24445, 309.
13 BeckOGK BGB/Wentzell § 1890 aF Rn. 25.
14 Grüneberg/Grüneberg BGB § 260 Rn. 16.
15 BeckOK BGB/Bettin § 1890 aF Rn. 3.

16 Nicht zum Vermögen des Betreuten gehören die **(Hand-)Akten** des Betreuers, die dieser zur Dokumentation seiner Verwaltung angelegt hat, zumindest soweit diese nicht als „Unterlagen" iSd § 1872 Abs. 1 BGB anzusehen sind.

17 Der Herausgabeanspruch gewährt ein **Aussonderungsrecht** (§§ 47, 48 InsO) bei Insolvenz des Betreuers und berechtigt den Anspruchsberechtigten dazu, gegenüber dem Insolvenzverwalter die Herausgabe zu verlangen.[16]

18 Hat der Verpflichtete selbst noch fällige Ansprüche gegen den Betreuten, bspw. auf Ersatz von Aufwendungen oder Vergütung, so kann er unter Umständen die Herausgabe des Vermögens gem. §§ 273, 274 BGB verweigern (**Zurückbehaltungsrecht**). Dies gilt jedoch dann nicht, wenn der Verpflichtete bereits berechtigt ist, den ihm zustehenden Betrag dem Vermögen des Betreuten selbst zu entnehmen.[17] Bei einem erheblichen Ungleichgewicht zwischen Anspruch des Verpflichteten und herauszugebendem Vermögen darf der Verpflichtete nur einen angemessenen Teil des Vermögens zurückbehalten. Hiervon ist nicht mehr auszugehen, wenn das zurückbehaltene Vermögen den fälligen Vergütungsanspruch um mehr als das doppelte übersteigt.[18]

19 Bei Durchführung der Übergabe dürfte es sich aus Gründen der Rechtssicherheit empfehlen, ein **Übergabeprotokoll** (Muster → Rn. 23) zu erstellen und die entsprechende Vermögensgegenstände zu dokumentieren. In einem solchen Protokoll können auch bestehende Mängel, etwa zu beachtende Fristen oder sonstige Besonderheiten dokumentiert werden.[19] Insoweit bietet die persönliche Übergabe den für den Verpflichteten **rechtssichersten Weg,** sich im Nachhinein vor dem Vorwurf einer unvollständigen Herausgabe oder dem Risiko des Verlustes von Gegenständen zu schützen.[20]

IV. Herausgabe von Unterlagen

20 Seit dem 1.1.2023 ist ausdrücklich auch eine Verpflichtung des aus dem Amt geschiedenen Betreuers normiert, alle im Rahmen der Betreuung erlangten Unterlagen herauszugeben.

21 Dies bezieht sich zum einen auf Unterlagen, die auch im Rahmen einer Schlussrechnung (→ Rn. 24 ff.) vorzulegen wären, wie beispielsweise Kontoauszüge, Rechnungen etc, geht jedoch deutlich darüber hinaus und betrifft daher nicht nur Bereiche der Vermögenssorge. Vielmehr ist hiermit der bisher sich nur aus einer Bezugnahme auf das Auftragsrecht (§ 667 BGB) ergebende Anspruch auch im Betreuungsgericht selbst verankert, der zur Herausgabe von **sämtlichem Schriftverkehr** einschließlich Emails im Namen des Betreuten verpflichtet.[21]

22 Die Ansprüche aus § 1872 Abs. 1 BGB entstehen unmittelbar mit Eintritt der tatbestandlichen Voraussetzungen. Für die Herausgabe des Vermögens bedeutet dies, dass diese unmittelbar nach Beendigung des Amtes herauszugeben sind. Unterlagen sind

16 BeckOGK BGB/Wentzell § 1890 aF Rn. 14.
17 Zu derartigen Fällen: BGH BeckRS 2006, 678 mwN; OLG Hamm BeckRS 2020, 19873 Rn. 46.
18 BeckOGK BGB/Wentzell § 1890 aF Rn. 28.
19 Ein Muster eines solchen Übergabeprotokolls findet sich bei BeckFormB FamR/Harm Form. R. XV; Kretz/Albrecht/Wittkämper N.5.
20 Kretz/Albrecht/Wittkämper, Betreuungsrecht, N.4 Rn. 2.
21 Vgl. zur alten Rechtslage BeckOGK BGB/Wentzell § 1890 aF Rn. 49.

unmittelbar nach Erstellung der Schlussrechnung bzw. Ablauf der Frist nach § 1872 Abs. 2 BGB herauszugeben.[22] Sind Unterlagen für die Schlussrechnung irrelevant, sind sie auch bereits früher zu übermitteln.

V. Muster für ein Übergabeprotokoll

Muster: Übergabeprotokoll bei Beendigung der Betreuung 23

Übergabeprotokoll vom … 2022

Am heutigen Tage wurden durch mich, …, als bisherigem Betreuer des … anlässlich der Beendigung meines Amtes als Betreuer aufgrund … folgende Vermögensgegenstände und Unterlagen an … herausgegeben:

I. Vermögensgegenstände
II. Folgende zu den vorstehenden bezeichneten Gegenständen gehörende Unterlagen und Urkunden sowie Legitimationspapiere:
III. Sonstige Gegenstände/Unterlagen:
IV. Es bestehen folgende Mängel, Besonderheiten:

Der Empfänger quittiert mit seiner nachfolgenden Unterschrift den Empfang der vorgenannten Gegenstände und bestätigt den Übergang von Gefahr und Lasten. Er bestätigt zudem, auf das folgende hingewiesen worden zu sein:…. (Fristen, insbesondere § 1872 Abs. 2 BGB)

Ort, Datum

Unterschriften

C. Schlussrechnung/Vermögensübersicht

I. Regelfall

24 Obwohl nicht ausdrücklich gesetzlich normiert, ging bereits die bisherige Praxis davon aus, dass der Betreuer nach Ende seines Amtes über den **gesamten Zeitraum** seiner Vermögensverwaltung eine Schlussrechnung gem. §§ 259 ff. BGB zu erstellen habe.[23] Eine solche Schlussrechnung kann je nach Einzelfall mit erheblichem Aufwand verbunden sein. Durch die am 1.1.2023 in Kraft getretene Neuregelung des § 1872 Abs. 2 BGB ist diese Verpflichtung deutlich reduziert worden, um den Betreuer in den Fällen, in denen der Berechtigte von vornherein kein Interesse an einer solchen Schlussrechnung hat, etwa da kein Vermögen vorhanden oder die Betreuung unproblematisch verlaufen ist, die Arbeit zu erleichtern.[24] Die Schlussrechnung soll kein Selbstzweck sein. Daher sieht § 1872 Abs. 2 BGB **keine generelle Verpflichtung zur Erstellung einer Schlussrechnung** mehr vor. Eine solche ist nur dann zu erstellen, wenn der Berechtigte dies ausdrücklich verlangt. Dies kommt beispielsweise dann in Betracht, wenn der Berechtigte prüfen möchte, ob ggf. Ansprüche wegen pflichtwidrigen Verhaltens des bisherigen Amtsinhabers in Betracht kommen.[25]

25 Der Verpflichtete muss den Berechtigten allerdings selbst auf sein Recht, eine Schlussrechnung zu verlangen, **hinweisen**. Es dürfte sich für den Verpflichteten empfehlen, diesen Hinweis schriftlich zu erteilen und dem Berechtigten in einer Art und Weise zuzustellen, die eine Dokumentation des Zugangszeitpunktes ermöglicht. Dies kann

22 BT-Drs. 19/24445, 308.
23 Grüneberg/Götz BGB § 1890 aF Rn. 3 mwN.
24 BT-Drs. 19/24445, 308.
25 Jürgens/v. Craislheim BGB § 1890 aF Rn. 6.

beispielsweise durch persönliche Mitteilung mit anschließender schriftlicher Bestätigung über den erteilten Hinweis oder durch Zustellung eines Schriftstückes mit der entsprechenden Information erfolgen.[26] Wird über die Übergabe von Vermögensgegenständen ein **Übergabeprotokoll** erstellt (→ Rn. 23), kann der Hinweis auch hierin übernommen werden.

26 Der Berechtigte hat nach Zugang dieser Mitteilung **6 Wochen Zeit**, um eine Schlussrechnung zu verlangen. Sein Verlangen hat er sowohl gegenüber dem Verpflichteten als auch gegenüber dem Betreuungsgericht, welches die Schlussrechnung ggf. anschließend prüfen muss, mitzuteilen. Lässt er diese Frist verstreichen, so kann nachträglich keine Schlussrechnung mehr verlangt werden. Maßgeblich für die Einhaltung der Frist dürfte allein die **rechtzeitige Mitteilung beim Verpflichteten** selbst sein, der Zugang der entsprechenden Mitteilung beim Betreuungsgericht ist hierfür ohne Belang. Es dürfte sich dennoch empfehlen, für eine möglichst zeitnahe Unterrichtung des Betreuungsgerichts Sorge zu tragen.

27 Für die Erstellung einer Schlussrechnung bzw. einer Vermögensübersicht muss dem Verpflichteten nach der Mitteilung des Berechtigten über das Auskunftsverlangen nach § 1872 Abs. 2 BGB eine **angemessene Frist zur Erstellung** eingeräumt werden.[27] Eine feste Frist ist hierfür nicht vorgesehen und wird von dem Umfang der zu erstellenden Berichte abhängig sein.

28 Die zu erstellende Schlussrechnung muss den sie umfassenden Zeitraum klar erkennen lassen.[28] Es gelten im Übrigen die in § 259 BGB niedergelegten Grundsätze. Es ist somit eine **lückenlose und geordnete Zusammenstellung** sämtlicher Einnahmen und Ausgaben vorzulegen, die aus sich selbst heraus verständlich ist und es dem Berechtigten ermöglicht, seine Ansprüche zu erkennen.[29] Es ist also eine übersichtliche Darstellung des Bestandes des verwalteten Vermögens und seiner Entwicklung während der Verwaltung unter geordneter Zusammenstellung aller Einnahmen und Ausgaben geschuldet.[30] Soweit üblicherweise **Belege** über die entsprechenden Vermögenszu- und -abgänge ausgestellt werden, sind diese in geordneter und übersichtlicher Form vorzulegen.[31] Hieraus ergibt sich konkludent eine Verpflichtung zur Aufbewahrung der entsprechenden Belege über die gesamte Amtsdauer.

29 Die Schlussrechnung ist gem. § 1873 Abs. 1 BGB durch den Verpflichteten beim Betreuungsgericht einzureichen. Das Gericht leitet dieses dann an den Berechtigten weiter.

II. Pflichten bei unbekanntem Aufenthalt des Anspruchsberechtigten

30 Sind die Berechtigten sechs Monate nach Ende der Betreuung unbekannt oder unbekannten Aufenthalts, so ist zum Schutz der noch unbekannten Berechtigten in jedem Fall eine Schlussrechnung durch den Verpflichteten zu erstellen.

26 BT-Drs. 19/24445, 309.
27 BeckOGK BGB/Wentzell § 1890 aF Rn. 13.
28 BeckOGK BGB/Wentzell § 1890 aF Rn. 31.
29 BeckOGK BGB/Röver § 259 Fn. 26.
30 HK-BetreuungsR/M. Meier BGB § 1890 aF Rn. 7.
31 MüKoBGB/Spickhoff § 1890 aF Rn. 7; auch außerhalb der Erstellung der Schlussrechnung ergibt sich die Verpflichtung zur Herausgabe der Belege über § 872 Abs. 1 BGB.

III. Pflichten des bisherigen Betreuers gegenüber dem Amtsnachfolger

Gleiches gilt auch bei einem Wechsel des Betreuers gem. § 1872 Abs. 4 S. 2 BGB. Die Erstellung einer Schlussrechnung soll in diesem Fall Rechtsklarheit darüber schaffen, in welche „Amtszeit" ein Vermögenszuwachs bzw. eine Vermögensminderung zu rechnen ist.[32] Allerdings ist in diesem Fall nur über den Zeitraum seit der letzten beim Betreuungsgericht eingereichten Rechnungslegung bis zur Beendigung des Amtes Rechnung abzulegen. 31

Im Übrigen hat der bisherige Betreuer gem. § 1872 Abs. 4 S. 1 BGB in gleichem Umfang wie durch § 1872 Abs. 1 BGB normiert Vermögen und Unterlagen an den neuen Betreuer herauszugeben. 32

IV. Pflichten des „befreiten Betreuers"

War der Betreuer bei Beendigung seines Amtes gem. § 1859 BGB befreit, so hat er gegenüber dem nicht befreiten Betreuer nur eingeschränkte Pflichten im Rahmen von § 1872 Abs. 1, 4 S. 2 BGB zu erfüllen. Dies trägt dem Umstand Rechnung, dass es sich bei den befreiten Betreuern um Personen mit einem besonderen Vertrauensvorschuss handelt, da sie als nahe Angehörige oder als Vereins- bzw. Behördenmitarbeiter besonders vertrauenswürdig sind bzw. bereits einer vereins- bzw. behördeninternen Kontrolle unterliegen.[33] Es genügt in diesem Fall die Erstellung einer **Vermögensübersicht** mit einer Übersicht über die Einnahmen und Ausgaben seit der letzten Vermögensübersicht sowie die Beifügung einer **eidesstattlichen Versicherung** über die Richtigkeit und Vollständigkeit der Vermögensübersicht (§ 1872 Abs. 5 S. 2 BGB). 33

Diese nunmehr eindeutige Regelung trägt den bisherigen Umsetzungsschwierigkeiten der abschließenden Rechnungslegungspflicht für befreite Betreuer Rechnung, die zwar von der periodischen Rechnungslegungspflicht befreit waren, nicht jedoch von der Verpflichtung bei Beendigung des Amtes eine abschließende Rechnung für den gesamten, bei Betreuungsverfahren nicht selten viele Jahren umfassenden Zeitraum der verwaltenden Tätigkeit aufzustellen.[34] 34

Befreite Betreuer sind gem. § 1859 Abs. 1 S. 2 BGB zur Aufstellung einer (meist) jährlichen Vermögensübersicht verpflichtet. Bei Beendigung der Betreuung haben sie nunmehr nur noch eine Vermögensübersicht einzureichen für den Zeitraum seit der letzten Vermögensübersicht bis zur Beendigung des Amtes, nicht jedoch eine Schlussrechnung für die gesamte Verwaltungszeit. Dies reduziert den Verwaltungsaufwand insbesondere für ehrenamtliche Betreuer aus dem Familienumfeld erheblich. Über § 1807 BGB findet diese Erleichterung auch im Vormundschaftsrecht Anwendung, wenn der Vormund gem. § 1801 Abs. 1, 3 BGB befreit ist. 35

Neu ist die generelle Verpflichtung zu Beifügung einer eidesstattlichen Versicherung hinsichtlich Richtigkeit und Vollständigkeit der Vermögensübersicht. Eine solche war 36

32 BT-Drs. 19/24445, 309.
33 BT-Drs. 19/24445, 309.
34 BeckOGK BGB/Wentzell § 1890 aF Rn. 6 f.

nach altem Recht lediglich über § 259 Abs. 2 BGB für die Fälle vorgesehen, in denen begründete Zweifel an der Richtigkeit der Schlussrechnung bestanden.[35]

V. Gerichtliche Rechnungsprüfung

37 § 1873 BGB normiert ein Rechnungsprüfungsverfahren durch das Betreuungsgericht. So ist eine nach § 1872 BGB erstellte Schlussrechnung oder Vermögensübersicht dem Betreuungsgericht einzureichen, welches dann die Weitervermittlung an den Anspruchsberechtigten übernimmt. Ebenfalls hat das Betreuungsgericht die Schlussrechnung oder die Vermögensübersicht **sachlich und rechnerisch** zu prüfen und soweit erforderlich für eine Ergänzung zu sorgen. Den Prüfbericht übersendet das Gericht ebenfalls an den Anspruchsberechtigten (§ 1873 Abs. 2 BGB).

38 Dies gilt allerdings nur bei unbekanntem Aufenthalt des Betreuten unbedingt. In allen anderen Fällen findet eine Rechnungsprüfung durch das Betreuungsgericht gem. § 1873 Abs. 3 BGB nur dann statt, wenn der Berechtigte **binnen sechs Wochen** nach Zugang der Schlussrechnung oder der Vermögensübersicht **die Prüfung verlangt**. Das Betreuungsgericht hat den Berechtigten bei der Übersendung über diese Rechtsfolge zu belehren. Nach Ablauf der Frist kann eine Prüfung durch das Betreuungsgericht nicht mehr erfolgen. Nicht geregelt ist, wie bei fehlender Belehrung über die Ausschlussfrist zu verfahren ist. Es dürfte jedoch davon auszugehen sein, dass dann in Anwendung allgemeiner Rechtsprinzipien ein Anlaufen der Frist jedenfalls nicht vor ordnungsgemäßer Belehrung über die Frist anzunehmen sein dürfte. Bei dieser Antragsprüfung handelt es sich nur noch um eine Fürsorgemaßnahme des Gerichts gegenüber dem Betreuten oder dessen Erben, um diesen die etwaige zivilrechtliche Geltendmachung von Ansprüchen gegenüber dem aus dem Amt geschiedenen Betreuer zu erleichtern.[36]

VI. Rechtsweg

39 Es handelt sich bei den in § 1872 BGB niedergelegten Ansprüchen um **rein zivilrechtliche Auskunfts- und Herausgabeansprüche**. Dies bedeutet, dass eine Erfüllung der Verpflichtungen des aus dem Amt geschiedenen Betreuers grundsätzlich nicht mit aufsichtsrechtlichen Mitteln durch das Betreuungsgericht (bzw. Familiengericht) erzwungen werden können.[37] Vielmehr müssen die entsprechenden Ansprüche durch die Berechtigten vor den allgemeinen Zivilgerichten geltend gemacht werden, die Zuständigkeit der Betreuungsgerichte (oder der Familiengerichte bei Vormundschaftssachen) ist nicht eröffnet.[38] Die Vorlage des Bestandsverzeichnisses und die Vermögensherausgabe sowie der Rechenschaftsverpflichtung kann in Form der **Stufenklage** gem. § 254 ZPO eingeklagt werden. Für die Beweislast gelten die allgemeinen Grundsätze.[39]

---

35 BeckOGK BGB/Wentzell § 1890 aF Rn. 36.
36 BT-Drs. 19/24445, 309.
37 Jürgens/v. Crailsheim BGB § 1890 aF Rn. 4.
38 BGH NJW 2017, 3596 (3597); Staudinger/Veit BGB § 1890 aF Rn. 20.
39 BeckOGK BGB/Wentzell § 1890 aF Rn. 29.

D. Tätigwerden für den Betreuten nach Beendigung der Betreuung

Der Betreuer darf für den Betreuten auch nach Beendigung der Betreuung so lange 40
weiter tätig werden, bis er von der Beendigung der Betreuung Kenntnis erlangt oder diese kennen muss (§ 1874 Abs. 1 S. 1 BGB), sich also fahrlässig in Unkenntnis befindet. Dies dient dem Schutz des Betreuers, der von den die Betreuung beendenden Umständen, wie etwa dem Tod des Betreuten uU erst später erfährt und so lange noch rechtssicher handeln können soll. Rechtsgeschäfte, die der Betreuer für und gegen das Vermögen des Betreuten in dieser Zeit vornimmt, sind wirksam. Zugunsten von Dritten, die von dem Ende der Betreuung Kenntnis haben oder diese kennen müssen, gilt dies jedoch nicht (§ 1874 Abs. 1 S. 2 BGB).

Handelt ein Betreuer trotz Kenntnis oder fahrlässiger Unkenntnis vom Ende der Be- 41
treuung, wird er als **Vertreter ohne Vertretungsmacht** gem. § 179 Abs. 1 BGB tätig. Die Wirksamkeit des Geschäfts hängt dann von der Genehmigung des Betreuten bzw. dessen Erben oder gesetzlichem Vertreter ab, der Betreuer haftet ansonsten auf Erfüllung oder Schadensersatz.

Im **Todesfall** des Betreuten hat der Betreuer zudem diejenigen Aufgaben, die ihm über- 42
tragen waren weiter zu besorgen, die keinen Aufschub dulden und zwar so lange, bis der Erbe diese besorgen kann (§ 1874 Abs. 2 BGB). Die Norm enthält sowohl ein Vertretungsrecht als auch eine Vertretungspflicht des eigentlich aus dem Amt geschiedenen Betreuers. Dabei dürfte der Kreis der wirklich eilbedürftigen Geschäfte in diesem Sinne beschränkt sein. So werden weder die Begleichung von Nachlassforderungen noch die Kontenauflösung in der Rechtsprechung als besonders eilbedürftig angesehen.[40] Gleiches gilt für Gespräche mit Angehörigen, Pflegeheim, Schriftverkehr mit Gerichten, Versorgungsträgern, Krankenkassen und Apotheken.[41] Eilbedürftig dürfte aber beispielsweise die Veranlassung einer Reparatur nach einem Unwetterschaden oder die Anmeldung von Insolvenzforderungen sein.[42]

E. Verpflichtung der Eltern bei Ende oder Ruhen der elterlichen Sorge

Endet die elterliche Vermögenssorge oder ruht diese, haben auch Eltern gegenüber ihren 43
Kindern oder deren neuen gesetzlichen Vertretern grundsätzlich vergleichbare Pflichten zu erfüllen. Diese ergeben sich aus § 1698 BGB. So ist das Vermögen des Kindes an dieses selbst, dessen Erben oder den neuen gesetzlichen Vertreter herauszugeben. Eltern haften hierfür als Gesamtschuldner gem. § 421 BGB. Ruht die elterliche Sorge nur für einen Elternteil, so ist das Vermögen dem anderen Elternteil auszuhändigen.[43] Herauszugeben ist sowohl der Vermögensstamm als auch etwa vorhandene Nutzungen. Auch die Eltern haben hierzu gem. § 260 Abs. 1 BGB ein **Bestandsverzeichnis** zu erstellen.[44] Es gelten jedoch ein paar Besonderheiten, die sich aus der besonders engen familiären Verbindung zwischen Vertreter und Vertretenem ergeben. Die Verwirkung des Anspruches des Kindes ist aufgrund der engen familiären Verbindung im Regelfall ausge-

40 LG Meiningen BeckRS 2006, 136133.
41 OLG München NJW-RR 2006, 1517; vgl. hierzu BeckOGK BGB/Schwedler § 1698b Rn. 7.
42 MüKoBGB/Lugani § 1698b Rn. 2.
43 BeckOGK BGB/Schwedler § 1698 Rn. 5; BeckOK BGB/Veit § 1698 Rn. 4.
44 Staudinger/Coester BGB § 1698 Rn. 4.

schlossen,[45] so dass eine Geltendmachung des Anspruchs auch noch viele Jahre nach seinem Fälligwerden möglich bleibt.[46]

44 Den Eltern steht allerdings ein **Zurückbehaltungsrecht** zu, wenn sie fällige Aufwendungsersatzansprüche nach § 1648 BGB geltend machen können.[47] Anders als für den Anspruch des Kindes nimmt die Rechtsprechung hier jedoch durchaus die Möglichkeit der Verwirkung des Anspruchs an.[48]

45 Nur auf Verlangen des Kindes bzw. dessen gesetzlichen Vertreters sind die Eltern auch zur Rechenschaft über die Vermögensverwaltung verpflichtet. Diese richtet sich, wie auch bei der Betreuung, Pflegschaft oder Vormundschaft nach §§ 259, 261 BGB.[49] Hinsichtlich der Nutzungen besteht gem. § 1698 Abs. 2 BGB eine Rechenschaftspflicht jedoch nur, wenn der konkrete Verdacht besteht, dass die Eltern die Nutzungen pflichtwidrig verwendet haben. Auf ein Verschulden kommt es dabei nicht an.[50]

46 Anders als die Ansprüche aus § 1872 BGB wurzeln die Ansprüche aus § 1698 BGB im Eltern-Kind-Verhältnis, so dass für Streitigkeiten diesbezüglich das Familiengericht zuständig ist (§§ 112 Nr. 3, 266 Abs. 1 Nr. 4 FamFG).[51] Dies soll nur dann nicht gelten, wenn Rechnungslegung für einen Zeitraum begehrt wird, zu welcher das Kind bereits volljährig war.[52]

47 Eine § 1874 BGB entsprechende Regelung enthält § 1698a BGB. Auch bei Ruhen und Erlöschen der elterlichen Sorge dürfen die Eltern die Geschäfte fortführen, solange sie vom Erlöschen bzw. Ruhen keine Kenntnis haben und eine solche auch nicht haben müssten.

45 OLG München NJW 1974, 703; OLG Koblenz MittBayNot 2015, 54 für einen Anspruch nach § 1640 BGB.
46 BeckOK BGB/Veit § 1698 Rn. 8.
47 BeckOGK BGB/Schwedler § 1698 Rn. 6 mwN.
48 OLG München NJW 1974, 703.
49 BeckOK BGB/Veit § 1698 Rn. 11 f.
50 BeckOGK BGB/Schwedler § 1698 Rn. 9.
51 BeckOK BGB/Veit § 1698 Rn. 13; OLG Dresden BeckRS 2011, 19110.
52 OLG Koblenz MittBayNot 2015, 54 (55).

§ 8 Vertretungsbefugnis der Eltern und der Amtsträger

A. Vertretung minderjähriger Kinder durch die Eltern

I. Elterliche Sorge und Vertretung

Die Vertretungsrechte der Eltern für ihre minderjährigen[1] Kinder erfahren durch die Reform keine wesentlichen Änderungen. Grundsätzlich vertreten Eltern ihre Kinder. Das gesetzliche elterliche Vertretungsrecht aus § 1629 Abs. 1 BGB entspringt der elterlichen Sorge und spiegelt diese im Außenverhältnis wider, während § 1626 BGB das Innenverhältnis zwischen Eltern(teil) und Kind regelt.[2] Die elterliche Sorge beinhaltet die Vertretungsberechtigung. 1

Elterliche Sorge und Vertretungsmacht stehen in Zusammenhang, so dass nachfolgend einige Aspekte der elterlichen Sorge beleuchtet werden: 2

Die elterliche Sorge obliegt miteinander verheirateten Eltern (§§ 1591 ff. BGB) und Adoptiveltern (§§ 1752, 1754, 1626 BGB) gemeinsam. Sind die Eltern nicht miteinander verheiratet, können die Eltern des gemeinsamen Kindes das gemeinsame Sorgerecht durch Sorgerechtserklärung, Heirat oder gerichtliche Entscheidung[3] erhalten, ansonsten steht die elterliche Sorge für das nichteheliche Kind der Mutter allein zu, § 1626a Abs. 3 BGB. 3

Das Sorgerecht stellt den Rahmen der gesetzlichen Vertretungsmacht und gibt den Umfang vor, in dem der Sorgeberechtigte für das Kind als gesetzlicher Vertreter auftritt.[4] Daher führt ein fehlendes Sorgerecht aufgrund einer Eigenzuständigkeit und Teilmün- 4

1 Krauß Vermögensnachfolge Rn. 4481 ff., zum Auslandsbezug der Geschäfts- und Rechtsfähigkeit und zur Frage des Eintritts der Volljährigkeit.
2 NK-BGB/Kaiser § 1629 aF Rn. 2; Johannsen/Henrich/Althammer/Lack BGB § 1629 aF Rn. 1.
3 Sorgerechtserklärung nach § 1626a Abs. 1 Nr. 1 BGB, Heirat nach § 1626a Abs. 1 Nr. 2 BGB oder gerichtlichen Entscheidung nach § 1626a Abs. 1 Nr. 3, Abs. 2 BGB.
4 BeckOK BGB/Veit § 1629 aF Rn. 2.1.

digkeit des Kindes (etwa §§ 112, 113 BGB, § 2229 BGB – Höchstpersönlichkeit)[5] zu einem Zurückdrängen des elterlichen Vertretungsrechts; ebenso fehlt es an der Vertretungsbefugnis, wenn das Sorgerecht nach §§ 1666, 1696 BGB durch gerichtliche Anordnung oder durch Drittanordnung (§§ 1638, 1639 BGB → Rn. 26, Zuwendungspflegschaft → § 5, → § 22) oder Pflegerbestellung (§ 1630 BGB → § 9) begrenzt oder ausgeschlossen ist.[6] Trotz bestehenden Sorgerechts kann das Vertretungsrecht mitunter ausgeschlossen sein: die Fälle des gesetzlichen Ausschlusses nach §§ 1629 Abs. 2 S. 1, 1824 BGB (vormals § 1795 BGB aF) und der Tatbestände der §§ 1673 ff. BGB sind hierunter zu fassen (zum Ruhen → § 9). Die Möglichkeit der Entziehung der Vertretung regeln (nunmehr) §§ 1629 Abs. 2 S. 3, 1789 Abs. 2 BGB (→ § 10).

II. Ausübung

1. Gesamtvertretung

5 Nach § 1629 Abs. 1 S. 1, S. 2 Hs. 1 BGB vertreten beide Eltern gemeinschaftlich das Kind (**Gesamtvertretung**).[7] Die Eltern sind nur gemeinsam und zusammen befugt, im Namen des Kindes Rechtsgeschäfte vorzunehmen, Willenserklärungen abzugeben und Rechtsstreitigkeiten zu führen.[8] Hierbei genügt es, wenn die Willenserklärungen des Vertreters nacheinander und getrennt erfolgen, eine gleichzeitige und ortsgleiche Abgabe ist nicht nötig.[9]

Praxishinweis:[10] Bei Namensverschiedenheit der Eltern und des Kindes sollte durch die Vorlage von Nachweisen (etwa aus dem Familienstammbuch) die Vertretungsberechtigung geprüft werden. Fehlt es an der Vertretungsmacht, hilft § 892 BGB über diesen Mangel nicht hinweg, da ein guter Glaube an das Bestehen der Vertretungsmacht nicht geschützt ist.[11]

2. Ausnahmen bei vorhandener Sorgeberechtigung der Eltern

a) Empfangsvertretung

6 Aus § 1629 Abs. 1 S. 1 Hs. 2 BGB folgt ein Alleinvertretungsrecht jedes Elternteils bei der Abgabe und dem Empfang von Willenserklärungen, geschäftsähnlichen Handlungen und für die Kenntnis von Tatsachen.[12] Dieses Alleinvertretungsrecht bei passiver Stellvertretung[13] greift auch für den Zugang von Willenserklärungen und die Fälle des § 131 BGB.

---

5 Weitere Beispiele zur Teilmündigkeit bei NK-BGB/Kaiser § 1629 aF Rn. 6; MüKoBGB/Huber § 1629 aF Rn. 10, 29 ff.
6 BeckOK BGB/Veit § 1629 aF Rn. 2.2; NK-BGB/Kaiser § 1629 aF Rn. 7.
7 NK-BGB/Kaiser § 1629 aF Rn. 15; BeckOK BGB/Veit § 1629 aF Rn. 11.
8 MüKoBGB/Huber § 1629 aF Rn. 12; NK-BGB/Kaiser § 1629 aF Rn. 15.
9 NK-BGB/Kaiser § 1629 aF Rn. 15, auch zur Frage der fehlenden Einigung unter den Eltern in Rn. 16.
10 Krauß Vermögensnachfolge Rn. 4478 zur Prüfungspflicht des Notars aus §§ 12, 17 BeurkG.
11 Grüneberg/Herrler BGB § 892 Rn. 3 mN zu RG 134, 283.
12 NK-BGB/Kaiser § 1629 aF Rn. 31 und Rn. 18 zum Kennenmüssen/Kenntnis etwa bei Sachmängelansprüchen.
13 NK-BGB/Kaiser § 1629 aF Rn. 30 mwN und Ausführungen; MüKoBGB/Huber § 1629 aF Rn. 31; BeckOK BGB/Veit § 1629 aF Rn. 14 ff.

b) Alleinige Ausübung der elterlichen Sorge

Nach § 1629 Abs. 1 S. 3 BGB ist ein Elternteil trotz Sorgeberechtigung beider Elternteile allein zur Vertretung berufen, wenn nur dieser die Sorge ausübt. Dies ist gegeben, wenn „eine" elterliche Sorge ruht (→ § 9) oder nicht ausgeübt werden kann,[14] was sich auch aus § 1638 BGB ergeben kann.[15] Zudem besteht bei Angelegenheiten des täglichen Lebens eine Alleinvertretungsberechtigung des Elternteils, bei dem sich das Kind gerade aufhält, § 1687 Abs. 1 S. 2, 4 BGB. Schließlich kann sich das von der Sorgeberechtigung abweichende Vertretungsrecht bezüglich einzelner Angelegenheiten aufgrund einer Übertragung der Entscheidungsbefugnis durch das Familiengericht nach § 1628 BGB ergeben, § 1629 Abs. 2 S. 3 Hs. 2 BGB. Hierunter sind jedoch nur die betroffenen Einzelbereiche zu fassen, etwa wenn die Eltern sich über eine Angelegenheit nicht einigen konnten.[16] 7

c) Notvertretungsrecht

Jeder Elternteil hat aus § 1629 Abs. 1 S. 4 Hs. 1 BGB das alleinige Notvertretungsrecht[17] für das Kind, sofern Gefahr in Verzug besteht, und kann neben Willenserklärungen und geschäftsähnlichen Erklärungen die erforderlichen Rechtshandlungen abgeben. Unter diese Fallgruppe sind vor allem Einwilligungen in ärztliche Behandlungen zu subsumieren. 8

d) Kindesunterhalt

In § 1629 Abs. 2 S. 2 und Abs. 3 BGB finden sich für den Bereich von Unterhaltsansprüchen zum Alleinvertretungsrecht eines Elternteils besondere Regelungen.[18] 9

3. Einzelvertretung

Da die elterliche Sorge die Vertretungsmacht als Bestandteil umfasst, ist der allein sorgeberechtigte Elternteil auch der Alleinvertretungsberechtigte, was sich aus §§ 1626, 1629 Abs. 1 S. 1 BGB ergibt. Der Elternteil mit alleiniger Sorgeberechtigung vertritt das Kind hinsichtlich dessen Unterhaltsansprüchen umfassend.[19] 10

a) Nichteheliches Kind

Nach § 1626a Abs. 3 BGB ist die Mutter des nichtehelichen Kindes sorgeberechtigt für dieses. Ist sie noch minderjährig, vertritt das Jugendamt als Amtsvormund das Kind, §§ 1673 Abs. 2, 1786 BGB.[20] Dem nicht mit ihr verheirateten Vater steht das Sorgerecht nur auf Antrag zu, wie § 1671 Abs. 2 BGB verdeutlicht. Auf Antrag kann auch einem Elternteil[21] das Alleinsorgerecht nach § 1671 Abs. 1 BGB zugewiesen werden. Dem mit dem allein sorgeberechtigten Elternteil verheirateten oder verpartnerten Stiefelternteil 11

14 §§ 1673 ff., 1751 BGB; NK-BGB/Kaiser § 1629 aF Rn. 32.
15 MüKoBGB/Huber § 1629 aF Rn. 23.
16 NK-BGB/Kaiser § 1629 aF Rn. 16, 33.
17 NK-BGB/Kaiser § 1629 aF Rn. 34 ff. zu den Voraussetzungen und der Befugnis etwa für Stiefelternteile, Pflegeeltern; BeckOK BGB/Veit § 1629 aF Rn. 18 ff.
18 BeckOK BGB/Veit § 1629 aF Rn. 26, 79 ff.
19 NK-BGB/Kaiser § 1629 aF Rn. 29.
20 Krauß Vermögensnachfolge Rn. 4480 mN.
21 Bei bisher gemeinsamer Sorgeberechtigung und Getrenntleben.

wird über § 1687b BGB und § 9 LPartG ein kleines Sorgerecht mit Vertretungsmacht erteilt.[22]

b) Entziehung

12 Wurde einem Elternteil die gemeinsame elterliche Sorge entzogen (→ § 10) oder auf Antrag nach § 1671 BGB übertragen, so wird der andere Elternteil alleinsorgeberechtigt und als Ausfluss dieser alleinigen Sorge für das Kind auch zum alleinigen Vertreter.

c) Tod eines Elternteils

13 Ist ein Elternteil verstorben oder für tot erklärt, ist der verbleibende Elternteil von Gesetzes wegen alleinsorge- und vertretungsberechtigt, §§ 1680 Abs. 1, 1681 Abs. 1 BGB.

Praxishinweis:[23] Bei Auftreten nur eines Elternteils als gesetzlicher Vertreter des Kindes sollten geeignete Nachweise (etwa Scheidungsurteil, Sterbeurkunde) vorgelegt und einer Prüfung unterzogen werden.

4. Ausnahmen aufgrund Vereinbarung der Eltern

14 Eltern können sich untereinander (widerruflich) bevollmächtigen, für das Kind zu handeln, wobei dies für die Fälle des gemeinsamen Sorgerechts ebenso wie für den Fall möglich ist, dass nur der vollmachtgebende Elternteil sorgeberechtigt ist.[24] Auch Dritte als Vollmachtnehmer und Bevollmächtigte der Eltern oder auch des Elternteils sind denkbar. Zum Nachweis der Vollmacht (Sorgerechtsvollmacht) ist das Original dieser oder (bei notarieller Urkunde) die Ausfertigung vorzulegen.

III. Umfang der gesetzlichen Vertretung

15 Ist die Frage nach den vertretungsberechtigten Eltern (beziehungsweise dem Elternteil)[25] geklärt, so haben die Eltern die Befugnis zur gesetzlichen Vertretung des Kindes. Die Vertretung nach § 1629 BGB umfasst die gesamte elterliche Sorge, also die Vertretung in allen Bereichen der Personen- und Vermögenssorge.[26] Die gesetzliche Vertretung schließt die Abgabe von Willenserklärungen, Prozesshandlungen und geschäftsähnlichen Handlungen ein.[27] Handeln die Eltern als Vertreter im Namen des Kindes, ist dies nach § 164 Abs. 1 S. 1 BGB deutlich zu machen. Handelt das minderjährige Kind selbst, ist zur Wirksamkeit des Rechtsgeschäftes bzw. der Handlung die Zustimmung des gesetzlichen Vertreters erforderlich.[28] Werden die Eltern hinsichtlich Einwilligung oder

22 NK-BGB/Kaiser § 1629 aF Rn. 30.

23 Krauß Vermögensnachfolge Rn. 4479 zur Prüfungspflicht des Notars.

24 NK-BGB/Kaiser § 1629 aF Rn. 21 ff. mN zur Rspr. des BGH und zum Streitstand zur Ermächtigung nach § 125 HGB; dazu auch MüKoBGB/Huber § 1629 aF Rn. 34 ff.; zur Sorgerechtsvollmacht: Krauß Vermögensnachfolge Rn. 4478 mwN.

25 Krauß Immobilienkaufverträge in der Praxis, 9. Aufl. 2020, Rn. 730 mit Muster zum Beratungshinweis bei ungeklärter elterlicher Sorge.

26 MüKoBGB/Huber § 1629 aF Rn. 8; BeckOK BGB/Veit § 1629 aF Rn. 3 zur Prozessvertretung und § 1626 Rn. 42 ff., Rn. 68 ff.

27 NK-BGB/Kaiser § 1629 aF Rn. 9 ff.; BeckOK BGB/Veit § 1629 aF Rn. 4.

28 BeckOK BGB/Veit § 1629 aF Rn. 5. Ausnahme davon sind lediglich rechtlich vorteilhafte Geschäfte nach § 107 BGB.

Genehmigung tätig, üben die Eltern diese nicht als gesetzliche Vertreter aus, sondern aus eigenem Recht im eigenen Namen (sog. amtsähnlichen Handlungen).[29]

IV. Rechtsfolgen

Nur die wirksame Vertretung durch die Eltern im Namen des Kindes führt gemäß § 164 Abs. 1 BGB dazu, dass die Willenserklärungen das Kind verpflichten und berechtigen.[30] 16

Überschreiten die Eltern ihre Vertretungsmacht oder fehlt ihnen diese (etwa bei Entziehung), richten sich die Folgen nach den §§ 177 ff. BGB; die Folge ist zumeist ein unheilbar nichtiges Rechtsgeschäft (so bei höchstpersönlichen Rechtsgeschäften): Eine Genehmigung des (inzwischen volljährigen) Kindes nach § 108 Abs. 3 BGB analog wird nur ausnahmsweise möglich sein; im Regelfall wird seine Zustimmung nach § 177 BGB ausscheiden.[31] Bei einseitigen Rechtsgeschäften greift § 180 BGB.[32] 17

Hat nur ein Elternteil seine (Gesamt-)Vertretungsmacht überschritten und allein gehandelt, gelten im Außenverhältnis die allgemeinen Regeln der §§ 177 ff. BGB: Das inzwischen volljährige Kind bzw. der andere Elternteil kann dazu seine Genehmigung erteilen, § 177 Abs. 2 BGB.[33] Wird diese nicht erteilt, haftet der Vertreter nach § 179 BGB.[34] 18

B. Vertretung minderjähriger Kinder durch einen Vormund

I. Voraussetzungen

Steht ein Minderjähriger nicht unter elterlicher Sorge oder sind seine Eltern nicht zu seiner Vertretung berechtigt[35] oder ist sein Familienstand nicht zu ermitteln, sieht § 1773 BGB[36] die Anordnung einer Vormundschaft und die Bestellung eines Vormunds vor.[37] 19

II. Vertretung und Umfang

Die Vertretungsrechte und -pflichten des Vormunds regelt § 1789 Abs. 2 BGB.[38] Nach S. 1 vertritt der Vormund den Mündel. Die Verpflichtung und die Berechtigung des Vormunds zur Personen- und Vermögenssorge des Mündels entstammt § 1789 Abs. 1 20

29 NK-BGB/Kaiser § 1629 aF Rn. 13 f.; BeckOK BGB/Veit § 1629 aF Rn. 5 ff. mit weiteren Beispielen; aA MüKoBGB/Huber § 1629 aF Rn. 9 mN.
30 BeckOK BGB/Veit § 1629 aF Rn. 9; NK-BGB/Kaiser § 1629 aF Rn. 24.
31 NK-BGB/Kaiser § 1629 aF Rn. 25.
32 MüKoBGB/Huber § 1629 aF Rn. 41.
33 BeckOK BGB/Veit § 1629 aF Rn. 9 beziehungsweise der Vormund oder Ergänzungspfleger; Johannsen/Henrich/Althammer/Lack BGB § 1629 aF Rn. 2; NK-BGB/Kaiser § 1629 aF Rn. 26.
34 Grüneberg/Ellenberger BGB § 179 Rn. 1: bei gesetzlicher Vertretung mN zu BGHZ 33, 52.
35 Zu den Voraussetzungen NK-BGB/Fritsche/Katzenstein/Lohse § 1773 Rn. 4 ff., § 1774 Rn. 10 zur vorgeburtlichen Bestellung. Zur Frage der Vertretung bei fehlenden materiellen Voraussetzungen Oberloskamp Vormundschaft/Hoffmann § 7 Rn. 9.
36 Die Voraussetzungen der Vormundschaft bleiben in § 1773 BGB geregelt (→ § 5).
37 § 1782 BGB regelt das Benennungsrecht der Eltern; zur Auswahl des Vormunds: Socha Vormundschaft und Pflegschaft, Rn. 18 ff.
38 Bode Das neue Vormundschaftsrecht, 1. Aufl. 2021, 14.

BGB, wobei die Personensorge in den §§ 1795 ff. BGB[39] und die Vermögenssorge in den §§ 1798 ff. BGB geregelt werden. Diese ist der elterlichen Sorge nachempfunden.[40]

21 Eine entsprechende Pflegerbestellung[41] schränkt seinen Sorgekreis und damit auch die (alleinige) Vertretungsmacht des Vormunds ein, § 1789 Abs. 1 S. 2 BGB. Werden einer Pflegeperson nach § 1777 BGB vom Familiengericht Sorgeangelegenheiten übertragen, so wird diese Pflegeperson[42] zum Pfleger, in diesem Umfang vertretungsberechtigt und zum gesetzlichen Vertreter für den Mündel (über die Notfallvertretung und diejenige für Alltagsangelegenheiten hinaus, § 1797 BGB).[43] Für Sorgeangelegenheiten im Sinne von § 1777 Abs. 2 BGB („erhebliche Bedeutung") sieht das Gesetz eine gemeinsame Wahrnehmung beider Personen (Pflegeperson und Vormund) vor – mit der Folge einer Doppelkompetenz.[44]

22 Sofern die Sorge des Vormunds besteht und reicht, ist er der gesetzliche, selbstständig verantwortliche und unbeschränkte Vertreter des Mündels.[45] Seine Vertretung und sein Sorge-und Wirkungskreis stimmen grundsätzlich überein. Mit Ausnahme von höchstpersönlichen Rechtsgeschäften und in Fällen etwa der §§ 112, 113 BGB schließt der Vormund[46] für und im Namen des Mündels Rechtsgeschäfte, gibt Willenserklärungen ab und nimmt seine rechtlichen Interessen wahr; er vertritt den Mündel in Prozessen und im Bereich des öffentlichen Rechts und im Strafverfahren.[47] Weiter (zum Vertretungsausschluss → § 9) ist er für die Entgegennahme von Willenserklärungen und Entscheidungen über die zur Wirksamkeit eines Rechtsgeschäfts erforderliche Zustimmung des gesetzlichen Vertreters zuständig (§ 107 BGB).[48]

23 Der Mündel wird durch die Erklärungen des Vormunds, die dieser für diesen (§ 164 BGB – Offenkundigkeitsprinzip) in seinem Namen im Rahmen seiner Vertretungsmacht abgibt, verpflichtet und berechtigt. Außerhalb des Aufgabenkreises handelt der Vormund als Vertreter ohne Vertretungsmacht, so dass das Geschäft schwebend unwirksam ist.[49]

---

39 Unabhängig davon, ob der Mündel im Haushalt des Vormunds lebt, § 1795 Abs. 1 BGB; Veit FamRZ 2021, 1501 (1506). Zum Inhalt der Personen- und Vermögenssorge Socha Vormundschaft und Pflegschaft, Rn. 87 ff.

40 BeckOK BGB/Bettin § 1793 aF Rn. 1; Socha Vormundschaft und Pflegschaft, Rn. 82 mit Abbildung 3.

41 Vgl. §§ 1776 f., 1789 Abs. 1 S. 2 BGB, § 168b Abs. 1 S. 2 Nr. 2 FamFG.

42 Es gelten die Vorschriften der Ergänzungspflegschaft, §§ 1777 Abs. 4, 1809 Abs. 1 S. 2 BGB, Veit FamRZ 2021, 1501 (1507). Zur Pflegeperson als „neue Figur" Socha Vormundschaft und Pflegschaft, Rn. 5, 155 ff.

43 Schwab FamRZ 2020, 1321 (1323). Nach § 1797 Abs. 3 BGB kann der Vormund diese Befugnisse aber beschränken oder ausschließen; Veit FamRZ 2021, 1501 (1507); Dürbeck FamRZ 2020, 1789 (1793).

44 Schwab FamRZ 2020, 1321 (1323 f.mwN): „partielle gemeinsame Mitvormundschaft"; Veit FamRZ 2021, 1501 (1507): „neue Form der Pflegschaft". Ähnliches bei der Pflegerbestellung neben dem ehrenamtlichen Vormund, § 1776 BGB, der Pfleger ist dann verantwortlich, Bode Das neue Vormundschaftsrecht, 1. Aufl. 2021, 13; Socha Vormundschaft und Pflegschaft, Rn. 195 zu § 1792 Abs. 4 BGB.

45 BeckOK BGB/Bettin § 1793 aF Rn. 1, 6; Horn ZEV 2020, 748 (749).

46 Zur Frage der Erteilung von Vollmachten MüKoBGB/Spickhoff § 1793 aF Rn. 37 ff.

47 BeckOK BGB/Bettin § 1793 aF Rn. 6 f.; MüKoBGB/Spickhoff § 1793 aF Rn. 21 ff., 28 ff., weitere Ausnahmen: Gemeinschaftliche Führung der Vormundschaft, §§ 1792, 1793 BGB, Entziehung der Vormundschaft, § 1789 Abs. 2 S. 3 BGB, Ausschluss nach §§ 1789 Abs. 2 S. 2, 1824 BGB (→ § 9).

48 Grüneberg/Götz BGB § 1793 aF Rn. 5; MüKoBGB/Spickhoff § 1793 aF Rn. 21.

49 Münch FamR-NotGP/Schaal § 17 Rn. 148 f.; Grüneberg/Götz BGB § 1793 aF Rn. 5 ff.

Nach § 168b Abs. 1 FamFG erhält der Vormund über seine Bestellung eine Urkunde. In dieser Urkunde[50] („Bestellungsurkunde“) werden Angaben über die Beschränkung der Vertretungsmacht im Sinne von § 1789 Abs. 2 S. 3 BGB, die an den Pfleger übertragenen Angelegenheiten (§§ 1776 f. BGB) und über die befreite Vormundschaft gemäß § 1801 BGB aufgenommen.[51] Die Beschlüsse über den Inhalt und den Bestand der Bestellung zum Vormund werden mit ihrer Bekanntgabe an den Vormund wirksam, § 168a Abs. 2 FamFG.[52] Mit der Bestellung entsteht die gesetzliche Vertretungsmacht.[53] Die Bestellung ist unabhängig von der Urkunde wirksam. Die Urkunde selbst hat keine materiellrechtliche Wirkung und keinen Rechtsscheinschutz.[54] 24

Praxishinweis: Begriff der Bestellungsurkunde in Anträgen, Textbausteinen und Beschlussmustern anpassen. Zum Nachweis der Amtsstellung und Vertretungsmacht ist die Urkunde vorzulegen.[55]

C. Vertretung minderjähriger Kinder durch einen Pfleger

Da die gesetzliche Vertretungsmacht des Sorgeberechtigten (Eltern, Vormund) in bestimmten Einzelfällen verbunden mit Interessengegensätzen „gelähmt“ ist, wird diese auftretende Lücke durch eine alternative gesetzliche Vertretung geschlossen.[56] 25

Für Minderjährige finden sich drei Pflegschaften, für die über § 1813 BGB die Regelungen des Vormundschaftsrechtes gelten: Ergänzungspflegschaft (§ 1809 BGB), Pflegschaft für das ungeborene Kind (§ 1810 BGB) und die Zuwendungspflegschaft[57] (→ § 5, → § 22) (legal definiert in § 1811 BGB). Auf die vorstehenden Ausführungen kann daher verwiesen werden. 26

Der Ergänzungspfleger ist gesetzlicher Vertreter des Minderjährigen, soweit sein Aufgabenkreis reicht.[58] Er handelt aufgrund seiner Vertretungsmacht für diesen, § 164 BGB. Die Sorgerechtsbefugnisse samt Vertretung stehen den Eltern beziehungsweise dem Vormund nach §§ 1630 Abs. 1, 1789 Abs. 1 S. 2 BGB nicht mehr zu und werden durch die Pflegerbestellung verdrängt, ein Handeln jener zieht die Folgen der §§ 177 ff. BGB nach sich.[59] Der Ergänzungspfleger wird erforderlich, wenn Eltern oder ein Vormund in den Angelegenheiten, in denen sie die Sorge innehaben,[60] diese nicht ausüben können und insofern verhindert[61] sind, etwa wegen eines Vertretungsverbotes nach 27

50 Bei einer Vormundschaft durch das Jugendamt wird diesem eine Bescheinigung statt der Bestellungsurkunde erteilt, § 168b Abs. 2 FamFG.

51 Bode Das neue Vormundschaftsrecht, 1. Aufl. 2021, 16.

52 Dürbeck FamRZ 2020, 1789 (1795); Bode Das neue Vormundschaftsrecht, 1. Aufl. 2021, 16.

53 Grüneberg/Götz BGB § 1789 aF Rn. 2.

54 NK-BGB/Fritsche/Katzenstein/Lohse § 1791 Rn. 4; Grüneberg/Götz § 1791 aF Rn. 1 f.

55 Münch FamR-NotGP/Schaal § 17 Rn. 137 ff. auch zum Prüfungsumfang des Notars; Krauß Immobilienkaufverträge in der Praxis, 9. Aufl. 2020, Rn. 736.

56 Oberloskamp Vormundschaft/Mix § 11 Rn. 3.

57 Zusammenführung der beiden bisherigen Normen §§ 1909, 1917 BGB, dazu Münch FamRZ 2020, 1513 (1514). Zur Pflegschaft für ein ungeborenes Kind Socha Vormundschaft und Pflegschaft, Rn. 215.

58 Grüneberg/Götz BGB Einf. v. § 1909 aF Rn. 3; BeckOK BGB/Bettin § 1909 aF Rn. 1; MüKoBGB/Schneider § 1909 aF Rn. 45: auch bei fehlerhafter Pflegeranordnung ist die Sorge von Eltern/Vormund eingeschränkt. Socha Vormundschaft und Pflegschaft, Rn. 50 kein Benennungsrecht der Eltern für den Ergänzungspfleger.

59 Grüneberg/Götz BGB § 1638 aF Rn. 6, § 1630 Rn. 3, § 1794 aF Rn. 1 auch bei Bestellung zu Unrecht.

60 Bei Entziehung der elterlichen Sorge insgesamt wird ein Vormund bestellt.

61 Zu den Voraussetzungen etwa MüKoBGB/Schneider § 1909 aF Rn. 13 ff.

§ 1824 BGB (→ § 9) oder eines Sorgerechtsentzugs nach § 1666 BGB. Der Pfleger ist insofern der gesetzliche Vertreter des Kindes, § 1809 Abs. 1 S. 2 BGB.

28 Im Bereich der Pflegschaft nach § 1810 BGB (für ein ungeborenes Kind – zuvor „Leibesfrucht") ist der Pfleger (nur) für die im Beschluss genannten Rechte, die dem ungeborenen Kind zustehen können, gesetzlicher Vertreter und vertritt den nasciturus sowohl gerichtlich als auch außergerichtlich, etwa als (Nach-)Erbe oder Vermächtnisnehmer.[62]

29 Der Pfleger nach § 1811 BGB (→ § 5 Rn. 50 ff., § 22) ist anstelle der Eltern, die keine Vertretungsmacht hinsichtlich des erfassten Vermögens (erfasst sind nun auch die unentgeltlichen Zuwendungen auf den Todesfall) haben, zur Vertretung berechtigt.[63]

D. Vertretung bei sonstigen Pflegschaften

30 Für die sogenannten sonstigen Pflegschaften, also für unbekannte Beteiligte, § 1882 BGB, für gesammeltes Vermögen, § 1883 BGB, sowie die Abwesenheitspflegschaft, § 1884 BGB, sind die Regelungen des Betreuungsrechtes entsprechend anwendbar, so § 1888 BGB. Auf die nachstehenden Ausführungen zur Betreuung kann verwiesen werden. Der Pfleger ist gesetzlicher Vertreter in seinem Wirkungskreis und handelt für den Vertretenen.[64]

E. Vertretung Volljähriger durch einen Betreuer

I. Grundlage

31 Wird für einen Volljährigen nach den §§ 1814 ff. BGB eine Betreuung angeordnet und ein Betreuer bestellt, stattet § 1823 BGB diesen mit der notwendigen gesetzlichen Vertretungsmacht (so auch die Überschrift des § 1823 BGB) aus. Die für den Betreuer zur Erfüllung seiner Aufgaben notwendige Rechtsmacht und gesetzliche Vertretungsbefugnis ist Wesensmerkmal und untrennbar mit seiner Bestellung verknüpft.[65] Ein Betreuer ohne Vertretungsmacht ist nicht denkbar.[66]

II. Umfang

1. Aufgabenkreis

32 § 1823 BGB begrenzt die Vertretungsmacht[67] auf den Aufgabenkreis der Betreuung (§ 1815 BGB) – ähnlich wie sich die gesetzliche Vertretungsmacht der Eltern an deren elterlicher Sorgeberechtigung orientiert.

62 MüKoBGB/Schneider § 1912 aF Rn. 15; Grüneberg/Götz BGB § 1912 aF Rn. 4.
63 Grüneberg/Götz BGB § 1638 aF Rn. 6, Sonderfall der rechtlichen Verhinderung der Eltern – § 1909 aF Rn. 8 – erfasst etwa auch die Ausschlagungserklärung.
64 Grüneberg/Götz BGB § 1913 aF Rn. 5 zur Pflegschaft für unbekannte Beteiligte; Grüneberg/Götz BGB § 1911 aF Rn. 3, 9: gesetzlicher Vertreter des Abwesenden, der Wirkungskreis richtet sich nach dem Bedürfnis zur Fürsorge im Vermögensbereich.
65 Ditschler Die Erläuterungen aus den Gesetzesbegründungen, 2021, 40; BeckOK BGB/Müller-Engels § 1902 aF Rn. 1.
66 MüKoBGB/Schneider § 1902 aF Rn. 1.
67 Diese wird in § 1821 Abs. 1 S. 2 BGB ausdrücklich erwähnt.

Der Umfang der Betreuung und damit der der Vertretungsmacht richtet sich nach dem jeweiligen Aufgabenkreis des Betreuers, §§ 1815 Abs. 1, 1823 BGB. Der „Aufgabenkreis“ umfasst die Summe aller Aufgaben, die der Betreuer innehat. In Abgrenzung dazu werden mit „Aufgabenbereiche“ nunmehr die einzelnen Bausteine und konkret die zu regelnden Bereiche bezeichnet.[68] 33

Die Aufgabenbereiche[69] wiederum werden durch das Betreuungsgericht definiert und festgelegt, § 1815 Abs. 1 S. 2, 3, Abs. 2 BGB (das Gesetz spricht nun von „anordnen“). 34

Ausschlaggebend ist dabei nicht die Angabe in der Bestellungsurkunde, die nach § 290 Abs. 1 S. 2 Nr. 3 FamFG den Aufgabenkreis (unter Benennung der einzelnen Aufgabenbereiche) benennt, sondern der Bestellungsbeschluss nach § 286 Abs. 1 Nr. 1 FamFG, sofern Abweichungen bestehen.[70] Dieser Beschluss wird mit Bekanntgabe nach § 287 Abs. 1 FamFG wirksam und definiert den zeitlichen Anfang der Vertretungsmacht. 35

Praxishinweis: In der Praxis wird die Vorlage des Beschlusses im Rahmen des Prüfungsverfahrens (etwa des Notars) Standard bleiben; der Betreuer sollte daher dringend die Übereinstimmung zwischen Beschluss und Urkunde vor deren Verwendung kontrollieren.[71]

Grundsätzlich sind alle Rechtsgeschäfte eingeschlossen, die der Erfüllung und Wahrnehmung der Aufgaben des Betreuers dienen. Welche Befugnisse innerhalb des genannten Aufgabenkreises und der durch das Betreuungsgericht konkret angeordneten Aufgabenbereiche im Einzelnen wiederum erfasst sind, ist (wie schon bei der Vorgängernorm § 1902 BGB) nicht immer klar und auszulegen, zumal etwa die gängigen Bereiche der „Gesundheitsfürsorge“ oder „Vermögensangelegenheiten“ oder auch der Bereich der „Aufenthaltsbestimmung“ nicht legal definiert sind. Die zu § 1902 BGB aF entwickelte Rechtsprechung[72] kann hier herangezogen werden. 36

2. Vertretungsgegenstand

Der Betreuer vertritt den Betreuten gerichtlich und außergerichtlich sowie gegenüber Behörden, womit neben dem Empfang und der Abgabe von Willenserklärungen auch geschäftsähnliche Handlungen und Realakte umfasst sind.[73] Ein weiteres Feld ist die Entscheidung über eine Zustimmung bei einwilligungsbedürftigen Geschäften des Betreuten oder deren Verweigerung.[74] 37

68 Ditschler Die Erläuterungen aus den Gesetzesbegründungen, 2021, 11.

69 Christl FamRZ 2021, 81 (83) betont, die Unzulässigkeit eine Betreuung in allen Angelegenheiten; zustimmend Ditschler Die Erläuterungen aus den Gesetzesbegründungen, 2021, 11.

70 BeckOK BGB/Müller-Engels § 1902 aF Rn. 3: Urkunde ohne öffentliche Glaubenswirkung nach § 172 BGB; Jürgens/Loer BGB § 1902 aF Rn. 3 zum ungerechtfertigten Bestellungsbeschluss und der nichtigen Betreuerbestellung.

71 Zum Nachweis der Vertretungsbefugnis im Zivilprozess Grüneberg/Götz BGB § 1902 aF Rn. 1 mwN; Münch FamR-NotGP/Schaal § 17 Rn. 137 ff.

72 Jürgens/Loer BGB § 1902 aF Rn. 2; BeckOK BGB/Müller-Engels § 1902 aF Rn. 6 ff.

73 BeckOK BGB/Müller-Engels § 1902 aF Rn. 2, 5; Ditschler Die Erläuterungen aus den Gesetzesbegründungen, 2021, 40: kein ausdrücklicher Aufgabenbereich nötig, soweit es um gerichtliche Vertretung geht, diese und Mandatserteilung sind immanent.

74 MüKoBGB/Schneider § 1902 aF Rn. 5.

38 Der Erteilung von Untervollmacht in Einzelbereichen und vor allem vermögensrechtlichen Angelegenheiten ist zuzustimmen, eine allumfassende Übertragung abzulehnen.[75]

39 Als Vertreter des Betreuten handelt er im Namen des Betreuten, was nach außen deutlich zu machen ist.

3. Grenzen und Beschränkungen

a) Rechtsgeschäfte persönlicher Art, Ausschluss und Entziehung

40 Ist ein Bereich der Stellvertretung nicht zugänglich, etwa bei höchstpersönlichen Erklärungen (Errichtung eines Testaments, Eheschließung), scheidet eine Vertretung nach den Grundsätzen der §§ 164 ff. BGB aus. Grenzen der Vertretung ergeben sich weiter aus Geschäften mit „persönlichem Einschlag“[76] oder Ausschluss (→ § 9) und Entziehung (→ § 10) der Vertretung.

b) Einschränkung aus dem Innenverhältnis

41 § 1821 BGB regelt das Innenverhältnis zwischen Betreuer und Betreutem.[77] Dem Betreuer obliegt die Vornahme von Tätigkeiten, die zur Besorgung der Angelegenheiten des Betreuten erforderlich sind, § 1821 Abs. 1 S. 1 BGB. Er „macht von seiner Vertretungsmacht nach § 1823 BGB nur Gebrauch, soweit dies erforderlich ist“, so der Wortlaut des § 1821 Abs. 1 S. 2 BGB. Der Betreuer hat die Wünsche des Betreuten im Sinne der Vorgaben des Abs. 2 zu berücksichtigen, festzustellen und folglich zu beachten (mit der Ausnahme nach § 1821 Abs. 3 BGB), mithin die Vertretungsmacht „als Mittel der Unterstützung“[78] zu verwenden, um dessen Wünsche umzusetzen. Diese Verknüpfung an die Wünsche des Betreuten wirkt sich auf die Befugnis zur gesetzlichen Vertretung aus.[79] Ob der Betreuer bei den Aufgabenbereichen beziehungsweise in seinem Aufgabenkreis handelt oder nicht, ist von ihm allein zu entscheiden. Dies geht aus der nunmehr gewählten Formulierung „kann (.) vertreten“ hervor (zuvor „der Betreuer vertritt“) und entspringt dem Appell an den Betreuer, von der Vertretungsmacht nur bei Erforderlichkeit (so auch § 1821 BGB) Gebrauch zu machen und eine Eigenhandlung des Betreuten zu ermöglichen.[80]

42 Zwar führt das Vorstehende laut Entwurfsbegründung zu keiner Begrenzung der Vertretungsmacht nach außen und schlägt nicht unmittelbar auf das Außenverhältnis durch, allerdings ist diese Vorgabe für die Amtsführung des Betreuers bedeutsam, der sich ansonsten pflichtwidrig verhält.[81] Der im Außenverhältnis unangetasteten

75 BeckOK BGB/Müller-Engels § 1902 aF Rn. 4; ausführlich auch und zur Frage der Haftung: Jürgens/Loer BGB § 1902 aF Rn. 22.
76 MüKoBGB/Schneider § 1902 aF Rn. 25 ff.; weiter bei zB § 1631c BGB, Grüneberg/Götz BGB § 1629 aF Rn. 4.
77 Zuvor § 1901 BGB. Ditschler Die Erläuterungen aus den Gesetzesbegründungen, 2021, 31; MüKoBGB/Schneider § 1902 aF Rn. 15.
78 Ditschler Die Erläuterungen aus den Gesetzesbegründungen, 2021, 33.
79 So Schwab FamRZ 2020, 1321 (1325).
80 Ditschler Die Erläuterungen aus den Gesetzesbegründungen, 2021, 40.
81 Schwab FamRZ 2020, 1321 (1325); Ditschler Die Erläuterungen aus den Gesetzesbegründungen, 2021, 40: Dritte können die Vertretungsmacht nicht in Frage stellen, Ausnahme: Missbrauch. So schon bei § 1902 aF BGB: MüKoBGB/Schneider § 1902 aF Rn. 16.

Vertretungsmacht kann eine Haftung im Innenverhältnis folgen.[82] Schwab[83] sieht zu Recht die Begründungslast des Betreuers für die getätigten Vorgänge, was zu folgendem Rat führt:

Praxishinweis: Eine sorgfältige schriftliche Dokumentation zu der Ermittlung und Feststellung der Wünsche und den Gründen der (Nicht-)Befolgung ist dringend anzuraten.

III. Folgen des Handelns

Handelt der Betreuer innerhalb seiner Vertretungsmacht, wird allein der Betreute verpflichtet und berechtigt, § 164 Abs. 1 S. 1 BGB.[84] Nimmt der Betreuer Handlungen oder Willenserklärungen über seine Vertretungsmacht hinaus vor, kommen die §§ 164 ff., 177 ff. BGB zur Anwendung.[85] Ohne Genehmigung haftet der Betreuer nach § 179 Abs. 1 BGB.[86] 43

82 BeckOK BGB/Müller-Engels § 1902 aF Rn. 17, zu § 1901 BGB aF und dem zu berücksichtigenden Wohl und den Wünschen des Betreuten.
83 Schwab FamRZ 2020, 1321 (1325); Christl FamRZ 2021, 81 (85) zum ehrenamtlichen Betreuer und zur Empfehlung der Dokumentation beim bisherigen § 1901 III, IV BGB.
84 MüKoBGB/Schneider § 1902 aF Rn. 6.
85 BeckOK/Müller-Engels § 1902 aF Rn. 3: Genehmigung etwa durch Betreuten oder nach Erweiterung seines Aufgabenkreises durch den Betreuer möglich.
86 Jürgens/Loer BGB § 1902 aF Rn. 3.

§ 9 Ausschluss der Vertretungsmacht der Eltern und der Amtsträger, Ruhen der elterlichen Sorge

A. Ausschluss der Vertretungsmacht der Eltern

I. Pflegerbestellung

1 Wird für ein Kind ein Pfleger nach den §§ 1809 ff. BGB bestellt, wird in dem Umfang des dem Pfleger konkret zugewiesenen Aufgabenkreises die (elterliche) Sorgeberechtigung der Eltern[1] für ihr Kind verdrängt, § 1630 BGB.[2] Das Vertretungsrecht geht auf den Pfleger über, so dass für die dennoch handelnden Eltern die §§ 177 ff. BGB gelten.[3] Über § 1813 BGB gelten die Vorschriften der Vormundschaft, insbesondere § 1789 BGB.

2 Fälle einer Pflegerbestellung sind die rechtliche oder tatsächliche[4] Verhinderung der Eltern an der Besorgung der Angelegenheiten für das Kind, somit neben der Entziehung der Sorge, der Bestellung eines Überbrückungspflegers und der Familienpflege[5] folgende:

1. Beschränkung der Vermögenssorge nach § 1638 BGB

3 §§ 1638 f. BGB führt zu einem (rechtsgeschäftlichen) Ausschluss der elterlichen Vermögenssorge für die Vermögenswerte des Kindes, die dieses nach den Vorgaben des § 1638 BGB erwirbt.[6] Der Ausschluss führt auf der Ebene der Vertretungsmacht dazu, dass der andere Elternteil diese allein innehat, § 1638 Abs. 3 S. 1 BGB; sind beide Eltern ausgeschlossen, ist nach Anzeige an das Familiengericht ein Pfleger nach § 1811 BGB

1 Ist nur ein Elternteil bei gemeinsamer Sorgeberechtigung verhindert, bedarf es der Pflegerbestellung nicht NK-BGB/Rakete-Dombek/Berning § 1630 Rn. 2.
2 NK-BGB/Rakete-Dombek/Berning § 1630 Rn. 5; Grüneberg/Götz BGB § 1630 Rn. 3; MüKoBGB/Huber § 1630 Rn. 4.
3 Grüneberg/Götz BGB § 1630 Rn. 3; NK-BGB/Rakete-Dombek/Berning § 1630 Rn. 5; MüKoBGB/Huber § 1630 Rn. 4: unerheblich ob zu Recht.
4 NK-BGB/Rakete-Dombek/Berning § 1630 Rn. 3, ohne Eingreifen von § 1674 BGB.
5 NK-BGB/Rakete-Dombek/Berning § 1630 Rn. 4, zur Familienpflege Rn. 13 ff. sowie Grüneberg/Götz BGB § 1630 Rn. 8 ff. Zur Entziehung → § 10.
6 Inhaltlich wurde § 1638 aF BGB um die unentgeltlichen Zuwendungen auf den Todesfall erweitert. Zu den Voraussetzungen MüKoBGB/Huber § 1638 aF Rn. 3 ff.; DNotI-Report 2021, 165 f.; Grüneberg/Götz BGB § 1909 aF Rn. 8: auch für Erbausschlagung; zu Einzelheiten → § 5 Rn. 50 ff., → § 22.

(Zuwendungspfleger → § 8 Rn. 29; → § 5 Rn. 50 ff., § 22) zu bestellen, der die Vertretung des Kindes bezüglich dieser Vermögens übernimmt.[7] Für die Handlungen der weiter handelnden Eltern/teile greifen die §§ 177 ff. BGB.

2. Vertretungsausschluss nach §§ 1629 Abs. 2 S. 1, 1824 BGB

4 Kraft Gesetzes sind die Eltern (insgesamt beide)[8] von der Vertretung des Kindes (nicht von der Vermögenssorge)[9] ausgeschlossen, wenn ein Ausschlussgrund nach § 1824 BGB vorliegt. Die Bestellung eines Ergänzungspflegers ist die Folge.[10] Der Ergänzungspfleger nach § 1809 BGB ist vertretungsbefugt, er tritt an die Stelle der Eltern.[11] Ein Handeln der Eltern trotz Vertretungsverbots führt zu §§ 180, 177 ff. BGB.[12]

5 Von entscheidender Bedeutung und zu beachten ist, dass es ausreicht, dass bei einem Elternteil ein Ausschlussgrund vorliegt, mit der Folge des Ausschlusses beider Elternteile von der Vertretung. Auch der vom Ausschlussgrund nicht unmittelbar betroffene Elternteil kann das Kind nicht wirksam vertreten. Erfasst sind die Sachverhalte des § 1824, in denen ein Betreuer den Betreuten[13] nicht vertreten kann. Die Frage der Genehmigungsbedürftigkeit (→ § 19) bleibt davon unberührt.

Praxishinweis: Es ist auf der ersten Ebene zu prüfen, ob die Eltern das Kind vertreten können. Auf der zweiten Ebene ist die Frage nach der Genehmigungspflicht zu beantworten. Beide Prüfschritte sind voneinander zu trennen.

a) Rechtsgeschäfte nach § 1824 Abs. 1 Nr. 1 BGB

6 Rechtsgeschäfte zwischen dem Minderjährigen und den Eltern/dem Elternteil unterfallen wegen der Gefahr der Interessenkollision dem Vertretungsausschluss.[14] Für lediglich vorteilhafte Rechtsgeschäfte, die dem Minderjährigen einen rechtlichen Vorteil verschaffen, wird das Verbot des Selbstkontrahierens (weiterhin) eingeschränkt.[15] Neu ist, dass der Lebenspartner nicht mehr in Nr. 1 erwähnt wird. Die bestehenden Lebenspartnerschaften unterfallen dem Ausschlussgrund nicht mehr.[16]

b) Rechtsgeschäfte nach § 1824 Abs. 1 Nr. 2, 3 BGB

7 Die weiter benannten Ausschlussgründe[17] gelten unverändert fort.

---

7 Grüneberg/Götz BGB § 1638 aF Rn. 6; MüKoBGB/Huber § 1638 aF Rn. 11 ff.

8 BeckOK BGB/Veit § 1629 aF Rn. 36 ff. mit Darstellung zum Streitstand: beide sorgeberechtigten Eltern werden erfasst, das Verbot wird auf verpartnerte und verheiratete Ehegatten des Sorgeberechtigten erstreckt. Zu weiteren Ausschlussgründen dort Rn. 35 f. sowie MüKoBGB/Schneider § 1909 aF Rn. 19; Grüneberg/Götz BGB § 1629 aF Rn. 4.

9 MüKoBGB/Huber § 1630 Rn. 4; Grüneberg/Götz BGB § 1795 aF Rn. 14.

10 Krauß Immobilienkaufverträge in der Praxis, 9. Aufl. 2020, Rn. 752, 757, 760 mit Mustern.

11 Grüneberg/Götz BGB § 1909 aF Rn. 3.

12 Keine Heilung durch Genehmigung des Gerichts, sondern Genehmigungserklärung des bestellten Ergänzungspflegers, Krauß Immobilienkaufverträge in der Praxis, 9. Aufl. 2020, Rn. 745 mit Hinweis auf Pflichten des Notars aus §§ 12, 17 BeurkG.

13 Die Regelung des § 1795 BGB aF wurde vom Vormundschaftsrecht sprachlich angepasst in das Betreuungsrecht verlagert, Ditschler Die Erläuterungen aus den Gesetzesbegründungen, 2021, 41.

14 BeckOK BGB/Veit § 1629 aF Rn. 51 ff., 55; Krauß Vermögensnachfolge Rn. 4508; Grüneberg/Götz BGB § 1795 aF Rn. 3 f.

15 Krauß Vermögensnachfolge Rn. 4509; BeckOK BGB/Veit § 1629 aF Rn. 55.

16 Münch FamRZ 2020, 1513 Fn. 8.

17 Statt vieler: Grüneberg/Götz BGB § 1795 aF Rn. 5 f.; BeckOK BGB/Veit § 1629 aF Rn. 56 ff.

c) Verbot von In-Sich-Geschäften

Dies betrifft nach §§ 1824 Abs. 2, 181 Alt. 2 BGB Rechtsgeschäfte zwischen dem Minderjährigen auf der einen Seite und den Eltern/dem Elternteil als Vertreter eines Dritten auf der anderen Seite. Für lediglich vorteilhafte Rechtsgeschäfte, die dem Minderjährigen einen rechtlichen Vorteil verschaffen, wird das Verbot des Selbstkontrahierens eingeschränkt.[18] Hierbei hat sich durch die Reform keine Änderung ergeben. 8

3. Vertretungsausschluss nach § 1629 Abs. 2a BGB

Im Vaterschaftsfeststellungsverfahren nach § 1598a BGB ist dem Kind immer ein Ergänzungspfleger nach § 1809 BGB zu bestellen, diese Norm ist lex specialis zu §§ 1629 Abs. 2, 1824, 1789 Abs. 2 BGB; der Vertretungsausschluss erfasst nur das gerichtliche Verfahren.[19] 9

II. Ruhen der elterlichen Sorge

1. Fallgruppen

In den Fällen, in denen die elterliche Sorge besteht, aber aus bestimmten Gründen nicht uneingeschränkt ausgeübt werden kann, folgt das Ruhen der elterlichen Sorge. Die elterliche Sorge kann sodann nicht ausgeübt werden, § 1675 BGB. 10

a) Vorliegen eines rechtlichen Hindernisses

Ist ein sorgeberechtigter Elternteil nach § 104 Nr. 1, Nr. 2 BGB geschäftsunfähig,[20] ruht dessen elterliche Sorge von Gesetzes wegen, § 1673 Abs. 1 BGB. Ausgehend vom Wortlaut der Norm ist keine (deklaratorische) Feststellung durch das Gericht vorgesehen, wegen der damit einhergehenden Unsicherheit im Rechtverkehr aber in der Praxis anerkannt.[21] Erlangt der Elternteil die Geschäftsfähigkeit wieder, endet das Ruhen kraft Gesetzes.[22] Ist ein Elternteil minderjährig und damit beschränkt geschäftsfähig, ruht seine elterliche Sorge und die Vertretungsmacht, die tatsächliche Personensorge verbleibt ihm jedoch, es kommt zu einer Aufspaltung.[23] 11

b) Vorliegen eines tatsächlichen Hindernisses

Liegt eine gerichtliche Feststellung dazu vor, dass ein Elternteil die elterliche Sorge aus tatsächlichen Gründen und längere Zeit ganz oder teilweise nicht ausüben kann, ruht nach § 1674 BGB diese Sorgerechtsverantwortung.[24] Im Unterschied zu § 1673 BGB ist der Hinderungsgrund gerichtlich und mit konstitutiver Wirkung festzustellen, ebenso die Beendigung nach Abs. 2.[25] Gründe für eine längere Verhinderung sind beispielsweise Erkrankungen, Auslandsaufenthalt, Fälle der unbegleiteten minderjährigen Ausländer als Geflohene oder Strafhaft.[26] 12

---

18 Krauß Vermögensnachfolge Rn. 4508 ff.; BeckOGK BGB/Sonnenfeld § 1795 aF Rn. 106.
19 Grüneberg/Götz BGB § 1629 aF Rn. 22.
20 Zur partiellen Geschäftsunfähigkeit Grüneberg/Götz BGB § 1673 Rn. 2.
21 NK-BGB/Rakete-Dombek/Berning § 1673 Rn. 3 mwN; Grüneberg/Götz BGB § 1673 Rn. 1.
22 MüKoBGB/Hennemann § 1673 Rn. 2 ff.; NK-BGB/Rakete-Dombek/Berning § 1673 Rn. 2.
23 NK-BGB/Rakete-Dombek/Berning § 1673 Rn. 6 f.
24 Grüneberg/Götz BGB § 1674 Rn. 1.
25 NK-BGB/Friederici/Reinhardt § 1674 Rn. 7 ff. zum Verfahren.
26 NK-BGB/Friederici/Reinhardt § 1674 Rn. 2 ff.; Grüneberg/Götz BGB § 1674 Rn. 1: physische Abwesenheit allein reicht nicht; die Einwilligung zur Adoption nach § 1751 Abs. 1 BGB ist wegen der Rückübertragungs-

c) Vertraulich geborenes Kind

13 Die elterliche Sorge der Eltern (nun nicht mehr nur der Mutter) ruht, wenn die Voraussetzungen einer vertraulichen Geburt[27] vorliegen, § 1674a BGB, wobei die elterliche Sorge nach § 1674a S. 2 BGB wiederauflebt, wenn die für den Geburtseintrag erforderlichen Angaben durch (nunmehr) einen Elternteil getätigt wurden. Für das Ruhen der elterlichen Sorge ist kein (deklaratorischer) Gerichtsbeschluss nötig, für das Wiederaufleben der elterlichen Sorge hingegen schon.[28]

2. Folgen

14 Ruht die elterliche Sorge, ist die Ausübung nicht gestattet (§ 1675 BGB), und so ruht auch die Vertretungsmacht.[29] Für die Rechtsfolgen eines Ruhens der elterlichen Sorge und die daran sich anknüpfende gesetzliche Vertretungsmacht muss weiter unterschieden werden, ob die elterliche Sorge dem Elternteil, bei dem das Hindernis besteht, allein zusteht oder beiden Elternteilen zusammen (→ § 8 Rn. 1 ff.). Sind beide Elternteile an der Ausübung der elterlichen Sorge beschränkt oder gehindert, so gilt das auch für ihre gesetzliche Vertretungsmacht, die Folgen eines Handelns richten sich nach den §§ 177 ff. BGB.[30]

15 Bei gemeinsamer Sorgeberechtigung beider Elternteile übt die elterliche Sorge der Elternteil, der nicht vom Ruhen der Sorge betroffen ist, allein aus, § 1678 Abs. 1 Hs. 1 BGB, er ist zur Vertretung berechtigt.[31] War der ausfallende/gehinderte Elternteil allein zur Sorge berechtigt, etwa bei § 1626a Abs. 3 BGB die Mutter oder nach § 1671 BGB, so kann das Gericht die Übertragung des Sorgerechts auf den anderen Elternteil vornehmen, § 1678 Abs. 2 BGB beziehungsweise nach § 1696 Abs. 1 vorgehen.[32] Ist ein anderer Elternteil hingegen nicht vorhanden oder aber nicht sorgerechtsfähig, ist ein Pfleger oder Vormund über die Anwendung von § 1693 BGB zu bestellen.[33]

Praxishinweis:[34] Bei Auftreten nur eines Elternteils als gesetzlicher Vertreter des Kindes sollten geeignete Nachweise (etwa Nachweis über das Ruhen des elterlichen Sorgerechts) vorgelegt werden.

---

regelung des § 1751 Abs. 3 BGB kein „Ruhen", sondern „Aussetzen", der andere Elternteil übt die Sorge eventuell noch allein aus, bis er einwilligt, dazu Grüneberg/Götz BGB § 1751 Rn. 1.

27 NK-BGB/Reinhardt § 1674a aF Rn. 2 ff.

28 NK-BGB/Reinhardt § 1674a aF Rn. 4 ff.

29 BeckOK BGB/Veit § 1629 aF Rn. 2.2.

30 Grüneberg/Götz BGB § 1675 Rn. 1 mit dem Hinweis auf die Gutglaubensvorschrift des § 1698a BGB.

31 BeckOK BGB/Veit § 1629 aF Rn. 2.3; MüKoBGB/Hennemann § 1673 Rn. 6, 11; NK-BGB/Rakete-Dombek/Berning § 1673 Rn. 5; Grüneberg/Götz BGB § 1673 Rn. 1.

32 MüKoBGB/Hennemann § 1673 Rn. 11; NK-BGB/Rakete-Dombek/Berning § 1673 Rn. 5; Grüneberg/Götz BGB § 1678 Rn. 7 f.

33 MüKoBGB/Hennemann § 1673 Rn. 6; MüKoBGB/Lugani § 1666 Rn. 14; NK-BGB/Reinhardt § 1674a aF Rn. 6; Grüneberg/Götz BGB § 1693 Rn. 1.

34 Krauß Vermögensnachfolge Rn. 4479 zur Prüfungspflicht des Notars.

B. Ausschluss der Vertretungsmacht der Amtsträger

I. Vormund

Neben Beschränkungen, die die gesetzliche Vertretungsmacht des Vormunds erfahren kann (etwa durch eine Pflegerbestellung § 1789 Abs. 1 S. 2 BGB),[35] ist der Vormund nach §§ 1789 Abs. 2, 1824 Abs. 1, 2 BGB[36] von der Vertretung des Mündels ausgeschlossen. Für die Ausschlussgründe kann auf die Ausführungen bei den Eltern verwiesen werden (→ Rn. 4 ff.). 16

Für das Rechtsgeschäft, bei dem der Vormund verhindert ist, für sein Mündel wirksam aufzutreten und für es in seinem Namen zu handeln, besteht ein Vertretungsverbot. In der Folge ist für das Geschäft ein Ergänzungspfleger nach § 1809 BGB zu bestellen.[37] Handelt der Vormund dennoch, gelten die Vorschriften der §§ 177 ff. BGB, seine Handlungen vermag der Minderjährige, wenn nunmehr volljährig, ansonsten der Ergänzungspfleger zu genehmigen.[38] 17

Die Frage der Genehmigungsbedürftigkeit (→ § 19) bleibt davon unberührt. 18

II. Pfleger

Für die Pflegschaften für Minderjährige nach den §§ 1809 ff. BGB (Ergänzungspfleger, Pflegschaft für ein ungeborenes Kind und Zuwendungspflegschaft) gilt über § 1813 Abs. 1 BGB die Vorschrift des § 1824 BGB[39] aus den Regelungen zur Betreuung entsprechend. 19

Für die sonstigen Pflegschaften nach den §§ 1882 ff. BGB (Pflegschaft für unbekannte Beteiligte, Pflegschaft für gesammeltes Vermögen und Abwesenheitspflegschaft) verweist § 1888 Abs. 1 BGB auf die Vorschriften aus dem Betreuungsrecht und damit auf § 1824 BGB entsprechend. 20

Der Vertretungsausschluss gilt für den Pfleger, so dass auf die vorstehenden Ausführungen verwiesen werden kann[40] (→ Rn. 4 ff. Eltern, → Rn. 16 ff. Vormund). 21

Die Frage der Genehmigungsbedürftigkeit (→ § 19) bleibt davon unberührt. 22

III. Betreuer

Der Betreuer vertritt den Betreuten, § 1823 BGB. Neben den höchstpersönlichen Geschäften und Handlungen, deren Vornahme „betreuungsfremd"[41] ist, besteht für den Betreuer keine Vertretungsmacht, wenn ihm ein Aufgabenkreis unzulässigerweise übertragen wurde.[42] 23

35 Grüneberg/Götz BGB § 1793 aF Rn. 6 ff.; MüKoBGB/Spickhoff § 1794 aF Rn. 2 je mit weiteren Fallgruppen. BeckOK BGB/Bettin § 1909 aF Rn. 9; Socha Vormundschaft und Pflegschaft Rn. 202.
36 BeckOGK BGB/Sonnenfeld § 1795 aF Rn. 106; Socha Vormundschaft und Pflegschaft Rn. 95 ff.
37 NK-BGB/Fritsche/Kieß § 1795 aF Rn. 1; Socha Vormundschaft und Pflegschaft Rn. 94.
38 Grüneberg/Götz BGB § 1795 aF Rn. 14; NK-BGB/Fritsche/Kieß § 1795 aF Rn. 9.
39 Grüneberg/Götz BGB § 1795 aF Rn. 2, § 1915 Rn. 2: Bestellung eines weiteren Pflegers oder „Unterpfleger", dazu wN zu BayObLG FamZR 59, 32 – BayObLGZ 1958, 244 (247); Münch FamR-NotGP/Schaal § 17 Rn. 64; BeckOGK BGB/Schöpflin § 1916 aF Rn. 7 mit Nachweisen und Beispielen zur Rechtsprechung.
40 BeckOGK BGB/Sonnenfeld § 1795 aF Rn. 9.
41 Grüneberg/Götz BGB § 1902 aF Rn. 1, 1896 Rn. 25; NK-BGB/Heitmann/Füchtenkord § 1902 aF Rn. 17 ff. zu den Fällen der nicht der Betreuung unterliegenden Bereiche etwa Eheschließung.
42 Grüneberg/Götz BGB § 1896 aF Rn. 25.

24 Ist der Betreuer aus tatsächlichen Gründen an der Vertretung des Betreuten verhindert, kann für den Fall etwa der Urlaubs- oder Fortbildungsabwesenheit oder der Krankheit ein „Verhinderungsbetreuer" bestellt werden, § 1817 Abs. 4 BGB.[43] Mit der Bestellung des Verhinderungsbetreuers wird auch dieser gesetzlicher Vertreter, so dass zwar im Außenverhältnis zwei Vertreter auftreten und handeln können, Vertretungslücken aber ausfallen.[44] Der Verhinderungsbetreuer hat die Vorgabe (allerdings lediglich aus dem Innenverhältnis), nur zu handeln, wenn der Hauptbetreuer dies nicht kann – ein dagegenstehendes Tun führt zu einer Pflichtverletzung.

25 Sofern der Betreuer hingegen aus rechtlichen Gründen verhindert ist, einzelne Angelegenheiten des Betreuten zu besorgen, muss ein „Ergänzungsbetreuer" nach § 1814 Abs. 5 BGB bestellt werden.[45] Dies erfasst etwa die Verhinderung infolge des Vertretungsausschlusses nach § 1824 Abs. 1, 2 BGB[46] (zum Vertretungsverbot vgl. die vorstehenden Ausführungen (→ Rn. 4 ff. Eltern, → Rn. 16 ff. Vormund, → Rn. 19 ff. Pfleger).

26 Handelt der Betreuer außerhalb seines Aufgabenkreises, handelt er als vollmachtloser Vertreter und nicht als Betreuer.[47]

27 Die Frage der Genehmigungsbedürftigkeit (→ § 19) bleibt davon unberührt.

43 Ditschler Die Erläuterungen aus den Gesetzesbegründungen, 2021, 19 mit den Hinweisen zur bisherigen streitigen Frage der vorsorglichen Bestellung eines Verhinderungsbetreuers.

44 Ditschler Die Erläuterungen aus den Gesetzesbegründungen, 2021, 20.

45 Ditschler Die Erläuterungen aus den Gesetzesbegründungen, 2021, 20; § 15 RplfG-E sieht dafür künftig nach Gesetzesänderung den Rechtspfleger als zuständig an. BeckOGK BGB/Sonnenfeld § 1795 aF Rn. 114; Jürgens/Loer BGB § 1902 aF Rn. 19; auch zur Entziehung (→ § 10).

46 Ditschler Die Erläuterungen aus den Gesetzesbegründungen, 2021, 41; BeckOGK BGB/Sonnenfeld § 1795 aF Rn. 10 und 106; Grüneberg/Götz BGB § 1795 aF Rn. 2; Jürgens/Loer BGB § 1902 aF Rn. 17; NK-BGB/Heitmann/Füchtenkord § 1902 aF Rn. 20 ff. mit dem Hinweis auf die Spezialnorm § 150 Abs. 2 VVG.

47 NK-BGB/Heitmann/Füchtenkord § 1902 aF Rn. 1.

§ 10 Entzug der Vertretungsmacht der Eltern und des Vormunds

A. Entzug der elterlichen Sorge

I. Kann-Vorschrift: Entscheidung nach pflichtgemäßem Ermessen

Gemäß § 1629 Abs. 2 S. 3 kann – es sei denn, es handelt sich um die Feststellung der Vaterschaft –, das Familiengericht dem Vater und der Mutter nach § 1789 Abs. 2 S. 3 und 4 die Vertretung entziehen. Wie zu der Vorgängerregelung ist Überprüfbarkeit[1] der Ausübung des pflichtgemäßen Ermessens anzunehmen, wenn dies auch instanzgerichtlich nicht vollständig überprüfbar sein mag.[2] Zutreffend wird die Regelung über den Charakter einer bloßen Sollvorschrift hinaus im Sinn einer Kompetenzzuweisung reichen müssen,[3] um dem Schutzbedürfnis der Minderjährigeninteressen in Fällen der in § 1824 BGB beschriebenen abstrakten Interessenkollision angemessen Rechnung zu tragen. 1

II. Voraussetzungen

Unter Verweis auf § 1789 Abs. 2 kann den Eltern für einzelne Angelegenheiten oder für einen bestimmten Kreis von Angelegenheiten die Vertretung entzogen werden, wenn das Interesse des Kindes zu dem Interesse der Eltern, den Interessen weiterer von den Eltern vertretener Dritter oder dem Interesse einer der in § 1824 Abs. 1 Nr. 1 genannten Personen in erheblichem Widerspruch steht. 2

1. Einzelne Angelegenheit oder bestimmter Kreis von Angelegenheiten

Der Entzug des Vertretungsrechts muss sich auf eine einzelne oder auf einen nach der Reichweite des Interessenwiderspruchs definierten Kreis von Angelegenheiten beziehen. Der Entzug der elterlichen Sorge insgesamt oder für einzelne Aufgabenbereiche generell, also ohne Anknüpfung an eine konkrete Angelegenheit, ist nur unter den in § 1666 BGB bestimmten Voraussetzungen möglich.[4] 3

---

1 MüKoBGB/Huber BGB § 1629 aF Rn. 58: voll revisibel.

2 BGH NJW 1975, 345 (347); OLG Stuttgart FamRZ 1983, 831 (832) = BeckRS 2010, 09742; OLG Hamm FamRZ 1963, 580.

3 BeckOGK/Amend-Traut BGB § 1629 aF Rn. 55 unter Hinweis auf die Literaturauffassungen Gernhuber/Coester-Waltjen FamR § 63 Rn. 41 (Fn. 92); MüKoBGB/Huber § 1629 aF Rn. 58; Erman/Schulte-Bunert BGB § 1796 aF Rn. 2; Staudinger/Lettmaier BGB § 1796 aF Rn. 242, zu der Parallelformulierung des § 1796 Abs. 1 Erman/Schulte-Bunert BGB § 1796 aF Rn. 2.

4 Staudinger/Lettmaier BGB § 1796 aF Rn. 206.

2. Konkrete und erhebliche Interessenkollision

4 Der Interessenkonflikt muss sich an einem konkreten Sachverhalt festmachen lassen und setzt voraus, dass die Eltern wegen entgegenstehender Interessen aus dem Kreis der Mitbetroffenen – also der Eltern selbst oder nächststehender dritter Personen – die Kindesinteressen nicht angemessen berücksichtigen können.[5] Bei einem erheblichen Gegensatz kann ein Interesse nur auf Kosten des anderen Interesses durchgesetzt werden.[6]

5 In den Anwendungsbereich fallen traditionell Maßnahmen zur Rechtswahrnehmung in Strafverfahren bei strukturell konflikthaft angelegten Täter-Opfer-Beziehungen[7] und anlässlich der Geltendmachung von Schadensersatzansprüchen wegen Verletzung von Vermögenssorgepflichten durch die Eltern selbst.[8]

6 Auch in diesen Fällen besteht jedoch kein Anwendungsautomatismus, sondern es hat vielmehr unter Wahrung des Verhältnismäßigkeitsgrundsatzes eine Abwägung zu erfolgen, ob den Eltern die Entscheidung unter angemessener Würdigung der Kindesinteressen doch zugetraut werden kann oder von der Entziehung zur Wahrung des Familienfriedens abgesehen werden muss.[9]

7 Die Interessenkollision muss gerade bei dem vom Entzug betroffenen Elternteil vorliegen, wobei der Entzug bei beiden Elternteilen bereits gerechtfertigt ist, wenn zwar formal nur ein Elternteil betroffen ist, der andere die Interessenlage aber teilt.[10] Da das FamG die Frage einer Entziehung der Vertretung für jeden Elternteil gesondert prüfen und ggf. auf den Elternteil beschränken muss, bei dem die Voraussetzungen vorliegen, erhält in diesem Fall der andere Elternteil gemäß § 1680 Abs. 3 iVm Abs. 1 die Alleinvertretungsmacht.[11]

III. Vaterschaftsfeststellung nicht betroffen

8 Historisch trägt die Einschränkung der Entwicklung Rechnung, dass die Amtspflegschaft bei Kindern unverheirateter Eltern durch Hilfeangebote zur freiwilligen Inanspruchnahme abgelöst werden soll.[12]

9 Neben dem Verfahren auf Vaterschaftsfeststellung gem. § 1600d BGB kann der Anwendungsbereich auch für andere Verfahren eröffnet sein. Für den die Vaterschaft anfechtenden sorgeberechtigten Vater ergibt sich ein Vertretungsverbot bereits aus

5 OLG Frankfurt FamRZ 2014, 678 (680) = BeckRS 2013, 20074; OLG Karlsruhe NJW-RR 2012, 839 (840).
6 MüKoBGB/Huber BGB § 1629 aF Rn. 57; OLG Frankfurt FamRZ 2018, 827 (828) = BeckRS 2017, 148984; OLG Hamburg FamRZ 2013, 1683 (1685) = BeckRS 2013, 08728; OLG Karlsruhe FamRZ 2004, 51 (51) = BeckRS 2004, 04339; BayObLG FamRZ 1999, 737 (738) = BeckRS 1998, 30921508; OLG Stuttgart FamRZ 1983, 831 = BeckRS 2010, 09742.
7 Ausführlich BeckOGK/Amend-Traut BGB § 1629 aF Rn. 58.1 unter Hinweis zB zur Strafantragsstellung OLG Bamberg FamRZ 2020, 1382 = BeckRS 2020, 4008; OLG Hamburg FamRZ 2013, 1683 (1686) = BeckRS 2013, 08728 oder zur Nebenklage OLG Bamberg FamRZ 2020, 1382 = BeckRS 2020, 4008.
8 OLG Hamm FamRZ 1974, 31 = OLGZ 1974, 70; OLG Koblenz FamRZ 2017, 969 = BeckRS 2017, 113406.
9 BGHZ 191, 48 (54) = FamRZ 2011, 1788 (1790) = NJW 2011, 3454 (3455).
10 OLG Zweibrücken FamRZ 2012, 1961 = NJW-RR 2012, 1287; OLG Brandenburg FamRZ 2019, 1246 = BeckRS 2019, 3195.
11 MüKoBGB/Huber BGB § 1629 aF Rn. 60.
12 Gesetz zur Abschaffung der gesetzlichen Amtspflegschaft und Neuordnung des Rechts der Beistandschaft v. 4.12.1997, BGBl. 1997 I 2846; BeckOGK/Amend-Traut BGB § 1629 aF Rn. 61.

§§ 1789, 181 BGB. Im Übrigen reicht die bloße Beteiligtenstellung[13] der Mutter als Anknüpfungspunkt nicht aus. Betreibt sie die Anfechtung, ergibt sich der Ausschluss ihrer Vertretungsmacht aus § 1629 Abs. 2, § 1795 Nr. 1, 3. BGB. Die Wertung, wonach die Mutter in § 1629 Abs. 2 S. 3 Hs. 2 als geeignete Vertreterin des Kindes im Vaterschaftsfeststellungsverfahren anzusehen ist, soll ebenfalls für die Vertretung des Kindes im Verfahren der Vaterschaftsanfechtung gelten.[14]

Da es sich bei Fällen des § 1598a BGB bei Geltendmachung des Anspruchs auf Einwilligung in eine genetische Untersuchung zur Klärung der leiblichen Abstammung anders als bei Vaterschaftsfeststellung bzw. -anfechtung noch um keine statusverändernde Maßnahme handelt, soll der Anwendungsbereich des § 1629 Abs. 2 S. 3 Hs. 2 BGB nicht eröffnet sein, der Entzug der Vertretungsmacht bleibt also möglich.[15] Wegen der Vorgreiflichkeit der Untersuchung für die Feststellung und die historisch intendierte stärkere Ermächtigung der Mutter erscheint dies nicht zwingend. 10

B. Entzug der Vertretungsmacht des Vormunds

§ 1789 Abs. 2 BGB fasst § 1796 BGB aF neu. Der Entzug ist nur noch für einzelne und nicht mehr für einen Kreis von Angelegenheiten zulässig. 11

I. Kann-Vorschrift: kein Ermessensspielraum

Die Regelung kombiniert eine Kann- mit einer Soll-Bestimmung. Hier wird ebenso wie nach der Betrachtung zu § 1796 Abs. 1 und 2 BGB die Notwendigkeit einer einheitlichen Betrachtung bestehen. Hierzu wurde bereits vertreten, dass von der Entziehungsbefugnis nach § 1796 Abs. 1 BGB aF nur bei Vorliegen der Voraussetzungen gem. § 1796 Abs. 2 BGB aF Gebrauch gemacht werden darf, aber in diesem Fall auch muss. Es soll dann kein Ermessensspielraum mehr bestehen.[16] 12

II. Voraussetzungen

Es muss aufgrund der Interessenverschränkung zwischen Mündel einerseits und Vormund, ebenfalls vertretenem Dritten oder nächststehender Person des Vormunds die Gefahr bestehen, der Vormund werde im Konfliktfall das Mündelwohl nicht mit der gebotenen Zielstrebigkeit verfolgen. 13

1. Einzelne Angelegenheit

Nachdem die Entziehung nach der gesetzlichen Neufassung nur noch für einzelne Angelegenheiten in Betracht kommt, muss das Familiengericht – erst recht – feststellen, 14

13 BGH FamRZ 2017, 123 = NJW 2017, 561; BGHZ 193, 1 = NJW 2012, 1731 = FamRZ 2012, 859; KG NJOZ 2021, 840 (841) = FamRZ 2021, 854 (856).

14 BGH FamRZ 2017, 123 = NJW 2017, 561 Rn. 18 mzustAnm Löhnig; vorbehaltlich (Aussage zur analogen Anwendung noch abzuwarten) MüKoBGB/Huber BGB § 1629 aF Rn. 66.

15 BeckOGK/Amend-Traut BGB § 1629 aF Rn. 68.

16 MüKoBGB/Spickhoff BGB § 1796 aF Rn. 3, 4 bejaht zwar nicht Ermessens-, aber Beurteilungsspielraum, dagegen BGH NJW 1975, 345 (347): „freies Ermesssen“; BayObLG FamRZ 1976, 539 (543); BayObLGZ 1981, 44 (48) = Rpfleger 1981, 302; OLG Hamm FamRZ 1963, 580 (581); OLG Karlsruhe NJW-RR 2012, 839.

welche Maßnahmen der Vormund in der betreffenden Angelegenheit konkret plant.[17] Der Interessengegensatz im jeweiligen Einzelfall muss also hinreichend konkret hervortreten oder „indiziert“ sein.[18]

2. Erheblicher Interessengegensatz

15 Die eine Kollision begründenden Interessen von Familienangehörigen des Vormunds können sich nur auf den Ehegatten des Vormunds oder einen mit ihm geradlinig Verwandten beziehen, sind die Interessen sonst Nahestehender wie Geschwister oder Lebensgefährten tangiert, müssen diese sich auch ersichtlich als Eigeninteressen des Vormunds darstellen.[19] Auf ein Verschulden des Vormunds kommt es nicht an.[20]

16 Der Anwendungsbereich wird auf das Vorliegen eines erheblichen Interessengegensatzes konkretisiert. Maßgeblich ist folglich die Bedeutung der zu entscheidenden Angelegenheit für den Mündel. Ist die Angelegenheit unbedeutend, ist der Interessengegensatz nicht erheblich und rechtfertigt damit keine eingreifenden Maßnahmen.[21]

17 Auch für den Vormund setzt der Entzug der Vertretungsmacht voraus, dass dieser zum Schutze der Interessen des Mündels erforderlich ist und kein milderes Mittel wie die Bestellung eines Verfahrensbeistandes zur Verfügung steht.[22]

3. Einzelfälle

18 Ein erheblicher Interessengegensatz wird weiterhin bestehen, wenn der Vormund das Mündel aus einer Pflegefamilie herausnehmen will, um es selbst zu betreuen oder ihn durch eine „Anstaltsunterbringung“[23] des Mündels finanzielle Vorteile erwarten.[24]

19 Die Beschränkung der Entziehung der Vertretungsmacht (nur noch) auf Einzelfälle dürfte die Diskussion zur Doppelstellung des Vormunds auch als Testamentsvollstrecker entschärfen können: Hier war schon bisher statt einer generalisierenden Betrachtung eine Einzelfallprüfung erforderlich.[25] Dies würdigt, dass die Interessen von Testamentsvollstrecker und Erben nicht grundsätzlich gegenläufig sein müssen und berücksichtigt den Erblasserwillen, der in der Regel von einem besonderen Vertrauen in die Integrität des ausgewählten Testamentsvollstreckers geprägt ist.[26]

20 Im Kontext der Geltendmachung von Ansprüchen des Mündels aus Pflichtteilsrecht kann ein Interessengegensatz ungeachtet der Verjährungshemmung gem. § 207 Abs. 1 Nr. 2 bis zur Vollendung des 21. Lebensjahres des Kindes, bei Ansprüchen zwischen

17 BayObLG Recht 1913 Nr. 65; KG JFG 17, 31 (35).
18 MüKoBGB/Spickhoff BGB § 1796 aF Rn. 8 unter Verweis auf BGH NJW 1975, 345 (347); OLG Stuttgart FamRZ 2014, 1868; OLG Karlsruhe FamRZ 2004, 51 zu § 1629 BGB bei Fragen der Vaterschaftsanfechtung.
19 MüKoBGB/Spickhoff BGB § 1796 aF Rn. 8.
20 OLG Hamburg OLGE 43, 365.
21 BeckOGK/Sonnenfeld BGB § 1796 aF Rn. 26.
22 BeckOGK/Sonnenfeld BGB § 1796 aF Rn. 31; BGH NJW 2012, 1150.
23 BayObLGZ 11, 64.
24 MüKoBGB/Spickhoff BGB § 1796 aF Rn. 14.
25 BeckOGK/Sonnenfeld BGB § 1796 aF Rn. 46 unter Verweis auf BGH BeckRS 2008, 08468 = NJW-RR 2008, 963; aA – stets Ausschluss – BayObLG Rpfleger 1977, 440; OLG Schleswig OLGR 2007, 442 = NJW-RR 2007, 1597; OLG Zweibrücken BeckRS 2003, 30335024 = FGPrax 2004, 30; OLGZ Hamm 1993, 392 = LSK 1994, 020417 = FamRZ 1993, 1122 = MittBayNot 1994, 53 mAnm Reimann.
26 BeckOGK/Sonnenfeld § 1796 aF Rn. 46.

dem Mündel und dem Vormund während der Dauer des Vormundschaftsverhältnisses (§ 207 Abs. 1 Nr. 3) noch in Betracht kommen, wenn die Durchsetzbarkeit des Anspruchs gefährdet ist.[27]

Die Doppelstellung des Vormunds auch als Vorerbe gegenüber dem Mündel als Nach- 21
erben soll nicht generell einen erheblichen Interessengegensatz iSd § 1796 BGB aF begründet haben. Die Feststellung eines erheblichen Interessengegensatzes im konkreten Fall ist wegen der Entziehung nur für eine einzelne Angelegenheit jetzt ohnehin erforderlich.[28]

Dass der Vormund in einem im Namen des Mündels geführten Rechtsstreit nicht als 22
Zeuge auftreten kann, rechtfertigt eine Entziehung der Vertretungsmacht für dieses Verfahren auch dann nicht, wenn der Vormund die Bestellung eines Ergänzungspflegers selbst wünscht,[29] da diese nachteilige Lage nicht auf einem Interessenwiderstreit zwischen seinen und des Vormunds Interessen beruht. Ebenso nicht zulässig ist eine Ergänzungspflegschaft zur Überprüfung der Rechnungslegung des Vormunds.[30]

27 BayObLGZ 88, 385 = BeckRS 2009, 12355 = FamRZ 1989, 540; LG Braunschweig LSK 2000, 030515 = FamRZ 2000, 1184.
28 BeckOGK/Sonnenfeld BGB § 1796 aF Rn. 51, 52; zum Behindertentestament OLGR Zweibrücken 2004, 84 = BeckRS 2003, 30335024 = FGPrax 2004, 30.
29 OLG Hamm Rpfleger 1984, 270 (271).
30 MüKoBGB/Spickhoff BGB § 1796 aF Rn. 15; BayObLG Rpfleger 1981, 302.

§ 11 Übertragung von Teilbereichen an einen zusätzlichen/ Ergänzungspfleger bzw. Ergänzungsbetreuer

A. Kindschaftsrecht: Ergänzungspfleger im Verhinderungsfall (§ 1809 BGB)

I. Allgemeines

Mit der **Ergänzungspflegschaft** können gem. **§ 1809** BGB Angelegenheiten, die die elterliche Sorge oder die Vormundschaft betreffen, in einem Verhinderungsfall auf einen Pfleger übertragen werden. Diese Art der Pflegschaft entspricht grundsätzlich der bisherigen Regelung des § 1909 BGB aF So bleibt es dabei, dass der Ergänzungspfleger für den Minderjährigen vom Gericht bestellt wird, wenn dessen Eltern oder dessen Vormund verhindert sind, **rechtliche oder tatsächliche Angelegenheiten** für den Minderjährigen zu regeln. Die Verhinderung darf nicht auf eine kurze, vorübergehende Zeit beschränkt sein.[1] 1

Von dieser Regelung sind die **zusätzlichen Pfleger gem. § 1776 BGB** und die **Übertragung von Sorgerechtsangelegenheiten** auf die Pflegepersonen als Pfleger **gem. § 1777 BGB nicht betroffen.** Diese Pfleger sind **keine Ergänzungspfleger für einen bloßen Verhinderungsfall;** sie dienen vielmehr dazu, mit ihrem Einsatz das Wohl des Minderjährigen zu gewährleisten. 2

Die Bestellung eines Ergänzungspflegers berührt die Rechtsstellung des Minderjährigen nicht.[2] Der Ergänzungspfleger selbst wird vom Gericht durch einen Beschluss in den 3

1 MüKoBGB/Schneider § 1899 aF Rn. 12; Staudinger/Bienwald BGB § 1909 aF Rn. 33.
2 Staudinger/Bienwald BGB § 1909 aF Rn. 10.

genau benannten Bereichen autorisiert, den Minderjährigen zu vertreten und für ihn zu handeln (**§ 1809 Abs. 1 S. 2 BGB**).

4 Für die Zeit seiner Tätigkeit nimmt der **Ergänzungspfleger die tatsächliche und rechtliche Stellung der verhinderten Eltern oder des verhinderten Vormundes** ein. Diese sind ihrerseits während der Dauer der Tätigkeit des Ergänzungspflegers als Verhinderte nicht berechtigt, parallel für den Minderjährigen zu handeln.[3]

II. Anzeigepflicht im Verhinderungsfall (§ 1809 Abs. 2 BGB)

5 Mit **§ 1809 Abs. 2 BGB** wird die bisherige **Anzeigepflicht** des § 1909 Abs. 2 BGB aF fortgesetzt. Die Eltern oder der Vormund müssen also dem Gericht unverzüglich, dh ohne schuldhaftes Verzögern (§ 121 Abs. 1 S. 1 BGB) anzeigen, dass ein Fall ihrer Verhinderung vorliegt.[4]

6 Auch wegen eines etwaig notwendig werdenden späteren Nachweises der Anzeige ist es ratsam, das **Gericht schriftlich über die Verhinderung zu unterrichten.** Der Inhalt der Anzeige sollte unbedingt die Informationen enthalten, die dem Gericht verdeutlichen, worin die Verhinderung liegt, und warum die Eltern oder der Vormund selbst zu einem Handeln nicht in der Lage sind.

7 Möglich ist auch, dass sich die Verhinderung aus einer gerichtlichen Entscheidung ergibt, etwa mit einem zeitweisen Handlungs- oder Untersagungsverbot per Gerichtsbeschluss. In diesem Fall bleibt die Anzeigepflicht unberührt bestehen. Der Zeitpunkt der Anzeige der Eltern oder des Vormundes gem. § 1809 Abs. 2 BGB beginnt, wenn der Gerichtsbeschluss rechtswirksam geworden ist.[5]

8 **Muster: Verhinderungsanzeige (Eltern/Vormund)**

„an das Familiengericht ... Az. ... Betr: Vormundschaft des Kindes ...

wir, die Eltern/der Vormund von ... zeigen an, dass wir aus nachfolgend im Einzelnen benannten Gründen verhindert sind, unsere elterliche Sorge/die Vormundschaft im Interesse des Kindes auszuüben. Die Gründe dieser Verhinderung liegen in ...

Wir bitten das Gericht, im Interesse des Kindes tätig zu werden ...“

III. Aufhebung der Ergänzungspflegschaft (§ 1812 BGB)

9 Die Ergänzungspflegschaft ist auf einen begrenzten Zeitraum angelegt. Sie **endet** nach den in **§ 1812** BGB genannten Vorgaben. Die Norm entspricht § 1919 BGB aF.

10 **Gem. § 1812 Abs. 1 BGB** hat das Gericht die **Pflegschaft aufzuheben, wenn der Verhinderungsfall nicht mehr besteht.** Der Gesetzgeber hat keine Anzeigepflicht der verhinderten Eltern oder des Vormundes angeordnet, wie er es für den Eintritt der Verhinderung getan hat. Gleichwohl sollten die Eltern oder der Vormund zum Wohl des Mündels und auch in ihrem eigenen Interesse, das Wohl des Mündels wahren zu wollen und zu müssen, das Ende der Verhinderung dem Gericht schriftlich mit einer Aufhebungsanregung anzeigen.

3 Staudinger/Bienwald BGB § 1909 aF Rn. 88 mwN.
4 Staudinger/Bienwald BGB § 1909 aF Rn. 84 f.; MüKoBGB/Schneider § 1909 aF Rn. 58.
5 Staudinger/Bienwald BGB § 1909 aF Rn. 85.

Die Aufhebungsentscheidung selbst ergeht von Amts wegen, unabhängig von einem Antrag der Beteiligten.[6] **Die Aufhebung hat eine Gestaltungswirkung, so dass mit ihrem Ausspruch die Pflegschaft unwiederbringlich beendet ist.**[7] Bei rechtlichen oder tatsächlichen Fehlern gibt es keine Korrektur über ein Rechtsmittel. Im Zweifel muss eine neue Ergänzungspflegschaft eingerichtet werden.[8] 11

Gem. **§ 1812 Abs. 2 BGB endet die Ergänzungspflegschaft** mit dem Ende der elterlichen Sorge oder der Vormundschaft oder mit der Erledigung einer einzelnen, dem Pfleger übertragenen Angelegenheit kraft Gesetzes. Diese Regelung entspricht § 1918 Abs. 1 und 2 BGB aF Das Ende der Pflegschaft erfolgt ohne eine inhaltliche Entscheidung des Gerichts deklaratorisch. Soweit also ein Beschluss durch das Gericht ausgesprochen wird, hat dieser einen rein klarstellenden Inhalt, der sich auf die Feststellung beschränkt, dass die Ergänzungspflegschaft beendet ist oder nicht mehr besteht.[9] Für alle Beteiligten hat ein solcher Beschluss die Wirkung einer Tatsachenbestätigung. 12

B. Vormundschaftsrecht: Weitere Pfleger (§§ 1776–1777)

I. Verweis auf Ergänzungspfleger (§ 1809)

Zu § 1809 BGB, auf den die §§ 1776–1777 BGB verweisen, wird auf das dort Gesagte Bezug genommen. Die in **§ 1809 BGB** und in **§§ 1776 f. BGB** genannten Pfleger sind voneinander nach den gesetzlichen Vorgaben nicht nur inhaltlich verschieden. Die Ergänzungspflegschaft und die zusätzliche Pflegschaft dürfen auch nicht parallel oder zusammen ausgeübt werden. 13

II. Zusätzlicher Pfleger als Unterstützung eines ehrenamtlichen Vormundes (§ 1776 BGB)

1. Allgemeines zum zusätzlichen Pfleger

Die in **§ 1809 BGB** genannten Ergänzungspfleger sind von den in **§ 1776 BGB** neu normierten zusätzlichen Pflegern zu unterscheiden. **Gem. § 1809 Abs. 3 S. 2 BGB schließt der Gesetzgeber ausdrücklich eine parallele Bestellung eines zusätzlichen Pflegers nach § 1776 Abs. 1 BGB neben einem Ergänzungspfleger gem. § 1809 BGB aus.** Der Pfleger nach § 1776 BGB ist kein Verhinderungspfleger, sondern hat sog. ergänzende Aufgaben. 14

Das Familiengericht wird ermächtigt, in den Fällen der Bestellung eines ehrenamtlich tätigen Vormundes bereits bei der Bestellung oder im Bedarfsfall auch zu einem späteren Zeitpunkt (**§ 1776 Abs. 1 BGB**) tätig zu werden. Für den Fall der **späteren Zusatzpflegerbestellung** ist gem. § 1776 Abs. 1 S. 2 BGB die Zustimmung des bereits bestellten und tätigen ehrenamtlichen Vormundes erforderlich. 15

In beiden Fällen sind eine gesetzliche Vertretung und Versorgung des Minderjährigen nur zu seinem Wohl umsetzbar, wenn zwischen **beiden Vertretern eine einvernehmliche Zusammenarbeit** mit allen dazu sich ergebenden Erfordernissen möglich und realisier- 16

6 Staudinger/Bienwald BGB § 1919 aF Rn. 1.
7 MüKoBGB/Schneider § 1919 aF Rn. 1; Staudinger/Bienwald BGB § 1919 aF Rn. 3 f.
8 MüKoBGB/Schneider § 1919 aF Rn. 2; Staudinger/Bienwald BGB § 1919 aF Rn. 3 mwN.
9 Staudinger/Bienwald BGB § 1918 aF Rn. 1; MüKoBGB/Schneider § 1918 aF Rn. 1.

bar ist. Das gilt umso mehr, als die Grundlage für die Bestellung des zusätzlichen Pflegers nach dem ausdrücklichen Willen des Gesetzgebers dem Wohl des Mündels dienen soll. Gleichzeitig besteht zwischen dem **Vormund und dem Pfleger eine pflichtige Zusammenarbeit**, um mit der Übertragung der Zusatzpflegschaft dem Wohl des Mündels dienen zu können. Das entspricht nicht nur den allgemeinen Regelungen der §§ 1788 ff. BGB zur Führung der Vormundschaft.

17 Der **zusätzliche Pfleger übt die Vertretung des Mündels in den ihm übertragenen Sorgerechtsangelegenheiten allein** und ohne zusätzliche Vertretungsbefugnis des Vormundes aus. Gleichzeitig muss **der Pfleger gem. § 1792 Abs. 3 BGB mit dem Vormund zusammenarbeiten und ihn über seine Tätigkeiten informieren.** Für beide Parteien ist es wegen eines etwaig später erforderlichen Nachweises der eigenen, ordnungsgemäßen Tätigkeit ratsam, den Inhalt der Zusammenarbeit jeweils schriftlich festzuhalten.

18 Gem. **§ 1792 Abs. 3 BGB** wird der Pfleger zusätzlich verpflichtet, den Vormund in seine Entscheidungen einzubeziehen und damit eine einvernehmlich hergestellte Auffassung zum Wohl des Mündels umzusetzen.

2. Aufhebung der zusätzlichen Pflegschaft (§ 1776 Abs. 2 BGB)

19 Stellt sich nach der Übertragung von einzelnen Sorgerechtsangelegenheiten heraus, dass diese nicht dem Wohl des Mündels entspricht, so muss das Gericht jene gem. **§ 1776 Abs. 2 Nr. 1 BGB von Amts wegen aufheben**, soweit das **Wohl des Mündels negativ betroffen ist.** Das Gericht wird auf verschiedenen Wegen Informationen darüber erhalten. Sinnvoll ist es, wenn der Pfleger selbst den Vorgang dem Gericht bekanntgibt. Möglich sind auch Informationen vom ehrenamtlichen Vormund. In beiden Fällen sollte die Schriftform gewählt werden.

20 Gem. **§ 1776 Abs. 2 Nr. 2 BGB** können der **Pfleger oder der Vormund im beiderseitigen Einvernehmen ebenfalls zum Wohl des Mündels einen Antrag auf Aufhebung der zusätzlichen Pflegschaft** stellen. Der Antrag sollte schriftlich mit einer kurzen Darstellung zu den Tatsachen, zum Inhalt des Mündelwohls und unter Bestätigung des vorhandenen Einvernehmens an das Gericht gestellt werden.

21 Wenn **der Mündel das 14. Lebensjahr vollendet** hat, kann er gem. **§ 1776 Abs. 2 Nr. 3 BGB** einen **eigenen Antrag auf Aufhebung der zusätzlichen Pflegschaft** stellen, soweit der Vormund und der Pfleger dem zustimmen. Dieser Antrag sollte ebenfalls schriftlich beim Gericht gestellt werden und neben einer Begründung des Aufhebungsanliegens von allen Beteiligten als Nachweis ihrer Beteiligung und ihres Einvernehmens mit dem Antrag unterschrieben werden.

22 Gem. **§ 1776 Abs. 2 S. 2 BGB** ist für den Aufhebungsantrag die gemeinschaftliche Zustimmung des Pflegers und des Vormundes für ein Handeln des Gerichts entbehrlich, wenn ein **wichtiger Grund zur Aufhebung** besteht. Was der Gesetzgeber unter dem wichtigen Grund versteht, sagt er nicht. Aus dem **Kontext des § 1776 BGB** ergibt sich, dass sich die **Gefährdung des Mündelwohls durch das Handeln des Pflegers** oder aus in **unzuträglicher Zusammenarbeit** zwischen beiden entstandenen Tatsachen ergeben hat. Der **wichtige Grund kann sich auch aus neuen Tatsachen** ergeben, die beim Pfleger in den ihm übertragenen Angelegenheitenregelungen für der Mündel entstanden sind.

3. Verweis auf weitere Vorschriften für die Minderjährigenpflegschaft (§ 1776 Abs. 3 BGB)

In **§ 1776 Abs. 3 S. 1 BGB** stellt der Gesetzgeber klar, dass für den zusätzlichen Ergänzungspfleger die Vorschriften über die Pflegschaft für Minderjährige entsprechend gelten. Gem. **§ 1776 Abs. 3 S. 2 BGB** wird eine **gleichzeitige Bestellung von Pflegern nach §§ 1776 und 1809 BGB verboten.** 23

III. Übertragung von Sorgerechtsangelegenheiten auf Pflegepersonen als Pfleger (§ 1777 BGB)

1. Allgemeines zur Übertragung von Sorgerechtsangelegenheiten

Mit dem neu gestalteten **§ 1777 BGB kann das Gericht der Person, bei dem der Mündel lebt und versorgt wird, einzelne Sorgerechtsanteile übertragen.** 24

Mit dieser Regelung werden die bisherigen Sorgerechtsübertragungsmöglichkeiten gem. § 1630 Abs. 3 BGB aF erweitert und in der tatsächlichen Umsetzung konkretisiert. Die gesetzliche Vertretung wird von der Übertragung nur erfasst, wenn sie tatsächlich mitübertragen worden ist.[10] Im Übrigen **gilt § 1688 Abs. 1 S. 1 BGB fort**, wonach die Pflegeperson über die Dinge des täglichen Lebens entscheidungsbefugt ist. In den auf die Pflegeperson übertragenen Angelegenheiten hat der Vormund keine Regelungsbefugnis für den Mündel. 25

Die bisherige Voraussetzung zur Übertragung von Sorgerechtsanteilen war daran geknüpft, dass die Eltern das Kind für eine längere Zeit in eine Familienpflege geben. An den Inhalt und den Umfang der nach pflichtgemäßem Ermessen zu übertragenden Angelegenheiten waren bisher keine gesetzlichen Vorgaben geknüpft, die über die „längere Zeit“ hinausgingen.[11] Gem. **§ 1777 Abs. 1 BGB** sollen nunmehr der **Vormund oder die Pflegeperson, bei der der Mündel lebt**, einen **Antrag auf die Übertragung von Sorgerechtsangelegenheiten an die Pflegeperson** beim Familiengericht stellen können. 26

2. Übertragungsvoraussetzungen (§ 1777 Abs. 1 S. Nr. 1–3 BGB)

Die einzelnen Anforderungen werden in **§ 1777 Abs. 1 Nr. 1–3 BGB** genannt: 27

- **§ 1777 Abs. 1 Nr. 1 BGB** nennt das Erfordernis eines **längeren gemeinsamen Lebens von Mündel und Pflegeperson.** Zu der Dauer des längeren Zeitraums gibt der Gesetzgeber auch jetzt keine Vorgaben, so dass man nicht von einer konkreten Zeitangabe ausgeht. Als Orientierung wird, wie in der Vergangenheit zu § 1630 Abs. 3 BGB aF, der konkrete Fall und die Nähe nebst der Qualität der Verbindung zwischen dem Mündel und der Pflegeperson im Zusammenleben sein.[12] Ferner ist ebenso im Einzelfall das Wohl des Kindes neben der Zeit ein maßgeblicher Entscheidungsmaßstab.
  Alternativ zu dem Zeiterfordernis wird in **§ 1777 Abs. 1 Nr. 1 BGB** das **Bestehen einer engen Bindung zwischen dem Mündel und der Pflegeperson** bereits bei Begründung des Pflegeverhältnisses genannt. Damit sollen offensichtlich zum Wohl

10 MüKoBGB/Huber § 1630 aF Rn. 28; Staudinger/Lettmaier BGB § 1630 Rn. 93.
11 MüKoBGB/Huber § 1630 aF Rn. 19; Staudinger/Lettmaier BGB § 1630 Rn. 66 f.
12 MüKoBGB/Huber § 1630 aF Rn. 17 ff.; Staudinger/Lettmaier BGB § 1630 Rn. 56 ff.

des Mündels bestehende persönliche Bindungen aufrechterhalten bleiben und diese Nähe mit der Übernahme der Pflege fortgesetzt werden können.

- **§ 1777 Abs. 1 Nr. 2 BGB** gibt vor, dass **der Vormund oder die Pflegeperson** dem Antrag auf die Übertragung einzelner Sorgerechtsangelegenheiten auf den jeweils anderen zustimmt. Eine weitere, ungeschriebene Voraussetzung ist, dass zumindest der Vormund zu Sorgerechtsangelegenheiten einen Antrag stellen kann, zu denen er selbst befugt ist. Dem Antrag auf die Übertragung von Sorgerechtsangelegenheiten müssen beide zustimmen.
- **§ 1777 Abs. 1 Nr. 3 BGB** bestimmt ausdrücklich, dass die beantragte Übertragung von Sorgerechtsangelegenheiten dem **Wohl des Mündels** dienen muss. Der konkrete Inhalt des Wohls bestimmt sich nach dem individuellen Fall.[13]

28 Alle in **§ 1777 Abs. 1 Nr. 1–3 BGB genannten Erfordernisse sind kumulativ** und nicht alternativ zu verstehen. Nur zusammen können sie einen rechtswirksamen Antrag ergeben. Der Antrag selbst wird ohne Schriftformerfordernis schriftlich vom Vormund und von der Pflegeperson jeweils unterschrieben an das Gericht zu richten sein.

29 **Muster: Antrag auf Übertragung einer Angelegenheit als einzelne Sorgerechtsangelegenheit**

An das Familiengericht ...

Az. ...

Betr.: Kind ...

... hiermit beantragen wir ... für das Kind ... die ... Angelegenheit ... als einzelne Sorgerechtsangelegenheit an uns zu übertragen. Die in § 1777 Abs. 1 S. 1 Nr. 1–3 BGB liegen mit .... vor. Das Kind ist mit der Übertragung einverstanden. ..."

30 **§ 1777 Abs. 1 S. 2 BGB** bestimmt, dass ein der **Übertragung entgegenstehender Wille des Mündels berücksichtigt werden muss.** Dieser Wille muss nach seinem Inhalt insbesondere auf entgegenstehende Willenskomponenten untersucht werden, um ein gedeihliches Miteinander von Mündel und Pflegeperson zu gewährleisten.

3. Gemeinsame Wahrnehmung von Sorgerechtsangelegenheiten (§ 1777 Abs. 2 BGB)

31 Mit **§ 1777 Abs. 2 BGB** wird das Familiengericht autorisiert, Sorgerechtsangelegenheiten, die für den Mündel von erheblicher Bedeutung sind, der Pflegeperson nur zur gemeinsamen Ausübung mit dem Vormund und dem Mündel zu übertragen. Dieser Sonderfall wird auch in **§ 1792 Abs. 4 BGB** aufgegriffen und die gemeinsame Sorgerechtsausübung im Einvernehmen betont.

32 Der Inhalt der erheblichen Bedeutung ist gleich dem des fortgeltenden **§ 1628 Abs. 1 BGB.** Er wird an dem Einzelfall, insbesondere an der Bedeutung und den möglichen Folgen für den Mündel in dessen Zukunft ermittelt[14] und danach entschieden werden.

4. Eigener Antrag auf Sorgerechtsübertragung durch den Mündel (§ 1777 Abs. 3 BGB)

33 Der Mündel kann gem. **§ 1777 Abs. 3 S. 1 BGB selbst die in Abs. 1 genannte Sorgerechtsübertragung beantragen,** wenn er das 14. Lebensjahr vollendet hat, und der Vormund und die Pflegeperson jeweils zustimmen (**Abs. 3 S. 2**). Diese Regelung ist der in

13 KG FamRZ 2006, 1291; OLG Braunschweig FamRZ 2002, 118.
14 MüKoBGB/Huber § 1628 aF Rn. 13 f. mwN; Staudinger/Lettmaier BGB § 1628 Rn. 40 ff.

§ 1776 Abs. 2 S. 1 Nr. 3 BGB vergleichbar. Auch hier ist das Wohl des Mündels die Entscheidungsmaßgabe des Gerichts.

5. Aufhebung der Sorgerechtsübertragung (§ 1777 Abs. 4 BGB)

Für die **Aufhebung der Sorgerechtsübertragung** bestimmt **§ 1777 Abs. 4 BGB** eine **entsprechende Anwendung des 1776 Abs. 2 BGB in teilweisem oder komplettem Umfang** (§ 1776 Abs. 2 BGB). 34

Ausdrücklich gilt auch für die **Übertragung von Sorgerechtsangelegenheiten auf Pflegepersonen**, dass diese nicht neben dem Ergänzungspfleger gem. § 1809 und nicht neben dem zusätzlichen Pfleger gem. § 1776 BGB bestellt werden können. 35

C. Betreuungsrecht: Mehrere Betreuer, Verhinderungs- und Ergänzungsbetreuer (§ 1817 BGB)

I. Allgemeines

§ 1817 BGB behandelt die Bestellung des Gerichts von mehreren Betreuern für eine betreute Person. Die Regelungen in § 1899 BGB aF werden mit einigen redaktionellen Änderungen überwiegend übernommen. Damit bleibt die grundsätzliche Intention bestehen, dass **für** einen **Betreuten nur** ein **Betreuer zu bestellen ist,**[15] und dass nur im besonderen Fall mehrere Betreuer bestellt werden können und auch müssen, wenn die Aufgabenbereiche für den Betreuten aus verschiedenen tatsächlichen oder rechtlichen Gründen nicht von einem einzigen Betreuer übernommen werden können. Die Bestellung mehrerer Betreuer liegt dann nicht im Belieben oder im freien Ermessen des Gerichts.[16] 36

Ziel der Bestellung mehrerer Betreuer ist es, dass der Betroffene eine in seinem Interesse bessere Versorgung erfährt, als sie durch nur einen Betreuer möglich wäre.[17] Jeder Betreuer hat in dem ihm zugeordneten Aufgabenbereich selbstständig zu arbeiten. Sollten sich in der Praxis bei zwei oder mehreren Aufgabenkreisen Handlungsgrenzfälle und Meinungsverschiedenheiten zwischen den Betreuern ergeben, sind diese in Anlehnung an § 1789 BGB aF/§ 1793 BGB sowie § 1861 Abs. 1 BGB gehalten, sich zwecks einer Lösung an das Gericht zu wenden. Hierbei sollten sie die eingetretene Problematik dem Gericht schriftlich vortragen und eine gerichtliche Entscheidung beantragen. 37

II. Mehrfachbetreuerbestellung (§ 1817 Abs. 1 S. 3 BGB)

Grundsätzlich gilt auch für eine **Mehrfachbetreuerbestellung**, dass der Wille des Betroffenen bei der Betreuerauswahl berücksichtigt wird. 38

§ 1817Abs. 1 S. 3 BGB geht dem Willen des Betroffenen vor,[18] soweit die Anzahl von Betreuern betroffen ist. Will der Betreute selbst, dass seine Angelegenheiten parallel von einer Mehrzahl von Betreuern geregelt werden, wie das etwa bei einer Bevollmächtig- 39

15 MüKoBGB/Schneider § 1899 aF Rn. 1 mwN; Staudinger/Bienwald BGB § 1899 aF Rn. 10.
16 MüKoBGB/Schneider § 1899 aF Rn. 1; Staudinger/Bienwald BGB § 1899 aF Rn. 2 f.
17 Staudinger/Bienwald BGB § 1899 aF Rn. 21 f.
18 MüKoBGB/Schneider § 1899 aF Rn. 8; Staudinger/Bienwald BGB § 1899 aF Rn. 28.

tenmehrzahl möglich, wenn auch nicht sinnvoll ist, ist ein solcher Wille oder Wunsch des Betreuten für das Gericht nicht maßgeblich.

40 Der Gesetzgeber bleibt dabei, dass in der **Betreuermehrzahl grundsätzlich nur ein zu bezahlender Berufsbetreuer bestellt werden darf,** soweit es sich nicht um einen Sterilisationsbetreuer (= **§ 1817 Abs. 2 BGB**), einen Verhinderungsbetreuer (= **§ 1817 Abs. 4 BGB**) oder einen Ergänzungsbetreuer (= **§ 1817 Abs. 5 BGB**) handelt. Nur dann sollen dem Betreuten oder der Staatskasse bei armen Betreuten Zusatzkosten zugemutet werden können.

41 Der **Gegenvormund und der Gegenbetreuer entfallen** ohne entsprechende Gesetzesverweise (etwa §§ 1792, 1799 iVm § 1908i BGB aF) **ersatzlos.**

III. Sterilisationsbetreuer (§ 1817 Abs. 2 BGB)

42 **§ 1817 Abs. 2 BGB** ist dem § 1899 Abs. 2 BGB aF bis auf die Aufnahme des Begriffs des Sterilisationsbetreuers in Angleichung an **§ 1830 Abs. 1 BGB** wortgleich. Hierbei handelt es sich um einen gesetzlich geregelten Fall eines weiteren Betreuers, hier Sterilisationsbetreuers,[19] dem die Entscheidungskompetenz in dem für den Betreuten einschneidenden Fall einer Sterilisation übertragen wird. Der Betreute soll in diesem, für ihn besonderen Fall eine Besserstellung mit einem Betreuer erfahren, dem die Entscheidungskompetenz zugetraut wird.

IV. Gemeinschaftliche Betreuung (§ 1817 Abs. 3 BGB)

43 **§ 1817 Abs. 3 BGB** entspricht ebenfalls im Wesentlichen dem Wortlaut des § 1899 Abs. 3 BGB aF Bei der genannten gemeinschaftlichen Betreuung von in der Regel zwei Personen in einem Aufgabenbereich (bisher Aufgabenkreis genannt und mit § 1815 Abs. 1 S. 1 BGB unterteilt in Aufgabenkreis als Gesamtes und Aufgabenbereich als Untereinteilung). Die sog. mehreren Betreuer werden grundsätzlich autorisiert, die ihnen übertragenen Angelegenheiten nur gemeinschaftlich auszuführen. Die Handlungsgemeinschaft erstreckt sich auch auf die Haftung zu einer gesamtschuldnerischen Haftung.[20]

44 Lediglich in einem besonders eiligen Fall bei Gefahr im Verzug zu etwaigen Lasten des Betreuten ist auch einer von mehreren Betreuern befugt, allein eilige Maßnahmen zu ergreifen.[21] In allen gemeinsamen Handlungsfällen ist es nicht nur im Rahmen einer jährlichen Berichtspflicht an das Gericht, sondern auch zur gegenseitigen Absicherung der Betreuer wichtig, dass die Betreuer ihre Maßnahmen schriftlich dokumentieren.

V. Verhinderungsbetreuer (§ 1817 Abs. 4 BGB)

45 Eine Änderung zu dem bisherigen § 1899 Abs. 4 BGB aF für Verhinderungsfälle eines Betreuers ergibt sich in den **§ 1817 Abs. 4 und 5 BGB,** indem in **Abs. 4 die Bestellung eines Verhinderungsbetreuers aus tatsächlichen Gründen** und in **Abs. 5 aus rechtlichen**

19 Staudinger/Bienwald BGB § 1899 aF Rn. 23.
20 Staudinger/Bienwald BGB § 1899 aF Rn. 34 ff.
21 Staudinger/Bienwald BGB § 1899 aF Rn. 35.

Gründen erfolgen kann. Diese beiden Bereiche machen den Unterschied zwischen dem Verhinderungsbetreuer nach Abs. 4 und dem Ergänzungsbetreuer nach Abs. 5 aus.

Die **Verhinderung eines Betreuers** gem. **§ 1817 Abs. 4 BGB** aus tatsächlichen Gründen erstreckt sich hauptsächlich auf ein **Handlungsunvermögen**, weil der Betreuer krank oder im Urlaub oder aus sonstigen Gründen ortsabwesend ist und damit seine Handlungspflichten nicht erfüllen kann. 46

Für diese Fälle gilt der **Grundsatz der persönlichen Betreuungsausübung**[22] weiter mit der Folge, dass im **Verhinderungsfall die auszuführenden Betreutenangelegenheiten nicht an einen Dritten delegiert werden können.** 47

Für den verhinderten Betreuer ist es ratsam, zeitnah und zeitgerecht schriftlich dem Gericht mit detaillierten Angaben zur Verhinderung diese anzuzeigen, damit das Gericht über die Bestellung eines Verhinderungsbetreuers entscheiden und den Beschluss für den Rechtsverkehr praktikabel formulieren kann. Das ist besonders wichtig, weil ein **Verhinderungsbetreuer für den bestellten Aufgabenbereich uneingeschränkt allein handlungsbefugt** wird, er also nicht neben dem Hauptbetreuer und nicht zusätzlich zu ihm den Betreuten vertritt.[23] 48

Die Verhinderungsbetreuung endet mit dem zeitlichen Ende der Verhinderung. Bereits aus dem Gesetzeswortlaut ergibt sich, dass eine zeitlich unbegrenzte oder unbegrenzbare Verhinderung nicht über **§ 1817 Abs. 4 BGB** geregelt werden kann.[24] 49

Mit **§ 1817 Abs. 4 S. 2 BGB** wird den **Betreuungsvereinen** ermöglicht, ebenfalls eine **Verhinderungsbetreuung übernehmen** zu können. 50

VI. Ergänzungsbetreuer (§ 1817 Abs. 5 BGB)

§ 1817 Abs. 5 BGB behandelt den Fall einer **Verhinderung** des Betreuers für die **Regelung einzelner Angelegenheit aus rechtlichen Gründen.** In diesen Fällen ist ein Ergänzungsbetreuer zu bestellen. Hierzu werden in **§ 1824 BGB** die Ausschlussfälle, u.a. Rechtsgeschäfte unter nahen Verwandten, genannt. Ein besonderes Augenmerk liegt hierbei auf dem geltenden Verbot des In-sich-Geschäftes gem. § 181 BGB.[25] 51

Die **zeitbegrenzten Betreuungen gem. § 1817 BGB** sind **in Anlehnung an § 1819 BGB** zu den Pflegschaftsaufhebungen und an § 1919 BGB aF **vom Gericht aufzuheben**, wenn die **Verhinderung als Bestellungsanlass nicht mehr besteht** (§ 1870 Alt. 1 BGB) oder wenn der **Betreute verstirbt** (§ 1870 Alt. 2 BGB). 52

22 Staudinger/Bienwald BGB Vorbem. zu §§ 1897 ff. aF Rn. 10.
23 Staudinger/Bienwald BGB § 1899 aF Rn. 40 f.; MüKoBGB/Schneider § 1899 aF Rn. 22 ff.
24 Staudinger/Bienwald BGB § 1899 aF Rn. 41.
25 MüKoBGB/Spickhoff § 1795 aF Rn. 42 mit besonderem Hinweis auf das Handeln des Hauptbetreuers als falsus procurator mit Genehmigungsoption.

§ 12 Rechte des Mündels bzw. der betreuten Person

A. Rechte des Mündels

§ 1788 BGB knüpft an den Inhalt der Vorgängernorm § 1793 BGB an und gestaltet die dort und in weiteren Bestimmungen der in §§ 1800 ff. BGB aF geregelten Pflichten des Vormunds als Rechte des Mündels aus. 1

I. Ausübung der Personensorge: Förderung der Entwicklung und Erziehung des Mündels (Nr. 1)

Bisher verwies § 1793 Abs. 1 S. 2 BGB aF auf § 1626 Abs. 2 BGB. Danach hat der Vormund bei seiner Wahrnehmung der sorgerechtlichen Befugnis auch die wachsende Fähigkeit und das wachsende Bedürfnis des Mündels zu selbstständigem verantwortungsbewusstem Handeln zu berücksichtigen. Gesetzgeberische Intention des § 1626 Abs. 2 BGB war es, dem Wandel in Intensität und Funktion der elterlichen Sorge, der sich aus der wachsenden Einsichtsfähigkeit und Selbstständigkeit des erwachsenwerdenden Kindes ergibt, Rechnung zu tragen.[1] Das Erziehungsziel der Förderung der eigenverantwortlichen und gemeinschaftsfähigen Persönlichkeit entspricht dem aus § 1 SGB VIII. Dort hat betont der Gesetzgeber die individuelle und die soziale Komponente eines eigenverantwortlichen Lebens und orientiert sich dabei an der Rechtsprechung des BVerfG zum „Menschenbild des Grundgesetzes".[2] „Eigenverantwortung" bezieht sich auf soziale Reife, Fähigkeit zu sozialem Kontakt und die Kompetenz, die eigenen Angelegenheiten selbstständig zu regeln. „Gemeinschaftsfähigkeit" ist als Erziehungsziel nicht kollektivistisch als Unterwerfung unter wie auch immer zu definierende „Ge- 2

---

1 BeckOGK/Amend-Traut BGB § 1626 aF Rn. 177 unter Bezugnahme auf BT-Drs. 8/2788, 44.

2 Wiesner/Wapler/Wapler, 6. Aufl. 2022, SGB VIII § 1 Rn. 9a-10 unter Bezugnahme auf BVerfG NJW 1968, 2233: „… eigenverantwortliche Persönlichkeit innerhalb der sozialen Gemeinschaft, wie sie dem Menschenbild des Grundgesetzes entspricht"; vgl. auch BVerfG NJW 1999, 557.

meinschaftsbelange" zu verstehen, sondern verweist auf die Notwendigkeit eines sozialen und solidarischen Miteinanders.[3]

3 § 1788 Nr. 1 BGB begründet eine eigene Verpflichtung des Vormunds zur Verwirklichung erzieherischer Ansprüche an insbesondere staatliches Handeln, soweit hier Elternaufgaben übernommen oder ergänzt werden müssen.

II. Gewaltfreie Pflege und Erziehung (Nr. 2)

4 Die gesetzliche Neuregelung überträgt zur Hervorhebung der Subjektstellung und Stärkung der Rechte des Mündels § 1631 Abs. 2 in das Vormundschaftsrecht und erstreckt das Gebot der Gewaltfreiheit ausdrücklich auch auf den Bereich der Pflege.[4] Bisher verwies § 1800 BGB aF bei der Regelung des Umfangs der Personensorge auf § 1631 Abs. 2 BGB.

5 Der in § 1626 Abs. 2 BGB verwendete Gewaltbegriff entspricht nicht dem strafrechtlichen Gewaltbegriff, sondern ist auch aus Opfersicht zu definieren.[5]

6 Entwürdigend sind Maßnahmen, wenn sie das Ehr- und Selbstwertgefühl des Kindes in einem vom Anlass der Erziehungsmaßnahme nicht zu rechtfertigenden Maß verletzen. Der Begriff der entwürdigenden Maßnahme umfasst als Oberbegriff auch die Anwendung von körperlichen Bestrafungen und seelische Verletzungen,[6] wobei der Umfang einer körperlichen Misshandlung nicht erreicht werden muss.[7] Für den Erziehungsauftrag des Vormunds kann aus dem Blickwinkel des Mündelschutzes kein geringerer Maßstab gelten als für die leiblichen Eltern.

III. Persönlicher Kontakt (Nr. 3)

7 Das Mündel hat ein Recht auf persönlichen Kontakt zu seinem Vormund. In der bisherigen Regelung gem. § 1793 Abs. 1a BGB war bereits bestimmt, dass der Vormund mit dem Mündel persönlichen Kontakt zu halten hat. Er sollte den Mündel in der Regel einmal im Monat in dessen üblicher Umgebung aufsuchen, es sei denn, im Einzelfall sind kürzere oder längere Besuchsabstände oder ein anderer Ort geboten.

1. Keine Rahmenvorgabe

8 Die Neuregelung hat von einer Rahmenvorgabe zur zeitlichen Frequenz und dem Ort des persönlichen Kontakts abgesehen. In der erst durch das Gesetz zur Änderung des Vormundschafts- und Betreuungsrechts vom 29.6.2011 neu eingeführte Vorgängernorm des § 1793 Abs. 1a BGB sollte nicht lediglich die ohnehin bestehende Pflicht zu persönlichem Kontakt zwischen Vormund und Mündel unterstrichen werden, sondern Zielsetzung war, sicherzustellen, dass Anhaltspunkte für eine Gefährdung des Kindes-

3 Wiesner/Wapler/Wapler, 6. Aufl. 2022, SGB VIII § 1 Rn. 10.
4 BeckOK BGB/Veit BGB § 1631 aF Rn. 17.1.
5 BeckOGK/Kerscher BGB § 1631 aF Rn. 84.1 unter Verweis auf Deutscher Familiengerichtstag FamRZ 1993, 1167.
6 BeckOGK/Kerscher BGB § 1631 aF Rn. 87.
7 BeckOGK/Kerscher BGB § 1631 aF Rn. 89; MüKoBGB/Huber § 1631 aF Rn. 17 f.; NK-BGB/Rakete-Dombek/Berning § 1631 aF Rn. 12; Staudinger/Salgo BGB § 1631 aF Rn. 86.

wohls nicht übersehen werden.[8] Anlass dafür war die vorangegangene nicht rechtzeitige Feststellung einer Vernachlässigung eines deshalb verstorbenen Kleinkindes.[9] Im Gesetzgebungsverfahren war die Normierung einer konkreten Besuchsfrequenz umstritten; die letztliche Gesetzesfassung fußt auf dem Gedanken, dass sich nur über eine konkrete Regelung eine Änderung im Verhalten der Vormünder erreichen lasse. Diese sei notwendig, um Kindeswohlgefährdungen rasch genug erkennen zu können.

2. Subjektives Recht – Bringschuld

Da ein Kleinkind in Ausübung seines neu ausgestalteten subjektiven Rechts – anders als zB ein Heranwachsender – die persönlichen Kontakte beim Vormund nicht einfordern kann, wird die „Bringschuld“ des Vormunds diesem gegenüber nicht hinter den bisherigen Vorgaben zurückbleiben dürfen. Bleiben wird es auch dabei, dass persönlicher Kontakt als höchstpersönlich und daher nicht delegationsfähig verstanden werden muss.[10] 9

IV. Achtung von Willen, persönlichen Bindungen, religiösem Bekenntnis und kulturellem Hintergrund des Mündels (Nr. 4)

Schon der bisherige Verweis in § 1793 Abs. 1 auf § 1626 Abs. 2 BGB legte auch für den Vormund den Maßstab des elterlichen erzieherischen Handelns zugrunde.[11] Auch danach würde jedoch ein Erziehungsverhalten, das Willen und Bedürfnis des Kindes unreflektiert zur leitenden Erziehungsmaxime macht, der elterlichen Verantwortung nicht mehr gerecht werden. Zum Teil wird sogar gefordert, dass die Eltern – wie der Vormund – verpflichtet seien, ihre eigenen Erziehungsvorstellungen zurückzustellen, soweit sie denen des Kindes widersprechen und dieses unter ausreichender Beurteilungs- und Einsichtsfähigkeit ein Bedürfnis nach selbstständiger Mitwirkung hat. Während dies für die Eltern als zu weitgehend angesehen wird, soweit die Anforderungen über die Verpflichtung zu einer partnerschaftlichen Diskussionserziehung hinausgehen,[12] wird für den Vormund auch weiterhin nichts anderes gelten können. 10

1. Kindeswille nicht alleiniges Kriterium

Auch der Umstand, dass in Nr. 5 eine Beteiligung des Mündels an ihn betreffenden Angelegenheiten zusätzlich bestimmt ist, wird zusammen betrachtet nicht dazu führen können, dass der Kindeswille allein maßgebliches Entscheidungskriterium für den Vormund wird. Hier ist der Wortlaut zu beachten, denn die vorgesehene „Achtung“ wird bereits dann vorliegen, wenn der Kindeswille respektiert wird, auch wenn er im Einzelfall nicht vollständig umgesetzt werden kann. 11

---

8 BeckOGK/Kerscher BGB § 1793 aF Rn. 5–5.1 unter Hinweis auf BGBl. 2011 I 1306; kritisch zu Recht MüKoBGB/Spickhoff BGB § 1793 aF Rn. 44, der den normativen Gehalt der gutgemeinten Regelung als unergiebig hinterfragt.

9 BT-Drs. 17/3617, 7.

10 MüKoBGB/Spickhoff BGB § 1793 aF Rn. 46.

11 Kritisiert als „Intellektuellenparagraph“; Abs. 2 wurde dahin gehend kritisiert, dass er Eltern zwangsläufig überfordere. Die Norm sei erkennbar an der Mittel- und Oberschicht orientiert; es handele sich daher um einen „Intellektuellenparagraphen“, vgl. BeckOGK/Amend-Traut BGB § 1626 Rn. 184 unter Hinweis auf Ossenbühl Das elterliche Erziehungsrecht im Sinne des Grundgesetzes, 1981, 83; differenziert und mahnend Peschel-Gutzeit NZFam 2014, 433: „Im Interesse und zum Wohle der betroffenen Kinder müssen deshalb, wenn es um die Bedeutung des Kindeswillens geht, Selbstkritik und besondere Sensibilität walten!“

12 BeckOGK/Amend-Traut BGB § 1626 Rn. 178.

2. Persönliche Bindungen

12 Die Berücksichtigung persönlicher Bindungen des Kindes war bisher in § 1626 Abs. 3 BGB im Zusammenhang mit der Umgangsregelung näher ausgestaltet, auf den § 1793 Abs. 1 BGB aF nicht ausdrücklich verwies. Es handelt sich um eine Konkretisierung des Kindeswohlprinzips mit einer Verbindung von Kindeswohl und Umgang als gesetzliche Regelvermutung oder Auslegungshilfe.[13] Dies enthebt jedoch nicht von der Pflicht zur Einzelfallprüfung, ob nicht eine andere Einschätzung der Situation notwendig ist. Da Pflegekinder vor der Trennung von den Eltern regelmäßig nicht in einer intakten Elternbeziehung gelebt und in der Herkunftsfamilie häufig Defizit- oder Gefährdungssituationen erlebt haben,[14] wird dies für den Prüfungsumfang des Vormunds ungeachtet der besonderen Hervorhebung in besonderem Umfang maßgeblich gelten müssen.

3. Religiöses Bekenntnis und kultureller Hintergrund

13 Der Achtung des religiösen Bekenntnisses des Mündels war nach bisherigem Recht eine eigene Bestimmung gewidmet: § 1801 BGB ordnete an, dass die Sorge für die religiöse Erziehung des Mündels dem Einzelvormund von dem Familiengericht entzogen werden solle, wenn der Vormund nicht dem Bekenntnis angehört, in dem der Mündel zu erziehen ist. Für den Fall der Amtsvormundschaft wurde bestimmt, dass das Jugendamt oder ein Verein als Vormund über die Unterbringung des Mündels unter Rücksichtnahme auf das religiöse Bekenntnis oder die Weltanschauung des Mündels und seiner Familie befindet. Die Bedeutung der Bekenntnisübereinstimmung zwischen Mündel und Vormund ist durch die Neuregelung in den Hintergrund getreten und wurde von einem Gebot der Rücksichtnahme abgelöst. Eine Differenzierung zwischen persönlichem und Amtsvormund erfolgt nicht mehr. Rücksichtnahme bedeutete schon nach bisherigem Recht nicht unbedingt Bekenntnisgleichheit, sondern Schaffung und Aufrechterhaltung von Lebensbedingungen, die eine ungestörte religiöse Entwicklung des Mündels und religiöse Selbstbestimmung ermöglichen.[15]

14 Die Rücksichtnahme auf den kulturellen Hintergrund war im bisherigen Recht nicht verankert, ihre Bedeutung trat aber spätestens durch die Notwendigkeit der Vormundbestellung für eine Vielzahl unbegleiteter minderjähriger Flüchtlinge in den Vordergrund.[16]

V. Beteiligung entsprechend des Entwicklungsstandes (Nr. 5)

15 Die Beteiligung des Mündels an Entscheidungen war bisher über die Verweisung aus § 1793 Abs. 1 auf § 1626 Abs. 2 S. 2 BGB vorgesehen. Danach sollten Fragen der elterlichen Sorge mit dem Kind besprochen werden, soweit es nach dessen Entwicklungsstand angezeigt ist, und Einvernehmen angestrebt werden. Die beabsichtigte Beteiligung wird über die bisher vorgesehene Besprechung kaum hinausgehen können und

13 OLG Saarbrücken FamRZ 2017, 1673; BGH FamRZ 2017, 1668 (1670).
14 BeckOGK/Amend-Traut BGB § 1626 Rn. 191.1.
15 MüKoBGB/Spickhoff BGB § 1801 aF Rn. 14.
16 Nerea González Méndez de Vigo in Themengutachten, DIJuF-Rechtsgutachten | Kinder- und Jugendhilferecht Unbegleitete minderjährige Ausländer und Ausländerinnen/Geflüchtete Vormundschaft Vormundschaft für unbegleitete minderjährige Ausländer/innen/Flüchtlinge – Kindspezifische Besonderheiten im ausländerrechtlichen Verfahren, Themengutachten TG-1161 Rn. 1–19 | 1. Auflage, Edition 38 2022; Rupp ZfPW 2018, 57.

in Zusammenschau mit den weiteren Rechten auf Achtung des Kindeswillens (Nr. 4) und auf eine Eigenverantwortlichkeit ausgerichtete Entwicklungsförderung (Nr. 1) insbesondere eine Wertschätzung des Kindes in seinem „so sein“ gebieten und vor Bevormundung durch die allein eigenen Weltanschauungen und Wertvorstellungen des Vormunds schützen.

§ 1626 Abs. 2 S. 2 BGB begründete bereits ein Gebot zur Gesprächsbereitschaft und zum Bemühen um die Herstellung von Einvernehmen mit dem Kind. Das Gespräch dient dazu, sein Verständnis und seine Einsicht zu wecken.[17] Die Pflichten zur Diskussionsbereitschaft und zum Bemühen um Einvernehmen gelten für die gesamte elterliche Sorge, schließen also alle Bereiche der Personensorge und auch die Vermögenssorge ein. Danach ist das Kind je nach Alter und Reife mit seinen Angelegenheiten vertraut zu machen und an den Entscheidungen darüber zu beteiligen. Es kommt also darauf an, ob das Kind selbst handeln kann und will.[18] Dann soll nicht über den Kopf des Kindes hinweg entschieden werden dürfen.[19] 16

B. Rechte des Pfleglings

§ 1813 BGB knüpft an § 1915 BGB an und verweist für Pflegschaften auf das Vormundschaftsrecht. Der Pflegling kann dabei die gleichen Rechte gegen den Pfleger geltend machen wie der Mündel gegen den Vormund. § 1813 Abs. 2 BGB schließt die Anwendbarkeit von § 1782 und § 1783 BGB für den wichtigen Anwendungsbereich der Ergänzungspflegschaften gem. § 1809 BGB aus. In diesen Fällen können die Eltern einen ihnen genehmen Pfleger weder wirksam benennen noch einen von ihnen abgelehnten ausschließen und es sind keine besonderen Anforderungen gem. § 1783 Abs. 1 BGB für die Übergehung eines dennoch Benannten zu prüfen. Dies überzeugt deshalb, weil die Bestellung des Ergänzungspflegers einen bestehenden Interessenkonflikt zwischen Eltern und Kind auflösen soll, wofür gerade die Neutralität und Unabhängigkeit des einzubeziehenden Ergänzungspflegers sicherzustellen ist. 17

C. Rechte der betreuten Person

Auch im Verhältnis zwischen betreuter Person und Betreuer wird das Recht auf Wahrnehmung und Würdigung von Individualität und Lebensführungsautonomie der betreuten Person gestärkt. 18

I. Wunsch-/Wohl-Konflikt (Abs. 3)

§ 1821 Abs. 3–6 knüpfen an § 1901 BGB aF an, wonach die grundsätzliche „Wunscherfüllungspflicht“ des Betreuers gegenüber dem Betreuten Einschränkungen erfährt und die Maßstäbe definiert, nach denen der „Wunsch/Wohl-Konflikt“[20] aufzulösen ist. Dazu bezog der BGH schon bisher den Standpunkt, dass das Wohl des Betreuten nicht losgelöst von seinen subjektiven Vorstellungen und Wünschen bestimmt werden darf. Ein Wunsch läuft nicht bereits dann dem Wohl des Betreuten zuwider, wenn er dessen 19

17 MüKoBGB/Huber BGB § 1626 aF Rn. 67.
18 MüKoBGB/Huber BGB § 1626 Rn. 66.
19 OLG Karlsruhe FamRZ 1989, 1322 = NJW 1989, 2398 (2399).
20 BeckOGK/Schmidt-Recla BGB § 1901 aF Rn. 32.

objektivem Interesse widerspricht. Ein beachtlicher Gegensatz zwischen Wohl und Wille des Betreuten besteht vielmehr erst dann, wenn die Erfüllung der Wünsche höherrangige Rechtsgüter des Betreuten gefährden oder seine gesamte Lebens- und Versorgungssituation erheblich verschlechtern würde.

II. Gefährdung von Person oder Vermögen (Abs. 3 Nr. 1)

20 Dem Wohl des Betreuten widersprechen Wünsche, wenn deren Erfüllung die gesamte Lebens- und Versorgungssituation des Betreuten erheblich verschlechtern würde, zB bei wirtschaftlich unvertretbarem Umgang mit dem Vermögen, wenn dies die Gefahr begründet, dass künftig der angemessene Unterhalt nicht mehr bestritten werden kann.[21] Folglich darf der Betreuer einen Wunsch des Betreuten nicht wegen Vermögensgefährdung ablehnen, solange der Betreute sich von seinen Einkünften und aus seinem Vermögen voraussichtlich bis zu seinem Tod wird unterhalten können.[22] Der Erhalt des Betreutenvermögens für dessen Erben ist nicht Aufgabe des Betreuers, ebenso wenig wie dies – je nach Alter und Situation – für die Erhaltung und Vermehrung des Vermögens gilt.[23]

III. Krankheitsbedingt fehlende Erkenntnis oder Handlungsfähigkeit

21 Der Wunsch darf übergangen werden, wenn er Ausdruck der Erkrankung des Betreuten ist. Dies bedeutet allerdings nicht, dass jeder Wunsch unbeachtlich wäre, den der Betreute ohne Erkrankung nicht hätte oder der als irrational zu bewerten ist. Vielmehr ist ein Wunsch lediglich dann unbeachtlich, wenn der Betreute infolge seiner Erkrankung entweder nicht mehr in der Lage ist, eigene Wünsche und Vorstellungen zu bilden und zur Grundlage und Orientierung seiner Lebensgestaltung zu machen oder wenn er die der Willensbildung zugrundeliegenden Tatsachen infolge seiner Erkrankung verkennt. Der Vorrang des Willens des Betreuten gilt nur für solche Wünsche, die Ausfluss des Selbstbestimmungsrechts des Betreuten sind.[24]

22 Die gesetzliche Neuregelung greift die Rechtsprechung des BGH auf und definiert, dass irrationale und potenziell schädigende Wünsche nur dann übergangen werden können, wenn sie zusätzlich krankheitsbedingt gebildet oder aufrechterhalten werden.

IV. Unzumutbare Wünsche (Abs. 3 Nr. 2)

23 Die Wünsche des Betreuten verpflichten nur im Rahmen der nach Art des Aufgabenkreises und nach der individuellen Situation erforderlichen Betreuung.[25] Der Betreuer soll namentlich vor überzogenen Anforderungen des Betreuten etwa an die Dauer des täglichen Betreuungsaufwandes geschützt werden.[26]

---

21 MüKoBGB/Schneider BGB § 1901 aF Rn. 17 unter Hinweis auf BGHZ 182, 116 Rn. 18 = NJW 2009, 2814; zur Vermögensgefährdung BayObLG FamRZ 1993, 851.
22 BGHZ 182, 116 Rn. 18 = NJW 2009, 2814.
23 MüKoBGB/Schneider BGB § 1901 aF Rn. 17.
24 BGHZ 182, 116 Rn. 18–21 = NJW 2009, 2814; KG FamRZ 2010, 402 (403).
25 MüKoBGB/Schneider BGB § 1901 aF Rn. 20.
26 BT-Drs. 11/4528, 134.

V. Mutmaßlicher Wille (Abs. 4)

§ 1821 Abs. 4 BGB beschreibt, wie der Betreuer im Fall eines nach § 1821 Abs. 3 BGB unbeachtlichen Willens den entweder noch geäußerten oder mutmaßlichen Willen zu ermitteln hat. 24

1. Anknüpfungsgrundlagen

Ein gesetzlicher Anknüpfungspunkt nach bisherigem Recht fand sich bei § 1901a Abs. 2 BGB zur Patientenverfügung. Übertragen aus der Behandlung der Ablehnung von Zwangsmaßnahmen gem. § 1906a BGB darf der reale aktuelle Wille nicht durch einen Rückgriff auf einen mutmaßlichen Willen ersetzt werden. Unzulässig wäre es also, die konkrete Ablehnung einer Behandlung unter Rückgriff auf einen mutmaßlichen Willen zu überspielen wie auch umgekehrt bloß aus Indizien aufgrund früherer Äußerungen und Einstellungen eine aktuelle Ablehnung zu rekonstruieren. Maßstab für den mutmaßlichen Willen ist also, wie der Betreute selbst entscheiden würde, wenn er einwilligungsfähig wäre.[27] Der mutmaßliche Wille, der häufig nur eine Rekonstruktion aus diversen Äußerungen und Werthaltungen darstellt, wird dabei als „These" behandelt,[28] die durch konkrete Festlegungen etwa in einer Patientenverfügung widerlegt werden können.[29] Der mutmaßliche Wille ist somit aufgrund konkreter Anhaltspunkte zu ermitteln, wobei insbesondere frühere mündliche oder schriftliche Äußerungen, ethische oder religiöse Überzeugungen und sonstige persönliche Wertvorstellungen des Betreuten vorrangig zu berücksichtigen sind.[30] 25

2. Angehörige und Vertrauenspersonen

Als Anknüpfungsgrundlage für die Ermittlung des mutmaßlichen Willens wird nun ausdrücklich die Anhörung der Angehörigen genannt, was auf die bisherige Rechtsprechung zur Kontaktermöglichung im Krisenfall unter dem Blickwinkel des Schutzes der Familie gem. Art. 6 Abs. 1 GG Bezug nehmen kann.[31] 26

Der Begriff der Vertrauensperson wird nach bisherigem Recht etwa in § 335 Abs. 1 Nr. 2 FamFG genannt, wonach beteiligte Vertrauenspersonen ein Beschwerderecht in Unterbringungssachen haben können,[32] aber durch Benennung des Betroffenen gekennzeichnet werden. Wenn der Betreuer eine Vertrauensperson ohne die konkrete Benennung des Betroffenen selbst ermitteln können soll, ist zumindest auf eine umfassende Erforschung des sozialen Umfeldes zu achten. 27

27 MüKoBGB/Schneider BGB § 1906a aF Rn. 15, 16.
28 BGHZ 202, 226 Rn. 26 = NJW 2014, 3572 = FamRZ 2014, 1909.
29 MüKoBGB/Schneider BGB § 1901a aF Rn. 46.
30 MüKoBGB/Schneider BGB § 1906a aF Rn. 15, 16.
31 Zur besonderen Bedeutung des Eltern-Kind-Verhältnisses BayObLG FamRZ 2003, 962; BayObLG FamRZ 2004, 1670 (1671); abweichend für Geschwister BayObLG FamRZ 2002, 907; OLG München BtPrax 2008, 74 (75) = FamRZ 2008, 1030 (Ls.).
32 Näher Jürgens/Kretz FamFG § 59 Rn. 11.

VI. Rechtliche Bedeutung der Wünsche im Innen- und Außenverhältnis

28 Im Außenverhältnis schränkt die Bindung an die Wünsche des Betreuten die Vertretungsbefugnis des Betreuers grundsätzlich nicht ein,[33] da Dritte regelmäßig weder die Wünsche noch deren Schädlichkeit oder Unzumutbarkeit und erst recht nicht Krankheitswertigkeit werden einschätzen können. Führt der Betreuer im Namen des Betreuten einen Rechtsstreit, kann auch das Prozessgericht nicht prüfen, ob das Klagebegehren den Wünschen des Betreuten entspricht.[34]

VII. Persönlicher Kontakt, persönlicher Eindruck, Besprechung (Abs. 5)

29 Schon nach bisherigem Recht stellte die Aufrechterhaltung persönlichen Kontakts zum Betreuten eine so wichtige Verpflichtung gem. § 1901 BGB dar, dass eine Verletzung gem. § 1908b Abs. 1 S. 2 BGB einen wichtigen Grund für die Entlassung des Betreuers begründen konnte.

1. Keine Mindestzahl

30 § 1908i Abs. 1 S. 1 verwies jedoch insbesondere nicht auf § 1793 Abs. 1a S. 2, der vom Vormund forderte, dass er den Mündel in der Regel einmal im Monat in dessen gewöhnlicher Umgebung aufzusuchen habe.[35] Es gibt daher keine pauschale Mindestanzahl von persönlichen Kontakten zwischen Betreuer und betreuter Person. Maßgeblich sind die Umstände des Einzelfalls.[36] Da auch die gesetzliche Neuregelung von der Gelegenheit der Definition einer festen Kontakt(mindest)frequenz abgesehen hat, wird die bisherige Rechtsprechung übertragbar sein. Schon danach konnte eine längere Besuchsfrequenz tolerabel sein, wenn der Betreuer zB durch Telefonate oder Korrespondenz seine Aufgaben erfüllen konnte.[37] Die Delegation der Nachschau an einen ehrenamtlichen Besuchsdienst war jedoch schon nach der bisherigen Regelung zumindest ohne regelmäßige Rückmeldung und Abstimmung unzureichend[38] und es blieb Aufgabe des Betreuungsgerichts, den Betreuer über die persönlichen Kontakte mindestens jährlich berichten zu lassen.[39]

2. Persönlicher Eindruck

31 Mit der Verpflichtung, sich einen persönlichen Eindruck zu verschaffen, um diesen an das Betreuungsgericht berichten zu können, werden auch Fälle umfasst, in denen eine direkte Kommunikation mit dem Betreuten unmöglich ist. Die persönlichen Beobachtungen des Betreuers müssen einschließen, welchen persönlichen Eindruck der Betreute in Bezug auf seine Wohnung, soziale Kontakte, Gesundheit und zur Betreuung vermittelt und wie sich dies seit dem letzten Bericht entwickelt hat.[40]

---

33 BGHZ 176, 262 Rn. 23 = NJW 2008, 2333 = FamRZ 2008, 1404; LG Berlin FamRZ 2000, 1526 (1529); Schwab FamRZ 1990, 681 (683).
34 BGHZ 176, 262 Rn. 23 = NJW 2008, 2333 = FamRZ 2008, 1404; näher MüKoBGB/Schneider BGB § 1901 aF Rn. 21 f.
35 LG Nürnberg-Fürth BeckRS 2014, 15707 = BtPrax 2014, 50; LG Hamburg BeckRS 2012, 09526.
36 BeckOGK/Schmidt-Recla BGB § 1908b aF Rn. 27.
37 BeckOGK/Schmidt-Recla BGB § 1908b aF Rn. 27.1.
38 AG Schwabach BeckRS 2012, 212100.
39 LG Hamburg LSK 2011, 370335 = FamRZ 2011, 1329.
40 BeckOGK/Gietl BGB nF VormR/BetR 2023 § 1863 Rn. 66.

3. Besprechungspflicht

Schon nach § 1901 Abs. 3 S. 3 BGB bestand eine Besprechungsverpflichtung, jedoch beschränkt auf wichtige Angelegenheiten, wozu zB die Untersuchung des Gesundheitszustandes, Heilbehandlung, Sterilisation, Unterbringung oder die Wohnungsauflösung gehörten, durch die persönliche Lebensverhältnisse des Betreuten tiefgreifend oder für längere Zeit geändert oder vorbestimmt werden.[41] Diese Einschränkung entfällt nach der Neuregelung. Die Besprechungspflicht folgte schon bisher aus dem Prinzip der persönlichen Betreuung und der Achtung der Selbstbestimmungsinteressen des Betreuten, der realistische Wünsche und Vorstellungen nur entwickeln kann, wenn er ausreichend informiert ist.[42] 32

Eine Pflicht zur Besprechung wird jedoch weiterhin nicht angenommen werden können, wenn dies dem Wohl des Betroffenen zuwiderläuft, also wenn etwa eine hiermit verbundene psychische Belastung die Vorteile einer Besprechung überwiegt.[43] Telefonische und schriftliche Kontakte mit den Angehörigen, Pflegekräften oder sonstigen Dritten sind in der Regel zusätzlich erforderlich.[44] 33

VIII. Förderung der Wiederherstellung oder Verbesserung der Fähigkeiten des Betreuten zur Wahrnehmung seiner Angelegenheiten

Die Förderverpflichtung zur autonomen Wahrnehmung seiner Angelegenheiten korrespondiert mit § 1901 Abs. 2 S. 2 BGB, wonach schon ausdrücklich zum Wohl des Betreuten auch die Möglichkeit gehört, im Rahmen seiner Fähigkeiten sein Leben nach eigenen Wünschen und Vorstellungen zu gestalten. Das Wohl des Betreuten wird also von seinen subjektiven Vorstellungen und Wünschen geprägt.[45] Die von subjektiven Vorstellungen und Wünschen geprägte Lebensplanung des Betroffenen ist zu respektieren und zu fördern.[46] Da Art. 2 Abs. 1 GG insbesondere auch die Freiheit der nicht angepassten, der seelisch Kranken und Behinderten in ihrer spezifischen Lebensform schützt,[47] hat der Betreuer den Lebensentwurf des Betroffenen grundsätzlich zu beachten und durfte auch bisher lediglich bei Gefährdung höherrangiger Rechte eingreifen.[48] Neben der aktiven Förderung der autonomen Interessenwahrnehmung durch Verbesserung der kommunikativen Fähigkeiten durch medizinische, sozialpädagogische oder psychologische Maßnahmen gehört zu den Pflichten des Betreuers folglich auch die Achtung der erkennbaren Inhalte des Lebensentwurfes des Betreuten. Zusammen mit dem Wunscherfüllungsgebot und dem Besprechungsgebot soll dadurch sichergestellt werden, dass der Betreuer nicht berechtigt oder veranlasst wird, in die Verwirklichung des Lebensentwurfes des Betreuten korrigierend oder gar zensierend einzugreifen. 34

41 Jürgens/Loer BGB § 1901 aF Rn. 13.
42 MüKoBGB/Schneider BGB § 1901 aF Rn. 23.
43 Jürgens/Loer BGB § 1901 aF Rn. 13.
44 Jürgens/Loer BGB § 1901 aF Rn. 5.
45 Jürgens/Loer BGB § 1901 aF Rn. 10.
46 BGH BtPrax 2009, 290.
47 BVerfGE 10, 302 (309); OLG Frankfurt NJW 1988, 1527.
48 Jürgens/Loer BGB § 1901 aF Rn. 10.

§ 13 Befreiungen der Amtsträger

Amtsträger können von bestimmten, ihnen nach dem Gesetz obliegenden Verpflichtungen befreit werden. Dies wird als „befreite Betreuung/Vormundschaft/Pflegschaft" bezeichnet.[1] Die wesentlichen Regelungen zur Befreiung der Amtsträger befinden sich an zentraler Stelle im Betreuungsrecht. §§ 1859 f. BGB regeln die Grundsätze der befreiten Betreuung. Die Befreiung soll die Übernahme des Amtes erleichtern, indem sie den Amtsträger von bestimmten administrativen Aufgaben bei der Vermögensverwaltung befreit und so den Zeit- und Rechtfertigungsaufwand bei und nach der Amtsführung reduziert.[2] 1

A. Befreite Betreuer

I. Befreiung aufgrund Gesetzes

Gem. § 1859 Abs. 2 BGB sind aufgrund Gesetzes befreite Betreuer Verwandte in gerader Linie, Geschwister, Ehegatten, der Betreuungsverein oder ein Vereinsbetreuer und die Betreuungsbehörde oder ein Behördenbetreuer. Diesen Personen kommt aufgrund ihrer besonderen Stellung bzw. dem besonderen Näheverhältnis zum Betreuten ein Vertrauensvorschuss zu.[3] Sie sind gem. § 1859 Abs. 1 BGB entbunden von der **Pflicht zur Sperrvereinbarung** nach § 1845 BGB, von den **Beschränkungen nach § 1849** Abs. 1 S. 1 Nr. 1, 2, S. 2 BGB und von der **Pflicht zur Rechnungslegung nach § 1865** BGB. 2

Befreite Betreuer haben dem Betreuungsgericht anstellte einer Abrechnung jährlich eine Übersicht über den Bestand des ihrer Verwaltung unterliegenden Vermögens des Betreuten einzureichen. Diese Übersicht bezeichnet das Gesetz als **Vermögensübersicht** (§ 1859 Abs. 1 S. 2 BGB). Das Betreuungsgericht kann die Zeiträume, innerhalb derer die Vermögensübersicht anzufertigen ist, auch auf bis zu fünf Jahre verlängern (§ 1859 Abs. 1 S. 3 BGB). Die jährliche Frequenz soll dem Betreuungsgericht die Möglichkeit geben, frühzeitig auf Auffälligkeiten bei der Vermögensverwaltung zu reagieren.[4] Hält das Gericht dies nicht (mehr) für erforderlich, kann der Zeitraum zwischen den Verzeichnissen daher entsprechend verlängert werden. 3

1 Jürgens/v. Crailsheim BGB § 1852 bis 1857a aF Rn. 1.
2 Jürgens/v. Crailsheim BGB § 1852 bis 1857a aF Rn. 3.
3 Krit. hierzu im Hinblick auf Verwandte des Betreuten Horn ZEV 2020, 748 (751).
4 Vgl. BT-Drs. 19/24445, 293.

II. Befreiung aufgrund gerichtlicher Anordnung

1. Befreiung aufgrund Anordnung des Betreuten

4 Das Betreuungsgericht kann auch über die in § 1859 Abs. 2 S. 1 BGB genannten Personen hinaus Betreuer von den vorgenannten Verpflichtungen befreien, wenn der **Betreute selbst** dies vor der Bestellung des Betreuers **schriftlich verfügt** hat. Dies gilt jedoch nicht, wenn der Betreute erkennbar an diesem Wunsch nicht festhalten will. Eine solche Verfügung kann beispielsweise in einer **Betreuungsverfügung** enthalten sein, in der der Betreute seinen verbindlichen Wunschbetreuer ernannt hat. Dies trägt dem Umstand Rechnung, dass dem Betreuten häufig daran gelegen ist, die Ausübung des Amtes für den Betreuer möglichst unkompliziert zu gestalten.

5 Allein ist der Wunsch des Betreuten für eine Befreiung jedoch nicht maßgeblich, vielmehr verbleibt es bei der **abschließenden Entscheidung durch das Betreuungsgericht.** Der Gesetzgeber wollte hierdurch eine unangemessene Einflussnahme des Betreuers auf den Betreuten verhindern.[5] Es kann sich daher empfehlen, bei Anordnung der Befreiung dem Gericht bereits die für eine mögliche Befreiung sprechenden Umstände, wie etwa ein besonderes Vertrauensverhältnis zwischen Betreuer und Betreutem, aufzunehmen.

6 **Muster: Betreuungsverfügung**

Betreuungsverfügung

Ich, Herr/Frau ..., geboren am ... in ..., wohnhaft ... bestimme für den Fall, dass für mich eine vom Gericht angeordnete gesetzliche Betreuung eingerichtet wird Folgendes:

> Zum Betreuer soll Herr/Frau ..., geboren am ..., wohnhaft ... bestellt werden. Das Gericht soll dem von mir ernannten Betreuer gem. § 1859 Abs. 2. S. 2 BGB von den in § 1859 Abs. 1 S. 1 BGB genannten Pflichten Befreiung erteilen. Die von mir ernannte Person ist eine langjährige enge Freundin und genießt mein volles Vertrauen.

Ort, Datum

Unterschrift

7 Besteht ein umfassendes Vertrauensverhältnis, bietet gleichwohl die Erteilung einer General- und Vorsorgevollmacht an die Vertrauensperson, soweit diese nicht aufgrund beschränkter Geschäftsfähigkeit des Vollmachtgebers ausscheidet, eine noch größere Erleichterung für den Bevollmächtigten, da hier gerichtliche Aufsicht und Rechenschaftspflichten auf ein Minimum reduziert werden können.

2. Befreiung aufgrund Antrags des Betreuers

8 Über § 1860 BGB kann, soweit eine Gefährdung des Betreuten gem. § 1821 Abs. 3 Nr. 1 BGB nicht zu besorgen ist (§ 1860 Abs. 4 BGB), dem Betreuer **auf eigenen Antrag** in bestimmten Fällen durch das Gericht Befreiung von gesetzlichen Verpflichtungen erteilt werden. Da die entsprechenden Beschränkungen auch dem Schutz des Betreuers selbst dienen, da sie ihn von der Verantwortung für seine Verwaltungsentscheidungen entlasten, wollte der Gesetzgeber ihm diese Hilfestellung nicht ohne sein Einverständnis nehmen.[6] Anstelle einer automatischen Befreiung ist daher ein Antrag des Betreuers beim Betreuungsgericht erforderlich. Das Gericht muss im Einzelfall prüfen, ob die Belange des Betreuten durch die Befreiung nicht über Gebühr gefährdet werden.

---

5 Vgl. BT-Drs. 19/24445, 293.
6 Vgl. BT-Drs. 19/24445, 294.

Bei nur **geringem Vermögen** des Betreuten kann dem Betreuer aufgrund gerichtlicher Anordnung ganz oder teilweise Befreiung von den Beschränkungen aus §§ 1841 (Anlagepflicht), 1845 (Sperrvermerk), 1848 (Genehmigung bestimmter Geldanlagen) und 1849 Abs. 1 S. 1 Nr. 1, 2, S. 2 BGB (Genehmigung bei Verfügungen über Rechte und Wertpapiere) erteilt werden. Dies soll dem Umstand Rechnung tragen, dass eine gewinnbringende langfristige Geldanlage bei derart geringen Vermögen meist ohnehin nicht möglich ist bzw. die zu erwartenden geringen Beträge den bürokratischen Aufwand nicht rechtfertigen.[7] 9

Ist mit der Vermögensverwaltung der **Betrieb eines Erwerbsgeschäfts** verbunden oder erfordern **besondere Gründe der Vermögensverwaltung** dies, kann auf Antrag gem. § 1860 Abs. 2 BGB Befreiung von den Beschränkungen der §§ 1848, 1849 Abs. 1 S. 1 Nr. 1, 2, S. 2 BGB und § 1854 Nr. 2–5 BGB (Genehmigung zur Aufnahme von Darlehen, Schuldverschreibung, Übernahme fremder Verbindlichkeiten und Eingehung einer Bürgschaft) erteilt werden. Unter Erwerbsgeschäft versteht man den Inbegriff von Rechten und Rechtspositionen, der der Ausübung von Erwerbstätigkeit mit Gewinnerzielungsabsicht dient.[8] In diesem Rahmen sind häufig der betreuungsgerichtlichen Genehmigungspflicht unterliegende, gleichartige und sich wiederholende Rechtsgeschäfte durch den Betreuer vorzunehmen. Das häufig langwierige Genehmigungsverfahren ermöglicht dabei kaum eine Teilnahme am üblichen sich schnell entwickelnden Geschäftsverkehr, so dass die entsprechenden Verpflichtungen eher zum Schaden des Vermögens des Betreuten beitragen würden als zu dessen Schutz.[9] 10

Auch bei der sonstigen Vermögensverwaltung kann es zu sich **häufig wiederholenden Rechtsgeschäften** kommen, die jedoch keine besondere Vermögensgefährdung begründen.[10] Auch hier kann eine Befreiung die Abwicklung erheblich erleichtern, ohne eine größere Gefahr für das Vermögen des Betreuten darzustellen. 11

Gehört zum Vermögen des Betreuten ein **Wertpapierdepot,** welches häufige Wertpapiergeschäfte erfordert und verfügt der Betreuer über hinreichende Kapitalmarktkenntnis und Erfahrung, so kann gem. § 1860 Abs. 3 BGB ebenfalls Befreiung von den Beschränkungen des § 1845 Abs. 2, §§ 1848, 1849 Abs. 1 S. 1 Nr. 1, 2, S. 2 BGB erteilt werden. Auch hier ist die der Genehmigungspflicht zugrundeliegende Zielrichtung, den Schutz des Vermögens des Betreuten zu erreichen, durch anderweitige Mechanismen gewährleistet und wäre ein Beharren auf den Genehmigungserfordernissen ein erhebliches Hemmnis für eine effektive Vermögensverwaltung. 12

In dem jeweiligen Antrag sollte der Betreuer begründen, warum einer der Befreiungstatbestände des § 1860 BGB vorliegt, um dem Gericht eine möglichst rasche Prüfung der Tatbestandsvoraussetzungen zu ermöglichen. Die Entscheidung über die Befreiung liegt dann im Ermessen des Gerichts, welches unter Berücksichtigung der Vermögensinteressen des Betreuten entscheidet.[11] 13

7 Vgl. BT-Drs. 19/24445, 294.
8 BeckOK BGB/Bettin § 1822 aF Rn. 9.
9 Vgl. BeckOGK BGB/Schöpflin § 1825 aF Rn. 9.
10 BeckOGK BGB/Schöpflin § 1825 aF Rn. 10 f.; hierzu auch OLG Köln FGPrax 2007, 124.
11 So zum § 1817 BGB aF: MüKoBGB/Kroll-Ludwigs § 1817 aF Rn. 6 f.

14 Liegen die Voraussetzungen für den jeweiligen Befreiungstatbestand nicht mehr vor, hat das Gericht gem. § 1860 Abs. 5 BGB die **Befreiung von Amts wegen aufzuheben.**

III. Aufhebung der Befreiung

15 Gem. § 1859 Abs. 3 BGB hat das Betreuungsgericht die Befreiung von Amts wegen zudem dann aufzuheben, wenn bei ihrer Fortgeltung eine **erhebliche Gefährdung** der Person des Betreuten oder ihres Vermögens bestehen würde, die der Betreute aufgrund seiner Krankheit oder Behinderung nicht erkennen kann oder es ihm nicht möglich ist, nach dieser Erkenntnis zu handeln (§ 1821 Abs. 3 Nr. 1 BGB). Dies gilt sowohl für von Gesetzes wegen als auch durch gerichtliche Anordnung befreite Betreuer.

B. Befreiter Vormund

16 Ähnliche Befreiungsmöglichkeiten bestehen auch für den Vormund.

I. Befreiung durch Gesetz

17 § 1859 Abs. 1 BGB (→ Rn. 2 ff.) ist über den Verweis in § 1801 Abs. 1 BGB entsprechend auf das Jugendamt, den Vereinsvormund und den Vormundschaftsverein anzuwenden, die damit zu **von Gesetzes wegen** befreiten Vormündern werden.[12] Hiermit soll der Tatsache Rechnung getragen werden, dass die genannten Institutionen bereits durch die Behördenhierarchie einer gewissen Aufsicht unterliegen.[13]2 ff.

18 Dem **Jugendamt** wird dabei zusätzlich über § 56 Abs. 1 S. 2 SGB VIII Befreiung vom Genehmigungserfordernis für andersartige Geldanlagen (§ 1848 BGB) erteilt, zudem besteht die Möglichkeit weiterer Befreiungen über die Länderöffnungsklausel des § 56 Abs. 2 S. 2 SGB VIII.[14]

II. Befreiung auf Antrag

19 Das Familiengericht kann zudem gem. § 1801 Abs. 2 BGB auf Antrag des Vormundes diesen von den Beschränkungen bei der Vermögenssorge befreien, wenn eine **Gefährdung des Mündelvermögens nicht zu besorgen** ist. § 1860 Abs. 1 bis 3 BGB gilt hierfür entsprechend (→ Rn. 8 ff.), so dass die dort normierten Fallgruppen auch für den Vormund herangezogen werden können. Es kann somit je nach Fallgestaltung auf Antrag Befreiung erteilt werden von: 8 ff.

- der Anlagepflicht des Anlagegeldes nach § 1841 BGB,
- der Verpflichtung, Anlagegeld mit Sperrvereinbarung anzulegen § 1845 BGB,
- der Genehmigungsbedürftigkeit einer anderen Anlegung von Anlagegeld nach § 1848 BGB,

12 Krit. hierzu Horn ZEV 2020, 748 (749).
13 BeckOGK BGB/A. Uhl § 1857a aF Rn. 3.
14 Vgl. zu den sich aus § 56 Abs. 2 SGB VIII ergebenden Befreiungen für das Jugendamt BeckOGK BGB/A. Uhl § 1857a aF Rn. 17 ff.

- der Genehmigungsbedürftigkeit von Verfügungen über Wertpapiere oder Forderungen, § 1849 Abs. 1 S. 1 Nr. 1, 2, S. 2 BGB bzw. der Eingehung der diesbezüglichen Verpflichtungsgeschäfte.
- den Genehmigungserfordernissen des § 1854 Nr. 2 bis 5 BGB.

III. Befreiung aufgrund Vormundschaftsverfügung

Für die Eltern besteht zudem die Möglichkeit, unter Beachtung der Voraussetzungen des § 1782 BGB einen von ihnen benannten Vormund von bestimmten Beschränkungen zu befreien. Dieser hat dann, wie auch der von Gesetzes wegen befreite Vormund, gem. § 1801 Abs. 3 S. 2 iVm § 1859 Abs. 1 S. 2 BGB in regelmäßigen Abständen eine **Vermögensübersicht** zu erstellen. 20

Dadurch kann dem Vormund Befreiung von den folgenden Verpflichtungen und Beschränkungen erteilt werden: 21

- der Pflicht zur Sperrvereinbarung (§ 1845 BGB),
- der Genehmigungspflicht einer anderen Anlegung von Geld (§ 1848),
- dem Genehmigungserfordernis des § 1849 Abs. 1 S. 1 Nr. 1, 2, S. 2 BGB
- der Pflicht zur Rechnungslegung (§ 1865 Abs. 1 BGB).

Die Eltern können dabei wählen, ob sie dem Vormund Befreiung nur von einzelnen oder von allen der vorgenannten Beschränkungstatbestände erteilen wollen. 22

Die Anordnung iSd § 1782 BGB (Vormundschaftsverfügung) hat in der **Form einer letztwilligen Verfügung** zu erfolgen, also entweder handschriftlich oder in notariell beurkundeter Form. 23

Muster: Vormundschaftsverfügung 24

Vormundschaftsverfügung

Für den Fall, dass für eines meiner Kinder eine Vormundschaft anzuordnen ist, insbesondere nach dem Tod beider leiblicher Elternteile, bestimme ich hiermit das Folgende:

Zum Vormund für das jeweilige Kind wird hiermit

Herr/Frau ..., geboren am ..., wohnhaft ...

benannt (§ 1782 BGB).

Der von mir benannte Vormund wird von allen Beschränkungen und Verpflichtungen, die das Gesetz einem Vormund auferlegt, befreit, soweit dies gesetzlich zulässig ist (1801 Abs. 3 BGB). Insbesondere ist er befreit von der Verpflichtung, während der Dauer des Amtes gegenüber dem Familiengericht Rechnung zu legen (§ 1865 Abs. 1 BGB).

Mein Kind kennt Herrn/Frau ... von klein auf. Es entspricht daher dem Wohl des Kindes, Herrn/Frau zum Vormund zu ernennen.

Ort, Datum

Unterschrift

IV. Aufhebung der Befreiung

Auch die Befreiungen des Vormundes sind aufzuheben, wenn deren Voraussetzungen nicht mehr vorliegen oder bei ihrer Fortgeltung eine Gefährdung des Mündelvermögens zu besorgen wäre (§ 1801 Abs. 4 BGB). Dem Gericht kommt hierbei also **kein Ermessensspielraum** zu. Hinsichtlich des **Jugendamtes** ist zu beachten, dass die Aufhebungs- 25 möglichkeit des Familiengerichts sich **nur auf die familienrechtlichen Befreiungstatbestände** beziehen, nicht jedoch auf die deutlich weitergehenden jugendhilferechtlichen landesrechtlichen Befreiungen. In der Literatur wird daher vertreten, dass eine Aufhebung nach § 1801 Abs. 4 BGB für das Jugendamt gar nicht in Betracht kommt, da diese letztlich keine geeignete Maßnahme zur Abwehr einer Gefährdung des Kindesvermögens darstellt.[15]

C. Befreiter Pfleger

26 Durch den Verweis in § 1813 BGB finden auf die Pflegschaft über Minderjährige die Vorschriften über die Vormundschaft entsprechende Anwendung. Hierdurch sind auch die Befreiungsvorschriften des § 1801 BGB entsprechend anwendbar (→ Rn. 2 ff.).

27 Über § 1888 Abs. 1 sind die Befreiungsvorschriften der §§ 1859, 1860 BGB (→ Rn. 2 ff.) auf die sonstigen Pflegschaften entsprechend anwendbar.

15 BeckOGK BGB/A. Uhl § 1857a aF Rn. 19.

§ 14 Allgemeine Pflichten von Eltern und Amtsträgern

1 Im Rahmen ihrer Amtsführung haben gesetzliche Vertreter allgemeine Pflichten sowohl gegenüber den von ihnen Vertretenen als auch gegenüber dem zuständigen Gericht und ggf. Behörden zu beachten, die als Richtschnur für das gesamte Vertreterhandeln dienen sowie den Vertretenen vor Schäden durch missbräuchliches Vertreterhandeln schützen sollen.

A. Pflichten der Eltern

2 Eltern haben die Pflicht und das Recht, für das minderjährige Kind zu sorgen (§ 1626 Abs. 1 BGB). Die elterliche Sorge umfasst die Personensorge und die Vermögenssorge.

3 Eltern haben die ihnen zustehende elterliche Sorge in **eigener Verantwortung** und in gegenseitigem Einvernehmen zum Wohl des Kindes auszuüben (§ 1627 S. 1 BGB). Dies entspricht dem gesetzlichen Leitbild, dass eine gemeinsame und einverständliche Sorge dem Wohl des Kindes am besten entspricht und die Eltern diese grundsätzlich eigenverantwortlich und ohne staatlichen Eingriff wahrnehmen sollen. Der **Staat** erfüllt daher im Rahmen der gesetzlichen Regelung lediglich eine **Wächterfunktion,** um zu gewährleisten, dass die Menschenwürde des Kindes und sein Recht auf freie Entfaltung seiner Persönlichkeit gewährleistet bleiben und es vor Schäden durch körperliche oder seelische Misshandlungen durch die Eltern geschützt ist.[1] Maßstab des Handels der Eltern hat immer das Kindeswohl zu sein, was der Rolle des Kindes als eigenständigem Individuum entspricht.[2]

4 Das **Kindeswohl** ist als unbestimmter Rechtsbegriff zunächst wenig konkret gefasst. Es lassen sich dennoch einige Leitlinien aus der Gesetzessystematik herleiten, die zur Konkretisierung dienen können. So sollen Eltern wachsende Fähigkeiten und Bedürfnisse ihrer Kinder wahrnehmen und sie zu **selbstständigem und eigenverantwortlichem Handeln** erziehen (§ 1626 Abs. 1 S. 1 BGB). Je nach Entwicklungsstand der Kinder sind deren Wünsche dabei ausdrücklich mit einzubeziehen. Kinder haben das Recht auf eine **gewaltfreie Erziehung** (§ 1631 Abs. 2 BGB) und das Recht auf **Umgang** mit beiden Elternteilen (§ 1626 Abs. 3 BGB). Schließlich sollen Stabilität und Kontinuität hinsichtlich der Sorgeausübung zur Wahrung des körperlichen, geistigen und seelischen Wohls des Kindes beitragen.[3]

---

1 BeckOGK BGB/Amend-Traut § 1627 Rn. 8; hierzu auch BVerfG NJW 2011, 3355 (3356); NJW 2003, 2004 (2005).
2 MüKoBGB/Huber § 1627 Rn. 1 f.; BeckOGK BGB/Amend-Traut § 1627 Rn. 3 f.
3 Vgl. zum Ganzen mwN BeckOGK BGB/Amend-Traut § 1627 Rn. 10 ff.

5 Bestehen Meinungsverschiedenheiten zwischen den Eltern, müssen sich diese unter Besinnung auf das Kindeswohl versuchen zu einigen (§ 1627 S. 2 BGB).[4]

I. Vermögenssorge/Vermögensverzeichnis

1. Allgemeine Grundsätze

6 Die Vermögenssorge umfasst das Recht und die Pflicht der Eltern, das vorhandene Vermögen des Kindes wirtschaftlich sinnvoll in dessen Interesse zu verwalten, es also **zu erhalten** und möglichst **zu mehren.**[5] Die Eltern haben grundsätzlich Schulden zulasten des Kindes zu vermeiden und dessen Ansprüche gegenüber Dritten durchzusetzen.[6] **Schenkungen** aus dem Vermögen des Kindes sind ihnen grundsätzlich **nicht gestattet** (§ 1641 BGB). Sie haben ihrer Verwaltung unterliegendes Geld des Kindes nach den Grundsätzen einer wirtschaftlichen Vermögensverwaltung anzulegen (§ 1642 BGB) und sind in der Verwendung von Vermögen des Kindes beschränkt. Gerichtliche Genehmigungserfordernisse sollen in diesem Rahmen die Vermögensinteressen des Kindes zusätzlich schützen (→ § 19).

Zur Ausübung und Umfang der Vermögenssorge vgl. ausführlicher unter → § 15.

2. Vermögensverzeichnis

7 Für bestimmte Vermögensgegenstände des Kindes gelten weiterreichende Verpflichtungen für die Eltern, die diesen in der Praxis **weitestgehend unbekannt** sind.[7] So haben sie, soweit ihnen die Vermögenssorge für ihr Kind zusteht, gem. § 1640 BGB in den folgenden Fällen ein **Vermögensverzeichnis** über das ihrer Verwaltung unterliegende Vermögen zu erstellen und dieses mit der Versicherung der Richtigkeit und Vollständigkeit zu versehen sowie dem Familiengericht einzureichen:

- Erwerb von Todes wegen (als Erbe oder Vermächtnisnehmer) oder sonst anlässlich eines Sterbefalls (bspw. Renten- oder Schadenersatzansprüche, Lebensversicherung),
- Erwerb als unentgeltliche Zuwendung (Schenkungen)
- Erwerb als Unterhaltsabfindung.[8]

8 Es handelt sich hierbei um einen **zivilrechtlichen Anspruch** des Kindes.[9] Die Verzeichnispflicht **entsteht kraft Gesetzes** allein aufgrund des Vermögensanfalls. Einer gerichtlichen Aufforderung bedarf es nicht.[10]

9 Die Verpflichtung zur Aufstellung eines Vermögensverzeichnisses besteht nicht, wenn das Vermögen gar nicht der Verwaltung durch die Eltern unterliegt, etwa wegen einer Anordnung gem. § 1638 BGB, wenn Nachlasspflegschaft besteht, Testamentsvollstreckung durch einen Dritten angeordnet wurde oder wenn **die Ausnahmetatbestände** des § 1640 Abs. 2 BGB einschlägig sind. Dies ist zum einen der Fall, wenn der Wert des

4 Grüneberg/Götz BGB § 1627 Rn. 2.
5 Grüneberg/Götz BGB § 1626 Rn. 20.
6 Grüneberg/Götz BGB § 1626 Rn. 20.
7 Vgl. hierzu auch Horn ZEV 2013, 297 (301).
8 Vgl. hierzu BeckOK BGB/Veit § 1640 Rn. 3; BeckOGK BGB/Kerscher § 1640 Rn. 10 ff.
9 BeckOGK BGB/Kerscher § 1640 Rn. 28.
10 BeckOK BGB/Veit § 1640 Rn. 6.

Vermögenserwerbs die **Wertgrenze von 15.000 EUR** im Einzelfall nicht übersteigt, § 1640 Abs. 2 Nr. 1 BGB. Bei Rentenansprüchen oder wiederkehrenden Zahlungsansprüchen zählt der Kapitalwert. Maßgeblich ist der Zeitpunkt des Erbfalls, bzw. bei unentgeltlichen Leistungen der Zeitpunkt des Vollzugs, also des rechtlichen Erwerbes durch das Kind.[11] Bei Schenkung von Grundbesitz ist daher nicht der Tag der Beurkundung, sondern der Tag der Eigentumsumschreibung im Grundbuch maßgeblich. Abzuziehen vom Wert der Zuwendung sind durch das Kind zu übernehmende Belastungen, die mit dem Erwerb unmittelbar verbunden sind.[12] Dies können beispielsweise bei einer Grundstücksschenkung durch die Schenkung vorbehaltene Nutzungsrechte (Nießbrauch etc) oder durch den Beschenkten zu übernehmende dinglich abgesicherte Darlehensverbindlichkeiten sein. In **Zweifelsfällen** ist den Eltern zu empfehlen, ein Verzeichnis einzureichen um eine mögliche Pflichtverletzung (→ Rn. 17) zu vermeiden.[13]

Eine weitere Ausnahme von der Verpflichtung zur Erstellung eines Vermögensverzeichnisses ist gem. § 1640 Abs. 2 Nr. 2 BGB dann anzunehmen, wenn der Erblasser oder Schenker die Eltern von der Verzeichnispflicht befreit hat. Eine **Befreiungsanordnung** durch den Erblasser kann dabei nur in **Form** einer letztwilligen Verfügung, also handschriftlich oder in notarieller Form, erfolgen.[14] Bei einer Schenkung gibt es diesbezüglich keine bestimmten Formerfordernisse, die Anordnung muss jedoch spätestens mit dem Vollzug der Zuwendung erfolgen. Auch hier dürfte sich zu Nachweiszwecken gegenüber dem Familiengericht aber dringend eine zumindest schriftliche Befreiungsanordnung empfehlen,[15] soweit die Schenkung selber nicht ohnehin beurkundet wird. Wenn die Eltern selbst dem Kind etwas zuwenden, ist im Zweifel anzunehmen, dass sie sich nicht selbst oder gegenseitig eine Verzeichnispflicht auferlegen wollen und daher von einer zumindest konkludenten Befreiungsanordnung auszugehen ist.[16] Eine Klarstellung kann auch hier zur Rechtssicherung beitragen. 10

Es handelt sich hierbei um eine Privilegierung, die der Gesetzgeber nur den Eltern eingeräumt hat. Vergleichbare Vorschriften finden sich nicht für andere gesetzliche Vertreter. Einem Vormund oder einem Pfleger kann keine Befreiung von der Verpflichtung zur Aufstellung eines Vermögensverzeichnisses (bspw. des anfänglichen Vermögensverzeichnisses → Rn. 39) erteilt werden.[17] 11

Muster: Befreiungsanordnung in einem Testament 12

Ich setzte meine Nichte ... als alleinige und unbeschränkte Erbin ein. Sollte meine Nichte zum Zeitpunkt des Erbfalles noch minderjährig sein und das von mir ererbte Vermögen durch ihre Eltern verwaltet werden, befreie ich diese ausdrücklich von der Verpflichtung, dem Familiengericht ein Vermögensverzeichnis einreichen zu müssen (§ 1640 BGB).

11 BeckOGK BGB/Kerscher § 1640 Rn. 17 ff.
12 BeckOGK BGB/Kerscher § 1640 Rn. 20; MüKoBGB/Huber § 1640 Rn. 11.
13 BeckOGK BGB/Kerscher § 1640 Rn. 22.
14 Bei notarieller Beurkundung eines Testaments oder Erbvertrag oder einer Schenkung zugunsten minderjähriger Kinder sollte der Notar die Beteiligten auf die grundsätzliche Verzeichnispflicht und die Möglichkeit der Befreiung hinweisen, vgl Tschernoster RNotZ 2017, 125 (130).
15 So auch BeckOGK BGB/Fröschle § 1803 aF Rn. 12.
16 BeckOK BGB/Veit § 1640 Rn. 4.1; BeckOGK BGB/Kerscher § 1640 Rn. 26; vgl. aber den vom OLG Koblenz NJW-Spezial 2014, 71 entschiedenen Fall.
17 Tschernoster RNotZ 2017, 125 (130).

13 **Inhaltlich** ist in dem Verzeichnis der jeweilige Erwerb zu verzeichnen und zwar vollständig, mit allen hierzu gehörenden Vermögensgegenständen (**Aktiva**). Diese sind so genau zu bezeichnen, dass ihre Identität zweifelsfrei festgestellt werden kann. Bei Forderungen müssen Schuldner, Betrag und Rechtsgrund sowie Zinsen, etwaige Zahlungsrückstände und Rückzahlungsbedingen aufgeführt werden. Ebenfalls sind alle zugehörigen Urkunden aufzuführen und geeignete Belege beizufügen. So sind auch Sparbücher, Bausparverträge, Versicherungspolicen nebst Vertrags- bzw. Kontonummern sowie Schuldscheine aufzuführen.[18] Zusätzlich ist der ggf. durch die Eltern geschätzte **Geldwert** der Gegenstände anzugeben. Bei Haushaltsgegenständen genügt gem. § 1640 Abs. 1 S. 3 BGB die Angabe des Gesamtwerts.

14 Auch wenn teilweise vertreten wird, dass **Passiva** nicht im Vermögensverzeichnis nach § 1640 BGB aufzuführen seien,[19] dürfte es sich nicht nur vor dem Hintergrund der gegenteiligen Ansicht[20] empfehlen, diese in das Verzeichnis mit aufzunehmen, da sich nur hieraus ein vollständiges Bild des erfolgten Vermögenserwerbs ergibt.[21] Nur durch ein vollständiges Bild wird letztlich auch das Familiengericht bzw. das Kind in die Lage versetzt, zu prüfen, ob sich Anhaltspunkte für mögliche Pflichtverletzungen der Eltern ergeben. Wertvolle Einzelstücke sind aber einzeln aufzuführen.[22]

15 Eine besondere **Form** ist für das Verzeichnis nicht erforderlich, so dass eine privatschriftliche Aufzeichnung ausreichend ist. Diese ist mit der Versicherung der Vollständigkeit und Richtigkeit zu versehen und dann durch die Eltern unaufgefordert dem Familiengericht einzureichen.[23] Kosten für die Erstellung des Verzeichnisses gehen zulasten des Kindes.

16 Bei ordnungsgemäßer Einreichung beschränkt sich die anschließende Kontrolle des Familiengerichts auf die Einhaltung der Formalien und die grundsätzliche Plausibilität der aufgeführten Angaben.[24]

17 Wird ein Verzeichnis nach § 1640 BGB **trotz Fristsetzung** durch das Familiengericht nicht oder unvollständig eingereicht, so kann das Familiengericht die Aufstellung eines **öffentlichen Inventars** durch einen Notar oder die zuständige Behörde verlangen oder in Ausnahmefällen bei Vermögensgefährdung den Eltern die **Vermögenssorge entziehen.**[25] In der Praxis laufen diese Durchsetzungsmöglichkeiten jedoch häufig deswegen ins Leere, weil das Familiengericht von dem Vermögenserwerb keine Kenntnis erlangt.[26]

---

18 MüKoBGB/Huber § 1640 Rn. 13; BeckOK BGB/Veit § 1640 Rn. 5 f.
19 Bspw. Grüneberg/Götz BGB § 1640 Rn. 5.
20 BeckOGK BGB/Kerscher § 1640 Rn. 29.
21 So auch MüKoBGB/Huber § 1640 Rn. 16.
22 Staudinger/Heilmann BGB § 1640 Rn. 18.
23 MüKoBGB/Huber § 1640 Rn. 21.
24 BeckOGK BGB/Kerscher § 1640 Rn. 32.
25 Grüneberg/Götz BGB § 1640 Rn. 8.
26 BeckOGK BGB/Kerscher § 1640 Rn. 36 bezeichnet die Norm daher „fast schon als Falle für Eltern ohne profunde Gesetzeskenntnis."

Muster: Vermögensübersicht nach § 1640 BGB 18

Vermögensübersicht

Name des Kindes:

Eltern:

Tag des Vermögenserwerbs:

Rechtsgrund:

1. Aktiva

Grundstücke: Bezeichnung mit Grundbuchangaben; Wertangabe

Beschränkte dingliche Rechte: Recht und betroffener Grundbesitz; Wertangabe

Bewegliches Vermögen:

Gegenstände (mit möglichst genauer Bezeichnung); Wertangabe
Bargeld: Guthaben bei Banken/Sparkassen unter Angabe der Kontonummer und des Kontostandes nebst entstandene Zinsforderungen
Haushaltsgegenstände: Gesamtwert

Forderungen: Schuldgrund, Höhe und Schuldner (Name, Anschrift), Fälligkeitsvoraussetzungen und vorhandene Schuldurkunden

Wertpapiere: Genaue Bezeichnung und Wert zum Stichtag

Beteiligung an Kapital- oder Personengesellschaften: Genaue Bezeichnung der Gesellschaft mit Handelsregisterangabe und der Art und Höhe der Beteiligung

Ansprüche auf laufende Zahlungen: Angabe von Rechtsgrund, Zahlungshöhe und Terminen; ggf. Laufzeit

Summe Aktiva insgesamt: ... EUR

2. Passiva (soweit relevant)

Dingliche Belastungen: Genaue Angabe der Art der Belastung, des Belastungsgegenstandes des Gläubigers und ggf. der Höhe der Valutierung

Darlehensverbindlichkeiten: Rechtsgrund, Gläubiger, Höhe der Forderung, Zahlungsmodalitäten und Zinsvereinbarungen

Verpflichtung zu wiederkehrenden Leistungen: Genaue Angabe zur Leistungsart, Gläubiger und Leistungsmodalitäten sowie Laufzeit

Passiva insgesamt: ... EUR

Jeder von uns versichert die Richtigkeit und Vollständigkeit vorstehender Angaben. Die entsprechenden Belege sind diesem Verzeichnis beigefügt.

Ort, Datum

Unterschriften

II. Personensorge

Die Personensorge umfasst die Verpflichtung (und das Recht), das Kind zu pflegen, zu erziehen, zu beaufsichtigen und seinen Aufenthalt zu bestimmen (§ 1631 Abs. 1 BGB). 19

Umfasst sind insbesondere folgende Bereiche: 20

- Aufsicht
- Ausbildung und Berufsangelegenheiten unter Rücksicht auf die Eignung und Neigung des Kindes (§ 1631a BGB).
- Erziehung einschließlich religiöser Erziehung

- Gesundheitsförderung und ärztliche Maßnahmen (auch Zwangsmaßnahmen und Unterbringung) unter Beachtung der §§ 1631b – 1631e BGB
- Namensgebung und -änderung
- Pflege
- Aufenthalts- und Umgangsbestimmung (§ 1632 BGB)
- Vaterschaftsanfechtung.[27]

21 Eltern sind dabei im Rahmen der **Pflege**pflicht zur Betreuung des Kindes durch Fürsorge für seine Ernährung, Gesundheit und Bekleidung und zur Förderung der geistigen und seelischen Entwicklung des Kindes verpflichtet.[28]

22 In diesem Rahmen haben sie durch **Erziehung** auf das Kind einzuwirken.[29] Dabei haben die Eltern das **Gewaltverbot** zu beachten. Körperliche oder seelisch verletzende Bestrafungen sowie entwürdigende Erziehungsmaßnahmen sind den Eltern nicht gestattet. Erzieherische Maßnahmen dürfen in keinem Fall so gestaltet werden, das das Kind dem Gespött oder der Verachtung anderer Personen aussetzt oder die Selbstachtung und das Ehrgefühl des Kindes in unzulässiger Weise beeinträchtigt wird.[30] Das gesetzliche Leitbild der Erziehung ist nicht mehr von der Idee einer Unterwerfung des Kindes unter den Willen der Eltern geprägt, sondern folgt dem Ideal einer von gegenseitiger Rücksichtnahme bestimmten **Partnerschaft** zwischen Eltern und Kind, die von der Berücksichtigung der Bedürfnisse und Wünsche des Kindes geprägt ist, ohne die Eltern zu verpflichten, alle Wünsche des Kindes auch tatsächlich umzusetzen.[31]

23 Im Rahmen ihrer **Aufsichtspflicht** haben Eltern das Kind vor einer Gefährdung durch Dritte oder sich selbst zu schützen. Verstöße gegen diese Verpflichtung können zu einer Haftung der Eltern aus § 1664 BGB (→ § 16 Rn. 2 ff.) gegenüber dem Kind und gem. § 832 BGB gegenüber Dritten führen.[32] Wie weit die Aufsichtspflicht der Eltern dabei reicht, ist vom Alter, dem Entwicklungsstand, dem Charakter des Kindes, seinen geistigen Fähigkeiten und der konkreten Situation abhängig.[33] Ausschlaggebend ist, was verständige Eltern in der gleichen Situation nach vernünftigen Anforderungen hätten tun müssen. Dabei ist zu berücksichtigen, dass Kinder grundsätzlich auch lernen sollten, mit Gefahrenlagen selbstständig umzugehen, so dass die Eltern nicht dazu verpflichtet sind, jegliche Gefahrensituation von den Kindern fernzuhalten („Helikopter-Eltern“).[34] Eltern können die Aufsichtspflicht **auf Dritte,** bspw. Erzieher, Tagesmutter etc übertragen, bleiben jedoch für die **sorgfältige Auswahl, Überwachung und Instruktion** der Aufsichtsperson verantwortlich und haften für eins ihnen in diesem Rahmen zuzurechnendes Verschulden.[35]

27 FAKommFamR/Waruschewski FamR BGB § 1626 Rn. 18.
28 MüKoBGB/Huber § 1631 aF Rn. 3.
29 Grüneberg/Götz BGB § 1631 aF Rn. 2.
30 Grüneberg/Götz BGB § 1631 aF Rn. 7.
31 FAKommFamR/Waruschewski BGB § 1626 Rn. 26.
32 MüKoBGB/Huber § 1631 aF Rn. 6 f.
33 Grüneberg/Götz BGB § 1631 aF Rn. 3.
34 MüKoBGB/Huber § 1631 aF Rn. 8; zum Ganzen auch BeckOGK BGB/Kerscher § 1631 aF Rn. 44 ff.
35 BeckOGK BGB/Kerscher § 1631 aF Rn. 43; Grüneberg/Götz BGB § 1631 aF Rn. 3; MüKoBGB/Huber § 1631 aF Rn. 10.

B. Pflichten des Vormunds

Der Vormund hat die Vormundschaft im Interesse des Mündels zu dessen Wohl zu führen (§ 1790 Abs. 1 BGB). Auch für den Vormund gilt dabei das Leitprinzip, soweit möglich auf die Wünsche und Belange des Mündels Rücksicht zu nehmen. So hat er die wachsenden Fähigkeiten und das wachsende Bedürfnis des Mündels zu selbstständigem und verantwortungsbewusstem Handeln zu berücksichtigen und zu fördern, Angelegenheiten der Personen- und Vermögenssorgen mit dem Mündel zu besprechen und ihn an Entscheidungen zu beteiligten, soweit dies nach seinem Entwicklungsstand angezeigt ist. Dabei ist Einvernehmen anzustreben und soweit möglich die Beziehung des Mündels zu seinen Eltern einzubeziehen (§ 1790 Abs. 2 BGB). Ein eigener Anspruch der Eltern zur Einbeziehung ergibt sich hieraus jedoch nicht.[36] 24

Gem. § 1790 Abs. 3 BGB ist der Vormund überdies zum **persönlichen Kontakt** mit dem Mündel verpflichtet und soll den Mündel in der Regel einmal im Monat in dessen üblicher Umgebung aufsuchen, es sei denn, aus den konkreten Umständen ergibt sich anderes. Hierdurch soll gewährleistet werden, dass der Vormund über die Entwicklung und Wünsche des Mündels stets informiert bleibt, auch wenn die Vormundschaft im Übrigen ein häufiges Eingreifen des Vormunds nicht erfordert. Lebt der Mündel im Haushalt des Vormunds, ist die Vorschrift gegenstandslos, da dann der erforderliche persönliche Kontakt schon durch die allgemeinen Lebensumstände gewährleistet wird. 25

Haben nahestehende Angehörige oder sonstige Vertrauenspersonen ein berechtigtes Interesse hieran, ist der Vormund verpflichtet, **Auskunft** über die persönlichen Verhältnisse des Mündels zu erteilen, soweit dies zumutbar ist und dem Wohl des Mündels nicht widerspricht (§ 1790 Abs. 4 BGB). Diese Regelung findet ihre Entsprechung im Betreuungsrecht (→ Rn. 36). Auch für den Vormund bedeutet diese Auskunftspflicht daher keine umfassende Rechenschaftsverpflichtung. Auskunft ist daher hinsichtlich der allgemeinen Lebensumstände des Mündels, dessen grundsätzliche Entwicklung und dessen Gesundheitszustand zu erteilen, verpflichtet aber nicht zu einem detaillierten Bericht über die Führung der Vermögenssorge oder die Durchführung der Vormundschaft im Übrigen. Wenn das Auskunftsverlangen übermäßig oft oder übermäßig detailliert verlangt wird, kann sich hieraus eine Unzumutbarkeit der Auskunftserteilung und damit eine Befreiung von der Auskunftspflicht für den Betreuer ergeben.[37] 26

Bei Wechsel des gewöhnlichen Aufenthaltsorts des Mündels in den Bezirk eines anderen Jugendamtes hat der Vormund dem Jugendamt des bisherigen Aufenthaltsortes dieses mitzuteilen (§ 1790 Abs. 5 BGB). Hierdurch wird gewährleistet, dass das Jugendamt seine ihm gemäß SGB VIII obliegenden Beratungs- und Kontrollpflichten weiterhin wahrnehmen kann. Ausnahmen gelten daher für den Vereinsvormund und den Vormundschaftsverein, da diese nicht der Kontrolle durch das Jugendamt unterliegen.[38] 27

Zu den Verpflichtungen im Rahmen der Ausübung der Vermögenssorge vgl. im Übrigen → § 15.

36 BT-Drs. 19/24445, 204.
37 BT-Drs. 19/24445, 205.
38 BT-Drs. 19/24445, 205.

Zum Umfang der Verpflichtungen des Vormunds im Rahmen der Personensorge → § 20 Rn. 2 ff.

C. Pflichten des Betreuers

28 Die allgemeinen Pflichten des Betreuers sind nunmehr in §§ 1821, 1822 BGB geregelt. § 1821 BGB ist die **„Magna Charta"** für das gesamte rechtliche Betreuungswesen. Dies soll gewährleisten, dass für alle mit dem Betreuungsverfahren befassten Akteure die Wahrung und Verwirklichung der **Selbstbestimmung der Betreuten** im Mittelpunkt steht.[39] Ob dies durch die gesetzliche Regelung tatsächlich erreicht wird und nicht nur „sprachliche Gesetzgebungskosmetik" betrieben wird,[40] wird letztlich erst der Umgang der Praxis mit den seit dem 1.1.2023 in Kraft getretenen Regelungen zeigen.

I. Orientierung an den Wünschen des Betreuten

29 Mit der Reform des Betreuungsrechts sollte insbesondere den Interessen und Wünschen des Betreuten höhere Geltung verschafft werden.[41] Dies spiegelt sich im konkretisierten Pflichtenprogramm des Betreuers wider. Gem. § 1821 Abs. 1 BGB soll der Betreuer die Angelegenheiten des Betreuten rechtlich nur besorgen, soweit dies erforderlich ist (dies entspricht dem der Betreuung zugrundeliegenden Subsidiaritätsprinzip) und im Übrigen den Betreuten dabei **unterstützen**, seine Angelegenheiten rechtlich selbst zu besorgen.

30 Gem. § 1821 Abs. 6 BGB hat der Betreuer daher auch innerhalb seines Aufgabenkreises dazu beizutragen, dass Möglichkeiten genutzt werden, die Fähigkeiten des Betreuten, seine eigenen Angelegenheiten wieder selbst zu besorgen wiederhergestellt und gefördert werden.

31 Betreuer sind dabei dazu berufen, die Methode der **„unterstützen Entscheidungsfindung"** anzuwenden, zu der freilich einheitliche Standards bisher nicht existieren.[42] Solche konnten daher auch noch nicht durch den Gesetzgeber vorgegeben werden.[43] Ziel der Betreuung muss aber jedenfalls sein, die Selbstbestimmung des Betreuten zu verbessern und nicht dadurch einzuschränken, dass der Betreuer „anstelle" des Betreuten und nicht „für" diesen handelt.[44]

32 Die Angelegenheiten sind so zu besorgen, dass der Betreute sein **Leben nach seinen Wünschen** gestalten kann (§ 1821 Abs. 2 BGB). Absichtlich hat man nach der Reform von der vorherigen Terminologie „Wohl" Abstand genommen, die im Kindschafts- und Vormundschaftsrecht nur die maßgebliche Handlungsmaxime ist, um den subjektiven Ansatz im Betreuungsrecht zu betonen.[45]

33 Der Betreuer hat die individuellen Wünsche des Betreuten festzustellen und diese soweit möglich umzusetzen. Maßgeblich sind sowohl die während der Betreuung geäußerten Wünsche als auch die Wünsche, die der Betreute vor der Betreuung geäußert hat, es sei

39 BT-Drs. 19/24445, 249 f.
40 Grziwotz ZRP 2020, 248 (251); optimistischer Braun ZRP 2020, 201.
41 Vgl. hierzu Grziwotz ZRP 2020, 248 (249).
42 Vgl. hierzu bspw. Kosuch BTPrax 2018, 213; Fröschle ZRP 2018, 110 (110 ff.).
43 BT-Drs. 19/24445, 251.
44 Zu dieser Problematik unter der alten Rechtslage Fröschle ZRP 2018, 110 (111).
45 BT-Drs. 19/24445, 252.

denn, dieser will erkennbar nicht mehr an ihnen festhalten (§ 1821 Abs. 2 S. 4 BGB). Dies gilt nur dann nicht, soweit durch die Umsetzung der Wünsche des Betreuten **Gefahren** für den Betreuten oder dessen Vermögen entstehen, die der Betreute aufgrund seiner Krankheit oder Behinderung nicht erkennen oder nicht nach dieser Einsicht handeln kann oder dem Betreuer die Wunscherfüllung **nicht zuzumuten** ist (§ 1821 Abs. 3 BGB). Letzteres dürfte insbesondere dann anzunehmen sein, wenn die Erfüllung des Wunsches durch den Betreuer eine rechtswidrige Handlung, eine Gefährdung von Dritten bedeuten würde oder mit einem völlig unverhältnismäßigen Aufwand verbunden wäre. Auch muss der Betreuer nicht an einer Selbstschädigung des Betreuten mitwirken. Verstößt die Maßnahme jedoch lediglich gegen eigene Wertvorstellungen des Betreuers und seine ethischen oder religiösen Grundüberzeugungen, ist nicht von einer Unzumutbarkeit iSd § 1821 Abs. 3 Nr. 2 BGB auszugehen. Vielmehr ist dann der konkrete Betreuer in diesem Fall nicht für die Ausübung des Amtes geeignet.[46]

Ist der Betreute nicht mehr in der Lage, seine Wünsche zu äußern, so hat der Betreuer 34
den **mutmaßlichen Willen** des Betreuten zu ermitteln (§ 1821 Abs. 4 BGB). Hierzu sind insbesondere frühere Äußerungen, ethische oder religiöse Überzeugungen und sonstige persönliche Wertvorstellungen des Betreuten heranzuziehen und nahen Angehörigen und sonstigen Vertrauenspersonen des Betreuten ist Gelegenheit zur Äußerung zu geben. Die Regelung enthält den bisher nur aus dem Recht der Patientenverfügung (§ 1901a BGB) bekannten Pflichtenkatalog, der nun aus dem Gesundheitsbereich auf jegliches Betreuerhandeln ausgeweitet wird. Der Betreuer hat hierzu also umfangreiche **eigene Ermittlungen** anzustellen und darf nicht einfach auf „objektive" Kriterien rekurrieren. Wie umfangreich die Ermittlungen im Einzelfall zu sein haben, wird auch von der Wichtigkeit der zu regelnden Materie abhängig sein.

Flankierend normiert § 1821 Abs. 5 BGB ausdrücklich die Verpflichtung des Betreuers, 35
den erforderlichen **persönlichen Kontakt** mit dem Betreuten zu halten und sich regelmäßig einen **persönlichen Eindruck** von ihm zu verschaffen sowie seine **Angelegenheiten mit ihm zu besprechen.** Diese Verpflichtungen sind nicht daran geknüpft, dass besondere Maßnahmen oder Entscheidungen anstehen müssen, sondern gilt in jedem Fall auch für völlig unkomplizierte Betreuungen. Für den erforderlichen Umfang dieses persönlichen Kontakts dürfte § 1790 Abs. 3 BGB (→ Rn. 24 ff.) entsprechend anwendbar sein, wobei immer die Besonderheiten des Einzelfalls zu beachten sind. Ist eine „normale" Kommunikation mit dem Betreuten nicht möglich, umfasst § 1821 Abs. 5 BGB auch die Verpflichtung des Betreuers, **alternative Kommunikationsmittel** zur Besprechung mit dem Betreuten zu versuchen, beispielsweise die Verständigung mittels Zeichen, Augenbewegungen oder Sprachcomputern.[47]

II. Auskunftspflicht gegenüber Angehörigen

Gem. § 1822 BGB hat der Betreuer nahestehenden Angehörigen und sonstigen Ver- 36
trauenspersonen des Betreuten auf Verlangen Auskunft über dessen persönliche Lebensumstände zu erteilen, soweit dies dem Wunsch oder mutmaßlichen Willen des Betreuten entspricht und dem Betreuer zuzumuten ist.

46 Vgl. zum Ganzen BT-Drs. 19/24445, 253.
47 BT-Drs. 19/24445, 256.

37 Das Auskunftsrecht der vorgenannten Personen besteht unabhängig von ihrer etwaigen Beteiligung am Betreuungsverfahren im Übrigen. Die Regelung hat insbesondere für Fälle Bedeutung, in denen eine familienfremde Person oder ein Berufsbetreuer das Amt ausübt und der Betreute nicht mehr in der Lage ist, eigenständig mit seinen Angehörigen in Kontakt zu bleiben. Ein Kontaktabbruch soll nur in den Fällen erfolgen, in denen dies vom Betreuten so gewünscht ist.

38 Die Auskunftspflicht beschränkt sich dabei jedoch auf Angaben zu den **aktuellen Lebensumständen** wie etwa auf den Gesundheitszustand und die Wohnsituation des Betreuten und verpflichtet nicht zu detaillierten Auskünfte über die Vermögensverhältnisse des Betreuten. Es handelt sich gerade nicht um eine Rechenschaftspflicht des Betreuers gegenüber den Angehörigen des Betreuten. Der Betreuer ist daher nicht verpflichtet, sein Betreuerhandeln den Angehörigen gegenüber im Einzelnen darzulegen.[48] Der Betreuer hat auch für die Frage, in welchem Umfang die Auskunft erteilt wird, im Übrigen die Wünsche oder den mutmaßlichen Willen des Betreuten zu berücksichtigen. Ähnlich wie bei § 1790 BGB (→ Rn. 24 ff.) können besonders häufige oder übermäßig detaillierte Anfragen zu einer Unzumutbarkeit der Auskunftserteilung führen.

III. Anfängliches Vermögensverzeichnis

39 Soweit auch die Vermögensverwaltung zum Aufgabenkreis des Betreuers gehört, hat dieser gem. § 1835 Abs. 1 S. 1 BGB zum Zeitpunkt der Bestellung ein Verzeichnis über das Vermögen des Betreuten zu erstellen und dieses dem Betreuungsgericht mit der Versicherung der Richtigkeit und Vollständigkeit zu übersenden. Dabei hat das Verzeichnis auch Angaben zu den regelmäßigen Einnahmen und Ausgaben des Betreuten zu enthalten. Erwirbt der Betreute während der Amtszeit des Betreuers Vermögen hinzu, hat dieser das Verzeichnis entsprechend zu ergänzen (§ 1835 Abs. 1 S. 3 BGB).

40 Für den Inhalt und die Erstellung des Verzeichnisses kann im Übrigen auf die oben zum Vermögensverzeichnis nach § 1640 BGB (→ Rn. 7 ff.) gemachten Ausführungen verwiesen werden, mit der Maßgabe, dass das gesamte Vermögen des Betreuten und nicht nur ein Teil hiervon zu verzeichnen ist und in jedem Fall die Passiva in das Verzeichnis aufgenommen werden müssen. Ausnahmen sieht § 1835 BGB anders als § 1640 BGB (→ Rn. 7 ff.) jedoch nicht vor, so dass eine Befreiung des Betreuers von der Verpflichtung zu Erstellung eines anfänglichen Vermögensverzeichnisses nicht in Betracht kommt.

41 Für weitere Einzelheiten zu den Pflichten des Betreuers bei Ausübung der Vermögenssorge für den Betreuten → § 15.

D. Pflichten des Pflegers

42 Über die Verweisung in § 1813 BGB finden für die Pflegschaft über Minderjährige die Vorschriften über die Vormundschaft entsprechende Anwendung (→ Rn. 24 ff.), so dass diesbezüglich auf die obigen Ausführungen verwiesen werden kann.

43 Für die sonstigen Pflegschaften gelten gem. § 1888 Abs. 1 BGB die Regelungen zum Betreuer (→ Rn. 28 ff.).

48 BT-Drs. 19/24445, 257.

§ 15 Vermögensverwaltung einschl. Verzeichnis, Anzeige- und Sperrpflichten

I. Kindschaftsrecht

1. Anlage von Geld (§ 1642 BGB)

§ 1642 BGB regelt ohne Veränderung des bisherigen Gesetzeswortlauts, dass und wie die Eltern mit dem von ihnen zu verwaltenden Geld ihres Kindes umgehen müssen/dürfen. Zu den Basispflichten der Eltern gehört hierbei, dass diese das Geld ihrer vermögenden Kinder anzulegen haben. 1

Die Anlagepflicht richtet sich nach den Grundsätzen einer wirtschaftlichen Vermögensverwaltung. Hierbei kann davon ausgegangen werden, dass die Eltern regelmäßig 2 nicht über neueste betriebswirtschaftliche Erkenntnisse verfügen, unter die der Begriff wirtschaftliche Vermögensverwaltung fällt.[1] Zur Vermeidung einer Überforderung sollte deswegen ausreichen, dass die Eltern eine sichere und gleichzeitig rentable Anlage mit Unterstützung einer kompetenten Fachberatung auswählen. Die einzelnen Anlagen sind dabei nicht festgeschrieben. Sie unterliegen vielmehr auch dem jeweils aktuellen Finanzmarkt. Gerade weil die Eltern zum Wohl des Kindes handeln müssen und für ihr Handeln haften (§ 1664 BGB diligentia quam in suis/Maßstab der Sorgfalt in eigenen Dingen), ist es angezeigt, dass sie primär auf die Sicherheit der Anlage achten. Wichtig ist ferner für die Eltern, auch im eigenen Interesse, dass sie den Weg der Geldanlage von Beginn an nebst Beratungen schriftlich nachweisbar (= aktenkundig) machen. **Genehmigungsbedürftige Anlagen** richten sich nach § 1643 BGB in seiner neuen Fassung.

3 Von der Anlagepflicht ist das Geld der Kinder ausgenommen, das als Ausgaben für das Kind dient. Hierzu zählen die **Ausgaben** des täglichen Lebens und die Einkünfte aus dem Kindesvermögen gem. **§ 1649 BGB.**

2. Neue Erwerbsgeschäfte (§ 1645 BGB)

4 Für von den Eltern für ihre minderjährigen Kinder einzurichtende **Erwerbsgeschäfte** bestimmt **die neue Regelung des § 1645 BGB** ausdrücklich eine **gerichtliche Anzeigepflicht über diese Geschäfte.** Die Eltern werden damit verpflichtet, dem Familiengericht bekanntzugeben, dass sie für ihr minderjähriges Kind in dessen Namen ein auf berufsmäßigen Erwerb gerichtetes Geschäft errichten (= Erwerbsgeschäft) bzw. planen.[2] Zu dieser neuen Anzeigepflicht gehört auch, dass die Eltern dem Gericht **die Art und den Umfang des für das Kind neuen Geschäftes** bekanntgeben. Alle Informationen sind in ihrer Anzeige nicht formgebunden. Die Eltern sollten die Schriftform wählen. Damit sie gleichzeitig die Finanzlage des Kindes gegenüber Dritten absichern, sollte die Anzeige so umfangreich sein, dass das Familiengericht zu dem neuen Geschäft ausreichende Kenntnis erlangt. Gleichzeitig sichern sich die Eltern damit auch selbst gegen etwaige Haftungen vorbeugend ab. Ob und ggf. mit welchen Maßnahmen das Gericht die Informationen verwertet, obliegt dem Gericht. **Alte, bereits bestehende Erwerbsgeschäfte** unterliegen nach dem Gesetzeswortlaut nicht der Anzeigepflicht des geänderten § 1645 BGB. Hierzu muss davon ausgegangen werden, dass sie über die bisherige Genehmigungspflicht des § 1645 BGB aF dem Gericht bereits bekannt und von ihm vor Beginn genehmigt worden sind.

3. Erwerb mit Mitteln des Kindes (§ 1646 BGB)

5 Mit **§ 1646 BGB** wird den Eltern in unverändert gebliebener Gesetzesfassung die Möglichkeit eingeräumt, für ihr Kind aus dessen finanziellen Mitteln bewegliche Sachen zu erwerben. Für diesen Erwerb gilt das Surrogationsprinzip per Gesetz, so dass eine Sache, die mit Geldmitteln des Kindes erworben wird, in das Eigentum des Kindes fällt.[3]

---

1 MüKoBGB/Huber § 1642 Rn. 6; Staudinger/Hellmann, 2020, BGB § 1642 Rn. 7; Erman/DöllBGB § 1642 Rn. 1.
2 MüKoBGB/Huber § 1645 aF Rn. 4; Staudinger/Hellmann, 2020, BGB § 1645 Rn. 6; Erman/Döll BGB § 1645 aF Rn. 1.
3 MüKoBGB/Huber § 1646 Rn. 1; Staudinger/Hellmann BGB § 1646 Rn. 4; Erman/Döll BGB § 1646 Rn. 1.

Für einen anteiligen Erwerb aus dem Eltern- und dem Kindesvermögen gilt das gleiche, nur auf die jeweils verteilten Vermögensanteile aufgeteilt.

4. Gerichtliche Maßnahmen bei Gefährdung des Kindesvermögens (§ 1667 BGB)

a) Allgemeines

§ 1667 BGB räumt dem Familiengericht bei **unveränderter Beibehaltung von § 1667 Abs. 1 BGB** Anordnungsmöglichkeiten bei einer Gefährdung des Kindesvermögens ein. Gem. **§ 1667 Abs. 3 BGB** können Sicherheitsanordnungen an die Eltern getroffen werden. 6

Gem. **§ 1667 Abs. 2 BGB in der neuen Fassung** kann das Familiengericht **Anordnungen für Modalitäten zur Geldanlage** treffen. 7

Das Familiengericht prüft zunächst gem. Abs. 1 (aF) das Vorliegen einer Gefährdung des Kindesvermögens nach pflichtgemäßem Ermessen. Es kann als ein Prüfungsergebnis zum Beispiel anordnen, dass die Eltern ein Vermögensverzeichnis zu erstellen und über das Vermögen ein Verzeichnis beim Gericht einzureichen haben. Grundlage für die gerichtliche Anordnung ist, dass durch das Verhalten der Eltern das Kindesvermögen gefährdet wird.[4] 8

b) Handlungsanforderungen an die Eltern (§ 1667 Abs. 2 BGB)

§ 1667 Abs. 2 BGB hat der Gesetzgeber in den Handlungsanforderungen an die Eltern an neuzeitige Formulierungen mit Wertpapieren und Vermögen angepasst. 9

Das Gleiche gilt für die **Pflichten, die das Familiengericht den Eltern auferlegen kann.** Hier gelten beispielhaft gem.: 10

- **§ 1843 Abs. 1 S. 1 BGB** für **Wertpapiere**, diese in einem Einzel- oder Sammeldepot eines Kreditinstitutes in die Verwahrung zu geben;
- **§ 1843 Abs. 2 BGB** für **sonstige Wertpapiere**, diese in einem Schließfach eines Kreditinstitutes zu hinterlegen;
- **§ 1844 BGB** für **Wertgegenstände des Kindes**, diese bei einer Hinterlegungs- oder sonst geeigneten Stelle zu hinterlegen;
- **§ 1845 BGB** für **Geldanlagen nach Abs. 1**, für Wertpapiere nach Abs. 2 und für Anlagekonten, ein Depot oder eine Hinterlegung nach Abs. 3, diese mit einem Sperrvermerk versehen zu lassen.

Mit **§ 1667 Abs. 3 BGB** kann das Familiengericht unverändert als eine weitere Maßnahme der Abwehr der Gefahr des Kindesvermögens entweder zusätzlich zu den in **Abs. 2** beispielhaft aufgezählten Maßnahmen oder neben ihnen dem das Vermögen des Kindes gefährdenden Elternteil die Abgabe einer Sicherheitsleistung auferlegen.[5] Ob und mit welchem Inhalt das Gericht diese Maßnahme anordnet, unterliegt seinem Ermessen. Die Durchsetzung der Sicherheitsleistungsanordnung kann so weit führen, dass dem Elternteil ganz oder teilweise die Vermögenssorge entzogen wird. 11

Mit der geänderten Formulierung der gerichtlichen Maßnahme eines gefährdeten Kindesvermögens wird den Eltern einerseits ihre Verantwortung in ihrer Behandlung 12

4 MüKoBGB/Huber § 1667 aF Rn. 1; Staudinger/Coester BGB § 1667 Rn. 7.
5 MüKoBGB/Huber § 1667 aF Rn. 14 ff.; Staudinger/Coester BGB § 1667 Rn. 11.

des Vermögens verstärkt verdeutlicht, es soll ihnen andererseits auch zeigen, dass sie zum allseitigen Schutz ihre Maßnahmen ex ante gründlich prüfen oder prüfen lassen und die Maßnahmen in allen Schritten nachweisbar machen.

II. Besonderheiten beim Vormundschaftsrecht

1. Führung des Amtes des Vormunds und Auskunftspflichten (§ 1790 BGB)

a) Allgemeines

13 Der neue **§ 1790 BGB** vereint im Wesentlichen die **bestehenden Regelungen an die Amtsführung eines Vormunds und seine verschiedenen Auskunftspflichten.**

14 **§ 1790 Abs. 1–3 BGB** erfasst den bisherigen § 1793 BGB aF mit **Aufgaben des Vormunds und Haftung seiner Handlung für den Mündel** mit der elterlichen Sorge und deren Grundsätzen gem. § 1626 BGB.

15 **§ 1790 Abs. 4, 5 BGB** regelt nunmehr die gegenseitige Elternauskunft gem. § 1686 BGB, die Auskunftsrechte des leiblichen und nicht rechtlichen Vaters gem. § 1686a BGB und die Mitteilungspflichten an das Jugendamt gem. § 1851 BGB jeweils in der bisherigen Fassung.

b) Stellung des Vormunds (§ 1790 Abs. 1 BGB)

16 In **§ 1790 Abs. 1 BGB** betont der Gesetzgeber die Stellung des Vormunds als unabhängig. Der Vormund ist gehalten, seine Amtspflichten ohne Abhängigkeit von Dritten, auch nicht von sich selbst auszuführen (Verbot des Insichgeschäftes, § 181 BGB) und auch ausführen zu können. Etwaige eigene Interessen in seinen Handlungen als Vormund darf er nicht berücksichtigen. Diese Vorgehensweise bezeichnet der Gesetzgeber als **unabhängige Führung der Vormundschaft.**

17 In seiner unerlässlichen Unabhängigkeit hat der Vormund die Pflicht, die gleichzeitig Handlungsgrundlage und Handlungsmaßstab ist, das Wohl seines Mündels herzustellen sowie zu wahren und damit dem Interesse des Mündels zu folgen. Die Interessen des Mündels werden vom Einzelfall und den darin liegenden Tatsachen bestimmt.

18 Einen **Orientierungsmaßstab gibt der neu formulierte § 1788 BGB, in dem die Rechte des Mündels mit denen in den Ziff.** beispielhaft im Einzelnen genannt werden. So ist es die Pflicht des Vormunds, in seiner Amtsführung die Persönlichkeit des Mündels zu fördern, für seine Pflege und Erziehung sowie für die Wahrung und Umsetzung seiner Grundrechte zu sorgen (**§ 1788 BGB Rechte des Mündels**). Damit der Vormund sein Amt pflichtgemäß führen kann, ist er gehalten, die ihm übertragenen Rechte und die Rechte des Mündels im Übrigen zu wahren und umzusetzen. Das wird nur mit Nähe zwischen dem Mündel und dem Vormund möglich sein. Diese Nähe muss der Vormund schaffen. Aus dieser Nähe werden sich Erkenntnisse über den zu versorgenden Mündel ergeben, die dem Vormund seine Sorge um den Mündel in hohem Verantwortungsbewusstsein umsetzen lassen können.

c) Anpassungspflicht an die Mündelentwicklung (§ 1790 Abs. 2 BGB)

19 Gem. **§ 1790 Abs. 2 BGB** wird dem Vormund ergänzend die Pflicht auferlegt, die Vormundschaft mit ihren jeweiligen Handlungserfordernissen an der fortlaufenden Entwicklung des Mündels und dessen sich verändernden Fähigkeiten und Bedürfnissen zu

orientieren und diese zu fördern. Die Einzelheiten wird der Vormund an den konkreten Gegebenheiten ausmachen müssen und gegebenenfalls auch Hinweisen von Dritten, etwa der Schule oder Ärzten, nachgehen.

Mit **§ 1790 Abs. 2 S. 2 Hs. 1 BGB** erlegt das Gesetz dem Vormund die weitere Pflicht auf, den Mündel in dessen Angelegenheiten der Personen- und Vermögenssorge nach seinem Entwicklungsstand einzubeziehen, indem er sie mit dem Mündel bespricht und ihn in die Entscheidungen einbezieht. Bei den Entscheidungen wird ein Einvernehmen von Vormund und Mündel gewünscht. Dieses Einvernehmen wird auf der Seite des Vormunds nur herstellbar sein, wenn er gleichzeitig seine vordringlichen Pflichten mit der Wahrung des Wohls und der Interessen des Mündels umsetzen kann. Ist das nicht der Fall, etwa wenn der Mündel kompromisslos subjektive Wünsche hat, die objektiv seinem Wohl widersprechen, kann und sollte der Vormund ohne ein Einvernehmen das Familiengericht zwecks Hilfe einschalten. 20

Schließlich obliegt es dem Vormund gem. **§ 1790 Abs. 2 Hs. 2 BGB,** zum Wohl/im Interesse des Mündels in Ansehung dessen Beziehung zu seinen Eltern diese in die Amtsführung einzubeziehen. 21

Die Rechte des Vormunds bleiben bei ihm und sind während seiner Amtsausübung nicht auf Dritte übertragbar.[6] Dem Vormund ist lediglich eine Einbindung Dritter und damit auch der Eltern ohne Übertragung von Rechten möglich, soweit damit das Wohl und die Interessen des Mündels gewahrt und gefördert werden können.[7] Soweit der Vormund die Eltern in seine Tätigkeit einbezieht, ist es auch für spätere Nachweise in Haftungsfällen sowie für eine Dokumentation gegenüber dem Gericht ratsam, die einzelnen Schritte zu dokumentieren. 22

d) Kontaktpflichten des Vormunds (§ 1790 Abs. 3 BGB)

§ 1790 Abs. 3 BGB verpflichtet und berechtigt den Vormund gleichzeitig nach den Mündelrechten des § 1788 Nr. 3 BGB zu persönlichem Kontakt zu seinem Mündel. Als Regelkontakt nennt das Gesetz Kontakt einmal im Monat. Die Häufigkeit soll sich an den konkreten Gegebenheiten bei dem Mündel orientieren. Das gleiche gilt für den Ort, wenn er von der üblichen Umgebung des Mündels abweichen sollte. Damit soll sichergestellt werden, dass die Tätigkeit des Vormunds und insbesondere seine Entscheidungen auf einer notwendigen Nähe und Vertrauen zwischen Mündel und Vormund sowie den damit verbundenen persönlichen Kenntnissen des Vormunds beruhen. Leben der Mündel und der Vormund in einem Haushalt, sollte sich das Erfordernis des Abs. 3 eo ipso ergeben. 23

e) Auskunfts- und Informationspflichten des Vormunds (§ 1790 Abs. 4, 5 BGB)

In **§ 1790 Abs. 4, 5 BGB** werden **die Auskunftspflichten des Vormunds** festgelegt. Primär muss der Vormund nahen Angehörigen des Mündels, soweit sie ein berechtigtes Interesse vortragen, Auskünfte über die persönlichen Verhältnisse des Mündels erteilen. Zu diesen Angehörigen gehören zunächst die Eltern. Auch Vertrauenspersonen des Mündels kommen als pflichtige Auskunftsadressaten für den Vormund in Betracht. Das 24

6 RGZ 76, 185; Staudinger/Veit BGB § 1793 Rn. 86 mwN; MüKoBGB/Spickhoff § 1793 aF Rn. 35.
7 Staudinger/Veit BGB § 1793 Rn. 86 mwN; MüKoBGB/Spickhoff § 1793 aF Rn. 36 mwN.

können weitere Verwandte sowie Personen sein, zu denen der Mündel nachweisbar ein besonderes Vertrauen aufgebaut hat, etwa der Pfarrer/Pastor, Lehrer oder Mitglieder von Jugend-, Sport- oder sonstigen Freizeitvereinen. Die Berechtigung an der Auskunft muss der Vormund prüfen. Der Angehörige oder die Vertrauensperson darf nicht auf andere, einfachere Weise und insbesondere nicht vom Mündel selbst die gewünschten Informationen erhalten.[8] Der Inhalt der persönlichen Verhältnisse ist nicht auf einen bestimmten Bereich oder Inhalt festsetzbar. Es kann sich um gesundheitliche oder auch schulische Themen handeln. Möglich sind auch Hobbies und sonstige Aktivitäten des Mündels. Der Vormund wird sich vor der Auskunftserteilung eher daran orientieren, von welcher Nähe und Qualität die Verbindung zwischen dem Mündel und der auskunftsbegehrenden Person ist, etwa, ob die Information und das Vertrauen zwischen beiden im Einklang stehen können. Ferner muss er kraft Gesetzes prüfen, ob die Informationsweitergabe dem Wohl des Mündels entspricht. Ein entgegenstehender Wille des Mündels ist hierbei umso mehr zu berücksichtigen, je verständiger und älter das Mündel ist. Die Prüfungsinhalte sollte der Vormund für einen späteren Nachweis schriftlich dokumentieren.

25 Widerspricht das Auskunftsverlangen nicht dem Wohl des Mündels und/oder will der Mündel die Auskunftserteilung nicht, so erteilt der Vormund sie nicht.

26 **Der Vormund hat keine Pflicht zur Auskunftserteilung, wenn sie für ihn unzumutbar ist.** Das ist dann der Fall, wenn die begehrten Auskunftsinhalte, soweit sie im Übrigen zulässigerweise erteilt werden würden, ein Ausmaß haben, dass für den Vormund ein ihm dann nicht mehr zumutender Arbeitsaufwand entsteht.

27 Wenn der gewöhnliche Aufenthalt des Mündels verändert wird und als weitere Folge sich der Bezirk des für den Mündel zuständigen Jugendamtes ändert, muss der Vormund das bisher zuständige Jugendamt über diese Veränderung informieren. Der gewöhnliche Aufenthalt ist der Ort, an dem sich der Mündel nicht nur für eine begrenzte Zeit aufhält, sondern seinen dauerhaften Lebensmittelpunkt hat (§ 30 Abs. 3 S. 2 SGB I).[9]

28 Von der Informationspflicht werden gem. **Abs. 5 S. 2** der Vereinsvormund und der Vormundschaftsverein ausdrücklich nicht erfasst. Dem liegt zugrunde, dass die Vereine gem. § 53 Abs. 4 S. 2 SGB VII nicht vom Jugendamt gem. § 53 Abs. 4 S. 2 SGB VIII überwacht werden.[10] Mit diesen Regelungen wird die bisherige Mitteilungspflicht sowie für den Verein dessen Unterbleiben gem. § 1851 BGB aF fortgeführt.

29 Zu allen **Mitteilungspflichten** gibt der Gesetzgeber keine Form an noch vor. Der Vormund sollte zu seiner eigenen Absicherung in späteren Haftungsfällen, wie auch zunächst zum Nachweis der Umsetzung seiner Pflicht, die einfache Schriftform wählen. Hierzu reicht eine elektronische Übersendung aus.

2. Grundsätze der Pflichten des Vormunds in der Vermögenssorge (§ 1798 Abs. 2 S. 1 BGB)

30 Mit **§ 1798 BGB** hat der Gesetzgeber komprimiert Regelungen für den Vormund in seiner Vermögenssorge für den Mündel getroffen. Die Norm ersetzt Aufgaben des Vor-

8 MüKoBGB/Hennemann § 1686 Rn. 6; Staudinger/Salgo, 2013, BGB § 1686 Rn. 6 ff. mwN.
9 Staudinger/Veit BGB § 1851 Rn. 14 mwN.
10 Staudinger/Veit BGB § 1851 Rn. 16 mwN.

munds gem. § 1793 BGB aF und das Vermögensverzeichnis gem. § 1802 BGB aF sowie die Schenkung des Vormunds gem. § 1804 BGB aF, die Verwendung für den Vormund gem. § 1805 BGB aF, die Anlegung von Mündelgeld gem. § 1806 BGB aF.

a) Pflichten des Vormunds, Erstellung des Vermögensverzeichnisses (§ 1798 Abs. 2 BGB)

31 Der Vormund muss die **Grundsätze und Pflichten in der Vermögenssorge gem. § 1798 BGB** – unverändert zur bisherigen Gesetzeslage – **am Wohl des Mündels und dessen individuellen Bedürfnissen ausrichten.**

32 Dem Vormund werden gem. **§ 1798 Abs. 2 S. 1 BGB** die Pflichten auferlegt, die im Einzelnen mit dem gesetzlichen Verweis auf die Regelungen zu den entsprechenden Pflichten eines gesetzlichen Betreuers konkretisiert werden in:

- § **1835 BGB** mit dem **Vermögensverzeichnis,**
- § **1836 BGB** mit dem Trennungsgebot des Vermögens und dessen Verwendung,
- § **1837 BGB** mit der **Vermögensverwaltung** bei **Erbschaften** und **Schenkungen,**
- § **1839 BGB** mit der **Bereithaltung von Verfügungsgeldern,**
- § **1840 BGB** mit **bargeldlosem Zahlungsverkehr,** § **1841 BGB** mit der **Anlagepflicht,**
- § **1842 BGB** mit **Voraussetzungen** für das **Kreditinstitut,**
- § **1843 BGB** mit **Depotverwaltung** und **Hinterlegung von Wertpapieren,**
- § **1844 BGB** mit **Hinterlegung von Wertgegenständen,**
- § **1845 BGB** mit einer **Sperrvereinbarung,**
- § **1846 BGB** mit **Anzeigepflichten bei der Geld- und Vermögensverwaltung,**
- § **1847 BGB** mit **Anzeigepflicht für Erwerbsgeschäfte.**

33 In **§ 1798 Abs. 2 S. 2 BGB** wird die Erstellung eines Vermögensverzeichnisses behandelt. Zusätzlich wird gem. § 1798 Abs. 2 S. 1 BGB zum Inhalt der Pflichten des Vormunds auf die entsprechende Geltung der Pflichten des Betreuers zu dessen Vermögensorge in den **§§ 1835 Abs. 1–5, 1836, 1837, 1839–1847 BGB** verwiesen.

34 Der Vormund hat im Rahmen der **Vermögenssorge die Pflicht,** ein Verzeichnis über das Vermögen des Mündels zu erstellen. Als Zeitpunkt für den Inhalt des zu erstellenden Verzeichnisses gibt der Gesetzgeber gem. § 1798 Abs. 2 S. 2 BGB die Anordnung der Vormundschaft an. Damit stellt der Gesetzgeber klar, dass nur die Anordnung als solche die Handlungspflicht des Vormunds auslöst und verschiedene Zeitpunkte des § 1802 Abs. 1 BGB aF, etwa die Bekanntgabe,[11] nicht mehr in Betracht kommen. Mit dieser Regelung wird der Vormund nicht nur zur Erstellung des Vermögensverzeichnisses in die Pflicht genommen. Mit dem Tag der Anordnung steht auch fest, dass der Vormund das an diesem Tag vorhandene Mündelvermögen in das Verzeichnis aufnehmen muss.

35 Eine **Form** gibt der Gesetzgeber für das **Verzeichnis** ausdrücklich nicht vor. Der Vormund ist zur Absicherung der Interessen des Mündels und zu seiner eigenen haftungsrechtlichen Absicherung gehalten, das Verzeichnis schriftlich zu erstellen.[12]

---

11 Staudinger/Veit BGB § 1802 Rn. 32 f. mwN; Bienwald/Sonnenfeld/Harm/Bienwald Anhang zu § 1908i aF Rn. 18 mwN; MüKoBGB/Kroll-Ludwigs § 1802 aF Rn. 1.

12 Die bestehende Modalität für den Vormund, den Verzeichnisinhalt bei Gericht zu Protokoll bekanntzugeben, ist schon wegen möglicher Ungenauigkeiten nicht anzuraten.

36 Das Familiengericht hat gem. **§ 1798 Abs. 2 S. 3 BGB** das vom Vormund dem Gericht vorgelegte Vermögensverzeichnis dem Mündel seinerseits bekanntzugeben, wenn dies dem Wohl des Mündels nicht widerspricht. Ferner muss der Mündel über die geistige Kapazität verfügen, den Inhalt des Verzeichnisses aufzunehmen und ihn verstehen zu können. Die Entscheidung des Ob und des Wie der Bekanntgabe legt im Übrigen das Gesetz ohne weitere Angaben in das Benehmen des Gerichts.

b) Schenkungsverbot (§ 1798 Abs. 3 BGB)

37 **§ 1798 Abs. 3 BGB** übernimmt das **Verbot an den Vormund** (§ 1804 BGB aF), aus dem Mündelvermögen **Schenkungen** vorzunehmen, die keiner sittlichen Pflicht entsprechen, aus der bisherigen Gesetzesregelung.

3. Aufsicht durch das Familiengericht (§ 1802 Abs. 2 BGB)

a) Allgemeines

38 **§ 1802** setzt **als allgemeine Vorschrift für das Familiengericht** die Regelungen des § 1837 BGB aF mit Beratung und Aufsicht und § 1631 Abs. 3 BGB mit Inhalt und Grenzen der Personensorge fort.

39 Adressat für die Beratungstätigkeit des Familiengerichts ist fortgesetzt ausschließlich der Vormund.[13] Dieser hat einen öffentlich-rechtlichen Anspruch auf die familiengerichtliche Beratung, die neben der Beratungspflicht des Jugendamtes gem. § 53 Abs. 2 SGB VIII steht.[14] Eine Form des Ratgesuches durch den Vormund sowie der Erteilung des Rats durch das Familiengericht sieht der Gesetzgeber nicht vor. In beiden Fällen ist die Schriftform angezeigt. Das Familiengericht wird ohnehin nicht selten seinen Rat in einen Beschluss aufnehmen. Der Vormund kann seine Anfragen sowohl als ein Ersuchen um Hilfe als auch als Antrag formulieren. Inhaltlich macht der Gesetzgeber zwar keine Vorgaben, tatsächlich ist es jedoch angemessen, dass der Vormund sein Ersuchen auf richterlichen Rat auf für den Mündel wichtige Bereiche beschränkt, die der Vormund aus eigener Kenntnis weder regeln noch lösen kann. Keinesfalls ersetzt das Familiengericht durch die richterliche Beratungspflicht die Entscheidungspflicht des Vormunds.[15]

40 **§ 1802 Abs. 2 S. 1 BGB** erlegt dem Familiengericht **allgemein die Aufsicht** über die gesamte Tätigkeit des Vormunds auf. Hierzu gehört die Sorge für die Person des Mündels und die Sorge für sein Vermögen, und zwar unabhängig von der Rechtsnatur des Verhältnisses zwischen Vormund und Mündel.[16] Anders als beim Betreuten, bei dem die Maßgabe grundsätzlich dessen Wille und Wunsch für das Betreuerhandeln ist, hat sich der **Vormund am Wohl des Mündels zu orientieren.** Dieser Unterschied wird mit dem unterbliebenen Verweis auf **§ 1862 Abs. 2 BGB** in der Verweiskette des **§ 1802 Abs. 2 S. 2 BGB** verdeutlicht.

41 Mit den in **§ 1788 Nr. 1–5** genannten Rechten des Mündels ergibt sich für den Vormund die Grundlage für sein Handeln. Der Handlungsschwerpunkt des Vormunds liegt auf

13 Staudinger/Veit BGB § 1837 Rn. 20 f. mwN.
14 Staudinger/Veit BGB § 1837 Rn. 15 f. mwN; MüKoBGB/Kroll-Ludwigs § 1837 aF Rn. 5.
15 Staudinger/Veit BGB § 1837 Rn. 19 mwN; MüKoBGB/Kroll-Ludwigs § 1837 aF Rn. 5.
16 Staudinger/Veit BGB § 1837 Rn. 25 f.; MüKoBGB/Kroll-Ludwigs § 1837 aF Rn. 10.

dem Wohl des Mündels, das der Vormund in seiner Amtsführung umsetzen muss. Die gesamte Amtsführung, die der Vormund auf der Basis der gesetzlichen Grundsätze und Pflichten umsetzen muss, unterliegt **der richterlichen Aufsicht.** Hierbei ist zunächst vom Gericht zu prüfen, ob der Vormund seine gesetzlichen Pflichten einhält. Erst dann verlagert sich die Prüfung in den Bereich des richterlichen Ermessens.[17]

b) Richterliche Überwachungsgrundlagen (§ 1802 Abs. 2 BGB)

In **§ 1802 Abs. 2 S. 3 BGB** werden die **gesetzlichen Vorgaben für die richterliche Überwachung mit entsprechender Anwendung der Betreuungsrechtsregelungen genannt:** 42

- **mit § 1862 Abs. 3–4 BGB,** Aufsicht durch das Betreuungsgericht; dieses wird bei festgestellten Pflichtwidrigkeiten mit passenden, an den Vormund zu richtenden Handlungsgeboten und Handlungsverboten zum Wohl des Mündels mit entsprechenden Anordnungen zur Abhilfe der Pflichtwidrigkeiten einschreiten.[18] Zu den Anordnungen gehören keine Ersatzmaßnahmen des Gerichts anstelle des Vormunds. Präventive Anweisungen sollen nur in besonderen Ausnahmefällen bei möglicher Gefährdung der Belange des Mündels erteilt werden.[19]
  Sollte der Vormund den gerichtlichen Anordnungen keine Folge leisten, kann das Gericht hiergegen ein **Zwangsgeld** festgelegen. Die **Zwangsgeldsanktion gilt ausdrücklich nicht für Betreuungsbehörden/-Vereine und nicht für Behördenbetreuer/-Vereinsbetreuer.**
- **mit § 1863 BGB,** Berichte über die persönlichen Verhältnisse des Betreuten/hier des Mündels. Mit dem Verweis auf § 1863 BGB wird dem Vormund in Fortsetzung des § 1840 BGB aF **eine umfassende Berichtspflicht** auferlegt. Der Gesetzgeber hat die einzelnen Bestandteile als Pflichtaufgaben für den Vormund konkretisiert mit einem Anfangsbericht zu den persönlichen Verhältnissen (§ 1863 Abs. 1 S. 2 Nr. 1–3 BGB), den das Gericht mit dem Mündel persönlich besprechen kann (§ 1863 Abs. 1 S. 5 BGB), mit der **Erstellung eines Vermögensverzeichnisses** (§ 1863 Abs. 1 S. 3 BGB), mit einem **jährlichen Bericht über die Gesamtsituation des Mündels und seine Zukunft** (§ 1863 Abs. 3 BGB), mit **einem Schlussbericht zu Ende der Vormundschaftstätigkeit** (§ 1863 Abs. 4 BGB). *Die Form der Berichterstattung wird dem Vormund mit schriftlicher Erstattung damit vorgegeben, dass der Gesetzgeber von „übersenden" spricht. Notwendige Anlagen als Belege zu den Berichten unterliegen der Schriftform ebenfalls.*[20]
- **mit § 1864 BGB, Auskunfts- und Mitteilungspflichten** des Betreuers/hier des Vormundes (der Mündel muss keine Auskunft erteilen) Der Vormund ist in Weiterführung des § 1839 BGB aF dem Familiengericht jederzeit auf dessen Verlangen verpflichtet, über seine gesamte Tätigkeit und zu den persönlichen Belangen des Mündels Auskunft zu erteilen. Zusätzlich ist dem Vormund nunmehr aufgegeben, das Familiengericht über **wesentliche Änderungen in Vormundschaftstätigkeit und im persönlichen Bereich des Mündels unaufgefordert und unverzüglich zu unter-**

17 Staudinger/Veit BGB § 1837 Rn. 33, 35 f. mit der Erweiterung auf die Zweckmäßigkeit; MüKoBGB/Kroll-Ludwigs § 1837 aF Rn. 17.
18 S. Beispiele: Staudinger/Veit BGB § 1837 Rn. 43 f.
19 Staudinger/Veit BGB § 1837 Rn. 45 f.; MüKoBGB/Kroll-Ludwigs § 1837 aF Rn. 24.
20 Die Auskunft nach § 1839 BGB aF konnte auch mündlich erteilt werden, so Staudinger/Veit, 2020, § 1839 Rn. 9.

richten. Die in § 1864 Abs. 2 S. 2 BGB zum Betreuungsrecht beispielhaft genannten Mitteilungsumstände kommen für den Vormund bis auf Nr. 6 mit dem Wechsel der Führung der Vormundschaft von beruflich auf ehrenamtlich nicht in Betracht.

- **mit § 1865 BGB**, Rechnungslegung. Der Vormund hat nahezu unverändert zu der bisherigen Regelung gem. § 1840 BGB aF die Pflicht, gegenüber dem Familiengericht **Rechnung zu legen.** Gegenstand der Rechnungslegung ist das gesamte Vermögen des Mündels.[21] Dazu gehören grundsätzlich auch Angaben der Einnahmen und Ausgaben, Ab- und Zugang des Vermögens (§ 1841 BGB aF). Anders verhält es sich bei dem sog. Taschengeldkonto des Mündels nebst Ein- und Auszahlungen, dort allerdings ohne Aufnahme des jeweiligen Verwendungszwecks.[22] Der Gesetzgeber schreibt für die Rechnungslegung fortgesetzt keine Form vor. Selbst wenn der Vormund demzufolge den Inhalt mündlich vortragen kann und seine Aussagen vom Gericht zu Protokoll genommen werden,[23] ist es für den Vormund als ihn absichernden Nachweis wichtig, die Rechnungslegung selbst zu schreiben und dem Gericht zu überreichen. **Die Rechnung ist jährlich zu legen.** Das Rechnungsjahr wird laut Gesetz vom Gericht bestimmt. **Soweit die Regelungen in § 1865 BGB speziell auf den Betreuer und den Betreuungsfall zugeschnitten sind, finden sie für den Vormund keine Anwendung.**
- **mit § 1866 BGB, Prüfung der Rechnungslegung durch das Betreuungsgericht**/hier durch das **Familiengericht.** Die Formulierung des § 1843 BGB aF wird von § 1866 BGB inhaltlich übernommen und bleibt damit für die Vormundschaft erhalten. Das Familiengericht muss die Rechnungslegung in ihrer Übereinstimmung von Rechnungsposten und Belegen sowie die rechnerische und tatsächliche Korrektheit der Abrechnung prüfen. Ferner muss das Gericht die Rechnungslegung auf erzielte und ggf. unterlassene gewinnbringende Maßnahmen untersuchen.[24]
- **mit § 1867 BGB, einstweilige Maßnahmen des Betreuungsgerichts/hier des Familiengerichts.** In Fortführung des § 1846 BGB aF obliegt es dem Familiengericht, selbst Maßnahmen für den Mündel zu ergreifen. Das ist der Fall, wenn noch kein Vormund bestellt ist oder dieser an seiner Pflichterfüllung gehindert ist und für den Mündel dringend erforderliche Maßnahmen getroffen werden müssen. Die Dringlichkeit besteht nur dann, wenn dem Wohl des Mündels andernfalls eine Gefahr droht. Richterliches Ermessen ist dann kein Entscheidungsbestandteil. Besteht keine Eile, darf das Gericht nicht selbst tätig werden.[25] § 1866 BGB findet keine Anwendung.
- **mit § 1666 BGB, aus dem Vormundschaftsrecht gerichtliche Maßnahmen bei Gefährdung des Kindeswohls.** Diese Vorschrift gilt unverändert fort. Dem Familiengericht obliegt es, in die Ausübung der elterlichen Sorge mit Maßnahmen einzugreifen, wenn das Kindeswohl und/oder das Kindesvermögen gefährdet ist und die Eltern in Ansehung ihrer Grundrechte nach Art. 6 Abs. 2 S. 1 GG ihre elterlichen Schutzmaßnahmen gem. Art. 6 Abs. 2 S. 1 GG verschuldensunabhängig nicht wahr-

21 Staudinger/Veit BGB § 1840 Rn. 30 f. mwN.
22 Staudinger/Veit BGB § 1840 Rn. 31.
23 Staudinger/Veit, 2020, ⊠GB § 1840 Rn. 14 mwN u.a. BT-Drs. 11/4528, 114.
24 Staudinger/Veit BGB § 1843 Rn. 2.
25 Staudinger/Veit BGB § 1846 Rn. 12; MüKoBGB/Kroll-Ludwigs § 1846 aF Rn. 4.

nehmen oder nicht wahrnehmen können.[26] Das Gericht wird zum Schutz der Mündel tätig, um die Grundrechte der Kinder gem. Art. 1 und 2 GG zu wahren und damit die Gefährdung des Kindeswohls abzuwenden.[27] Die gerichtlichen Maßnahmen werden in § 1666 Abs. 3 BGB beispielhaft genannt.

- **mit § 1666a BGB, Grundsatz der Verhältnismäßigkeit, Vorrang der öffentlichen Hilfe.** Diese Vorschrift gilt ebenfalls unverändert für das Vormundschaftsrecht fort. Sie bezieht sich grundsätzlich auf die Maßnahmen nach § 1666 BGB und dient insoweit der Verdeutlichung des Verhältnismäßigkeitsgrundsatzes, insbesondere für den im Gesetz genannten Fall der Trennung des Kinds von der elterlichen Familie. Wichtig ist, dass das Kind in den verschiedenen Situationen einer drohenden Gefahr für sein Wohl durch die richterlichen Eingriffe in seinen Grundrechten geschützt bleibt oder geschützt wird. Das Gericht bekommt die Kenntnis zu der Gefährdung des Mündels/Kindes von dritter Seite in verschiedener Form und muss dann von Amts wegen ermitteln.
- **und mit § 1696 BGB,** Abänderung gerichtlicher Entscheidungen und gerichtlich gebilligter Vergleiche. Diese Vorschrift gilt fortlaufend weiter. Sollen gem. **§ 1696 Abs. 1 BGB** frühere Entscheidungen geändert werden, so muss das Gericht selbst auf Anregung Dritter von Amts wegen tätig werden und in dem dann neuen Verfahren die Situation zum Sorge- oder Umgangsrecht des Kindes zu seinem Wohl nach pflichtgemäßem Ermessen prüfen.[28] Außergerichtliche Regelungen gehören nicht in den Prüf- und Abänderungsbereich. Frühere Entscheidungen kann das Gericht nur ändern, wenn schwerwiegende, triftige, das Wohl des Kindes einschneidende Gründe vorliegen und diese eine Änderung anzeigen.[29]
  Das Verfahren zur Änderung eines gerichtlich gebilligten Vergleichs wird auf Antrag mindestens eines Elternteils eingeleitet.[30] Der richterliche Prüfmaßstab ist gleich dem der Entscheidungsänderung. In beiden Fällen des § 1696 Abs. 1 BGB kann das Gericht bei Dringlichkeit mit einer einstweiligen Anordnung entscheiden (§ 47 FamFG).[31]
  § 1696 Abs. 2 BGB regelt den besonderen Fall für getroffene Maßnahmen nach den **§§ 1666–1667 BGB** und anderen Vorschriften **zur Gefahrenabwehr einer Kindeswohlgefährdung bei Entfallen der Gefahr oder der Erforderlichkeit.** Nach einer, der einzelnen Situation angepassten und umfassenden Prüfung hebt das Gericht die frühere Entscheidung von Amts wegen auf, wenn die Maßnahmen entfallen können, und das dem Wohl des Kindes entspricht.

§ 1802 Abs. 2 S. 4 BGB: das Familiengericht kann dem Vormund aufgeben, eine Versicherung = Haftpflichtversicherung gegen Schäden abzuschließen. Hierbei handelt es sich nicht um eine Sanktionsmaßnahme, die an eine vorgeschaltete Pflichtwidrigkeit des Vormunds gebunden ist.[32] Sie dient vielmehr dem Schutz des Mündelvermögens 43

26 Staudinger/Coester BGB § 1666 Rn. 3 mwN; MüKoBGB/Lugani § 1666 Rn. 36 f.
27 Staudinger/Coester BGB § 1666 Rn. 3; MüKoBGB/Lugani § 1666 Rn. 50 ff.
28 Staudinger/Coester BGB § 1696 Rn. 135; MüKoBGB/Lugani § 1696 Rn. 20.
29 Staudinger/Coester BGB § 1696 Rn. 68 differenziert; ebenso MüKoBGB/Lugani § 1696 Rn. 25; Grüneberg/Götz § 1696 Rn. 10 mwN.
30 Staudinger/Coester BGB § 1696 Rn. 136; MüKoBGB/Lugani § 1696 Rn. 21 ff.
31 Staudinger/Coester BGB § 1696 Rn. 139.
32 Staudinger/Veit BGB § 1837 aF Rn. 50; MüKoBGB/Kroll-Ludwigs § 1837 aF Rn. 23.

sowie zugleich dem Schutz des Vormunds in seinen Maßnahmen für den Mündel. Ein freiwilliger Versicherungsabschluss ist dem Vormund besonders bei erkennbarem Schadenrisiko, bei höherem Mündelvermögen oder bei übernommenen, schadensträchtigen Vermögensbestandteilen zu empfehlen.

III. Besonderheiten bei Pflegern (§ 1813 BGB)

44 Nach § 1813 BGB werden die Vorschriften des Vormundschaftsrechts angewendet. In **§ 1813 BGB** werden die bisher streitig gesehenen Anwendbarkeiten und Verweisungen von Regelungen des Vormundschaftsrechts auf Pflegschaften nach dem Titel 2 „Pflegschaft für Minderjährige“ geregelt.

45 **§ 1813 Abs. 1 BGB** legt eine grundsätzliche Anwendung der Regelungen des Vormundschaftsrechts auf Pflegschaften fest. Gesetzliche Ausnahmen dazu sind zB mit der Zuwendungspflegschaft in § 1811 BGB geregelt. Diese ersetzt die Vorschriften zum früheren Ergänzungspfleger gem. § 1909 BGB aF (= Ergänzungspflegschaft) und § 1917 BGB aF (= Ernennung des Ergänzungspflegers durch Erblasser und Dritte).

46 In **§ 1813 Abs. 2 BGB** wird für Pflegschaften gem. § 1809 Abs. 1 S. 1 BGB die Anwendung der § 1782 BGB (= Benennung und Ausschluss als Vormund durch die Eltern in letztwilligen Verfügungen) und § 1783 BGB (= Übergehen der genannten Personen als Vormund) ausgeschlossen.

IV. Besonderheiten bei sonstigen Pflegern aus dem Betreuungsrecht (§ 1888 BGB)

47 Als neue **Verweisungsnorm** bestimmt **§ 1888 Abs. 1 BGB** die **Anwendung des Betreuungsrechts auf sonstige Pflegschaften** als Ersatz für die bisherige Generalverweisung von Pflegschaften auf das Vormundschaftsrecht gem. § 1915 Abs. 1 BGB aF.

48 Die **Anwendung des Betreuungsrechts** gilt, soweit **einzelne Gesetze dies nicht ausdrücklich ausschließen**; hierzu gehören:

- § 1814 BGB mit den Voraussetzungen für die Einrichtung einer Betreuung für Volljährige,
- § 1815 BGB mit dem Umfang der Betreuung,
- § 1816 BGB mit der Eignung und der Auswahl des Betreuers,
- § 1817 BGB mit der Regelung von Betreuermehrzahlen,
- § 1818 BGB mit Betreuung durch Vereine oder Behörden,
- § 1819 BGB mit Übernahmepflichten von Betreuungen,
- § 1920 BGB mit der Vorsorgevollmacht und der Kontrollbetreuung, die jeweils Regelungen treffen, die speziell auf Betreuungsfälle ausgerichtet sind.

49 **Auf das Pflegschaftsrecht sind aus demselben Grund nicht übertragbar:**

- **§ 1822 BGB** mit der Auskunftspflicht und
- **§ 1825 BGB** mit dem Einwilligungsvorbehalt, die Normen zu Personenangelegenheiten,
- **§ 1827 BGB** mit der Patientenverfügung,
- **§ 1828 BGB** mit dem Patientenwillen,
- **§ 1829 BGB** mit besonderen ärztlichen Maßnahmen und deren Genehmigung,

- § **1830 BGB** mit der Sterilisation,
- § **1831 BGB** mit freiheitsentziehender Unterbringung,
- § **1832 BGB** mit ärztlichen Zwangsmaßnahmen,
- § **1833 BGB** mit der Aufgabe von Wohnraum,
- § **1834 BGB** Bestimmung des Umgangs und des Aufenthaltes des Betreuten und
- § **1863 BGB** mit Berichten über die persönlichen Verhältnisse des Betreuten.

V. Besonderheiten im Betreuungsrecht (§§ 1835–1849 BGB)

1. Allgemeines

Für die **Betreuer mit dem Aufgabenbereich Vermögensangelegenheiten** und für die **Pflegschaften mit der Vermögenssorge**, hier über die **Verweisungsnorm § 1888 Abs. 1 BGB,** sind zum Vermögen gehörend die Handhabung des Betreuers und Pflegers in den §§ **1835–1847 BGB** geregelt. Sowohl der Betreuer als auch der Pfleger unterliegen im Interesse (= beim Betreuten) und zum Wohl (= beim Mündel) Pflichtmaßnahmen sowie der Aufsicht und der Kontrolle durch das Betreuungsgericht/das Familiengericht [im Folgenden wird als Handelnder und Pflichtiger nur der Betreuer genannt]. 50

2. Vermögensverzeichnis (§ 1835 BGB)

Inhaltlich übernimmt § **1835 Abs. 1–3 BGB** die Regelungen des § 1802 BGB aF. Dem Betreuer obliegt die Erstellung eines Vermögensverzeichnisses als pflichtige Maßnahme nur für den Fall, dass er für den **Aufgabenbereich Vermögenssorge** bestellt wird (§ **1835 Abs. 1 S. 1 BGB**). Er kann von dieser Verpflichtung durch das Gericht nicht befreit werden.[33] Als Zeitpunkt für den inhaltlichen Anfang des Verzeichnisses nennt der Gesetzgeber die Bestellung zum Betreuer mit dem Aufgabenbereich Vermögen. Dieser Zeitpunkt bezieht sich auf eine neu eingerichtete Betreuung wie auch auf eine bereits bestehende Betreuung, wenn diese um den Aufgabenbereich Vermögen erweitert wird (§ **1835 Abs. 1 S. 1 BGB**). Es gehört kein Betreuerwechsel bei bereits vorhandenem Verzeichnis dazu.[34] Aufzunehmen sind in das Verzeichnis alle Vermögensbestandteile mit Kapital, Ansprüchen und Forderungen gegen Dritte, und zwar Aktiva und Passiva.[35] Gem. § **1835 Abs. 1 S. 2 BGB** muss das Verzeichnis auch Angaben zu den laufenden Einnahmen und Ausgaben enthalten und gem. § **1835 Abs. 1 S. 3 BGB** um hinzugekommene und vom Betreuer zu verwaltende Vermögensbestandteile ergänzt werden. Ebenso müssen entfallene Vermögensbestandteile als solche und deren Korrelat mit dessen Wert vermerkt werden. Der Gesetzgeber bestimmt gem. § **1835 Abs. 1 S. 4 BGB** für den Fall einer Betreuermehrheit in der Vermögensverwaltung, dass die Betreuer das Verzeichnis gemeinsam erstellen. 51

Die **einzelnen Vermögensbestandteile in dem Verzeichnis** muss der Betreuer gem. § **1835 Abs. 2 BGB** nunmehr in geeigneter Weise mit zu den einzelnen Vermögensteilen gehörenden **Nachweisen belegen und dem Gericht schriftlich vorlegen.** Dazu werden Konto- und Depotauszüge, Bewertungsdokumente, Wertbescheide, Gutachten etc gehören. 52

---

33 Staudinger/Veit BGB § 1802 aF Rn. 5; Bienwald/Sonnenfeld/Harm/Bienwald Anhang zu § 1908i aF Rn. 18 ff.; MüKoBGB/Kroll-Ludwigs § 1802 aF Rn. 1.

34 Bienwald/Sonnenfeld/Harm/Bienwald Anhang zu § 1908i aF Rn. 21.

35 Staudinger/Veit BGB § 1802 aF Rn. 5; MüKoBGB/Kroll-Ludwigs § 1802 aF Rn. 3 f.; Bienwald/Sonnenfeld/Harm/Bienwald Anhang zu § 1908i aF Rn. 26 ff. mwN.

53 Für die Form des Verzeichnisses ergibt sich aus dem Gesamtkontext des § 1835 BGB, dass das Verzeichnis schriftlich zu erstellen ist, ohne dass hierfür eine bestimmte Form vorgegeben wird.[36]

54 Der Betreuer muss die Richtigkeit und die Vollständigkeit seiner Angaben zum Verzeichnis gegenüber dem Gericht versichern (**§ 1835 Abs. 1 S. 1 BGB**). Diese Versicherung wird sich auch auf die Anlagen zumindest ihrer Richtigkeit nach beziehen. Der Betreuer gibt die Versicherung schriftlich zusammen mit dem Verzeichnis nebst den Anlagen ab.

55 Sollte es im Einzelfall erforderlich sein, kann der Betreuer bei der Erstellung des Verzeichnisses **Hilfen** hinzuziehen. Das Gesetz bietet dazu als Dritte an: **die Betreuungsbehörde, einen zuständigen Beamten, einen Notar oder einen Sachverständigen** (**§ 1835 Abs. 3 BGB**). Wegen des Aufwandes und der entstehenden Kosten zulasten des Betreutenvermögens kommt die Beteiligung Dritter nur in Betracht, wenn sie dem Interesse des Betreuten (dem Wohl des Mündels) entspricht.

56 Auch das Gericht kann Dritte bei der Erstellung des Vermögensverzeichnisses hinzuziehen, wenn konkrete Anhaltspunkte dafür bestehen, dass eine Kontrolle der Richtigkeit und Vollständigkeit erforderlich ist. Damit soll sowohl der Betreute mit seinem Vermögen wie letztlich auch der Betreuer in seiner Tätigkeit geschützt werden. Wenn das Gericht die Hinzuziehung beschließt, muss der Betreuer dem Dritten dessen Kontrolltätigkeiten ermöglichen (**§ 1835 Abs. 4 S. 3 BGB**). Der Dritte erstattet wiederum über den Inhalt seiner Tätigkeit bei der Erstellung des Verzeichnisses mit seiner Untersuchung und Auswertung gegenüber dem Gericht Bericht. Dieser Bericht dient als Nachweis für ein ordnungsgemäßes Verzeichnis. Es sollte sein Selbstverständnis sein, ihn schriftlich zu verfassen.

57 Sollte das Gericht bei seiner Kontrolle des eingereichten Verzeichnisses feststellen, dass es unzureichend ist, kann es anordnen, dass das Verzeichnis durch die Betreuungsbehörde oder durch einen Notar aufgenommen wird (**§ 1835 Abs. 5 BGB**/§ 1802 Abs. 3 BGB aF). Der hierbei entstehende finanzielle Mehraufwand unterliegt dann als Schaden zulasten des Betreuten der Haftung des Betreuers.[37]

58 Die endgültige Fassung des Vermögensverzeichnisses hat das Gericht grundsätzlich dem Betreuten zur Kenntnis zu geben, wenn diesem dadurch keine erheblichen gesundheitlichen Nachteile entstehen (**§ 1835 Abs. 5 BGB**).

3. Trennungsgebot und Verwendung des Vermögens für den Betreuten (§ 1836 BGB)

59 Der bisherige § 1805 BGB aF wird von **§ 1836 Abs. 1–3 BGB** inhaltlich übernommen und zum Schutz der Beteiligten und im Interesse des Betreuten konkretisiert und auch ausgeweitet. **Der Betreuer hat die Pflicht, das Vermögen des Betreuten von seinem eigenen Vermögen vollständig getrennt zu halten** (**§ 1835 Abs. 1 S. 1 BGB**). Dieses Trennungsgebot gilt für die Aufbewahrung von Geld auf Konten, von Bargeld, Depots etc wie auch von Gegenständen, deren eigentumsrechtliche Zugehörigkeit für Dritte auch

36 MüKoBGB/Kroll-Ludwigs § 1802 aF Rn. 7; Bienwald/Sonnenfeld/Harm/Bienwald Anhang zu § 1908i aF Rn. 22.

37 MüKoBGB/Kroll-Ludwigs § 1802 aF Rn. 14; Staudinger/Veit BGB § 1802 aF Rn. 52.

erkennbar gemacht werden muss. Soweit Geld vom Betreuten diesem für dessen Ausgaben zugänglich gemacht werden muss, muss der Betreuer zumindest die Zugehörigkeit des Geldes sicherstellen.[38]

Die **Trennung gilt nicht für gemeinsames Vermögen, das bereits vor der Betreuerbestellung bestanden hat,** wenn das **Betreuungsgericht nichts anderes anordnet** (**§ 1836 Abs. 1 S. 2 BGB**). Hier wird es in der Regel um gemeinsames Vermögen von Verwandten oder Ehegatten oder Partnern mit dem Betreuten gehen. 60

Gem. **§ 1836 Abs. 2 S. 1 BGB**/§ 1805 S. 1 BGB aF **darf der Betreuer das Vermögen des Betreuten nicht für sich verwenden.** Es ist ihm untersagt, Vermögensbestandteile jedweder Art aus dem Betreutenvermögen rechtlich oder praktisch für sich zu nutzen, zu gebrauchen und damit Vorteile für sich zu ziehen.[39] Dazu gehört auch eine unentgeltliche Nutzung von Betreutenvermögen. Auf eine etwaige Gegenleistung durch den Betreuer kommt es nicht an.[40] Gestattet ist eine Verwendung hingegen bei einer ehrenamtlich geführten Betreuung, wenn der Betreute die Verwendung mit einer rechtswirksamen Vereinbarung zulässt (**§ 1836 Abs. 2 S. 2 BGB**). Eine solche Vereinbarung ist nur zulässig, wenn der Betreute bei Abschluss der freiwillig getroffenen Vereinbarung die dazu erforderliche Geschäftsfähigkeit hat. Auch ohne Formerfordernis ist es für den Betreuten und den Betreuer zum Inhaltsnachweis sinnvoll, die Vereinbarung schriftlich zu treffen. Damit wird gleichzeitig die Darlegungspflicht der Verwendung gegenüber dem Gericht erleichtert (§ 1836 Abs. 2 S. 2 BGB). 61

Gem. **§ 1836 Abs. 3 BGB** macht der **Gesetzgeber eine weitere Ausnahme zum Verwendungsverbot.** Betroffen sind Haushaltsgegenstände und Verfügungsgeld (§ 1839 BGB). Die Ausnahme ermöglicht Verwendungen von Gegenständen, die zu gemeinsamen Aktivitäten mit dem Betreuten im Übrigen gehören, etwa mit ihm gemeinsam zu wohnen. Das Verfügungsgeld ist dem Bereich zuzuordnen, der zum persönlichen Finanzbedarf des Betreuten gehört. 62

4. Vermögensverwaltung durch den Betreuer bei Erbschaft und Schenkung (§ 1837 BGB)

§ 1837 BGB betrifft in inhaltlicher Übernahme des § 1803 BGB aF **Handlungspflichten des Betreuers und des Gerichts als Kontrollorgan** für die Fälle, in denen der **Betreute Erbe** wird, **Zuwendung von Todes wegen oder Geschenke erhält.**[41] Ausdrücklich wird dem Betreuer die Verwaltung dieser Zuwendungen an den Betreuten für den Fall übertragen, dass der Erblasser oder Zuwendende die Verwaltung in der letztwilligen Verfügung oder bei der Zuwendung anordnet. Als den Betreuten Begünstigende stehen damit der künftige Erblasser und der Zuwendende fest. In beiden Fällen gilt für den Begünstigungsakt die **Form**, die das **Gesetz jeweils vorschreibt**, etwa bei einem Testament die Eigenhändigkeit oder die notarielle Beurkundung. 63

---

38 Staudinger/Veit BGB § 1805 aF Rn. 9.

39 Staudinger/Veit BGB § 1805 aF Rn. 13; MüKoBGB/Kroll-Ludwigs § 1805 aF Rn. 3.

40 MüKoBGB/Kroll-Ludwigs § 1805 aF Rn. 3.

41 Für den von der Anordnung betroffenen und zu verschenkenden oder vererbenden Gegenstand gilt das Surrogationsprinzip: Staudinger/Veit BGB § 1803 aF Rn. 12; MüKoBGB/Kroll-Ludwigs § 1803 aF Rn. 5.

64 Für die Anordnung als solche schreibt der Gesetzgeber ausdrücklich keine Form vor. Allerdings ergibt sich aus der Formulierung „durch letztwillige Verfügung" in § 1837 Abs. 1 letzter Hs. BGB für diese die Schriftform. Möglich und zulässig ist, die Anordnung nicht wörtlich zu treffen. Sie muss lediglich mittels Auslegung als Anordnung erkennbar sein[42] und inhaltlich auch den Anforderungen des § 1837 BGB entsprechen.

65 Der Gesetzgeber gibt in **§ 1837 Abs. 1 ltzt. Hs. BGB** auch den **Zeitpunkt der Anordnung** vor. Für die Zuwendung gilt, dass die Anordnung spätestens bei der Zuwendung getroffen worden sein muss; eine nachträgliche Anordnung ist unwirksam.[43] Für den Erwerb von Todes wegen gilt, dass sie „durch" letztwillige Verfügung getroffen werden muss. Daraus ergibt sich lediglich die Form mit der letztwilligen Verfügung. Die Anordnung wird dann auch noch in einer späteren, letztlichen Verfügung getroffenen werden können. Der Zeitpunkt muss nur vor dem Ableben des Erblassers liegen.[44]

66 In **§ 1837 Abs. 2 BGB** werden **Ausnahmeregelungen zu Abs. 1** getroffen. Sie übernehmen inhaltlich die Ausnahmeregelungen des § 1803 Abs. 2, 3 BGB aF.

67 **§ 1837 Abs. 2 S. 1 BGB** ermächtigt das Gericht, die **Anordnungen des Erblassers oder des Zuwendenden aufzuheben,** wenn jene das Vermögen des Betreuten gefährden. Die Kenntnis über eine ggf. drohende Gefährdung wird das Gericht vom Betreuer oder von Dritten, etwa einem beteiligten Kreditinstitut, erlangen. Für den Betreuer besteht die Pflicht, seine Gefährdungsbefürchtungen dem Gericht mitzuteilen. Das Gericht muss dann prüfen, ob und mit welchem Inhalt eine Gefährdung für das Betreutenvermögen besteht und mit welchen Maßnahmen in Abänderung der Anordnung die Gefährdung abgewandt werden kann. Die Gefährdung nach Inhalt und Umfang selbst unterliegt dem individuellen Fall. Sie muss erheblich sein.

68 **§ 1837 Abs. 2 S. 2 BGB** regelt eine **Abweichung von den Anordnungen des Zuwendenden** unabhängig von einer drohenden Gefahr, solange dieser noch lebt und der Abweichung zustimmt. Die Form der Zustimmung zur Abweichung von der Anordnung ist gleich der Anordnung selbst nicht vorgegeben. Sie sollte zum Nachweis und zur Absicherung des handelnden Betreuers schriftlich erteilt werden.

69 Ist die Erteilung einer Abweisungszustimmung durch den noch lebenden Zuwendenden nicht möglich, weil er die Erklärung nicht mehr abgeben kann oder nicht auffindbar ist, kann das Gericht gem. **§ 1837 Abs. 2 S. 3 BGB** bei erheblicher Gefährdung des Betreutenvermögens nach Maßgabe des **§ 1837 Abs. 2 S. 1 BGB** die **Zustimmung des Zuwendenden ersetzen.** Die Erteilung der Zustimmung setzt die gleiche inhaltliche Prüfung voraus, wie sie das Gericht gem. **§ 1837 Abs. 2 S. 1 BGB** durchführen muss.

---

42 Staudinger/Veit BGB § 1803 aF Rn. 8 f.; Grüneberg/Götz BGB § 1803 aF Rn. 1; aA MüKoBGB/Kroll-Ludwigs § 1803 aF Rn. 3.

43 Staudinger/Veit BGB § 1803 Rn. 6; MüKoBGB/Kroll-Ludwigs § 1803 aF Rn. 3; Erman/Schulte-Brunert BGB § 1803 aF Rn. 2.

44 Staudinger/Veit BGB § 1803 aF Rn. 7; MüKoBGB/Kroll-Ludwigs § 1803 aF Rn. 3; Erman/Schulte-Brunert BGB § 1803 aF Rn. 2; Grüneberg/ Götz BGB § 1803 aF Rn. 1.

5. Verwaltung von Geld, Wertpapieren und Wertgegenständen, Pflichten des Betreuers (§ 1838 BGB)

Mit **§ 1838 BGB** trifft der Gesetzgeber grundsätzliche Regelungen für die Betreuermaßnahmen im Bereich seines Aufgabenbereiches „Vermögensangelegenheiten“. Mit dem Verweis auf § 1821 wird als Handlungsmaxime die vom Betreuten zu berücksichtigenden Wünsche angegeben.[45] Diesen Wünschen muss der Betreuer weitrangig, im Rahmen des Interesses des Betreuten folgen, bis der Betreute entweder an seinen Wünschen nicht mehr festhält (**§ 1821 Abs. 2 S. 3 ltzt. Hs. BGB**) oder die in **§ 1821 Abs. 3 BGB genannte Handlungsgrenze** erreicht ist. Das ist dann der Fall, wenn der Betreute selbst oder sein Vermögen durch die Betreuten-Wünsche erheblich gefährdet werden würde und der Betreute selbst diese Gefahr wegen seiner Krankheit oder Behinderung nicht erkennen oder nach seiner Einsicht nicht handeln kann (**§ 1821 Abs. 3 Nr. 1 BGB**). Die weitere gesetzliche Handlungsgrenze liegt darin, dass die Umsetzung des Betreuten-Wunsches dem Betreuer nicht zuzumuten ist (**§ 1821 Abs. 3 Nr. 2 BGB**). Von dem Betreuer selbst kann die Wunscherfüllung verlangt werden, die bei objektiver Betrachtung mit seinem erforderlichen Zeiteinsatz und seiner persönlichen Inanspruchnahme in seiner Amtsausübung keinen unverhältnismäßigen Einsatz erfordert.[46] 70

Ist kein Wunsch des Betreuten feststellbar, oder darf der Betreuer wegen einer Vermögensgefährdung gem. **§ 1821 Abs. 3 Nr. 1 BGB** nicht nach dem vom Betreuten geäußerten Wunsch handeln, so ist der **mutmaßliche Wille des Betreuten für den Betreuer die Handlungsgrundlage** (**§ 1821 Abs. 4 S. 1 BGB**). Diesen Willen muss der Betreuer anhand der ihm bekannten und/oder ermittelbaren und von ihm zu ermittelnden Fakten, insbesondere Äußerungen des Betreuten, feststellen.[47] Ergibt sich daraus eine Maßnahme in Vermögensangelegenheiten, wird vom Gesetzgeber unterstellt, dass diese dem mutmaßlichen Willen des Betreuten entspricht, wenn die Maßnahmen nach Maßgabe der §§ 1839–1843 BGB ausgeführt werden. Das soll für den Fall gelten, dass der Betreuer keine hinreichenden Anhaltspunkte hat, die gegen diese Vorgehensweise sprechen (**§ 1838 Abs. 1 S. 2 BGB**). 71

Mit den gesetzlichen Vorgaben des **§ 1838 Abs. 2 BGB** wird sowohl der Betreute wie auch der Betreuer abgesichert. **§ 1838 Abs. 2 S. 1 BGB** gibt hierzu an, dass bei einer Abweichung der Maßnahmen des Betreuers von den **Grundsatzvorgaben der §§ 1839–1843 BGB** der Betreuer diese Abweichungen dem Gericht anzuzeigen hat. Dies muss ohne zeitlichen Verzug und unter Bekanntgabe der Wünsche des Betreuten, so sie bestehen, geschehen. Das Gericht muss darauf den Vorgang auf die Auswirkungen auf die Finanzlage des Betreuten, insbesondere auf die Wahrung seiner Interessen gem. § 1821 BGB, prüfen. Im Einzelfall kann das Gericht als ein Ergebnis seiner Prüfung zur Gefahrenabwendung die in den §§ 1839–1843 BGB genannten Maßnahmen des Betreuers anordnen. 72

45 BGH FamRZ 2009, 1656; Staudinger/Bienwald BGB § 1901 aF Rn. 36 ff. mwN.
46 Bienwald/Sonnenfeld/Hamm/Bienwald § 1901 aF Rn. 28 ff.; MüKoBGB/Schneider § 1901 aF Rn. 20.
47 Bienwald/Sonnenfeld/Hamm/Bienwald § 1901 aF Rn. 49 f. mwN.

6. Bereithalten von Verfügungsgeld (§ 1839 BGB)

73 Der Betreuer wird nunmehr ausdrücklich verpflichtet, das Geld, das er für die Ausgaben des Betreuten benötigt, auf einem Girokonto zur Verwendung für diesen bereitzuhalten. Der Verwendungszweck wird mit „**Verfügungsgeld**" bezeichnet (**§ 1839 Abs. 1 S. 1 BGB**). Diese Regelung ist eine Fortführung des § 1806 BGB aF in dessen Umkehrschluss mit der grundsätzlichen Pflicht einer verzinslichen Geldanlage.[48] Der Begriff „Ausgaben" ist weit fassbar. Dazu gehören mindestens die Kosten der Lebenshaltung des Betreuten, zu messen an seinen individuell finanziellen Möglichkeiten und Notwendigkeiten.

74 Das Verfügungsgeld muss gem. **§ 1839 Abs. 1 S. 1 BGB** auf einem Konto des Betreuten selbst deponiert werden; unzulässig ist die Verwendung von sog. Anderkonten. Damit wird gleichzeitig die unzulässige Vermischung von Betreuten- und Betreuervermögen manifestiert.

75 Eine Ausnahme macht der Gesetzgeber für **Bargeld mit dem Verweis auf § 1840 Abs. 2 BGB.** Mit dieser Regelung wird dem Betreuten gleichzeitig konzediert, ein eigenes Girokonto zu seiner selbstständigen Verfügung zu haben.

76 Gem. **§ 1839 Abs. 2 BGB** soll auch das Verfügungsgeld verzinsbar angelegt werden und gleichzeitig verfügbar zur Ausgabe sein können.

7. Bargeldloser Zahlungsverkehr (§ 1840 BGB)

77 Erstmals wird der Betreuer verpflichtet, den Zahlungsverkehr für den Betreuten bargeldlos mit der Einrichtung eines Girokontos durchzuführen. Bereits der Wortlaut des **§ 1840 Abs. 1 BGB** schließt andere Zahlungsmodalitäten zur Absicherung des Betreutenvermögens grundsätzlich aus. Dazu werden sonstige elektronische Zahlungsverfahren gehören. Nicht betroffen ist die online-Zahlungsmodalität über das Girokonto als Kontoführungsart.

78 **§ 1840 Abs. 2 BGB** macht aus Praktikabilitätsgründen von dem bargeldlosen Zahlungsverkehr **zwei Ausnahmen,** und zwar gem. **Abs. 2 Nr. 1** für **sog. übliche Barzahlungen** etwa von Einkäufen zur Deckung des täglichen Lebens und gem. **Abs. 2 Nr. 2** für **Auszahlungen an den Betreuten zur Bezahlung von Einkäufen.** Da der Betreuer den Bargeldverbleib in seiner Jahresrechnung nachweisen muss, ist es wichtig, die Bargeldauszahlung von dem Betreuten quittieren zu lassen und in einer Aufstellung zu dokumentieren. Damit werden gleichzeitig die Interessen des Betreuten zum Nachweis des Verbleibs seines Vermögens gewahrt.

8. Anlagepflichten (§ 1841 BGB)

79 Mit **§ 1841 Abs. 1 BGB** wird der Betreuer verpflichtet, das Geld des Betreuten, das für diesen nicht zur Bezahlung seines Lebensbedarfes benötigt wird, als sog. **Anlagegeld** anzulegen. Für die Mündel ist diese Regelung eine Fortsetzung des § 1806 BGB aF Die Anlagepflicht dient der Vermögensvermehrung, mindestens aber als Schutz vor Ausgaben zur Vermögenserhaltung. Für die Anlage selbst gilt der Grundsatz der Wirt-

48 Staudinger/Veit BGB § 1806 aF Rn. 9; MüKoBGB/Kroll-Ludwigs § 1806 aF Rn. 1 f.; Erman/Schulte-Brunert BGB § 1806 aF Rn. 1 ff.

schaftlichkeit.[49] Dem entspricht die Konkretisierung der Anlage gem. § **1841 Abs. 2 BGB** auf einem geeigneten Konto bei einem **Kreditinstitut als Anlagekonto.** Damit ist für das Anlagegeld ein anderer, ggf. gewinnbringender Einsatz des Geldes nicht einbezogen.[50] Bei der Verzinsungspflicht muss der Betreuer die gleichzeitig notwendige Sicherheit der Anlage beachten. Hierzu dient als Orientierung § 1807 Abs. 1 Nr. 5 BGB aF mit Benennung von inländischen öffentlichen Sparkassen oder vergleichbaren Kreditinstituten. Der Verzinsungspflicht wird nicht genüge getan, wenn bei der Anlage negative Zinsen anfallen.[51]

9. Voraussetzungen für das Kreditinstitut (§ 1842 BGB)

Das Kreditinstitut muss einer Sicherungseinrichtung angehören, die für die jeweilige Anlage hinreichend sicher ist. Die mündelsichere Anlage bei in § 1807 Abs. 1 Nr. 5 BGB aF genannten Kreditinstituten ist entfallen, weil **Sparkassen zwischenzeitlich auch als sichere Anlageeinrichtung gelten.** Gleichwohl wird der Betreuer fortgesetzt pflichtgemäß nach einem Ort für die Anlage suchen müssen, die dem Sicherheitserfordernis im Interesse des Betreuten entspricht.[52] Der Betreuer wird dabei die aktuell mit 100.000 EUR angegebene Entschädigungsbegrenzung des § **8 Einlagensicherungsgesetzes** beachten müssen. 80

10. Depotverwahrung und Hinterlegung von Wertpapieren (§ 1843 BGB)

Die in § **1843 BGB** gemachten Vorgaben zur Behandlung von Wertpapieren sind inhaltlich eine Fortführung des § **1814 BGB aF.** 81

Zu der Verwahrung von Wertpapieren erlegt § **1843 Abs. 1 BGB** dem Betreuer auf, gem. § **1 Abs. 1 DepotG als Wertpariere definierte** Anlagen nach Maßgabe des § **1 Abs. 2 DepotG** zu behandeln. Das ist eine Erweiterung der bisher auf Inhaberpapiere beschränkten Papiere. Als Verwahrer wird dort genannt, „ein Verwahrer, dem im Betrieb seines Gewerbes Wertpapiere unterverschlossen zur Verwahrung anvertraut werden". Das sind für den Betreuer gem. § **1843 Abs. 1 BGB** und § **1 Abs. 3 DepotG die dort genannten Kreditinstitute.** 82

Gem. § **1843 Abs. 2 BGB** muss der Betreuer die Wertpapiere, die nicht hinterlegungspflichtig sind, im **Schließfach eines Kreditinstitutes hinterlegen.** Die Hinterlegung dient der Sicherheit des Betreutenvermögens und gleichzeitig der Absicherung des Betreuers in seiner Sorgfaltspflicht gegenüber dem Betreuten. Sie muss von dem Betreuer dokumentiert werden. 83

Der Gesetzgeber erlaubt gem. § **1843 Abs. 3 BGB** von der **Depotverwaltung gem. Abs. 1** und der **Hinterlegung gem. Abs. 2 Ausnahmen.** Diese gelten für den Fall, dass nach den Umständen des Einzelfalls das Wertpapier zu seiner Absicherung keiner Depotverwaltung und keiner Hinterlegung bedarf. Das wird etwa der Fall sein, wenn die Verwaltungs- oder Hinterlegungskosten bereits den Wertpapierwert übersteigen, ein 84

---

49 MüKoBGB/Kroll-Ludwigs § 1806 aF Rn. 1; Staudinger/Veit BGB § 1806 aF Rn. 10; Erman/Schulte-Brunert BGB § 1806 aF Rn. 1 ff.
50 MüKoBGB/Kroll-Ludwigs § 1806 aF Rn. 9; Staudinger/Veit BGB § 1806 aF Rn. 5 ff.; Erman/Schulte-Brunert BGB § 1806 aF Rn. 4.
51 Staudinger/Veit BGB § 1806 aF Rn. 14; Erman/Schulte-Brunert BGB § 1806 aF Rn. 2.
52 Staudinger/Veit BGB § 1807 aF Rn. 7; MüKoBGB/Kroll-Ludwigs § 1807 aF Rn. 4.

Papier ausläuft oder aus gegebenem Anlass für den Betreuten verwertet werden muss. Der Wille des Betreuten gegen eine Depotverwaltung oder eine Hinterlegung wird bei dessen zu berücksichtigendem Bewusstsein um eine etwaige Eigenschädigung von Belang sein. Zu seiner Absicherung ist der Betreuer in einem solchen Fall mindestens gehalten, den Vorgang schriftlich festzuhalten.

11. Hinterlegung von Wertpapieren (§ 1844 BGB)

85 Das Gericht kann die Hinterlegung von zum Betreutenvermögen gehörenden Wertgegenständen anordnen, wenn dies zur Absicherung des Vermögens notwendig ist. Damit werden in § 1818 BGB aF genannte Vermögensbestandteile (= Wertpapiere[53] und Kostbarkeiten[54]) als Wertgegenstände zusammengefasst. Das Gericht wird nach pflichtgemäßem Ermessen den Einzelfall auf die Anordnungsnotwendigkeit im Sinne des Interesses des Betreutenvermögens treffen.

86 Die Wirkung einer angeordneten Hinterlegung richtet sich nach **§ 233 BGB.**

87 Im Einzelnen sind die Regelungen der Hinterlegungsgesetze der Länder für die Durchführung maßgeblich:

- Baden-Württemberg: HintG vom 11.5.2010, GBl. 2010, 398
- Bayern: BayHintG vom 23.11.2010, BayGVBl. 20/2010, 738
- Berlin: BerlHintg vom 11.4.2011, GVBl. 2011, 106
- Brandenburg: BbgHintG vom 3.11.2010, GVBl. I Nr. 37 S. 1
- Bremen: BremHintG vom 1.12.2010, Brem. GBl., 458
- Hamburg: HamHintG vom 25.11.2010, HmbGVB., 614
- Hessen: HessHintG vom 8.10.2010, GVBl. I 2010, 306
- Mecklenburg-Vorpommern: vom 9.11.2010, GVBl. M-V, 642
- Niedersachsen: NHintG vom 9.11.2012, Gliederungs-Nr. 32360
- Nordrhein-Westfalen: HintGNRW vom 16.3.2010, GV. NRW, 183 ff.
- Rheinland-Pfalz: LHintG vom 3.4.2014, GVBl. 2014, 34
- Saarland: SaarHintG vom 18.11.2010, Abl. Nr. 33/2010, 1409
- Sachsen: SächsHintG vom 11.6.2010, SächsGVBl. Nr. 7/2010, 154
- Sachsen-Anhalt: HintGLSA vom 22.3.2010, GVBl. LSA, 150
- Schleswig-Holstein: HintGSH vom 3.11.2010, GVBl. 2010, 685
- Thüringen: ThürHintG vom 9.9.2010, GVBl. Nr. 10, 294.

12. Sperrvereinbarung (§ 1845 BGB)

88 Der Betreuer ist verpflichtet, unter den in **§ 1845 BGB** genannten Voraussetzungen Sperrvereinbarungen mit den jeweiligen Kreditinstituten zu vereinbaren. Diese **Vereinbarung begründet sodann das Erfordernis der Einholung der gerichtlichen Genehmigung**, bevor das gesperrte Vermögen anderweitig verwendet werden kann.[55]

---

53 Staudinger/Veit BGB § 1818 aF Rn. 5 f.; MüKoBGB/Kroll-Ludwigs § 1818 aF Rn. 2 f.

54 Staudinger/Veit BGB § 1818 aF Rn. 7; MüKoBGB/Kroll-Ludwigs § 1818 aF Rn. 4; Erman/Schulte-Brunert BGB § 1818 aF Rn. 2.

55 Staudinger/Veit BGB § 1809 aF Rn. 13 f.; MüKoBGB/Kroll-Ludwigs § 1809 aF Rn. 7; Erman/Schulte-Brunert BGB § 1809 aF Rn. 2.

Gem. § **1845 Abs. 1 BGB** gilt, dass der Betreuer mit dem Kreditinstitut für das **Anlagengeld gem. § 1841 Abs. 2 BGB** einen **Sperrvermerk** dahin vereinbaren muss, **dass der Betreuer über das Geld seines Betreuten nur mit Genehmigung des Betreuungsgerichts verfügen kann.** Der Sperrvermerk sichert das Vermögen des Betreuten ab und verpflichtet gleichzeitig das Kreditinstitut zu einem Auszahlungsverbot ohne die Genehmigung des Gerichts. Das **Verfügungsgeld** wird von der Pflicht zum **Abschluss einer Sperrvereinbarung nicht getroffen** (**§ 1839 Abs. 2 BGB**). 89

Gem. **§ 1845 Abs. 2 S. 1 BGB** muss der Betreuer für Wertpapiere mit dem Verwahrer vereinbaren, dass über die Wertpapiere und die Rechte aus dem Depotvertrag **nur mit Genehmigung des Gerichts verfügt werde darf.** Etwaige Zinsen und Ausschüttungen sind ausgenommen. Auch für diese Regelung ist die Sicherung des Betreutenvermögens im Betreuteninteresse die Grundlage. 90

Gem. **§ 1845 Abs. 2 S. 2 BGB** obliegt es dem Betreuer für die Öffnung von Schließfächern (**§ 1843 Abs. 2 BGB**) und die Herausgaben von hinterlegten Wertgegenständen (**§ 1844 BGB**), auch hierfür eine Vereinbarung mit dem Kreditinstitut darüber dahin gehend zu treffen, dass die Öffnung und Herausgabe nur bei vorliegender Genehmigung des Betreuungsgerichts zugelassen wird. 91

Der Gesetzgeber ordnet ferner die **entsprechende Anwendung des § 1845 Abs. 1, 2 BGB in Abs. 3 mit dem Abschluss einer Sperrvereinbarung für den Betreuer** an, wenn sich im Verlauf der Betreuung das Erfordernis ergeben sollte, dass sich für ein Anlagekonto, ein Depot oder eine Hinterlegung, bislang unversperrt, eine Änderung ergeben sollte. Das kann der Fall sein, wenn sich im Verlauf der Betreuungsführung Gründe ergeben, die einen Sperrvermerk als zum Wohl des Betroffenen wichtig erscheinen lassen. Die Gründe hängen vom Einzelfall ab. Der Betreuer ist bei sorgfältiger Beobachtung der Vermögensentwicklung und etwaiger Gefahren für das Vermögen verpflichtet, dieses zu schützen. Die Sperrvereinbarung ist ein solcher Schutz. Sie muss dem Gericht mit Begründung angezeigt werden. 92

13. Anzeigepflichten bei Geld- und Vermögensverwaltung (§ 1846 BGB)

Im Rahmen der Vermögensangelegenheiten hat der Betreuer auch **Handlungs- und Anzeigepflichten.** Hierzu wird dem Betreuer gem. **§ 1946 Abs. 1 BGB** vorgegeben, dass er dem Gericht ohne Verzug anzuzeigen hat, wenn er, jeweils für den Betreuten, 93

- ein Girokonto eröffnet (**§ 1846 Abs. 1 Nr. 1 BGB**),
- ein Anlagekonto eröffnet (**§ 1846 Abs. 1 Nr. 2 BGB**),
- ein Depot eröffnet oder dessen Wertpapiere hinterlegt (**§ 1846 Abs. 1 Nr. 3 BGB**)
- oder Wertpapiere **gem. § 1843 Abs. 3 BGB** nicht in einem Depot verwahrt oder hinterlegt (**§ 1846 Abs. 1 Nr. 4 BGB**).

§ 1846 Abs. 2 BGB gibt dem Betreuer auf, welche Angaben die Anzeige an das Gericht im Einzelnen enthalten muss, und zwar: 94

- zur Höhe des Guthabens für das zu eröffnende Girokonto (**§ 1846 Abs. 2 Nr. 1 BGB**),
- zur Höhe und Verzinsung des zu eröffnenden Anlagekontos (**§ 1846 Abs. 2 Nr. 2 BGB**),

- zu Art, Umfang und Wert der Wertpapiere nebst der daraus sich ergebenden Aufwendungen und Nutzungen (**§ 1846 Abs. 2 Nr. 3 BGB**),
- zu den Gründen, aus denen die Depotverwahrung oder die Hinterlegung nicht geboten sind (**§ 1846 Abs. 2 Nr. 4 BGB**) und
- zur Sperrvereinbarung selbst (**§ 1846 Abs. 2 Nr. 5 BGB**).

95 Die einzelnen Angaben muss der Betreuer mit dem genannten Inhalt vervollständigen und dem Gericht vorlegen. Selbst wenn es kein Formerfordernis für die Anzeige gibt, ist die Schriftform angezeigt. Damit wird der Anzeigeinhalt für alle Beteiligten auch für spätere Prüfungen nachweisbar und sichert etwaige Schadensersatzforderungen allseitig ab. Im Rahmen der jährlichen Rechnungslegung werden gleichzeitig Abweichungen für das Gericht erkenn- und nachverfolgbar.

14. Anzeigepflicht für Erwerbsgeschäfte (§ 1847 BGB)

96 Der Betreuer wird gem. **§ 1847 BGB** verpflichtet, im Rahmen seines Aufgabenbereiches Vermögen als grundlegende Handlungsvoraussetzung **dem Gericht anzuzeigen**, dass er für den Betreuten in dessen Namen ein **neues Erwerbsgeschäft** beginnt sowie den Geschäftsinhalt nach Art und Umfang zu schildern (**§ 1847 Hs. 1 BGB**). Eine Definition zum Begriff „Erwerbsgeschäft“ fehlt. Deswegen kann der Betreuer davon ausgehen, dass die Definition für die die bisherigen Erwerbsgeschäfte behandelnden Regelungen wie § 1822 Nr. 3 BGB aF fortgelten mit „…jede regelmäßige, auf selbstständigen Erwerb gerichtete Tätigkeit […], mag sie in Handel, der Betreibung einer Fabrik oder eines Handwerks, der Landwirtschaft usw bestehen“.[56] Ferner muss das Erwerbsgeschäft in seiner Betreibung auf Gewinnerzielung gerichtet sein. In der Anzeige muss der Betreuer dem Gericht dann das Geschäft unter Vorlage von Geschäftsberichten den tatsächlichen und wirtschaftlichen Verlauf – schriftlich – darstellen. Der Neuerwerb des Geschäftes für den Betreuten bedeutet, dass dieses neu, entgeltlich oder schenkweise oder durch Erbfall in das Betreutenvermögen aufgenommen wird. Damit wird der Betreuer das Erwerbsgeschäft weniger neu gründen, sondern ein bereits bestehendes neu erwerben.

97 Den Neuerwerb muss der Betreuer für das Gericht so darstellen, dass dieses sich ein umfassendes Bild von dem Erwerbsgeschäft machen kann. Die Einzelheiten dazu unterliegen seiner Entscheidung. Allein mit der schriftlichen Darstellungsart ist die Anzeige gegenüber dem Gericht für den Betreuten und den Betreuer jeweils gleichzeitig eine Absicherung für spätere Nachweiserfordernisse.

98 Die **Anzeigepflicht des Betreuers** erstreckt sich auch gem. § 1847 Hs. 2 BGB auf **die Aufgabe von bereits bestehenden Erwerbsgeschäften.** Damit soll der Betreuer über die Angaben im jährlichen Rechenschaftsbericht hinaus dem Gericht zeitnah die Informationen über die Tatsache der Beendigung des Erwerbsgeschäftes mitteilen. Er wird dabei auch den Anlass für die Beendigung und die damit verbundenen tatsächlichen Schritte im Einzelnen nebst den wirtschaftlichen Auswirkungen für das Betreutenvermögen schriftlich bekanntgeben und Unterlagen zu den Vorgängen vorlegen.

---

56 Mot. I, 142; Staudinger/Veit BGB § 1822 Rn. 35 mwN; MüKoBGB/Kroll-Ludwigs § 1822 aF Rn. 11; Erman/Schulte-Brunert BGB § 1822 aF Rn. 7.

In beiden in § 1847 BGB genannten Fällen ist für den **Umfang der jeweiligen Anzeige** nicht nur selbstverständlich, sondern auch wichtig, dass dieser jeweils umfassend und nachvollziehbar für das Gericht erstellt wird. Parallel dazu müssen die Informationen auch für eine etwaige Genehmigungspflicht der Begründung oder der Aufgabe des Erwerbsgeschäftes durch das Gericht von diesem verwertbar sein können, damit eine pflichtige Genehmigung erteilt werden kann (§§ 1850–1854 BGB).[57] 99

Die Anzeigepflicht von Erwerbsgeschäften gem. **§ 1847 BGB** setzt die Regelung der Anzeigepflicht **der Eltern gem. § 1645 BGB** fort. 100

15. Genehmigungsbedürftige Rechtsgeschäfte (§§ 1848, 1849 Abs. 1 BGB)

In den **§§ 1848, 1849 Abs. 1 BGB** regelt der Gesetzgeber die **Behandlung von Rechtsgeschäften, die der Betreuer im Rahmen seiner Vermögensverwaltung** für den Betreuten abschließt mit der **Genehmigungspflicht durch das Betreuungsgericht.** Bisher konnte das Gericht gem. § 1811 BGB aF dem Betreuer mit der Verweisung über § 1908i Abs. 1 S. 1 BGB aF sowie für den Vormund gem. § 1811 BGB aF direkt eine von der üblichen Art der Anlegung gem. § 1807 BGB aF abweichende Anlegung genehmigen. Vergleichbares galt gem. §§ 1908 i Abs. 1 S. 1 BGB, 1812 BGB aF für Verfügungen über Rechte und Wertpapiere. Diese Kann-Vorschrift der richterlichen Genehmigung wird durch die **Muss-Vorschrift des § 1848 BGB für die Geldanlegung** und die **Muss-Vorschrift des § 1849 Abs. 1 BGB für Verfügungen über Rechte und Wertpapiere** ersetzt und gleichzeitig zur Sicherheit der Beteiligten mit der Genehmigungspflicht verschärft. 101

Die bisherigen Auslegungen gem. § 1811 BGB aF unterlagen dem strengen Erfordernis der Erhaltung des Vermögensstamms, der Rentabilität und besonders der Sicherheit gegen Verluste.[58] Über eine Abweichung konnte das Gericht nach pflichtgemäßem Ermessen entscheiden. **Gem. § 1848** muss das **Gericht über eine Abweichung von den Anlagen gem. § 1841 Abs. 2 entscheiden**, wenn der Betreuer eine andere als die dort genannte Anlegung anstrebt. Ohne die weitere inhaltliche Beschränkung durch das Gesetz wird das Gericht dann bei seiner Entscheidung nicht an bestimmte Anlagenarten gebunden sein. Es muss den Anlagevorschlag darauf prüfen, ob damit die wirtschaftlichen Interessen des Betreuten gewahrt werden können. Für den Betreuer wird es sinnvoll sein, dem Gericht einen Anlagevorschlag so zu machen, dass es den Vorschlag danach prüfen kann, ob das Vermögen erhalten und/oder je nach der aktuellen Wirtschaftslage vermehr werden kann. Dabei ist für den Betreuer angeraten, den Vorschlag schriftlich vorzulegen. 102

Die Verfügungen über Forderungen, andere Rechte und Wertpapiere aus dem Vermögen des Mündels oder Betreuten wurden gem. § 1812 Abs. 1 BGB aF an die mögliche Genehmigung des Gegenvormunds oder gem. §§ 1819–1822 BGB aF an die Genehmigung des Gerichts geknüpft. Ersatzweise konnte das Gericht auch anstelle des Gegenvormunds entscheiden. Der Verfügungsbegriff selbst wurde in seiner inhaltlichen Verwendung weder beschrieben noch festgelegt. Es soll ein Rechtsgeschäft sein, mit dem 103

57 Staudinger/Veit BGB § 1823 aF Rn. 35 mwN; MüKoBGB/Kroll-Ludwigs § 1823 aF Rn. 9; Erman/Schulte-Brunert BGB § 1823 aF Rn. 2 f.
58 Staudinger/Veit BGB § 1811 aF Rn. 13 mwN; MüKoBGB/Kroll-Ludwigs § 1811 aF Rn. 9 ff.; Erman/Schulte-Brunert BGB § 1811 aF Rn. 2 f.

der Verfügende, hier der Betreuer, unmittelbar auf ein Recht, das dem Betreutenvermögen zuzuordnen ist, einwirkt.[59] Gem. **§ 1849 Abs. 1 BGB** entscheidet nur noch das Gericht. Der **Verfügungsbegriff** ist **inhaltlich unverändert** geblieben. Der nunmehr genannte **Verfügungsgegenstand** hat **Veränderungen** erfahren. **Genehmigungspflichtig** sind nunmehr:

- **gem. § 1849 Abs. 1 Nr. 1 BGB** ein **Recht**, durch das der Betreuer eine **Geldleistung** oder eine **Wertpapierleistung** verlangen kann.
  Mit dem **Begriff Geldleistung** (Alt. 1) werden für den Betreuer Verfügungen mit Forderungen auf Geld beschränkt. Verfügungen, die keine gleichzeitigen Geldleistungen enthalten, lassen die richterlichen Genehmigung entfallen.[60] So kann der Betreuer dann für den Betreuten genehmigungsfrei Leistungen entgegennehmen.
  Mit dem **Begriff Leistungen eines Wertpapieres** (Alt. 2) sind die Verfügungen gemeint, die im Zusammenhang mit der Leistung eines Wertpapiers des Betreutenvermögens bestehen. Das Wertpapier selbst als Vermögenswert oder seine Verwertung ist von der Verfügung nicht getroffen.
- **gem. § 1849 Abs. 1 Nr. 2 BGB die Verfügung über das Wertpapier des Betreuten.** Diese Verfügung durch den Betreuer bedarf der gerichtlichen Genehmigung. Mit dem Genehmigungserfordernis wird eine Verwertung des Wertpapieres trotz seiner Absicherung durch die pflichtige Vereinbarung eines Sperrvermerks gem. § 1845 Abs. 2 BGB zusätzlich gesichert. Gesichert wird das Vermögen des Betreuten in seinem Interesse und zu seinem Schutz. Gleichzeitig indiziert die Genehmigung auch eine Sicherung des Betreuers in der Umsetzung seiner pflichtigen Maßnahmen im Aufgabenbereich Vermögen.
- **gem. § 1849 Abs. 1 Nr. 3 BGB eine Verfügung des Betreuers über hinterlegte Wertgegenstände des Betreuten.** Der Verfügungsgegenstand ist ein Wertgegenstand, der in § 1819 S. 1 Alt. 3 BGB aF als Kostbarkeit bezeichnet wird.[61]

104 Was zu den Wertgegenständen gehört, muss zunächst der Betreuer entscheiden, um dann sein Entscheidungsergebnis mit der Angabe des zur Verfügung geplanten Wertgegenstandes dem Gericht zur Genehmigung vorlegen zu können. Grundlage für die Bewertung eines Gegenstandes als Wertgegenstand wird dessen Bewertung nach jeweils aktuellem Marktwert sein.

16. Rechnungslegung (§ 1865 BGB)

105 Mit **§ 1865 Abs. 1 BGB** wird der Betreuer verpflichtet, gegenüber dem **Betreuungsgericht über seine Verwaltung des Betreutenvermögens Rechnung zu legen.** Diese Pflicht wird ausdrücklich daran geknüpft, dass der Aufgabenkreis des Betreuers auch die Vermögensverwaltung als Aufgabenbereich umfasst. Zu der Vermögensverwaltung gehört nicht die Verwaltung des Vermögens, das von dem Betreuten selbst verwaltet wird.

---

59 Staudinger/Veit BGB § 1812 aF Rn. 5 mwN; MüKoBGB/Kroll-Ludwigs § 1812 aF Rn. 9; Erman/Schulte-Brunert BGB § 1812 aF Rn. 8.
60 Staudinger/Veit BGB § 1812 aF Rn. 10 zum Forderungsbegriff.
61 Staudinger/Veit BGB § 1819 aF Rn. 2; MüKoBGB/Kroll-Ludwigs § 1818 aF Rn. 4; Erman/Schulte-Brunert BGB § 1818 aF Rn. 2.

Jeder Bereich des Betreuers, der nicht zu seiner Verwaltung des Betreutenvermögens gehört, wird nicht von der Rechnungslegung erfasst.[62]

Zur **Form der Rechnungslegung** macht der Gesetzgeber keine An- oder Vorgaben.[63] 106
Eine Rechnungslegung als solche indiziert, dass das Gericht ihren Inhalt sachlich und rechnerisch gem. § 1866 BGB prüfen können muss. Diese Prüfung wird primär ermöglicht, wenn der Betreuer dem Gericht seine Rechnungslegung in schriftlicher Form vorlegt. Das erleichtert dem Betreuer gleichzeitig eine spätere Beweissituation im Schadensfall. Möglich ist auch, die Rechnungslegung dem Gericht zu Protokoll bekanntzugeben, dem Betreuer ist aber hiervon zur Vermeidung von Fehl- oder Missverständnissen eher abzuraten.

§ 1865 Abs. 3 S. 4, 5 und Abs. 4 BGB sind nicht auf das **Vormundschaftsrecht** an- 107
wendbar. Für das **Pflegschaftsrecht** gilt bei der Anwendung **§ 1888 BGB.**

Als Zeitraum für die Rechnungslegung bestimmt **§ 1865 Abs. 2 BGB „jährlich".** Den 108
Beginn des Rechnungsjahres bestimmt das Gericht. Damit wird die bisherige Regelung des § 1840 Abs. 3 BGB aF übernommen. Der vom Gesetzgeber genannte Zeitraum ist mit „jährlich" festgeschrieben. **Er kann nicht mit einer Verlängerung verändert werden.** Die bisherige Zeitausweitung von einem auf bis zu drei Jahre in § 1840 Abs. 4 BGB aF[64] wurde in § 1865 Abs. 2 BGB nicht übernommen.

Den Inhalt, den die Rechnungslegung haben „soll", bestimmt **§ 1865 Abs. 3 S. 1 BGB** 109
in nahezu wörtlicher Übernahme des § 1841 Abs. 1 BGB aF damit, **dass die Rechnung eine geordnete Zusammenstellung von Einnahmen und Ausgaben zu enthalten hat und über den Ab- und Zugang Auskunft gegeben werden soll.** Betroffen von der Rechnungslegung ist hierbei ausschließlich das **verwaltete Vermögen.** Nicht ausdrücklich erfasst von pflichtigen Angaben ist es, den Anfangsvermögensbestand in die Rechnungslegung aufzunehmen. Hierzu kann davon ausgegangen werden, dass der Betreuer dem Gericht bei Beginn der Betreuung oder bei Beginn des Aufgabenbereichs Vermögen mit dem Vermögensverzeichnis die Höhe des Anfangsbestandes des Vermögens bekanntgegeben hat. Mit der Rechnungslegung müssen dem Gericht dann nur die Veränderungen mitgeteilt und mit Belegen nachgewiesen werden. Frei in der Erstellung der Rechnungslegung ist der Betreuer insoweit nicht, als das Gericht ihm dazu Vorgaben machen kann (§ 1865 Abs. 3 S. 2 BGB).

Gem. **§ 1865 Abs. 3 S. 3 BGB** ergibt sich für den Betreuer die Notwendigkeit, die **ein-** 110
zelnen Angaben grundsätzlich mit Belegen nachweisen zu müssen. Damit wird inzident § 1841 Abs. 1 Hs. 2 BGB fortgeschrieben.[65] Von der Belegpflicht wird der Betreuer nur befreit, wenn das Gericht in einzelnen Fällen darauf ausdrücklich verzichtet (**§ 1865 Abs. 3 S. 2 BGB**). Über den Verzicht wird das Gericht nach seinem Ermessen unter Wahrung der Interessen des Betreuten befinden.

62 Staudinger/Veit BGB § 1840 aF Rn. 4; MüKoBGB/Kroll-Ludwigs § 1840 aF Rn. 5.; Erman/Schulte-Brunert BGB § 1840 aF Rn. 2.

63 Staudinger/Veit BGB § 1840 aF Rn. 16 unter Verweis auf BT-Drs. 11/4528, 114.

64 Staudinger/Veit BGB § 1840 aF Rn. 26 mwN; MüKoBGB/Kroll-Ludwigs § 1840 aF Rn. 10; Erman/Schulte-Brunert BGB § 1840 aF Rn. 1a.

65 Staudinger/Veit BGB § 1841 aF Rn. 7; MüKoBGB/Kroll-Ludwigs § 1841 aF Rn. 4.

111 Soweit der Betreute einen Teil seines Vermögens selbst verwaltet, muss der Betreuer dem Gericht davon gem. **§ 1865 Abs. 3 S. 4 BGB** Mitteilung machen, ohne selbst in der Rechnungslegungspflicht zu diesem Vermögensteil zu sein.[66] Zur Absicherung des Betreuten wie auch des Betreuers schreibt **§ 1865 Abs. 3 S. 5 BGB** vor, dass der Betreuer die Richtigkeit der Mitteilung nach S. 4 mit einer Selbstverwaltungserklärung des Betreuten[67] nachweisen muss. Hierfür reicht es aus, wenn die Erklärung vom Betreuer formuliert und von dem Betreuten unterschrieben wird. Der Betreute muss die Erklärung inhaltlich verstehen und ihre Richtigkeit anerkennen. Für den Fall, dass der Betreute die Abgabe dieser Erklärung verweigert oder der Betreuer sie aus anderen Gründen nicht erhält, ermöglicht der Gesetzgeber als Alternativlösung, dass der Betreuer als Ersatz für die Richtigkeitsbestätigung durch die Betreutenunterschrift die Richtigkeit an Eides statt versichert. Mit beiden Modalitäten werden sowohl der Betreute wie auch der Betreuer in der Haftung für das nur vom Betreuten verwaltete Vermögen abgesichert.

112 Für vom Betreuer geführte **Erwerbsgeschäfte mit kaufmännischer Buchführung** schreibt **§ 1865 Abs. 4 BGB** in Fortführung von § 1841 Abs. 2 BGB aF dem Betreuer vor, dass er **als abgewandelte Modalität der Rechnungslegung den Jahresabschluss aus den Büchern dem Gericht vorzulegen hat.** Zu den Erwerbsgeschäften gehören nicht nur Handelsbetriebe, sondern alle kaufmännischen Geschäftsbetriebe, bei denen über die Einnahmen und die Ausgaben nach den Regeln der kaufmännischen Geschäftsführung buchgeführt werden muss.[68]

66 Bienwald/Sonnenfeld/Harm/Bienwald Anhang zu § 1908i aF Rn. 92.
67 Staudinger/Veit BGB § 1840 aF Rn. 32 mit Verweis auf LG Koblenz FamRZ 2018, 1948.
68 Staudinger/Veit BGB § 1841 aF Rn. 11; MüKoBGB/Kroll-Ludwigs § 1841 aF Rn. 6.

§ 16 Haftung der Eltern und der Amtsträger

Fügt ein gesetzlicher Vertreter dem Vertretenen bei Ausübung des Amtes einen Vermögens- oder Personenschaden zu, so können sich hieraus Ansprüche des Vertretenen auf Schadensersatz ergeben. Der Haftungsmaßstab ist dabei je nach Grundlage des Vertretungsverhältnisses unterschiedlich geregelt. 1

A. Haftung der Eltern

§ 1664 BGB regelt die Haftung der Eltern gegenüber ihren Kindern bei Ausübung der elterlichen Sorge. Aus dieser Norm ergibt sich dabei nicht nur der für die Frage eines Verschuldens maßgebliche Haftungsmaßstab (→ Rn. 5), der bei Vorliegen von Anspruchsgrundlagen aus dem sonstigen Zivilrecht einschlägig ist, sondern auch eine eigene **kindschaftsrechtliche Anspruchsgrundlage** für Schadensersatzansprüche des Kindes gegenüber den Eltern wegen Pflichtverletzungen bei der Ausübung der elterlichen Sorge (zu den hier bestehenden Pflichten → § 14 Rn. 2 ff.).[1] 2

I. Elterliche Pflichtverletzung

Voraussetzung eines Anspruchs des Kindes auf Schadensersatz aus § 1664 Abs. 1 BGB ist eine Pflichtverletzung der Eltern bei Ausübung der elterlichen Sorge, aus der dem Kind ein Vermögens- und oder Personenschaden entstanden ist und den die Eltern gem. § 1664 Abs. 1 BGB zu vertreten haben.[2] Die Pflichtverletzung kann dabei sowohl in einem Tun als auch in einem Unterlassen bestehen. Zur Klärung der Frage, ob es sich bei dem in Frage stehenden Verhalten um eine Pflichtverletzung der Eltern handelt, ist darauf abzustellen, was **verständige Eltern** in der konkreten Situation und unter Berücksichtigung der Verhältnisse des Kindes nach den **vernünftigerweise** an sie zu stellenden Anforderungen getan hätten bzw. ihnen nach diesen Grundsätzen hätte zugemutet werden können zu tun.[3] So sind Eltern im Rahmen der Vermögenssorge üblicherweise dazu verpflichtet, das Vermögen des Kindes zu bewahren und nicht für persönliche Zwecke einzusetzen.[4] Hierzu zählt auch der Abschluss eines nachteiligen 3

1 HM: vgl. BGH BeckRS 1988, 31073146; OLG Köln NJW-RR 1997, 1436 (1437); OLG Brandenburg BeckRS 2009, 05909; OLG Karlsruhe NJW 2015, 257 (258); vgl. BeckOGK BGB/Eitzinger § 1664 Rn. 1, 34 f. mwN; aA (Anwendbarkeit des § 280 BGB) Dethloff FamR, 32. Aufl. 2019, § 13 Rn. 6.

2 BeckOGK BGB/Eitzinger § 1664 Rn. 22.

3 BeckOGK BGB/Eitzinger § 1664 Rn. 11; Grüneberg/Götz BGB § 1664 Rn. 4.

4 Grüneberg/Götz BGB § 1664 Rn. 3; Als Pflichtverletzung wurde bspw. angesehen die Verwendung von Sparguthaben des Kindes für die Renovierung eines Hausgrundstücks: OLG Köln NJW-RR 1997, 1436 (1437); eigennützige Verwendung einer Haftpflichtentschädigung der Kinder durch die Mutter: OLG Saarbrücken BeckRS 2011, 14914.

Vertrages für das Kind[5] bzw. das Unterlassen des Abschlusses einer Haftpflichtversicherung.[6]

4 Grundsätzlich setzt § 1664 Abs. 1 BGB zudem voraus, dass sich die **Pflichtverletzung bei Ausübung der elterlichen Sorge** ereignet. Ruht diese oder ist diese dem handelnden Elternteil entzogen worden, scheidet eine Anwendbarkeit grundsätzlich aus. Nach der Rechtsprechung des BGH ist jedoch § 1664 Abs. 1 BGB analog anwendbar, wenn ein nur umgangsberechtigter Elternteil die faktische Personensorge für das Kind ausübt.[7]

II. Haftungsmaßstab

5 Gem. § 1664 Abs. 1 BGB haben Eltern bei der Ausübung der elterlichen Sorge ihren Kindern gegenüber nur für die **Sorgfalt** einzustehen, die sie **in eigenen Angelegenheiten** anzuwenden pflegen („*diligentia quam in suis rebus adhibere solet*“). Eltern kommt damit bei der Vertretung ihrer Kinder eine Haftungsprivilegierung zugute, indem ein subjektiver, konkreter Verschuldensmaßstab zur Anwendung kommt.[8] Hierdurch sollen interfamiliäre Störungen weitmöglichst vermieden werden.[9] Nach dem Grundsatz der individuellen Elternverantwortung haftet jedes Elternteil nur nach seinem eigenen subjektiven Sorgfaltsmaßstab.[10] Es ist demnach möglich, dass ein Elternteil nach seinem **individuellen Verschuldensmaßstab** zu einer Haftung herangezogen werden kann, während das andere, im allgemeinen weniger sorgfältige Elternteil die Haftungsprivilegierung für sich in Anspruch nehmen kann.[11] Gem. § 277 BGB sind die Eltern aber von einer Haftung wegen grober Fahrlässigkeit nicht befreit, gleiches gilt für vorsätzliches Handeln.

6 Die Haftungsprivilegierung greift nicht, wenn die Eltern als Führer eines KfZ einen Verkehrsunfall verursacht haben und das Kind hierbei verletzt wird.[12] Eine solche teleologische Reduktion ergibt sich über den Rechtsgedanken des § 1 StVO, der im **Straßenverkehr** keinen Raum für eigenübliche Sorgfalt lässt.[13]

III. Haftung als Gesamtschuldner

7 Sind beide Eltern für die Entstehung des Schadens verantwortlich, so haften sie als Gesamtschuldner gem. § 421 BGB. Dies bedeutet, dass das anspruchsberechtigte Kind wahlweise die gesamte Forderung von einem der Verpflichteten fordern kann und der Ausgleich unter den Verpflichteten dem **Innenverhältnis** der Eltern (sog. Gesamtschuldnerausgleich gem. § 426 BGB) überlassen bleibt. Damit wird das **Ausfallrisiko** auf das Innenverhältnis verlagert. Hinsichtlich des internen Verteilungsmaßstabes ist die elter-

---

5 MüKoBGB/Huber § 1664 Rn. 6.
6 Peters FamRZ 1997, 595 (599 f.); zum Ganzen auch mit weiteren Beispielen BeckOGK BGB/Eitzinger § 1664 Rn. 11; BeckOK BGB/Veit § 1664 Rn. 8.
7 BGHZ 103, 338 (345); hierzu auch BeckOGK BGB/Eitzinger § 1664 Rn. 12 mwN.
8 MüKoBGB/Huber § 1664 Rn. 3.
9 Grüneberg/Götz BGB § 1664 Rn. 1; zu anderen Ansätzen vgl. BeckOK BGB/Veit § 1664 Rn. 1.1 mwN.
10 BeckOK BGB/Veit § 1664 Rn. 12.1.
11 BeckOK BGB/Veit § 1664 Rn. 13.
12 Grüneberg/Götz BGB § 1664 Rn. 4.
13 BeckOGK BGB/Eitzinger § 1664 Rn. 17 f. mwN.

liche Aufgabenteilung zu berücksichtigen und auch unterschiedliche Verschuldensgrade der Eltern einzubeziehen.[14]

Ist neben den Eltern auch ein Dritter für den dem Kind entstandenen Schaden verantwortlich, so kann sich aus dem Eingreifen des Haftungsprivilegs für die Eltern ein sog. **gestörtes Gesamtschuldverhältnis** ergeben, da letztlich nur der Dritte ersatzpflichtig wäre und bei stringenter Anwendung der gesetzlichen Regelungen auch kein Rückgriffsanspruch im Innenverhältnis besteht, da die Eltern dem Kind gegenüber gerade nicht haften. Die hM in der Rechtsprechung belässt es dennoch in diesen Fällen bei der Rechtsfolge, dass der Dritte in diesen Fällen dem Kinder gegenüber allein und voll haftet und im Innenverhältnis keinen Ersatzanspruch gegen die Eltern hat.[15] 8

IV. Rechtsweg/Verfahrensfragen

Da es sich um einen aus dem Eltern-Kind-Verhältnis herrührenden Anspruch handelt, ist die Zuständigkeit der Familiengerichte eröffnet (§ 266 Abs. 1 Nr. 4 FamFG). Für die gerichtliche Geltendmachung ist während des Bestehens der elterlichen Sorge grundsätzlich ein **Ergänzungspfleger** für das Kind zu bestellen, da der andere Elternteil hierzu grundsätzlich nicht befugt ist (§ 1629 Abs. 2 S. 1 iVm § 1824 BGB). Dies gilt allerdings nicht mehr, wenn die Ehe der Eltern rechtskräftig geschieden ist.[16] 9

Bis zur Vollendung des 21. Lebensjahres des Kindes ist die **Verjährung** gehemmt (§ 207 Abs. 1 S. 2 Nr. 2 lit. a BGB). 10

B. Haftung des Vormunds

Auch bei Pflichtverletzungen durch den Vormund sieht das BGB eine **eigenständige Haftungsgrundlage** vor. 11

I. Pflichtverletzung

Der Vormund ist dem Mündel gegenüber zur treuen und gewissenhaften Amtsführung verpflichtet. Dies umfasst sowohl die Vermögens- als auch die Personensorge. Bestimmte Verpflichtungen haben gesetzlich eine genauere Ausformung erhalten. Ein Vormund verstößt beispielsweise gegen seine **Pflichten**, wenn er bestehende Ansprüche seines Mündels nicht oder nicht vollständig durchsetzt,[17] wenn er es versäumt, den Mündel ausreichend gegen Risiken zu versichern,[18] wenn er das Vermögen nicht ordnungsgemäß verwaltet, bspw. Geld nicht sicher anlegt[19] oder unwirtschaftliche Entscheidungen trifft.[20] 12

14 MüKoBGB/Huber § 1664 Rn. 17.
15 Vgl. hierzu und zu den anderen möglichen Lösungsalternativen BeckOGK BGB/Eitzinger § 1664 Rn. 26.
16 BeckOGK BGB/Eitzinger § 1664 Rn. 1, 32.2.
17 BeckOGK BGB/Schöpflin § 1833 aF Rn. 18 ff. mwN.
18 BeckOGK BGB/Schöpflin § 1833 aF Rn. 20 f.
19 Jürgens/v. Crailsheim BGB § 1833 aF Rn. 5 mwN.
20 Vgl. hierzu die Auflistung bei BeckOGK BGB/Schöpflin § 1833 aF Rn. 21 f.

II. Verschuldensmaßstab

13 Gem. § 1794 BGB ist der Vormund dem Mündel für den aus einer Pflichtverletzung entstehenden Schaden verantwortlich. Es handelt sich hierbei um einen eigenständigen familienrechtlichen Haftungstatbestand.[21] Dies gilt nicht, wenn der Vormund die Pflichtverletzung nicht zu vertreten hat. Die Haftung setzt damit ein **Verschulden** des Vormunds voraus. Der Vormund haftet für Vorsatz und Fahrlässigkeit iSd § 276 Abs. 1 S. 1 BGB. Eine Haftungsprivilegierung, wie sie Eltern gem. § 1664 Abs. 1 BGB zugutekommt, gilt für den Vormund grundsätzlich nicht. Eine Ausnahme gilt dann, wenn der Mündel zur Pflege und Erziehung in den Haushalt des ehrenamtlichen Vormunds aufgenommen wird (§ 1794 Abs. 2 BGB). Dann gilt auch für den Vormund für die Frage des Verschuldens der Maßstab der eigenüblichen Sorgfalt (→ Rn. 5 ff.). Bei der Beurteilung des erforderlichen Sorgfaltsmaßstabes des Vormunds ist auch im Übrigen darauf Rücksicht zu nehmen, welchem Lebenskreis der Vormund entstammt und welche Vorerfahrungen er mitbringt.[22]

14 Eine vorherige **gerichtliche Genehmigung** des durch den Vormund vorgenommenen Handelns führt nicht automatisch zu dessen Entlastung. Vielmehr obliegt es auch bei einer Genehmigung dem Vormund selbst, zu entscheiden, ob er von der Genehmigung Gebrauch macht oder nicht. Er ist also verpflichtet, eine **selbstständige Einschätzung der Sachlage** vorzunehmen. Kommt es jedoch auf die Beurteilung von Rechtsfragen an, die im gerichtlichen Verfahren umfassend erörtert worden sind, so kann man nicht vom Vormund verlangen, dass dieser die Rechtslage besser durchschaut als das Gericht selbst.[23] Anderes gilt, wenn sich die tatsächlichen Umstände, auf denen die Genehmigung beruhte, zwischenzeitlich verändert haben.[24]

15 Aufgrund der Formulierung des § 1794 Abs. 1 BGB wird ein Verschulden des Vormunds grundsätzlich vermutet. Dem Vormund obliegt aufgrund dieser **Beweislastumkehr** damit die Beweislast, diese Vermutung zu entkräften.

III. Haftung für Dritte

16 Überträgt der Vormund Aufgaben auf **Dritte**, die er nur selber wahrnehmen darf, so stellt bereits die Übertragung eine Pflichtverletzung dar, für deren Folgen er gem. den vorstehenden Grundsätzen haftet.[25] Überträgt er Aufgaben, die er auch selbst hätte wahrnehmen können aber die ihm nicht ausschließlich obliegen, haftet der Vormund gem. § 278 BGB analog für das Verschulden des Dritten wie für eigenes Verschulden.[26] Handelt es sich bei der übertragenen Aufgabe um eine solche, bei der notwendigerweise eine Hilfsperson zugezogen werden muss (bspw. ein Arzt oder ein Rechtsanwalt), so haftet der Vormund nur für ordnungsgemäße Aufsicht und Überwachung der Hilfs-

21 Grüneberg/Götz BGB § 1833 aF Rn. 1.
22 Jürgens/v. Crailsheim BGB § 1833 aF Rn. 8.
23 BeckOGK BGB/Schöpflin § 1833 aF Rn. 26.
24 BeckOGK BGB/Schöpflin § 1833 aF Rn. 26.
25 MüKoBGB/Kroll-Ludwigs § 1833 aF Rn. 11.
26 BeckOK BGB/Bettin § 1833 aF Rn. 5; MüKoBGB/Kroll-Ludwigs § 1833 aF Rn. 11.

person.[27] Dem Vormund ist daher zu raten, vor Übertragung der Aufgaben auf Dritte deren Zulässigkeit genau zu prüfen, um eine Haftung zu vermeiden.

Im Übrigen gelten die für die Betreuung geltenden Haftungsgrundsätze aus § 1826 BGB 17
entsprechend, also insbesondere im Hinblick auf eine **Gesamtschuldnerische Haftung** mehrerer Verursacher nebeneinander (→ Rn. 7) wie auch im Hinblick auf die Haftung von **Vereinsvormündern** für ihre Mitarbeiter (→ Rn. 23).

IV. Rechtsweg/Verfahrensfragen

Für die Geltendmachung eines entsprechenden Haftungsanspruches des Mündels ge- 18
genüber dem Vormund sind die **allgemeinen Zivilgerichte** zuständig. Eine Sonderzuständigkeit des Familiengerichts ist nicht eröffnet.[28]

Nach § 207 Abs. 1 S. 2 Nr. 3 BGB ist die **Verjährung** eines Haftungsanspruches während 19
der Dauer des Vormundschaftsverhältnisses gehemmt.

C. Haftung des Betreuers

Auch im Betreuungsrecht ist in § 1826 BGB ein **eigenständiger Haftungsanspruch** bei 20
Pflichtverletzungen des Betreuers bei Ausübung des Amtes normiert.

I. Haftung für eine verschuldete Pflichtverletzung

§ 1826 Abs. 1 BGB enthält eine mit § 1794 Abs. 1 S. 1, 2 BGB identische Haftungsre- 21
gelung. Diesbezüglich kann daher auf die obigen Ausführungen verwiesen werden (→ Rn. 13). Eine mit § 1794 Abs. 2 BGB vergleichbare Haftungsbeschränkung auf die eigenübliche Sorgfalt enthält § 1826 BGB jedoch nicht. So kommen auch Betreuern aus dem engsten Familienkreis **keine Haftungserleichterungen** zugute. Hierin liegt kein Versehen des Gesetzgebers, der den Schutz aller Betreuten gleichmäßig wahren wollte. Durch die Sammelhaftpflichtversicherung der Länder sah der Gesetzgeber ehrenamtliche Betreuer ausreichend abgesichert.[29] Damit haften alle Betreuer gleichermaßen bereits für einfache Fahrlässigkeit bei der Ausübung ihres Amtes.

II. Gesamtschuldnerische Haftung

Sind für den Schaden mehrere Betreuer verantwortlich, so haften sie gem. § 1826 22
Abs. 2 BGB als Gesamtschuldner iSd §§ 421 ff. BGB. Es gelten hierfür die schon oben geschilderten Grundsätze (→ Rn. 7). Da dem Betreuer anders als dem Elternteil oder Vormund keine Haftungsprivilegierung zukommt, stellt sich die Problematik des gestörten Gesamtschuldnerausgleichs hier jedoch nicht.

III. Haftung bei Vereinsbetreuern

Ist ein Verein als Betreuer eingesetzt, stellen sich besondere Haftungsfragen, da die Be- 23
treuung selber regelmäßig durch Mitglieder bzw. Mitarbeiter des Vereins durchgeführt

27 AllgM vgl. nur BeckOGK BGB/Schöpflin § 1833 aF Rn. 5 mwN.
28 Jürgens/v. Crailsheim BGB § 1833 aF Rn. 23.
29 BT-Drs. 19/24445, 260.

wird. Bei einem Betreuungsverein angestellte Personen oder Mitglieder sind in der Regel weder Organe des Vereins (§ 31 BGB) noch Erfüllungsgehilfen iSd § 278 BGB, so dass eine Haftung des Vereins selbst für Pflichtverletzungen der konkret die Betreuung ausübenden Person nach allgemeinen zivilrechtlichen Grundsätzen ausscheidet. Es bedarf daher für die Begründung der Haftung des Betreuungsvereins für seine Mitarbeiter einer eigenständigen gesetzlichen Haftungsgrundlage. Diese ist nunmehr in § 1826 Abs. 3 BGB, der den Verweis in § 1794 Abs. 1 S. 3 auch für den Vereinsvormund ausdrücklich normiert. **Der Verein haftet daher für ein Verschulden** seiner Mitglieder oder Mitarbeiter wie für ein Verschulden seines verfassungsmäßig berufenen Vertreters, also gem. § 31 BGB. Der Verein ist somit für den Schaden verantwortlich, den der Mitarbeiter in Ausübung seiner Betreuungstätigkeit für den Verein durch eine Pflichtverletzung iSd § 1826 Abs. 1 dem Betreuten zufügt.

24 Der Gesetzgeber hat sich mit der seit dem 1.1.2023 geltenden Fassung ausdrücklich der bisher herrschenden Meinung in der Literatur angeschlossen, die im Übrigen eine Haftung des Vereins für ein Verschulden des persönlich als Betreuer berufenen Mitglieds oder Angestellten ablehnt. Nur wenn der Betreuungsverein selbst Betreuer ist, kommt eine Haftung für Angestellte oder Mitglieder in Betracht.[30] Im Übrigen bleibt es bei der Haftung der persönlich zum Betreuer bestellten Person über § 1826 Abs. 1 BGB.

IV. Rechtsweg/Verfahrensfragen

25 Für die Geltendmachung eines entsprechenden Haftungsanspruches des Betreuten gegenüber dem Betreuer sind die **allgemeinen Zivilgerichte** zuständig. Eine Sonderzuständigkeit des Betreuungsgerichts ist nicht eröffnet.[31]

26 Nach § 207 Abs. 1 S. 2 Nr. 4 BGB ist die **Verjährung** eines Haftungsanspruches während der Dauer des Vormundschaftsverhältnisses gehemmt.

D. Haftung des Pflegers

27 Für Pflegschaften über Minderjährige gelten gem. § 1813 Abs. 1 die für die Vormundschaft geltenden Vorschriften (→ Rn. 11 ff.) entsprechend. Somit beurteilt sich die Haftung entsprechend den vorstehenden Grundsätzen.

28 Über die Verweisung des § 1881 Abs. 1 BGB gelten für die sonstigen Pflegschaften die Vorschriften des Betreuungsrechts (→ Rn. 20 ff.) entsprechend, was sich auf Haftungsansprüche erstreckt.

29 Auch hier ist die **Verjährung** von Haftungsansprüchen während der Dauer der Pflegschaft gehemmt gem. § 207 Abs. 1 S. 2 Nr. 5 BGB.

30 BT-Drs. 19/24445, 260.
31 BeckOGK BGB/Schöpflin § 1833 aF Rn. 44.

§ 17 Vergütung und Aufwendungsersatz

Literatur:

Bartels, Die große Reform: Primat der Wünsche des Betreuten – die neuen Vorschriften des Betreuungsrechts, FamRB 2021, 204; *Bartels*, Die große Reform: Vom Recht des Vormunds zu den Rechten des Mündels – die neuen Vorschriften des Vormundschafts- und Pflegschaftsrechts, FamRB 2021, 113; *Felix*, Die Vergütung des Berufsbetreuers, Rpfleger 2015, 615; *Horn*, Die Reform des Vormundschafts- und Betreuungsrechts: fast der große Wurf, ZEV 2020, 748; *Veit*, Die Reform des Vormundschaftsrechts nach dem zweiten Diskussionsteilentwurf, FamRZ 2019, 337; *Zimmermann*, Die Betreuer- und Verfahrenspflegervergütung ab 1.7.2005, FamRZ 2005, 950.

A. Einführung

1 Die Regelungen zur finanziellen Kompensation der Tätigkeit der gerichtlich bestellten gesetzlichen Vertreter von Mündeln, Pfleglingen und Betreuten finden sich überwiegend in einzelnen Vorschriften des BGB – dort meist im Anschluss an die die Beendigung des jeweiligen Amts betreffenden Normen – sowie im VBVG, das gerichtliche Festsetzungsverfahren dagegen im FamFG. Dabei sind die Vorschriften über Vergütung und Aufwendungsersatz für Vormünder und Betreuer nach dem Willen des Gesetzgebers regelungstechnisch voneinander getrennt, um auch an dieser Stelle die inhaltlichen Unterschiede zwischen beiden Ämtern abzubilden;[1] weiter wird danach differenziert, ob Vormund und Betreuer ehrenamtlich oder beruflich tätig sind.[2] Die Vergütungsregelungen für Pfleger iSd §§ 1809 ff. BGB, sonstige Pfleger iSd §§ 1882 ff. BGB und für den nach § 276 FamFG zu bestellenden Verfahrenspfleger schließlich orientieren sich im Wesentlichen an den für Vormünder und Betreuer geltenden Vorschriften und bestehen daher überwiegend aus Verweisungen (→ Rn. 13, 14). In der Sache erscheinen Vergütung und Aufwendungsersatz aber nach wie vor bescheiden und eher den fiskalischen Interessen der im Regelfall finanzierenden Staatskasse als der Verantwortung, aber auch den Leistungen und nicht zuletzt den Bedürfnissen der Amtsträger angemessen.[3]

1 BT-Drs. 19/24445, 389.
2 Horn ZEV 2020, 748.
3 Horn ZEV 2020, 748; zur Verfassungsmäßigkeit der Betreuervergütung vgl. aber BVerfG FamRZ 2007, 622.

B. Vergütung und Aufwendungsersatz des Vormunds

2 § 1808 BGB geht als zentrale Bestimmung für die Vergütung des Vormunds in Abs. 1 vom **Leitbild einer unentgeltlichen (ehrenamtlichen) Führung der Vormundschaft** aus.[4] Die entgeltliche Führung der Vormundschaft soll dagegen, wie Abs. 3 zum Ausdruck bringt, die Ausnahme darstellen.[5]

I. ... des ehrenamtlichen Vormunds

3 Führt der Vormund das Amt nicht berufsmäßig, hat er nach § 1808 Abs. 1 BGB grundsätzlich **keinen Anspruch auf ein Entgelt** für seine Tätigkeit. Allerdings kann er gem. § 1808 Abs. 2 BGB vom Mündel für seine zur Führung der Vormundschaft erforderlichen **Aufwendungen Vorschuss oder Ersatz** gem. § 1877 BGB verlangen.[6] § 1877 Abs. 1 S. 1 BGB wiederum verweist auf §§ 669, 670 BGB, dh auf materielles Auftragsrecht; natürlich wird dadurch aber **kein Auftragsverhältnis** zwischen Vormund und Mündel begründet.[7] Entsprechend § 669 BGB ist der Auftraggeber (Mündel) verpflichtet, dem Beauftragten (Vormund) auf Verlangen Vorschuss zu leisten, ferner hat der Beauftragte entsprechend § 670 BGB einen Anspruch auf Ersatz solcher Aufwendungen, die er den Umständen nach für erforderlich halten darf. Dazu zählen *nicht* die allgemeinen Verwaltungskosten des Vormunds,[8] u.a. aber Telefon- und Portokosten, Kosten für Nachsendeaufträge, Fotokopien, Lichtbilder sowie für Akteneinsicht und Schreibarbeiten.[9] Ausdrückliche Erwähnung finden in § 1877 BGB auch die **Fahrtkosten** mit einem Verweis auf § 5 JVEG (derzeit mit einem Satz von 0,42 EUR/km) und die Kosten einer angemessenen **Versicherung** gegen Schäden, die dem Mündel durch den Vormund zugefügt werden oder die dem Vormund dadurch entstehen können, dass er einem Dritten aus der Führung der Vormundschaft zum Schadensersatz verpflichtet ist. Der Anspruch auf Aufwendungsersatz erlischt, wenn er nicht **innerhalb von 15 Monaten** nach seiner Entstehung gerichtlich geltend gemacht wird.

4 Statt des Aufwendungsersatzes kann der Vormund nach § 1808 Abs. 2 BGB auch die Zahlung der jährlichen **Aufwandspauschale** des § 1878 BGB verlangen, die dem 17fachen des Stundensatzes für einen Zeugen nach § 22 JVEG entspricht, sich derzeit also auf 425 EUR beläuft.[10] Werden ausnahmsweise Eheleute gem. § 1775 Abs. 1 BGB gemeinsam zu Mitvormündern bestellt, folgt aus § 1878 Abs. 2 BGB, dass die Pauschale jedem von ihnen zusteht.[11] Der Anspruch erlischt gem. § 1878 Abs. 4 BGB, wenn er nicht **binnen sechs Monaten** nach Ablauf des Jahres, in dem er entstanden ist, gerichtlich geltend gemacht wird. Kommt für den ehrenamtlichen Vormund der Anspruch aus § 1878 BGB in Betracht, muss er entscheiden, ob er die Pauschale oder doch lieber Aufwendungsersatz nach § 1877 BGB verlangt. Welche Vorgehensweise für ihn im

4 Vgl. MüKoBGB/Fröschle § 1836 aF Rn. 2.
5 Vgl. zu § 1836 BGB aF NK-BGB/Fritsche/Kieß § 1836 aF Rn. 1 mwN.
6 Zum gesetzlich nicht definierten Begriff der „Aufwendungen" vgl. BeckOGK BGB/Bohnert § 1835 aF Rn. 4.
7 BeckOGK BGB/Bohnert § 1835 aF Rn. 7.
8 Vgl. OLG Zweibrücken FGPrax 2003, 28; OLG Schleswig MDR 2002, 1194; OLG Brandenburg FamRZ 2002, 626.
9 BeckOGK BGB/Bohnert § 1835 aF Rn. 24 ff.
10 Zur (berechtigten) Kritik vgl. Schnellenbach/Normann-Scheerer/Loer BtPrax 2021, 83 (85).
11 Vgl. OLG Oldenburg ZKJ 2019, 33 mwN; Bartels FamRB 2021, 204 (213).

Einzelfall günstiger ist, steht in der Regel erst nach Schluss des jeweiligen Abrechnungszeitraums fest.[12]

Ist der Mündel **mittellos**, kann der Vormund gem. § 1808 Abs. 2 S. 1, 2. Hs. BGB die Zahlung von Vorschuss, Aufwendungsersatz oder Aufwandspauschale in entsprechender Anwendung des § 1879 BGB aus der Staatskasse verlangen. Nach der Legaldefinition des § 1880 BGB gilt der Mündel als mittellos, wenn er die Zahlungen nicht, nur zum Teil oder nur in Raten aus seinem nach Maßgabe des § 90 SGB XII einzusetzenden Vermögen (dh nicht aus seinem Einkommen[13]) aufbringen kann. 5

Nach § 1808 Abs. 2 BGB kann das FamG dem Vormund neben dem Ersatz der Aufwendungen eine **Vergütung aus den Mitteln des Kindes/Jugendlichen** bewilligen, wenn Umfang oder Schwierigkeit der Wahrnehmung der Angelegenheiten des Mündels dies rechtfertigen und dieser nicht mittellos ist, § 1876 S. 2 BGB. Dabei kann die Höhe des im Rahmen der Vormundschaft zu verwaltenden Vermögens im Hinblick auf die damit verbundene Verantwortung für dessen Erhalt, Vermehrung oder auch nur pflichtgemäße Verwaltung und das sich daraus ergebende Haftungsrisiko von Bedeutung sein,[14] aber auch ein im Einzelfall zu betreibender erhöhter Zeitaufwand.[15] Ist der Mündel mittellos, kann der ehrenamtliche Vormund gem. § 1808 Abs. 2 S. 1 BGB aber nur den Aufwendungsersatz nach § 1877 BGB oder die Aufwandspauschale nach § 1878 BGB aus der Staatskasse beanspruchen, eine weitergehende Vergütung ist ausgeschlossen. Der nach früherer Rechtslage bestehende Rückgriffsanspruch der Staatskasse gegen den mittellosen Mündel (§ 1836e BGB aF) ist weggefallen, um diesen nicht nachträglich mit Rückforderungsansprüchen zu belasten.[16] 6

Die Regelungen in § 1808 BGB schließen nicht aus, dass Vormund und Mündel nach Bestellung eines Ergänzungspflegers (vgl. § 181 BGB) die Zahlung einer Vergütung für zusätzliche Dienstleistungen vereinbaren.[17] Allerdings kann eine solche Vereinbarung nach § 242 BGB der Geltendmachung einer Vergütung nach § 1876 S. 2 BGB entgegenstehen.[18] 7

Für das Verfahren zur Festsetzung von Zahlungen an den Vormund gilt über die Verweisung in § 168d FamFG § 292 Abs. 1 und Abs. 3-6 FamFG entsprechend (Abs. 2 der Norm mit der Festsetzung der Vergütung für künftige Zeiträume findet auf die Vormundschaft dagegen keine Anwendung). § 292 Abs. 1 FamFG regelt das **reguläre Festsetzungsverfahren**, nach dem das Gericht Höhe und Zeitpunkt der jeweiligen Zahlungen an den Vormund im Beschlusswege festzusetzen hat, Abs. 3 die Voraussetzungen einer ordnungsgemäßen Antragstellung. Abs. 4 normiert die Pflicht, den Betroffenen vor der Festsetzung einer von ihm zu leistenden Zahlung anzuhören, Abs. 5 bestimmt die Voraussetzungen der Auszahlung der Vergütung im vereinfachten Verwaltungsver- 8

12 Staudinger/Bienwald BGB § 1835a aF Rn. 13.
13 Vgl. Bartels FamRB 2021, 204 (213).
14 BayObLG FamRZ 2004, 1138 (1140); Staudinger/Bienwald BGB § 1836 aF Rn. 295.
15 BayObLG FamRZ 1996, 1166; Grüneberg/Götz BGB § 1836 aF Rn. 8 mwN.
16 BT-Drs. 19/24445, 224.
17 NK-BGB/Fritsche/Kieß § 1836 aF Rn. 1.
18 Vgl. MüKoBGB/Fröschle § 1836 aF Rn. 8.

fahren und Abs. 6 schließlich eröffnet den Ländern durch Verordnungsermächtigung die Möglichkeit, Antragsformulare einzuführen.[19]

9 **Muster: Aufwendungserstattungsantrag ehrenamtlicher Vormund**

An das Amtsgericht ...

– Familiengericht –

Datum ...

Vormundschaft für ... (Name, Geburtsdatum, Anschrift)

Az.: VII ...

Antrag auf Aufwendungserstattung

Sehr geehrte Damen und Herren,

in dem oben genannten Verfahren bin ich mit Beschluss des Amtsgerichts – Familiengericht – ... vom ... (Az. ....) zum ehrenamtlichen Vormund für den og Mündel bestellt worden.

Ich beantrage

☐ die Erstattung des pauschalen Aufwendungsersatzes und der Aufwandsentschädigung in Höhe von 425 EUR für das abgelaufene Jahr aus der Staatskasse (§§ 1808 Abs. 2, 1878, 1879 BGB).
☐ die Erstattung meiner Aufwendungen in Höhe von insgesamt ... EUR aus der Staatskasse (§§ 1808 Abs. 2, 1878, 1879 BGB). Die Nachweise zu den gefahrenen Kilometern und den weiteren mir entstandenen Kosten habe ich im Original beigefügt.
☐ Die wirtschaftlichen Verhältnisse des Mündels sind aktenkundig.
☐ Zu den wirtschaftlichen Verhältnissen des Mündels verweise ich auf die beigefügte Vermögensaufstellung.

Der Mündel gilt im Sinne des Gesetzes als mittellos (§ 1880 BGB). Er kann die Zahlungen nicht, nur zum Teil oder nur in Raten aus seinem nach Maßgabe des § 90 SGB XII einzusetzenden Vermögen aufbringen.

Meine Bankverbindung lautet:

Geldinstitut: IBAN: BIC:

Mit freundlichen Grüßen

...

Anlagen:

☐ ....

II. ... des Berufsvormunds

10 Die Bezahlung des Berufsvormunds ist im VBVG geregelt, denn Berufsmäßigkeit sowie Ansprüche des berufsmäßig tätigen Vormunds und des Vormundschaftsvereins auf Vergütung und Aufwendungsersatz bestimmen sich gem. § 1808 Abs. 3 BGB nach dem Vormünder- und Betreuervergütungsgesetz. Gem. § 1 Abs. 3 VBVG setzen Zahlungsansprüche nach diesem Gesetz die insoweit **konstitutive Feststellung der Berufsmäßigkeit** der Vormundschaft durch einen gerichtlichen Beschluss voraus.[20] Von dieser ist auszugehen, wenn der Vormund Vormundschaften in einem solchen Umfang ausübt, dass er sie nur beruflich führen kann, oder wenn zu erwarten ist, dass dies in absehbarer

19 Vgl. BT-Drs. 19/24445, 335 ff.
20 OLG Frankfurt FamRZ 2001, 790; Grüneberg/Götz BGB Anh. zu § 1836 aF (VBVG), VBVG § 1 Rn. 7.

Zeit der Fall sein wird. Nach den Regelbeispielen des § 1 Abs. 1 S. 2 VBVG ist eine Berufsmäßigkeit jedenfalls dann anzunehmen, wenn der Vormund mehr als zehn Vormundschaften führt oder für die Führung der Vormundschaft voraussichtlich mindestens 20 Wochenstunden erforderlich sind. Von einer Berufsmäßigkeit kann im Einzelfall aber auch dann gesprochen werden, wenn im Zusammenhang mit der Vormundschaftsverwaltung besondere steuerliche oder juristische Probleme zu bewältigen sind[21] oder die og Wochenstundenzahl nur geringfügig unterschritten wird.[22] Bei Vereins- und Amtsvormündern ist nach § 1 Abs. 2 VBVG dagegen *stets* von einer Berufsmäßigkeit auszugehen.

§ 3 Abs. 1 VBVG sieht **qualifikationsabhängige Regelstundensätze** des Berufsvormunds von 23 EUR, 29,50 EUR und 39 EUR, ggf. zzgl. Umsatzsteuer, vor.[23] Der Höchstsatz wird nur erreicht, wenn der Vormund über besondere, für die Führung der Vormundschaft nutzbare Kenntnisse verfügt, die er durch eine abgeschlossene Ausbildung an einer Hochschule oder durch eine vergleichbare abgeschlossene Ausbildung erworben hat. Ausnahmsweise darf das Familiengericht aber bei einer besonderen Schwierigkeit der Vormundschaft – außer bei Mittellosigkeit des Mündels – einen höheren Stundensatz bewilligen, § 3 Abs. 3 VBVG. Neben dem Regelstundensatz kann der Berufsvormund nach § 4 Abs. 1 VBVG in entsprechender Anwendung des § 1877 Abs. 1 BGB auch Ersatz seiner **Aufwendungen** verlangen (allerdings nicht Erstattung der Kosten einer angemessenen Versicherung, da § 4 Abs. 1 VBVG nicht auf Abs. 2 verweist),[24] ferner gem. § 4 Abs. 2 VBVG *anstelle* der Vergütung nach § 1 Abs. 3 VBVG entsprechend § 1877 Abs. 3 BGB Ersatz für von ihm geleistete Dienste, die zu seinem Gewerbe oder seinem Beruf gehören.[25] 11

Gesonderte **Vergütungsregelungen für Vormundschaftsvereine und Jugendämter** finden sich – auch für den Fall ihrer Bestellung zum vorläufigen Vormund – schließlich in §§ 5 und 6 VBVG:[26] Der Vormundschaftsverein, nicht aber der Vereinsvormund selbst, kann Vergütungs- oder Aufwendungsersatz nach §§ 3, 4 VBVG verlangen, allerdings findet § 4 Abs. 2 VBVG hier keine Anwendung. Das Jugendamt dagegen wird über den jeweiligen kommunalen Träger finanziert und übt die Vormundschaft in Erfüllung der ihm nach § 55 Abs. 1 und 3 SGB VIII obliegenden gesetzlichen Aufgaben aus, ihm steht daher nach § 6 Abs. 1 VBVG keine Vergütung zu. Ein Aufwendungsersatzanspruch des Jugendamts besteht nach § 6 Abs. 2 S. 2 VBVG entsprechend § 1877 Abs. 1 BGB nur, wenn der Mündel nicht mittellos ist. 12

C. Die Vergütung und Aufwendungsersatz des Pflegers gem. §§ 1809 ff. BGB

Auf die in §§ 1809 ff. BGB genannten Pflegschaften (Ergänzungs-, Ungeborenen- und Zuwendungspflegschaft) gelangen über den Verweis in § 1813 Abs. 1 BGB nicht nur die Regelungen über die Auswahl und Bestellung **des Vormunds** entsprechend zur An- 13

21 KG FamRZ 2012, 815; OLG Frankfurt FamRZ 2001, 790.
22 LG Darmstadt FamRZ 2000, 1450.
23 Horn ZEV 2020, 748.
24 BT-Drs. 19/24445, 391.
25 Vgl. dazu bereits OLG Frankfurt JurBüro 2015, 420; FamRZ 2013, 1160; FamRZ 2013, 894.
26 Bartels FamRB 2021, 212.

wendung, sondern auch die Vorschriften über Aufwendungsersatz und Vergütung.[27] Daher kann fast in vollem Umfang auf die Ausführungen zu Vergütung und Aufwendungsersatz des Vormunds (oben → Rn. 2 ff.) verwiesen werden. Eine einzige, den **Zuwendungspfleger** betreffende **Ausnahme** findet sich allerdings in § 1811 Abs. 4 BGB: Wenn der Pflegling nicht mittellos ist, richtet sich die Höhe des Stundensatzes des Zuwendungspflegers nach seinen für die Führung der Pflegschaft nutzbaren Fachkenntnissen und dem Umfang und der Schwierigkeit der Pflegschaftsgeschäfte. Der Gesetzgeber begründet diese Ausnahme überzeugend mit der Annahme, die Tätigkeit des Zuwendungs- entspreche der eines Nachlasspflegers und könne, zum Beispiel bei der Verwaltung eines umfangreichen Vermögens, sehr aufwändig sein. Daher führe der Regelsatz des VBVG hier in der Regel zu einer unangemessenen niedrigen Vergütung[28] und mindere damit die Bereitschaft zur Übernahme der Pflegschaft. Durch den Verweis auf § 1881 BGB in § 1811 Abs. 4 S. 2 BGB kann daher auch die Staatskasse, anders als bei der Vormundschaft, **Rückgriff bei dem Pflegling** nehmen.

D. Vergütung und Aufwendungsersatz bei sonstigen Pflegschaften gem. §§ 1882 ff. BGB

14 Auf die sonstigen Pflegschaften nach §§ 1882 ff. BGB (im Einzelnen die Pflegschaft für unbekannte Beteiligte nach § 1883 BGB, für gesammeltes Vermögen nach § 1884 BGB und die Abwesenheitspflegschaft nach § 1885 BGB, aber auch die Nachlasspflegschaft nach § 1960 BGB[29]) sind nach § 1888 Abs. 1 BGB die **Vorschriften des Betreuungsrechts** entsprechend anwendbar, soweit sich aus dem Gesetz nichts anderes ergibt. Hinsichtlich der Vergütung und des Aufwendungsersatzes des ehrenamtlich tätigen sonstigen Pflegers wird daher auf die unter Nr. IV folgenden Ausführungen zur Vergütung des Betreuers verwiesen. Allerdings richten sich die Ansprüche des **berufsmäßig tätigen Pflegers** gem. § 1888 Abs. 2 S. 1 BGB nach §§ 1–6 VBVG (dazu → Rn. 10 ff.). Eine vor allem für die Nachlasspflegschaft relevante[30] **Rückausnahme** von dieser Verweisung sieht wiederum § 1888 Abs. 2 S. 2 BGB vor: Ist der Pflegling nicht mittellos, richtet sich die Höhe des Stundensatzes des Pflegers doch wieder nach seinen für die Führung der Pflegschaftsgeschäfte nutzbaren Fachkenntnissen sowie nach Umfang und Schwierigkeit der Geschäfte.

E. Vergütung und Aufwendungsersatz des Betreuers

15 **Ausgangsnorm** für die gesetzliche Regelung der Vergütung und der Aufwendungsersatzansprüche des gesetzlichen Betreuers ist **§ 1875 BGB**, der zwischen ehrenamtlicher (Abs. 1) und beruflicher (Abs. 2) Tätigkeit des Amtsträgers differenziert: Anstelle der im alten Recht in § 1908 i Abs. 1 BGB aF zu findenden Verweisung auf das Vormundschaftsrecht treffen §§ 1875-1879 BGB eine **eigenständige Regelung** für Vergütung und Auslagenersatz des ehrenamtlichen Betreuers. Hinsichtlich des Berufsbetreuers (einschließlich des Vereinsbetreuers) und der weiteren nicht ehrenamtlichen

27 BT-Drs. 19/24445, 329.
28 Vgl. OLG Köln FamRZ 2021, 897.
29 Vgl. BT-Drs. 19/24445, 316.
30 So BT-Drs. 19/24445, 317.

Betreuertypen (Betreuungsverein, Behördenbetreuer, Betreuungsbehörde) wird in Abs. 2 dagegen auf die Regelungen des neu strukturierten VBVG verwiesen, konkret auf dessen 2. Abschnitt mit den §§ 7-16 VBVG.[31]

I. ... des ehrenamtlichen Betreuers

Da die Regelungen zu Vergütung und Aufwendungsersatz des ehrenamtlichen Betreuers bereits bei den Ausführungen zur Vergütung des ehrenamtlichen Vormunds besprochen worden sind (→ Rn. 3 ff.), wird zunächst auf die dortigen Ausführungen Bezug genommen. Der ehrenamtliche Betreuer hat – wie der ehrenamtliche Vormund – grundsätzlich **keinen Vergütungsanspruch**, § 1876 S. 1 BGB, kann aber unter den in §§ 1876 S. 2, 1877 und 1878 BGB genannten Voraussetzungen eine angemessene Vergütung, Aufwendungsersatz und eine Aufwendungspauschale verlangen. § 1878 Abs. 2 BGB stellt klar, dass die Pauschale bei Bestellung mehrerer Betreuer jedem von ihnen zusteht.[32] Bei Mittellosigkeit des Betroffenen sind Aufwendungsersatz und Aufwandspauschale aus der Staatskasse zu zahlen, § 1879 BGB. 16

II. ... des Berufsbetreuers

Für den Berufsbetreuer gelangen über § 1875 Abs. 2 BGB die Regelungen der §§ 7-16 VBVG zur Anwendung. Maßgebliche Anspruchsgrundlage für das Zahlungsbegehren eines beruflichen Betreuers iSd § 19 Abs. 2 BOtG, das heißt für selbstständige wie für Vereinsbetreuer, ist dabei § 7 VBVG. Danach richtet sich der Zahlungsanspruch zwar ausdrücklich gegen den Betreuten (Abs. 1), die Bewilligung erfolgt jedoch durch das Gericht (Abs. 3). Anders als beim Vormund und auch anders als nach früherer Rechtslage hängt der Vergütungsanspruch des beruflichen Betreuers nicht von der Feststellung der Berufsmäßigkeit durch das Betreuungsgericht ab, sondern von seiner **Registrierung** durch die Betreuungsbehörde nach §§ 23 ff. BtOG.[33] Entfällt die Registrierung, verliert der Betreuer zugleich auch seinen Vergütungsanspruch. 17

Die Höhe der Vergütung des Berufsbetreuers richtet sich gem. § 8 Abs. 1 VBVG nach monatlichen **qualifikationsabhängigen Fallpauschalen**, festgelegt in den **Vergütungstabellen A bis C** in der Anlage zu dieser Norm. Gem. Abs. 2 – nach Ansicht des Gesetzgebers „Kernstück der Vergütungssystematik für berufliche Betreuer"[34] – findet Vergütungstabelle A Anwendung, wenn der Betreuer weder eine abgeschlossene Lehre, noch eine abgeschlossene Hochschul- oder vergleichbare Ausbildung nachweisen kann, Vergütungstabelle B dagegen bei abgeschlossener Lehre oder vergleichbarer abgeschlossener Ausbildung und Tabelle C schließlich dann, wenn der Betreuer über eine abgeschlossene Hochschul- oder eine vergleichbare abgeschlossene Ausbildung verfügt. Entsprechend der nachgewiesenen Qualifikation bewegen sich die Pauschalen derzeit in einem Bereich von monatlich 62 EUR bis 486 EUR. 18

31 Bartels FamRB 2021, 204 (212).
32 Vgl. Bartels FamRB 2021, 204 (213).
33 BT-Drs. 19/24445, 393.
34 BT-Drs. 19/24445, 394.

19 Die Höhe der Fallpauschalen innerhalb der jeweiligen Vergütungstabelle wiederum richtet sich gem. § 9 Abs. 1-3 VBVG nach der Dauer der Betreuung (bis zu 3, 6, 12, 24 Monate oder mehr), dem gewöhnlichen Aufenthaltsort des Betreuten („stationäre Einrichtung oder gleichgestellte ambulant betreute Wohnform" auf der einen oder „andere Wohnform" auf der anderen Seite) und dem Vermögensstatus des Betreuten („mittellos", „nicht mittellos").[35] Gem. § 11 VBVG werden mit den Fallpauschalen auch Ansprüche auf Ersatz anlässlich der Betreuung entstandener Aufwendungen abgegolten. Allerdings bleibt dem selbstständig tätigen Berufsbetreuer die gesonderte **Geltendmachung von Aufwendungen** iSd § 1877 Abs. 3 BGB vorbehalten, dh für solche Dienste, die zu seinem Gewerbe oder Beruf gehören.

20 Bei einem Geldvermögen der betreuten Person von mindestens 150.000 EUR erhöht sich die Pauschale um (lediglich) 30 EUR; dies gilt auch dann, wenn der Betroffene ein Erwerbsgeschäft betreibt oder nicht von ihm selbst oder seinem Ehegatten genutzter Wohnraum zu verwalten ist, § 10 Abs. 1 VBVG.[36] Ferner hat der Berufsbetreuer nach § 10 Abs. 2 und 3 VBVG Anspruch auf einmalige Pauschalen von 200 EUR bzw. in Höhe des 1,5-fachen der aktuellen Fallpauschale bei einem Wechsel der Betreuung vom beruflichen auf einen ehrenamtlichen Betreuer und umgekehrt.

21 Nach § 8 Abs. 3 VBVG stellt der Vorstand des für den Sitz bzw. Wohnsitz des Berufsbetreuers zuständigen Amtsgerichts nach dessen Registrierung **mit bundesweiter Wirkung** fest, nach welcher Vergütungstabelle sich dessen Vergütung richtet. Damit entfällt die frühere, an das jeweilige einzelne Betreuungsverfahren angeknüpfte Ermittlung der Kenntnisse des Betreuers durch das Betreuungsgericht zur Festlegung der maßgeblichen Vergütungsstufe.[37] Bei der konkreten Vergütungsfestsetzung ist die Einstufung in eine der dann nur noch als **Berechnungsgrundlage** relevanten Vergütungstabellen daher auch nicht mehr rechtsmittelfähig; angefochten werden kann – im Rechtsweg nach §§ 23 ff. EGGVG – lediglich die erstmalige Feststellung der Vergütungstabelle nach § 8 Abs. 3 VBVG.[38] Eine nachträgliche Anpassung der Einstufung ist bei Änderung der Voraussetzungen des § 8 Abs. 2 VBVG allerdings möglich.

22 Gesonderte Vorschriften zur Vergütung des Sterilisationsbetreuers iSd § 1817 Abs. 2 BGB und des Ergänzungsbetreuers gem. § 1817 Abs. 5 BGB finden sich in § 11 Abs. 1 VBVG; beide können gem. § 3 VBVG nach den Stundensätzen des Berufsvormunds abrechnen und Aufwendungsersatz entsprechend § 1877 Abs. 1 BGB verlangen. Dem Verhinderungsbetreuer nach § 1817 Abs. 4 BGB sind die Vergütung nach §§ 8, 9 VBVG und die Pauschale nach § 10 Abs. 1 VBVG zu bewilligen, wobei die Vergütung im Fall des § 9 VBVG nach Tagen zu teilen ist.

23 Weitere Besonderheiten gelten nach §§ 13 und 14 VBVG für die **Vergütung der Vereins- und Behördenbetreuer.** Der nach § 1818 Abs. 1 BGB zum Betreuer bestellte Verein hat

35 Die höchste monatliche Fallpauschale von derzeit 486 EUR kann nach Vergütungstabelle C abgerechnet werden, wenn die Betreuung noch keine drei Monate währt, der Betroffene nicht mittellos ist und in einer „anderen Wohnform" lebt, die niedrigste von derzeit 62 EUR (pro Monat!) nach Vergütungstabelle A, wenn die Betreuung bereits länger als 24 Monate andauert, der Betroffene mittellos ist und in einer stationären Einrichtung oder gleichgestellten ambulant betreuten Wohnform lebt.

36 Vgl. NK-BGB/Fritsche/Kieß § 1836 aF Rn. 1 mwN.

37 BT-Drs. 19/24445, 393.

38 Vgl. BT-Drs. 19/24445, 395.

Anspruch auf eine Vergütung nach den §§ 8 bis 10 VBVG, wenn der Mitarbeiter, dem die Führung der Betreuung nach § 1818 Abs. 2 S. 1 BGB übertragen wurde, als beruflicher Betreuer registriert ist, dh sonst nicht. Die Höhe der Vergütung richtet sich daher auch nach der für den Mitarbeiter geltenden Vergütungstabelle. Anspruchsberechtigt ist allerdings gem. § 7 Abs. 2 VBVG nicht der Betreuer selbst, sondern nur der Verein.[39] Außerdem kann der Betreuungsverein Vergütung und Aufwendungsersatz nach § 12 VBVG geltend machen; Ersatz für Aufwendungen iSd § 1877 Abs. 3 BGB und allgemeine Verwaltungskosten dagegen stehen ihm gem. § 13 Abs. 2 VBVG nicht zu.

Gem. § 15 Abs. 1 S. 1 VBVG kann die Vergütung nach Ablauf von jeweils drei Monaten für diesen Zeitraum geltend gemacht werden, allerdings enthält Abs. 2 für den Berufsbetreuer eine wesentliche Erleichterung: Ist keine Veränderung der für die Höhe der Vergütung maßgeblichen Kriterien zu erwarten, kann er nach § 292 Abs. 2 S. 1 FamFG die Festsetzung der Vergütung auch für **künftige Zeiträume** beantragen. Eine Absicherung des Gerichts vor Überzahlungen erfolgt durch dessen in § 15 Abs. 2 S. 2 VBVG geregelte Pflicht, die Festsetzung spätestens alle zwei Jahre zu überprüfen und die damit korrespondierende Pflicht des Betreuers selbst, dem Gericht Änderungen der relevanten Kriterien sofort mitzuteilen (Abs. 2 S. 3). Schließlich eröffnet die in Abs. 4 statuierte Pflicht zur Anhörung des nicht vermögenslosen Betreuten vor der Festsetzung dem Gericht eine weitere Kontrollmöglichkeit. Eventuelle Überzahlungen können zudem unproblematisch mit späteren Vergütungsforderungen des Betreuers verrechnet werden.[40] 24

Nach § 16 Abs. 1 VBVG ist bei Mittelosigkeit des Betroffenen die Staatskasse zur Leistung von Vergütung und Aufwendungsersatz verpflichtet; allerdings gehen die Ansprüche damit nach Abs. 2 auf die Staatskasse über, die – anders als bei der Vormundschaft – den Betroffenen in Regress nehmen kann. Nach Abs. 3 erlöschen die Ansprüche auf Vergütung und Aufwendungsersatz, wenn sie nicht binnen 15 Monaten nach ihrer Entstehung gerichtlich geltend gemacht werden. 25

Das gerichtliche Festsetzungsverfahren schließlich ist in § 292 Abs. 1 FamFG geregelt. Insoweit wird auf die Ausführungen zur Vergütung des Vormunds unter → Rn. 8 verwiesen, allerdings mit der Maßgabe, dass nach Abs. 2 für den Berufsbetreuer eine Vergütungsfestsetzung auch für künftige Zeiträume erfolgen kann (→ Rn. 24). 26

Muster: Vergütungsantrag Berufsbetreuer 27

An das Amtsgericht ...

– Betreuungsgericht –

Datum ...

Betreuung für ... (Name, Geburtsdatum, Anschrift)

Az.: XVII ...

Vergütungsantrag

Sehr geehrte Damen und Herren,

gemäß nachstehender Berechnung beantrage ich für den vergangenen Zeitraum vom ... bis zum ... *(Dreimonatszeitraum gem. § 15 Abs. 1 S. 1 VBVG)* die Festsetzung einer Vergütung in Höhe von 951,00 EUR gegen die Staatskasse und deren Auszahlung.

39 Bartels FamRB 2021, 204 (213).
40 Vgl. BT-Drs. 19/24445, 398 f.

Ferner beantrage ich die Festsetzung der Vergütung und ihre Auszahlung gemäß nachstehender Berechnung auch für die künftigen Dreimonatszeiträume (§ 292 Abs. 2 S. 1 FamFG), beginnend mit dem Dreimonatszeitraum vom ... bis zum ... (§ 15 Abs. 1 S. 1 VBVG). Eine Veränderung der für die Höhe meiner Vergütung maßgeblichen Kriterien ist nicht zu erwarten.

Zeitraum *(Daten beispielhaft)*	Vergütungstabelle im Anhang zu § 8 Abs. 1 VBVG Nr.	monatliche Pauschale
für vergangene Zeiträume:		
01.01.-31.3.2023	C1.1.1	317,00 EUR
Vergütung für drei Monate	951,00 EUR	
für künftige Zeiträume:		
1.4.-30.6.2023	C2.1.1	208,00 EUR
1.7.-31.12.2023	C3.1.1	202,00 EUR
1.1.-31.12.2024	C4.1.1	141,00 EUR
ab dem 1.1.2025 und fortlaufend	C5.1.1	102,00 EUR

Meine erstmalige Bestellung zum Betreuer für die/den Betroffene/n ist am ... erfolgt, meine Registrierung nach §§ 23 ff. BtOG durch die Betreuungsbehörde des Landkreises/der Stadt ... am ... (Az. ...).

Gem. Feststellung der Vergütungstabelle nach § 8 Abs. 3 VBVG durch den Präsidenten des Amtsgerichts ... vom ... (Az. ...) richtet sich meine Vergütung nach der Vergütungstabelle C im Anhang zu § 8 Abs. 1 VBVG.

Die/der Betreute lebt seit dem 1.1.2023 in dem Heim ... in ..., dh in einer stationären Einrichtung, und war im gesamten Abrechnungszeitraum mittellos. Anhaltspunkte für eine Änderung dieser Verhältnisse bestehen nicht.

Die/der Betreute kann nicht zum Vergütungsantrag gehört werden.

Die Richtigkeit der gemachten Angaben wird versichert.

Meine Bankverbindung lautet:

Geldinstitut: IBAN: BIC:

Mit freundlichen Grüßen

...

F. Vergütung und Aufwendungsersatz des Verfahrenspflegers.

28 Die Regelung der Vergütung und des Aufwendungsersatzes des Verfahrenspflegers in § 277 FamFG schließlich lässt zwar strukturelle Ähnlichkeiten mit den entsprechenden Vorschriften zu Betreuung und Vormundschaft erkennen, weist aber – entsprechend der besonderen Rechtsstellung der Verfahrenspflegschaft[41] – einige Abweichungen auf.

29 Gem. § 277 Abs. 1 FamFG wird (auch) die Verfahrenspflegschaft grundsätzlich **unentgeltlich** geführt; daher besteht regelmäßig nur ein Aufwendungsersatzanspruch nach § 1877 Abs. 1-2 und 4 S. 1 BGB. Wird die Verfahrenspflegschaft jedoch ausnahmsweise berufsmäßig geführt und wird dies **bei Bestellung des Pflegers festgestellt** (Abs. 2), rich-

41 Vgl. BeckOK FamFG/Günter, 43. Ed. 1.7.2022, § 276 Rn. 2 mwN.

ten sich seine Ansprüche nach §§ 2 Abs. 2 S. 1 und 3-5 VBVG. In Betracht kommt nach Abs. 3 aber auch die Bewilligung einer Pauschale, wenn der Zeitaufwand vorhersehbar und die Ausschöpfung des veranschlagten Zeitaufwands durch den Pfleger gewährleistet ist. Die Höhe der Pauschale richtet sich – entsprechend dem voraussichtlichen Zeitaufwand – nach den Stundensätzen des § 3 Abs. 1 VBVG zzgl. einer Aufwandspauschale von 4 EUR/Stunde. Bei Bewilligung der Pauschale muss der Verfahrenspfleger keinen Nachweis über die von ihm aufgewandte Zeit und die eingesetzten Mittel führen, allerdings kann er weitergehende Aufwendungsersatz- und Vergütungsansprüche in diesem Fall nicht mehr geltend machen. Gem. § 277 Abs. 2 FamFG sind Aufwendungsersatz und Vergütung des Verfahrenspflegers aus der Staatskasse zu zahlen, § 292 Abs. 1 und 5 FamFG finden entsprechende Anwendung.

Eine Besonderheit ergibt sich dabei im Hinblick auf die Tätigkeit von Betreuungsvereinen und -behörden, weil nach § 276 Abs. 4 S. 1 FamFG nur eine natürliche Person Verfahrenspfleger werden kann. In Betracht kommt danach allenfalls noch die Bestellung eines Mitarbeiters eines Betreuungsvereins zum Verfahrenspfleger, im Hinblick auf den Wegfall des § 277 Abs. 4 S. 3 FamFG aF aber nicht mehr die eines Bediensteten der Betreuungsbehörde.[42] 30

42 Vgl. BT-Drs. 19/24445, 321.

§ 18 Aufsicht und allgemeine Aufgaben durch das Gericht einschließlich Rechnungslegung

Literatur:

Kramer, Die neue Funktion der Betreuungsbehörden nach der Reform des Betreuungsrechts, FamRZ 2022, 927; *Kersting*, Betreute im Gerichts- und Verwaltungsverfahren nach der Reform -Größtmögliche Selbstbestimmung und (zu) viel Freiheit, BTPrax 2022, 115.

A. Überblick

1 Die Aufsicht des Familiengerichts im Rahmen der Personensorge nach § 1631 Abs. 3 BGB ist unverändert geblieben. Allerdings ergeben sich Änderungen bei der Aufsicht über den Vormund und noch stärker bei der Aufsicht über den Betreuer. Hier strebt der Gesetzgeber Erleichterungen für den Vormund und den Betreuer, aber auch für das Betreuungsgericht an. Im Betreuungsrecht soll zudem die Rolle des Betreuten gestärkt werden. Eine Stärkung der Aufsicht aber auch die Unterstützung im Betreuungsrecht ist aber mit BtoG den Betreuungsbehörden übertragen worden.

2 Im früheren Recht war die Aufsicht des Familiengerichts über den Vormund umfassend im Vormundschaftsrecht (§§ 1837 ff. BGB aF) geregelt. Für die Betreuung waren diese Vorschriften nach § 1908i BGB (aF) entsprechend anzuwenden. Nunmehr ist die Aufsicht des Gerichts umfassend im Betreuungsrecht (§§ 1861 ff. BGB) geregelt und umgekehrt zur bisherigen Rechtslage wird im Recht der Vormundschaft weitgehend auf die Vorschriften des Betreuungsrechts verwiesen (§ 1802 Abs. 1 BGB). Allerdings ist durch § 1790 Abs. 1 BGB klargestellt, dass auch bei der Aufsicht ein wesentlicher Unterschied zwischen Betreuung und Vormundschaft besteht; geht es im Vormundschaftsrecht um die Interessen des Mündels (§ 1790 Abs. 1 BGB), sind es beim Betreuungsrecht nunmehr die Wünsche des Betreuten (vgl. bereits → § 12 Rn. 19 ff.). Die unterschiedliche Ausrichtung kommt etwa auch in vom Betreuungsrecht abweichenden Regelungen (etwa § 1803 BGB) zum Ausdruck, so dass in Fragen der Aufsicht im Vormundschaftsrecht eine bloße Anwendung der betreuungsrechtlichen Vorschriften nicht möglich ist. Schließlich kennt das Gesetz den Begriff der „Fürsorge" nicht mehr. Für die Pflegschaft setzt sich die neue Systematik fort; während sich für die Pflegschaft für Minderjährige die Aufsicht nach den Vorschriften über die Vormundschaft mit der weiteren Verweisung auf das Betreuungsrecht bestimmt (§ 1813 Abs. 1 BGB), wird auf

sonstige Pflegschaften unmittelbar auf die Vorschriften des Betreuungsrechts verwiesen (§ 1888 Abs. 1 BGB).

B. Vormundschaft

3 Der Grundsatz der Beratung und Aufsicht über den Vormund ist jetzt in § 1802 BGB festgehalten, der in Abs. 1 auf das Betreuungsrecht verweist und – wie im früheren Recht – zwischen Beratung bzw. Unterstützung und Aufsicht unterscheidet.

4 Im Hinblick auf die selbstständige Amtsführung des Vormunds kann Beratung damit nur eine allgemeine Beratung in grundsätzlichen Fragen sein. So kann das Vormundschaftsgericht den Vormund auf die rechtlichen Folgen seines Handelns hinweisen.[1] Der Anspruch des Vormunds auf Beratung und Unterstützung durch das Gericht besteht neben dem Anspruch auf Unterstützung durch das Jugendamt (§ 53 Abs. 2 SGB VIII). Nichts anderes gilt für die Unterstützung durch das Gericht, insbesondere bindende Anordnungen sind dem Gericht im Rahmen einer allgemeinen Unterstützung untersagt.[2]

I. Das Verpflichtungsgespräch

5 Nach § 1802 Abs. 1 S. 2 iVm 1861 Abs. 2 BGB wird der ehrenamtliche Vormund alsbald nach seiner Bestellung (vgl. § 168a Abs. 2 FamFG) „mündlich verpflichtet“; er ist über seine Aufgaben zu unterrichten und auf Beratungs- und Unterstützungsangebote ist hinzuweisen. Die Vorschrift ersetzt damit die Vorschrift des § 289 FamFG (aF). Das Verpflichtungsgespräch hat demnach „alsbald“ nach der Bestellung zu erfolgen. Damit wird zwar keine Frist gesetzt, aber auch klargestellt, dass ein enger zeitlicher Zusammenhang mit der Bestellung des Vormunds bestehen muss, die Unterrichtung hat damit idR jedenfalls innerhalb eines Zeitraums von wenigen Wochen seit dessen Bestellung zu erfolgen.

6 Diese Aufgabe ist dem Rechtspfleger übertragen (§§ 3 Abs. 2 a, 14 RpflG). Der Begriff der „Mündlichkeit“ ist dem BGB dabei fremd, er findet sich bislang dort allein in § 312 BGB, der aber die mündliche Verhandlung nach den Vorschriften der ZPO meint. Unter „mündlich“ kann dabei allein „bei gleichzeitiger Anwesenheit aller Beteiligten“, also Vormund und Rechtspfleger, zu verstehen sein, wie in § 128 ZPO festgehalten ist. Damit sind andere Formen, wie etwa die Übersendung eines Merkblatts oder die Unterrichtung im Wege elektronischen Rechtsverkehrs, ausgeschlossen. Auch schließt die „mündliche“ Unterrichtung eine ausschließlich telefonische Kommunikation aus. Zweifelhaft erscheint im Hinblick auf den Wortlaut des § 1861 Abs. 2 BGB auch eine Verpflichtung in Anlehnung an § 128 ZPO, also im Wege der Bild- und Tonübertragung.

7 Es handelt sich bei dieser Unterrichtung des Vormunds aber nicht um eine förmliche Verpflichtung per Handschlag mit konstitutiver Wirkung (vgl. § 1789 BGB aF), die nach früherem Recht für die Vertretungsbefugnis erforderlich war, sondern der Vor-

1 MüKoBGB/Kroll-Ludwigs § 1837 aF Rn. 5.
2 MüKoBGB/Kroll-Ludwigs § 1837 aF Rn. 8.

mund ist bereits unmittelbar durch Bekanntgabe des Beschlusses nach § 168a Abs. 2 FamFG Vormund und damit auch ohne Verpflichtung vertretungsberechtigt. Auch steht ihm ohne Verpflichtung ein Vergütungsanspruch zu.[3] Eine förmliche Verpflichtung des Vormunds ist damit nun nicht mehr vorgesehen, so dass ein Unterbleiben der Unterrichtung an der Stellung des Vormunds nichts ändert.

Damit die Unterrichtung nicht zu einem leeren Ritual wird, verzichtet der Gesetzgeber beim Berufsvormund und bei wiederholter zeitnaher Bestellung des ehrenamtlichen Vormunds (innerhalb von zwei Jahren) auf das Verpflichtungsgespräch. 8

Anders als nach früherem Recht (vgl. § 289 Abs. 2 FamFG aF) ist das Einführungsgespräch bei ehrenamtlichen Vormündern, die nicht bereits in der jüngeren Vergangenheit verpflichtet wurden, obligatorisch. Es steht also nicht im Ermessen des Rechtspflegers, ob er ein solches Gespräch für angezeigt hält. 9

Für Gegenstand und Ablauf der Unterrichtung macht der Gesetzgeber dagegen keine Vorgaben. Ob sich damit die Qualität der Vormundschaft verbessert, bleibt abzuwarten. Nach § 53a Abs. 1 SGB VIII hat der Vormund weiterhin einen Anspruch auf Beratung und Unterstützung und das Jugendamt nach § 53a Abs. 2 SGB VIII ein vormundschaftliches Wächteramt inne – insbesondere im Hinblick auf Angelegenheiten der Personensorge.[4] Hinzu kommt noch der zusätzliche Pfleger nach § 1776 BGB, der dem Vormund ebenfalls eine Unterstützung bieten soll. 10

II. Die allgemeine Aufsicht über den Vormund

Die Aufsicht über die Amtsführung unterscheidet sich nicht wesentlich vom früheren Recht. Auch nach neuem Recht beschränkt sich die allgemeine Aufsicht des Familiengerichts darauf, die sich aus dem Gesetz oder einer gerichtlichen Anordnung ergebenden Handlungspflichten des Vormunds und die allgemeine Pflicht zur gewissenhaften Amtsführung zu überwachen.[5] 11

Die jetzt in § 1802 Abs. 1 BGB geregelte Aufsicht hat sich allein am Wohl des Mündels zu orientieren (zur Betreuung vgl. → § 12 Rn. 19 ff.). Die Vorschrift verweist insoweit auf das Betreuungsrecht; der Vormund hat also grundsätzlich einen Anfangs-, einen Jahres- und einen Schlussbericht über die persönlichen Verhältnisse des Mündels vorzulegen und über die persönlichen und wirtschaftlichen Verhältnisse des Mündels Auskunft zu erteilen. Auch ist über die Vermögensverwaltung jährlich Rechnung zu legen (vgl. nachfolgend → § 18 Rn. 29). Allerdings sieht die „befreite Vormundschaft" (§ 1801 BGB) weitgehende Befreiungen vor, die im Bereich der Vermögenssorge erhebliche Erleichterungen für den Vormund und für das Vormundschaftsgericht bewirken. 12

Durch die Verweisung auf das Betreuungsrecht hat das Vormundschaftsgericht die Aufgabe, gegen pflichtwidriges Handeln des Vormunds durch geeignete Gebote und Verbote einzuschreiten (§ 1862 Abs. 3 S. 1 BGB). Der Begriff der Pflichtwidrigkeit ist hier nicht näher konkretisiert, insoweit dürfte vor allem ein Verstoß gegen die sich 13

3 Zu den (nunmehr weitgehend überholten) Problemen nach früherem Recht vgl. etwa OLG Braunschweig FamRZ 2017, 360.
4 Krit. zur Aufgabe des Vormundschaftsgerichts in diesem Zusammenhang daher Hoffmann JAmt 2020, 546.
5 Bode Das neue Vormundschaftsrecht, 2021, 302.

aus § 1790 BGB ergebenden Pflichten des Vormunds zu Maßnahmen des Vormundschaftsgerichts führen. Diese können etwa die Anordnung eines Zwangsgeldes beinhalten (§ 1862 Abs. 3 BGB). Wie bisher kann jedoch gegen Jugendamt und Vormundschaftsverein kein Zwangsgeld festgesetzt werden, allerdings gegen den Vereinsvormund (§ 1862 Abs. 3 S. 2 und 3 BGB).

14 Abweichend vom Betreuungsrecht kann das Familiengericht weitergehende Maßnahmen gegen den Vormund ergreifen (§ 1802 Abs. 2 S. 3 Hs. 2 BGB), wenn die Voraussetzungen der §§ 1666, 1666a 1696 BGB vorliegen. Sind diese Maßnahmen erfolglos, kann der Vormund nach § 1804 BGB entlassen werden (vgl. oben → § 6 Rn. 36 ff.).

C. Betreuung

15 Die Beratung und Betreuung des Betreuers hat nunmehr in den §§ 1861 ff. BGB eine eigenständige Regelung gefunden und die bisherige Verweisung auf das Vormundschaftsrecht beseitigt. Insbesondere ist das Verpflichtungsgespräch (§ 1861 Abs. 2 BGB) nicht konstitutiv, sondern die Betreuerbestellung wird mit Wirksamkeit des Beschlusses nach § 287 FamFG wirksam (vgl. oben → Rn. 5). Auch finden sich in §§ 5 ff. BtOG Regelungen zur Beratung und Unterstützung für Betreuer und Bevollmächtigte, aber auch Mitteilungspflichten der Betreuungsbehörde ggü. dem Betreuungsgericht, die ein Eingreifen des Betreuungsgerichts erforderlich machen können (§ 8 Abs. 1 BtOG). Die Betreuungsbehörden haben das Betreuungsgericht also bei der allgemeinen Aufsicht über den Betreuer zu unterstützen, sind aber selbst nicht befugt, Maßnahmen gegen den Betreuer vorzunehmen.

16 Die allgemeine Aufsicht des Betreuungsgerichts über die Tätigkeit des Betreuers ist in § 1862 BGB geregelt. Die Beaufsichtigung des Betreuers im Hinblick auf seine Pflichten bezieht sich dabei zunächst auf die Pflichten nach § 1821 BGB und Handlungspflichten nach §§ 1839 ff. BGB bei der Vermögensverwaltung. Da im Betreuungsrecht nunmehr die Wünsche des Betreuten im Vordergrund stehen, dürfte eine abstrakte Umschreibung der Pflichten nicht möglich sein, sondern diese können oftmals allein als Einzelfallbetrachtung festgestellt werden, weil im Hinblick auf die unterschiedlichen Wünsche (§ 1821 BGB) des Betreuten sich auch die Pflichten des Betreuers unterscheiden. Auch hier ist die Zwangsgeldfestsetzung gegen den Betreuer bei erheblichen Pflichtverletzungen möglich (vgl. oben → § 16 Rn. 20 f.).

I. Berichtspflichten des Betreuers (§ 1863 BGB)

17 Weitgehend und unabhängig von den Wünschen des Betreuten bestehen allerdings Berichts- und Informationspflichten des Betreuers ggü. dem Betreuungsgericht, aber auch dem Betreuten selbst. Diese Berichtspflichten des Betreuers sind nunmehr in § 1863 BGB ausführlich geregelt. Zu unterscheiden ist zwischen dem Anfangsbericht (Abs. 1 und 2), dem Jahresbericht (Abs. 3) und dem Schlussbericht.

1. Der Anfangsbericht – Anfangsgespräch

18 Der Anfangsbericht ist vom Betreuer unabhängig davon, ob es sich um eine erstmalige Bestellung handelt oder aber ein Betreuerwechsel vorliegt, anzufertigen. Ausnahmen zur Erstellung eines Anfangsberichts enthält § 1863 Abs. 2 BGB für die Betreuer, die

eine familiäre Bindung zum Betreuten haben. Hier kann das Betreuungsgericht anstelle eines Berichts nach Abs. 1 ein Gespräch mit dem Betreuten zur Ermittlung des Sachverhalts führen (Anfangsgespräch), an dem der Betreuer mitwirken soll. Die Durchführung eines solchen Gesprächs ist jedoch nicht obligatorisch, sondern steht im Ermessen des Betreuungsgerichts. Das Betreuungsgericht hat aber nicht etwa ein Wahlrecht zwischen dem Verlangen nach einem Anfangsbericht nach Abs. 1 und dem Anfangsgespräch nach Abs. 2. Insbesondere kann das Betreuungsgericht auch ein Anfangsgespräch iSd Abs. 2 mit dem Betreuer verlangen. Das Betreuungsgericht muss dann, wenn mit dem Betreuten ein Gespräch nicht möglich ist, auf den schriftlichen Anfangsbericht, aber auch auf die mündliche Ermittlung des Sachverhalts nach Abs. 2 mit dem Betreuten verzichten. Auch wenn der Betreuer in diesem Fall von seiner Berichtspflicht befreit ist, muss er das Vermögensverzeichnis nach § 1835 BGB erstellen, sofern er Betreuer in Vermögensangelegenheiten ist.

Vor dem Hintergrund, dass die Wünsche des Betreuten in besonderer Weise zu berücksichtigen sind, soll der Anfangsbericht neben der persönlichen Situation des Betreuten (Nr. 1) vor allem auch die Wünsche des Betreuten bezeichnen (Nr. 3). Auch sollen (Nr. 2) Maßnahmen bezeichnet werden, die dazu beitragen, dass der Betreute seine Angelegenheiten wieder selbstständig besorgen kann (§ 1821 Abs. 6 BGB). Hier ist wie beim früheren Betreuungsplan eine flexible Handhabung geboten.[6] 19

Der Bericht muss bei der Personensorge zunächst grundlegende Angaben zur Lebens-, Wohn- und ggf. auch der Arbeitssituation des Betreuten enthalten. Auch dürften hier seine familiäre Situation darzustellen und seine Sozialkontakte aufzuführen sein. 20

Die Angabe der „Ziele der Betreuung“ (Nr. 2) soll nicht etwa eine zwingende Erstellung eines Betreuungsplanes sein (§ 1901 Abs. 4 S. 2 und 3 BGB aF), sondern vielmehr bewirken, dass der Betreuer möglichst gemeinsam mit dem Betreuten nach Möglichkeiten sucht, das Selbstbestimmungsrecht des Betreuten zu wahren oder zu verbessern. Dies können präventive, aber auch rehabilitative Maßnahmen sein (§ 1821 Abs. 6 BGB). 21

Der Schwerpunkt des Anfangsberichts dürfte bei den Wünschen des Betreuten hinsichtlich der Betreuung liegen. Da die Aufsichtstätigkeit des Gerichts sich ebenso wie die Tätigkeit des Betreuers an seinen Wünschen zu orientieren hat, muss das Betreuungsgericht zunächst über diese Wünsche unterrichtet werden. Hierzu dient der Anfangsbericht. 22

2. Das Vermögensverzeichnis

a) Notwendigkeit des Vermögensverzeichnisses

Mit der Anordnung der Betreuung hat der Betreuer, soweit zu seinem Aufgabenkreis die Verwaltung des Vermögens des Betreuten gehört, ein Verzeichnis über das Vermögen zu erstellen (§ 1835 Abs. 1 BGB), Stichtag ist damit der Tag der Bekanntgabe der Bestellung zum Betreuer (§ 287 FamFG). Soweit der Betreuer allerdings für bestimmte Vermögenswerte nicht zuständig ist (zB bei Testamentsvollstreckung), hat sich das Verzeichnis nicht auf dieses Vermögen zu erstrecken.[7] Dies gilt in gleicher Weise bei Be- 23

6 Vgl. Grüneberg/Götz BGB § 1901 aF Rn. 9.
7 Zur Vergütung vgl. Zimmer ZEV 2021, 233.

stellung eines neuen Betreuers bei einer laufenden Betreuung. Wie nach bisherigem Recht dient das Vermögensverzeichnis dem Gericht zur Vorbereitung der laufenden Kontrolle des Betreuers. Bedeutung hat das Vermögensverzeichnis aber auch in weiteren Bereichen, wie etwa der Erfüllung der Pflicht zur Abgabe der Steuererklärung des Betreuten nach § 34 AO oder der Mitwirkungspflicht gegenüber Sozialleistungsträgern nach §§ 60 ff. SGB I. Außerdem ist das Vermögensverzeichnis als Grundlage etwa für die jährliche Rechnungslegung (§ 1865 Abs. 2 BGB) und für die Vergütung des Berufsbetreuers (§ 5 Abs. 1 Nr. 3 VBVG) von Bedeutung.

b) Einzelheiten der Abfassung des Vermögensverzeichnisses

24 Die Erstellung des Verzeichnisses richtet sich zunächst nach § 260 BGB. Eine Differenzierung nach den jeweiligen Vermögensbestandteilen ist nicht erforderlich. Damit muss auch das Sachvermögen (zB der Hausrat) nicht gesondert und im Einzelnen aufgeführt werden; der Betreuer kann sich daher beim Hausrat oder den sonstigen zum persönlichen Gebrauch bestimmten Gegenständen von geringem Wert auf zusammenfassende Beschreibungen beschränken. Auch eine Bewertung ist nicht erforderlich. Zusätzlich und ansonsten für ein Vermögensverzeichnis nicht vorgesehen, hat das Vermögensverzeichnis nach § 1835 Abs. 1 S. 2 BGB auch Angaben zu regelmäßigen Einnahmen und Ausgaben des Betreuten zu enthalten, etwa Mieteinnahmen. Damit soll die weitere Aufsicht des Gerichts erleichtert werden.

25 Diesem Zweck dient auch die neu geschaffene Verpflichtung des Betreuers zur Belegpflicht (§ 1835 Abs. 2 BGB). Welcher Art die Belege sein sollen, ergibt sich nicht aus dem Gesetz. Derartige Belege können damit etwa Kontoauszüge, Kreditverträge, Grundbuchauszüge usw sein.

26 Schließlich kann der Betreuer bestimmte Personen zur Erstellung des Vermögensverzeichnisses hinzuziehen, etwa die Betreuungsbehörde oder einen Notar (§ 1835 Abs. 3 BGB). Diese Personen sollen aber nicht nur behilflich sein, sondern dürften die Verpflichtung haben, das Vermögensverzeichnis zu erstellen, wie dies etwa für den Notar bei der Erstellung des Nachlassverzeichnisses verlangt wird.[8] Insoweit ist das „Hinzuziehen" ein Weniger als die Aufnahme des Verzeichnisses (etwa in Abs. 5 oder § 2314 BGB). Der Betreuer wird diese Hinzuziehung aber nur bei unübersichtlichem Vermögen vornehmen.

27 Nach § 1835 Abs. 4 BGB kann auch das Betreuungsgericht bei konkreten Anhaltspunkten eine „dritte" Person hinzuziehen. Nach der Begründung soll es sich bei der „dritten Person" um die in Abs. 3 genannten Personen handeln, aber auch um andere Personen, die als Zeugen in Betracht kommen. Dies könnte etwa der Hausmeister bei der Öffnung einer Wohnung sein oder der Notar bei der Grundbucheinsicht (§ 133a GBO). Die „dritte Person" soll damit aber nicht etwa das Vermögensverzeichnis erstellen, sondern Hilfstätigkeiten verrichten oder beobachten.

28 Ist das Vermögensverzeichnis ungenügend, kann das Betreuungsgericht anordnen, dass das Vermögensverzeichnis durch die Betreuungsbehörde oder durch den Notar aufgenommen wird. In diesem Fall wird der Notar oder die Behörde das Verzeichnis selbst

8 Vgl. zum Begriff „hinzuziehen" bei der Erstellung eines Verzeichnisses: Zimmer NotBZ 2005, 208.

erstellen und nicht nur – wie nach § 1835 Abs. 3 BGB – an der Erstellung „mitwirken". Dieser Fall dürfte aber selten sein, denn wenn der Betreuer nicht einmal unter Hinzuziehung sachkundiger Dritter in der Lage ist, das Verzeichnis zu erstellen, dürfte er nicht geeignet sein, damit nach § 1868 Abs. 1 BGB ungeeignet und damit zu entlassen sein.

3. Rechnungslegung

Die Vorschrift des § 1865 BGB sieht nunmehr die jährliche Rechnungslegung vor, in der Weise, dass die Rechnung eine geordnete Zusammenstellung der Einnahmen und Ausgaben enthalten und über den Zu- und Abgang des Vermögens Auskunft geben soll. Damit entspricht die Rechnungslegung im Wesentlichen der des § 259 BGB. Beschränkt worden ist die Rechnungslegungspflicht jetzt auf das vom Betreuer verwaltete Vermögen. Erfasst ist damit nur das Vermögen, das seiner Verwaltung oder Mitverwaltung (zB in einer Erbengemeinschaft) unterliegt, nicht hingegen das Vermögen, das kraft Gesetzes von Dritten verwaltet wird, zB bei Testamentsvollstreckung. Dies gilt auch für Mittel, die dem Betreuten überlassen sind oder für Vermögen, das der Betreute ausschließlich selbst verwaltet (zB ein Sparguthaben); auch hier muss der Betreuer keine Rechnung legen (§ 1865 Abs. 3 S. 4 BGB); in diesem Falle hat eine Mitteilung an das Gericht zu erfolgen.[9] 29

§ 1865 Abs. 3 S. 2 BGB gibt dem Betreuungsgericht die Möglichkeit, Einzelheiten zur Erstellung der Rechnungslegung zu bestimmen. Damit kann das Betreuungsgericht beispielsweise eine chronologische Zusammenstellung oder aber eine Zusammenstellung getrennt nach Konten verlangen. Auch die Belegpflicht ist nunmehr in das Ermessen des Gerichts gestellt. Der Betreuer ist aber gleichwohl – auch bei einem Verzicht auf Belegvorlage – verpflichtet, Belege aufzubewahren, da er damit rechnen muss, zur Vorlage der Belege aufgefordert zu werden. 30

4. Befreiungen von der Rechnungslegung

Während grds. jeder Betreuer ein Vermögensverzeichnis zu erstellen hat, sind Ehegatten und nahe Verwandte sowie Betreuungsvereine, Vereinsbetreuer, die Betreuungsbehörde und Behördenbetreuer nach § 1859 Abs. 1 BGB von der Verpflichtung zur jährlichen Rechnungslegung befreit.[10] Die Befreiung kann auf weitere Personen erstreckt werden, wenn der Betreute dies schriftlich „verfügt" hat; umgekehrt kann auch für nach § 1859 Abs. 2 BGB befreite Betreuer im Falle der Gefährdung die jährliche Rechnungslegung verlangt werden (§ 1859 Abs. 3 BGB); Abs. 3 unterscheidet hier nicht zwischen der gesetzlich angeordneten und der vom Betreuten erteilten Befreiung. Statt einer Rechnungslegung haben befreite Betreuer nach § 1859 Abs. 1 S. 2 BGB dem Betreuungsgericht jedoch eine „Vermögensübersicht" einzureichen; die Frist kann auf bis zu fünf Jahre verlängert werden. Die Vermögensübersicht dürfte sich auf solche Angaben beschränken, die Veränderungen seit dem Anfangsbericht oder der letzten Vermögensübersicht zum Inhalt haben. 31

9 Zum früheren Recht Bienwald/Sonnenfeld/Harm/Bienwald Betreuungsrecht Anhang zu BGB § 1908i aF Rn. 90 ff.
10 Krit. Horn ZEV 2020, 743.

5. Die Schlussrechnung

32 Die zentrale Vorschrift für die Schlussrechnung ist § 1872 BGB. Mit Beendigung der Betreuung, etwa durch Tod des Betreuten (§ 1870 BGB) hat der Betreuer nur noch in bestimmten Fällen eine Schlussrechnung über die Vermögensverwaltung zu erteilen (§ 1872 Abs. 2 BGB). Der Gesetzgeber will durch den weitgehenden Verzicht hier eine Entlastung der Gerichte erreichen. Nunmehr werden „befreite" Betreuer (§ 1859 Abs. 2 BGB) von der Verpflichtung zur Erstellung einer umfangreichen Schlussrechnung befreit. Die Schlussrechnung ist jedoch dann zu erstellen, wenn der Betreute oder sein Erbe dies verlangen oder er sechs Monate nach Beendigung der Betreuung unbekannten Aufenthalts ist oder seine Erben nicht bekannt sind.

33 Anstelle der Schlussrechnung muss der befreite Betreuer stattdessen eine Vermögensübersicht mit einer Übersicht über die Einnahmen und Ausgaben seit der letzten Vermögensübersicht anfertigen, deren Richtigkeit er an Eides statt zu versichern hat (§ 1872 Abs. 5 BGB). Die Versicherung an Eides statt hat sich an § 260 Abs. 2 BGB zu orientieren und ist höchstpersönlich durch den Betreuer abzugeben.[11] Die Versicherung an Eides statt kann nur im Rahmen einer mündlichen Erörterung vor dem Betreuungsgericht abgegeben werden (§ 413 S. 2 FamFG); zuständig ist der Rechtspfleger (§ 3 Nr. 1b RpflG).

II. Die Rechnungsprüfung – Mitwirkung Betreuter

34 Die Prüfung der Schlussrechnung wird durch das Betreuungsgericht an den Berechtigten übersandt und durch das Betreuungsgericht auf sachliche und rechnerische Richtigkeit überprüft (§ 1873 Abs. 2 BGB). Eine solche Prüfung findet jedoch zwingend nur noch beim Betreuerwechsel oder bei unbekanntem Aufenthalt des Betreuten (§ 1872 Abs. 3 BBG) statt. Bei Beendigung der Betreuung (etwa durch Tod des Betreuten) erfolgt die Prüfung nur dann, wenn der Berechtigte dies verlangt (§ 1873 Abs. 3 BGB). Für den befreiten Betreuer findet eine Prüfung der Schlussrechnung ebenfalls nur dann statt, wenn von ihm Schlussrechnung verlangt wird (§ 1873 Abs. 3 BGB).

35 Während sich die Aufgaben des befreiten Betreuers und des Betreuungsgerichts im neuen Recht reduzieren, will der Gesetzgeber die Rolle des Betreuten stärken. So sieht § 1835 Abs. 6 BGB vor, dass das Vermögensverzeichnis dem Betreuten grds. zur Kenntnis zu geben ist. Nur wenn dies zu einer Gefährdung des Betreuten (etwa ein psychische Erkrankung) führen würde oder bei offensichtlicher Unmöglichkeit (etwa fortschreitende Demenz) der Kenntnisnahme soll das Verzeichnis nicht weitergegeben werden. Auch wenn der Gesetzgeber die Weitergabe an den Betreuten zum Regelfall, die Nichtweitergabe zur Ausnahme macht, dürfte die Weitergabe an den Betreuten in der Praxis eher die Ausnahme sein. Für den Jahresbericht gilt, dass er nach § 1863 Abs. S. 2 BGB vom Betreuer mit dem Betreuten „zu besprechen" ist, soweit der Betreute dazu in der Lage ist und eine Gefährdung nicht ersichtlich ist. Das Ergebnis der Prüfung des Schlussberichtes ist ebenfalls an den Berechtigten zu übersenden (§ 1873 Abs. 2 BGB).

11 Grüneberg/Grüneberg BGB § 259 Rn. 12.

§ 19 Genehmigungsbedürftige Rechtsgeschäfte, §§ 1848 ff. BGB

1 Die neu geordneten und teilweise neu gefassten gerichtlichen Genehmigungstatbestände, die die Vermögensangelegenheiten betreffen, finden sich im Abschnitt 3, Titel 3, Untertitel 2, Kapitel 3 (Vermögensangelegenheiten), Unterkapitel 4. Bisher waren diese im Rahmen der Vormundschaft überwiegend in §§ 1812, 1813, 1821–1823 BGB geregelt, teils aber auch im Erbrecht, zB in §§ 2290–2292, 2347 BGB aF. Diese wurden nunmehr konzentriert in das Recht der Betreuung verschoben, inhaltlich neu geordnet und nach Themengebieten zusammengefasst. Betreuungsgerichtliche Genehmigungen für den Bereich der Personenangelegenheiten finden sich in §§ 1829–1833 BGB. §§ 1829–1832 BGB regeln ärztliche Maßnahmen, Sterilisation, freiheitsentziehende Maßnahmen und ärztliche Zwangsmaßnahmen (→ § 21 Rn. 53-84). § 1833 BGB betrifft die Aufgabe von Wohnraum des Betreuten und wird vom Gesetzgeber nicht den Vermögens-, sondern den Personenangelegenheiten zugerechnet, so dass es Überschneidungen gibt. § 1833 BGB wird sowohl im Rahmen von § 1850 Nr. 1 BGB, der auf die Norm verweist, als auch im Rahmen der Personenangelegenheiten erörtert (→ § 19 Rn. 39, → § 21 Rn. 90).

A. Grundsätzliche Änderungen

2 Bei der ersten Lektüre der neuen Normen fällt auf, dass die bisher gebräuchliche Unterscheidung zwischen Innen- und Außengenehmigungen entfällt, da der Gesetzgeber die bisherigen Innengenehmigungstatbestände in anzeigepflichtige Tatbestände umgewandelt hat, vgl. §§ 1846, 1847 BGB. Ein gerichtliches Genehmigungserfordernis wirkt sich also künftig bei fehlender Genehmigung immer auf die Wirksamkeit des vorgenommenen Rechtsgeschäfts aus, vgl. § 1856 Abs. 1 S. 1 BGB. Der bisherige (Innen-) Genehmigungstatbestand der Geldanlage, §§ 1810, 1807 Abs. 1 Nr. 5 BGB aF ist nicht mehr enthalten bzw. wurde ausgelagert, § 1846 BGB, und ist nur noch anzeigepflichtig. Dies erscheint konsequent, da es sich um ein weniger risikoreiches und einfaches „Standardgeschäft“ handelt, bei dem grundsätzlich kein Bedürfnis für eine Prüfung vorhanden ist und daher das Gericht entlastet werden sollte.[1] Eine fehlende gerichtliche Genehmigung wirkte sich hier auch bisher nicht auf die Wirksamkeit

1 BT-Drs. 19/24445, 274.

solcher Rechtsgeschäfte aus, da die bisherige „Soll-Vorschrift“ eine Innengenehmigung darstellte,[2] so dass die Anzeigepflicht eine gute Lösung darstellt.

B. Der Begriff der gerichtlichen Genehmigung

3 Unter dem Begriff der (gerichtlichen) Genehmigung ist im Rahmen von §§ 1848 ff. BGB etwas anderes zu verstehen als im allgemeinen Teil des BGB, vgl. § 184 Abs. 1 BGB. Dort wird laut Legaldefinition nur die nachträgliche Zustimmung erfasst. Im Bereich der gerichtlichen Genehmigungen gibt es, wie § 1856 Abs. 1 S. 1 BGB zu entnehmen ist, sogenannte Vorgenehmigungen („ohne die erforderliche Genehmigung“, § 1856 Abs. 1 S. 1, Hs. 1 BGB = Vorgenehmigung) und Nachgenehmigungen (= „nachträgliche Genehmigung“, § 1856 Abs. 1 S. 1 Hs. 2 BGB). Die Unterscheidung ist bei der Rechtsfolge wichtig, worauf im Rahmen von § 1856–1858 BGB eingegangen wird.

C. Grundsätzliche Anwendbarkeit

4 Die Normen finden unmittelbar auf Betreuer und über § 1888 Abs. 1 BGB auf sonstige Pflegschaften (§§ 1882 ff. BGB) Anwendung. Inwieweit sie auf Eltern, Vormund und Ergänzungspfleger Anwendung finden, wird jeweils bei den einzelnen Normen dargestellt. Die sonstigen Pflegschaften werden nicht weiter erörtert.

5 Die Normen finden Anwendung **auf gesetzliche Vertreter**, die als solche handeln. Beim Betreuten stellt sich das **Sonderproblem**, ob, wenn er geschäftsfähig ist und kein Einwilligungsvorbehalt angeordnet wurde, er den **Betreuer rechtgeschäftlich bevollmächtigen** kann.[3] Dies sollte im Ergebnis bejaht werden, da der Betreute jeden Dritten bevollmächtigen könnte. Es wäre wenig einsichtig, dass er eine einzige Person nicht bevollmächtigen können sollte (→ § 19 Rn. 148). Dass dies ggf. Gefahren für den Betreuer nach sich ziehen kann, zB wenn sich die Bevollmächtigung später als unwirksam herausstellt, hat auf diese Wertung keinen Einfluss.

D. Die einzelnen Genehmigungstatbestände

I. Andere Anlegung von Geld (§ 1848 BGB)

1. Anwendbarkeit der Norm

6 Die Norm ist auf **Betreuer** anwendbar, eine Befreiung kraft Gesetzes ist nach § 1859 BGB nicht vorgesehen. Eine Befreiung auf Antrag des Betreuers durch das Betreuungsgericht ist gem. § 1860 Abs. 1–3 BGB möglich (→ § 13 Rn. 10). Gem. § 1799 Abs. 1, § 1848 BGB bedarf ein **Vormund** in gleicher Weise wie ein Betreuer der Genehmigung. Eine Befreiung auf Anordnung des Gerichts ist nach § 1801 Abs. 2 iVm § 1860 Abs. 1–3 BGB möglich, wenn keine Gefährdung des Mündelvermögens zu besorgen ist. Zu beachten ist die Ausnahme des § 56 Abs. 2 S. 2 SGB VIII, wonach das Jugendamt als Vormund in den Fällen von § 1848 iVm § 1799 Abs. 1 BGB keiner Genehmigung bedarf. Ebenso bedürfen **Pfleger** nach § 1813 Abs. 1 BGB in gleicher Weise einer Ge-

2 NK-BGB/Fritsche/Kieß § 1828 aF Rn. 3.

3 Verneinend: BT-Drs. 11/4528, 135 f., da eine Umgehung vorläge; Erman/Roth BGB § 1902 aF Rn. 16; Grüneberg/Götz BGB § 1902 aF Rn. 2. Bejahend: Jürgens/v. Crailsheim BGB Vor §§ 1802–1832 aF Rn. 8 mwN, § 1902 aF Rn. 2; MüKoBGB/Schneider § 1902 aF Rn. 10 mwN.

nehmigung wie Vormünder §§ 1799 Abs. 1, 1848 BGB. Als möglicher Pfleger kommt insbes. der Ergänzungspfleger nach § 1809 BGB im Falle eines Vertretungsausschlusses nach §§ 1789 Abs. 2 S. 2, 1824 BGB in Frage. Die Norm findet über § 1813 Abs. 1 BGB auch auf einen Nachlasspfleger Anwendung, wobei § 1848 BGB aber kein typisches Beispiel für eine Nachlasspflegertätigkeit sein dürfte. Bei Jugendämtern als Pflegern gilt die bereits genannte Ausnahme nach § 56 Abs. 2 S. 2 SGB VIII. **Eltern** bedürfen für die in § 1848 BGB genannten Rechtsgeschäfte wegen des fehlenden Verweises in § 1643 Abs. 1 BGB keiner familiengerichtlichen Genehmigung.

2. Reform

7 Dieser „neue" Genehmigungstatbestand war bisher als Innengenehmigung ausgestaltet, § 1811 BGB aF.[4] Gem. § 1848 BGB bedarf es nunmehr für die anderweitige Anlegung von Geld einer gerichtlichen Genehmigung, wenn die Anlegung nicht auf einem Anlagekonto gem. § 1841 Abs. 2 BGB erfolgt, was die bisher in § 1807 Abs. 1 Nr. 1–4 BGB aF geregelten Fälle erfasst.[5] Die Anlegung war auch ohne eine Genehmigung wirksam.[6] Mit der Reform handelt es sich ab dem 1.1.2023 um einen **Außengenehmigungstatbestand**, so dass eine **fehlende Genehmigung Auswirkung auf die Wirksamkeit** des Rechtsgeschäftes hat und bei Verträgen gem. 1856 Abs. 1 S. 1 BGB zur schwebenden Unwirksamkeit führt.

3. Inhalt

8 Unter § 1848 BGB fallen u.a. die Anlagemöglichkeiten, die in § 1807 Abs. 1 Nr. 1–4 BGB aF genannt waren, aber auch Anlagen in Aktienfonds, Kryptowährungen und ETFs. sowie Anlagekonten bei anderen Kreditinstituten, die nicht die Voraussetzungen des § 1842 BGB erfüllen.[7] Der Wortlaut von § 1848 BGB erfasst auch die Geldanlage in ein Grundstück als Renditeobjekt. Auch wenn § 1850 BGB für Grundstücksrechtsgeschäfte Regelungen enthält und ebenfalls einschlägig sein kann, aber weil keine Subsidiaritätsklausel wie in § 1812 BGB aF vorhanden ist, dürften die Normen nebeneinander stehen.[8] Für die Praxis ist diese Frage eher eine dogmatische und dürfte nicht von Relevanz sein, da es für die Frage der Genehmigungsbedürftigkeit und -fähigkeit unerheblich ist, ob ein Genehmigungstatbestand oder mehrere -tatbestände einschlägig sind.

9 Von § 1848 BGB dürften aufgrund des Wortlautes, der nicht explizit, wie § 1850 BGB, zwischen Verfügung und Verpflichtung unterscheidet, alle Arten von Rechtsgeschäften erfasst werden, also Verpflichtungs- und Verfügungsgeschäfte. Wenn das Gericht die Geldanlage generell genehmigt hat, sind alle Rechtsgeschäfte erfasst. Wenn das Gericht explizit nur die Verpflichtung genehmigt, ist nach Auslegung zu ermitteln, was erfasst sein sollte.[9] Allein aufgrund des Vorliegens der Genehmigung in Bezug auf das Verpflichtungsgeschäft kann man nicht ohne Weiteres davon ausgehen, dass die Verfügung

4 BeckOGK BGB/Fröschle § 1811 aF Rn. 6.
5 BT-Drs. 19/24445, 281 f.; vgl. auch Veit FamRZ 2019, 337 (343).
6 MüKoBGB/Kroll-Ludwigs § 1811 aF Rn. 18.
7 Vgl. BT-Drs. 19/24445, 281 f.
8 Unklar insoweit BT-Drs. 19/24445, 282.
9 OLG Naumburg Rpfleger 2019, 588.

auch erfasst wird oder die Verfügung keiner Genehmigung bedarf (Umkehrschluss aus § 1849 Abs. 2 S. 1 Nr. 3 BGB). Wenn die Verfügung aber ebenfalls angezeigt wurde, kann in aller Regel davon ausgegangen werden, dass beide Geschäfte genehmigt werden sollten.[10]

II. Verfügung über Rechte und Wertpapiere (§ 1849 BGB)

1. Anwendbarkeit der Norm

§ 1849 BGB findet unmittelbar Anwendung auf Betreuer, eine **gesetzliche Befreiung** ist nach § 1859 Abs. 1 Nr. 2 BGB für die Fälle des § 1849 Abs. 1 S. 1 Nr. 1, Nr. 2, S. 2 BGB vorgesehen, so dass die Norm insoweit **bei Verwandten in gerader Linie, Geschwistern, Ehegatten, Betreuungsvereinen, Vereinsbetreuern, Betreuungsbehörden oder Behördenbetreuern, vgl. § 1859 Abs. 2 S. 1 Nr. 1–5 BGB**, keine Anwendung findet. Eine Befreiung anderer Betreuer ist unter den Voraussetzungen des § 1859 Abs. 2 S. 2, S. 3 BGB durch das Betreuungsgericht für die in § 1849 Abs. 1 S. 1 BGB genannten Tatbestände möglich, wenn der Betreute dies schriftlich verfügt hat und nicht bekannt ist, dass er an dieser Verfügung erkennbar nicht mehr festhalten will. Weitere Befreiungsmöglichkeiten sehen § 1860 Abs. 1–3 BGB vor (→ § 13 Rn. 8 ff.). Vormünder und Pfleger bedürfen nach §§ (1813 Abs. 1) 1799 Abs. 1, 1849 BGB ebenfalls der gerichtlichen Genehmigung. Nach § 1801 Abs. 1 BGB bedürfen das **Jugendamt**, der **Vereinsvormund** und der **Vormundschaftsverein** wegen des Verweises auf § 1859 Abs. 1 BGB nicht der Genehmigung nach § 1849 Abs. 1 S. 1 Nr. 1, Nr. 2, S. 2 BGB. **Eltern** unterliegen dem Genehmigungserfordernis nicht, vgl. § 1643 Abs. 1 BGB. 10

2. Reform

Der Gesetzgeber hat die u.a. von Damrau geäußerte Kritik[11] hinsichtlich des weiten Wortlautes der Vorgängernorm, § 1812 BGB aF, berücksichtigt und die Norm entsprechend dem Willen bzw. Verständnis des historischen Gesetzgebers angepasst und eingeschränkter formuliert.[12] Als **grundsätzliche Änderungen** lassen sich das **Fehlen einer Subsidiaritätsklausel** und der Gegen- bzw. Mitvertreterklauseln feststellen. Die bisherigen Regelungen aus §§ 1812, 1813 BGB aF mit Grundsatz, Ausnahmen und Gegenausnahmen wurden als schwer verständlich eingestuft.[13] Die Neuregelung ist aber keinesfalls einfacher ausgestaltet. Die einzige „Vereinfachung“ ist, dass es sich nur noch um eine Norm handelt. An dem Prinzip der Regelung mit Ausnahmen und Gegenausnahmen hat sich nichts geändert. 11

3. Inhalt

a) Voraussetzungen des § 1849 Abs. 1 S. 1 BGB

a) Verfügung (oder Eingehung einer Verpflichtung zu einer Verfügung, S. 2) über 12
   aa) ein Recht, kraft dessen der Betreute eine Geldleistung verlangen kann (Nr. 1) oder

10 Vgl. OLG Naumburg Rpfleger 2019, 588 und BeckOGK BGB/Schöpflin § 1822 aF Rn. 12 sowie Staudinger/Veit BGB § 1822 aF Rn. 4, 7, 11.
11 BT-Drs. 19/24445, 282; Damrau FamRZ 1984, 842 ff.; Lamberz FamRZ 2012, 164.
12 BT-Drs. 19/24445, 282 f.
13 BT-Drs. 19/24445, 282.

bb) ein Recht, kraft dessen der Betreute ein Wertpapier verlangen kann (Nr. 1) oder
cc) ein Wertpapier des Betreuten (Nr. 2) oder
dd) einen hinterlegten Wertgegenstand des Betreuten (Nr. 3)

b) es darf **keine Ausnahme** nach § 1849 Abs. 2 BGB vorliegen
aa) Nr. 1 (nur in Bezug auf § 1849 Abs. 1 S. 1 Nr. 1 BGB):
wenn der aus dem Recht folgende Zahlungsanspruch
a) nicht mehr als 3.000 EUR beträgt (**beachte c.**),
b) das Guthaben auf einem Girokonto des Betreuten betrifft,
c) das Guthaben Verfügungsgeld betrifft, das sich auf einem vom Betreuer eröffneten Anlagekonto befindet, sofern keine Sperrvereinbarung getroffen wurde,
d) zu den Nutzungen des Vermögens des Betreuten gehört (**beachte c.**) oder
e) auf Nebenleistungen gerichtet ist
bb) Nr. 2 (nur in Bezug auf § 1849 Abs. 1 S. 1 Nr. 2 BGB): wenn die Verfügung über das Wertpapier
a) eine Nutzung des Vermögens des Betreuten oder
b) eine Umschreibung des Wertpapiers auf den Betreuten darstellt
(nach § 1849 Abs. 2 S. 2 BGB wird auch die Verpflichtung zu einer der genannten Verfügungen erfasst)
cc) Nr. 3 (in Bezug auf § 1849 Abs. 1 S. 1 Nr. 1–3 BGB)
wenn die der Verfügung zugrunde liegende Verpflichtung bereits durch das Betreuungsgericht genehmigt wurde

c) Es darf **keine Gegenausnahme** einschlägig sein, § 1849 Abs. 3 BGB
aa) § 1849 Abs. 3 S. 1 BGB
§ 1849 Abs. 2 Nr. 1 a) BGB ist nicht anwendbar, wenn der Anspruch nicht mehr als 3.000 EUR beträgt, aber eine Sperrvereinbarung getroffen wurde.
Gleiches gilt, wenn es sich um einen Zahlungsanspruch handelt, der sich aus der Einlösung eines Wertpapiers ergibt.
bb) § 1849 Abs. 3 S. 2 BGB
§ 1849 Abs. 2 Nr. 1 d) BGB findet keine Anwendung auf eine Verfügung über einen Zahlungsanspruch, der einer Sperrvereinbarung unterliegt und eine Kapitalnutzung betrifft.

b) Positive Voraussetzungen

aa) § 1849 Abs. 1 S. 1 Nr. 1 Alt. 1 BGB

13 § 1849 Abs. 1 S. 1 Nr. 1 BGB erfasst nach dem Wortlaut und Willen des Gesetzgebers nicht mehr alle Verfügungen über Forderungen, sondern nur noch über **Forderungen, kraft derer der Betreute eine Geldleistung verlangen kann.**[14] Unter den Begriff der Verfügung fallen die Übertragung, Belastung, Aufhebung und Veränderung[15] des Rechts, so dass zB die Abtretung einer Forderung nach § 398 BGB, die auf Geldzahlung an den

14 BT-Drs. 19/24445, 283.
15 BGHZ 1, 294 (304); OLG Hamm Rpfleger 1991, 56 (57).

Betreuten gerichtet ist, die Verpfändung einer Forderung, vgl. § 1273 Abs. 1 BGB, der Erlass einer Forderung oder die Kündigung erfasst werden.[16]

bb) § 1849 Abs. 1 S. 1 Nr. 1 Alt. 2 BGB

14 Verfügungen über ein Recht, kraft dessen der Betreute ein Wertpapier verlangen kann, sind genehmigungsbedürftig. Dies sind insbes. Forderungen, die ein Recht des Betreuten auf Übertragung eines Wertpapiers begründen, wie zB die Kündigung eines Depotvertrags oder die Übertragung der Ansprüche auf das Wertpapier auf einen Dritten.[17] Ob unter den Begriff des Wertpapiers alle Arten von Wertpapieren fallen (wie Inhaber- Order, Rekta- oder qualifizierte Legitimationspapiere[18]), kann im Ergebnis dahinstehen, da bei Wertpapieren, die der Forderung folgen, die erste Alternative einschlägig wäre.[19]

cc) § 1849 Abs. 1 S. 1 Nr. 2 BGB

15 Erfasst wird nur die Verfügung über ein Wertpapier des Betreuten. Verfügungen über Sachen sind daher grundsätzlich nicht genehmigungsbedürftig (Ausnahme insbes. § 1850 BGB). Nach Ansicht des Gesetzgebers besteht dabei nicht die Gefahr der Veruntreuung.[20]

16 § 1812 BGB aF erfasste die Entgegennahme einer Sachleistung, da dadurch die Forderung auf die Leistung nach § 362 Abs. 1 BGB erlosch; ein Korrektiv wurde über die Ausnahmeregelung des § 1813 Abs. 1 Nr. 1 BGB aF geschaffen. Diese Konstellation ist durch die Reform bis auf die Ausnahme in Nr. 3 entfallen.

dd) § 1849 Abs. 1 S. 1 Nr. 3 BGB

17 Dieser Tatbestand wurde neu hinzugefügt: Die Verfügung über einen hinterlegten Wertgegenstand des Betreuten ist genehmigungsbedürftig. Gemeint sollen hier – entgegen dem weiten Wortlaut – nur Wertgegenstände sein, die auf Anordnung des Betreuungsgerichts nach § 1844 BGB nF hinterlegt wurden.[21]

ee) § 1849 Abs. 4 BGB

18 Nach § 1849 Abs. 4 BGB gelten die Absätze 1 bis 3 auch für die Annahme der Leistung, also zB auch für die Entgegennahme einer Geldleistung. Das war bei § 1812 BGB aF nicht explizit geregelt, wurde aber dem Wortlaut von § 1813 Abs. 1 vor Nr. 1 BGB aF entnommen, wonach die Annahme einer geschuldeten Leistung unter bestimmten Voraussetzungen ausnahmsweise keiner Genehmigung bedurfte. Grundsätzlich bedurfte es also einer Genehmigung, da durch die Annahme die Forderung auf die Leistung nach § 362 Abs. 1 BGB erlischt. Daraus wurde der Schluss gezogen, dass die Annahme unter den Begriff der Verfügung des § 1812 BGB aF fallen musste.[22] Der Gesetzgeber be-

16 BGHZ 1, 294 (304) zur Kündigung einer Hypothek; OLG Hamm Rpfleger 1991, 56 (57) zur Kündigung eines Mietvertrags; Prütting/Wegen/Weinreich/Bauer BGB § 1812 aF Rn. 3; Erman/Schulte-Bunert BGB § 1812 aF Rn. 8d.
17 BT-Drs. 19/24445, 283.
18 Vgl. dazu Fritsche RpflStud 2011, 121 (122 ff.).
19 NK-BGB/Fritsche/Kieß § 1812 aF Rn. 6.
20 BT-Drs. 19/24445, 283.
21 BT-Drs. 19/24445, 283 f.
22 BeckOGK BGB/Fröschle § 1812 aF Rn. 30; Jürgens/v. Crailsheim BGB § 1813 aF Rn. 2; jurisPK-BGB/Lafontaine § 1812 aF Rn. 26 mwN; MüKoBGB/Kroll-Ludwigs § 1812 aF Rn. 3.

gründet die explizite Aufnahme im Gesetz damit, dass die Annahme keine Verfügung sei.[23] Ob dies zutreffend ist, ist mE zweifelhaft (→ § **1850 Rn. 38**), kann aber aufgrund der getroffenen Regelung dahingestellt bleiben.

ff) Vollmacht zu einer Verfügung nach § 1849 Abs. 1 S. 1 BGB

19 Die Erteilung einer Vollmacht zu einem von § 1849 Abs. 1 S. 1 (S. 2) BGB erfassten Rechtsgeschäft bedarf nach hM keiner gerichtlichen Genehmigung, da sie nur eine Vorbereitungshandlung zum Abschluss des Rechtsgeschäftes darstellt.[24] Erst das später mit Vollmacht vorgenommene Rechtsgeschäft bedarf ggf. einer Genehmigung. Dies kann u.a. mit § 1852 Nr. 3 BGB begründet werden, der ausdrücklich für die Erteilung einer bestimmten Vollmacht ein Genehmigungserfordernis enthält.

gg) § 1849 Abs. 1 S. 2 BGB

20 Gem. § 1849 Abs. 1 S. 2 BGB ist eine Genehmigung ebenfalls erforderlich für die **Eingehung der Verpflichtung** zu einer in S. 1 genannten Verfügung. Das sind die zu § 1849 Abs. 1 S. 1 BGB gehörenden Verpflichtungsgeschäfte, eine Forderung abzutreten oder ein Wertpapier zu übertragen, die sich zB aus einem zugrunde liegenden Kauf- oder Schenkungsvertrag ergeben könnten.

c) Negative Voraussetzungen – keine Ausnahmen nach § 1849 Abs. 2 BGB

21 Die Vorschrift unterscheidet zunächst zwischen Verfügungen über Geldleistungen (Nr. 1) und Verfügungen über Wertpapiere (Nr. 2). Als letztes (Nr. 3) wird eine weitere Ausnahme für Verfügungen nach § 1849 Abs. 1 S. 1 BGB insgesamt geregelt.

aa) § 1849 Abs. 2 S. 1 Nr. 1a) BGB

22 Einer Genehmigung bedarf es nicht, wenn der aus dem Recht folgende Zahlungsanspruch nicht mehr als 3000 EUR beträgt. Hierdurch wird der bisher nicht eindeutige Wortlaut der Vorgängernorm präzisiert. Es kommt nicht auf eine Teilleistung, sondern auf die gesamte Forderung an, so dass es unerheblich ist, wenn von einer Forderung von 5.000 EUR zB 2.500 EUR angenommen werden. Eine Genehmigungspflicht ist dann gegeben, eine Ausnahme nicht einschlägig.

bb) § 1849 Abs. 2 S. 1 Nr. 1b) BGB

23 Bei einem Girokonto des Betreuten ist die Wertgrenze unbeachtlich; es handelt sich um „Verfügungsgeld“ (vgl. sogleich noch unter c. zu dem vom Gesetz verwendeten Ausdruck des Verfügungsgeldes). Wenn der Betreuer jedes Mal eine Genehmigung bräuchte, wenn er über das Girokonto verfügt, wäre er in seinem Handlungsspielraum zu stark eingeschränkt.

cc) § 1849 Abs. 2 S. 1 Nr. 1c) BGB

24 Eine ähnliche Regelung enthält diese Ausnahme, die ausdrücklich den Begriff des Verfügungsgeldes enthält. Dabei handelt es sich um ein vom Betreuer für Verfügungsgeld

23 BT-Drs. 19/24445, 283, 285, 286.

24 Erman/Schulte-Bunert BGB § 1821 aF Rn. 4a; Staudinger/Coester BGB § 1821 aF Rn. 35; Klüsener Rpfleger 1981, 461 (463); Lamberz FamRZ 2012, 162; Nachweise zur Gegenmeinung bei Staudinger/Coester BGB § 1821 aF Rn. 34, u.a. Weber DNotZ 2015, 498 (522).

eröffnetes Anlagekonto (vgl. § 1841 Abs. 2 BGB) ohne Sperrvereinbarung. Hauptunterschied zu a) ist, dass das Konto vom Betreuer eröffnet worden sein muss.

dd) § 1849 Abs. 2 S. 1 Nr. 1d)/e) BGB

Die weiteren Ausnahmen sind inhaltsgleich mit § 1813 Abs. 1 Nr. 4, 5 BGB aF **Verfügungen über Forderungen, die zu den Nutzungen des Vermögens des Betreuten gehören oder auf Nebenleistungen gerichtet sind**, bedürfen keiner Genehmigung. **Nutzungen** sind in § 100 BGB geregelt, so dass zB Zins- oder Mieteinnahmen Nutzungen des Betreutenvermögens darstellen. Unter Nebenleistungen fallen zB die in § 1813 Abs. 1 Nr. 5 BGB aF genannten Kosten einer Kündigung oder Rechtsverfolgung.[25] 25

ee) § 1849 Abs. 2 S. 1 Nr. 2a)/b) BGB

Bei einer **Verfügung über ein Wertpapier** des Betreuten, § 1849 Abs. 1 S. 1 Nr. 2 BGB, besteht eine Ausnahme vom Genehmigungsbedürfnis, wenn die Verfügung eine Nutzung des Vermögens des Betreuten darstellt. Das kann der Fall sein, wenn über Wertpapiere verfügt wird, die man im Rahmen einer Dividendenausschüttung erhalten hat. Eine weitere Ausnahme liegt bei der Umschreibung eines Wertpapiers auf den Namen des Betreuten vor. Hierbei dürfte schon fraglich sein, ob es sich um eine Verfügung des Betreuten handelt, die Aufnahme der Regelung schadet aber nicht. Sie dürfte von dem Gedanken getragen sein, dass im Ergebnis kein Rechtsverlust eintritt, selbst wenn die zugrunde liegende Forderung nach § 362 Abs. 1 BGB erlöschen sollte. Man erlangt das, worauf man einen Anspruch hat; es ist besser, Inhaber der Leistung/Eigentümer der Sache zu sein, also nur einen Anspruch darauf zu haben.[26] 26

Die genannten Ausnahmen gelten gleichfalls für die **Eingehung der Verpflichtung**, § 1849 Abs. 2 S. 2 BGB. 27

ff) § 1849 Abs. 2 S. 1 Nr. 3 BGB

Eine **generelle Ausnahme** vom Genehmigungserfordernis des § 1849 Abs. 1 S. 1 BGB gilt, sofern die **Verpflichtung** zur einer genannten Verfügung **bereits genehmigt** worden ist. Die Reichweite einer Genehmigung war auch bisher schon, sofern Zweifel bestanden, durch Auslegung zu ermitteln, und umfasste meist auch die dazugehörenden Verfügungen.[27] Durch die Neuregelung entfällt das Bedürfnis der Auslegung und durch die Genehmigung der Verpflichtung ist die Verfügung „mitgenehmigt“. Zweifelhaft bleibt die Regelung dann, wenn nur das Verpflichtungsgeschäft angezeigt wurde und ausdrücklich auch nur dieses genehmigt werden sollte (und ggf. konnte), was uU sinnvoll sein kann. 28

III. Rechtsgeschäfte über Grundstücke (und Schiffe), § 1850 BGB

1. Anwendbarkeit

Die Norm ist auf alle gesetzlichen Vertreter (Betreuer, Eltern, Vormund, Ergänzungs- und Nachlasspfleger) anwendbar, § 1850; § 1643 Abs. 1; § 1799 Abs. 1, § 1813 Abs. 1 BGB. Unmittelbare Befreiungen sind nach §§ 1859, 1860 BGB nicht vorgesehen. 29

25 BT-Drs. 19/24445, 285.
26 Vgl. HK-BGB/Kemper § 1821 aF Rn. 5.
27 OLG Naumburg Rpfleger 2019, 588.

Landesrechtliche Befreiungen sind gem. § 1862 Abs. 4 BGB, § 56 Abs. 2 S. 3 SGB VIII möglich. Davon hatten bisher Baden-Württemberg, Bremen und Hamburg Gebrauch gemacht.[28] Bei Eltern ist § 1643 Abs. 2 BGB zu beachten, der im Rahmen von § 1850 Nr. 1, 2. Alt. BGB erörtert wird.

2. Reform

30 Die Norm übernimmt überwiegend die Tatbestände aus § 1821 BGB aF, ergänzt in Nr. 4 einen weiteren Genehmigungstatbestand für den Erwerb von Wohnungs- oder Teileigentum und die Ausnahme nach § 1821 Abs. 2 BGB aF bzgl. Hypotheken, Grundschulden und Rentenschulden entfällt. § 1850 Nr. 6 BGB wurde um einen weiteren Genehmigungstatbestand bzgl. der Verpflichtung zum entgeltlichen Erwerb einer Forderung, die auf Übertragung des Eigentums an einem Grundstück (oder an einem eingetragenen Schiff oder Schiffsbauwerk) oder auf die Übertragung eines Rechts an einem Grundstück gerichtet ist, ergänzt.

3. Inhalt

31 § 1850 Nr. 1–3 BGB erfassen nur Verfügungsgeschäfte in Bezug auf Grundstücke (und eingetragene Schiffe oder Schiffsbauwerke), durch die der Betreute einen (unmittelbaren) Rechtsverlust erleidet. Über Nr. 5 werden die dazugehörigen Verpflichtungen erfasst. 1850 Nr. 4 BGB erfasst zudem neu den unentgeltlichen Erwerb von Wohnungs- oder Teileigentum, wobei Nr. 5 das dazugehörige Verpflichtungsgeschäft erfasst. Nr. 6 regelt entgeltliche Erwerbgeschäfte, also ebenfalls Verpflichtungsgeschäfte.

32 Soweit das Gesetz von Grundstücken spricht, wird nicht nur das Alleineigentum, sondern auch Bruchteils- oder Gesamthandseigentum an einem Grundstück sowie Wohnungs- und Teileigentum und das Erbbaurecht erfasst.[29]

a) Verfügungen über Grundstücke, § 1850 Nr. 1 Alt. 1 BGB

33 Die Verfügung über ein Grundstück des Betreuten ist genehmigungsbedürftig. Unter Verfügung ist ein Rechtsgeschäft zu verstehen, „durch das der Verfügende auf ein Recht unmittelbar einwirkt, es also auf einen Dritten überträgt, es aufhebt, mit einem Recht belastet oder es sonst wie in seinem Inhalt ändert“,[30] wobei nach der Definition nur derjenige erfasst wird, der einen Rechtsverlust erleidet, also in dessen Eigentum das Grundstück steht bzw. vorher stand.[31] Das bedeutet, dass derjenige, der das Grundstück überträgt, verfügt, nicht aber derjenige, der die Übertragung annimmt, aber gleichwohl bei der Verfügung mitwirken muss. Der Gesetzgeber geht davon aus, dass keine Verfügung vorliegt, weil es sich bei der Annahme um eine reale Leistungsbewirkung handelt.[32] Unabhängig davon, ob dies im Hinblick auf § 873 Abs. 1 BGB zutreffend ist, da diese Norm eine Willenserklärung verlangt, unterfallen diese Konstellatio-

28 Ob und welche Bundesländer von einer Befreiung Gebrauch machen werden, bleibt abzuwarten.
29 MüKoBGB/Kroll-Ludwigs § 1821 aF Rn. 20, 23.
30 BGH Rpfleger 2021, 399 (400 Rn. 7 mwN) mAnm Lamberz.
31 OLG München Rpfleger 2020, 379 (380) mAnm Lamberz; ebenso MüKoBGB/Kroll-Ludwigs § 1821 aF Rn. 25.
32 Vgl. BT-Drs. 19/24445, 283, 285, 286 zu § 1849 BGB.

nen im Ergebnis nicht dem Schutzzweck der Norm, da dieser u.a. darin besteht, das vorhandene Grundstücksvermögen des Betreuten zu schützen und zu erhalten.[33]

Nicht ausreichend ist, wenn der Betreute sich an einer Personen- oder Handelsgesellschaft beteiligt oder Gesellschafter einer juristischen Person ist und diese dann eine entsprechende Verfügung nach § 1850 BGB vornimmt.[34] Dem wird mit dem Genehmigungserfordernis nach § 1852 BGB begegnet. 34

Ausreichend ist auch, wenn der Betreute **Nacherbe** ist und seine Zustimmung zu einer Verfügung des Vorerben oder zur Zustimmung der Löschung des Nacherbenvermerks nach § 51 GBO erteilt, vgl. § 2113 BGB.[35] Dadurch verliert er die Möglichkeit des späteren Erwerbs und verfügt über sein Anwartschaftsrecht, welches behandelt wird wie das Vollrecht. 35

Ob die **Teilung gem. § 8 WEG** unter den Begriff der Verfügung fällt, ist umstritten.[36] 36
Eine Verfügung im Sinne einer Inhaltsänderung dürfte vorliegen, wenn man aber den Sinn und Zweck der Norm, den Schutz von Grundvermögen des Betreuten berücksichtigt, erscheint die Annahme einer Genehmigungsbedürftigkeit zumindest fraglich. Hier könnte man in der Praxis dem Gericht die Teilung anzeigen und um Genehmigung bitten, hilfsweise um Erteilung eines Negativattests (→ § 19 Rn. 136).

Die Bestellung einer **Eigentümergrundschuld** fällt nach umstrittener Meinung unter den Begriff der Verfügung über ein Grundstück.[37] Auch hier gelten die gleichen Überlegungen wie zuvor: Eine Inhaltsänderung liegt vor, eine „Beeinträchtigung" des Grundvermögens des Betreuten im Ergebnis aber (noch) nicht, so dass das Genehmigungserfordernis fragwürdig und mE daher abzulehnen ist. 37

Fraglich ist, ob die **Bestellung einer Vormerkung** genehmigungsbedürftig ist, da sie keine Verfügung nach der genannten Definition darstellt und „nur" ankündigt, dass in der Zukunft eine Rechtsänderung ansteht, vgl. § 883 Abs. 1 BGB. Der Vormerkung kommt wegen § 883 Abs. 2 BGB aber „quasi-dingliche" Wirkung zu, da alle Verfügungen, die nach der Vormerkung erfolgen und den Inhaber zumindest beeinträchtigen, diesem gegenüber gem. § 883 Abs. 2 BGB relativ unwirksam sind.[38] Hierzu finden sich in dem Gesetzesentwurf keine Ausführungen. Das könnte man so verstehen, dass die Grundlage für eine Analogie entzogen wurde, da es keine planwidrige Regelungslücke (mehr) gibt, die grundsätzlich verlangt wird.[39] Es bestanden auch bisher schon grundsätzliche Bedenken gegen eine erweiternde analoge Anwendung von Genehmigungstatbeständen.[40] Im Ergebnis dürfte dieser Streit akademischer Natur sein und wenig praktische Bedeutung haben. Wenn das Gericht den zugrunde liegenden schuldrechtlichen Vertrag 38

33 BGH BeckRS 2016, 21260 = FamRZ 2017, 245 (246, 247 Rn. 15 mwN).
34 Jürgens/v. Crailsheim BGB § 1821 aF Rn. 8.
35 BayObLG Rpfleger 1982, 277; OLG Hamm FamRZ 1997, 1368 (1369).
36 Gegen eine Verfügung: KG BWNotZ 2015, 153; Erman/Schulte-Bunert BGB § 1821 aF Rn. 4a; MüKoBGB/Kroll-Ludwigs § 1821 aF Rn. 24; für eine Genehmigung: Hügel/Elzer, 3. Aufl. 2021, WEG § 8 Rn. 49; Schöner/Stöber, 16. Aufl. 2020, Rn. 2850, 3686.
37 Jürgens/v. Crailsheim BGB § 1821 aF Rn. 16, 20; MüKoBGB/Kroll-Ludwigs § 1821 aF Rn. 28; Staudinger/Veit BGB § 1821 aF Rn 7; aA Gottwald RpflStud 1996; Klüsener Rpfleger 1981, 461 (465); Lamberz FamRZ 2012, 162 (166).
38 Vgl. KG Rpfleger 2017, 266 (267); MüKoBGB/Kroll-Ludwigs § 1821 aF Rn. 28.
39 Luther jura 2013, 449 (453); Thun JuS 2004, 104.
40 BVerfG Rpfleger 1986, 377; BGH Rpfleger 1985, 69.

genehmigt, werden damit, wenn nicht ein anderes mitgeteilt wird oder eine Auslegung etwas anderes ergibt, alle Erklärungen des Vertreters genehmigt.[41] Die Vormerkung ist ein alltägliches Sicherungsmittel und wenn der Verpflichtungsvertrag genehmigungsfähig ist, dann wäre es die Vormerkung ebenfalls.

39 Die **Genehmigungsbedürftigkeit** nach § 1850 Nr. 1 BGB **entfällt**, wenn die Verfügung bereits nach **§ 1833 Abs. 3 S. 1 Nr. 4 BGB** genehmigungsbedürftig ist (vgl. zu § 1833 BGB ingesamt → § 21 Rn. 85-92), da § 1833 BGB insoweit vorrangig ist.[42] Nach § 1833 Abs. 3 S. 1 Nr. 4 BGB ist die Verfügung über ein Grundstück oder über ein Recht an einem Grundstück genehmigungsbedürftig, sofern dies mit der Aufgabe von Wohnraum verbunden ist.[43] Durch die Norm werden auch neue Fragen aufgeworfen: § 1833 Abs. 3 S. 1 Nr. 4 BGB erfasst vom Wortlaut nur das Verfügungsgeschäft, nicht die Verpflichtung. Aus letzterem wird sich aber erst ergeben, ob mit der Verfügung die Aufgabe von Wohnraum, also deren Besitz,[44] verbunden ist. Wenn zB das Eigentum an einer Eigentumswohnung, die der Betreute bewohnt, übertragen werden soll, kann der Verfügung nicht entnommen werden, ob damit eine Wohnungsaufgabe verbunden ist. Der Betreute könnte weiterhin in der Wohnung bleiben, sofern für ihn ein Nießbrauchs- oder ein Wohnungsrecht vorbehalten wird oder ein Mietvertrag zur „Weiternutzung" abgeschlossen wird. Auch das Verpflichtungsgeschäft muss im Ergebnis genehmigungsbedürftig sein, da der Betreuer sonst eine wirksame Verpflichtung ohne Mitwirkung des Gerichts eingehen könnte und der Vertragspartner die Zwangsvollstreckung betreiben könnte. Zu einer durch Zwangsvollstreckung erwirkten Willenserklärung, vgl. § 894 ZPO, wäre dann Genehmigung des Gerichts erforderlich.[45] Die Verpflichtung muss daher nach § 1850 Nr. 5 iVm Nr. 1 BGB genehmigungsbedürftig sein. In der Praxis sollte für die Frage der Genehmigungsbedürftigkeit ausreichen, wenn § 1850 BGB geprüft wird. Ob darüber hinaus auch § 1833 Abs. 3 S. 1 Nr. 4 BGB vorliegt, ist materiellrechtlich nicht von Relevanz.

40 Relevant kann die Frage aber im Rahmen der Genehmigungsfähigkeit und des Verfahrens sein: Nach § 299 FamFG muss das Gericht den Betroffenen vor einer Entscheidung nach § 1833 Abs. 3 BGB persönlich anhören, bei § 1850 BGB soll das Gericht dies nur machen.

b) Verfügungen im Zusammenhang mit dem Erwerb – Erwerbsmodalität

41 Wenn Grundstückseigentum entgeltlich erworben werden soll, ist im Rahmen der Finanzierung fast immer erforderlich, das Grundstück mit einem Grundpfandrecht zu belasten. Auch denkbar ist, dass sich der Schenker bei einer unentgeltlichen Übertragung auf die betreute Person ein Nießbrauchsrecht (oder ein anderes dingliches Recht) oder unter bestimmten Voraussetzungen eine Rückübertragung vorbehält, wofür eine Rückauflassungsvormerkung eingetragen werden soll. Eine Regelung hierzu hat der Gesetzgeber im Rahmen der Reform nicht getroffen und auch in der Gesetzesbegrün-

41 Vgl. OLG Naumburg Rpfleger 2019, 588.
42 BT-Drs. 19/24445, 286.
43 Vgl. zu § 1833 BGB insg. Harm BtPrax 2021, 174 (174).
44 Harm BtPrax 2021, 174 (175).
45 BayObLGZ 1953, 111; Kindl/Meller-Hannich/Bendtsen Gesamtes Recht der Zwangsvollstreckung, 4. Aufl. 2021, ZPO § 894 Rn. 13.

dung fehlen Ausführungen hierzu. Ob er die Rechtsprechung und die Motive des historischen Gesetzgebers damit billigt oder ob dadurch eine planwidrige Regelungslücke nicht (mehr) existiert, bleibt unklar. Weitestgehende Einigkeit bestand bisher insoweit, dass bei einer **Belastung im Rahmen des Erwerbs** keine Genehmigung erforderlich ist, da sich die Konstellation so darstellt, als ob der Betreute von Anfang an belastetes Eigentum übertragen bekommen hätte.[46] Dafür wäre eine Genehmigung nicht erforderlich. Ansonsten könnte die Reihenfolge der Rechtsgeschäfte/Eintragungen geändert werden und der bisherige Eigentümer sich erst ein Eigenrecht einräumen und dann das Grundstück übertragen. Überwiegend bestand ebenfalls Einigkeit, dass eine Verfügung, die zeitlich nach dem Erwerb des Eigentums eingetragen wurde, einer Genehmigung bedarf.[47] Hiergegen hat sich kürzlich der BGH gestellt und entschieden, dass es ausreicht, wenn die dinglichen Einigungen bzgl. der Übertragung und der belastenden Verfügung gleichzeitig erklärt werden, so dass ein wirtschaftlicher Zusammenhang bestehe.[48] Dies dürfte aus Sicht des Betreuungsgerichts der Normalfall sein, da diesem der komplette Vertrag mit allen Erklärungen vorliegen wird.[49]

c) Verfügungen über ein Recht an einem Grundstück, § 1850 Nr. 1 Alt. 2 BGB

Um eine bessere Übersichtlichkeit und eine einfacher nachvollziehbare Struktur zu erhalten, wurde im Rahmen der Reform § 1821 Abs. 2 BGB aF nicht übernommen.[50] Dies führt dazu, dass Verfügungen im Zusammenhang mit Grundstücken nicht mehr von zwei verschiedenen Normen geregelt werden. § 1850 Nr. 1 Alt. 2 BGB erfasst alle Verfügungen über Rechte an einem Grundstück, wozu auch die Übertragung von dinglichen Rechten (sog. Zweiterwerb), wie zB die Übertragung einer Grundschuld oder einer Hypothek (durch Abtretung der Forderung), gehören. 42

d) Besonderheiten bei Eltern, § 1643 Abs. 2 BGB

Eltern bedürfen nicht der Genehmigung, wenn über Grundpfandrechte (Hypothek, Grundschuld, Rentenschuld) des Kindes verfügt wird bzw. zu der dazugehörigen Verpflichtung, § 1643 Abs. 2 BGB. Eltern können also zB nicht ohne Genehmigung eine Grundschuld bestellen, da dies eine Belastung des Grundstücks darstellt und unter die erste Alternative fällt, aber eine Grundschuld übertragen, da dann über ein Recht an dem Grundstück verfügt wird. 43

e) Verfügungen über Forderungen in Bezug auf Grundstücke, § 1850 Nr. 2 BGB

§ 1821 Abs. 1 Nr. 2 BGB aF ist unverändert übernommen worden. Erfasst werden Verfügungen über Forderungen, die auf 44

46 OLG München Rpfleger 2020, 379 (381) mAnm Lamberz; Schöner/Stöber Rn. 3688; Böttcher NJW 2021, 827 (832 Rn. 30).

47 KG Rpfleger 2020, 8; BeckOGK BGB/Eitzinger § 1643 aF Rn. 9; BeckOK BGB/Bettin § 1821 aF Rn. 8; Erman/Schulte-Bunert BGB § 1821 aF Rn. 3; Lamberz Rpfleger 2020, 10.

48 BGH Rpfleger 2021, 399 mit abl. Anm. Lamberz; krit. auch Lüblinghoff LMK 2021, 811960; dem BGH folgend: BeckOGK BGB/Fuchs § 1821 aF Rn. 27; Litzenburger FD-ErbR 2021, 439097; Rodi NJW 2021, 1676; Szalai NZFam 2021, 460 (461).

49 Zu den Problemen, die sich aus Sicht des Grundbuchamtes stellen können: Lamberz Rpfleger 2021, 401 ff.

50 BT-Drs. 19/24445, 286.

- Übertragung des Eigentums an einem Grundstück (1. Alt.)
- Begründung oder Übertragung eines Rechts an einem Grundstück (2. Alt.) oder
- Befreiung eines Grundstücks von einem solchen Recht (3. Alt.)

gerichtet sind.

45 Bzgl. **§ 1850 Nr. 2 Alt. 1 BGB** wurde bisher einhellig vertreten, dass die Auflassung an den Vertretenen, wodurch seine Forderung nach § 362 Abs. 1 BGB erlöschen würde, nicht genehmigungsbedürftig ist, da Sinn und Zweck von § 1850 BGB ist, einen Rechtsverlust des Vertretenen zu verhindern;[51] entweder liegt schon keine Verfügung vor oder es wird eine teleologische Reduktion der Norm vorgenommen, so dass eine Mehrung des Grundstücksvermögens nicht verhindert werden soll.[52] Auch hierzu wurde keine (klarstellende) Regelung getroffen. Eine Änderung der obigen Meinung dürfte damit nicht bezweckt gewesen sein.

46 Erfasst werden zB die Aufhebung oder Abtretung einer Forderung des Betreuten auf Übertragung von Grundeigentum, nicht aber die Entgegennahme der Auflassung.

47 **§ 1850 Nr. 2 Alt. 2 BGB** bezieht sich auf einen Anspruch des Vertretenen, durch den ihm ein dingliches Recht eingeräumt oder übertragen werden soll. Das könnte zB einen Anspruch aus Vertrag oder Vermächtnis auf Einräumung oder Übertragung einer Grundschuld betreffen, der nunmehr übertragen wird.

48 **§ 1850 Nr. 2 Alt. 3 BGB** betrifft den Fall, dass der Vertretene einen Anspruch auf Befreiung von einem dinglichen Recht hat, über den verfügt werden soll. Das könnte der Anspruch aus einer Sicherungsabrede sein, nachdem die Forderung, für die eine Grundschuld bestellt wurde, zurückgezahlt wurde. Dann kann ein Anspruch auf Löschung der Grundschuld bestehen. Ein Verzicht hierauf bedürfte der gerichtlichen Genehmigung.

f) Verfügungen über eingetragene Schiffe und Schiffsbauwerke, § 1850 Nr. 3 BGB

49 Dies entspricht der Nummer 2, nur in Bezug auf eingetragene Schiffe oder Schiffsbauwerke im Sinne von §§ 1 Abs. 1, 76 SchRG.

g) Erwerb von Wohnungs- oder Teileigentum, § 1850 Nr. 4 BGB

50 **Neu eingefügt** wurde ein Genehmigungstatbestand für eine **Verfügung, durch die der Betreute unentgeltlich Wohnungs- oder Teileigentum erwirbt.** Dies war bisher genehmigungsfrei, wurde aber wegen der möglichen Haftungsgefahren aufgenommen.[53] In den Fällen, in denen ein Vertretungsausschluss nach § 1824 (Abs. 1 Nr. 1) BGB vorliegt, was bei einem unentgeltlichen Erwerb häufig der Fall sein wird, ergibt die Regelung nur bedingt Sinn. Ein nach § 1817 Abs. 5 BGB zu bestellender Ergänzungsbetreuer müsste prüfen, ob er das nicht lediglich vorteilhafte Rechtsgeschäft genehmigt. Er hat dabei u.a. zu berücksichtigen, ob das Rechtsgeschäft wirtschaftlich vorteilhaft ist, aber auch die Wünsche des Betreuten, § 1821 BGB. Welche darüberhinausgehende Prüfung das Gericht vornehmen soll, ist nicht ersichtlich. Es handelt sich um eine doppelte Kontrolle. Sinnvoll kann das Genehmigungserfordernis insbes. sein, wenn kein Vertre-

---

51 Prütting/Wegen/Weinreich/Bauer BGB § 1821 aF Rn. 11; HK-FamR/Kemper BGB § 1821 aF Rn. 8.
52 MüKoBGB/Kroll-Ludwigs § 1821 aF Rn. 37.
53 BT-Drs. 19/24445, 286 f.

tungsausschluss vorliegt, da das Rechtsgeschäft dann nicht schon von anderer Seite überprüft wird. Solche Fälle dürften aber die Ausnahme sein, da unentgeltliche Übertragungen überwiegend innerhalb der Familie erfolgen, sodass häufig ein Vertretungsausschluss vorliegen wird. Des Weiteren dürfte die Regelung primär bei der unentgeltlichen Übertragung auf die nächste oder übernächste Generation eine Rolle spielen. Betreuungen sind zwar auch in diesen Konstellationen denkbar, dürften aber seltener vorkommen; bei Eltern und Minderjährigen wird die Konstellation häufiger anzutreffen sein. Auch dürfte bei einer unentgeltlichen Übertragung das Rechtsgeschäft in den meisten Fällen wirtschaftlich vorteilhaft sein.

h) Verpflichtungsgeschäfte, § 1850 Nr. 5 BGB

Zu den erörterten Nummern 1–4 wird die dazugehörige Verpflichtung als genehmigungsbedürftig normiert. Dies entspricht § 1821 Abs. 1 Nr. 4 BGB aF. 51

Zu beachten ist, dass der Wortlaut der Norm nicht einschlägig sein dürfte, wenn sich die Verpflichtung auf eine Verfügung nach § 1833 Abs. 3 S. 1 Nr. 4 BGB bezieht (→ § 19 Rn. 39 zu den Ausführungen bei § 1850 Nr. 1 Alt. 1 BGB). Vom Sinn und Zweck sollte diese Konstellation aber erfasst werden. 52

i) Entgeltlicher Erwerb, § 1850 Nr. 6 BGB

§ 1850 Nr. 6 Alt. 1 und 2 BGB: Diese Alternative entspricht inhaltlich § 1821 Abs. 1 Nr. 5 BGB aF, auch wenn der Gesetzeswortlaut geändert wurde.[54] Erfasst werden Verpflichtungsgeschäfte zu einem (teilweise) entgeltlichen Erwerb von Grundstücken (eingetragenen Schiffen oder Schiffsbauwerken) oder Rechten an einem Grundstück. 53

§ 1850 Nr. 6 Alt. 3 BGB: Diese Alternative wurde neu eingeführt. Sie erfasst die **Verpflichtung zum entgeltlichen Erwerb einer Forderung, die auf Übertragung des Eigentums an einem Grundstück** (eingetragenen Schiff oder Schiffbauwerk) **oder auf Übertragung eines Rechts an einem Grundstück gerichtet ist.** Sie schließt eine bisherige Lücke und ergänzt den Schutz des Betreuten. 54

Beispiel: Der Käufer hat einen formwirksamen Kaufvertrag über ein Grundstück der Verkäuferin geschlossen. Im Anschluss verkauft und überträgt der Käufer seine Forderung nach §§ 433, 453 Abs. 1 S. 1; 398 BGB formlos an den Betreuten, vertreten durch seine Betreuerin. 55

Bisher deckte der Wortlaut von § 1821 Abs. 1 Nr. 5 BGB aF diesen Fall nicht, so dass die Betreuerin den Vertrag formlos[55] und ohne Genehmigungserfordernis abschließen konnte. Im Ergebnis hat der Betreute einen Anspruch auf Übertragung von Eigentum an einem Grundstück erhalten und muss dafür Geld bezahlen. Der Fall wird jetzt mit dem Fall gleichgestellt, dass der Betreute einen Kaufvertrag über ein Grundstück abgeschlossen hat, was form- und genehmigungsbedürftig gewesen wäre, § 311b Abs. 1 S. 1; § 1821 Abs. 1 S. 1 Nr. 5 BGB aF. Das Resultat ist das Gleiche: Es besteht ein Anspruch auf entgeltliche Übertragung eines Grundstücks. Die Neuregelung ist daher nur sinnvoll und konsequent. Jetzt wäre es noch wünschenswert, wenn solche Konstellationen auch formbedürftig wären, um einen umfassenden Schutz zu gewähren. 56

---

54 BT-Drs. 19/24445, 287.

55 § 311b Abs. 1 S. 1 BGB ist nicht einschlägig, da es sich nicht um die Verpflichtung zur Übertragung oder zum Erwerb eines Grundstücks handelt.

IV. Genehmigung für erbrechtliche Rechtsgeschäfte (§ 1851 BGB)

1. Anwendbarkeit

57 Die Norm findet auf die Betreuung Anwendung, Befreiungen nach §§ 1859, 1860 BGB sind nicht vorgesehen. Ob von der Möglichkeit des § 1862 Abs. 4 BGB Gebrauch gemacht wird, bleibt abzuwarten. Bei Eltern findet sich in § 1643 Abs. 1, Abs. 3 BGB eine zu § 1851 Nr. 1 BGB geänderte Regelung (→ § 21 Rn. 61). Für Vormünder und Pfleger gilt die Norm ebenfalls, (§ 1813 Abs. 1) § 1799 Abs. 1 BGB. Gem. § 1801 Abs. 2 BGB ist eine Befreiung auf Antrag möglich. Gem. § 56 Abs. 2 S. 3 SGB VIII kann durch Landesrecht eine Befreiung für das Jugendamt als Pfleger oder Vormund getroffen werden, was bisher für § 1822 BGB aF in Baden-Württemberg, § 24 KJHG, Bremen, § 12 BremAG KJHG, Hamburg, § 20 AG-SGB VIII, und Hessen, § 14 HKJHG, der Fall war.

2. Reform

58 § 1851 Nr. 1–3 BGB enthält überwiegend die bisher in § 1822 Nr. 1, Nr. 2 BGB aF geregelten erbrechtlichen Genehmigungstatbestände, wohingegen § 1851 Nr. 4–9 BGB die bisher im Erbrecht vereinzelt enthaltenen Tatbestände übernimmt.

3. Inhalt

a) § 1851 Nr. 1 BGB

aa) § 1851 Nr. 1 Alt. 1 BGB

59 Die **Ausschlagung einer Erbschaft** nach §§ 1942 ff. BGB ist genehmigungsbedürftig. Gleich behandelt wird wegen § 1957 Alt. 1 BGB **die Anfechtung der Annahme** nach §§ 1954 ff. BGB. Umfasst wird jede Art der Erbschaft, also zB auch die Nach- oder Ersatzerbschaft.[56]

60 Zu beachten ist, dass die Alternative auf die **Ausschlagung durch einen Nachlasspfleger** nach Ansicht der BGH keine Anwendung finden soll, da die Ausschlagung wegen ihrer höchstpersönlichen Natur nicht durch einen Nachlasspfleger erfolgen kann.[57]

61 **Besonderheiten bei Eltern**, § 1643 Abs. 3 S. 1 BGB. § 1643 Abs. 1 BGB verweist auf § 1851 BGB, wenn sich nicht aus den Absätzen 2–5 etwas anderes ergibt. In Abs. 3 wird eine Genehmigungsbedürftigkeit statuiert, wenn der Anfall an das Kind erst eintritt, weil ein vertretungsberechtigter Elternteil ausgeschlagen hat und der Elternteil nicht neben dem Kind als Erbe berufen war. Erbt das Kind zB erst aufgrund der Ausschlagung eines vertretungsberechtigten Elternteils, ist die anschließende Ausschlagung der Eltern für das Kind nicht genehmigungsbedürftig.

62 In diesem Zusammenhang gibt es eine Sonderkonstellation, die sog. **lenkende oder selektive Ausschlagung.**[58]

63 **Beispiel:** Die Mutter schlägt die Erbschaft für sich aus, wodurch ihre drei minderjährigen Kinder berufen sind (entweder wegen § 1924 Abs. 3 oder wegen § 2096 BGB). Nunmehr schlägt die allein sorgeberechtigte Mutter für zwei der drei Kinder aus.

---

56 NK-NachfolgeR Teil 1, 6. C. VI. Rn. 39.

57 BGH NJW 2022, 1748 Rn. 13 mit ablehnenden Anmerkungen von Siebert NJW 2022, 1750 und Bestelmeyer FGPrax 2022, 128.

58 Zum Begriff: Jauernig/Budzikiewicz BGB § 1643 aF Rn. 4.

Einerseits wird vertreten, dass nach dem Wortlaut und dem Sinn und Zweck der Norm eine Genehmigung nicht erforderlich sei.[59] Andererseits wird argumentiert, dass die Ausschlagung durch einen Elternteil für sich grundsätzlich dann erfolgt, wenn die Erbschaft nachteilig ist, so dass dann auch für die Kinder ausgeschlagen werde; eine solche Vermutung könne es aber bei der lenkenden Ausschlagung nicht geben.[60] Trotz der expliziten Hinweise des Bundesrates auf diese Problematik[61] wurde dessen Vorschlag zur Klärung abgelehnt und es wurde keine Veranlassung gesehen, diesen Streit zu entscheiden.[62] Als Begründung wurde angeführt, dass es sich um eine vereinzelt diskutierte Frage handele, die in der Praxis sehr selten auftrete und mit dem vorhandenen Regelwerk sachgerecht lösbar sei.[63] 64

Bisher war der Grundsatz bei Eltern die Genehmigungsbedürftigkeit, § 1643 Abs. 2 S. 1 BGB aF. Das scheint nunmehr umgekehrt, da § 1643 Abs. 1 BGB nur noch eine Verweisungsvorschrift darstellt und in Abs. 3 der Grundsatz normiert ist, dass die Ausschlagung nur dann einer Genehmigung bedarf, wenn der Anfall erst aufgrund der Ausschlagung des vertretungsberechtigten Elternteils eintritt und der Elternteil neben dem Kind berufen war. Im Ergebnis bedeutet die teleologische Reduzierung der Ausnahme eine Erweiterung eines Genehmigungstatbestandes, wogegen grundsätzliche Bedenken geäußert werden.[64] Des Weiteren könnte der Elternteil das Erbe auch annehmen und dann die Erbschaft als eigenes Vermögen an eines seiner Kinder übertragen.[65] Dagegen könnte das Gericht dann auch nichts unternehmen. Eine Genehmigungsbedürftigkeit sollte daher abgelehnt werden. 65

bb) Die Ausschlagung eines Vermächtnisses

Die **Ausschlagung eines Vermächtnisses** nach § 2180 BGB ist ebenfalls genehmigungsbedürftig. Ob das auch für die **Anfechtung der Annahme** gilt, ist **umstritten**, da § 1957 Alt. 1 BGB wegen § 2180 Abs. 3 BGB hier keine Anwendung findet. Daher wird vertreten, dass es für die Anfechtung der Ausschlagung keiner Genehmigung bedarf.[66] Eine zweite, vorzugswürdige Meinung stellt darauf ab, dass die wirtschaftlichen Wirkungen identisch sind, weshalb eine Genehmigung verlangt wird.[67] 66

Bei Eltern gilt § 1643 Abs. 3 BGB, so dass die Ausschlagung eines Vermächtnisses unter den genannten Voraussetzungen (→ § 19 Rn. 61) genehmigungsfrei ist. 67

cc) Verzicht auf die Geltendmachung eines Vermächtnisses

Ebenfalls bedarf der **Verzicht auf die Geltendmachung eines Vermächtnisses oder eines Pflichtteilsanspruchs** der gerichtlichen Genehmigung. Der Verzicht bezieht sich – in Abgrenzung zu § 1851 Nr. 2, 9 BGB – nur auf bereits angefallene Pflichtteile. 68

---

59 OLG Hamm Rpfleger 2019, 26; BeckOGK BGB/Eitzinger § 1643 aF Rn. 38.1; Sagmeister ZEV 2021, 121 (125).
60 KG Rpfleger 2012, 533; OLG Hamm Rpfleger 2014, 378; Erman/Döll BGB § 1643 aF Rn. 22.
61 Vgl. BT-Drs. 19/24445, 424.
62 BT-Drs. 19/24445, 481.
63 BT-Drs. 19/24445, 481.
64 BVerfG Rpfleger 1986, 377; BGH Rpfleger 1985, 69.
65 Litzenburger FD-ErbR 2018, 410754.
66 BeckOGK BGB/Schöpflin § 1822 aF Rn. 16; Erman/Schulte-Bunert BGB § 1822 aF Rn. 3.
67 MüKoBGB/Kroll-Ludwigs § 1822 aF Rn. 8 mwN.

dd) Auseinandersetzungsvertrag

69 Ein **Auseinandersetzungsvertrag** muss ebenfalls genehmigt werden. Hierunter fällt jeder (schuldrechtliche oder dingliche) Vertrag, der auf die (teilweise) Auseinandersetzung der Erbengemeinschaft gerichtet ist.[68] Darunter fiel bisher auch eine Abschichtungsvereinbarung.[69] Da diese nunmehr in § 1851 Nr. 3 BGB geregelt ist, kann die Abschichtung nicht mehr unter den Auseinandersetzungsvertrag gefasst werden. Auch eine Vereinbarung nach § 366 FamFG und die notarielle Bestätigung gemäß § 368 FamFG bedürfen der gerichtlichen Genehmigung.[70]

70 Bei **Eltern** ist **§ 1643 Abs. 3 S. 2 BGB** zu beachten, wonach diese Alternative keine Anwendung findet.

b) § 1851 Nr. 2 BGB

71 Verpflichtungsgeschäfte, durch die ein Betreuter zu einer Verfügung über eine ihm angefallene Erbschaft, über seinen künftigen gesetzlichen Erb- oder Pflichtteil (vgl. § 311b Abs. 5 BGB) verpflichtet wird, sind genehmigungsbedürftig. Unter die 1. Alternative fallen zB der Erbschaftskauf gem. §§ 453 Abs. 1 S. 1, 433, 2371 BGB und ähnliche Verträge und Verpflichtungsgeschäfte, die §§ 2346 ff. BGB zugrunde liegen (vgl. zu den Verfügungen (→ § 19 Rn. 80). Vorherrschend ist die Gesamttheorie, wonach sich der Vertrag auf die Erbschaft im Ganzen oder einen Bruchteil oder auf den Erbteil beziehen muss, so dass es nicht ausreicht, wenn sich der Vertrag auf einen Einzelgegenstand bezieht, auch wenn dieser nahezu die gesamte Erbschaft ausmacht.[71] Zu weiteren Beispielen siehe die folgenden Verfügungen.

c) § 1851 Nr. 3 BGB

72 Nach **§ 1851 Nr. 3 Alt. 1** BGB bedarf es zu einer **Verfügung über einen Erbanteil** des Betreuten einer gerichtlichen Genehmigung. Erfasst werden **Verfügungen eines Miterben** iSv § 2033 BGB, zB die Erbteilsübertragung durch Abtretung nach §§ 398, 413 BGB, die Verpfändung des Erbteils nach §§ 1273, 1274 Abs. 1 BGB oder die Bestellung eines Nießbrauchs an einer Erbschaft nach § 1089 BGB.[72] Nicht erfasst wird die Verfügung über einen einzelnen Nachlassgegenstand, selbst wenn er (fast) die ganze Erbschaft ausmacht. Das Ausscheiden aufgrund einer Abschichtungsvereinbarung (die bisher teils von § 1822 Nr. 1 Alt. 5 BGB oder von § 1822 Nr. 2 Alt. 4 BGB als erfasst angesehen wurde[73]) ist nunmehr in der zweiten Alternative geregelt.

73 Nach **§ 1851 Nr. 3 Alt. 2** BGB wird eine Vereinbarung erfasst, mit der der Betreute aus einer Erbengemeinschaft ausscheidet. Der Gesetzgeber wollte damit die sog. „**Abschichtung**“[74] erfassen, da diese nach seinem Verständnis nicht als Verfügung über den

68 NK-BGB/Fritsche/Kies § 1822 aF Rn. 8.
69 Zur Abschichtung grundlegend: BGH Rpfleger 1998, 287; zur Genehmigungsbedürftigkeit: MAH ErbR/Pawlytta § 42 Rn. 73.
70 Firsching/Graf/Krätzschel Nachlassrecht, 11. Aufl. 2019, § 23 Rn. 63.
71 Erman/Schulte-Bunert BGB § 1822 aF Rn. 1a mwN.
72 Vgl. Prütting/Wegen/Weinreich/Zimmer BGB § 2033 Rn. 12–14.
73 Prütting/Wegen/Weinreich/Bauer BGB § 1822 aF Rn. 5; vgl. jurisPK-BGB/Viefhues § 1822 aF Rn. 23 mwN (obwohl in Rn. 25 mE das genaue Gegenteil zu stehen scheint). Teilweise wurde aber auch § 1822 Nr. 2 BGB analog herangezogen, OLG Hamm Rpfleger 2018, 85. Insgesamt: NK-BGB/Fritsche/Kieß § 1822 aF Rn. 8.
74 BGH NJW 1998, 1557.

Erbteil angesehen werden konnte.[75] Wenn ein betreuter Miterbe gegen Abfindung einverständlich aus der Erbengemeinschaft ausscheidet, bedarf dies daher der Genehmigung.

Fraglich ist, ob auch das zugrunde liegende **Verpflichtungsgeschäft** erfasst wird. Der Wortlaut von Nr. 3 bezieht sich nur auf Verfügungen. Wäre die Verpflichtung genehmigungsfrei, könnte der Vertretene aber ohne Mitwirkung des Gerichts verpflichtet werden, so dass im Ergebnis eine Genehmigung erforderlich sein muss (vgl. auch → § 19 Rn. 39 zu Nr. 1 § 1833).[76] Entweder legt man Nr. 3 weit aus oder man müsste Nr. 1 oder Nr. 2 analog anwenden. 74

Auf Eltern findet die Alternative nach § 1643 Abs. 3 S. 2 BGB keine Anwendung, was dann ebenfalls für das Verpflichtungsgeschäft gelten müsste. 75

d) § 1851 Nr. 4 BGB

Zur Selbstanfechtung eines Erbvertrags des geschäftsunfähigen Betreuten als Erblasser nach §§ 2281, 2282 Abs. 2 BGB bedarf der Betreuer einer Genehmigung. 76

Trotz Verweises in §§ 1643 Abs. 1, 1799 Abs. 1 BGB kann Nr. 4 **keine Anwendung auf Eltern und Vormünder und entsprechende Ergänzungspfleger** finden, da zum Abschluss eines Erbvertrags als Erblasser gem. § 2275 BGB unbeschränkte Geschäftsfähigkeit erforderlich ist (auch wenn das bis zum 22.7.2017 bei Ehegatten anders war, so dass dies ab 16 Jahren möglich war). 77

e) § 1851 Nr. 5–8 BGB

Für die Beteiligung des Betreuten als „Nicht-Erblasser" an einer **Aufhebung nach §§ 2290–2292 BGB** bedarf es einer betreuungsgerichtlichen Genehmigung (Nr. 5–7). Das betrifft nach Nr. 5 die Aufhebung eines Erbvertrags oder einzelner vertragsmäßiger Verfügungen (zu Gunsten des Betreuten), sofern der Betreuer das Geschäft abschließt und es von seinem Aufgabenkreis umfasst wird. Gleiches gilt nach **Nr. 6 zur Zustimmung nach § 2291 Abs. 1 S. 2 BGB zur testamentarischen Aufhebung einer vertragsmäßigen Auflage oder eines vertragsmäßigen Vermächtnisses oder einer vertragsmäßigen Rechtswahl** (zu Gunsten des Betreuten). Hier könnte man eine teleologische Reduktion erwägen, da die Aufhebung einer Rechtswahl nicht zwingend etwas Negatives zur Folge hat. Sofern die Aufhebung oder Änderung der Rechtswahl eine Verbesserung oder Erhöhung der Erbquote des Betreuten zur Folge hätte, sollte es keiner Genehmigung bedürfen. Andererseits könnte die Genehmigung für erforderlich erachtet werden, damit das Gericht prüfen kann, ob die Aufhebung nachteilig ist oder nicht. Bei der Beteiligung an der **Aufhebung eines Erbvertrags durch ein gemeinschaftliches Testament von Ehegatten oder eingetragenen Lebenspartnern** ist nach **Nr. 7** ebenfalls eine Genehmigung erforderlich. 78

Nach **§ 1851 Nr. 8 BGB** bedarf die **Rücknahme eines** mit dem Erblasser geschlossenen **Erbvertrags aus der amtlichen oder notariellen Verwahrung (§ 2300 Abs. 2 BGB), der nur Verfügungen von Todes wegen erhält,** ebenfalls der gerichtlichen Genehmigung. 79

75 BT-Drs. 19/24445, 287.
76 Vgl. BeckOGK BGB/Everts § 2347 aF Rn. 19 zu einem Parallelfall.

f) § 1851 Nr. 9 BGB

80 Der **Abschluss und die Aufhebung eines Erb- oder Pflichtteilsverzichtsvertrags** nach §§ 2346, 2351 BGB und der **Zuwendungsverzichtsvertrag** nach § 2352 BGB bedürfen ebenfalls der Genehmigung des Gerichts.

V. Genehmigung für handels- und gesellschaftsrechtliche Rechtsgeschäfte[77] (§ 1852 BGB)

1. Anwendbarkeit

81 Die Norm findet auf die **Betreuung** Anwendung, **Befreiungen** nach §§ 1859, 1860 BGB sind nicht vorgesehen. Bei **Eltern** wird gem. § 1643 Abs. 1 BGB, bei der **Vormundschaft** gem. § 1799 Abs. 1 BGB und bei daraus resultierenden **Pflegschaften** gem. §§ 1813 Abs. 1, 1799 Abs. 1 BGB auf § 1852 BGB verwiesen. Gem. § 56 Abs. 2 S. 3 SGB VIII kann **durch Landesrecht eine Befreiung für das Jugendamt als Pfleger oder Vormund** getroffen werden, was bisher für § 1822 Nr. 3 BGB aF in Baden-Württemberg, § 24 KJHG, Bremen, § 12 BremAG KJHG, Hamburg, § 20 AG-SGB VIII, und Hessen, § 14 HKJHG, der Fall war.

2. Reform

82 Die vormals in § 1822 Nr. 3, 11 BGB aF geregelten Rechtsgeschäfte wurden thematisch zusammengefasst und geringfügig geändert.

3. Inhalt

83 **Zentraler Begriff** von § 1852 Nr. 1, Nr. 2 BGB ist das **Erwerbsgeschäft**, der u.a. auch in §§ 112, 1645, 1847 BGB verwendet wird. Ein Erwerbsgeschäft umfasst jede regelmäßig ausgeübte, auf selbstständigen Erwerb gerichtete Tätigkeit, die mit dem Willen zur Gewinnerzielung ausgeübt wird und auf eine gewisse Dauer angelegt ist.[78] Es kommt nicht darauf an, dass ein Gewerbe betrieben wird, so dass auch freie Berufe erfasst werden; auch die Rechtsform ist grundsätzlich unerheblich.[79]

84 **Abzugrenzen** ist das Erwerbsgeschäft **von einer bloßen privaten Vermögensverwaltung,** zB im Rahmen eines Familienbetriebes.[80] Bei einem Familienbetrieb, der nur eigenes Vermögen verwaltet, sind die Voraussetzungen des Erwerbsgeschäftes nicht zwingend gegeben, selbst wenn die Verwaltung zB in Form einer KG betrieben wird.[81] Bei der Abgrenzung wird überwiegend auf die Dauer der Tätigkeit/Bindung, die Höhe des zu verwaltenden Vermögens und eine geschäftsmäßige, also berufliche Tätigkeit abgestellt sowie auf ein gesteigertes unternehmerisches Risiko.[82] Wann aber eine „erhebliche Vermögensverwaltung" vorliegt, wird nicht einheitlich beurteilt und bleibt häufig unklar:

---

77 Vgl. zu den gerichtlichen Genehmigungen im Gesellschaftsrecht insgesamt: Eble RNotZ 2021, 117.
78 OLG Hamm NZG 2016, 907 (908); OLG Jena ZEV 2013, 521 (523) mwN; OLG München BeckRS 2017, 155183 Rn. 14; Grüneberg/Götz BGB § 1822 aF Rn. 5; Eble RNotZ 2021, 117 (119).
79 Grüneberg/Götz BGB § 1822 aF Rn. 5; Heilmann/Dürbeck BGB § 1822 aF Rn. 9.
80 OLG Schleswig ZEV 2020, 775 mAnm Damrau; Eble RNotZ 2021, 117 (120 f. mwN).
81 BayObLG DNotZ 1995, 941 (942); OLG Jena ZEV 2013, 521 (522); OLG Schleswig ZEV 2020, 775 (776 Rn. 12); Erman/Schulte-Bunert BGB § 1822 aF Rn. 14 mwN.
82 OLG Jena ZEV 2013, 521 (522); OLG Schleswig ZEV 2020, 775 (776 Rn. 12); OLG Zweibrücken NJW-RR 1999, 1174 (1175); Erman/Schulte-Bunert BGB § 1822 aF Rn. 14 mwN; Eble RNotZ 2021, 117 (120).

Einzelfälle: Ein Erwerbsgeschäft wurde bei einem Verkehrswert von ca. 7,5 Millionen DM bejaht.[83] Verneint wurde es bei einem Verkehrswert von ca. 750.000 DM.[84] Ebenfalls wurde der Tatbestand bei der Verwaltung von 16 Wohneinheiten verneint.[85] In einem anderen Fall[86] wurde bei vier Wohneinheiten die Genehmigungsbedürftigkeit bejaht, wobei darauf abgestellt wurde, dass weitere Werte eingebracht werden konnten, wodurch die Tätigkeit sich hätte ausdehnen können. Bei einer Familiengrundstücksgesellschaft wurde ohne weitere Einschränkung eine Genehmigungsbedürftigkeit bejaht, weil das Haftungsrisiko und die Bedeutung bzgl. der Dauer der Bindung von Person und Vermögen des Vertretenen eine gerichtliche Genehmigung verlangen.[87] 85

Mit diesem Argument könnte man immer eine Genehmigung verlangen, was wenig sinnvoll erscheint. Hier hat der Gesetzgeber leider keine Konkretisierung vorgenommen, so dass weiter Gerichte berufen sein werden, dies zu klären. Jeder Fall wird eine Einzelfallentscheidung bleiben, bis möglichweise der BGH dazu Stellung nimmt.[88] 86

a) § 1852 Nr. 1a/b, 2 BGB

§ 1822 Nr. 3 Alt. 1 BGB aF wurde größtenteils übernommen, wobei jetzt aber ausdrücklich geregelt ist, dass die Verpflichtung und die Verfügung genehmigungsbedürftig sind; des Weiteren wird der Tatbestand um den unentgeltlichen Erwerb erweitert.[89] Dadurch entfällt ein bisher vorhandenes Problem, nämlich die Frage, ob die unentgeltliche Übertragung eines Anteils an einer Personenhandelsgesellschaft genehmigungsbedürftig ist.[90] 87

§ 1852 Nr. 1a/b BGB erfassen die (**Verpflichtung** zur Eingehung einer) **Verfügung, durch die der Betreute ein Erwerbsgeschäft** (Nr. 1a) **oder einen Anteil an einer Personen- oder Kapitalgesellschaft, die ein Erwerbsgeschäft betreibt** (Nr. 1b), **erwirbt oder veräußert.** Nicht erfasst wird die Neugründung oder die Aufgabe eines Erwerbsgeschäftes, vgl. § 1847 BGB (§ 1823 BGB aF); hierfür besteht nur eine Anzeigepflicht. Eine Neugründung kann durch das Gericht nicht verhindert werden, ein unentgeltlicher Erwerb hingegen schon. Dies leuchtet nicht unbedingt ein, da eine Neugründung wirtschaftlich mindestens die gleichen, wenn nicht gar höhere Risiken birgt als ein unentgeltlicher Erwerb. 88

Beispiele sind u.a. der Unternehmenskauf[91] und die Übertragung eines Kommanditanteils einer Kommanditgesellschaft, die ein Erwerbsgeschäft betreibt. 89

b) § 1852 Nr. 2 BGB

§ 1852 Nr. 2 BGB erfasst den **Abschluss eines Gesellschaftsvertrags, der zum Betrieb eines Erwerbsgeschäftes eingegangen wird.** Dabei ist die Form der Gesellschaft wei- 90

83 BayObLG DNotZ 1995, 941 (943).
84 LG Mainz Rpfleger 2000, 15.
85 LG Münster FamRZ 1997, 842 (843).
86 LG Aachen NJW-RR 1994, 1319 (1321).
87 KG Rpfleger 2020, 396 (397).
88 Ähnlich Nellen ZErb 2021, 382 (388).
89 BT-Drs. 19/24445, 288.
90 Vgl. dazu zuletzt noch OLG Schleswig ZEV 2020, 775 mAnm Damrau sowie Bock DNotZ 2020, 643 und Nellen ZErb 2021, 382 (388).
91 MüKoBGB/Kroll-Ludwigs § 1822 aF Nr. 14.

testgehend unerheblich.[92] Fraglich und umstritten ist, ob die **Änderung/Erweiterung eines Gesellschaftsvertrags** erfasst ist. Der Wortlaut spricht dagegen, Sinn und Zweck der Norm, den Vertretenen zu schützen, dafür, da der Vertretene sonst nicht ausreichend geschützt würde.[93] Allerdings dürften, wie bereits ausgeführt, Bedenken gegen eine Erweiterung der gerichtlichen Genehmigungstatbestände bestehen.[94] Der Gesetzgeber wäre insoweit berufen gewesen, eine (klarstellende) Regelung zu schaffen, was er leider unterlassen hat.

91 **Nicht** von § 1822 Nr. 1, 2 BGB **erfasst** wird zB die Einräumung einer Kommanditistenstellung des Minderjährigen als Erben nach § 139 Abs. 1 HGB.[95] Ebenfalls nicht erfasst ist der Beginn eines neuen Erwerbsgeschäftes im Namen des Betreuten/Minderjährigen, vgl. §§ 1645, 1847 BGB.

c) § 1852 Nr. 3 BGB

92 Die Erteilung einer Prokura nach §§ 48 ff. HGB bedarf der gerichtlichen Genehmigung. Dies gilt aber nur, wenn der Prokurist Vertreter des Betreuten ist, nicht wenn er Vertreter einer juristischen Person oder einer Personenhandelsgesellschaft ist, an der der Betreute beteiligt ist.[96] Der Widerruf einer Prokura ist weder vom Wortlaut noch vom Sinn und Zweck der Norm genehmigungsbedürftig.

VI. Genehmigung bei Verträgen über wiederkehrende Leistungen (§ 1853 BGB)

1. Anwendbarkeit

93 § 1853 BGB findet unmittelbare Anwendung auf **Betreuer.** Eine **gesetzliche oder gerichtliche Befreiung** ist nach §§ 1859, 1860 BGB nicht vorgesehen. **Vormund** und **Pfleger** bedürfen nach §§ (1813 Abs. 1) 1799 Abs. 1 BGB ebenfalls der gerichtlichen Genehmigung, wobei es für § 1853 S. 1 Nr. 1 BGB abweichende Regelungen in § 1799 Abs. 2 BGB gibt. Gem. § 56 Abs. 2 S. 3 SGB VIII kann durch Landesrecht eine Befreiung für das Jugendamt als Pfleger oder Vormund getroffen werden, was bisher für § 1822 Nr. 5 BGB aF in Baden-Württemberg, § 24 KJHG, Brandenburg, § 21 AGKJHG, Bremen, § 12 BremAG KJHG, Hamburg, § 20 AG-SGB VIII, Hessen, § 14 HKJHG, NRW, § 26 AG-KJHG, dem Saarland, § 32 AG KJHG, in Sachsen-Anhalt, § 29 KJHG-LSA und Schleswig-Hollstein, § 46 JuFöG der Fall war. **Eltern** unterliegen den Genehmigungserfordernissen grundsätzlich auch, § 1643 Abs. 1 BGB. Für § 1853 Abs. 1 S. 1 Nr. 1 BGB gibt es jedoch Abweichungen in § 1643 Abs. 4 S. 1, S. 2 BGB. § 1853 S. 1 Nr. 2 BGB ist nach § 1643 Abs. 4 S. 3 BGB nicht anzuwenden.

2. Reform

94 Hier finden sich die vormals in § 1822 Nr. 4, 5 BGB aF bzw. § 1907 Abs. 3 BGB aF enthaltenen Regelungen. Bei Minderjährigen findet sich die Regelung von § 1822

92 Aufzählung bei: BeckOGK BGB/Schöpflin § 1822 aF Rn. 44–47 (verneinend für die Beteiligung als stiller Gesellschafter; anders das OLG München NJW-RR 1999, 1018) und jurisPK-BGB/Lafontaine/Herberger § 1822 aF Rn. 71 ff. (Rn. 78 zur stillen Gesellschaft).
93 MüKoBGB/Kroll-Ludwigs § 1822 aF Rn. 29 mwN zu allen Meinungen; Eble RNotZ 2021, 117 (121 mwN).
94 BVerfG Rpfleger 1986, 377; BGH Rpfleger 1985, 69.
95 BGH NJW 1971, 1268.
96 Jürgens/v. Crailsheim BGB § 1822 aF Rn. 11; HK-BGB/Kemper § 1822 aF Rn. 12.

Nr. 5 BGB aF in § 1643 Abs. 4 BGB. Inhaltlich hat sich wenig geändert. Die in § 1853 Abs. 1 S. 2 BGB nunmehr normierte Ausnahmeregelung ist „hinzugefügt worden".

3. Inhalt

a) § 1853 S. 1 Nr. 1, S. 2 BGB

Der Betreuer bedarf der Genehmigung des Betreuungsgerichts zum Abschluss eines 95
Miet- oder Pachtvertrags oder zu einem anderen Vertrag, durch den der Betreute zu wiederkehrenden Leistungen verpflichtet wird, wenn das Vertragsverhältnis länger als 4 Jahre dauern soll, es sei denn, dass der Betreute das Vertragsverhältnis ohne eigene Nachteile kündigen kann.

Erfasst werden **Verträge, die auf wiederkehrende Leistungen gerichtet sind,** wie die bei- 96
spielhaft aufgezählten **Miet- oder Pachtverträge.** Darunter fallen sowohl der Abschluss als auch die Änderungen solcher Verträge.[97] Ebenfalls kommen **Heimverträge** in Frage.[98] Auf welcher Seite des Vertrages der Betreute steht, ist unerheblich, solange er wiederkehrende Leistungen erbringen muss (Mietzinszahlung, dauerhafte Bereitstellung der Mietsache). Der Eintritt in ein bestehendes Vertragsverhältnis kraft Gesetzes, zB bei § 566 Abs. 1 BGB, reicht nicht aus.[99] Des Weiteren werden Leasingverträge sowie die meisten Versicherungsverträge (Renten-, Lebens-, Haftpflicht und Unfallversicherung zB) erfasst, aber auch Ratenkaufverträge auf Seiten des Käufers sowie Arbeits- und Dienstverträge.[100]

Die Vertragslaufzeit muss auf längere Zeit als vier Jahre „angedacht" sein. Das ist bei 97
befristeten Verträgen über diese Zeit hinaus der Fall, aber auch bei unbefristeten Verträgen, sofern nicht eine Kündigung generell mit Wirkung vor Ablauf von vier Jahren möglich ist und diese keine Nachteile für den Betreuten bringt, § 1853 S. 2 BGB.[101] Der Fall, dass es „unwahrscheinlich" ist, dass der Vertrag über die im Gesetz genannte Dauer laufen wird, wurde als nicht genehmigungsbedürftig angesehen.[102] Dies wird in der Literatur jedoch zu Recht überwiegend abgelehnt.[103]

Eine Genehmigungspflicht entfällt, wenn der Betreute das Vertragsverhältnis **„ohne** 98
eigene Nachteile vorzeitig kündigen kann". Was darunter zu verstehen ist, wird in der Gesetzesbegründung nicht näher erläutert. Rechtliche Nachteile können nicht gemeint sein, da man durch eine Kündigung grundsätzlich einen Anspruch verliert. Es müssten demnach wirtschaftliche Nachteile gemeint sein. Hier bleibt dennoch unklar, was genau gemeint ist und ob es eine Wertgrenze gibt. Als **Beispiel zu einer Nachteilhaftigkeit** wurde vom BGH die **Kündigung eines Lebensversicherungsvertrags** angeführt.[104] Begründet wurde dies u.a. damit, dass bei „normalen" Dauerschuldverhältnissen meistens ein „Gleichgewicht" der Leistungen während der Laufzeit bestehe, was bei einer

97 BT-Drs. 19/24445, 186.
98 NK-BGB/Heitmann/Füchtenkord § 1907 aF Rn. 23.
99 BT-Drs. 19/24445, 186; BGH NJW 1983, 1780.
100 Vgl. BeckOGK BGB/Schöpflin § 1822 aF Rn. 63.1; und die Aufzählung bei Erman/Schulte-Bunert BGB § 1822 aF Rn. 21 f.
101 Dies war auch schon vorher, trotz fehlender Regelung so anerkannt: BGH NJW 1958, 1393 (1394); LG Münster FamRZ 2005, 1860.
102 BGH BeckRS 1969, 31176512.
103 Staudinger/Veit BGB § 1822 aF Rn. 121; Erman/Schulte-Bunert BGB § 1822 aF Rn. 24.
104 BGH NJW 1958, 1393.

Lebensversicherung nicht der Fall sei, da der Rückkaufswert (lange Zeit) geringer ist als die eingezahlten Prämien.[105]

99 Probleme können sich auch bei **Mietverträgen** ergeben: Falls es um einen Mietvertrag über **eigengenutzten Wohnraum des Betreuten** geht, dürfte wegen der gesetzlichen Kündigungsmöglichkeit eine Genehmigung nicht erforderlich sein. Andererseits könnte man es als Nachteil werten, dass der Betreute danach faktisch erst einmal keine Wohnung mehr hat. Das reicht nach den genannten Vorgaben aber anscheinend nicht aus, auch wenn ggf. kein Folgevertrag vorläge. Allerdings wurde diese Konstellation auch an anderer Stelle, § 1833 BGB, berücksichtigt, so dass die Frage dahinstehen kann.

100 Wenn es um den **Betreuten als Vermieter** geht, wurde eine Genehmigungsbedürftigkeit bejaht, da eine Kündigung nur unter bestimmten und erschwerten Umständen, und daher nicht „frei" möglich sei.[106]

101 Es bleibt daher abzuwarten, wie (und ob) der unbestimmte Begriff des „eigenen Nachteils" im Sinne der Norm konkretisiert werden wird. Eine nähere gesetzliche Regelung wäre wünschenswert gewesen.

102 Bei **Eltern** ist **§ 1643 Abs. 4 S. 1 BGB** zu beachten, wonach ein Vertrag auf wiederkehrende Leistungen einer Genehmigung bedarf, sofern das Vertragsverhältnis länger als ein Jahr nach dem Eintritt der Volljährigkeit des Kindes dauern soll. Ausnahmsweise bedarf es nach **§ 1643 Abs. 4 S. 2 BGB** keiner Genehmigung, wenn es sich um einen Ausbildungs- oder Dienst- oder Arbeitsvertrag handelt (**Nr. 1**), der Vertrag eine „geringe wirtschaftliche Bedeutung" hat (**Nr. 2**) oder das Vertragsverhältnis spätestens zum Ablauf des 19. Lebensjahres ohne eigene Nachteile von dem Minderjährigen nach dem Eintritt der Volljährigkeit gekündigt werden kann (**Nr. 3**). Was mit **§ 1643 Abs. 4 S. 2 Nr. 2 BGB** genau gemeint sein soll, bleibt unklar. Nach dem Willen des Gesetzgebers sollen zB „alterstypische Geschäfte des täglichen Lebens, deren Gegenwert dem Minderjährigen bereits zugekommen ist bzw. regelmäßig zukommt und bei denen die wirtschaftliche Belastung überschaubar ist", erfasst werden.[107] Hierunter könnten möglicherweise Handyverträge fallen, wobei diese aber von einstelligen Eurobeträgen bis 50 EUR pro Monat reichen können. Zu beachten dürfte sein, dass der Begriff der „geringen wirtschaftlichen Bedeutung für das Kind" auch von der jeweiligen (sozialen) Situation des Kindes/der Familie abhängig sein wird und daher unterschiedliche Maßstäbe gelten dürften.

103 Bzgl. **§ 1643 Abs. 4 S. 2 Nr. 3 BGB** kann auf die Ausführungen zu § 1853 S. 2 BGB verwiesen werden (→ § 19 Rn. 98-101).

104 **Vormund und Pfleger** bedürfen nach §§ 1813 Abs. 1, 1799 Abs. 2 BGB wie die Eltern der Genehmigung nach § 1853 S. 1 Nr. 1 BGB, wobei die Ausnahme bei den Eltern, § 1643 Abs. 4 S. 2 Nr. 1 BGB nicht übernommen wurde, also die Ausnahme für einen Ausbildungs- oder Dienst- oder Arbeitsvertrag. Diese sind in **§ 1795 Abs. 2 BGB** geregelt.[108] Hierbei geht es jeweils um die angestrebte Bindung von mehr als einem Jahr.

105 Krit. dazu Brüggemann FamRZ 1990, 124 (129).
106 LG Wuppertal FamRZ 2007, 1269; BeckOGK BGB/Schmidt-Recla § 1907 aF Rn. 41.
107 BT-Drs. 19/24445, 186.
108 Beachte die Ausnahmeregelung in § 56 Abs. 2 S. 2 SGB VIII.

Rechtsfolge bei fehlender Genehmigung: Ein Vertrag kann nach § 139 BGB für die ohne Genehmigung zulässige Dauer als wirksam erachtet werden, wenn anzunehmen ist, dass die Vertragsparteien den Vertrag auch mit dieser Dauer abgeschlossen hätten, was in der Regel dann der Fall ist, wenn die Parteien vereinbart haben, dass durch die Nichtigkeit einzelner Vertragsbestimmungen die Gültigkeit des übrigen Vertrages nicht berührt werden soll.[109] 105

b) § 1853 S. 1 Nr. 2 BGB

Ein **Pachtvertrag** über einen gewerblichen oder einen land- oder fortwirtschaftlichen Betrieb ist **unabhängig von der Vertragslaufzeit genehmigungsbedürftig.** Auch hier kommt es nicht darauf an, auf welcher Seite der Betreute steht.[110] 106

VII. Genehmigung für sonstige Rechtsgeschäfte § 1854 BGB

1. Anwendbarkeit

§ 1854 BGB findet unmittelbare Anwendung auf **Betreuer.** Eine **gesetzliche Befreiung** nach § 1859 BGB ist nicht vorgesehen. Eine **Befreiung** in Bezug auf § 1854 Nr. 2–5 BGB ist **durch Anordnung des Betreuungsgerichts** auf Antrag des Betreuers möglich, sofern mit der Vermögensverwaltung der Betrieb eines Erwerbsgeschäftes verbunden ist oder besondere Gründe der Vermögensverwaltung dies erfordern, § 1860 Abs. 2 BGB (→ § 13 Rn. 10). **Vormund und Pfleger** bedürfen nach §§ (1813 Abs. 1) 1799 Abs. 1 BGB ebenfalls der gerichtlichen Genehmigung. Gem. § 56 Abs. 2 S. 3 SGB VIII kann durch Landesrecht eine Befreiung für das Jugendamt als Pfleger oder Vormund getroffen werden, was bisher für § 1822 BGB aF in Baden-Württemberg, § 24 KJHG, Bremen, § 12 BremAG KJHG, Hamburg, § 20 AG-SGB VIII, Hessen, § 14 HKJHG, dem Saarland, § 32 AG KJHG (für § 1822 Nr. 12 BGB aF), und in Sachsen-Anhalt, § 29 KJHG-LSA (für § 1822 Nr. 12 BGB aF) der Fall war. **Eltern** unterliegen den Genehmigungserfordernissen grundsätzlich auch, § 1643 Abs. 1 BGB; § 1854 Nr. 6–8 BGB sind nicht anwendbar, § 1643 Abs. 5 BGB. 107

2. Reform

In § 1854 BGB wurden die übrigen Rechtsgeschäfte aus § 1822 BGB aF (Nr. 1 Alt. 1 Nr. 8–10, Nr. 12, 13) meist ohne größere Änderungen zusammengefasst und ein weiterer Genehmigungstatbestand geschaffen (§ 1854 Nr. 8 BGB).[111] 108

3. Inhalt

a) § 1854 Nr. 1 BGB

§ 1822 Nr. 1 Alt. 1 BGB aF wurde ohne Änderung übernommen. Erfasst werden (ausschließlich) **Verpflichtungsgeschäfte**, die darauf gerichtet sind, **dass der Betreuter über sein komplettes Vermögen verfügen soll.** Vorherrschend ist hier die sog. Gesamttheorie, wonach das gesamte Vermögen in „Bausch und Bogen“ ausdrücklich oder konkludent 109

109 BGH 1962, 734; näher zum Themenkreis: MüKoBGB/Kroll-Ludwigs § 1822 aF Rn. 45.
110 HK-BGB/Kemper § 1822 aF Rn. 6.
111 BT-Drs. 19/24445, 288.

übertragen werden muss.[112] Nicht ausreichend ist eine Verpflichtung zu einer Verfügung über einen Einzelgegenstand, der nahezu das komplette Vermögen ausmacht (sog. Einzeltheorie, die bei § 1365 BGB herrschend ist).[113] Eine Verpflichtung über das ganze Vermögen zu verfügen, dürfte in der Praxis selten vorkommen. Wenn eine solche Verpflichtung aber vorliegt, ist weiter zu beachten, dass diese nur wirksam ist, wenn sie gem. § 311b Abs. 3 BGB notariell beurkundet wird. Ausreichend ist auch, wenn über einen **Bruchteil** des kompletten Vermögens verfügt wird, da es ansonsten möglich wäre, ohne Genehmigung zwei Mal die Hälfte zu veräußern.[114] Die **Verpflichtung zur Bestellung eines Nießbrauchs** am ganzen Vermögen (§ 1085 BGB) fällt ebenfalls hierunter.[115]

b) § 1854 Nr. 2 BGB

110 Nr. 2 entspricht zunächst § 1822 Nr. 8 BGB aF Für die **Aufnahme von Geld auf den Kredit des Betreuten** ist grundsätzlich eine gerichtliche Genehmigung erforderlich. Ein Darlehen auf den Namen des Betreuten bedarf der betreuungsgerichtlichen Genehmigung. Eine (neue) Ausnahme wird für eine eingeräumte Überziehungsmöglichkeit für das auf einem Girokonto des Betreuten befindliche Verfügungsgeld nach § 1839 Abs. 1 BGB begründet. Einem Betreuer soll damit u.a. die Möglichkeit gegeben werden, von einem vorhandenen Dispositionskredit Gebrauch zu machen, obwohl dies auch schon vorher möglich gewesen sein soll.[116]

c) § 1854 Nr. 3 BGB

111 Die Vorschrift entspricht § 1822 Nr. 9 BGB aF Genehmigungsbedürftig ist u.a. die Ausstellung einer Schuldverschreibung auf den Inhaber, die in § 793 BGB legaldefiniert ist. Ebenso verhält es sich für die Eingehung einer Verbindlichkeit aus einem Wechsel oder einem anderen Papier, das durch Indossament übertragen werden kann, vgl. Art. 11 WG, § 363 HGB. Die Anwendbarkeit dieser Alternative ist allerdings theoretischer Natur, da Wechsel und Schecks in der Praxis nur noch sehr selten vorkommen.[117]

d) § 1854 Nr. 4 BGB

112 Für ein Rechtsgeschäft, das auf die **Übernahme einer fremden Verbindlichkeit** gerichtet ist, bedarf der Betreuer der Genehmigung des Betreuungsgerichts. Im Gegensatz zu § 1822 Nr. 10 Hs. 1 BGB aF, der auf die (objektive) Übernahme der Verbindlichkeit abstellte, soll nunmehr anscheinend das subjektive Element den Ausschlag geben. Nach der Vorstellung des Gesetzgebers sollte durch die Neufassung eine Klarstellung erfolgen, dass dadurch die Haftung des Betreuten, die sich aus einer Nebenfolge eines anderen Rechtsgeschäfts ergibt, nicht erfasst wird.[118] Ausgenommen soll dadurch insbes. die „alltägliche" gesamtschuldnerische Haftung sein, da es hier „kein besonders großes

112 Erman/Schulte-Bunert BGB § 1822 aF Rn. 1a mwN; Prütting/Wegen/Weinreich/Bauer BGB § 1822 aF Rn. 2.
113 Grüneberg/Götz BGB § 1822 aF Rn. 2; Weinreich/Klein/Weinreich FamR § 1365 Rn. 12.
114 JurisPK-BGB/Lafontaine/Herberger § 1822 aF Rn. 16 mwN.
115 Grüneberg/Götz BGB § 1822 aF Rn. 2.
116 BT-Drs. 19/24445, 289; anders: Jürgens/v. Crailsheim BGB § 1822 aF Rn. 26; Jürgens/Reinfahrt BGB § 1822 aF Rn. 17.
117 Vgl. BeckOGK BGB/Schöpflin § 1822 aF Rn. 89.
118 BT-Drs. 19/24445, 289.

Schutzbedürfnis gebe". Die Begründung greift die herkömmliche Auslegung zu § 1822 Nr. 10 BGB aF auf, dass dort vor der Erwartung, man werde nicht in Anspruch genommen, oder wenn doch, dass man dann bei dem „Primärschuldner" Regress nehmen könne, geschützt werden soll.[119] Es sollen nur die Übernahmen von Schulden erfasst werden, für die der Betreute ausschließlich subsidiär haftet, aber Regress nehmen kann. Als unter die Norm fallende Beispiele werden der Schuldbeitritt/die Schuldmitübernahme genannt, da der Betreute einen Ersatzanspruch gegen den ursprünglichen Schuldner erwirbt.[120] Beim Schuldbeitritt haftet der Mitübernehmer im Außenverhältnis aber nicht subsidiär, so dass die Zielsetzung des Gesetzgebers hier mE hinkt. Dieser Fall ist mE mit dem der Gesamtschuldnerschaft vergleichbar. Warum es einmal ein Schutzbedürfnis geben soll und das andere Mal nicht, ist nicht nachvollziehbar. Der einzige Unterschied ist der des Zeitpunktes. Einmal entsteht die „Mithaft" nachträglich, das andere Mal besteht sie ursprünglich.

113 Gelungen ist die Neuformulierung demnach nicht. Die Fallgestaltungen hätten konkret beschrieben werden können und/oder eine Wertgrenze hätte eingefügt werden können. Ob man eine Bürgschaft für sein Kind für 3 Monatsmieten in Höhe von zB 2.100 EUR abgibt (§ 1854 Nr. 5 BGB) oder gemeinsam mit einem anderen einen Vertrag als Gesamtschuldner für 4.000 EUR abschließt oder später eine Mitschuldübernahme eingeht, birgt eine gleich große (oder „geringe") Gefahr der Inanspruchnahme. Hier bleibt abzuwarten, ob die Rechtsprechung die zugrunde legenden Überlegungen übernehmen wird, falls ein solcher Fall zur Entscheidung anstehen sollte.

114 Nicht erfasst wurden und werden Fälle, bei denen die Schuld eines Dritten als eigene Schuld übernommen wird, sofern keine ungewisse Regressmöglichkeit begründet wird.[121] Das Risiko ist von Anfang an festgelegt und einkalkuliert.

e) § 1854 Nr. 5 BGB

115 Die Eingehung einer Bürgschaft nach §§ 765 ff. BGB, bei der der Betreute Bürge sein soll, bedarf der gerichtlichen Genehmigung. Dies entspricht § 1822 Nr. 10 Hs. 2 BGB aF.

f) § 1854 Nr. 6 BGB

116 Der Tatbestand war vorher ähnlich in § 1822 Nr. 12 BGB aF zu finden. Der erste Teil bzgl. des Vergleichs ist unverändert geblieben, der zweite Teil wurde von „zu einem Schiedsvertrag" in „zu einer auf ein Schiedsverfahren gerichtete Vereinbarung" geändert. Die Ausnahme, dass der Vergleich einem schriftlichen oder protokollierten Vergleichsvorschlag entspricht, wurde beibehalten. Der frühere Betrag der Ausnahme wurde von 3.000 EUR auf 6.000 EUR erhöht.

117 Zu beachten ist, dass die Norm **bei Eltern nicht anwendbar** ist, § 1643 Abs. 5 BGB.

aa) § 1854 Nr. 6 Alt. 1 BGB – Vergleich

118 Es muss ein **Vergleich** iSd § 779 BGB vorliegen, was überwiegend ein Prozessvergleich nach § 794 Abs. 1 Nr. 1 ZPO sein wird (jeder andere Vergleich ist aber auch ausrei-

119 BGH DNotZ 1990, 303 (304); BayObLGZ 1964, 240 (247); Jürgens/v. Crailsheim BGB § 1822 aF Rn. 28.
120 BT-Drs. 19/24445, 289.
121 BGH DNotZ 1990, 303 (304).

chend). **Wenn der Vergleich einem gerichtlichen Vergleichsvorschlag entspricht, ist unabhängig von einer Wertgrenze keine Genehmigung erforderlich.** Anderenfalls kommt es darauf an, dass „der Gegenstand des Streites oder der Ungewissheit in Geld schätzbar ist und den Wert von 6.000 EUR nicht übersteigt". Dabei soll auf §§ 3 ff. ZPO und die Ungewissheit abzustellen sein, nicht auf den Gesamtanspruch.[122] Dies dürfte allerdings teilweise Probleme aufwerfen.

119 **Beispiel:** Herr M klagt 7.000 EUR gegen die Betreute ein. Unter Beteiligung des Betreuers wird ein Vergleich zur Zahlung von 3.500 EUR geschlossen, ohne dass etwas unstreitig ist.

120 Hier wäre eine Genehmigung erforderlich. Die Ungewissheit beträgt 7.000 EUR. Andererseits beläuft sich der drohende Verlust für die Betreute auf maximal 3.500 EUR, so dass die Wertgrenze von 6.000 EUR nicht erreicht würde. Anders wäre das möglicherweise, wenn man argumentiert, dass die 3.500 EUR, die die Betreue mehr hätte zahlen sollen, nicht mehr ungewiss/streitig sind, was aber so nicht zutreffend sein dürfte, da man sonst nicht hätte klagen müssen.[123]

121 Es sollte daher darauf ankommen, ob der mögliche „Verlust des Betreuten" mehr als 6.000 EUR beträgt.

bb) § 1854 Nr. 6 Alt. 2 BGB – auf ein Schiedsverfahren gerichtete Vereinbarung

122 Neben **Schiedsvereinbarungen** nach § 1029 Abs. 1 ZPO sollen wegen der bestehenden Gefahren auch **Konstituierungsvereinbarungen** (Vereinbarungen über die Besetzung des Schiedsgerichts) und **Schiedsverfahrensvereinbarungen** (Vereinbarungen über das Schiedsverfahren als solches) einer Genehmigungspflicht unterliegen.[124]

g) § 1854 Nr. 7 BGB

123 Die Norm entspricht § 1822 Nr. 13 BGB aF. **Auf Eltern ist sie nicht anwendbar,** § 1643 Abs. 5 BGB.

124 Erforderlich ist ein Rechtsgeschäft, durch das die für eine Forderung des Betreuten bestehende Sicherheit aufgehoben oder gemindert wird (Verfügung) oder die Verpflichtung dazu begründet wird.

Voraussetzungen sind:

- eine Forderung des Betreuten
- eine Sicherheit für diese Forderung
- die Aufhebung oder Minderung dieser Sicherheit (Verfügung; oder die entsprechende Verpflichtung dazu)
- die Forderung muss bestehen bleiben[125]

125 Die Sicherheit für die Forderung des Betreuten kann zB eine Hypothek, Grundschuld, Bürgschaft, ein Pfandrecht oder Sicherungseigentum sein.[126] Dieser Tatbestand betrifft aber nur (Verpflichtungen zu) Verfügungen über die Sicherheit, nicht aber solche über die Forderung. Für Rechtsgeschäfte, die die Forderungen betreffen, ist § 1849 BGB

122 Erman/Schulte-Bunert BGB § 1822 aF Rn. 32a; MüKoBGB/Kroll-Ludwigs § 1822 aF Rn. 72.
123 So aber wohl HK-BetreuungsR/Reinfarth BGB § 1822 aF Rn. 75.
124 BT-Drs. 19/24445, 290.
125 HK BetreuungsR/Reinfarth BGB § 1822 Rn. 77.
126 NK-BGB/Fritsche/Kieß § 1822 aF Rn. 39.

maßgeblich. Als Verfügungen kommen zB die Aufhebung oder der Rangrücktritt der Sicherheit, §§ 875, 880 BGB oder der Verzicht auf die Sicherheit in Frage, § 1168 BGB.[127]

h) § 1854 Nr. 8 BGB – Schenkung

Der Tatbestand wurde durch die Reform neu geschaffen. Das **bisherige Schenkungsverbot** aus §§ 1908i Abs. 2 S. 1 iVm § 1804 S. 1 BGB aF ist für die Betreuung entfallen und **wurde in ein grundsätzliches Genehmigungserfordernis „überführt"**.[128] Bei Eltern und Vormund ist der Inhalt von § 1641 BGB und § 1804 BGB aF = § 1798 Abs. 3 BGB als Schenkungsverbot identisch geblieben. Ein Verstoß führt hier zur Nichtigkeit nach § 134 BGB. 126

Für eine **Schenkung oder unentgeltliche Zuwendung** ist grundsätzlich eine Genehmigung erforderlich. Eine **Ausnahme** gilt dann, wenn diese nach den Lebensverhältnissen des Betreuten angemessen oder als Gelegenheitsgeschenk üblich ist. Ebenfalls erfasst werden **gemischte Schenkungen.**[129] Dies muss unabhängig davon gelten, ob der entgeltliche oder der unentgeltliche Teil überwiegt und wie die gemischte Schenkung juristisch gewertet wird, da im Ergebnis ein Teil des Vermögens verschenkt wird, was kontrolliert werden soll.[130] Ob der ganze Vertrag damit der Genehmigung bedarf oder nur der unentgeltliche Teil, richtet sich nach § 139 BGB; im Zweifel ist der ganze Vertrag nichtig.[131] 127

Keine Schenkungen sind die in § 517 BGB genannten Tatbestände, wie die Ausschlagung einer Erbschaft oder eines Vermächtnisses. Ebenfalls ist der Pflichtteilsverzicht nach § 2346 ff. BGB keine Schenkung.[132] 128

Ob, wie bei §§ 1641, 1804 BGB aF **Verpflichtung und Verfügung** erfasst werden, wird in der Gesetzesbegründung nicht explizit erörtert.[133] Da das Verbot aber in einen Genehmigungstatbestand „überführt" wurde, müssten – wie bisher auch – sowohl die Verfügung als auch die Verpflichtung erfasst werden.[134] 129

Das **Genehmigungserfordernis entfällt,** wenn die **Schenkung oder Zuwendung nach den Lebensverhältnissen für den Betreuten angemessen oder als Gelegenheitsgeschenk üblich ist.** In den Fokus wird der Wille des Betreuten gestellt, § 1821 Abs. 2, Abs. 3 BGB (→ § 5 Rn. 78, → § 8 Rn. 41, → § 12 Rn. 19, → § 14 Rn. 28 ff.), der nach § 1862 Abs. 2 BGB auch für die Genehmigungsfähigkeit das ausschlaggebende Kriterium sein wird.[135] Wenn ein Wunsch für einen konkreten Fall nicht vorliegt, ist der mutmaßliche Wille zu ermitteln. Eine Grenze wird dann erreicht, wenn das Vermögen oder die Person 130

---

127 Vgl. Prütting/Wegen/Weinreich/Bauer BGB § 1812 aF Rn. 24 mwN.

128 BT-Drs. 19/24445, 290.

129 Zum Begriff der gemischten Schenkung: BGH ZEV 2013, 213. Zur Reichweite beim Schenkungsverbot: OLG Frankfurt aM Rpfleger 2018, 667 (668); OLG Naumburg BeckRS 2016, 126008 (Rn. 17); Grüneberg/Götz BGB § 1804 aF Rn. 1; Jauernig/Budzikiewicz BGB § 1804 aF Rn. 1.

130 Vgl. BeckOGK BGB/Fröschle § 1804 aF Rn. 10; MüKoBGB/Kroll-Ludwigs § 1804 aF Rn. 8; aA wohl Jürgens/v. Crailsheim BGB § 1804 aF Rn. 7, der verlangt, dass der unentgeltliche Teil überwiegt.

131 BeckOGK BGB/Fröschle § 1804 aF Rn. 10; aA wohl HK-FamR/Kemper BGB § 1804 aF Rn. 2, der nur den unentgeltlichen Teil unter § 1804 BGB fallen lassen will.

132 Grüneberg/Götz BGB § 1804 aF Rn. 1.

133 BT-Drs. 19/24445, 290.

134 Vgl. OLG Frankfurt aM Rpfleger 2018, 667 (668).

135 Vgl. dazu, den folgenden Ausführungen und maßgeblichen Kriterien: BT-Drs. 19/24445, 290 f.

des Betreuten (erheblich) gefährdet wird, so dass auch wirtschaftlich unvernünftige Entscheidungen zunächst durchaus möglich und denkbar sind. Die Ausnahme der Üblichkeit ist ein objektives Merkmal, die der Angemessenheit ein subjektives, die gleichwertig nebeneinanderstehen.

131 Für **Eltern, Vormund** und **Pfleger** verleibt es bei der bisherigen Rechtslage und dem grundsätzlichen **Schenkungsverbot**, §§ 1641, 1798 Abs. 3 (§ 1813 Abs. 1) BGB. **Ausgenommen** sind Schenkungen, durch die einer sittlichen Pflicht oder einer auf den Anstand zu nehmenden Rücksicht entsprochen wird, sog. **Pflicht- und Anstandsschenkungen.**[136] Hierbei wird sich an § 534 BGB orientiert.[137] Das Bestehen einer sittlichen Pflicht ist zurückhaltend zu beurteilen.[138] Eine Schenkung entspricht einer sittlichen Pflicht, wenn die Unterlassung der Schenkung durch den Betreuten unter Berücksichtigung von Vermögen, Lebensstellung und persönlicher Beziehung der Beteiligten zueinander als sittlich anstößig anzusehen wäre.[139] Als Anstandsschenkung ist eine Zuwendung zulässig, wenn das Unterlassen nach den Anschauungen der mit dem Schenkenden sozial gleichgestellten Kreisen nicht unterbleiben könnte, ohne dass der Schenkende eine Einbuße in der Achtung und Anerkennung dieser Kreise erleiden würde.[140] Dazu zählen zB gebräuchliche Gelegenheitsgeschenke des täglichen Lebens oder übliche Geschenke unter nahen Verwandten.[141]

i) Annex – Antrag auf Erteilung einer gerichtlichen Genehmigung – Negativattest

aa) Antrag auf Erteilung gerichtlicher Genehmigungen

132 Ein Antrag ist gesetzlich nicht vorgesehen und daher an sich nicht erforderlich.[142] Allerdings wird das Gericht grundsätzlich auch nicht gem. § 26 FamFG von Amts wegen tätig werden, wenn es von einem Rechtsgeschäft Kenntnis erlangt. Das hängt u.a. damit zusammen, dass der Vertreter von einer erteilten Nachgenehmigung (zumindest bei einem Vertrag) noch Gebrauch machen muss, § 1856 Abs. 1 S. 2 BGB. Im Ergebnis handelt es sich um einen **Antrag im Sinne einer Anregung**, von Amts wegen tätig zu werden und etwa erforderliche Genehmigungen zu erteilen.[143]

133 Eine genaue Aufzählung der einzelnen Rechtsgeschäfte ist nicht zwingend erforderlich, da sich diese aus der eingereichten Urkunde oder aus dem darzustellenden Sachverhalt ergeben. Sinnvoll ist eine Aufzählung allerdings schon. Ebenso sollte angeführt werden, warum das Rechtsgeschäft vorgenommen werden soll, es für erforderlich und genehmigungsbedürftig und -fähig gehalten wird.

134 Wenn nur ein **Vertragsentwurf** eingereicht wird, ist zu beachten, dass die Gefahr besteht, dass später noch Änderungen vorgenommen werden. Sinnvoll dürfte es daher sein, den späteren Vertrag einzureichen und eine Nachgenehmigung einzuholen. Es kommt jedoch auch vor und kann im Einzelfall sinnvoll sein, den Entwurf vorher einzureichen,

---

136 HK-FamR/Kemper BGB § 1804 aF Rn. 2.
137 NK-BGB/Fritsche/Kieß § 1804 aF Rn. 4.
138 BayObLG FamRZ 1999, 47 (48).
139 LG Kassel Rpfleger 1993, 146 (148 mwN) (bei einer Zuwendung von 40.000 EUR bejaht!).
140 BayObLG FamRZ 1999, 47 (48); LG Kassel Rpfleger 1993, 146 (148).
141 BGH NJW 1981, 111.
142 Vgl. BeckOGK BGB/Fuchs § 1821 aF Rn. 61.
143 Scholz/Kleffmann/Roessink, 40 EL. Februar 2020, Teil O Rn. 292.

um vorab zu klären, ob dieser genehmigungsfähig wäre. Die Vorgenehmigung reicht aus, wenn der spätere Vertrag identisch ist. Bei Veränderungen kommt es im Ergebnis auf Art und Umfang an, ob die Vorgenehmigung das geänderte Rechtsgeschäft noch umfasst.

Die Vorgehensweise wird in der Praxis von den Gerichten unterschiedlich praktiziert. 135
Teils wird aus genanntem Grund nur der Vertrag selbst verlangt und geprüft, auch wenn eine Vorprüfung im Einzelfall hilfreich sein kann.

bb) Negativattest

Das Betreuungs- oder Familiengericht bescheinigt in einem Negativattest, dass ein 136
Rechtsgeschäft keiner Genehmigung bedarf. Teilweise kann es sinnvoll sein, ein solches Zeugnis zu beantragen, um dem Vertragspartner oder dem Finanzamt nachzuweisen, dass keine Genehmigung erforderlich ist.[144] Der Vertreter hat einen Anspruch auf Erteilung eines solchen Attestes.[145] Zu beachten ist, dass ein solches Negativattest zB gegenüber dem Grundbuchamt keine Bindungswirkung entfaltet und dieses selbstständig prüft, ob eine gerichtliche Genehmigung erforderlich ist.[146]

Muster: Antrag auf Erteilung betreuungsgerichtlicher Genehmigungen/Negativattest 137

[...]

An das Amtsgericht – Familiengericht in Köln

Az.: 3 XVII 295/2019

Sehr geehrte Damen und Herren,

hiermit beantrage ich

> die Erteilung eventuell erforderlicher betreuungsgerichtlicher Genehmigungen, hilfsweise die Erteilung eines Negativattestes, zu den sogleich dargestellten Rechtsgeschäften, insbes. der Aufnahme eines Darlehens in Höhe von 50.000 EUR und entsprechender Bestellung einer Grundschuld am Grundstück des Betreuten für die ABC-Bank (vgl. anliegende Urkunden der ABC-Bank vom 3.3.2021, Anlage 1).

Begründung

Durch Beschluss des AG Köln – Betreuungsgericht, vom 5.5.2019, Az. 3 XVII 295/2019, bin ich zum Betreuer für Herrn [...] mit dem Aufgabenkreis Vermögenssorge bestellt worden.

Herr [...] ist Eigentümer eines 3-Parteien-Hauses in Köln [...], das komplett vermietet und schuldenfrei ist. Das Haus ist etwa 50 Jahre alt, das Dach muss erneuert werden (vgl. anliegendes Schreiben des Dachdeckermeisters D, Anlage 2). Der Kostenvoranschlag beläuft sich auf 57.500 EUR (Anlage 3), 7.500 EUR können von einem Festgeldkonto des Betreuten gezahlt werden, der Rest müsste durch einen Kredit finanziert werden. Bzgl. der Kreditbedingungen verweise ich auf Anlage 3.

Die Aufnahme eines Kredits in Höhe von 50.000 EUR und die Bestellung einer Sicherheit ist erforderlich, weil das Dach des Hauses etwa 50 Jahre alt und reparaturbedürftig ist. Eine Reparatur würde bereits 20.000 EUR kosten, aber nur eine mittelfristige Lösung darstellen (siehe Anlage 2). Das 3-Parteien-Haus wird derzeit vermietet und die ersten Mieter drohen bereits damit, den Mietzins zu mindern. [...]

---

144 Vgl. LG Mühlhausen FamRZ 2012, 2134.
145 Vgl. LG Mühlhausen FamRZ 2012, 2134.
146 OLG Hamm Rpfleger 2011, 270 = FGPrax 2011, 61; AG Essen BeckRS 2014, 19962.

Für das Darlehen verlangt die ABC-Bank die Einräumung einer Grundschuld. Den entsprechenden Entwurf füge ich ebenfalls bei (Anlage 4).

[...]

Mit freundlichem Gruß,

[...]

Anlagen [...]

Hinweis: Auch wenn der Betreuer hier überwiegend auf den Darlehensvertrag (§ 1854 Nr. 2 BGB) und die Grundschuldbestellung (§ 1850 Nr. 1 BGB) abstellt, würde das Betreuungsgericht auch die weiteren Verträge, wie den Sicherungsvertrag, den Dienstvertrag und die Abhebung oder Zahlung der 7.500 EUR prüfen.

VIII. Unterkapitel 5, Genehmigungserklärung; Kapitel 3 (§§ 1855–1858 BGB)

1. Anwendbarkeit

138 Die Normen finden auf alle gesetzlichen Vertreter Anwendung, § 1644 Abs. 3 S. 1; (§ 1813 Abs. 1) § 1800 Abs. 2 S. 1 BGB. Lediglich § 1856 Abs. 3 BGB wird bei Minderjährigen modifiziert, § 1644 Abs. 3 S. 2; (§ 1813 Abs. 1) § 1800 Abs. 2 S. 2 BGB.

2. Reform

139 Die Normen enthalten die vormals in §§ 1828–1831 BGB enthaltenen Regelungen. Hinzugefügt wurden § 1856 Abs. 3, § 1858 Abs. 3 BGB, die u.a. die vorher schon anerkannten und angewendeten Erweiterungen zu §§ 1829, 1831 BGB aF enthalten.[147]

3. Inhalt

a) Erklärung der Genehmigung § 1855 BGB

140 Die Norm ist inhaltsgleich mit § 1828 BGB aF und stellt klar, dass das Betreuungsgericht die Genehmigung zu einem Rechtsgeschäft nur dem Betreuer und nicht wie in § 182 Abs. 1 BGB vorgesehen, auch „dem anderen Teil“ gegenüber erklären kann. Die Genehmigung wird beim Betreuungs- und beim Familiengericht gem. § 3 Nr. 2a/b RPflG durch den Rechtspfleger erteilt, sofern kein Richtervorbehalt nach §§ 14, 15 RPflG einschlägig ist. Dies ist im Bereich der Vermögenssorge nicht der Fall, so dass für die Erteilung von Genehmigungen nach §§ 1848–1854 BGB der Rechtspfleger funktionell zuständig ist.

141 Der Sachverhalt muss gem. § 26 FamFG von Amts wegen ermittelt werden, wozu grundsätzlich auch die (schriftliche oder mündliche) Anhörung des Betreuten gehört. § 299 FamFG regelt darüber hinaus bei den Genehmigungstatbeständen der §§ 1833 Abs. 3, 1820 Abs. 5 S. 2 BGB eine zwingende persönliche Anhörung. Bei §§ 1850–1854 BGB soll eine persönliche Anhörung erfolgen. Im Übrigen, §§ 1848, 1849 BGB, ist keine persönliche Anhörung vorgesehen, eine (nicht persönliche) Anhörung im Rahmen des rechtlichen Gehörs dürfte allerdings grundsätzlich erforderlich sein. Eine Anhörung kann nicht dadurch erfolgen, dass der Betreuer angehört wird, da dessen Verhalten überprüft werden soll.[148] Ist der Betreute nicht in der Lage, seinen Willen zu äußern,

147 BT-Drs. 19/24445, 291 f.
148 BVerfG NJW 2000, 1709 (1710).

was nicht seine Geschäftsfähigkeit voraussetzt, ist nach § 276 FamFG ein Verfahrenspfleger zu bestellen. Ansonsten ist das rechtliche Gehör dem Betreuten selbst zu gewähren.

Die Erteilung der Genehmigung erfolgt gem. § 38 Abs. 1 S. 1 FamFG durch Beschluss, welcher gem. § 40 Abs. 2 S. 1 FamFG erst mit seiner Rechtskraft wirksam wird, was gem. § 40 Abs. 2 S. 2 FamFG in der Entscheidung auszusprechen ist. Gegen einen solchen Beschluss ist gem. § 58 FamFG die Beschwerde statthaft. Diese ist gem. § 63 Abs. 1, Abs. 3 FamFG grundsätzlich binnen Monatsfrist ab schriftlicher Bekanntgabe einzulegen. Wegen der ausdrücklichen Regelung in § 63 Abs. 2 Nr. 2 FamFG gilt hier jedoch die kürzere Rechtsbehelfsfrist von zwei Wochen ab der Bekanntgabe. 142

b) Nachträgliche Genehmigung (§ 1856 BGB)

Schließt der Betreuer einen Vertrag ohne die erforderliche gerichtliche Genehmigung (Vorgenehmigung) ab, ist dieser schwebend unwirksam und die Wirksamkeit hängt von der Nachgenehmigung des Betreuungsgerichts ab, § 1856 Abs. 1 S. 1 BGB. Wenn die Vorgenehmigung vorlag, ist der Vertrag mit seinem Abschluss wirksam. Von § 1856 BGB werden nur Verträge, keine einseitigen Rechtsgeschäfte erfasst, da die Wirksamkeit einseitiger Rechtsgeschäfte in § 1858 BGB geregelt ist. Es geht um das abgeschlossene Rechtsgeschäft als solches, nicht um die Art seines Zustandekommens, so dass es unerheblich ist, ob der Betreuer das Rechtsgeschäft unmittelbar im Namen des Betreuten abgeschlossen hat oder ob der (zB unter Einwilligungsvorbehalt stehende) Betreute den Vertrag selbst abgeschlossen hat und der Betreuer später („einseitig") genehmigt hat. 143

Nach dem gegenüber der Vorgängervorschrift des § 1829 Abs. 1 S. 2 BGB aF präziser formulierten Wortlaut von § 1856 Abs. 1 S. 2 BGB wird die Genehmigung des Gerichts gegenüber dem anderen Teil, also dem Vertragspartner, erst wirksam, wenn die (gegenüber dem Betreuer nach § 1828 BGB) wirksam gewordene Erklärung dem Vertragspartner gegenüber erklärt wird. Wenn die (rechtskräftige[149]) gerichtliche Genehmigung nicht bei Abschluss des Rechtsgeschäftes vorliegt, ist der Vertrag schwebend unwirksam. Die Wirksamkeit hängt nach § 1856 Abs. 1 S. 1 BGB dann von der nachträglichen Genehmigung des Betreuungsgerichts gegenüber dem Betreuer nach § 1855 BGB ab. Dieser Satz ist wie bei der Vorgängernorm so allerdings „nicht zutreffend" bzw. unvollständig, da das Rechtsgeschäft nach § 1856 Abs. 1 S. 2 BGB (dem anderen Teil gegenüber) erst wirksam wird, wenn der Betreuer dem anderen Teil die rechtskräftige Genehmigung (oder deren Verweigerung) mitteilt. Der Betreuer kann nach erteilter Genehmigung frei entscheiden, ob er von dieser Gebrauch machen möchte oder nicht.[150] Im Falle der Verweigerung der Genehmigung wird der Vertrag endgültig unwirksam. Einer zusätzlichen Mitteilung bedarf es nicht. 144

Wenn eine gerichtliche Genehmigung bei Abschluss des Vertrags nicht vorliegt, kann der andere Teil den Betreuer auffordern mitzuteilen, ob eine Genehmigung erteilt wurde, § 1856 Abs. 2 Hs. 1 BGB. Dann hat der Betreuer bis zum Ende des übernächsten 145

149 BT-Drs. 16/6308, 347; MüKoBGB/Kroll-Ludwigs § 1829 aF Rn. 33 mwN; Schöner/Stöber, Grundbuchrecht, 16. Aufl. 2020, Rn. 3738.
150 BeckOK BGB/Bettin § 1829 aF Rn. 3.

Monats nach dem Empfang der Aufforderung Zeit, die Genehmigung einzuholen und in dieser Zeit mitzuteilen. Die Frist wurde von vier Wochen auf mindestens zwei (bis maximal knapp drei) Monate verlängert (Ablauf des übernächsten Monats), womit auf die Dauer des gerichtlichen Genehmigungsverfahrens Rücksicht genommen wurde.[151] Wenn von einer erteilten Genehmigung innerhalb der Frist kein Gebrauch gemacht wird, gilt die (gerichtliche) Genehmigung als verweigert, § 1856 Abs. 2 Hs. 2 BGB. Im Ergebnis ist der Vertrag dann nicht zustande gekommen.

146 Gem. **§ 1856 Abs. 3 BGB** tritt die Genehmigung des Betreuten an die Stelle der gerichtlichen Genehmigung, wenn die Betreuung aufgehoben oder beendet ist. Der (dann nicht mehr) Betreute kann ein schwebend unwirksames Rechtsgeschäft genehmigen.

147 **Bei Minderjährigen** tritt bei Eintritt der Volljährigkeit deren Genehmigung an die Stelle der gerichtlichen Genehmigung, **§ 1644 Abs. 3 S. 2, (§ 1813 Abs. 1) § 1800 Abs. 2 S. 2 BGB.**

148 Fraglich ist, ob § 1856 Abs. 3 BGB eine „weitergehende Aussage" enthält. Die Regelung wurde eingefügt, da § 1829 Abs. 3 BGB aF auf die Betreuung für analog anwendbar gehalten wurde.[152] Dieser Regelung würde es mE nicht bedürfen, wenn der Gesetzgeber davon ausgegangen wäre, dass der Betreute nicht ohnehin genehmigen kann. Wenn ein Betreuter aber nicht geschäftsunfähig ist und einen Dritten bevollmächtigen könnte, der das Rechtsgeschäft wirksam abschließen kann (→ § 19 Rn. 5), dann müsste er auch seinen Betreuer rechtsgeschäftlich bevollmächtigen können, folglich auch seine Rechtsgeschäfte genehmigen können.[153] Das würde auch im laufenden Betreuungsverfahren gelten und muss erst recht nach Aufhebung der Betreuung gehen. Der einzig (theoretisch) denkbare Fall, dass es um einen Betreuten geht, für den ein Einwilligungsvorbehalt angeordnet wurde, so dass er während der Betreuung nicht genehmigen kann, erscheint wenig relevant, da eine Aufhebung in einem solchen Fall eher fernliegend sein dürfte.

c) Widerrufsrecht des Vertragspartners (§ 1857 BGB)

149 Hat der Betreuer dem anderen Teil gegenüber wahrheitswidrig die Genehmigung des Betreuungsgerichts behauptet, so ist der andere Teil bis zur Mitteilung der nachträglichen Genehmigung des Betreuungsgerichts zum Widerruf berechtigt, es sei denn, dass ihm das Fehlen der Genehmigung bei dem Abschluss des Vertrags bekannt war. Diese Regelung dürfte in der Praxis nicht allzu häufig zur Anwendung gelangen. Sie gibt dem anderen Teil entgegen § 130 Abs. 1 S. 2 BGB ein erweitertes Widerrufsrecht, sofern er nicht das Fehlen der Genehmigung kannte. Hier schadet nur positive Kenntnis.

d) Einseitiges Rechtsgeschäft (§ 1858 BGB)

150 Gem. **§ 1858 Abs. 1 BGB** ist ein **einseitiges Rechtsgeschäft,** das der Betreuer **ohne die erforderliche Genehmigung des Betreuungsgerichts** vornimmt, **unwirksam.** Es kann grundsätzlich nicht nachträglich genehmigt werden. Wenn dies der Fall ist und der Be-

---

151 Vgl. BT-Drs. 19/24445, 291.
152 BT-Drs. 19/24445, 291.
153 Verneinend: BT-Drs. 11/4528, 135 f., da eine Umgehung vorläge; Erman/Roth BGB § 1902 aF Rn. 16; Grüneberg/Götz BGB § 1902 aF Rn. 2. Bejahend: Jürgens/v. Crailsheim BGB Vor §§ 1802–1832 aF Rn. 8 mwN, § 1902 Rn. 2; MüKoBGB/Schneider § 1902 aF Rn. 10 mwN.

treuer oder der Betreute an dem Rechtsgeschäft weiter festhalten möchte, **muss das Rechtsgeschäft erneut abgeschlossen werden.**[154] Eine **Ausnahme enthält § 1858 Abs. 3 S. 1 BGB,** wonach **einseitige Rechtsgeschäfte** ohne erforderliche gerichtliche Genehmigung **gegenüber einem Gericht oder einer Behörde** (ausnahmsweise) nachträglich genehmigt werden können. Das einseitige Rechtsgeschäft ist daher ausnahmsweise schwebend unwirksam.[155] Dies war schon vorher entgegen dem Wortlaut von § 1831 BGB anerkannt.[156]

§ 1858 Abs. 3 S. 2–5 BGB regeln die **weiteren Voraussetzungen des Wirksamwerdens.** Nicht ausreichend ist die Erteilung der Genehmigung (§ 1855 BGB). Diese muss nach **S. 2 rechtskräftig** sein. Nach **S. 3** wird eine **gesetzliche Frist** während der Dauer des Genehmigungsverfahrens **gehemmt.** Hauptbeispiel hierfür ist die Ausschlagungsfrist nach § 1944 BGB. Ausreichend ist es daher, wenn die Ausschlagung und der Antrag im Sinne einer Anregung zur Erteilung der betreuungsgerichtlichen Genehmigung innerhalb der Ausschlagungsfrist erklärt bzw. gestellt wurden. Erst **mit Rechtskraft des Beschlusses** über die Erteilung der Genehmigung **endet die Hemmung, § 1858 Abs. 3 S. 4 BGB.** 151

Zu beachten ist, dass nur eine gesetzliche, nicht aber eine behördliche Frist gehemmt wird. Wird bei einem einseitigen Rechtsgeschäft gegenüber dem Grundbuchamt eine Zwischenverfügung nach § 18 GBO mit Fristsetzung erlassen, muss bei drohendem Fristablauf ein Antrag auf Fristverlängerung gestellt werden.[157] 152

§ 1858 Abs. 3 S. 5 BGB sieht (entgegen der bisher herrschenden Meinung, wonach der gesetzliche Vertreter von der erteilten Genehmigung Gebrauch machen musste)[158] **vor, dass das Betreuungsgericht dem Gericht oder der Behörde nach Rechtskraft des Beschlusses die Erteilung oder Versagung der (rechtskräftigen) Genehmigung mitteilt.** Der Betreuer hat also anders als bisher keine Möglichkeit mehr (nachträglich) zu entscheiden, ob er von der Genehmigung Gebrauch machen möchte. Warum das entgegen der bisher hM so geregelt wurde, lässt sich nur mutmaßen, spielt im Ergebnis aber keine Rolle, da die Gesetzeslage eindeutig ist. 153

Dies führt zu einem weiteren, noch zu klärenden Problem: Was passiert, wenn die innerhalb der Frist erteilte Genehmigung nicht innerhalb der Frist bei der zuständigen Abteilung des gleichen Gerichts, eines anderen zuständigen Gerichts oder einer Behörde eingeht? Bisher musste nach hM die gegenüber dem gesetzlichen Vertreter erteilte Genehmigung dem zuständigen Gericht/der zuständigen Behörde fristgemäß zugehen.[159] Dies müsste wohl auch weiterhin der Fall sein. Wenn das besondere elektronische Behördenpostfach (BebPO), vgl. § 14b FamFG, genutzt wird, was wohl nicht zwingend ist, § 14 Abs. 2 FamFG sollte dies unproblematisch sein. 154

Wenn der Betreuer ein einseitiges **Rechtsgeschäft mit Genehmigung** einem anderen gegenüber vornimmt, ist dieses **unwirksam, wenn der Betreuer die Genehmigung nicht** 155

154 HK-FamR/Kemper BGB § 1831 aF Rn. 2.
155 BT-Drs. 19/24445, 292.
156 NK-BGB/Fritsche/Kieß § 1831 aF Rn. 5.
157 BT-Drs. 19/24445, 292.
158 KG BeckRS 2016, 9173; OLG Frankfurt aM Rpfleger 2019, 266 mit zust. Anm. Hollinger; BeckOGK BGB/Kilian § 1831 aF Rn. 7.
159 OLG Frankfurt aM FGPrax 2018, 281 (282).

vorlegt und der andere das Geschäft aus diesem (und nicht aus einem anderen) Grunde unverzüglich, also ohne schuldhaftes Zögern, vgl. § 121 Abs. 1 S. 1 BGB, **zurückweist, § 1858 Abs. 2 BGB.**

§ 20 Spezielle Themen bei minderjährigen Kindern

A. Personensorge durch den Vormund

1 Die Ausübung der Personensorge durch den Vormund ist in verschiedener Hinsicht neu geregelt, wobei überwiegend an Vorgängernormen angeknüpft, jedoch der höchstpersönliche Auftrag des Vormunds und die Notwendigkeit der personenbezogenen, elternähnlichen Ausgestaltung der Beziehung zum Mündel betont wird.

I. Ausübung der Personensorge durch den Vormund

2 § 1795 Abs. 1 BGB fasst die Rechte des Vormunds zur Ausübung der Personensorge für den Mündel zusammen und ersetzt die bisherige Verweisung von § 1800 BGB aF auf §§ 1631–1632 BGB.

1. Bestimmung des Aufenthalts durch den Vormund (§ 1795 Abs. 1 S. 1 BGB)

3 Der Vormund hat das Recht, den Aufenthalt des Mündels zu bestimmen. Dazu gehört die Bestimmung des Wohnorts als dauerhafter Lebensmittelpunkt, aber auch die vorübergehende Unterbringung in einer Klinik oder Internat. Das Recht zur Bestimmung des Umgangs ist hiermit nicht verbunden. Da das Aufenthaltsbestimmungsrecht auch im Verhältnis zu den Verwandten des Mündels gilt, wird der Vormund weiterhin nicht verpflichtet sein, den Aufenthalt des Mündels zu offenbaren.[1]

4 Das Aufenthaltsbestimmungsrecht kann der Vormund dem Mündel gegenüber mithilfe zulässiger Erziehungsmittel durchsetzen und bei unbekanntem Aufenthalt des Mündels die Hilfe des Familiengerichts in Anspruch nehmen, das auf die Hilfe des Jugendamtes gem. § 50 Abs. 1 SGB VIII zurückgreifen und erforderlichenfalls auch Gewalt gem. § 90 FamFG anwenden kann.[2] Der Vormund wird weiterhin die Herausgabe des Mündels von jedem – auch einem Elternteil – verlangen können, der es ihm widerrechtlich vorenthält. Widerrechtlichkeit liegt nicht vor bei Erfüllung von Schulpflicht, bei Durchführung von Hilfen zur Erziehung (§§ 32 ff. SGB VIII) oder bei Strafhaft des Mündels.[3] Duldet der Dritte, bei dem sich der Mündel aufhält, dies lediglich, liegt ein Entlaufen des Mündels vor.[4]

5 Die Beschränkungen des Herausgabeanspruchs gemäß § 1632 Abs. 4 BGB bei längerem Aufenthalt in Familienpflege, wenn und solange das Kindeswohl durch die Herausnahme gefährdet würde, werden weiterhin gelten müssen. Dabei durfte dem Herausgabeverlangen eines Amtsvormunds, das nicht die Zusammenführung der Familie, sondern die Unterbringung in einer anderen Familie bezweckt, nur entsprochen werden, wenn eine Gefährdung des Kindeswohls „ausgeschlossen" ist.[5] Dabei kann sich der Vormund nicht auf Art. 6 Abs. 2 S. 1 GG berufen, wohl aber können dies die Großeltern.[6]

---

1 BeckOGK/Kerscher BGB § 1800 aF Rn. 33; KG OLGE 40, 99 (100 f.).
2 MüKoBGB/Spickhoff § 1800 aF; OLG Kiel OLGE 21, 292; KG JW 1918, 144 (145).
3 MüKoBGB/Spickhoff § 1800 aF Rn. 17.
4 LG Köln FamRZ 1972, 376.
5 BayObLG FamRZ 1991, 1080; ferner OLG Köln BeckRS 2009, 25328; AG Siegen FamRZ 2009, 1501.
6 MüKoBGB/Spickhoff § 1800 aF unter Hinweis auf BVerfG FPR 2004, 472 = FamRZ 2004, 771 (Großeltern als Vormünder); OLG Koblenz FamRZ 2005, 1923 zur Abgrenzung zu § 1666 BGB.

Anders als für die Eltern gem. § 1631 BGB gilt für den Vormund nicht die Verpflichtung, das Kind bei sich aufzunehmen. Er ist hierzu aber gem. § 44 Abs. 1 S. 2 Nr. 2 SGB VIII berechtigt, auch ohne die gem. § 44 Abs. 1 S. 1 SGB VIII sonst erforderliche Pflegeerlaubnis zu besitzen.[7] Aus § 1795 Abs. 1 S. 2 BGB einen grundsätzlichen Vorrang der Aufnahme in den eigenen Haushalt abzuleiten („wenn nicht …"), dürfte nach wie vor zu weit gehen. Bleiben wird es dagegen dabei, dass der Vormund sein Amt grundsätzlich selbstständig auszuüben hat und das Familiengericht ihm außerhalb der Genehmigungsvorbehalte gem. § 1795 Abs. 2 BGB keine (bindenden) Anweisungen erteilen kann.[8] 6

2. Pflege, Erziehung und Beaufsichtigung (§ 1795 Abs. 1)

§ 1795 Abs. 1 S. 2 BGB ersetzt die Verweisung in § 1800 BGB auf § 1631 BGB. Dabei 7
ist die Pflicht des Vormunds zur Pflege und Erziehung mit der durch die leiblichen Eltern selbst zu leistenden Sorge inhaltlich identisch. Der Vormund hat die Pflicht, für das körperliche, geistige und seelische Wohl des Kindes zu sorgen. Dies gilt auch dann, wenn der Mündel bei seinen Eltern lebt.[9]

a) Pflege

Die Pflege umfasst neben den elementaren Aufgaben der Ernährung, Kleidung und 8
Hygiene auch die Gewährleistung ärztlicher Versorgung in präventiver und kurativer Hinsicht sowie eine angemessene Unterbringung des Mündels.[10] Die Gesundheitsvorsorge steht ebenfalls im pflichtgemäßen Ermessen des Vormunds. Für die Wahrnehmung vom Impfungen und Vorsorgeuntersuchungen sollten die einschlägigen Empfehlungen eingehalten werden. Zur Vorsorge für den Krankheitsfall gehört der Abschluss einer Krankenversicherung. Für Maßnahmen der Kontrazeption und eines Schwangerschaftsabbruchs gelten die gleichen Vorgaben wie für die leiblichen Eltern.[11] Maßnahmen zur Empfängnisverhütung kann der Vormund nicht veranlassen, wenn der Mündel nicht zustimmt. Hinsichtlich medizinischer Eingriffe, insbesondere hinsichtlich eines beabsichtigten Schwangerschaftsabbruchs, gelten für den Vormund dieselben Regelungen wie für die leiblichen Eltern.

Eine Unterhaltspflicht des Vormunds selbst wird weiterhin nicht bestehen, da diese ab- 9
schließend in § 1600 ff. BGB geregelt ist, wohl aber die Verpflichtung, solche Unterhaltsansprüche für den Mündel geltend zu machen.[12]

b) Erziehung

Die Erziehung betrifft die Sorge für die geistige, seelische und sittliche Entwicklung, die 10
insbesondere die Fähigkeiten und Anlagen des Mündels berücksichtigt. War bisher kein konkretes Erziehungsziel vorgeschrieben,[13] wird sich dieses jetzt über § 1788 BGB de-

7 BeckOGK/Kerscher BGB § 1800 aF Rn. 34.
8 OLG Hamm FamRZ 2012, 1312.
9 BeckOGK/Kerscher BGB § 1800 aF Rn. 18; OLG Köln FamRZ 1963, 653 = FHZivR 9 Nr. 2394 (Ls.).
10 BeckOGK/Kerscher BGB § 1800 aF Rn. 19.
11 BeckOGK/Kerscher BGB § 1800 aF Rn. 20 unter Hinweis auf OLG Hamm NJW 1998, 3424; LG Köln BeckRS 2009, 27862 und LG Köln BeckRS 2009, 27862.
12 NK-BGB/Fritsche/Katzenstein/Lohse BGB § 1800 aF Rn. 4.
13 BeckOGK/Kerscher BGB § 1800 aF Rn. 22.

finieren lassen, auf den § 1795 Abs. 1 S. 3 ausdrücklich verweist. Der Vormund darf zulässige Erziehungsmittel einsetzen, insbesondere kann er Weisungen oder Verbote aussprechen und dem Mündel gegenüber – nach Maßgabe von § 1788 BGB – auch dann Anordnungen treffen, wenn dieser hiermit nicht einverstanden ist.[14]

11 Der Vormund wird weiterhin die Einhaltung der Schulpflicht durch den Mündel zu gewährleisten und zu kontrollieren haben, wobei der staatliche Erziehungsauftrag aus Art. 7 GG neben das Erziehungsrecht des Vormunds tritt.[15] Es steht ihm dabei ein Auskunftsrecht wie den leiblichen Eltern gegen die Schule[16] zu.

c) Beaufsichtigung

12 Der Vormund – nicht jedoch der Gegenvormund – war schon bisher ebenso wie die Eltern gesetzlich zur Beaufsichtigung des Mündels verpflichtet.[17] Die Aufsichtspflicht soll dem Schutz des Mündels vor Schädigungen dienen, aber auch dem Schutz Dritter vor Handlungen des Mündels. Die Haftung des Vormunds bei einer schuldhaften Verletzung der Aufsichtspflicht folgt gegenüber Dritten aus § 832 BGB. Die Aufsicht kann auf Dritte übertragen werden, für deren Auswahl der Vormund haftet.[18] Soweit bisher angenommen wurde, dass die Aufsichtspflicht praktische Relevanz vor allem bei erziehenden Vormündern haben sollte, wird dies aufgrund der ausdrücklichen Erwähnung in § 1795 Abs. 1 BGB zumindest dahin gehend verstanden werden dürfen, dass der Vormund verpflichtet ist, sich durch die ebenfalls neu betonte Kontaktpflicht gem. § 1788 Nr. 3 darüber zu versichern, dass derjenige, auf den die Aufsichtspflicht delegiert wurde, zB bei einer Heim- oder Pflegefamilienunterbringung, diese auch tatsächlich wahrnimmt und wahrnehmen kann.

3. Berücksichtigung der Rechte des Mündels gem. § 1788 BGB

13 Die Befugnisse des Vormunds werden begrenzt durch die Rechte des Mündels, die in § 1788 BGB (vgl. § 12) zusammengefasst und konkretisiert sind. Dabei definiert § 1788 Nr. 1 das Erziehungsziel, also die Entwicklung zu einer eigenverantwortlichen und gemeinschaftsfähigen Persönlichkeit, während § 1788 Nr. 2 Grundsätze für Pflege und Erziehung wie Gewaltfreiheit und Verzicht auf körperliche und sonst entwürdigende Bestrafungen bestimmt. Die Verpflichtung zum persönlichen Kontakt gem. § 1788 Nr. 3 wird ggf. die Möglichkeit einer Delegation der Aufsichtspflicht begrenzen. Die Inhalte von § 1788 Nr. 4 werden auch einen Maßstab für die Ausübung des Aufenthaltsbestimmungsrechts und die Erziehung allgemein setzen.

II. Verantwortung für die Personensorge und persönliche Pflicht zur Pflege und Erziehung des Mündels auch ohne Aufnahme in den eigenen Haushalt

14 § 1795 Abs. 1 S. 2 begrenzt nochmals ausdrücklich die Delegationsmöglichkeit der Aufgaben des Vormunds zur Personensorge, Pflege und Erziehung auf Dritte unabhängig von der tatsächlichen Aufnahme in den eigenen Haushalt. Dies wird besonders für

14 BeckOGK/Kerscher BGB § 1800 aF Rn. 23.
15 BeckOGK/Kerscher BGB § 1800 aF Rn. 24.
16 BVerfG NJW 1982, 1375 (1377).
17 BeckOK BGB/Spindler § 832 Rn. 7, 10.
18 BeckOGK/Kerscher BGB § 1800 aF Rn. 41.

Fälle der Amtsvormundschaft – hinsichtlich derer § 1795 Abs. 1 S. 2 BGB keine Einschränkung macht – und bei Unterbringung des Mündels in einer Pflegefamilie relevant sein. Die Verantwortungskonzentration beim Vormund wird sicherstellen können und auch dazu bestimmt sein, dass der Mündel nicht durch ggf. mehrfache und teilweise Delegation von Aufgaben ohne konkreten Ansprechpartner und Verantwortlichen zurückbleibt. Dazu passt auch die neu gefasste Definition von Rechten gem. § 1788 BGB gerade gegen den Vormund, die ohne Rückbindung der Personensorgepflichten auf den Vormund relativiert werden könnten.

III. Verweisung auf Bestimmungen zur elterlichen Sorge gem. §§ 1631a bis 1632 Abs. 4 S. 1 BGB

Wie bisher § 1800 BGB verweist auch § 1795 Abs. 1 S. 3 auf die Vorschriften zur el- 15
terlichen Sorge.

1. § 1631a BGB: Ausbildung und Beruf

Zu den berufsspezifischen Ausbildungsangelegenheiten zählen neben den erstmaligen 16
Entscheidungen über Ausbildungsziel, Ausbildungsgang und Ausbildungsstätte auch anschließende Entscheidungen, die den zunächst eingeschlagenen Bildungsweg ganz oder teilweise ändern. Über den schulischen und beruflichen Werdegang hinaus schließt Ausbildung aber auch die Entfaltung musischer, intellektueller, sportlicher oder technischer Fähigkeiten (zB Führerschein, Musikinstrument, Segeln) ein.[19] Die Verpflichtung des Vormunds, „insbesondere" Eignung und Neigung des Mündels zu berücksichtigen, werden insoweit relativiert, als diese Kriterien nicht die einzigen zu sein brauchen. Vielmehr können die Finanzierbarkeit gem. § 1610 Abs. 2 BGB ebenso wie der Gesundheitszustand und die psychologische Disposition des Mündels, die Infrastruktur des Ausbildungsortes, die Trennung von Bezugspersonen sowie die voraussichtlichen Chancen auf dem Arbeitsmarkt einbezogen werden.[20]

Die Beiziehung eines Dritten bei Zweifeln bleibt als Sollvorschrift formuliert bloße 17
Empfehlung. Im Einzelfall kann die Nichtbeachtung des Rats eines Berufsberaters zusätzlich zur Missachtung von Eignung oder Neigung des Kindes ein Indiz für die Korrekturbedürftigkeit der Elternentscheidung iSd § 1666 BGB darstellen,[21] was für den Vormund entsprechend gelten muss.

2. § 1631b BGB: Freiheitsentziehende Unterbringung und Maßnahmen

Wie die Eltern kann auch der Vormund freiheitsentziehende Unterbringung und Maß- 18
nahmen grundsätzlich nicht ohne vorherige Genehmigung des Familiengerichts durchführen (§ 1632b Abs. 1 S. 1), die voraussetzt, dass die Maßnahme zum Wohl des Kindes, insbesondere zur Abwehr von Selbst- oder Fremdgefährdung erforderlich ist (§ 1632b Abs. 1 S. 2). Konnte die Genehmigung des Familiengerichts wegen drohender Gefahr nicht rechtzeitig eingeholt werden, ist sie unverzüglich nachzuholen (§ 1632b Abs. 1 S. 3).

19 MüKoBGB/Huber § 1631a Rn. 4.
20 MüKoBGB/Huber § 1631a Rn. 10.
21 OLG Karlsruhe FamRZ 1974, 661 f.

19 Bloße Freiheitsbeschränkungen, also solche Maßregeln, die angesichts des Alters des Kindes und der Umstände seiner Unterbringung angemessen und üblich sind und im Rahmen der allgemeinen Erziehungs- und Aufsichtspflicht liegen – wie zB in der Hausordnung des Internats[22] oder einer Wohngruppe enthaltene Ausgehverbote für bestimmte Zeiten – unterfallen § 1632b BGB nicht.

20 Die Grenze zwischen Freiheitsentziehung und bloßer Freiheitsbeschränkung ist fließend.[23] Zu berücksichtigen sind insbesondere die Intensität und die Dauer des Eingriffs,[24] aber auch das Alter des Kindes. Dies gilt auch für die Genehmigungsfähigkeit bei Heim- oder Klinikunterbringung, denn auch hier ist § 1632b BGB erst einschlägig, wenn die Freiheit in nicht altersgerechter Weise entzogen wird. Die Gesetzesbegründung[25] stellt klar, dass es auf die vergleichbare Altersgruppe ankommt, so dass es auf besondere Erziehungsschwierigkeiten zur Rechtfertigung nicht ankommen kann.

21 Die Einwilligung des Kindes lässt die Genehmigungsbedürftigkeit nicht entfallen,[26] stellt aber einen Sachverhaltsaspekt dar, der unter dem Blickwinkel alternativer Maßnahmen im Sinne der Compliancefähigkeit des Kindes Bedeutung erlangen kann.[27] Auch insoweit wird der Vormund zu einer umfassenden persönlichen Aufklärung aller kindeswohlrelevanten Umstände schon gem. § 1788 Nr. 3 BGB im direkten Gespräch gehalten sein.

3. § 1631c BGB: Verbot der Sterilisation

22 § 1632c BGB verbietet die Sterilisation Minderjähriger einschränkungslos, dies gilt also auch für den Vormund.

4. § 1631d BGB: Beschneidung des männlichen Kindes

23 Entsprechend den Maßgaben des § 1632c Abs. 1 S. 1 BGB kann auch der Vormund in eine nach den Regeln der ärztlichen Kunde durchzuführende Beschneidung einwilligen, selbst wenn diese gem. § 1632d Abs. 2 BGB zwar nicht von einem Arzt, aber einer besonders dafür ausgebildeten Person durchgeführt wird, die von einer Religionsgemeinschaft dafür vorgehsehen ist. Gem. § 1632d BGB schließt eine Kindeswohlgefährdung die Durchführung aus. Die Kindeswohlgefährdung kann sich aus medizinischer Kontraindikation wie zB bei Hämophilie (Bluterkrankheit)[28] oder aus kindeswohlgefährdenden Umständen, zB bei Durchführung ohne Beistand[29] mit der Gefahr psychischer Schäden des Kindes ergeben.

---

22 OLG Düsseldorf NJW 1963, 397 (398).
23 MüKoBGB/Huber § 1631b Rn. 5.
24 LG Berlin FamRZ 1991, 365 (367) = BeckRS 1990, 31389953.
25 BT-Drs. 18/11278, 17.
26 BeckOGK/Kerscher § 1631b Rn. 26; Salgo FPR 2011, 546; Schepker/Vogel FamRZ 2020, 896; Vogel FamRZ 2015, 1 (4); Vogel NZFam 2019, 1041 (1043).
27 BeckOGK/Kerscher BGB § 1631b Rn. 27.
28 BeckOGK BGB/Kerscher § 1631d Rn. 27.1 mit interessantem Hinweis auf die gleichzeitige religiöse Kontraindikation nach dem Talmud.
29 OLG Hamm NJW 2013, 3662 (3664); Peschel-Gutzeit NJW 2013, 3617 (3620).

5. § 1631e BGB: Behandlung von Kindern mit Varianten der Geschlechtsentwicklung

§ 1632e BGB trifft detaillierte Regelungen für die Behandlung von Kindern mit Varianten der Geschlechtsentwicklung, die auch für den Vormund gelten. Geregelt sind ausschließlich Fälle der Intersexualität, in denen aufgrund der körperlichen Disposition keine eindeutige Zuordnung zum weiblichen oder männlichen Geschlecht möglich ist. Die davon zu unterscheidenden Fälle der Transsexualität, also das Auseinanderfallen der seelischen Zugehörigkeit und der biologischen Zuordnung zu einem Geschlecht, unterfallen § 1631e BGB nicht.[30] 24

6. § 1632 BGB: Herausgabe, Umgang, Verbleibensanordnung

Die Verweisung auf § 1632 BGB begründet die Zuständigkeit des Vormunds für das Herausgabeverlangen bei widerrechtlichem Vorenthalten (§ 1632 Abs. 1 BGB), für die Regelung des Umgangs (§ 1632 Abs. 2 BGB) und für die Verbleibensanordnung in der Pflegefamilie. 25

a) § 1632 Abs. 1 BGB: Herausgabe

Der Vormund kann Anspruchsinhaber sein, wenn ihm das Aufenthaltsbestimmungsrecht als Teil der tatsächlichen Personensorge gem. § 1626 Abs. 1, § 1631 Abs. 1 BGB zusteht. Weder das Kind noch Dritte sind antragsberechtigt. Der Anspruch setzt nicht voraus, dass dem Vormund die gesamte Personensorge zusteht.[31] Antragsgegner ist derjenige, der das Kind widerrechtlich vorenthält, jedoch nicht das Kind selbst.[32] Der Durchsetzung des Herausgabeanspruchs kann eine Gefährdung des Kindeswohls entgegengehalten werden, etwa wenn eine gesundheitliche oder seelische Schädigung des Kindes durch Entwurzelung aus seiner vertrauten Lebenssituation zu befürchten ist, ohne dass die Vorteile die Nachteile überwiegen.[33] Da die Vormundschaftsanordnung bei bestehender rechtlicher Elternschaft regelmäßig einen Sorgerechtsentzug gem. § 1666 BGB beinhaltet, dürfte die Abwägung insbesondere in Fällen relevant werden, in denen sich das Mündel langfristig zB bei den nicht sorgeberechtigten Großeltern aufhält. 26

b) § 1632 Abs. 2 BGB: Umgang

Durch den Verweis auf § 1788 Nr. 4 BGB wird zwar das Recht des Mündels zur Wahrung seiner persönlichen Bindungen angesprochen, die Ausgestaltung bleibt aber offen. Das Personensorgerecht des Vormunds beinhaltet auch das Recht und die Pflicht, den Umgang des Kindes zu bestimmen, insbesondere auch zu überwachen und erforderlichenfalls mit Wirkung gegen Dritte zu begrenzen, um schädliche Einflüsse Dritter nach Möglichkeit zu verhindern.[34] 27

Die Bestimmung von Umgangserlaubnis oder -verbot kann auch gegenüber dem Kind selbst erfolgen, wobei jede Art des Kontakts, also auch brieflich, telefonisch oder 28

30 BeckOK BGB/Veit § 1631e Rn. 9–9.1; näher und kritisch Coester-Waltjen/Henn FamRZ 2021, 1589 (1590); Henn/Coester-Waltjen FamRZ 2020, 481 (484).
31 BeckOGK BGB/Kerscher, 1.3.2022, § 1632 Rn. 17.
32 BeckOGK BGB/Kerscher, 1.3.2022, § 1632 Rn. 24.
33 BGH NJW 19963, 2219 (2221); BayObLG BeckRS 2009, 24729; OLG Celle FamRZ 1970, 201 (202) = FHZivR 16 Nr. 2871 (Ls.); OLG Hamm OLGZ 1970, 227 (231).
34 BeckOGK BGB/Kerscher, 1.3.2022, § 1632 Rn. 70.

im Wege der elektronischen Datenübertragung erfasst sein kann, nicht jedoch bloße Anweisungen zu Zeit und Orten des Ausgehens.[35] Mit zunehmendem Alter des Kindes sind Umgangsverbote nur bei Vorliegen triftiger und sachlicher Gründe gerechtfertigt.[36]

29 Gegenüber Dritten sind die gesetzlichen Umgangsrechte gem. § 1626 Abs. 3, §§ 1684, 1685 und 1686a Abs. 1 Nr. 1 BGB zu beachten.

30 Der im Fall der Vormundschaft traditionell häufiger zu erwartende Fall des Großelternumgangskonflikts setzt die positive Feststellung voraus, dass der Umgang dem Kindeswohl dient.[37] So wie Eltern das Recht haben, den Umgang mit den Großeltern auszuschließen oder abzulehnen, wenn diese den Erziehungsvorrang missachten und Streitigkeiten und Spannungen einführen, wird dies für die Entscheidung des Vormunds entsprechend gelten müssen.

c) § 1632 Abs. 4 BGB: Verbleibensanordnung

31 Der Schutz des Pflegekindes vor einer Wegnahme aus der Pflegefamilie wirkt auch gegenüber dem Vormund. Die zugrunde liegende Grundrechtsdiskussion zur Reichweite des Elternrechts gem. Art. 6 Abs. 2 und 3 GG wurde auch zu einem Fall der Vormundschaft durch die Großeltern entschieden.[38]

32 Soweit es auf das Vorliegen einer Familienpflege seit längerer Zeit ankommt, ist auf das kindliche Zeitempfinden abzustellen,[39] das auch durch das Lebensalter des Kindes selbst bestimmt wird.[40]

33 Da die Herausgabe an den Vormund selbst – abgesehen von der Ausübung der Vormundschaft durch nahe Angehörige, die aber vermutlich dann auch bereits die Pflege übernommen hätten – eher geringere praktische Bedeutung haben dürfte, wird der angestrebte Wechsel der Pflegefamilie den Hauptanwendungsbereich darstellen. Für diese Fälle gilt, dass die Herausnahme nur erfolgen darf, wenn mit hinreichender Sicherheit auszuschließen ist, dass die Wegnahme aus der Pflegefamilie zu Schädigungen führen kann.[41] Droht eine Kindeswohlgefährdung jedoch auch durch den Verbleib des Kindes in der Ursprungspflegefamilie, hat eine Abwägung zu erfolgen und ggf. die Kindeswohlgefährdung durch Herausnahme aus der Ursprungspflegefamilie gegenüber einer anderen erheblicheren Gefährdung, die dem Kind bei einem dortigen Verbleiben

35 MüKoBGB/Huber § 1632 Rn. 67; AG Bad Säckingen FamRZ 2002, 689 (690) = BeckRS 2001, 30958759; BayObLG FamRZ 1995, 497 = NJW-RR 1995, 138.

36 OLG Hamm BeckRS 2016, 05698 Rn. 25 ff.; LG Wiesbaden FamRZ 1974, 663 = FHZivR 21 Nr. 2868 (Ls.); OLG Schleswig FamRZ 1965, 224 (226); OLG Koblenz FamRZ 1958, 137 (139).

37 OLG Brandenburg BeckRS 2018, 24768; NJW-RR 2018, 584; BayObLGZ 1994, 258 = NJW-RR 1995, 138.

38 BVerfG FamRZ 2004, 771 (771) = BeckRS 2003, 25534; vgl. auch OLG Karlsruhe FamRZ 2005, 1501 (1502) = BeckRS 2005, 02271; BVerfGE 79, 51 (60) = FamRZ 1989, 31 = NJW 1989, 519; BVerfG FamRZ 1993, 1045 = NJW 1994, 183.

39 OLG Frankfurt FamRZ 2014, 1787 (1788) = BeckRS 2014, 08976; OLG Hamm FamRZ 2007, 659 (660); OLG Köln FamRZ 2009, 989 = BeckRS 2009, 15623; FamRZ 2007, 658 = BeckRS 2007, 18453.

40 OLG Celle FamRZ 1990, 191; BayObLG FamRZ 1991, 1080 (1082) = BeckRS 2011, 01890; FamRZ 1998, 1040 (1041) = NJW-RR 1999, 369.

41 BVerfG NJW 1988, 125 (126); FamRZ 2004, 771 (772) = BeckRS 2003, 25534; OLG Saarbrücken FamRZ 2013, 389 (Ls.) = BeckRS 2012, 19977; OLG Hamm FamRZ 2011, 1666; OLG Köln FamRZ 2017, 290 = BeckRS 2016, 17013; BayObLG FamRZ 1991, 1080 (1082) = BeckRS 2011, 01890; OLG Bremen FamRZ 2003, 54 = BeckRS 2011, 06666; OLG Köln FamRZ 2007, 658 = BeckRS 2007, 18453. Vgl. auch OLG Rostock FamRZ 2001, 1633 = BeckRS 2001, 30987978.

drohen würde, zurückzutreten.[42] Steht die Vormundschaft über das Kind noch nicht fest und strebt das Jugendamt als vorläufig bestellter Vormund den Wechsel des Kindes von der Bereitschaftspflege in eine Dauerpflegefamilie an, kann die Verschonung des Kindes von einem später erneuten Aufenthaltswechsel für eine Verbleibensanordnung sprechen.[43]

Der erstrebte Wechsel von einer Pflegefamilie in eine adoptionswillige neue Pflegefamilie soll vorübergehende psychische Beeinträchtigungen des Kindes rechtfertigen können, wenn von den adoptionswilligen Pflegeeltern erwartet werden kann, dem Kind über vorübergehende Trennungsfolgen hinwegzuhelfen.[44] 34

Für den Vormund bedeutet dies, dass jede statusverändernde Entscheidung über den Lebensmittelpunkt seines Mündels eine sorgfältige und am Einzelfall orientierte Abwägung erfordert, was schon die konsequente Würdigung des Mündelrechts gem. § 1788 BGB gebietet. 35

B. Zusammenarbeit mit dem Vormund

Die Vorschriften der §§ 1792 ff. BGB regeln die Zusammenarbeit mehrerer Vormünder und des Vormunds mit einem Pfleger als Ausnahmefälle der Zuständigkeitskonzentration beim Einzelvormund. 36

I. Gemeinschaftliche Führung der Vormundschaft (§ 1792 Abs. 1)

Schon die Vorgängernorm zu § 1792 Abs. 1 BGB beschrieb in § 1775 S. 1 BGB als Abweichung vom Prinzip der Einzelvormundschaft,[45] dass Ehegatten als Mitvormünder zu bestellen sind. Das Gebot gem. § 1775 S. 2 BGB, für Geschwister in der Regel nur einen Vormund zu bestellen, wurde nicht übernommen. Vielmehr spricht die Bestimmung zur Entscheidung von Meinungsverschiedenheiten durch das Familiengericht gem. § 1793 Abs. 1 Nr. 2 BGB für die Bestellung eines eigenen Vormunds für jedes Geschwisterkind. 37

II. Pflicht zu Information und Zusammenarbeit von Vormund und Pfleger (§ 1792 Abs. 2)

§ 1792 Abs. 2 BGB beschreibt das Grundprinzip der Zusammenarbeit von Vormund und Pfleger, während § 1792 Abs. 3 und 4 BGB Vorrangverhältnisse festlegt bzw. ausschließt und in § 1793 BGB die Behandlung von Meinungsverschiedenheiten geregelt wird. Das Informations- und Kooperationsgebot gilt für jede Art von Pfleger, also sowohl für den nur mit Einverständnis des ehrenamtlichen Vormunds bestellten Zusatzpflegers gem. § 1776 BGB als auch für die gem. § 1777 BGB als Pfleger für bestimmte Angelegenheiten bestellte Pflegeperson. Da die Bestellung des zusätzlichen Pflegers oder 38

42 OLG Hamburg FamRZ 2019, 296 (Ls.) = BeckRS 2018, 24270; OLG Braunschweig BeckRS 2018, 4144 Rn. 13 = NZFam 2018, 419 mAnm Preisner; OLG Brandenburg FamRZ 2007, 851 = BeckRS 2007, 01809.

43 OLG Hamm FamRZ 2012, 54 = BeckRS 2011, 06666.

44 BVerfGE 79, 51 (66 f.) = FamRZ 1989, 31 (34) = NJW 1989, 519 (520 f.), strenger BayObLG FamRZ 1991, 1080 (1080 ff.) = BeckRS 2011, 01890; zum Meinungsstand und kritisch auch MüKoBGB/Huber § 1632 Rn. 48.

45 MüKoBGB/Spickhoff § 1775 aF Rn. 4 unter Hinweis auf Begr. RegE BtÄndG, BT-Drs. 13/7158, 21.

der Pflegeperson als Pfleger die Kindeswohldienlichkeit voraussetzt, ist es konsequent, Vormund und Pfleger auch anlässlich der Ausübung ihrer Aufgaben weiterhin auf die gemeinsame Ausrichtung an den Mündelinteressen zu verpflichten.

III. Einbeziehungspflicht des zusätzlichen Pflegers gem. § 1776 BGB (§ 1792 Abs. 3 BGB)

39 Der zusätzliche Pfleger ist für einzelne Sorgerechtsangelegenheiten oder einzelne Arten solcher Angelegenheiten anstelle des Vormunds bestellt, wenn die Voraussetzungen gem. § 1776 Abs. 1 BGB vorliegen. Die Bestellung kann von Anfang an oder nachträglich gem. § 1776 Abs. 1 S. 2 BGB erfolgen. Weil in diesem Fall und bis zu einer etwaigen Aufhebung gem. § 1776 Abs. 2 BGB der zusätzliche Pfleger den Vormund in seinem Entscheidungsrecht verdrängt, wird dieser gem. § 1792 Abs. 3 BGB lediglich zur Einbeziehung des Vormunds bei zu treffenden Entscheidungen verpflichtet. Dies mag ausschließen, dass es zu inkongruenten Entscheidungen zu unterschiedlichen Bereichen von Angelegenheiten mit verschiedener Zuständigkeit kommt. Gelingt die Kooperation dennoch nicht, kommt nach der Entscheidung durch das Familiengericht im Konfliktfall gem. § 1793 Abs. 1 Nr. 3 BGB die Aufhebung der zusätzlichen Pflegschaft in Betracht.

40 Eine geeignete Antragstellung kann daher lauten:

Es wird beantragt, die mit Beschluss des Familiengerichts vom (Datum) zu Az. (...) angeordnete zusätzliche Pflegschaft aufzuheben.

IV. Pflicht zur gemeinschaftlichen Entscheidung mit der als Pfleger bestellten Pflegeperson gem. § 1777 BGB (§ 1792 Abs. 4 BGB)

41 Anders als im Fall des zusätzlichen Pflegers können der Pflegeperson als Pfleger Sorgeangelegenheiten, deren Regelung für den Mündel von erheblicher Bedeutung sind, nur zur gemeinsamen Ausübung übertragen werden. In diesen Fällen gilt die gem. § 1792 Abs. 3 BGB geregelte Verpflichtung, im gegenseitigen Einvernehmen zu entscheiden. Die Anforderungen an die Herstellung des Einvernehmens sind höher als die an die bloße Einbeziehung gem. § 1792 Abs. 3, was dem Anlass der Übertragung zur gemeinsamen Wahrnehmung bei Sorgerechtsangelegenheiten mit erheblicher Bedeutung gerecht werden soll. Im dennoch verbleibenden Konfliktfall gilt § 1793 Abs. 1 Nr. 3 BGB.

V. Verweis auf Bestimmungen zur Herstellung von Einvernehmen gem. § 1629 Abs. 1 S. 2 und 4 BGB (§ 1792 Abs. 5 BGB)

42 Die Verweisung auf § 1629 Abs. 1 S. 2 und 4 BGB bestimmt, dass nach Herstellung von Einvernehmen gemeinsam getroffener Entscheidungen das Mündel auch gemeinsam vertreten wird, der Zugang von Erklärungen an einen Vertreter jedoch ausreicht. Der Verweis auf § 1629 Abs. 1 S. 4 BGB berechtigt den gemeinschaftlichen Vertreter, Entscheidungen bei Gefahr in Verzug allein zu treffen, wobei eine Kindeswohlprüfung und eine unverzügliche Unterrichtung des Mitvertretungsberechtigten vorgesehen ist. Für die Definition der Voraussetzungen des Notvertretungsrechts werden die gleichen Anforderungen gelten müssen wie zwischen mitsorgeberechtigten Eltern. Danach besteht

Gefahr in Verzug, wenn die Mitwirkung bzw. die Zustimmung des anderen Elternteils nicht eingeholt werden kann, ohne dass der Zweck der Maßnahme gefährdet würde. Dabei muss es sich um eine Gefahr handeln, die erhebliche gesundheitliche oder möglicherweise auch wirtschaftliche Nachteile für das Kind birgt und eine Abstimmung mit dem anderen Elternteil auch unter Verwendung moderner Kommunikationsmittel, insbesondere Mobiltelefonen, nicht mehr möglich sein.[46] Der Anwendungsschwerpunkt wird dabei im Bereich von Entscheidungen über medizinische Maßnahmen liegen, wobei das bereits längere Bestehen einer Krankheit eine kritische Prüfung erforderlich macht, ob gerade eine Verschlechterung der Krankheit ein sofortiges Handeln notwendig erscheinen lässt.[47]

VI. Entscheidung durch das Familiengericht bei Meinungsverschiedenheiten (§ 1793 BGB)

§ 1793 BGB gestaltet die Regelungen der Vorgängernorm § 1797 Abs. 1 S. 2 BGB und § 1798 BGB für den Fall des Bestehens von Meinungsverschiedenheiten unter den Vormündern näher aus. Meinungsverschiedenheiten können auftreten zwischen gemeinschaftlichen Vormündern, mehreren Vormündern, die für Geschwister bestellt wurden und den neben dem Vormund bestellten Pflegern gem. § 1776 BGB für einzelne Aufgabenkreise und § 1777 BGB für die Pflegeperson. Wie für die Vorgängernorm wird dabei gelten müssen, dass der familiengerichtlichen Entscheidung lediglich der Charakter einer Stichentscheidung mit Wirkung allein im Innenverhältnis zukommt. Dabei kann sich das Familiengericht nur einer vertretenen Meinung anschließen oder alle verwerfen, nicht aber seine eigene dritte Meinung durchsetzen, weil dies mit der grundsätzlich selbstständigen Amtsführung des Vormunds nicht vereinbar wäre.[48] 43

Ein geeigneter Antrag kann daher lauten: 44

Es wird beantragt, dass das Familiengericht der Auffassung des antragstellenden Vormunds (Name) hinsichtlich der Zuführung des Mündels zu einer psychotherapeutischen Behandlung durch Frau Dr. (Name) beitritt.

Die Entscheidung selbst entfaltet Wirkungen nur im Innenverhältnis.[49] Eine Alleinvertretungsmacht für deren Umsetzung soll – anders als im Falle des § 1628 – nicht entstehen.[50] Etwas anderes kann erst bei Ausübung der Kontrollrechte gegenüber dem Vormund bzw. Pfleger gelten. 45

In § 1793 Abs. 2 BGB wird das Antragsrecht von Vormund und Pfleger sowie des Mündels geregelt, soweit dieses das 14. Lebensjahr vollendet hat. Dies stärkt die Position des minderjährigen, heranwachsenden Mündels, der so das Recht erhält, Klarheit in seinen Angelegenheiten herbeizuführen. Konsequent zum eigenen Antragsrecht wird das Familiengericht sich dann auch der etwa eigenen Auffassung des Mündels anschließen dürfen. 46

46 BeckOGK BGB/Amend-Traut § 1629 aF Rn. 24.
47 MüKoBGB/Huber § 1629 aF Rn. 29–32 mit Darstellung des Diskussionsstandes.
48 BeckOGK BGB/Sonnenfeld § 1797 aF Rn. 22; MüKoBGB/Spickhoff § 1797 aF Rn. 9; OLG Dresden JW 1919, 1000.
49 KG KGJ 26, 18; zum Streitstand MüKoBGB/Spickhoff § 1797 aF Rn. 10.
50 BeckOGK BGB/Sonnenfeld § 1797 aF Rn. 23.

C. Haftung des Vormunds (§ 1794 BGB)

47 § 1794 BGB regelt den Haftungsmaßstab für den Vormund gegenüber dem Mündel. Wie die Vorgängernorm § 1833 BGB wird weder ein deliktischer noch ein vertraglicher Haftungstatbestand begründet, sondern ein familienrechtlicher Anspruch eigener Art.[51] Weitergehende Schadensersatzansprüche gem. §§ 823, 826 BGB werden dadurch weiterhin nicht ausgeschlossen. Haftungsansprüche Dritter werden nicht begründet.[52] Weiterhin wird im Fall der Amtsvormundschaft eine Anspruchskonkurrenz zwischen der Haftung aus § 1794 BGB und aus Amtshaftung gem. § 839 BGB, Art. 34 GG anzunehmen sein.[53] Die Haftung beginnt mit der Bestellung und endet regelmäßig mit dem Ende der Vormundschaft, kann jedoch ausnahmsweise darüber hinaus fortdauern, wenn der ehemalige Vormund ungerügt weiter tätig bleibt.[54]

I. Pflichtverletzung

48 Eine Pflichtverletzung wird wie nach § 1833 BGB jede Verletzung des Gebots zur treuen und gewissenhaften Amtsführung, also nicht lediglich der Verstoß gegen Rechtsvorschriften oder Anordnungen sein.[55]

II. Vertreten müssen

49 Der Vormund haftet für Vorsatz und Fahrlässigkeit (§ 276), wobei sich auch nach der gesetzlichen Neuregelung der Sorgfaltsmaßstab nach dem Lebenskreis des Vormunds, seiner Rechts- und Geschäftserfahrung und seinen Lebensumständen richten wird.[56] Hat der Vormund Aufgaben auf Dritte übertragen, kann seine Haftung sich nach § 278 analog richten, wenn es sich um solche Geschäfte handelt, die der Vormund auch selbst hätte wahrnehmen können, sonst für Auswahl- und Überwachungsverschulden.[57] War die Übertragung von vornherein unzulässig, wird die Haftung des Vormunds wie bisher direkt aus § 1833 BGB aus § 1794 BGB folgen.[58]

III. Haftungsprivileg gem. § 1664 BGB bei Aufnahme in den eigenen Haushalt (§ 1794 Abs. 2 BGB)

50 Hat der Vormund den Mündel für längere Zeit in seinen Haushalt aufgenommen, haftet er nur für eigenübliche Sorgfalt (§ 1664 BGB). Das Haftungsprivileg gilt bei Bestehen eines inneren Zusammenhangs sowohl für tatsächliche als auch rechtliche Interessenwahrnehmung.[59] Es soll sich auf deliktische Ansprüche erstrecken, was u.a. mit der bei Schädigung des Kindes zB durch Verunfallung entstehenden Unterhaltsverpflichtung

51 BeckOK BGB/Bettin BGB § 1833 aF Rn. 1; BGHZ 17, 108 (116) = NJW 1955, 867.
52 OLG Düsseldorf FGPrax 1999, 54.
53 BGHZ 9, 255 = NJW 1953, 1100.
54 RG JW 1938, 3116.
55 BGH NJW-RR 2005, 297 f.
56 BGH FamRZ 1964, 199; RG JW 1911, 1016.
57 RGZ 76, 185; zum Meinungsstand BeckOK BGB/Bettin BGB aF § 1833 Rn. 5.
58 BeckOK BGB/Bettin BGB § 1833 aF Rn. 5.
59 OLG Köln FamRZ 1997, 1351 = NJW-RR 1997, 1436.

durch die Eltern begründet wird.[60] Zwar schuldet der Vormund dem Mündel gerade keinen Unterhalt, jedoch lässt auch die gesetzliche Neuregelung mit der Verstärkung persönlicher Kontakte zum Mündel und der besonderen persönlichen Förderverantwortung des Vormunds erkennen, dass die Beziehung möglichst „familienähnliche" Züge erhalten soll. Dieses Leitbild spricht für die vollständige Gleichbehandlung des selbst betreuenden Vormunds gegenüber dem Elternteil auch hinsichtlich des Umfanges des Haftungsprivilegs.[61]

IV. Einzelfälle

51 Haftungsbegründende Pflichtverletzungen des Vormunds können etwa sein: die Führung aussichtsloser Prozesse[62] und fehlerhafte Prozessführung,[63] jedoch auch der Abschluss eines Unterhaltsvergleichs zur Unzeit[64] und das Unterlassen einer Klageeinreichung vor Verjährungseintritt.[65] Pflichtwidrig ist ferner das Unterlassen, für den Mündel tätig zu werden, weil eigene Geschäfte drängen.[66] Hat das Jugendamt als Beistand die Durchsetzung von Unterhaltsansprüchen unterlassen, haftet dessen Träger auf Schadensersatz.[67] Der Vormund muss Gutachten kritisch prüfen, bevor er für den Mündel Vereinbarungen abschließt oder Ansprüche anerkennt.[68] Eine Pflicht, für den Mündel eine Haftpflichtversicherung abzuschließen, besteht nur, wenn der Mündel einem erhöhten Haftungsrisiko ausgesetzt ist,[69] es besteht jedoch eine Pflicht zum Abschluss einer Kranken- und Pflegeversicherung.[70]

D. Pflegeperson des Mündels (§ 1688 BGB aF, §§ 1777, 1796–1797 BGB)

52 § 1777 BGB bestimmt die Voraussetzungen der Übertragung von Sorgeangelegenheiten auf die Pflegeperson als Pfleger.

I. Grundsatz

53 § 1777 BGB ergänzt und löst § 1866 BGB ab, der den Übergang von Entscheidungsbefugnissen auf die Pflegeperson für Angelegenheiten des täglichen Lebens vorsah. Gem. § 1688 Abs. 1 S. 2 BGB hatte danach die Pflegeperson weiterreichende Vertretungsbefugnisse zur Geltendmachung von Unterhalts- und anderen der Absicherung des Lebensunterhalts des Mündels dienenden Ansprüchen.

---

60 Ausführlich zum Meinungsstand MüKoBGB/Huber § 1664 Rn. 9; OLG Hamm NJW 1993, 542 (543); OLG Düsseldorf NJW-RR 1999, 1042; OLG Hamm NJW-RR 1994, 415; BGHZ 103, 338 (345 f.) = FamRZ 1988, 810 (812) = NJW 1988, 2667; BGH BeckRS 1988, 06263.

61 Weitere Argumente bei § 1664 BGB u.a. zur fehlenden Versicherbarkeit vgl. OLG Hamm NJW 1993, 542 (543); OLG Düsseldorf NJW-RR 1999, 1042; MüKoBGB/Huber § 1664 Rn. 9.

62 OLG Hamburg NJW 1960, 1207.

63 OLG Stuttgart MDR 1956, 169.

64 RGZ 132, 257; BGHZ 22, 72 = NJW 1957, 138; RGZ 132, 257; BGHZ 22, 72 = NJW 1957, 138.

65 BGH VersR 1968, 1165; vgl. auch OLG München 1.3.2005 – 19 U 5127/00, BGH NJW-RR 2005, 297 = FamRZ 2005, 358 (359).

66 KG OLGE 4, 414.

67 OLG Saarbrücken BeckRS 2012, 733 = FamRZ 2012, 801.

68 BGH FamRZ 1983, 1220

69 BGH FamRZ 1980, 874; OLG Hamm VersR 1982, 77.

70 OLG Hamm FamRZ 2010, 754; OLG Brandenburg OLGR 2008, 614 = FamRZ 2008, 916 (Ls.).

II. Voraussetzungen

54 § 1777 Abs. 1 u. 2 BGB bestimmen die Voraussetzungen für die Übertragung von Entscheidungsbefugnissen auf die Pflegeperson durch das Familiengericht.

1. Antragstellung

55 Antragsberechtigt ist der Vormund und die Pflegeperson, gem. § 1777 Abs. 3 BGB auch der Mündel selbst, wenn dieser das 14. Lebensjahr vollendet hat. In diesem Fall setzt die Übertragung die Zustimmung des Vormunds und der Pflegeperson voraus, so dass sich das Antragsrecht des Mündels auf ein Initiativrecht beschränken wird.

2. Längerer Aufenthalt bei der Pflegeperson

56 Für den Maßstab des Lebens bei der Pflegeperson „für längere Zeit" wird eine Orientierung an der vorherigen Regelung des § 1688 BGB geboten sein. Dort war anerkannt, dass auch die erwartete zukünftige Dauer der Familienpflege berücksichtigt werden konnte und eine Orientierung an § 44 Abs. 1 S. 2 Nr. 4 SGB VIII vertreten, wonach eine Betreuung für länger als 8 Wochen während Tag und Nacht angesprochen wurde.[71]

57 Da die Übertragung nun nicht mehr kraft Gesetzes, sondern auf Antrag erfolgt, wird die perspektivische Verbleibensdauer relevant sein und der Aufenthalt für längere Zeit bei Antragstellung zu erwarten und ggf. bei Rechtskraft der Entscheidung vorliegen müssen.

3. Bereits bestehende persönliche Bindung

58 Ohne dass ein längeres Bestehen des Pflegeverhältnisses bereits vorliegt, kommt die Übertragung von Entscheidungsbefugnissen in Betracht, wenn bei Eingehung des Pflegeverhältnisses eine Bindung bereits besteht. Mangels anderweitiger Definition wird sich hier ein Rückgriff auf § 1685 BGB anbieten, der auf das Bestehen einer sozialfamiliären Bindung abstellt (§ 1685 Abs. 2 S. 1 BGB). Neben den in § 1685 Abs. 1 BGB als zur Ausübung des Umgangs vorbehaltlich der Kindeswohldienlichkeit berechtigten Großeltern werden hier weitere Bezugspersonen in Betracht kommen, die früher in häuslicher Gemeinschaft mit dem Mündel gelebt haben wie Stiefeltern oder leiblicher, jedoch nicht rechtlicher Elternteil.[72] Da die persönliche Bindung keine häusliche Gemeinschaft voraussetzt, kann diese sich wie bei § 1685 BGB auch aus anderweitiger Verantwortungsübernahme ergeben, wobei bloße stundenweise Umgangskontakte und die bloße vorgeburtliche Erklärung des mutmaßlichen Vaters zur Bereitschaft, Verantwortung zu übernehmen oder der Wunsch, eine Bindung entstehen zu lassen noch nicht genügen werden.[73] Die Übertragung des Maßstabes erscheint sachgerecht, wenn durch die Prüfung der bestehenden persönlichen Bindung zur Übertragung von Entscheidungsrechten auch eine ausreichende Kenntnis der Bedürfnisse und bisherigen Lebenswirklichkeit des Mündels sichergestellt werden soll.

---

71 BeckOGK BGB/Schwedler § 1688 Rn. 9 mwN.

72 BeckOK BGB/Veit § 1685 Rn. 17, 18; OLG Frankfurt FamRZ 2019, 37 (39); OLG Bremen FamRZ 2013, 311 (312): sporadische Übernachtungen bei Tante nicht ausreichend; OLG Düsseldorf FamRZ 2004, 290, bestätigt von BVerfG FamRZ 2004, 1705 f.: leiblicher Vater.

73 BeckOK BGB/Veit § 1685 Rn. 19–21; BVerfG FamRZ 2006, 1661; OLG Bamberg FamRZ 2013, 710 (711); OLG Bremen FamRZ 2013, 311 (312): Tante; OLG Koblenz FamRZ 2016, 391 (392): „angeheiratete Großeltern".

4. Mündelwohldienlichkeit

59 Bei der Prüfung der Mündelwohldienlichkeit kann sich eine Orientierung an § 1887 BGB aF für den Wechsel des Vormunds anbieten, da auch im Fall des § 1777 BGB neben bzw. anstelle des Vormunds eine dritte Person Entscheidungsbefugnisse erhält. Dem Mündelwohl können dabei bereits zu erwartende nachvollziehbar positive Auswirkungen wie die Stärkung der Wahrnehmung individueller Bedürfnisse durch engeren Kontakt dienen.[74]

5. Kein entgegenstehender Mündelwille

60 Ist der Mündel mit der Übertragung der Entscheidungsbefugnis nicht einverstanden, dürfte diese regelmäßig auch nicht seinem Wohl dienen, so dass der Einschränkung eher geringe praktische Bedeutung zukommen wird. Die Maßstäbe, nach denen ein Kindeswille wegen unrealistischer Vorstellungen zur Ausübung der elterlichen Sorge durch einen Elternteil als unbeachtlich übergangen werden darf, wird von der Rechtsprechung zu § 1671 BGB in Extremfällen übertragbar sein.[75]

III. Übertragung zur gemeinsamen Wahrnehmung (§ 1777 Abs. 2 BGB)

61 Sorgeangelegenheiten von erheblicher Bedeutung werden Pflegeperson und Vormund zur gemeinsamen Entscheidung übertragen. Damit wird einerseits die Kontinuität für Entscheidungen mit Tragweite ggf. über das bestehende Pflegeverhältnis hinaus sichergestellt, andererseits verhindert, dass der Vormund wesentliche Teile seiner Fürsorgeverantwortung an die Pflegeperson „wegdelegiert“. Für die Definition einer Entscheidung von erheblicher Bedeutung dürfte sich ein Rückgriff auf die Rechtsprechung zu § 1628 BGB anbieten. Danach wurde eine erhebliche Bedeutung etwa bejaht[76] für:

- Wahl oder Wechsel einer Schule[77]
- Reisen in ein Land, für das eine Reisewarnung gilt[78]
- Gewährung von Umgang gem. § 1685 BGB[79]
- Impfungen nach Stiko-Empfehlungen[80]
- umfangsreichere Betreuung durch Tagesmutter[81]

---

74 BeckOGK BGB/Wentzell § 1887 aF Rn. 7, 8; LG Heilbronn FamRZ 2004, 134 = BeckRS 2003, 31140684; BayObLG FamRZ 1991, 1080 = BayObLGZ 1991, 17; OLG Nürnberg FamRZ 2016, 392 = FGPrax 2015, 71 zur Vorzugswürdigkeit der Einzel- statt Amtsvormundschaft.

75 BeckOK BGB/Veit § 1671 Rn. 90–93; vgl. OLG Bamberg FamRZ 1988, 750 (751 f.); OLG Brandenburg FamRZ 2003, 1949; OLG Frankfurt BeckRS 2018, 43191 Rn. 25; KG FamRZ 2018, 1324 (1327); KG FamRZ 2012, 886 (887); OLG Bamberg FamRZ 2019, 979 (981) alle allgemein differenzierend.

76 Vgl. Fallgruppen bei BeckOK BGB § 1628 Rn. 9.

77 BVerfG FamRZ 2003, 511; VerfG Brandenburg FamRZ 2010, 471; OLG Hamburg NZFam 2021, 876 (878) = FamRZ 2022, 107; KG FamRZ 2018, 502 (503); OLG Rostock FamRZ 2020, 102 (103); OLG Brandenburg FamRZ 2019, 1241 (1242); OLG Dresden FamRZ 2017, 39; OLG Dresden FamRZ 2003, 1489.

78 OLG Köln FamRZ 2020, 997 zu Afghanistan; FamRZ 2020, 998 zu Nigeria; OLG Frankfurt FamRZ 2016, 1595 (1596) zu Türkei; zu Covid 19-bezogener Thematik OLG Braunschweig FamRZ 2020, 1658.

79 OLG Dresden FamRZ 2005, 1275 (1276).

80 BGH FamRZ 2017, 1057 (1058 Rn. 20); zu Covid 19 LG München FamRZ 2021, 1980 (künftige Auffrischungsimpfungen); OLG Frankfurt BeckRS 2021, 3877 Rn. 7 = FamRZ 2021, 853 =ZKJ 2021, 315; OLG Frankfurt FamRZ 2021, 1533 (1535).

81 OLG Karlsruhe ZKJ 2020, 272 (273) mzustAnm Dürbeck = FamRZ 2020, 1380.

- Änderung des Familiennamens[82]
- Taufe[83]
- Präsenz in sozialen Medien und Rechtswahrnehmung.[84]

62 Die Abgrenzung in dem familiengerichtlichen Beschluss über die Übertragung und die Begründung dafür dürfte nicht unaufwändig sein. Anbieten könnte sich orientiert an der Vorgängernorm des § 1688 BGB aF die allgemeine Beschränkung auf Angelegenheiten aus den damals genannten Katalogangelegenheiten, wobei die Geltendmachung und Durchsetzung von Unterhaltsansprüchen bei Beauftragung eines Rechtsanwalts bereits eine Angelegenheit von erheblicher Bedeutung darstellt.[85]

63 Ein geeigneter Antrag der Pflegeperson an das Familiengericht könnte daher lauten:

Es wird beantragt, dass der Pflegeperson (Name) des Mündels (Name) das alleinige Entscheidungsrecht zur Entscheidung in schulischen Belangen, hilfsweise über die Anmeldung des Mündels an der (Name) Schule ab Beginn des nächsten Schuljahres, hilfsweise zur gemeinsamen Wahrnehmung mit dem Vormund (Name) übertragen wird.

E. Verhältnis zwischen Vormund und Pflegeperson (§ 1796 BGB)

64 § 1796 Abs. 1 S. 1 BGB verpflichtet den Vormund zur Rücksichtnahme auf die Pflegeperson sowie zur Einbeziehung bei Entscheidungen der Personensorge (§ 1796 Abs. 1 S. 2 BGB). Damit wird bestimmt, dass der Vormund zwar die vorrangige Verantwortung für Entscheidungen für den Mündel trägt, aber dessen Lebenswirklichkeit bei oder erfahren durch die Pflegeperson zu würdigen hat.

I. Rücksichtnahme auf die Pflegeperson

65 Rücksichtnahme auf die Pflegeperson kann geboten sein bei Entscheidungen, die etwaige organisatorische Belastungen darstellen durch die Auswahl von Schule und Betreuungsangeboten oder auch durch die Gewährung von Umgang mit Personen, die zu der Pflegeperson eine konflikthafte Beziehung. In diesen Fällen könnte begleiteter Umgang oder eine Umgangspflegschaft entlastend wirken. Entscheidungen mit weltanschaulicher Komponente, zB bei religiösen Initiationsritualen wie Taufe oder Beschneidung, können daraufhin untersucht werden, ob ein Konflikt mit der Pflegeperson vermieden oder zumindest entschärft werden kann, wobei eine stark konflikthafte Haltung wohl die Eignung von Pflegeperson oder Vormund in Frage stellen kann.

II. Einbeziehung bei Angelegenheiten der Personensorge

66 Die Einbeziehung bei Entscheidungen über Angelegenheiten der Personensorge ist schon deshalb geboten, weil es eher die Pflegeperson als der Vormund sein wird, die mit den Folgen solcher Entscheidungen „leben können muss“. Dazu zählen u.a. die Erziehung, Pflege, Beaufsichtigung des Mündels und das Aufenthaltsbestimmungsrecht, das Recht auf Herausgabe des Kindes nach § 1632 Abs. 1 oder die Gewährung

---

82 BGH FamRZ 2017, 119 (120); OLG Karlsruhe FamRZ 2015, 1723; OLG Hamm NJW-RR 2020, 1077 = FamRZ 2021, 500; OLG Brandenburg StAZ 2016, 111 Rn. 22.
83 OLG Düsseldorf BeckRS 2020, 46754 Rn. 9.
84 OLG Düsseldorf FamRZ 2021, 1714 (1715); OLG Oldenburg FamRZ 2018, 1517.
85 BGH FamRZ 2018, 1512 (1513).

des Umgangs mit Dritten.[86] Auch die Geltendmachung von Unterhaltsansprüchen gem. §§ 1601 ff. soll Bestandteil der Personen- und nicht der Vermögenssorge sein, da Zweckbestimmung des Unterhaltsanspruchs die Befriedigung der persönlichen Bedürfnisse des Kindes und nicht die Vermögenssicherung oder -anhäufung ist.[87] Nach § 1 RelKErzG ist auch die religiöse Erziehung des Kindes Bestandteil der (tatsächlichen) Personensorge. Die Personensorge umfasst außerdem die Sorge um die Gesundheit des Kindes einschließlich der erforderlichen Maßnahmen zur Heilung ebenso wie die Entscheidung, lebenserhaltende Maßnahmen einzustellen.[88] Zu Fragen der Gesundheitssorge, wie Einwilligung in ärztliche Behandlungsmaßnahmen und Schwangerschaftsabbruch sowie Teilhabe an Angeboten sozialer Netzwerke im Internet und geschlechtlicher Selbstbestimmung besteht sehr umfangreiche Kasuistik zur elterlichen Sorge.[89]

III. Gleichstellung anderer Betreuungsformen (§ 1796 Abs. 3 BGB)

Die Gleichstellung anderer Personen als der Pflegeperson, die ebenso umfangreich 67 Alltags- und Betreuungs- bzw. Pflegeverantwortung für den Mündel übernehmen, ist durch das von der rechtlichen Ausgestaltung unabhängige besondere Näheverhältnis geboten. Problematisch erscheint eher die Abgrenzung der strukturellen Verantwortung zB des Trägers einer Einrichtung wie einer therapeutischen Wohngruppe und der tatsächlich ausgeübten Alltagsverantwortung durch die ggf. im Schichtbetrieb wechselnde Betreuungsperson. Leistbar wird dabei lediglich die Einbeziehung des Trägers sein.

F. Entscheidungsbefugnis der Pflegeperson (§ 1797 BGB)

§ 1797 Abs. 1 BGB orientiert sich an der Vorgängernorm des § 1688 Abs. 1 BGB und 68 erlaubt der Pflegeperson, in Angelegenheiten des täglichen Lebens zu entscheiden und den Vormund insoweit zu vertreten.

I. Angelegenheit des täglichen Lebens

Zu Angelegenheiten des täglichen Lebens gehören solche, die – anders als Angelegen- 69 heiten von erheblicher Bedeutung – keinen nachhaltigen Einfluss auf die Entwicklung des Kindes haben[90] wie etwa:

- Ernährung, Kleidung und Hygiene[91]
- Medizinische Routinemaßnahmen[92]
- Vereinsmitgliedschaft im Sportverein[93]
- Tagesausflüge und Urlaubsreisen in unkritische Gebiete[94]

86 BeckOGK BGB/Amend-Traut § 1626 Rn. 110 mwN.
87 BGH NJW 1953, 1546 (1547).
88 BeckOGK BGB/Amend-Traut § 1626 Rn. 110 mwN.
89 Vgl. ausführlich BeckOGK BGB/Amend-Traut § 1626 Rn. 118 ff., 141 ff., 148.
90 BeckOGK BGB/Schwedler § 1688 Rn. 10.
91 BeckOK BGB/Veit § 1687 Rn. 25, 26.
92 BeckOGK BGB/Schwedler § 1688 Rn. 11.
93 OLG Schleswig NJW-RR 2019, 1289.
94 OLG Karlsruhe BeckRS 2008, 26246 = FamRZ 2005, 1004; KG BeckRS 2016, 107594 = FamRZ 2016, 2111 (2113); KG NJW-RR 2017, 774 = FamRZ 2017, 1061.

- Teilnahme an Elternabenden, Unterschrift auf korrigierten Klassenarbeiten, krankheitsbedingte Entschuldigungen für Fernbleiben vom Unterricht.[95]

II. Entscheidung bei Gefahr in Verzug gem. § 1629 Abs. 1 S. 4 BGB

70 Zur Entscheidungsbefugnis im Notfall gelten die Ausführungen zu Ziff. II.5. entsprechend.

III. Anwendung auf andere Pflegepersonen gem. § 1796 Abs. 3 BGB

71 Hier gelten die Ausführungen gem. Ziff. IV. 3. entsprechend.

IV. Einschränkung durch Erklärung des Vormunds

72 § 1797 Abs. 3 BGB stellt ein Vorrangverhältnis des Vormunds gegenüber der Pflegeperson sicher, indem er berechtigt ist, das Vertretungsrecht in Angelegenheiten des täglichen Lebens einzuschränken oder auszuschließen. Dies setzt jedoch voraus, dass die Einschränkung oder der Ausschluss zum Wohl des Mündels erforderlich ist. Die Regelung orientiert sich an § 1688 Abs. 3 BGB aF, nach dem bereits eine solche Beschränkung durch Entscheidung des Familiengerichts zulässig war, wenn dies zum Wohl des Kindes erforderlich war. Diese Position erhält jetzt der Vormund, verfügt damit aber über einen reduzierten Entscheidungsspielraum gegenüber § 1688 Abs. 3 S. 1 BGB, nach dem die Entscheidungsbefugnis der Pflegeperson schon dann nicht mehr galt, wenn der Inhaber der elterlichen Sorge nur etwas anderes „erklärt". Ein vollständiger Ausschluss der Entscheidungsbefugnis der Pflegeperson durch Erklärung des Sorgerechtsinhabers sollte jedoch schon nach damaliger Rechtslage unzulässig sein.[96] Zur Begründung der Einschränkung werden weiterhin triftige, das Kindeswohl nachhaltig berührende Gründe ausreichen, wenn ohne die Einschränkung eine ungünstige Entwicklung für den Mündel eintreten könnte.[97]

G. Amtsvormundschaft

73 § 1786 BGB begründet wie die Vorgängernorm § 1791c BGB die Amtsvormundschaft des Jugendamts für den Fall, dass ein sorgeberechtigter Elternteil ganz fehlt.

I. Grundlagen

74 Die Vormundschaft des Jugendamts tritt mit der Geburt des Kindes ein, es sei denn, es ist bereits vorgeburtlich ein Vormund bestellt worden (§ 1786 Abs. 2 BGB). Weitere Voraussetzung ist die Geburt des Kindes im Inland und die nichteheliche Geburt des Kindes. Die Amtsvormundschaft tritt zudem lediglich bei Bestehen eines Vormundschaftsbedürfnisses des Kindes ein.

75 Gem. § 1773 BGB setzt die Bestellung eines Vormunds voraus, dass das Kind nicht unter elterlicher Sorge steht, also zumindest ein Elternteil die elterliche Sorge innehat. Steht

95 BeckOGK BGB/Schwedler § 1688 Rn. 11.
96 BeckOGK BGB/Schwedler § 1688 Rn. 19 zum Diskussionsstand.
97 BeckOK BGB/Veit § 1687 Rn. 26.

das Kind unter elterlicher Sorge, erhält es nach § 1773 Abs. 1 Alt. 2 BGB dennoch einen Vormund, wenn die sorgeberechtigten Eltern oder der allein sorgeberechtigte Elternteil nicht berechtigt sind, das Kind in Angelegenheiten der Personen- und der Vermögenssorge zu vertreten. Dies ist denkbar bei Ruhen der elterlichen Sorge gem. § 1675 BGB insbesondere bei dauerhafter Auslandsabwesenheit oder wenn den Eltern oder dem allein sorgeberechtigten Elternteil zwar nicht die Sorge, aber die aus ihr folgende Vertretung des Kindes in allen Angelegenheiten der Personen- wie der Vermögenssorge (§ 1629 Abs. 1 S. 1) entzogen worden ist.[98]

II. Aufenthalt im Inland

Auch für ausländische Kinder kann bei einem Aufenthalt in Deutschland eine gesetzliche Vormundschaft des Jugendamts eintreten, da nach Art. 21 EGBGB für das Eltern-Kind-Verhältnis das Recht am Aufenthaltsort des Kindes gilt. Zwar richtet sich nach Art. 24 Abs. 1 S. 1 EGBGB Entstehung, Änderung und Ende einer Vormundschaft an sich nach dem Recht des Heimatstaats des Kindes, jedoch wurde bereits § 1791c BGB aF als eine gegenüber dieser Regelung vorrangig anzuwendende Kollisionsnorm verstanden,[99] so dass für die Neuregelung nicht anderes gelten kann. 76

III. Fallgruppen

Denkbar sind folgende Fallgruppen:

1. Ruhen der elterlichen Sorge wegen Minderjährigkeit

Gem. § 1673 Abs. 2 S. 1 BGB ruht die elterliche Sorge eines minderjährigen, also beschränkt geschäftsfähigen Elternteils, wobei gem. Art. 21 EGBGB das Heimatrecht des Elternteils entscheidend ist.[100] 77

2. Ruhen der elterlichen Sorge wegen Geschäftsunfähigkeit

Die elterliche Sorge des geschäftsunfähigen Elternteils ruht mangels Fähigkeit zur Vertretung seines Kindes gem. § 1673 Abs. 1, § 1675 BGB.[101] Das Kind bedarf dann wegen der Verhinderung in der Vertretung eines Vormunds, wenn nicht gemeinsame Sorge zB gem. § 1626a Abs. 3 BGB bestand und daher der andere Elternteil die elterliche Sorge kraft Gesetzes nach § 1678 Abs. 1 BGB allein ausübt. Da es seit Inkrafttreten des Betreuungsrechts im Jahr 1992 keine gerichtliche Feststellung der Geschäftsunfähigkeit mehr gibt, erfolgt in der Praxis bei aufgrund von geistiger Behinderung oder chronisch psychischer Erkrankung stark eingeschränkter Fähigkeit zur Wahrnehmung der Pflichten und Rechte aus der elterlichen Sorge meist ein Entzug der elterlichen Sorge nach §§ 1666, 1666a wegen unverschuldeten elterlichen Versagens.[102] 78

98 MüKoBGB/Spickhoff § 1773 aF Rn. 7.
99 BeckOGK BGB/B. Hoffmann § 1791c aF Rn. 31.
100 BeckOGK BGB/B. Hoffmann § 1791c aF Rn. 10.
101 OLG Karlsruhe BeckRS 2011, 23023 = FamRZ 2011, 1514.
102 BeckOGK BGB/Hoffmann § 1791c aF Rn. 15.

3. Tod der Mutter bei der Geburt

79 Verstirbt die Mutter bei der Geburt und liegen weder eine Vaterschaftsanerkennung mit Sorgerechtserklärung noch die Voraussetzungen gem. § 168 BGB vor, ist die elterliche Sorge durch das Jugendamt auszuüben.[103] Die Übertragung auf den anderen Elternteil gem. § 1680 Abs. 2 BGB setzt voraus, dass dies dem Wohl des Kindes nicht widerspricht. Die Rechte des Kindes werden durch die negative Kindeswohlprüfung gewahrt, in deren Rahmen geprüft wird, ob der Vater die alleinige Verantwortung für das Kind übernehmen kann und ob hinreichende Bindungen zum Kind bestehen oder aufgebaut werden können.[104]

4. Keine sorgerechtlichen Befugnisse des anderen Elternteils

80 Die Amtsvormundschaft tritt nicht ein, wenn im Moment der Geburt der andere rechtliche Elternteil durch Abgabe von (vorgeburtlichen) Erklärungen zur Vaterschaftsanerkennung (§ 1594 Abs. 1, Abs. 4, § 1595 Abs. 1, Abs. 3, § 1596 Abs. 1) und zur gemeinsamen elterlichen Sorge (§ 1626a Abs. 1 Nr. 1, § 1626b Abs. 2) zur elterlichen Sorge berechtigt ist. Dies gilt auch, soweit er während des Ruhens im Sinn von § 1675 BGB der elterlichen Sorge des anderen Elternteils nach § 1678 Abs. 1 zur alleinigen Vertretung des Kindes befugt ist.[105]

5. Keine vorgeburtlich errichtete Vormundschaft

81 Eine Amtsvormundschaft gem. § 1786 BGB tritt auch dann nicht ein, wenn bereits vorgeburtlich eine Vormundschaft angeordnet wurde, worauf das Jugendamt in Ausübung seiner Beratungspflicht gem. § 52 Abs. 2 SGB VIII in Fällen, in denen das Vormundschaftsbedürfnis absehbar ist, hinwirken soll. § 1786 BGB ist wieder einschlägig, wenn die Vormundschaft wegen Entlassung oder Tod des bestellten Vormunds vor der Geburt bereits wieder geendet hat.[106]

IV. Vormundschaft nach Anfechtung der Vaterschaft

82 Die Vormundschaft durch das Jugendamt entsteht mit Rechtskraft der Anfechtung der Vaterschaft,[107] wenn zu diesem Zeitpunkt (nur) der Vater sorgeberechtigt war. Dies ist möglich bei vorangegangener Übertragung der alleinigen elterlichen Sorge gem. § 1671 BGB, bei vollständigem Sorgerechtsentzug nach §§ 1666, 1666a BGB gegenüber der Mutter und dem vormaligen Kindesvater die elterliche Sorge nach § 1680 zustand oder wenn die Sorge der Mutter aus rechtlichen Gründen (§ 1673) bzw. aufgrund tatsächlicher Hindernisse (§ 1674) vollständig ruht und sie dem vormaligen Kindesvater nach § 1678 zustand.[108]

---

103 BeckOGK BGB/Hoffmann § 1791c aF Rn. 17.
104 MüKoBGB/Hennemann § 1680 Rn. 11; vgl. BVerfG BeckRS 2008, 30820 = FamRZ 2008, 381 (382) bei Beteiligung in „Ehrenmordfall".
105 BeckOGK BGB/Hoffmann § 1791c aF Rn. 18.
106 BeckOGK BGB/Hoffmann § 1791c aF Rn. 24.
107 MüKoBGB/Spickhoff § 1791c aF Rn. 9.
108 BeckOGK BGB/Hoffmann § 1791c aF Rn. 35.

V. Amtsvormundschaft bei vertraulicher Geburt (§ 1787 BGB)

Wird ein Kind vertraulich geboren (§ 25 Abs. 1 S. 2 des Schwangerschaftskonfliktgesetzes), wird das Jugendamt mit der Geburt des Kindes Vormund. 83

Schon der Anwendungsbereich des § 1791c BGB war für den Fall der Geburt eines Kindes im Wege der vertraulichen Geburt eröffnet. In diesem Fall ruhte gem. § 1674a BGB jedoch die elterliche Sorge der Mutter eines Kindes kraft Gesetzes. Ergaben sich anlässlich der vertraulichen Geburt keine Hinweise auf den Status des leiblichen Vaters des Kindes zum Kind, war wie beim Ablegen des Kindes in einer Babyklappe unmittelbar eine Vormundschaft nach § 1773 Abs. 2 BGB wegen des nicht ermittelbaren Familienstands – bezogen auf den Vater des Kindes – anzuordnen. Die Neuregelung macht Ermittlungen zum rechtlichen Status des Vaters, der bei einer Ehe mit der Mutter rechtlicher und sorgeberechtigter Vater des Kindes sein könnte,[109] entbehrlich. Mit der gesetzlichen Amtsvormundschaft bereits ab der Geburt soll sichergestellt werden, dass das Kind schon bei der Auswahl geeigneter Adoptiveltern einen Vormund hat.[110] 84

H. Verfahrensbeistand §§ 158–158b FamFG

Die zum 1.7.2021 bzw. 1.1.2022 in Kraft getretenen Neuregelungen[111] zu Bestellung, Eignung und Aufgabenkreis des Verfahrensbeistands begründen eine weitere Konkretisierung des Schutzes des Minderjährigen in Kindschaftssachen, die seine Person betreffen. Hier soll dem minderjährigen Kind so früh wie möglich (vgl. § 158 Abs. 1 S. 2 FamFG) einen geeigneten Interessenvertreter (vgl. § 158 Abs. 1 S. 1 Hs. 2 FamFG) zur Seite gestellt werden. Der Verfahrensbeistand übernimmt – wie der Vormund – seine Aufgaben eigenständig, weisungsfrei und ohne unter der „Oberaufsicht" des Familiengerichts zu stehen oder auch nur zu Objektivität und Neutralität verpflichtet zu sein.[112] Er darf sich auf seine Funktion als „Sprachrohr" des Kindes konzentrieren.[113] 85

Bei Beteiligung des Vormunds – dessen Bestellung in der Regel die Entziehung der elterlichen Sorge gem. § 1666 BGB und § 1666a BGB bereits vorausging – wird es sich vorrangig um Verfahren zum Ausschluss oder wesentlicher Beschränkung von Umgangsrechten (§ 158 Abs. 2 Nr. 2 bzw. Abs. 2 Nr. 4 FamFG) oder Verbleib (§ 158 Abs. 2 Nr. 3 FamFG), Trennung von einer Obhutsperson (§ 158 Abs. 3 Nr. 2 FamFG) oder Herausgabe (§ 158 Abs. 3 Nr. 3 FamFG) handeln. Hinsichtlich der Erforderlichkeit der Interessenwahrnehmung wird dabei unterschieden in Fallgruppen, in denen gem. § 158 Abs. 2 FamFG die Bestellung obligatorisch ist und in Regelbeispiele gem. § 158 Abs. 3 FamFG.[114] 86

Hier ist der Bedarf, dem Mündel einen eigenen, bisher unbeteiligten Interessenvertreter zur Wahrnehmung der materiellrechtlich umfassend ausgestalteten Interessen gerade 87

---

109 BeckOGK BGB/Hoffmann § 1791c aF Rn. 26–28 unter Hinweis auf die beabsichtigte Neuregelung.
110 BeckOGK BGB/Fröb SGB VIII § 87c Rn. 14.
111 Zum Hintergrund und Synopse zur Vorgängerregelung ausführlich Menne NZFam 2020, 1033 und Zimmermann NZFam 2020, 1001.
112 So ausdrücklich KG NJW-RR 2022, 149 unter Hinweis auf KG ZKJ 2014, 285 = BeckRS 2014, 6970; OLG Frankfurt FamRZ 2013, 1331 = BeckRS 2013, 2546 sowie Prütting/Helms/Hammer FamFG § 89 Rn. 21; Splitt FamRB 2020, 331 (331); Menne FF 2020, 276 (276).
113 KG NJW-RR 2022, 149 unter Hinweis auf OLG München FamRZ 2002, 563 = BeckRS 2000, 14461: kein „Sachverständiger minderer Art".
114 BeckOK FamFG/Schlünder § 158 Rn. 6–8.

auch im Verfahren zuzuordnen, evident. Folgerichtig bestimmt § 159 FamFG die ausdrückliche Verpflichtung zur persönlichen Anhörung des Kindes durch das Familiengericht unabhängig von einer Altersgrenze in Gegenwart des Verfahrensbeistands. Dies gilt unabhängig von dessen Verpflichtung zur schriftlichen Berichterstattung gem. § 158b Abs. 1 S. 2 FamFG.

88 Die Bedeutung des Verfahrensbeistands wird auch dadurch hervorgehoben, dass in § 158a Abs. 1 u. 2 FamFG jetzt noch konkreter die notwendigen Qualifikationen des Verfahrensbeistands aufgeführt und Aufgaben und Rechtsstellung näher beschrieben werden. Da der Verfahrensbeistand als Beteiligter gem. § 158 Abs. 3 S. 1, 2 FamFG zwar Rechtsmittelbefugnis erhält, aber nicht gesetzlicher Vertreter des Kindes wird (vgl. § 158 Abs. 3 S. 3 FamFG) sind die Vorschriften zur Auflösung von Meinungsverschiedenheiten gem. §§ 1777, 1796–1797 BGB nicht anwendbar. Die Stärkung der Position des Verfahrensbeistands würdigt auch die zutreffende Auffassung,[115] dass die Neuregelung des § 158 Abs. 4 Nr. 2 FamFG zwar die Prüfung der Aufhebung der Bestellung nach Anregung eines Beteiligten durch das Familiengericht zwar zulässt, an den Prüfungsmaßstab jedoch besondere, restriktive Anforderungen gestellt werden dürfen, um dem „advokatischen Charakter“ des Verfahrensbeistands als Anwalt des Kindes gerecht zu werden.

115 KG NJW-RR 2022, 149.

§ 21 Spezielle Themen bei betreuten Personen

A. Vorsorgevollmacht und Kontrollbetreuung (§ 1820 BGB)

1 Mit **§ 1820 BGB** hat der Gesetzgeber verschiedene Regelungen zur **Ausübung von Vollmachten** (Abs. 1 zuvor § 1901c BGB aF), **deren pflichtige Genehmigung durch das Gericht** (Abs. 2 zuvor § 1901a Abs. 5 BGB aF, § 1901b Abs. 2 BGB aF, § 1904 Abs. 5 BGB aF, § 1906 Abs. 5 BGB aF, § 1906a Abs. 5 BGB aF), **der Bestellung eines Kontrollbetreuers nebst Bestellungsvoraussetzungen** (§ 1897 Abs. 3 BGB aF), **zum vorübergehenden Handlungsverbot des Bevollmächtigten** und **zum gesamten oder teilweisen Widerruf der Vollmacht**[1] in einer Norm zusammengefasst wie auch neu gesetzlich geregelt. Fortlaufend ungeregelt bleiben Form und inhaltliche Vorgaben der Vollmacht im Übrigen.[2]

I. Unterrichtungspflichten bei Betreuungsverfahren gem. § 1820 Abs. 1 BGB

2 **Gem. § 1820 Abs. 1 S. 1 BGB** überträgt der Gesetzgeber mit redaktionellen Änderungen des § 1901c S. 1 BGB aF zunächst die **Pflicht, das Betreuungsgericht über seine Kenntnis von Vollmachtsdokumenten zu informieren.** Das in Rede stehende Dokument muss den Auftrag des Vollmachtgebers an einen Dritten zur Wahrnehmung seiner Angelegenheiten als Bevollmächtigter zum Inhalt haben (= Vorsorge- oder Generalvollmacht). Der Personenkreis, den die Pflicht zur Unterrichtung von der Existenz einer Vollmacht betrifft, wird nicht konkretisiert. Betroffen sind diejenigen, die selbst im Besitz einer Vollmachtsurkunde sind, zusätzlich einen Verwahrungsauftrag haben oder auf sonstige Weise Kenntnis von der Existenz der vom Betroffenen erstellten Vollmacht haben.[3] Es kommt damit ein unbegrenzter Kreis von Personen in Betracht.

3 Zu dem Zeitpunkt der Unterrichtung des Gerichts macht der Gesetzgeber keine Vorgabe. Hier wird der Vollmachtkundige davon ausgehen können, dass seine Handlungspflicht mit seiner Kenntnis von der Einleitung eines Betreuungsverfahrens beginnt.[4]

4 Die **Form der Unterrichtung des Gerichts wird nicht vorgeschrieben.** Soweit der Vollmachtkundige selbst nicht im Besitz eines Vollmachtexemplars ist, ist die Schriftform der Unterrichtung angezeigt, um zu einem späteren Zeitpunkt einen Nachweis für das Tätiggewordensein zu haben.

---

1 Staudinger/Bienwald BGB § 1896 aF Rn. 325 mwN zur Widerrufsberechtigung der Vollmacht durch einen Betreuer auf der Grundlage gerichtlicher Bestellung mit entsprechendem Aufgabenbereich.

2 Schneider BtPrax 2021, 9 (21).

3 Der Personenkreis der pflichtigen Informanten steht demjenigen gleich, der nach § 1901c BGB aF herausgabepflichtig war. Vgl. hierzu Staudinger/Bienwald BGB § 1901c aF Rn. 13; differenziert MüKoBGB/Schneider § 1901c aF Rn. 3 f.; Bienwald/Sonnenfeld/Harm/Bienwald § 1901c aF Rn. 10; Erman/Roth BGB § 1901c aF Rn. 6.

4 Dem Zeitpunkt der Informationspflicht steht dem Zeitpunkt der Ablieferungspflicht gleich. Vgl. Staudinger/Bienwald, 2017 § 1901c aF Rn. 22; differenziert MüKoBGB/Schneider § 1901c aF Rn. 5; Bienwald/Sonnenfeld/Harm/Bienwald § 1901c aF Rn. 11; Erman/Roth BGB § 1901c aF Rn. 8.

Muster: Berücksichtigung einer Vollmacht im eingeleiteten Betreuungsverfahren, Schreiben an das Betreuungsgericht 5

Az.

In dem Betreuungsverfahren

betr.: ... geb. am ...

teile ich mit, dass mich der/die Betroffene mit einer Vollmacht autorisiert hat, diese/n in ... Angelegenheiten zu vertreten. Eine Kopie der Vollmacht liegt an. Im Namen der/des Betroffenen bitte ich um Berücksichtigung der Vollmacht im eingeleiteten Betreuungsverfahren. Der/die Betroffene wünscht ausweislich der Vollmacht keinen Betreuer für sich. Für Rückfragen stehe ich zur Verfügung.

Mit **§ 1820 Abs. 1 S. 2 BGB** wird dem Betreuungsgericht das Recht auf die Aushändigung mindestens der Abschrift des Vollmachtexemplars eingeräumt (wörtliche Übernahme des § 1901c S. 3 BGB aF). Mit dem unbenannten, von der Aushändigungspflicht betroffenen Personenkreis ist derjenige gemeint, der im Besitz des Vollmachtexemplars ist.[5] 6

Die **Herausgabe erfolgt durch Anordnung** vom Betreuungsgericht gem. **§ 285 Abs. 2 FamFG.** Möglich ist auch die Anordnung der Vorlage einer Abschrift der Vollmacht gem. § 285 Abs. 2 FamFG. Hält sich der Besitzer der Vollmacht nicht an die Anordnung und verweigert er die Herausgabe ausdrücklich oder durch konkludentes Verhalten, so können Zwangsmaßnahmen gegen ihn eingeleitet werden (Zwangsgeld).[6] 7

II. Gesetzlich festgelegte Bevollmächtigtenmaßnahmen gem. § 1820 Abs. 2 BGB

In **§ 1820 Abs. 2 BGB** werden die Maßnahmen des Vorbevollmächtigten, die er ausüben muss, soweit er in Besitz einer ihm schriftlich erteilten Vollmacht ist und die gesetzlichen Maßnahmen von der Vollmachtserteilung ausdrücklich erfasst werden. 8

Bei den Maßnahmen des Bevollmächtigten handelt es sich um: 9

- **§ 1820 Abs. 2 Nr. 1 BGB** mit der Einwilligung, ihrem Widerruf oder die Nichteinwilligung nach **§ 1829 BGB mit der Genehmigung des Betreuungsgericht bei ärztlichen Maßnahmen** (= § 1904 BGB aF),
- **§ 1820 Abs. 2 Nr. 2 BGB** mit der **freiheitsentziehenden Unterbringung** nach **§ 1831 BGB** und der Einwilligung in **freiheitentziehende Maßnahmen nach § 1831 Abs. 4 BGB** (§ 1906 Abs. 1, 4 BGB aF),
- **§ 1820 Abs. 2 Nr. 3 BGB mit der Einwilligung in ärztlichen Zwangsmaßnahmen nach § 1832 BGB** und der **Verbringung in eine stationäre Einrichtung** nach **§ 1832 Abs. 4 BGB** (= § 1906a BGB aF).

Muster: Vorsorgevollmacht 10

... Persönliche und sonstige Angelegenheiten ...

Der Bevollmächtigte wird autorisiert, über alle Einzelheiten einer ambulanten oder stationären Pflege zu entscheiden und in sämtliche Maßnahmen zur Untersuchung des Gesundheitszustandes, in Heilbehandlungen und in ärztliche Eingriffe einzuwilligen, auch wenn dies mit Lebensgefahr verbunden sein oder ich einen schweren oder länger dauernden gesundheitlichen Schaden

5 Der von der Aushändigung betroffene Personenkreis ist dem in § 1901c S. 1 BGB aF gleich; vgl. Fn. 3.
6 Bienwald/Sonnenfeld/Harm/Bienwald § 1901c aF Rn. 27, FamFG § 285 Rn. 10; Erman/Roth BGB § 1901c aF Rn. 8 spricht von Strafbarkeit bei Unterlassen der Hausausgabe.

erleiden könnte (§§ 1829, 1820 Abs. 2 Nr. 1 BGB in der jeweils gültigen Gesetzesfassung). Der Bevollmächtigte darf die Einwilligung zum Unterlassen und Beenden lebensverlängernder Maßnahmen erteilen, auch eine erteilte Genehmigung ggf. vor dem Eingriff widerrufen.

III. § 1820 Abs. 3 BGB Kontrolle der Vollmachtsausübung

11 **§ 1820 Abs. 3 BGB** führt ausdrücklich zur **Kontrolle der Vollmachtausübung den Kontrollbetreuer** ein. Damit erhält die bisherige Modalität einer Kontrolle über § 1896 Abs. 3 BGB aF[7] als ein möglicher Aufgabenbereich eines Betreuers im Interesse des Vollmachtgebers eine Konkretisierung nach ihrem Inhalt und insgesamt eine Steigerung ihrer Bedeutung. Das Betreuungsgericht, nunmehr der Richter, hat unter den Voraussetzungen des **Abs. 3 iVm § 1814 Abs. 1 BGB** einen Betreuer zur Kontrolle der Ausübung der Vollmacht zu bestellen.

12 Für **die Ehegattenvertretung gem. § 1358 BGB** kommt eine Kontrollbetreuung nicht in Betracht.

Als spezielle Voraussetzungen für die Kontrollbetreuung werden genannt:

- gem. **§ 1820 Abs. 3 Nr. 1 BGB** das Unvermögen des Vollmachtgebers, wegen einer Krankheit oder einer Behinderung seine Rechte gegenüber dem Bevollmächtigten nicht ausüben zu können;
- gem. **§ 1820 Abs. 3 Nr. 2 BGB** das Bestehen von konkreten Anhaltspunkten dafür, dass die Vollmacht nicht entsprechend den Vereinbarungen oder gegen den mutmaßlichen Vollmachtgeberwillen umgesetzt wird.

13 Gegen den ausdrücklichen und rechtlich relevanten Willen des Vollmachtgebers darf kein Kontrollbetreuer bestellt werden.[8] Diesen Willen kann und sollte der Vollmachtgeber vorsorglich bereits in der Vollmacht selbst angeben.

IV. § 1820 Abs. 4 BGB Suspendierung von der Vollmachtsausübung

14 Neu ist, dass ein **Bevollmächtigter von der Ausübung der Vollmacht suspendiert werden kann.** Gem. **§ 1820 Abs. 4 BGB** kann der Betreuungsrichter anordnen, dass der Bevollmächtigte die ihm erteilte Vollmacht nicht ausüben darf und die Vollmacht an den Betreuer herausgeben muss. Dieser Eingriff in die Rechtssphäre des Vollmachtgebers ist im Verhältnis zur Ordnung eines regelmäßig unwiederbringlichen Widerrufs der Vollmacht ein milderes Mittel und gleichzeitig ein Schutz der Rechte des Vollmachtgebers.

Die Suspendierung der Vollmachtausübung wird vom Gesetzgeber an von ihm festgelegte Voraussetzungen geknüpft, so:

1. Dringende Gefahr eines Zuwiderhandelns gegen die Wünsche des Vollmachtgebers

15 **§ 1820 Abs. 4 S. 1 Nr. 1 BGB** knüpft gleichzeitig an mehrere Voraussetzungen an, die in der Summe zu dem schwerwiegenderen Eingriff des Vollmachtswiderrufs noch nicht ausreichen. So indiziert der Begriff dringende Gefahr noch nicht deren tatsächliches

7 Staudinger/Bienwald BGB § 1896 aF Rn. 321 ff.; Bienwald/Sonnenfeld/Harm/Bienwald § 1896 aF Rn. 157; MüKoBGB/Schneider § 1896 aF Rn. 256 ff.; Erman/Roth BGB § 1896 aF Rn. 50.

8 Staudinger/Bienwald BGB § 1896 aF Rn. 322 mit Verweis auf BGH FamRZ 2016, 456.

Vorliegen. Da aber gleichzeitig der Schutz des Vollmachtgebers vor schädigenden Eingriffen des Bevollmächtigten geboten ist, muss ein etwaig schädigendes Handeln des Bevollmächtigten gestoppt oder mindestens unterbrochen werden. Das soll damit geschehen, dass der Bevollmächtigte durch die Anordnung des Gerichts seine Tätigkeiten für den Vollmachtgeber zumindest zeitweise nicht ausüben darf. Zum weiteren Schutz hat der Bevollmächtigte die Ausfertigung der Vollmacht (= das Vollmachtexemplar mit der Originalunterschrift des Vollmachtgebers zur Ausübung im Rechtsverkehr) an den Betreuer herauszugeben. Gemeint ist hier der Kontrollbetreuer als Herausgabeadressat. Das ergibt sich aus der Zuordnung der Aufgaben des Kontrollbetreuers gem. § 1820 Abs. 3 Nr. 1 BGB mit der Geltendmachung der Rechte des Vollmachtgebers gegenüber dem Bevollmächtigten. Hierzu gehört als essentielles Recht der Umgang mit der Vollmacht bis zu deren Widerruf.

2. Behinderung des Kontrollbetreuers durch den Bevollmächtigten

§ 1820 Abs. 4 S. 1 Nr. 2 BGB enthält eine Alternative zum Schutz des Vollmachtgebers, bei deren Vorliegen der Bevollmächtigte von seiner Vollmachtstätigkeit suspendiert werden kann. In diesem Fall muss der Bevollmächtigte den Kontrollbetreuer bei der Wahrnehmung seiner Kontrolltätigkeit behindern. Es muss davon ausgegangen werden, dass die Behinderungsaktionen des Bevollmächtigten dem Vollmachtgeber Schaden zufügen. Den Inhalt und Umfang wird das Gericht vor seiner Entscheidung prüfen müssen. 16

Bevor das Gericht zu einer Entscheidung über die Nr. 1 oder 2 kommen kann, muss es über die Grundlagen hierfür, die **Gefahren für den Vollmachtgeber** oder die **Behinderungen der Kontrollbetreuertätigkeiten** informiert werden. Zu Nr. 1 kommen als Informanten Dritte aus dem Umfeld des Vollmachtgebers in Betracht, zu Nr. 2 wird primär der Kontrollbetreuer selbst das Gericht informieren. Die Informationen sollten dem Gericht schriftlich mit einer Tatsachendarstellung und einer Kurzbegründung mitgeteilt werden. 17

Muster: Hinweis auf Kontrollbedarf an das Betreuungsgericht 18

Az.

In dem Betreuungsverfahren

betr.: ... geb. am ...

teile ich mit, dass es bei der Verwaltung des Vermögens durch den Bevollmächtigten Ungereimtheiten gibt. Diese haben folgenden Inhalt .... Das Vermögen des Vollmachtgebers wird im Ergebnis nicht ordnungsgemäß verwaltet. Ein Schaden in Höhe von ... EUR ist bereits entstanden/wird bei Fortsetzung des Handelns des Bevollmächtigten entstehen. Anlagen sind mit ... beigefügt ...

Die Aufforderung zur Herausgabe der Vollmacht wird das Gericht nur anordnen können, wenn der Bevollmächtigte seinerseits nicht rechtsverbindlich schriftlich zusagt, von der Vollmacht so lange keinen Gebrauch zu machen, bis die dringende Gefahr gem. § 1820 Abs. 4 S. 1 Nr. 1 BGB nicht mehr besteht. 19

Entfällt die in § 1820 Abs. 4 S. 1 Nr. 1 BGB bestehende dringende Gefahr durch das Handeln des Bevollmächtigten, obliegt es dem Gericht, die gem. Abs. 4 getroffenen Anordnungen durch einen erneuten Beschluss aufzuheben. Die Aufhebung muss dem Bevollmächtigten vom Gericht angezeigt werden. Das Gericht verpflichtet den Betreuer, 20 die eingezogene Vollmacht an den Bevollmächtigten zurückzugegeben. Voraussetzung ist für beide Entscheidungen, dass die Vollmacht noch fortgilt (Abs. 4 S. 2 ltzt. Hs.).

V. § 1820 Abs. 5 BGB Vollmachtswiderruf

21 Abs. 5 erlaubt dem Betreuer, die **Vollmacht ganz oder teilweise zu widerrufen**, ohne dass der Widerruf ausdrücklich als sein Aufgabenbereich angeordnet wird. Die Widerrufserlaubnis gilt allerdings nicht für Einzelbevollmächtigte gegenüber weiteren Einzelbevollmächtigten.[9] Die Voraussetzung für einen totalen oder teilweisen Widerruf einer Vollmacht hat zwei Bestandteile:

1. das Vorliegen eines vom Gesetzgeber festgelegten Vollmachtinhalts mit Maßnahmen zur Personensorge (**§ 1820 Abs. 5 S. 1 Alt. 1 BGB**) oder Maßnahmen in wesentlichen Bereichen der Vermögenssorge (**§ 1820 Abs. 5 S. 1 Alt. 2 BGB**),
   und
2. dass ein Festhalten des Bevollmächtigten an der Vollmacht für den Vollmachtgeber/Betreuten eine Verletzung seiner Person oder dessen Vermögens in der Zukunft mit hinreichender Wahrscheinlichkeit und in erheblicher Schwere zu befürchten ist (**§ 1820 Abs. 5 S. 1 Hs. 2 BGB**),
   und
3. dass keine andere und geeignetere mildere Maßnahme zur Schadensabwehr vorliegt (**§ 1820 Abs. 5 S. 1 Hs. 3 BGB**).

22 Die Summe der gesetzlichen Voraussetzungen zeigt in der Fortsetzung der bisherigen Bewertung des Stellenwertes des Widerrufs als ultima ratio,[10] dass der Betreuer zunächst nach allen anderen Abwendungsmöglichkeiten suchen und ihre Anwendung prüfen muss, bevor er die Vollmacht widerruft und damit eine unwiederbringliche Rechtslage schafft,[11] die theoretisch nur ein geschäftsfähiger Vollmachtgeber revidieren und mit einer neuen Vollmacht „heilen" könnte. Dem Betreuer wird also die Pflicht auferlegt, vor dem Vollmachtswiderruf akribisch die einzelnen Voraussetzungen zu prüfen und dabei gleichzeitig die Interessen des Betreuten/Vollmachtgebers nebst seinen Wünschen zu berücksichtigen. Wenn er Alternativen zum Vollmachtwiderruf findet, darf er die Vollmacht nicht widerrufen. Damit würde er andernfalls dem Betreuten schaden und selbst der Schadensersatzhaftung unterliegen.

23 Für den **Widerruf der Vollmacht gelten die Anforderungen des § 168 S. 3 BGB,** mithin eine Erklärung des zum Widerruf Berechtigten ohne eine Vorgabe zur Form.[12] Etwas anderes gilt, wenn die Vollmacht selbst zum Widerruf eine Vorgabe macht und etwa die Schriftform erfordert. Dem Betreuer ist es in jedem Fall anzuraten, den Widerruf schriftlich zu formulieren, um seinen Inhalt und den Widerrufszeitpunkt nachweisen zu können.

24 Der Widerruf muss gem. **§ 1820 Abs. 5 S. 2 BGB** vom Gericht genehmigt werden. Die Genehmigung darf das Gericht nur erteilen, nachdem es die in **§ 1820 Abs. 5 S. 1 BGB** genannten Voraussetzungen zum Ausspruch des Widerrufs geprüft und keine Alterna-

9 OLG Karlsruhe FamRZ 2022, 736.
10 BGH FamRZ 2016, 456.
11 Staudinger/Bienwald BGB § 1896 aF Rn. 325, 341; MüKoBGB/Schneider § 1896 aF Rn. 271 ff.
12 Staudinger/Schilken BGB aF § 167 Rn. 4 f.

tivlösung gefunden hat. Bestandteil der gerichtlichen Prüfung ist die Anhörung des Betreuten/Vollmachtgebers gem. § 299 S. 1 FamFG.

Beschließt das Gericht den Widerruf der Vollmacht, kann es auch die Herausgabe der Vollmacht anordnen, wenn der Bevollmächtigte die Vollmacht nicht freiwillig herausgibt. 25

Muster: Widerruf einer Vollmacht 26

Adressat der Bevollmächtigte und Kopie an das Betreuungsgericht nachrichtlich:

Betr.: Vollmachtswiderruf

Sehr geehrter/geehrte,

kraft meines Amtes als Betreuer widerrufe ich für Herrn/Frau die von diesem/dieser unter dem ... Ihnen erteilte Vorsorge-/Generalvollmacht mit sofortiger Wirkung. Der Widerruf richtet sich auf die gesamte Vollmacht/ auf die Teile .... Die Genehmigung des Betreuungsgerichts zu diesem Vollmachtswiderruf liegt für Sie in Kopie an ...

B. Einwilligungsvorbehalt (§ 1825 BGB)

I. Allgemeines zum Einwilligungsvorbehalt

Der Wortlaut des **§ 1825 BGB** entspricht in den Abs. 1, 2 und 3 bis auf den Bezug in Abs. 2 Nr. 5 auf dieses Buch, die Umbenennung des Aufgabenkreises in Aufgabenbereich[13] und Abs. 1 den dort neu eingefügten S. 2 wörtlich § 1903 BGB aF Soweit die wörtliche Übernahme reicht, gelten für sie alle bisherigen, an einen Einwilligungsvorbehalt gestellten Voraussetzungen fort.[14] 27

Neu und klarstellend hat der Gesetzgeber nunmehr in **§ 1825 Abs. 1 S. 2 BGB** vorgegeben, dass ein **Einwilligungsvorbehalt gegen den freien Willen des Betreuten nicht angeordnet werden darf.**[15] Der Betreuer wie auch das Gericht werden im Verfahren um die Einrichtung eines Einwilligungsvorbehaltes den freien Willen des Betreuten und bei fehlender Äußerung des Willens den mutmaßlichen Willen ermitteln und sich danach richten müssen. **Die tatsächlich geäußerten Wünsche des Betreuten oder sein ermittelter Wille haben Vorrang vor der Einschätzung seiner wirtschaftlichen Lage durch Dritte.** Der Betreuer muss als gesetzlicher Vertreter die geäußerten Wünsche gegen die Einrichtung des Einwilligungsvorbehaltes dem Gericht bekanntgeben. Dies sollte in schriftlicher Form unter Angabe des Inhalts und einer Begründung geschehen. Das Gericht muss ebenfalls von Amts wegen ermitteln. Das gleiche gilt für die Recherche nach dem Inhalt des mutmaßlichen Willens. 28

Da ein Einwilligungsvorbehalt für den Betreuten einen erheblichen Einschnitt in die eigene Ausübung seiner Rechte bedeutet, ist Vorsicht und eine sorgfältige Vorbereitung vor der Einrichtung geboten. Weil es sich nicht um ein Antragsverfahren handelt, ist das Gericht hierzu auf Informationen von Dritten, insbesondere vom Betreuer angewiesen. 29

13 Gem. § 1815 Abs. 1 S. 1 BGB wird die Summe der dem Betreuer übertragenen Angelegenheiten mit „Aufgabenkreis" bezeichnet. § 1815 Abs. 1 S. 2 BGB nennt die einzelne Angelegenheit „Aufgabenbereich".

14 Staudinger/Bienwald BGB § 1903 aF Rn. 1; MüKoBGB/Schneider § 1903 aF Rn. 1 f.; BGH RPfleger 2021, 640.

15 Staudinger/Bienwald BGB § 1903 aF Rn. 20 nach bisherigem Recht konnte auch die freie Willensbestimmung des Betreuten gegen den Einwilligungsvorbehalt nicht abwenden.

Gerade der Betreuer sollte dem Gericht Tatsachenmaterial, das als Grundlage für einen Einwilligungsvorbehalt in Betracht kommt, schriftlich mitteilen.

II. § 1825 Abs. 4 BGB Regelung des Einwilligungsvorbehaltes für Minderjährige

30 **§ 1825 Abs. 4 BGB** hat einen neuen Wortlaut bekommen. Die bisher in § 1908a BGB aF getroffene Regelung zur vorsorglichen Betreuerbestellung eines Minderjährigen und der Anordnung eines Einwilligungsvorbehaltes wird in Abs. 4 übernommen. Damit gilt fortgesetzt, dass in Ausnahmefällen auch für einen siebzehnjährigen Minderjährigen mit Geltung ab dem Eintritt der Volljährigkeit eine Betreuung mit einem Einwilligungsvorbehalt eingerichtet werden kann.[16] Für die Prüfung dieser Bestellung gelten mit den allgemeinen Vorschriften die üblichen Anforderungen.[17] Die Eltern oder ein bestellter Vormund, ggf. das Jugendamt, werden das Betreuungsgericht über die Erforderlichkeit der Einrichtung der Betreuung und des Einwilligungsvorbehaltes für den Siebzehnjährigen unterrichten.

31 Der frühere § 1903 Abs. 4 BGB aF mit dem Verweis auf § 1901 Abs. 5 BGB aF und der dort enthaltenen **Mitteilungspflicht** wird von **§ 1864 Abs. 2 Nr. 5 BGB** übernommen.

C. Aufhebung oder Änderung von Betreuung und Einwilligungsvorhalt (§ 1871 Abs. 4 BGB)

I. Allgemeines zur Aufhebung und Änderung des Einwilligungsvorbehaltes

32 Der Einwilligungsvorbehalt mit seinen Änderungen oder seiner Aufhebung wird in **§ 1871 Abs. 4 BGB mit dem Verweis auf die Abs. 1 und 3** geregelt. Die Norm entspricht im Wesentlichen § 1908d BGB aF Die aufrechterhaltene Verweisung des Abs. 4 auf die Regelungen der Betreuung hat zur Folge, dass die bisherige Behandlung des Einwilligungsvorbehaltes weiter gilt.[18]

II. Aufhebung des Einwilligungsvorbehaltes

33 So muss das Gericht gem. **§ 1871 Abs. 4 iVm Abs. 1 BGB** den beschlossenen Einwilligungsvorbehalt aufheben, wenn dieser für den Betreuten nicht mehr erforderlich ist. Die Aufhebung kann auch eine Teilaufhebung sein. Das Gericht muss von Amts wegen nach Maßgabe des Erforderlichkeitsgrundsatzes die vorhandenen Tatsachen prüfen, die zur Aufhebung führen.[19]

34 Wenn der Betreuer feststellt, dass der Einwilligungsvorbehalt für seinen Betreuten nicht mehr notwendig ist, muss er **das Gericht darüber gem. § 1864 Abs. 2 Nr. 1 Alt. 2 BGB informieren.** Diese Information sollte der Betreuer schriftlich und unter Angabe der Tatsachen nebst einer Begründung für ein Entfallen des Einwilligungsvorbehaltes aus seiner Sicht dem Gericht mitteilen. Das Gericht leitet dann eine Prüfung von Amts wegen ein, die u.a. die Anhörung des Betroffenen einschließt.

16 Staudinger/Bienwald BGB § 1908a aF Rn. 47 ff.
17 Staudinger/Bienwald BGB § 1908a aF Rn. 25.
18 Staudinger/Bienwald BGB § 1908d aF Rn. 65 ff.; Bienwald/Sonnenfeld/Harm/Bienwald § 1908d aF Rn. 32; MüKoBGB/Schneider § 1908d aF Rn. 20.
19 Staudinger/Bienwald BGB § 1908d aF Rn. 11; Bienwald/Sonnenfeld/Harm/Bienwald § 1908d aF Rn. 11 ff.; MüKoBGB/Schneider § 1908d aF Rn. 3.

III. Erweiterung des Aufgabenkreises mit dem Einwilligungsvorbehalt (§ 1871 Abs. 3 BGB)

Gem. **§ 1871 Abs. 4 iVm Abs. 3 BGB** gilt fort, dass das Gericht einen Einwilligungsvorbehalt beschließen muss, wenn für die notwendige Erweiterung der Betreuung mit dem Einwilligungsvorbehalt die **Voraussetzungen des § 1825 BGB vorliegen.** Der Betreute darf insbesondere nicht mehr in der Lage sein, Angelegenheiten oder Maßnahmen, auf die sich der Einwilligungsvorbehalt erstreckt, rechtswirksam selbst besorgen und seinen Willen dazu frei bestimmen zu können.[20] 35

Auch in diesem Fall ist es Aufgabe des Betreuers, das Gericht über die Notwendigkeit der Einrichtung des Einwilligungsvorbehaltes schriftlich zu informieren (**§ 1864 Abs. 2 Nr. 1 Alt. 2 BGB**). 36

Ein Einwilligungsvorbehalt kann auch für einen Vollmachtgeber notwendig werden, wenn dieser selbst seine Angelegenheiten nicht mehr regeln kann und eine Vollmacht mit dem entsprechenden Regelungsinhalt erteilt hat. Sollte für ihn der besondere Schutz des Einwilligungsvorbehaltes erforderlich werden, so muss das mit der Einrichtung einer Betreuung und mit einem Aufgabenbereich geschehen, der um den Einwilligungsvorbehalt ergänzt wird. Bei Vorliegen einer Betreuungsverfügung kann der Vollmachtgeber auch für diesen Fall die Betreuerperson ex ante bestimmen. Der Bevollmächtigte sollte die Einleitung eines solchen Betreuungsverfahrens schriftlich beim Betreuungsgericht anzeigen. 37

D. Personenangelegenheiten (§§ 1827–1834 BGB)

I. Patientenverfügung: Behandlungswünsche oder mutmaßlicher Wille des Betreuten (§ 1827 BGB)

1. Allgemeines zur Patientenverfügung

Die in **§ 1827 BGB** geregelte Patientenverfügung stimmt inhaltlich mit § 1901 BGB aF überein. Die Gesetzesüberschrift betont neuerlich, dass die Behandlungswünsche des Betroffenen, ersatzweise sein mutmaßlicher Wille, bei der Umsetzung der Verfügung maßgeblich für die Behandlung sind. 38

Es bleibt dabei, dass der volljährige und einwilligungsfähige Betreute höchstpersönlich und schriftlich in der Verfügung seine Vorstellungen für eine später stattfindende Behandlung freiwillig verfasst.[21] Er muss die Verfügung persönlich niederschreiben.[22] Es reicht aus, wenn der Betreute dabei seine Vorstellungen mit hinreichender Genauigkeit umschreibt[23] und etwaig ungewollte Behandlungen ausdrücklich ausschließt. 39

Liegt eine **wirksame Patientenverfügung vor, obliegt es dem Betreuer gem. § 1827 Abs. 1 S. 1 BGB deren Anwendung auf den konkreten Fall zu prüfen.** Hierbei wird der Betreuer alle aktuellen Lebens- und Behandlungssituationen untersuchen müssen, auf die die Verfügung hinweist, und ob sie dem Willen des Betroffenen entspricht.[24] Kommt er zu einem positiven Ergebnis einer Anwendung oder einer Unterlassung von Maß- 40

20 Staudinger/Bienwald § 1908d aF Rn. 17; MüKoBGB/Schneider § 1908d aF Rn. 16 ff.
21 Bienwald/Sonnenfeld/Harm/Bienwald § 1827 aF Rn. 16 ff.
22 Staudinger/Bienwald BGB § 1901a aF Rn. 37.
23 BGH FamRZ 2019, 238 Rn. 20 f.
24 Bienwald/Sonnenfeld/Harm/Bienwald § 1827 aF Rn. 39.

nahmen, die der Betroffene gewünscht hat, aber jetzt selbst nicht mehr umsetzen kann, muss der Betreuer den in der Verfügung geäußerten Willen gem. **§ 1827 Abs. 1 S. 2 BGB** umsetzen.

2. Widerruf der Patientenverfügung (§ 1827 Abs. 1 S. 3 BGB)

41 Gem. **§ 1827 Abs. 1 S. 3 BGB** kann **der Betroffene die Verfügung jederzeit widerrufen.** Er muss, wie bei der Errichtung der Verfügung, einwilligungsfähig sein.[25] Der Widerruf selbst ist nicht an eine Form gebunden. Der Betroffene kann schriftlich wie auch mündlich ausdrücklich oder durch konkludentes Handeln, etwa durch die Vernichtung der Verfügung, die Patientenverfügung widerrufen. Gleich der Erstellung kann der Widerruf nur vom Betroffenen höchstpersönlich ausgesprochen werden. Wegen der Nachweisbarkeit im Rechtsverkehr ist es sinnvoll, dass der Betroffene die Schriftform für den Widerruf wählt. Damit stellt er gleichzeitig die sonst für den Betreuer gem. § 1827 Abs. 1 S. 2 BGB bestehende Handlungspflicht als nicht mehr bestehend klar.

42 **Muster: Widerruf einer Patientenverfügung**

... Hiermit widerrufe ich nach reiflicher Überlegung und nach Einholung entsprechender Informationen zu einer Patientenverfügung meine am ... verfasste Patientenverfügung mit sofortiger Wirkung. ...

Datum und Unterschrift ...

3. Fehlen oder Nichtanwendbarkeit einer Patientenverfügung (§ 1827 Abs. 2 BGB)

43 **§ 1827 Abs. 2 BGB** trifft gleich § 1901a Abs. 2 BGB aF die Vorgehensweise für den Fall, dass der Betroffene keine Patientenverfügung verfasst hat oder dass die Inhalte der Patientenverfügung nicht auf die aktuelle Lebens- und Behandlungssituation anwendbar sind. In beiden Fällen werden die vom Betreuer zu treffenden Maßnahmen oder deren Unterlassen sich nach den Wünschen des Betroffenen richten müssen, soweit diese vom Betreuer ermittelt werden können. Hierzu wird der Betreuer mehrschichtige Recherchen im Bereich des Betroffenen und seiner persönlichen (= Verwandte, Bekannte oder Ärzte) und sachlichen (= vorhandene Unterlagen, Kirchenzugehörigkeit etc) Umgebung treffen müssen.

44 Lassen sich keine Wünsche beim Betroffenen feststellen, muss der Betreuer den mutmaßlichen Willen ermitteln, nach dem der Betroffene in der aktuellen Situation entschieden hätte. Auch hierzu muss der Betreuer die Entscheidungsgrundlagen ermitteln. Diese haben einen vergleichbaren Inhalt und Umfang wie die Recherchen nach den mutmaßlichen Wünschen. Erst wenn der Betreuer keinerlei Anhaltspunkt für die Entscheidung findet, ist das Wohl des Betroffenen die Grundlage für die Entscheidung.[26]

4. Mutmaßlicher Wille oder Wunsch (§ 1827 Abs. 3 BGB)

45 **§ 1827 Abs. 3 BGB** stellt klar, dass der Umgang mit der Patientenverfügung oder eine Handlung nach dem mutmaßlichen Willen oder dem Wunsch des Betroffenen unabhängig von seinem Gesundheitszustand sind.

---

25 Bienwald/Sonnenfeld/Harm/Bienwald § 1827 aF Rn. 37.
26 BGH FamRZ 2020, 1868 Rn. 21; FamRZ 2017, 748 Rn. 32.

5. Betreueraufgaben (§ 1827 Abs. 4 BGB)

Gem. **§ 1827 Abs. 4 BGB** gehört es zur **Aufgabe des Betreuers, dem Betroffenen bei der Erstellung einer Patientenverfügung zu helfen.** Dazu muss der Betroffene einwilligungsfähig sein und eine Patientenverfügung auch freiwillig erstellen. 46

Die Betreuer selbst können sich ihrerseits, wenn sie ehrenamtlich tätig sind, über ihre pflichtige Vorgehensweise gem. § 1827 Abs. 4 BGB beim Betreuungsverein (§ 5 BtOG) oder bei der Betreuungsbehörde (§ 15 Abs. 1 BtOG) informieren. 47

6. Freiwilligkeit der Patientenverfügung (§ 1827 Abs. 5 BGB)

§ 1827 Abs. 5 BGB bestimmt ausdrücklich die **Freiwilligkeit der Errichtung der Patientenverfügung. Dazu gehört als Selbstverständnis die freie Ausgestaltung des Inhalts.** 48

7. Bevollmächtigter und Ehegatte bei der Umsetzung der Patientenverfügung (§ 1827 Abs. 6 BGB)

Gem. § 1827 Abs. 6 gelten die Abs. 1–3 für Personen, denen der Betroffene zur Umsetzung seiner Patientenverfügung eine Vollmacht erteilt hat. Gem. **§ 1358 BGB** mit dem Verweis in **§ 1358 Abs. 6 BGB** sind auch die Ehegatten (= inhaltlich und zeitlich begrenzte **Ehegattennotvertretung**) handlungsbefugt, für ihren Partner = den Betroffenen die Patientenverfügung umzusetzen oder nach Abs. 2 dessen Wünschen oder dem mutmaßlichen Willen zu folgen. 49

II. Gespräch zur Feststellung des Patientenwillens (§ 1828 BGB)

§ 1828 BGB entspricht inhaltlich dem Wortlaut des § 1901b BGB aF Bevor eine Patientenverfügung umgesetzt wird, prüft der den Betroffenen behandelnde Arzt die medizinischen Grundlagen im Hinblick auf eine etwaige Umsetzung der Patientenverfügung (= § 1828 Abs. 1 BGB). Hierbei muss er den Patientenwillen berücksichtigen. Die Prüfung erfolgt unter Einbeziehung des Betreuers oder **gem. § 1828 Abs. 3 BGB** des Bevollmächtigten oder gem. **§ 1358 Abs. 6 BGB** des Ehegatten/Lebenspartners. 50

Der Arzt soll gem. **§ 1828 Abs. 2 BGB** nahe Angehörige oder sonstige Vertrauenspersonen des Betroffenen an dem Gespräch beteiligen. 51

Einzelne Handlungspflichten der in § 1828 BGB genannten Personen gibt der Gesetzgeber nicht vor. 52

III. Genehmigung des Betreuungsgerichts bei ärztlichen Maßnahmen (§ 1829 BGB)

1. Allgemeines zur Genehmigung

Die Genehmigungsregelungen des **§ 1829 BGB** haben bis auf den Verweis auf **§ 1920 Abs. 2 Nr. 1 BGB** und die neue Geltung der Ehegattennotvertretung gem. **§ 1358 BGB** die Regelungen des § 1904 BGB aF übernommen. 53

Wenn der Betroffene einwilligungsunfähig ist und Untersuchungen seines Gesundheitszustandes, eine Heilbehandlung oder ein ärztlicher Eingriff für ihn einerseits erforderlich sind, andererseits lebensgefährdend oder seine Gesundheit dauernd schädigend sein 54 können,[27] bedürfen sie als **einwilligende Maßnahmen** gem. § 1829 Abs. 1 S. 1 BGB **grundsätzlich der gerichtlichen Genehmigung.** Diese **Genehmigung** muss der Betreuer beim Betreuungsgericht **beantragen,** wenn er den Aufgabenbereich Gesundheit innehat. Er sollte den Antrag **schriftlich** stellen, um ihn für alle Beteiligten nachweisbar zu machen. Soweit der Aufgabenkreis des Betreuers den Aufgabenbereich Gesundheit nicht erfasst, muss der Betreuer gem. **§ 1864 Abs. 2 Nr. 3 BGB** das Betreuungsgericht über die beim Betreuten eingetretenen Tatsachen zum Bereich Gesundheit informieren.

2. Richterliche Genehmigung (§ 1829 Abs. 2–4 BGB)

55 Willigt der Betreuer in einen Eingriff in den Gesundheitszustand, in eine Heilbehandlung oder einen ärztlichen Eingriff jeweils mit Lebensgefahr für den Betroffen nicht ein oder widerruft er eine bereits erteilte Einwilligung, so bedarf beides gem. § 1829 Abs. 2 BGB der richterlichen Genehmigung, wenn das Unterbleiben der Maßnahme oder deren Abbruch der Gesundheit oder dem Leben des Betroffenen entgegensteht.

56 Die **Genehmigung** zum Eingriff oder dessen Unterlassen nach den Abs. 1 und 2 **muss** das Gericht gem. **§ 1829 Abs. 3 BGB erteilen, wenn der Betroffene dies will.**[28]

57 Gem. **§ 1829 Abs. 4 BGB ist keine Genehmigung für die Maßnahmen oder deren Unterlassen** nach den Abs. 1 und 2 erforderlich, wenn zwischen dem Arzt und dem zuständigen Betreuer Einvernehmen darüber besteht, dass die Maßnahme oder deren Unterlassen einer wirksamen Patientenverfügung nach Maßgabe des § 1827 BGB entspricht. Über dieses Einvernehmen, das in schriftlicher Form aufgenommen werden sollte, ist auch das Gericht zu unterrichten.

3. Vertretung des Betroffenen durch Dritte (§ 1829 Abs. 5 BGB)

58 Gem. **§ 1829 Abs. 5 BGB** gelten die **Abs. 1–4** nach Maßgabe des **§ 1920 Abs. 2 Nr. 1 BGB** für den Bevollmächtigten entsprechend.

59 Ebenso gelten die **Abs. 1–4** im Rahmen des Ehegattennotvertretungsrechts gem. **§ 1358 BGB über § 1358 Abs. 6 BGB** entsprechend.

IV. Sterilisation (§ 1830 BGB)

1. Allgemeines zur Sterilisation von Betreuten

60 Gem. **§ 1830 Abs. 1 BGB** darf zur Regelung einer Sterilisation nur ein **Sterilisationsbetreuer,** also ein als solcher bestellter Betreuer, tätig werden (**§ 1817 Abs. 2 BGB**). Eine Betreuungsbehörde oder ein Betreuungsverein sind gem. § 1818 Abs. 5 BGB von der Übertragung des Aufgabenbereiches Sterilisation zum Sterilisationsbetreuer ausdrücklich ausgeschlossen.[29]

61 Fortlaufend gehört zu dem Personenkreis der für die Durchführung einer Sterilisation in Betracht kommenden Personen nur eine unter Betreuung stehende, einwilligungsunfähige volljährige Person.

---

27 Zu den in Betracht kommenden Handlungsfällen vgl. Bienwald/Sonnenfeld/Harm/Bienwald § 1829 aF Rn. 40 ff.; AG Brandenburg Rpfleger 2021, 710 ff.

28 BVerfG NStZ-RR 2021, 356.

29 Bienwald/Sonnenfeld/Harm/Bienwald § 1830 aF Rn. 22.

2. Voraussetzungen der Sterilisation (§ 1830 Abs. 1 Nr. 1–5 BGB)

Mit der **Neuformulierung des § 1830 Abs. 1 Nr. 1 BGB** muss die **Durchführung einer Sterilisation dem natürlichen Willen des Betroffenen entsprechen.** Das indiziert, dass **eine Zwangssterilisation unzulässig ist.**[30] Den natürlichen Willen als Handlungsgrundlage muss der Sterilisationsbetreuer feststellen. Es kann sich dabei um Aussagen oder auch Zeichen des Betroffenen jedweder Art handeln, wenn sie nur eine Befürwortung zur Sterilisation enthalten. Jede Ablehnung indiziert den Widerspruch. Die Willensäußerung des Betroffen kann bis zur Vornahme der Maßnahme von ihm vorgetragen werden und ist bis dahin maßgeblich.[31] 62

Die weiteren Voraussetzungen für eine zulässige Einwilligung in eine Sterilisation **bei positivem Willen der betreuten Person** sind, dass diese gem. **§ 1830 Abs. 1 Nr. 2 BGB** dauerhaft einwilligungsunfähig bleibt, dass es zu einer Schwangerschaft ohne den Eingriff kommen wird, **§ 1830 Abs. 1 Nr. 3 BGB**, dass gem. **§ 1830 Abs. 1 Nr. 4 BGB** infolge der Schwangerschaft die schwangere Person in ihrem Leben oder ihrer Gesundheit schwer gefährdet werden würde und dass es gem. **§ 1830 Abs. 1 Nr. 5 BGB** kein zumutbares anderes Mittel zur Schwangerschaftsverhinderung geben kann. **Die Summe aller Nummern in Abs. 1 ist die Voraussetzung für eine Einwilligung des Sterilisationsbetreuers.**[32] 63

3. Umsetzung einer Sterilisation (§ 1830 Abs. 2 BGB)

Der Sterilisationsbetreuer muss prüfen, ob alle Voraussetzungen des Abs. 1 vorliegen. Im Bejahensfall hat das Gericht gem. **§ 1830 Abs. 2 S. 1 BGB** festzustellen, ob die Voraussetzungen für die Einwilligung des Sterilisationsbetreuers in den Eingriff vorliegen. Erteilt das Gericht die Genehmigung, darf der Eingriff gem. **§ 1830 Abs. 2 S. 2 BGB** erst zwei Wochen nach Wirksamkeit der gerichtlichen Entscheidung durchgeführt werden. 64

Bei der Umsetzung muss der Betreuer dafür Sorge tragen, dass eine **Refertilisierung gem. § 1830 Abs. 2 S. 3 BGB der gesetzlich vorgegebene Vorrang eingeräumt wird.** 65

Die gesamte Prüfung, die Einwilligung und der Antrag auf Genehmigung ist Pflichtaufgabe des Sterilisationsbetreuers, die er in den einzelnen Schritten im Interesse des Betroffenen und seinem eigenen Interesse jeweils schriftlich festhalten sollte. 66

V. Freiheitsentziehende Unterbringung und freiheitsentziehende Maßnahmen (§ 1831 BGB)

1. Voraussetzung der freiheitsentziehenden Unterbringung (§ 1831 Abs. 1 BGB)

Die Regelungen des **§ 1831 BGB** sind inhaltlich vollständig von § 1906 BGB aF übernommen worden. Es bleibt dabei, dass der Betreuer entsprechend seinem Aufgabenbereich oder im Rahmen einer Erweiterungsanregung seinen Betreuten freiheitsentziehend unterbringen lassen kann.[33] 67

30 MüKoBGB/Schneider § 1905 aF Rn. 18.
31 Staudinger/Bienwald BGB § 1905 aF Rn. 77; MüKoBGB/Schneider § 1905 aF Rn. 2.
32 Bienwald/Sonnenfeld/Harm/Bienwald § 1830 aF Rn. 39; LG Flensburg BtPrax, 2020, 69 ff.
33 Bienwald/Sonnenfeld/Harm/Bienwald § 1831 aF Rn. 18 Staudinger/Bienwald BGB § 1906 aF Rn. 38, 40, 42.

68 Dazu müssen bei dem Betroffenen selbst die Voraussetzungen des **§ 1831 Abs. 1 Nr. 1 BGB** mit einer psychischen Krankheit oder geistiger oder seelischer Behinderung vorliegen, aufgrund derer sich der Betroffene selbst töten oder erheblich gesundheitlich schaden würde oder dies könnte.

69 Die alternative Unterbringungsvoraussetzung ist gem. **§ 1831 Abs. 1 Nr. 2 BGB** gegeben, wenn bei dem Betroffenen zur Abwendung eines erheblichen Gesundheitsschadens eine Heilbehandlung oder ein ärztlicher Eingriff nur im Rahmen einer Unterbringung erfolgen und der Betroffene wegen seines Gesamtzustandes die Eingriffsnotwendigkeit nicht erkennen oder nicht nach der Erkenntnis handeln kann.

70 Diese Unterbringungsvoraussetzungen sind von den öffentlich-rechtlichen Unterbringungen nach den jeweiligen LänderpsychKGs. zu unterscheiden, die auch bei nichtbetreuten Personen und Fremdgefährdung in Betracht kommen.[34]

2. Genehmigung durch Gerichte (§ 1831 Abs. 2 BGB)

71 Gem. **§ 1831 Abs. 2 S. 1 BGB** muss der Betreuer **die Unterbringungsmaßnahme nach Abs. 1 vom Betreuungsgericht genehmigen lassen**, wenn nicht gem. **§ 1831 Abs. 2 S. 2 Hs. 1 BGB** für den Betroffenen Gefahr im Verzug zu seinem Schaden vorliegt. Die Genehmigung muss der Betreuer gem. **§ 1831 Abs. 2 S. 2 Hs. 2 BGB** unverzüglich nachträglich einholen.

3. Beendigung der Unterbringung (§ 1831 Abs. 3 BGB)

72 Ferner ist es Aufgabe des Betreuers, gem. **§ 1831 Abs. 3 S. 1 BGB die Unterbringung sofort zu beenden, wenn deren Voraussetzungen entfallen sind.** Diese Beendigung muss der Betreuer dem Betreuungsgericht zur Kenntnis geben, **§ 1831 Abs. 3 S. 2 BGB.**

73 Der Betreuer ist gehalten, die Voraussetzungen für die freiheitsentziehende Unterbringung nach ihren Voraussetzungen gem. § 1831 Abs. 1 BGB sorgfältig zu prüfen, weil mit der Freiheitsentziehung in Rechte des Betroffenen von höchstem Stellenwert, insbesondere in Art. 2 Abs. 2 S. 1 GG, eingegriffen wird.[35] Wesentlich ist festzustellen, dass der Gesundheitsschaden ohne die Unterbringung für den Betroffenen erheblich ist.[36] Er muss ferner beachten, dass bei einer bereits von ihm veranlassten Unterbringung diese wegen Art. 104 GG schnellstmöglich vom Gericht genehmigt wird.

4. Freiheitsentziehende Maßnahmen (§ 1831 Abs. 4 BGB)

74 Fortgesetzt gelten für die freiheitsentziehende Unterbringung eines Betreuten durch seinen Betreuer gem. § 1831 Abs. 4 BGB die Abs. 1–3. Als Ort für die Maßnahme kommt ein Krankenhaus, ein Heim ohne nähere Spezifizierung oder eine sonstige Einrichtung in Betracht. Nicht erfasst ist der heimische Bereich des Betroffen.[37] Wichtig ist, dass der Betreuer vor der Anzeige der Maßnahme an das Gericht zur Genehmigung die Dauer der Maßnahme prüft.

---

34 Bienwald/Sonnenfeld/Harm/Bienwald § 1831 aF Rn. 8 ff.
35 Bienwald/Sonnenfeld/Harm/Bienwald § 1831 aF Rn. 27 ff.; BGH MDR 2020, 1251 Rn. 9; FamRZ 2018, 950 Rn. 13.
36 Staudinger/Bienwald BGB § 1906 aF Rn. 53.
37 Ob der heimische Bereich als Einrichtung iSd Gesetzes gilt, ist umstritten. Pro: AG Garmisch-Partenkirchen BtPrax 1999, 207; MüKoBGB/Schneider § 1906 aF Rn. 59; Staudinger/Bienwald BGB § 1906 aF Rn. 96.

5. Durchführung der Maßnahmen durch Dritte (§ 1831 Abs. 5 BGB)

Gem. **§ 1831 Abs. 5 iVm § 1820 Abs. 2 Nr. 3 BGB** gelten die freiheitsentziehenden Unterbringungen und Maßnahmen nebst ihren gesetzlichen Erfordernissen **auch für den Bevollmächtigten,** wenn seine Vollmacht den Bereich der Freiheitsentziehung gem. § 1831 BGB erfasst. 75

Die freiheitsentziehende Maßnahme gem. **§ 1831 Abs. 4 BGB iVm Abs. 2 BGB kann gem. § 1358 Abs. 6 BGB in einem Zeitraum von sechs Monaten auch vom Ehegatten oder Partner** nach Maßgabe des § 1358 Abs. 1–5 BGB durchgeführt werden. 76

VI. Ärztliche Zwangsmaßnahmen (§ 1832 BGB)

1. Allgemeines zu ärztlichen Zwangsmaßnahmen

§ 1832 BGB übernimmt die Regelungen des § 1906a BGB wörtlich bis auf die Umbenennung der Paragrafen und den Verweis beim Bevollmächtigten auf **§ 1820 Abs. 2 Nr. 2 BGB** im Übrigen unverändert. 77

Der Betreuer ist unter zwei Voraussetzungsbereichen autorisiert, ärztliche Zwangsmaßnahmen an dem Betreuten durchführen zu lassen: 78

- **die Zwangsmaßnahmen nach § 1832 Abs. 1 BGB müssen von seinem Aufgabenbereich erfasst** sein, was ausdrücklich oder in einem Zusammenschluss von mehreren Aufgabenbereichen vom Gericht bestimmt werden kann;[38]
- **die in § 1832 Abs. 1 S. 1 Nr. 1–7 BGB genannten Voraussetzungen müssen kumulativ vorliegen,** wenn die ärztliche Zwangsmaßnahme gegen den Willen des Betroffenen durchgeführt werden soll.[39] Der Betreuer muss mithin prüfen, ob die Voraussetzungen vorliegen. Das wird er unter Einbeziehung der den Betroffenen Behandelnden Ärzte tun.

2. Prüfungsinhalte (§ 1832 Abs. 1 Nr. 1–7 BGB)

Zur Prüfung gehören bei Behandlungsbefugnis des Betreuers: 79

- die Notwendigkeit der Zwangsmaßnahme gem. **§ 1832 Abs. 1 S. 1 Nr. 1 BGB,**[40]
- das Vorliegen der Einsichts- oder Handlungsunfähigkeit des Betroffenen aufgrund einer psychischen Krankheit oder einer geistigen oder seelischen Behinderung gem. **§ 1832 Abs. 1 S. 1 Nr. 2 BGB,**
- das Entsprechen der ärztlichen Zwangsmaßnahmen mit dem gem. § 1827 zu beachtenden Willen des Betroffenen **§ 1832 Abs. 1 S. 1 Nr. 3 BGB,**[41]
- die Durchführung eines Versuchs zur Überzeugung des Betroffenen von der Notwendigkeit der Maßnahme gem. **§ 1832 Abs. S. 1 Nr. 4 BGB,**[42]
- die Erforderlichkeit der Zwangsmaßnahme , **§ 1832 Abs. 1 S. 1 Nr. 5 BGB,**[43] die Eignung und Alternativlosigkeit der Maßnahme **§ 1832 Abs. 1 S. 1 Nr. 6 BGB,**[44]

---

38 Bienwald/Sonnenfeld/Harm/Bienwald § 1832 aF Rn. 19 f.; Staudinger/Bienwald BGB § 1906 aF Rn. 38 ff.
39 BGH FamRZ 2020, 534 Rn. 22; FamRZ 2018, 121.
40 BGH NJW-RR 2021, 1153; NJW 2020, 1581 mAnm Kießling.
41 BVerfG NStZ-RR 2021, 356; BGH R&P 2021, 47 Rn. 22 f.; FamRZ 2017, 748 Rn. 34.
42 Die Person, die überzeugen soll, nennt der Gesetzgeber nicht.
43 BGH NJW-RR 2021, 1153; FamRZ 2020, 534 Rn. 19.
44 BGH NJW-RR 2021, 1153.

- **und** die Durchführung der Maßnahme an einem in **§ 1832 Abs. 1 S. 1 Nr. 7 BGB** genannten Ort

80 Gem. **§ 1832 Abs. 1 S. 2 BGB** sind einstweilige Maßnahmen gem. **§ 1867 BGB** sind nur anwendbar, wenn der Betreuer selbst nicht handeln kann.

3. Genehmigung (§ 1832 Abs. 2 BGB), Einwilligungswiderruf (§ 1832 Abs. 3 BGB) Ort der Maßnahme (§ 1832 Abs. 4 BGB)

81 Der **Betreuer muss seine Einwilligung** in die ärztlichen Maßnahmen gem. **§ 1832 Abs. 1 BGB dem Gericht zur Genehmigung gem. § 1832 Abs. 2 BGB** vorlegen. Diese Vorlage sollte im allseitigen Interesse schriftlich und mit Begründung der einzelnen Voraussetzungen unter deren Benennung erfolgen.

82 Sobald die Voraussetzungen der ärztlichen Zwangsmaßnahme entfallen, muss der Betreuer **seine Einwilligung dazu gem. § 1832 Abs. 3 BGB sofort widerrufen** und dies schriftlich dem Gericht unverzüglich anzeigen.

83 Wird ein Betroffener, für den die ärztlichen Zwangsmaßnahmen in Betracht kommen, gegen seinen natürlichen Willen gem. **§ 1832 Abs. 4 BGB** in ein **stationäres Krankenhaus verbracht, gelten die §§ 1831 Abs. 1 Nr. 2, Abs. 2, 3 S. 1 BGB entsprechend.** Handelnder ist der Betreuer entsprechend seinem Aufgabenbereich. Er muss ferner auch hier die richterliche Genehmigung einholen.

84 Der Bevollmächtigte ist nach Maßgabe der auf ihn ausgestellten Vollmacht gem. § 1820 Abs. 2 Nr. 3 BGB für § 1832 Abs. 1–4 BGB handlungsbefugt und handlungspflichtig.

VII. Aufgabe von Wohnraum des Betreuten (§ 1833 BGB)

1. Allgemeines

85 **§ 1833 BGB** regelt neu und anstelle des § 1907 BGB aF die Aufgabe des Wohnraums des Betreuten. Der bisherige, auch in § 1907 BGB aF geregelte Vermögensschutz wird von **§ 1853 Abs. 1 BGB** übernommen.

86 Der eigene, selbstgenutzte Wohnraum ist für den Betroffenen von hohem persönlichem und sonstigem Wert. Deswegen knüpft der Gesetzgeber die Aufgabe an jetzt neu geregelte Voraussetzungen. **§ 1833 Abs. 1 BGB** bestimmt die Selbstnutzung. Der Wohnraum als solcher wird nicht konkretisiert, kann also eine Wohnung, ein Zimmer in einer Wohngemeinschaft wie in einem Heim sein.[45]

87 Die Wohnraumaufgabe knüpft der Gesetzgeber an den **Verweis auf § 1821 Abs. 2–4 BGB,** wonach die geäußerten Wünsche, alternativ der mutmaßliche Wille zu berücksichtigen sind. Die in **§ 1821 Abs. 3 BGB genannte Gefährdung,** die einer Umsetzung der Betroffenenwünsche entgegensteht, wird in **§ 1833 Abs. 1 S. 2 BGB konkretisiert:** genannt werden die nicht bestehende Finanzierbarkeit der Wohnung und die nicht mehr ohne Gefährdung für den Betroffenen mögliche häusliche Versorgung für ihn. Zu einer

45 Staudinger/Bienwald BGB § 1907 Af Rn. 27; MüKoBGB/Schneider § 1907 aF Rn. 9; LG München MDR 2020, 1110.

Wohnungssaufgabe können auch andere Gefährdungen als die im Gesetz genannten führen.[46]

2. Anzeigepflicht (§ 1833 Abs. 2 BGB)

Wenn der **Betreuer die Aufgabe der Wohnung gem. § 1833 Abs. 1 BGB** beabsichtigt, muss er diese gem. **§ 1833 Abs. 2 S. 1 BGB** dem Gericht anzeigen, und zwar unter Angabe der Gründe. Selbst wenn an die Anzeigepflicht keine Schriftform geknüpft ist, sollte der Betreuer diese Form gleichwohl zur Nachweisbarkeit wählen. 88

Gem. **§ 1833 Abs. 2 S. 2 BGB** erstreckt sich die Anzeigepflicht des Betreuers auch auf andere, zur Wohnungsaufgabe führende Gründe. Hierzu gehören eine Vielzahl von Auflösungsmodalitäten wie Kündigungen, Maßnahmen aus sonstigen zivilgerichtlichen Urteilen oder Beschlüssen sein.[47] Der Aufgabenbereich des Betreuers muss ihn zu den entsprechenden Handlungen legitimieren. 89

3. Genehmigungspflichtige Maßnahmen des Betreuers (§ 1833 Abs. 3 BGB)

Die Genehmigung zur Aufgabe des selbstgenutzten Wohnraums muss der Betreuer vom Gericht einholen: 90

- **gem. § 1833 Abs. 3 S. 1 Nr. 1 BGB** zur Kündigung des Mietverhältnisses (= §§ 535 ff. BGB),
- **gem. § 1833 Abs. 3 S. 1 Nr. 2 BGB** zu einer auf die Aufhebung des Mietverhältnisses gerichtete Willenserklärung,
- **gem. § 1833 Abs. 3 S. 1 Nr. 3 BGB zur** Vermietung von „solchem" Wohnraum
- **gem. § 1833 Abs. 3 S. 1 Nr. 4 BGB** zu Verfügungen über Grundstücke oder Rechte an ihnen (= Wohnungsrechte, Altenteilsrechte), soweit eine Wohnraumaufgabe damit verbunden ist.

Zu den Genehmigungserklärungen verweist **§ 1833 Abs. 3 S. 2 BGB** auf **§ 1855 BGB = Genehmigungserklärung, § 1856 BGB = nachträgliche Genehmigung; § 1857 BGB = Widerrufsrecht des Vertragspartners und § 1858 BGB = einseitiges Rechtsgeschäft.** 91

Zu den in § 1833 BGB genannten Handlungen wird ausschließlich der Betreuer autorisiert. Er muss im Zeitpunkt seines Handelns über den Aufgabenbereich verfügen, der die Aufgabe eines Wohnraums berührt.[48] 92

VIII. Bestimmung des Umgangs und des Aufenthalts des Betreuten (§ 1834 BGB)

§ 1834 BGB regelt einen Teil des § 1632 BGB, auf den § 1908i BGB aF verwiesen hatte. 93

1. Umgangsbestimmung (§ 1834 Abs. 1 BGB)

Gem. **§ 1834 Abs. 1 Alt. 1 BGB** darf der Betreuer den Umgang des Betroffenen mit Dritten mit Wirkung für diese nur bestimmen, wenn der Betroffene das wünscht. Dazu muss der Betroffene mindestens in der Lage sein, rechtswirksam Wünsche zu äußern. Alternativ ist der Betreuer gem. **§ 1834 Abs. 1 Alt. 2 BGB** zur Umgangsbestimmung 94

46 Dass es sich bei den Gefährdungen um Beispiele handeln soll, hat der Gesetzgeber mit „insbesondere" zum Ausdruck gebracht.
47 Bienwald/Sonnenfeld/Harm/Bienwald § 1833 aF Rn.49 ff.
48 Staudinger/Bienwald BGB § 1907 aF Rn. 16 f.; MüKoBGB/Schneider § 2007 Rn. 3.

autorisiert, wenn dem Betroffenen mit dem Umgang eine konkrete Gefährdung iSd **§ 1821 Abs. 3 Nr. 1 BGB** droht.

95 Der Betreuer muss zur Bestimmung des Umgangs mit einem dazu passenden Aufgabenbereich autorisiert sein (**§ 1815 Abs. 2 Nr. 4 BGB**).[49]

2. Aufenthaltsbestimmung (§ 1834 Abs. 2 BGB)

96 **§ 1834 Abs. 2 BGB** nimmt inhaltlich § 1632 Abs. 1 BGB auf, indem der Betreuer den Aufenthalt des Betroffenen bestimmen kann, ebenfalls mit Wirkung für und gegen Dritte, und jenen in dem Kontext auch von Dritten herausverlangen kann. Die Aufenthaltsbestimmung für den Betroffenen kommt für zahlreiche Fälle und dann in Betracht, wenn der bisherige Aufenthalt nach reiflicher Abwägung der Interessen, Wünsche und Rechte des Betroffenen diesem mehr schadet als sein Verbleiben seinem Interesse entsprechen würde.

97 Soweit Dritte, zB Familienangehörige oder Partner, die mit dem Betroffenen zusammenleben und darüber mit seinem Aufenthalt zu tun haben, wird sich eine Aufenthaltsbestimmung auch auf oder gegen jene auswirken. Bei einer Abwehr zulasten des Betroffenen wird sich die Bestimmung des Betreuers gegen jene Dritte richten und von ihnen akzeptiert werden müssen.

98 Der Betreuer muss für die Maßnahmen der Aufenthaltsbestimmung mit dem entsprechenden Aufgabenbereich vom Gericht autorisiert werden.[50]

3. Streitigkeiten zu den Umgangs- oder Aufenthaltsbestimmungen (§ 1834 Abs. 3 BGB)

99 Sollten sich Streitigkeiten im Rahmen der Umgangsbestimmung nach Abs. 1 oder der Aufenthaltsbestimmung nach Abs. 2 ergeben, bestimmt **§ 1834 Abs. 3 BGB**, dass das Betreuungsgericht auf Antrag darüber entscheidet. Damit wird § 1632 Abs. 3 BGB inhaltlich übernommen. Als eine der Parteien für die Streitigkeiten kommen die in den Abs. 1 und 2 genannten Dritten in Betracht.

100 Gem. **§ 1863 Abs. 2 S. 1 BGB** ist der Betreuer gehalten, das Gericht insbesondere bei der Beteiligung Dritter über die Bestimmungen des Aufenthaltes oder des Umgangs schriftlich zu informieren, um die Interessen des Betroffenen zu wahren und diesen und sich selbst im Hinblick auf Streitigkeiten gem. § 1834 Abs. 3 BGB zu schützen.

---

49 Für den Aufgabenbereich Umgangsbestimmung kommen in Betracht „alle Aufgabenbereiche", „Umgangsbestimmung".

50 Für den Aufgabenbereich Aufenthaltsbestimmung kommen in Betracht „alle Aufgabenbereiche", „Aufenthaltsbestimmung". Zu allgemein wäre der Aufgabenbereich „Regelung der allgemeinen Persönlichkeitsrechte".

§ 22 Gestaltungsoptionen für Testierende und Schenker

A. Überblick

Das Gesetz enthält verschiedene Begrenzungen und Optionen für die Fälle, dass ein minderjähriges Kind bzw. eine betreute Person lebzeitig oder von Todes wegen begünstigt wird. Dabei handelt es sich bei **Minderjährigen** um folgende Paragrafen: 1

- § 1638 Abs. 1 BGB:[1] Letztwillig und per Schenkung kann der Zuwendende bestimmen, dass das zugewendete Vermögen nicht von den Eltern verwaltet werden soll. Deren Vermögenssorge erstreckt sich dann nicht auf das zugewendete Vermögen.
- § 1811 Abs. 1, 2 BGB (§§ 1909 Abs. 1 S. 2, 1917 BGB): Nach Entzug der Vermögenssorge nach § 1638 Abs. 1 BGB oder bei Ausschluss des Vormundes von der Vermögensverwaltung durch den Zuwendenden hat das Familiengericht einen „Zuwendungspfleger" nach § 1811 Abs. 1 BGB zu bestellen, dessen Person der Zuwendende nach § 1811 Abs. 2 Nr. 1 BGB benennen kann und den der Zuwendende von gewissen Beschränkungen befreien kann.
- § 1639 Abs. 1 BGB:[2] Eltern haben letztwilliges oder lebzeitig zugewendetes Vermögen nach den „Anordnungen" des Zuwendenden zu verwalten (siehe § 1837 BGB).
- § 1640 Abs. 2 Nr. 2 BGB:[3] Ein Erblasser oder ein Schenker kann die Eltern von der Pflicht befreien, bei dem Familiengericht ein Verzeichnis über das durch ihr Kind erworbene Vermögen oberhalb von 15.000 EUR einzureichen.
- § 1782 Abs. 1 BGB (§ 1776 Abs. 1 BGB aF; § 1782 BGB aF): Eltern können Personen als Vormund benennen und ausschließen.
- § 1801 BGB (vgl. § 1852 BGB aF): Eltern können einen von ihnen benannten Vormund von dort definierten Beschränkungen befreien.
- § 1837 BGB (vgl. § 1803 BGB aF; für Vormünder über § 1798 Abs. 2 S. 1 BGB anwendbar): Der Betreuer bzw. der Vormund hat Vermögen, das die betreute bzw. minderjährige Person von Todes wegen oder durch Schenkung erwirbt, nach den letztwilligen Anordnungen bzw. nach den Anordnungen des Zuwendenden „zu verwalten". Dies gilt ebenfalls für Zuwendungspfleger, da § 1813 Abs. 1 BGB auf die Vorschriften aus dem Vormundschaftsrecht verweist und § 1798 Abs. 2 S. 1 BGB aus dem Vormundschaftsrecht wiederum auf § 1837 BGB verweist.

1 Zum 1.1.2023 erweitert auf unentgeltliche Zuwendungen auf den Todesfall und sprachlich etwas geändert.
2 Zum 1.1.2023 erweitert auf unentgeltliche Zuwendungen auf den Todesfall und sprachlich etwas geändert.
3 Keine Änderung zum 1.1.2023.

B. Ausschluss von der Vertretung

I. Überblick

2 Minderjährige werden grundsätzlich von ihren Eltern gesetzlich vertreten; nach dem Tod eines Elternteils vertritt der andere Elternteil allein (§ 1629 BGB). Ihnen obliegt schließlich neben der Personen- auch die Vermögenssorge ihrer Kinder (§ 1626 BGB). Diese gesetzliche Vertretungsbefugnis kann eingeschränkt werden, und zwar

- durch Entzug durch den Testierenden bzw. den Schenker (§ 1638 Abs. 1 BGB; → Rn. 12 ff.) bzw.
- aus gesetzlichen Gründen wie einer Interessenkollision (§§ 1629 Abs. 2, 1824, 1789 Abs. 2 S. 3, 4 BGB; §§ 1795 f. BGB aF; → Rn. 6 ff.; 9 f.) bzw. wegen Vermögensgefährdung (§ 1666 BGB; → Rn. 11)

3 Auch dem Vormund kann die Vermögenssorge für das zugewendete Vermögen vom Zuwendenden, gleichgültig ob die Zuwendung von Todes wegen oder zu Lebzeiten erfolgt, entzogen werden (§ 1811 Abs. 1 BGB).

4 Soweit den Eltern bzw. dem längerlebenden Elternteil oder dem Vormund nicht die Vertretungsmacht obliegt, hat das Familiengericht für diesen Teilbereich einen Ergänzungspfleger zu bestellen (§ 1809 BGB; → § 5 Rn. 41 ff.). Hat der Zuwendende indes die Person des Pflegers nach § 1811 Abs. 2 BGB bestimmt, hat das Familiengericht diese Person als Zuwendungspfleger nach § 1811 BGB zu bestellen (→ Rn. 22).

II. Entzug aufgrund gesetzlicher Gründe

5 Die Vertretungsmacht von Eltern, Vormündern und Betreuern kann von Gesetzes wegen entzogen werden, also unabhängig von Anordnungen durch den Erblasser bzw. durch den Schenker. Zu unterscheiden ist zwischen den absoluten Ausschlussgründen nach § 1824 BGB (§ 1795 BGB aF) und einer konkreten, im Einzelfall festzustellenden Interessenkollision im Falle eines „*erheblichen Gegensatzes*“ nach § 1989 Abs. 2 S. 3, 4 BGB (§ 1796 BGB aF).

1. Abstrakter Interessengegensatz

6 § 1824 BGB (inhaltsgleich mit § 1795 BGB aF) regelt absolute Ausschlussgründe.[4] Bei Vorliegen eines dort genannten Falles ist der gesetzliche Vertreter von der Vertretung ausgeschlossen, ohne dass es auf eine gerichtliche Entscheidung oder auf die Abwägung im konkreten Einzelfall ankommt. Nach § 1824 Abs. 1 BGB kann ein Betreuer, was nach § 1629 Abs. 2 BGB für Eltern und nach § 1789 Abs. 1 S. 2 BGB für den Vormund gilt, in folgenden Fällen den Mündel bzw. das Kind bzw. die betreute Person nicht vertreten, wobei nach § 1824 Abs. 2 BGB § 181 BGB unberührt bleibt:

„1. bei einem Rechtsgeschäft zwischen seinem Ehegatten oder einem seiner Verwandten in gerader Linie einerseits und dem Betreuten andererseits, es sei denn, dass das Rechtsgeschäft ausschließlich in der Erfüllung einer Verbindlichkeit besteht,
2. bei einem Rechtsgeschäft, das die Übertragung oder Belastung einer durch Pfandrecht, Hypothek, Schiffshypothek oder Bürgschaft gesicherten Forderung des

4 Socha, Vormundschaft und Pflegschaft in der Rechtspraxis, Rn. 92 ff.

Betreuten gegen den Betreuer oder die Aufhebung oder Minderung dieser Sicherheit zum Gegenstand hat oder die Verpflichtung des Betreuten zu einer solchen Übertragung, Belastung, Aufhebung oder Minderung begründet,

3. bei einem Rechtsstreit zwischen den in Nummer 1 bezeichneten Personen sowie bei einem Rechtsstreit über eine Angelegenheit der in Nummer 2 bezeichneten Art."

Durch § 1824 Abs. 1 BGB wird das Vertretungsrecht wie bei § 181 BGB ausgeschlossen, wobei es über das Verbot von Insichgeschäften zusätzlich hinausgeht. Es kommt bei diesen Fällen des abstrakten Gegensatzes nicht darauf an, ob die Interessen des gesetzlich Vertretenen tatsächlich gefährdet sind.[5] Die absoluten Ausschlussgründe sind abschließend, nicht durch Analogie erweiterbar.[6] 7

Der Ausschluss beschränkt sich auf Rechtsgeschäfte, nicht auf Erfüllungsgeschäfte: Ein Rechtsgeschäft, das ausschließlich in der Erfüllung einer Verbindlichkeit besteht, stellt kein verbotenes Insichgeschäft dar.[7] Bei solchen Erfüllungsgeschäften kommt ein Interessengegensatz nicht in Betracht.[8] Zu solchen Erfüllungsgeschäften zählt etwa die Erfüllung eines Pflichtteilsanspruchs[9] bzw. eines Vermächtnisanspruchs. Bei Streit oder rechtlicher Unklarheit über die Erfüllung liegt indes eine Interessenkollision vor.[10] Ferner ist § 181 BGB nicht anwendbar, wenn ein Rechtsgeschäft einem Minderjährigen lediglich rechtliche Vorteile bringt.[11] Auch liegt bei der Beantragung eines Erbscheins weder ein Rechtsgeschäft nach § 1824 Abs. 1 Nr. 2 BGH noch ein Rechtsstreit nach § 1824 Abs. 1 Nr. 3 BGB vor.[12] Gleichwohl kann ein konkreter Interessengegensatz nach § 1789 Abs. 2 S. 4 BGB (§ 1796 BGB aF) vorliegen.[13] 8

2. Konkreter Interessengegensatz

Das Familiengericht kann bei einem konkreten Interessengegensatz das Vertretungsrecht dem Vormund nach § 1789 Abs. 2 S. 2 BGB und den Eltern nach § 1629 Abs. 2 S. 3 BGB entziehen. Eine entsprechende Regelung war für den Betreuer nicht erforderlich, weil das Betreuungsgericht in einem solchen Fall dem Betreuer den betroffenen Aufgabenbereich entziehen kann.[14] Die Interessen zwischen Vertreter und Vertretenem müssen dazu „*in einem erheblichen Gegensatz*" stehen (§ 1789 Abs. 2 S. 4 BGB).[15] Ein erheblicher Interessengegensatz liegt vor, wenn die Wahrnehmung des Interesses des einen nur auf Kosten des anderen geschehen kann und die Gefahr besteht, dass der Inhaber der elterlichen Sorge infolge des Interessenwiderstreits nicht in der Lage ist, eine dem Wohl des Kindes gerecht werdende Entscheidung zu treffen.[16] Eine Gefährdung ist zu bejahen, wenn konkrete Umstände darauf hinweisen, dass die Eltern statt 9

5 BGH NJW 1956, 1433; Grüneberg/Götz BGB § 1795 aF Rn. 1; MüKoBGB/Spickhoff § 1795 aF Rn. 1.
6 MüKoBGB/Spickhoff § 1795 aF Rn. 1.
7 OLG Brandenburg ErbR 2019, 448 (449); Socha, Vormundschaft und Pflegschaft in der Rechtspraxis, Rn. 98.
8 Erman/Schulte-Bunert, 16. Aufl. 2020, BGB § 1795 Rn. 8 mwN.
9 OLG Hamm ErbR 2021, 443 (444); Damrau ErbR § 10 Rn. 110.
10 Roth, Erben und Vererben bei rechtlicher Betreuung, 228 (Vermächtnis) u. 248 (Pflichtteil).
11 BGH NJW 1972, 2262; OLG Frankfurt FPR 2013, 397 (399).
12 OLG Brandenburg ErbR 2019, 448 (449).
13 Groll/Steiner ErbR-HdB/Fröhler § 14 Rn. 109; vgl. BayObLG NJW 1961, 2309.
14 BT-Drs. 19/24445, 259.
15 BGH ZErb 2011, 198; ZEV 2008, 330 (331).
16 OLG Bamberg BeckRS 2021, 41681 Rn. 29; vgl. OLG Brandenburg ErbR 2019, 448 (449).

im Interesse des Kindes im eigenen Interesse handeln oder handeln werden. Derartige Interessengegensätze dürfen nicht allgemein vermutet werden, sondern müssen jeweils im gerichtlichen Verfahren konkret festgestellt werden. Ein solcher konkreter Interessengegensatz kann etwa bei der Regulierung von Pflichtteilsansprüchen bestehen.[17] Zu beachten ist aber, dass die Verjährung von Ansprüchen des Kindes bzw. der betreuten Person gegen ihren gesetzlichen Vertreter gehemmt ist (§ 207 Abs. 1 BGB). Ist ein gesetzlicher Vertreter Testamentsvollstrecker, kann eine Kollision vorliegen, da der Testamentsvollstrecker schließlich von dem Erben zu beaufsichtigen ist.[18] Ist ein minderjähriges Kind Erbe und von diesem Elternteil Testamentsvollstrecker, könnte dieser sich selbst beaufsichtigen müssen, worin eine Interessenkollision zu sehen sein kann.[19] Ein konkreter Interessengegensatz kann vorliegen, wenn die Ausschlagung der Erbschaft durch den Mündel den Anfall für den gesetzlichen Vertreter bringt.[20] Bei der Vor- und Nacherbfolge kann ein konkreter Interessengegensatz vorliegen, wenn der vertretene Nacherbe dem Vorerben, der dessen gesetzlicher Vertreter ist, eine Zustimmung nach §§ 2112, 2113 BGB erteilen muss.[21]

10 Ein Betreuter kann dem BGH vom 7.1.2021[22] zufolge für einen beabsichtigten Rechtsstreit gegen seinen Betreuer nach § 275 FamFG iVm § 271 Nr. 1 FamFG zunächst beim zuständigen Betreuungsgericht nach § 1789 Abs. 2 S. 4 BGB analog (§ 1796 BGB aF) beantragen, seinem Betreuer die Betreuung wegen eines erheblichen Interessengegensatzes teilweise zu entziehen und gem. § 1815 Abs. 1 BGB (§ 1899 Abs. 4 BGB aF) einen Ergänzungsbetreuer zu bestellen.

3. Gefährdung des Kindesvermögens

11 Ein erforderlicher Ausschluss der Vertretungsmacht durch das Familiengericht kann aus § 1666 BGB angezeigt sein, wozu das Kindesvermögen gefährdet sein muss. Dazu muss die gegenwärtige Gefahr bestehen, dass sich das Vermögen des Kindes vermindert oder durch den Ausfall von Erträgen nicht vermehrt und dies nach den Grundsätzen einer wirtschaftlichen Vermögensverwaltung durch entsprechende Maßnahmen hätte verhindert werden können.[23]

III. Entzug aufgrund Anordnung durch den Zuwendenden

12 Der Erblasser bzw. der Schenker hat durch § 1638 BGB die Möglichkeit, den Eltern die Vermögenssorge und die Vertretungsbefugnis ihres minderjährigen Kindes hinsichtlich der Zuwendung von Todes wegen bzw. zu Lebzeiten zu entziehen. Durch die Reform bezieht sich diese Befugnis nun auch vom Wortlaut her auf einen Vermögenserwerb

---

17 BeckOGK BGB/Sonnenfeld § 1796 aF Rn. 50 ff.; Tanck/Krug/Süß AnwForm Testamente/Horn § 16 Rn. 20 ff.

18 BeckOK BGB/Bettin § 1796 aF Rn. 4; BeckOGK BGB/Sonnenfeld § 1796 aF Rn. 45 ff.; Tanck/Krug/Süß AnwForm Testamente/Horn § 16 Rn. 13 ff.; Einzelfälle: BGH NJW-RR 2008, 963; OLG Köln ZEV 2019, 149 ff.; OLG Nürnberg ZEV 2002, 158.

19 Mögliche Ansprüche des Erben: Roth, Erben und Vererben bei rechtlicher Betreuung, 274.

20 Vormund: BayObLG Rpfleger 1983, 482; BeckOGK BGB/Sonnenfeld § 1796 aF Rn. 59 f.

21 BeckOGK BGB/Sonnenfeld § 1796 aF Rn. 51.

22 BGH BeckRS 2021, 1337 zu § 1796 BGB aF.

23 Vgl. BeckOGK BGB/Burghart § 1666 Rn. 130 ff.; Socha, Vormundschaft und Pflegschaft in der Rechtspraxis, Rn. 69.

durch unentgeltliche Zuwendung auf den Todesfall. Der Entzug erfolgt entweder durch letztwillige Verfügung oder durch den Zuwendungsvertrag, zumeist also durch den Schenkungsvertrag. Nicht nur ein Familienmitglied kann den Entzug anordnen, sondern auch außenstehende Dritte bzw. die Eltern des zu begünstigenden Kindes.[24]

§ 1638 Abs. 1 BGB wird durch § 1811 Abs. 1 Nr. 1, 2 BGB konkretisiert. Als Unterart 13
einer Ergänzungspflegschaft definiert der Gesetzgeber für diese Fälle die Zuwendungspflegschaft, wobei schon vor der Reform dieser Begriff durch Rechtsprechung und Literatur verwendet wurde (§ 1811 Abs. 1 BGB entspricht inhaltlich dem § 1909 Abs. 1 S. 2 BGB).[25] Die Anordnung hat darauf zu zielen, dass die Eltern „das Vermögen nicht verwalten sollen" (§ 1811 Abs. 1 BGB).

Die Möglichkeit zum Entzug erstreckt sich auf das „Vermögen, welches das Kind von 14
Todes wegen ..." erwirbt (§ 1638 Abs. 1 BGB). Das bedeutet, dass darunter eine gesetzliche sowie gewillkürte Erbeinsetzung und Vermächtnisaussetzung fällt.[26] Aber auch unterfällt dieser Möglichkeit der Pflichtteilsanspruch, auch wenn es bei diesem an der Freiwilligkeit der Zuwendung fehlt.[27] Ist den Eltern die Vermögenssorge entzogen, obliegt ihnen auch nicht die Entscheidung und Vertretung über die Ausschlagung für ihr minderjähriges Kind.[28] Das Gesetz spricht lediglich davon, dass den Eltern bzw. dem Vormund entzogen werden kann, dass sie die Zuwendung für das Kind „verwalten". Davon ist indes auch die Vertretungsbefugnis umfasst.

Die Anordnung des Entzugs kann auch unter auflösenden bzw. aufschiebenden Bedin- 15
gungen erfolgen. Zu beachten ist, dass es sich bei einer solchen Anordnung nicht um eine Belastung nach § 2306 BGB handelt, die zur Ausschlagung der so belasteten Erbschaft und Geltendmachung des Pflichtteilsanspruchs berechtigt.[29]

Muster: Entzug der Vermögenssorge bei Erbeinsetzung oder Vermächtnis 16

Ich entziehe den Eltern bzw. bei Vorversterben eines Elternteils dem längerlebenden Elternteil die Vermögenssorge hinsichtlich des von mir erworbenen Vermögens (§§ 1638 Abs. 1, 1811 Abs. 1 Nr. 2 BGB).

Ich entziehe meiner geschiedenen Ehefrau ... die Verwaltungsbefugnis für die Erbeinsetzung unseres gemeinsamen Kindes ... durch mich (§§ 1638 Abs. 1, 1811 Abs. 1 Nr. 2 BGB).

Muster: Entzug des Verwaltungsrechts des Vormunds bei letztwilliger Begünstigung 17

Ich entziehe dem Vormund meines Enkelkindes ... das Verwaltungsrecht hinsichtlich des von mir erworbenen Vermögens (§ 1811 Abs. 1 Nr. 2 BGB).

Muster: Entzug der Vermögenssorge bei Pflichtteil 18

Ich entziehe der längerlebenden Kindsmutter, die nach meinem Versterben die alleinige Vertretungsberechtigte meines Kindes ... ist, die Vermögenssorge hinsichtlich des Pflichtteilsanspruchs, der meinem Kind aufgrund seiner Enterbung durch mich zusteht (§§ 1638 Abs. 1, 1811 Abs. 1 Nr. 2 BGB).

---

24 Staake NJW 2021, 3687 (3688).
25 BT-Drs. 19/24445, 226; vgl. Staake NJW 2021, 3687 (3689).
26 Staake NJW 2021, 3687 (3688).
27 BGH NJW 2016, 3032 (3033); OLG Hamm OLGZ 1969, 488; MüKoBGB/Huber § 1638 aF Rn. 4.
28 BGH NJW 2016, 3032 mAnm Löhnig; MüKoBGB/Huber § 1638 aF Rn. 15; PHdB Pflichtteilsprozess/Hammann § 4 Rn. 64; aA BeckOGK BGB/Kerscher § 1638 aF Rn. 20.1.
29 Tanck/Krug/Süß AnwForm Testamente/Horn § 16 Rn. 41.

19 **Muster: Entzug der Vermögenssorge bei Schenkung**

Ich schenke ... 10.000 EUR. Der heilende Vollzug erfolgt durch Überweisung (§ 518 Abs. 2 BGB). Ich entziehe beiden Elternteilen hinsichtlich dieser Schenkung die Vermögenssorge (§§ 1638 Abs. 1, 1811 Abs. 1 Nr. 1 BGB).

Hinweis: Der Zuwendende sollte es nicht bei dem Entzug der Vermögenssorge belassen, sondern sogleich auch die Person des gesetzlichen Vertreters für das von ihm zugewendete Vermögen bestimmen. Zudem kann er Anordnungen zur Verwaltung treffen.

C. Benennung eines Vormundes sowie eines Zuwendungspflegers einschließlich Befreiungen

I. Benennung und Ausschluss von Personen

20 Eltern können eine natürliche Person zum Vormund bzw. Ehegatten als gemeinschaftliche Vormünder benennen oder ausschließen (§ 1782 Abs. 1 BGB). Hierzu ist die Form einer letztwilligen Verfügung erforderlich (§ 1782 Abs. 1 S. 1 BGB). Solche Verfügungen können nicht mit wechselbezüglicher oder vertragsmäßiger Wirkung angeordnet werden.[30] Der ernannten Person erwächst ein subjektives Recht auf Auswahl und Bestellung.[31]

21 Wenn die Eltern unterschiedliche Personen benannt oder ausgeschlossen haben, ist die letztwillige Entscheidung des längerlebenden Elternteils entscheidend (§ 1782 Abs. 3 BGB).[32] Das Familiengericht kann die benannte Person nur bei Vorliegen der Voraussetzungen des § 1783 BGB bzw. des § 1784 BGB (Ausschlussgründe) übergehen. Soweit es ihr zugemutet werden kann, hat die von dem Familiengericht ausgewählte Person die Vormundschaft zu übernehmen (§ 1785 BGB). Abzugrenzen ist die Vormundbenennung von der „Sorgerechtsvollmacht", mit der zu Lebzeiten der Eltern die Ausübung der Sorge übertragen, aber nicht aufgegeben wird.[33] Wesentliche Entscheidungen müssen den Eltern verbleiben.

22 Erblasser bzw. lebzeitig unentgeltlich Zuwendende können gem. § 1811 Abs. 2 Nr. 1 BGB die Person des Zuwendungspflegers benennen, wenn sie zuvor den Eltern gem. §§ 1638, 1811 Abs. 1 BGB die Verwaltung des durch sie erworbenen Vermögens ausgeschlossen haben. Es liegt dann ein „besonderer Fall der rechtlichen Verhinderung" vor.[34] Es kann jede Person zum Zuwendungspfleger benannt werden, auch nur ein Elternteil.[35] Das Familiengericht hat diese Person zu bestellen, außer es liegen die Voraussetzungen der §§ 1783, 1784 BGB vor (anwendbar über § 1813 Abs. 1 BGB).

Hinweis: Es ist nicht möglich, eine Person als Ergänzungspfleger nach § 1809 Abs. 1 BGB zu benennen oder auszuschließen (Ausschluss der §§ 1782 f. BGB gem. § 1813 Abs. 2 BGB).

30 Groll/Steiner ErbR-HdB/Fröhler § 14 Rn. 46.
31 Socha, Vormundschaft und Pflegschaft in der Rechtspraxis, Rn. 338.
32 Besonderheiten bei nichtehelichen Kindern: Groll/Steiner ErbR-HdB/Fröhler § 14 Rn. 50.
33 Löhnig NJW 2020, 2150; Tanck/Krug/Süß AnwForm Testamente/Horn § 16 Rn. 73; vgl. OLG Frankfurt NJOZ 2021, 1031.
34 Regierungsentwurf, BT-Drs. 19/24445, 226.
35 Staake NJW 2021, 3687 (3690).

Muster: Benennung bzw. Ausschluss eines Vormundes 23

Der Längerlebende von uns bestimmt ..., ersatzweise ..., zum Vormund unseres Kindes ..., sofern es zu dem Zeitpunkt noch minderjährig ist (§ 1782 BGB).

Nachdem der Kindsvater verstorben ist, bestimme ich ..., ersatzweise ..., zum Vormund meines Kindes ..., falls es bei meinem Ableben noch minderjährig ist (§ 1782 BGB).

Sofern für unser gemeinsames Kind nach unserem Ableben eine Vormundschaft eingerichtet wird, schließen wir ... zur Bestellung des Vormundes aus (§ 1782 BGB).

Muster: Benennung eines Zuwendungspflegers 24

Für das in diesem Testament dem ... ausgesetzte Vermächtnis entziehe ich seinen Eltern die Verwaltungsbefugnis (§§ 1638, 1811 Abs. 1 BGB) und benenne als Zuwendungspfleger ..., ersatzweise ... (§ 1811 Abs. 2 Nr. 1 BGB), sofern ... im Zeitpunkt meines Todes minderjährig sein sollte.

Wenn die Vergütung des Vormundes nach den gesetzlichen Vorschriften nicht ausreichend ist (→ § 5 Rn. 5 ff., 10ff.), kann eine solche Extravergütung durch letztwillige Verfügung angeordnet werden. Es kommt insbesondere die Auflage und das Vermächtnis in Betracht.[36] 25

II. Befreiungen für den Vormund und den Zuwendungspfleger

Das Gesetz sieht für den Vormund und den Zuwendungspfleger zahlreiche Pflichten vor. Von einigen Pflichten, die der Gesetzgeber als Beschränkungen bezeichnet, kann ein Erblasser bzw. ein Zuwendender befreien. 26

Von folgenden Pflichten und Beschränkungen können Eltern den von ihnen benannten **Vormund** durch letztwillige Verfügung gem. § 1801 Abs. 3 BGB befreien (§ 1859 Abs. 1 S. 2, 3 BGB gilt nach § 1801 Abs. 3 S. 2 BGB entsprechend):[37] 27

- der Pflicht zur Sperrvereinbarung (§ 1845 BGB),
- der Genehmigungspflicht einer anderen Anlegung von Geld (§ 1848 BGB),
- dem Genehmigungserfordernis der § 1849 Abs. 1 S. 1 Nr. 1 und 2 sowie S. 2 BGB (Genehmigung von Verfügungen über Wertpapiere oder Forderungen sowie entsprechende Verpflichtungsgeschäfte),
- der Pflicht zur Rechnungslegung (§ 1865 Abs. 1 BGB), nicht aber von der Pflicht, wesentliche Änderungen der Vermögenslage des Mündels dem Familiengericht unverzüglich mitzuteilen (§§ 1802 Abs. 2 iVm § 1864 Abs. 2 S. 1 BGB). Es bleibt aber bei der aus §§ 1801 Abs. 3 S. 2, 1859 Abs. 1 S. 2 BGB herrührenden Verpflichtung des benannten Vormunds zur Vorlage einer jährlichen Vermögensübersicht, sofern das Familiengericht keinen längeren Zeitraum anordnet (§§ 1801 Abs. 3 S. 2, 1859 Abs. 1 S. 3 BGB).

Möglich ist auch, nur von einzelnen Beschränkungen und Pflichten zu befreien. Die letztwillig verfügte Befreiung von Beschränkungen und Pflichten kann durch das Familiengericht aufgehoben werden. Hierzu ist erforderlich, dass entweder ihre Voraussetzungen nicht mehr vorliegen oder „bei ihrer Fortgeltung eine Gewährung des Mündelvermögens zu besorgen wäre“ (§ 1801 Abs. 4 BGB; § 1857 BGB aF). 28

36 Ott BWNotZ 2014, 138 (143).
37 Regierungsentwurf, BT-Drs. 19/24445, 216.

29 **Muster: Vorsorgliche Benennung eines Vormunds für den Fall des Ablebens**

Ich benenne ..., ersatzweise ..., zum Vormund meines Kindes ..., sofern es bei meinem Ableben minderjährig sein sollte (§ 1782 BGB). Den von mir benannten Vormund befreie ich von allen gesetzlichen Beschränkungen und Pflichten, soweit nach § 1801 Abs. 3 BGB zulässig.

Hinweis: Sollten Eltern ihren Vormund nicht letztwillig befreit haben, können die Familiengerichte auf Antrag eines Vormundes von Beschränkungen befreien (§ 1801 Abs. 3 BGB). Dadurch darf nicht das Kindesvermögen gefährdet werden.

30 Den von ihnen benannten **Zuwendungspfleger** nach § 1811 BGB können Erblasser letztwillig bzw. unentgeltlich Zuwendende durch den Zuwendungsvertrag von Beschränkungen und Pflichten befreien (§ 1811 Abs. 2 Nr. 2 BGB), und zwar im Einzelnen wie folgt:[38]

- Befreiung von der Pflicht gem. § 1845 Abs. 1, 3 BGB, das bei einem Kreditinstitut verzinslich angelegte Geld zu versperren (vgl. §§ 1852 Abs. 2, 1809 BGB iVm § 1917 Abs. 2 BGB).
- Befreiung von der gem. §§ 1843, 1845 Abs. 2 und 3 BGB bestehenden Pflicht, Wertpapiere in einem Depot zu verwahren oder zu hinterlegen und zu versperren (vgl. §§ 1853, 1814, 1816 iVm § 1917 Abs. 2 BGB).
- Befreiung von der gem. § 1846 BGB bestehenden Pflicht, die Anlegung von Geld und die Verwahrung von Wertpapieren dem Gericht mitzuteilen.
- Befreiung von der gem. § 1848 BGB bestehenden Genehmigungspflicht für eine andere Anlegung von Geld.
- Befreiung von der gem. § 1849 Abs. 1 S. 1 Nr. 1, 2 und S. 2 BGB bestehenden Pflicht zur Genehmigung einer Verfügung über Geldforderungen und Wertpapiere (vgl. §§ 1852 Abs. 2, 1812 iVm § 1917 Abs. 2 BGB).
- Befreiung von der Rechnungslegungspflicht gem. § 1865 BGB (vgl. § 1854 Abs. 1 BGB).

31 **Muster: Benennung eines befreiten Zuwendungspflegers**

Für das in diesem Testament dem ... ausgesetzte Vermächtnis entziehe ich seinen Eltern die Verwaltungsbefugnis (§§ 1638, 1811 Abs. 1 BGB) und benenne als Zuwendungspfleger ..., ersatzweise ... (§ 1811 Abs. 2 Nr. 1 BGB), sofern ... im Zeitpunkt meines Todes minderjährig sein sollte. Die von mir benannten Zuwendungspfleger befreie ich gem. § 1811 Abs. 2 Nr. 2 BGB von allen Beschränkungen und Pflichten, soweit gesetzlich möglich.

D. Anordnungen für die Verwaltung von Vermögen minderjähriger bzw. betreuter Personen

32 Durch letztwillige Verfügung kann ein Erblasser bzw. durch Zuwendungsvertrag kann ein unentgeltlich Zuwendender, auch über eine unentgeltliche Zuwendung auf den Todesfall, Anordnungen treffen, wie der Zuwendungsgegenstand zu verwalten ist. Für die Eltern eines minderjährigen Kindes ergibt sich dies aus § 1639 Abs. 1 BGB. Rechtsgrundlage für den Betreuer ist dafür § 1837 BGB. Für den Vormund ist § 1837 Abs. 1 BGB über die Verweisungsnorm des § 1798 Abs. 2 S. 1 BGB und für den Zuwendungspfleger nach § 1811 BGB über die doppelte Verweisungsnorm des § 1813 Abs. 1 zu § 1798 Abs. 2 S. 1 BGB, der wiederum auf § 1837 BGB verweist, anwendbar.

38 Regierungsentwurf, BT-Drs. 19/24445, 227.

Das Familien- bzw. Betreuungsgericht hat aber nach § 1837 Abs. 2 BGB die Möglichkeit, diese Anordnungen „aufzuheben", und zwar „wenn ihre Befolgung das Vermögen „des Betreuten bzw. des Minderjährigen" erheblich gefährden würde" (§ 1837 Abs. 2 S. 1 BGB). Eine Abweichung von einer Anordnung ist aber, solange der Zuwendende lebt, nur mit dessen Zustimmung möglich (§ 1837 Abs. 2 S. 2 BGB). Wenn dieser dazu dauerhaft außerstande oder sein Aufenthalt dauerhaft unbekannt ist, kann auch das Betreuungsgericht bei einer erheblichen Vermögensgefährdung die Zustimmung ersetzen (§ 1837 Abs. 2 S. 3 BGB). Dieser Abs. 2 des § 1837 BGB ist für die Eltern über die Verweisungsnorm § 1639 Abs. 2 BGB, für Vormünder über die Verweisungsnorm § 1798 Abs. 2 BGB und für Zuwendungspfleger über die doppelte Verweisungsnorm § 1813 Abs. 1 BGB, der auf § 1798 Abs. 2 S. 1 BGB verweist, anwendbar. Inhaltlich ändert sich durch die Reform nahezu nichts, außer, dass nunmehr ausdrücklich auch unentgeltliche Zuwendungen auf den Todesfall, womit ein Vertrag zugunsten Dritter gem. § 328 BGB auch gemeint ist, aufgelistet werden. 33

Solche Anordnungen sind auch für einen gesetzlichen Erbteil und sogar auch für den Pflichtteilsanspruch der minderjährigen bzw. der betreuten Person möglich (→ § 23 Rn. 63), zumal beim Pflichtteil den Eltern als gesetzliche Vertreter die Verwaltungsbefugnis sogar nach § 1638 BGB gänzlich entzogen werden kann.[39] Das Verwaltungsanordnungsrecht geht aber nicht so weit, dass es einem Zuwendenden bzw. einem Erblasser gestattet wird, von gesetzlichen Genehmigungspflichten zu befreien.[40] 34

Ohne eine solche Verwaltungsanordnung gilt der Grundsatz, dass die Substanz der Zuwendung möglichst den minderjährigen Kindern erhalten bleiben soll (vgl. § 1649 BGB).[41] Das ergibt sich auch aus § 1602 Abs. 2 BGB, wonach ein minderjähriges Kind, auch wenn es Vermögen hat, von seinen Eltern Unterhalt verlangen kann.[42] Gleichwohl können Einkünfte des Kindesvermögens, die zu einer ordnungsgemäßen Verwaltung des Vermögens nicht benötigt werden, für den Kindesunterhalt verwendet werden (§ 1649 Abs. 1 S. 1 BGB). Bleiben nach Abzug von Verwaltungskosten und von Kindesunterhalt von den Einkünften noch Mittel übrig, können Eltern diese Mittel für ihren eigenen Unterhalt und für den Unterhalt von minderjährigen Geschwistern des Kindes verwenden (§ 1649 Abs. 2 BGB). Dies muss allerdings unter Berücksichtigung der Vermögens- und Erwerbsverhältnisse der Beteiligten der Billigkeit entsprechen (§ 1649 Abs. 2 S. 1 am Ende BGB). 35

Ohne eine Verwaltungsanordnung hat der Betreuer die Wünsche der betreuten Person zu beachten (§ 1821 Abs. 2 BGB). Dies gilt auch für die Wünsche, die der Betreute vor der Bestellung des Betreuers geäußert hat, außer, dass er will an diesen Wünschen erkennbar nicht mehr festhalten (§ 1821 Abs. 2 S. 4 BGB). Diesen Wünschen ist durch den Betreuer wiederum nicht zu entsprechen, soweit dadurch das Vermögen oder die Person des Betreuten erheblich gefährdet würde oder dies dem Betreuer nicht zuzumuten ist (§ 1821 Abs. 3 BGB). Vor diesem Hintergrund ist es durchaus sinnvoll, dass im Rahmen einer Betreuungsverfügung der Verfügende solche Wünsche festhält. Ansons- 36

39 BeckOK BGB/Veit § 1639 aF Rn. 1.
40 Tanck/Krug/Süß AnwForm Testamente/Horn § 16 Rn. 53.
41 Grüneberg/Götz BGB § 1649 Rn. 1.
42 Horn ZEV 2013, 297 (301).

ten werden Betreuer eher dazu neigen, das Vermögen der betreuten Person zusammenzuhalten. Erschwerend kommt in vielen Fällen hinzu, dass ein durch den Verfügenden benannter Betreuer auch noch dessen Erbe ist.

37 **Muster: Wünsche einer betreuten Person**

Sofern für mich eine Betreuung angeordnet ist, möchte ich, soweit möglich, meinen bisherigen Lebensstandard beibehalten. Vor allem wünsche ich, dass ich möglichst lange in meinem Haus weiterleben kann. Für 24-Stunden-Pflegekräfte soll mein Vermögen großzügig eingesetzt werden. Mein Ziel besteht nicht in dem Wunsch, dass für meine Erben zulasten meines Lebensstandards viel übrigbleibt.

38 Durch diese Verwaltungsanordnungen können etwa Vorgaben zur Liquidität, zu Rücklagen, zur Vermögensstreuung, zur Kapitalanlage etc in Betracht kommen. Im Hinblick darauf, dass § 1649 Abs. 2 BGB es den Eltern gestattet, etwa aus den Einkünften einer Erbschaft des Kindes auch ihren eigenen Unterhalt bzw. den Unterhalt von Geschwistern des vermögenden Kindes zu bestreiten, ist der Ausschluss möglich.

39 **Muster: Verwaltungsanordnungen**

Meinem geschiedenen Ehemann entziehe ich das Recht, Einkünfte unseres gemeinsamen Kindes aus dem Vermögen, das unser Kind von mir geerbt hat, für seinen eigenen Unterhalt sowie für Halbgeschwister meines Kindes zu verwenden. Ich schließe mithin § 1649 Abs. 2 S. 1 BGB aus.

Durch dieses Testament habe ich meine Enkeltochter ... durch ein Nachvermächtnis begünstigt. Sollte im Zeitpunkt meines Ablebens meine Enkeltochter noch minderjährig sein, treffe ich hiermit folgende Verwaltungsanordnung nach § 1639 BGB: Meine Enkeltochter soll monatlich aus dem Vermächtnisvermögen ein Taschengeld von ... EUR erhalten. Dieser Betrag ist wie folgt wertgesichert: Ändert sich der vom Statistischen Bundesamt festgestellte Verbraucherpreisindex für Deutschland (Basis 2015 = 100) ab dem Monat der heutigen Testamentserrichtung bis zu dem Monat des Erbfalls, so ändert sich der monatliche Rentenbetrag in gleichem Maße. Eine Anpassung ist sodann jeweils nach 12 Monaten vorzunehmen. Darüber hinaus können aus dem Vermächtnis Mittel zu Ausbildungszwecken im weitesten Sinne eingesetzt werden, etwa für Ausbildungsliteratur, Nachhilfe, Kurse etc.

Für den Fall, dass mein bereits unter Betreuung stehender Ehegatte mich überlebt, ordne ich gem. § 1837 Abs. 2 BGB Folgendes an: Das meinem Ehegatten durch dieses Testament ausgesetzte Vermächtnis soll für sein tägliches Leben in großzügiger Art und Weise eingesetzt werden. So sollen möglichst viele Wohltaten finanziert werden. Auch steht ausdrücklich der Vermächtnisbetrag für medizinische Behandlungen zur Verfügung.

40 Bei minderjährigen Kindern können die Verwaltungsanordnungen von dem zuständigen Familiengericht durch in seinem Ermessen stehende Maßnahmen durchgesetzt werden. Im Falle von Zuwiderhandlungen nach § 1664 BGB kann es auch zum Schadensersatz verpflichten.[43]

E. Vermögensverzeichnis (§ 1640 BGB)

41 Zum Schutz des Vermögens minderjähriger Kinder werden deren Eltern durch § 1640 Abs. 1 S. 1, 2 BGB verpflichtet, „ihrer Verwaltung unterliegende Vermögen, welche das Kind von Todes wegen erwirbt, zu verzeichnen, das Verzeichnis mit der Versicherung der Richtigkeit und Vollständigkeit zu versehen und dem Familiengericht einzureichen"

43 Nieder/Kössinger Testamentsgestaltung-HdB/R. Kössinger/Zintl § 15 Rn. 321.

(§ 1640 Abs. 1 S. 1 BGB).[44] Lediglich bei „Haushaltsgegenständen" reicht gem. § 1640 Abs. 1 S. 3 BGB die Angabe eines Gesamtwertes. Das Familiengericht soll so erforderlichenfalls zum Schutz des Kindes Maßnahmen wie die Bestellung eines Ergänzungspflegers nach § 1809 BGB treffen. Diese Pflicht besteht aber nicht,

- wenn der Wert eines Vermögenserwerbs 15.000 EUR nicht überschreitet (§ 1640 Abs. 2 Nr. 1 BGB), wobei es auf jeden einzelnen Vermögenserwerb ankommt[45] und sich der Wert erst nach Schuldenabzug berechnet,[46] oder
- wenn der Erblasser durch letztwillige Verfügung oder der Zuwendende bei der Zuwendung abweichend verfügt, also davon befreit hat (§ 1640 Abs. 2 Nr. 2 BGB).

Hinweis: Das Nachlassgericht hat dem Familiengericht nach § 356 Abs. 1 FamFG den Vermögenserwerb eines Kindes mitzuteilen, sofern nicht die Ausnahmen des § 1640 Abs. 2 BGB vorliegen.

Ein Vormund und ein Pfleger sind nach § 1835 Abs. 1 S. 3 BGB verpflichtet, bei dem Familiengericht ein Verzeichnis über einen Vermögenserwerb auch nach der Bestellung einzureichen (Vormund über § 1798 Abs. 2 S. 1 BGB, Pfleger über §§ 1813 Abs. 1, 1798 Abs. 2 S. 1 BGB). Von dieser Pflicht kann nicht befreit werden, da § 1801 Abs. 3 BGB, wonach Eltern von dort definierten Beschränkungen befreien können, nicht auf § 1835 BGB hinweist. 42

Muster: Befreiung von der Pflicht zur Verzeichniserstellung über einen Vermögenserwerb 43

Ich befreie die Eltern von ... von der Pflicht aus § 1640 Abs. 1 BGB, ein Verzeichnis über das durch meinen Erbfall erworbene Vermögen bei dem Familiengericht einzureichen (§ 1640 Abs. 2 Nr. 2 BGB).

Kommen Eltern dieser Pflicht nicht nach, kann das Familiengericht anordnen, dass das Verzeichnis durch die zuständige Behörde oder einen zuständigen Beamten oder Notar aufgenommen wird (§ 1640 Abs. 3 BGB). Trotz einer Befreiung durch den Zuwendenden nach § 1640 Abs. 2 Nr. 2 BGB kann das Familiengericht anordnen, dass die Eltern ein Verzeichnis über das Vermögen des Kindes einreichen und über die Verwaltung Rechnung legen.[47] Hierzu ist gem. § 1667 Abs. 1 BGB die Gefährdung des Kindesvermögens erforderlich.[48] 44

44 Einzelheiten bei OLG Koblenz MittBayNot 2015, 54 und bei Tanck/Krug/Süß AnwForm Testamente/Horn § 16 Rn. 32 f.
45 Keine Addierung von Erwerben aus mehreren Erbfällen.
46 MüKoBGB/Huber § 1640 Rn. 10; NK-NachfolgeR/Mayer BGB § 1640 Rn. 10.
47 Burandt/Rojahn/Hähn BGB § 1640 Rn. 4; NK-NachfolgeR/Mayer BGB § 1640 Rn. 12.
48 Grüneberg/Götz BGB § 1667 Rn. 2 f.

§ 23 Die betreute bzw. minderjährige Person bei erbrechtlichen Geschäften

A. Unterschied zwischen Vertretung und Genehmigung

1 Bei jedem Rechtsgeschäft, bei jeder einseitigen Erklärung und bei jeder Entgegennahme ist zwischen der Vertretung und der Genehmigung zu unterscheiden. Stets hat die Vertretung der betreuten bzw. der minderjährigen Person ordnungsgemäß zu erfolgen. Einem Betreuer muss der entsprechende Aufgabenkreis zugewiesen sein und bei einem Elternteil darf etwa keine Interessenkollision vorliegen.

2 Aber selbst eine ordnungsgemäße Vertretung führt nicht stets zu einem wirksamen Rechtsgeschäft. So hat der Gesetzgeber für bedeutsame Rechtsgeschäfte in den §§ 1848–1854 BGB festgelegt, dass zusätzlich die betreuungs- bzw. die familiengerichtliche Genehmigung erforderlich ist. Für erbrechtliche Geschäfte bestimmt § 1851 BGB, dass der **Betreuer der Genehmigung des Betreuungsgerichts** bedarf

1. zur Ausschlagung einer Erbschaft oder eines Vermächtnisses, zum Verzicht auf die Geltendmachung eines Vermächtnisses oder Pflichtteilsanspruchs sowie zu einem Auseinandersetzungsvertrag,
2. zu einem Rechtsgeschäft, durch das der Betreute zu einer Verfügung über eine ihm angefallene Erbschaft, über seinen künftigen gesetzlichen Erbteil oder seinen künftigen Pflichtteil verpflichtet wird,
3. zu einer Verfügung über den Anteil des Betreuten an einer Erbschaft oder zu einer Vereinbarung, mit der der Betreute aus der Erbengemeinschaft ausscheidet,
4. zu einer Anfechtung eines Erbvertrags für den geschäftsunfähigen Betreuten als Erblasser gem. § 2282 Abs. 2 BGB,
5. zum Abschluss eines Vertrags mit dem Erblasser über die Aufhebung eines Erbvertrags oder einer einzelnen vertragsmäßigen Verfügung gem. § 2290 BGB,

6. zu einer Zustimmung zur testamentarischen Aufhebung einer in einem Erbvertrag mit dem Erblasser geregelten vertragsmäßigen Anordnung eines Vermächtnisses, einer Auflage sowie einer Rechtswahl gem. § 2291 BGB,
7. zur Aufhebung eines zwischen Ehegatten oder Lebenspartnern geschlossenen Erbvertrags durch gemeinschaftliches Testament der Ehegatten oder Lebenspartner gem. § 2292 BGB,
8. zu einer Rücknahme eines mit dem Erblasser geschlossenen Erbvertrags, der nur Verfügungen von Todes wegen enthält, aus der amtlichen oder notariellen Verwahrung gem. § 2300 Abs. 2 BGB,
9. zum Abschluss oder zur Aufhebung eines Erb- oder Pflichtteilsverzichtsvertrags gem. den §§ 2346, 2351 BGB sowie zum Abschluss eines Zuwendungsverzichtsvertrags gem. § 2352 BGB.

3 In § 1851 BGB hat der Gesetzgeber nunmehr erfreulicherweise alle erbrechtlichen Rechtsgeschäfte zusammengefasst, die der betreuungsgerichtlichen Genehmigung bedürfen. Das hatte zur Folge, dass in den §§ 2282, 2290, 2291, 2300, 2347, 2348, 2351 BGB in den ab dem 1.1.2023 geltenden Fassungen nicht mehr die Genehmigungsbedürftigkeit enthalten ist.

4 Der neu gefasste § 1643 BGB ist die zentrale Vorschrift **für genehmigungsbedürftige Rechtsgeschäfte von minderjährigen Personen.** § 1643 Abs. 1 BGB verweist grundsätzlich auf die Genehmigungstatbestände aus dem Betreuungsrecht, also auf §§ 1850–1854 BGB, außer es würde sich aus den Abs. 2–5 des § 1643 BGB etwas anderes ergeben. Für das Erbrecht ist der Abs. 3 relevant, der eine Sonderregelung für die Ausschlagung von Erbschaften und Vermächtnissen vorsieht und die Erbauseinandersetzung sowie die Abschichtung, mit der ein Kind aus einer Erbengemeinschaft gegen Abfindung ausscheidet, genehmigungsfrei stellt. Zudem ist für das Erbrecht noch der Abs. 5 bedeutsam, wonach § 1854 Nr. 6–8 BGB nicht gilt. Damit muss bei der Vertretung eines minderjährigen Kindes durch seine Eltern bei Abschluss eines Vergleiches oder einer auf ein Schiedsverfahren gerichteten Vereinbarung keine Genehmigung eingeholt werden. Für die Vertretung durch einen Vormund verweist indes § 1799 Abs. 1 BGB auf die §§ 1848–1854 Nr. 1–7 BGB. Für die Pfleger nach §§ 1809–1811 BGB verweist § 1813 BGB auf das Vormundschaftsrecht; für die Pfleger nach §§ 1882–1884 BGB verweist § 1888 Abs. 1 BGB auf das Betreuungsrecht.

5 In diesem Kapitel werden die bedeutenden erbrechtlichen Rechtsgeschäfte dargestellt, wobei hinsichtlich einer etwaig erforderlichen Genehmigung auf das Spezialkapitel § 19 verwiesen wird.

B. Annahme und Ausschlagung der Erbschaft

I. Erbfähigkeit jeder Person

6 Sowohl ein minderjähriges Kind als auch eine unter Betreuung stehende Person ist erbfähig (§ 1923 BGB). Auf beide geht durch Vonselbsterwerb die Erbschaft auf sie als Erben über (§ 1922 BGB). Die Annahme bzw. die Ausschlagung setzt Geschäftsfähigkeit voraus.

II. Kenntnis bei Betreuer bzw. bei Elternteilen

Die Frist zur Annahme bzw. zur Ausschlagung beginnt mit Kenntnis des Erben von dem Anfall der Erbschaft und dem Berufungsgrund, bei einer letztwilligen Verfügung nicht vor deren Bekanntgabe durch das Nachlassgericht (§ 1944 Abs. 2 BGB).[1] Bei einem geschäftsunfähigen Erben ist die Kenntnis seines Vertreters maßgeblich (§ 166 Abs. 1 BGB). Folglich ist bei einer unter Betreuung stehenden Person, die geschäftsunfähig ist, die Kenntnis des Betreuers entscheidend.[2] Hierzu ist es erforderlich, dass Erbschaftsangelegenheiten zum Aufgabenkreis eines eingesetzten Betreuers zählen. Es wird sich noch durch die Rechtsprechung herausbilden, ob Erbschaftsangelegenheiten dem Aufgabenbereich „Vermögenssorge" zuzuordnen sind oder ob speziell als Aufgabenbereich „Erbschaftsangelegenheiten", ggf. explizit für den konkreten Erbfall, vom Betreuungsgericht angeordnet werden muss. Ist noch kein Betreuer bestellt, beginnt die Frist erst mit Kenntnis des neu bestellten Betreuers.[3] Bei *minderjährigen Erben* ist die Kenntnis beider Eltern maßgeblich, sofern sie gemeinsam sorgeberechtigt sind.[4] Entscheidend ist die Kenntnis des letzten Elternteils.[5] 7

Praxishinweis: Ratsam ist doppelt vorsichtiges Vorgehen: Ist für eine Person eine Betreuung für den Aufgabenbereich „Vermögenssorge" eingerichtet, sollte vorsichtshalber davon ausgegangen werden, dass Erbschaftsangelegenheiten umfasst sind. Das bedeutet, dass die Frist mit Kenntnis bei dem Betreuer beginnt. Vorsichtshalber sollte aber die Erweiterung der Betreuung um den Aufgabenbereich „Potenzielle Erbschaft nach Person XY" bei dem Betreuungsgericht beantragt werden.

Wenn aber für den *geschäftsfähigen möglichen Erben* ein Betreuer bestellt ist, ist für den Fristbeginn die Kenntnis desjenigen maßgeblich, der früher Kenntnis erhalten hat, also entweder der Erbe oder sein Betreuer (str.).[6] 8

III. Annahme einer Erbschaft

Die Annahme einer Erbschaft ist eine nicht empfangsbedürftige Willenserklärung.[7] Sie bedarf keiner Form, wobei die Annahmeerklärung Geschäftsfähigkeit voraussetzt (§ 7 FamFG).[8] Die Annahme erfolgt entweder durch Erklärung oder schlüssiges Verhalten oder durch Ablauf der Ausschlagungsfrist von 6 Wochen bzw. – bei Auslandssachverhalten – von 6 Monaten (§ 1943 BGB). Bei der Annahme durch (schlüssige) Erklärung kommt es bei einer geschäftsunfähigen Person auf seinen Vertreter an, also bei einem Kind auf seine Eltern bzw. bei einer betreuten Person auf seinen Betreuer, dessen Aufgabenbereich die konkrete Erbschaftsangelegenheit umfasst. Die Annahme kann also 9

1 Horn ZEV 2016, 20 (21).
2 OLG Brandenburg ZEV 2014, 540 (541); MüKoBGB/Leipold § 1944 Rn. 15.
3 NK-NachfolgeR/Hecker Kap. 6 Rn. 8.
4 OLG Frankfurt ZEV 2013, 196 (197); BeckOK BGB/Siegmann/Höger § 1944 Rn. 12; Grüneberg/Weidlich BGB § 1944 Rn. 6.
5 BGH NJW 2019, 1071 (1072); OLG Frankfurt RNotZ 2012, 579 (582); Horn ZEV 2016, 20 (21); NK-BGB/Ivo § 1944 Rn. 11; BeckOGK BGB/Heinemann § 1944 Rn. 57.
6 KG JW 1935, 36 (41); MüKoBGB/Leipold § 1944 Rn. 15; Grüneberg/Weidlich BGB § 1944 Rn. 6; aA Staudinger/Otte BGB § 1944 Rn. 15.
7 OLG Köln FGPrax 2015, 37 (38); BeckOGK BGB/Heinemann § 1943 Rn. 9.
8 Kroiß ErbR 2022, 193 (195).

durch einen Betreuer bzw. durch die Elternteile erfolgen.[9] Sind beide Elternteile sorgeberechtigt, müssen sie gemeinsam die Annahme erklären.[10] Ist die betreute Person geschäftsfähig, kann sie auch bei einem angeordneten Einwilligungsvorbehalt nach § 1825 BGB die Erbschaftsannahme selber (konkludent) erklären.[11] Eine gerichtliche Genehmigung der Erbschaftsannahme sieht das Gesetz nicht vor.[12]

10 § 1943 BGB sieht die Annahme durch Verstreichenlassen der 6-wöchigen bzw. bei Auslandssachverhalten der 6-monatigen Frist nach § 1944 BGB vor. Es kommt dann bei einem geschäftsunfähigen Erben auf die Kenntnis bei seinem gesetzlichen Vertreter an.[13]

IV. Ausschlagung einer Erbschaft

11 Grundlegend hat sich durch die Reform das Verfahren zur Ausschlagung geändert.[14] Spätestens mit Kenntnis der nach § 1944 Abs. 2 BGB erforderlichen Tatsachen ist der gesetzliche Vertreter befugt, innerhalb der Frist nach § 1944 BGB für die minderjährige bzw. für die betreute Person auszuschlagen. Die Ausschlagung muss dazu in dessen Vertretungsbereich fallen. Zwar bestimmt § 1858 Abs. 1 BGB weiterhin, dass ein einseitiges Rechtsgeschäft, das der gesetzliche Vertreter ohne vorherige erforderliche Genehmigung vornimmt, unwirksam ist. Vollkommen neu ist aber die Ausnahmeregelung des § 1858 Abs. 3 S. 1 BGB: Wenn ein einseitiges Rechtsgeschäft gegenüber einem Gericht oder einer Behörde ohne die erforderliche Genehmigung durch das zuständige Gericht durch den gesetzlichen Vertreter vorgenommen wird, so hängt die Wirksamkeit von der nachträglichen Genehmigung ab. Die Ausschlagung kann mithin zunächst gegenüber dem Nachlassgericht erklärt werden. § 1858 Abs. 3 S. 2 BGB normiert nunmehr sogar, dass der Ablauf einer gesetzlichen Frist während der Dauer des Genehmigungsverfahrens gehemmt ist, wobei die Hemmung mit Rechtskraft des Genehmigungsbeschlusses endet. Das heißt – wie auch nach altem Recht – dass die Hemmung der Verjährung nicht schon mit Abgabe der Ausschlagung bei dem Nachlassgericht beginnt, sondern erst mit Einreichung des Antrages auf Genehmigung der Ausschlagung durch den gesetzlichen Vertreter bei dem Betreuungs- bzw. dem Familiengericht. Die nach § 1851 Nr. 1 BGB erforderliche Genehmigung wird in → § 19 Rn. 57 ff. ausführlich behandelt.[15] Bei minderjährigen Kindern ist aber nicht stets die familiengerichtliche Genehmigung erforderlich. Nach § 1643 Abs. 3 BGB ist eine Genehmigung, wenn der Anfall einer Erbschaft an das Kind erst infolge der Ausschlagung eines Elternteils eintritt, der das Kind allein oder gemeinsam mit dem anderen Elternteil vertritt, nur dann erforderlich, wenn der Elternteil neben dem Kind berufen war.

9 Für Betreutem: NK-NachfolgeR/Hecker Kap. 6 Rn. 7.
10 BeckOK BGB/Siegmann/Höger § 1943 Rn. 4.
11 Zimmermann ZEV 2013, 315 (316).
12 Für minderjährige Erben: BayObLG FamRZ 1997, 126.
13 MüKoBGB/Leipold § 1944 Rn. 15.
14 Zur alten Rechtslage: Zimmermann ZEV 2013, 315.
15 Antrag auf Genehmigung: BeckOF ErbR/Horn Form. 5.4.8.

Muster: Ausschlagung einer Erbschaft durch den Betreuer 12

An das Amtsgericht[16]

– Nachlassgericht –

In der Sache ...

Ausschlagung der Erbschaft

Az.:

Ich, ..., geb. am ..., wohnhaft ..., bin durch Beschluss des Amtsgerichts – Betreuungsgerichts – ... (Az. ...) zum Betreuer mit dem Aufgabenbereich „Erbschaftsangelegenheiten nach ..., geb. am ..., gestorben am ..." bestellt worden.

Der Erblasser hat das Testament vom ... hinterlassen, das am ... vom Nachlassgericht eröffnet wurde. Hiervon habe ich durch das Schreiben vom ... des Nachlassgerichtes ... Kenntnis erlangt. Die von mir betreute Person ..., geb. am ..., ist geschäftsunfähig, so dass es auf die Kenntnis bei mir ankommt (§ 166 BGB).

Nach dem Testament ist die betreute ... zur unbefreiten Vorerbin zu 1/4 eingesetzt.

Als Betreuer und damit gesetzlicher Vertreter von ... schlage ich hiermit für Frau ... die Erbschaft aus allen Berufungsgründen aus, um für Frau ... den kleinen Pflichtteil und den Zugewinnausgleich verlangen zu können (§ 1371 Abs. 3 BGB).

Zur Information: Ich beantrage nun die erforderliche Genehmigung dieser Ausschlagungserklärung durch das Betreuungsgericht nach § 1851 Nr. 1 BGB.

Ich beantrage, mir eine öffentlich beglaubigte Empfangsbestätigung zu erteilen.

Unterschrift des Betreuers der Ausschlagenden

– Notarieller Beglaubigungsvermerk –

13 Neu ist nach der Reform, dass das Betreuungs- bzw. das Familiengericht dem Nachlassgericht nach Rechtskraft seines Beschlusses über den Genehmigungsantrag die Erteilung oder die Versagung der Genehmigung mitteilt (§ 1858 Abs. 3 S. 4 BGB). Das bringt der Praxis sicherlich eine erhebliche Erleichterung. Schließlich musste nach altem Recht der gesetzliche Vertreter nach Erteilung der Genehmigung dies dem Nachlassgericht mitteilen. Es gab also keinen Automatismus. Die neue Regelung hat aber einen entscheidenden Nachteil: Der gesetzliche Vertreter hat nunmehr nicht mehr die Möglichkeit, nach Erhalt des Genehmigungsbeschlusses zu entscheiden, ob er überhaupt von der Genehmigung Gebrauch machen möchte.[17] So hatte nach altem Recht der gesetzliche Vertreter die Möglichkeit zu prüfen, ob die Ausschlagung der Erbschaft (noch immer) dem Wohl des von ihm Vertretenen entspricht.[18]

C. Annahme und Erfüllung eines Vermächtnisses

14 Sowohl bei der Annahme als auch bei der Ausschlagung des Vermächtnisses, § 2180 BGB handelt es sich um einseitige, empfangsbedürftige Willenserklärungen.[19] Der Bedachte kann das Vermächtnis durch Erklärung gegenüber dem Beschwerten, also idR dem Erben, ausschlagen, § 2180 BGB, und verhindert so, dass ihm etwas aufgedrängt wird.[20] Dabei existiert keine gesetzliche Ausschlagungsfrist. Für die Annahme des Ver-

16 Angelehnt an BeckOF ErbR/Horn Form. 5.4.7.
17 So das alte Recht: NK-BGB/Ivo § 1944 Rn. 24.
18 Für minderjährigen Erben: OLG Koblenz ZEV 2014, 249 (250).
19 BeckOGK BGB/Forschner § 2180 Rn. 2; NK-BGB/Horn § 2180 Rn. 2.
20 Zimmermann ZEV 2013, 315 (319).

mächtnisses ist keine Genehmigung durch das Betreuungsgericht nötig; die Erfüllungshandlung kann aber genehmigungsbedürftig sein, § 1849 BGB (bislang §§ 1812, 1813 BGB aF). Der Betreuer ist gem. § 1823 BGB (bislang § 1902 BGB aF) der gesetzliche Vertreter der betreuten Person. Will der Betreuer ausschlagen, bedarf es der Genehmigung durch das Betreuungsgericht, § 1851 BGB (bislang §§ 1908i Abs. 1 S. 1, 1822 Nr. 2 BGB aF).[21]

15 Gem. § 1851 Nr. 1 BGB in der ab dem 1.1.2023 gültigen Fassung bedarf der Betreuer der Genehmigung des Betreuungsgerichts zur Ausschlagung einer Erbschaft **oder eines Vermächtnisses**, zum Verzicht auf die Geltendmachung eines Vermächtnisses oder Pflichtteilsanspruchs sowie zu einem Auseinandersetzungsvertrag.

16 Ist der Vermächtnisnehmer bei der Erfüllung des Vermächtnisses noch minderjährig, so ist seine Empfangszuständigkeit zu klären und ob ein Minderjähriger, selbst wenn er das 7. Lebensjahr vollendet hat (dann beschränkt geschäftsfähig), zur Annahme und zur Erfüllung des Vermächtnisses der **Einwilligung seines gesetzlichen Vertreters** bedarf (§ 107 BGB).[22] Das ist dann der Fall, wenn er dadurch nicht lediglich einen rechtlichen Vorteil erlangt (§ 107 BGB). Die Einwilligung ist entweder die vorherige Zustimmung (§ 183 Abs. 1 S. 1 BGB) oder die Genehmigung als nachträgliche Zustimmung (§§ 108, 184 Abs. 1 BGB).

D. Anfechtung von letztwilligen Verfügungen (§ 1982 BGB)

17 § 2080 BGB berechtigt zur Anfechtung des Testamentes stets erst nach dem Erbfall. Anfechtungsberechtigt ist nach Abs. 1 derjenige, dem der Wegfall der anfechtbaren Verfügung unmittelbar zustattenkommen würde.

18 § 2080 Abs. 2 BGB schränkt den Kreis der Anfechtungsberechtigten weiter ein, wenn der Irrtum des Erblassers sich nur auf eine bestimmte, in der letztwilligen Verfügung benachteiligte Person bezog. Da der Anfechtungsgrund nach § 2079 BGB einen Sonderfall des Irrtums über eine bestimmte Person darstellt, beschränkt Abs. 3 die Anfechtungsberechtigung konsequenterweise auf den übergangenen Pflichtteilsberechtigten. Die Anfechtungserklärung kann durch einen **Stellvertreter** abgegeben werden, ist aber unwirksam, wenn sie unter Beteiligung eines Vertreters erfolgt, der zugleich Anfechtender oder Verfügungsbegünstigter ist.[23] Da die Erklärung gegenüber dem Nachlassgericht abzugeben ist, liegt in diesem Fall zwar strenggenommen kein Fall eines Insichgeschäfts iSv § 181 BGB vor; der Rechtsgedanke dieser Vorschrift passt jedoch auch hier, weil der durch die Verfügung Begünstigte in materieller Hinsicht der Anfechtungsgegner ist.[24] Die Anfechtungserklärung ist nach § 130 Abs. 3_BGB eine amtsempfangsbedürftige Willenserklärung, die erst mit Zugang bei dem nach § 343 FamFG örtlich zuständigen Nachlassgericht wirksam wird. Die Anfechtungserklärung muss keinen bestimmten Wortlaut haben. Sie muss jedoch mit hinreichender Deutlichkeit erkennen lassen, welche Verfügung angefochten wird, und dass die Anfechtung auf einen Willensmangel gestützt wird. Eine Begründung muss sie nicht enthalten.

21 NK-BGB/Horn § 2180 Rn. 7.
22 Damrau ErbR § 7 Rn. 76.
23 BeckOGK BGB/Harke § 2081 Rn. 13.
24 RGZ 143, 350 (352).

Beim **Erbvertrag** und bei der Anfechtung **wechselbezüglicher Verfügungen im gemeinschaftlichen Testament** bedarf die Anfechtungserklärung der notariellen Beurkundung, § 2282 Abs. 3 BGB. Über die Anfechtungserklärung des Erblassers ist deshalb eine notarielle Niederschrift nach §§ 8 ff. BeurkG aufzunehmen. Die Anfechtung kann dabei nicht bedingt oder befristet erklärt werden. Gem. § 1851 Nr. 4 BGB in der ab dem 1.1.2023 gültigen Fassung bedarf der Betreuer der Genehmigung des Betreuungsgerichts zu einer Anfechtung eines Erbvertrags für den geschäftsunfähigen Betreuten als Erblasser gem. § 2282 Abs. 2 BGB. 19

E. Aufhebung von vertragsmäßigen Verfügungen (§§ 2290–2292 BGB)

I. Überblick

Möchte sich ein Testierender von seinen vertragsmäßigen Verfügungen lösen, kann er zum einen von dem Erbvertrag zurücktreten, wenn die Voraussetzungen der §§ 2293 ff. BGB erfüllt sind (→ Rn. 45). Zum anderen kann er den Erbvertrag bzw. einzelne vertragsmäßige Verfügungen aufheben, und zwar 20

- durch einen Aufhebungsvertrag nach § 2290 BGB mit dem Vertragspartner,
- durch ein Aufhebungstestament nach § 2291 BGB mit notarieller Zustimmung des Vertragspartners und
- durch ein gemeinschaftliches Testament nach § 2292 BGB.

Hierfür muss der Vertragspartner, der nicht in dem Erbvertrag letztwillig verfügt hat, sondern nur die vertragsmäßige Verfügung des Testierenden angenommen hat, testier- bzw. geschäftsfähig sein. Hierbei ist jedoch eine Vertretung möglich. Keine Vertretung ist zulässig, wenn es um die letztwilligen Verfügungen eines Testierenden geht. Diese kann er nur widerrufen oder aufheben, wenn er testier- bzw. geschäftsfähig ist. 21

II. Aufhebungsvertrag

Durch einen Aufhebungsvertrag kann sowohl der gesamte Erbvertrag als auch nur einzelne letztwillige Verfügungen aufgehoben werden.[25] Vertragspartner sind der Erblasser, also der Testierende, und der annehmende Vertragspartner. Ist ein begünstigter Dritter nicht Vertragspartner, so ist seine Beteiligung oder Zustimmung zum Aufhebungsvertrag nicht erforderlich.[26] Ist der Erblasser geschäftsunfähig geworden (§ 104 Nr. 2 BGB), ist ein Aufhebungsvertrag nicht möglich.[27] Dagegen kann der Vertragspartner, der nur die vertragsmäßigen Verfügungen des Erblassers angenommen hat, also der nicht selbst testiert hat, sich vertreten lassen. Dabei ist sowohl eine rechtsgeschäftliche als auch eine gesetzliche Vertretung zulässig. Für einen Betreuer muss der entsprechende Aufgabenbereich durch das Gericht angeordnet worden sein (§ 1815 Abs. 1 S. 2 BGB). Ist für einen geschäftsfähigen Erbvertragsbeteiligten dennoch eine Betreuung eingerichtet worden, so kann sich der Einwilligungsvorbehalt vom Wortlaut des § 1825 Abs. 2 Nr. 3 BGB nach nicht auf die Aufhebung eines Erbvertrags durch Vertrag beziehen. Die hM nach dem alten Recht hat den Wortlaut aber teleologisch 22

25 Grüneberg/Weidlich BGB § 2290 Rn. 1.
26 NK-BGB/Horn § 2290 Rn. 6.
27 Erman/Kappler/Kappler BGB § 2290 Rn. 3.

reduziert: So kann sich der Einwilligungsvorbehalt nicht auf den Erbvertragsbeteiligten beziehen, der als Erblasser in dem Erbvertrag letztwillig verfügt hat.[28] Dagegen kann sich nach Auslegung der Norm doch ein Einwilligungsvorbehalt auf den bloßen, nicht selbst verfügenden Vertragspartner beziehen. Leider hat der Regierungsentwurf hierzu keine Erläuterung abgegeben,[29] so dass zu vermuten ist, dass er diesen Streit schlicht nicht gesehen hat.

23 Der beschränkt Geschäftsfähige (§ 106 BGB) kann selbst den Aufhebungsvertrag unterschreiben. Es ist umstritten, ob hierzu gem. § 107 BGB die Zustimmung des gesetzlichen Vertreters erforderlich ist. Kappler/Kappler fordern stets die Zustimmung nach § 107 BGB.[30] Diese ist nach der hier vertretenen Auffassung nicht erforderlich, wenn der Minderjährige durch den Erbvertrag nicht begünstigt wurde.[31] So liegt ein neutrales Geschäft vor, das rechtlich vorteilhaften Geschäften gleichgestellt ist.[32] Wird der minderjährige Vertragspartner begünstigt, ist indes die Zustimmung eines gesetzlichen Vertreters erforderlich.[33]

24 Der Aufhebungsvertrag ist bei gleichzeitiger Anwesenheit des Erblassers und des Vertragspartners notariell zu beurkunden (§§ 2290 Abs. 4, 2276 BGB). Das bedeutet für eine Vertretung des Vertragspartners, dass der rechtsgeschäftliche bzw. der gesetzliche Vertreter bei der Beurkundung persönlich anwesend sein muss.

25 **Muster: Aufhebung eines Erbvertrages einer betreuten Person**

Erblasser ...

Vertragspartner, vertreten durch...

§ 1 Vorbemerkung

Der (Erblasser) hat mit (Vertragspartner) am ... vor dem Notar ... in ... mit der UR-Nr. ... einen Erbvertrag abgeschlossen. Darin hat er (Erblasser) seine beiden Kinder zu seinen Erben zu je ½ mit vertragsmäßiger Wirkung berufen. Der (Erblasser) möchte an dieser Erbeinsetzung nicht mehr festhalten.

Der (Vertragspartner) ist geschäftsunfähig. Das AG ... als Betreuungsgericht hat für ihn eine Betreuung eingerichtet (Az. ...), und zwar mit Beschluss vom ... auch für den Aufgabenbereich „Vertretung an einem Aufhebungsvertrag des Erbvertrags vom ..., UR-Nr. ... des Notars ...".

§ 2 Aufhebung

Hiermit heben wir den og Erbvertrag vollinhaltlich auf.

§ 3 Belehrungen

Der Notar hat darauf hingewiesen, dass der Aufhebungsvertrag zur Wirksamkeit gem. § 1851 Nr. 5 BGB der betreuungsgerichtlichen Genehmigung bedarf.

26 Der Aufhebungsvertrag ist gem. § 1851 Nr. 5 BGB (§ 2090 BGB aF) von dem Betreuungsgericht zu genehmigen (→ § 19 Rn. 78). Auch wenn die Elternteile als gesetzliche

28 BeckOK BGB/Müller-Engels § 1903 aF Rn. 14; MüKoBGB/Schneider § 1903 aF Rn. 29; aA MüKoBGB/Musielak § 2290 aF Rn. 7.
29 BT-Drs. 19/24445, 259.
30 Erman/Kappler/Kappler BGB § 2290 Rn. 3.
31 NK-BGB/Horn § 2290 Rn. 11e; in diese Richtung MüKoBGB/Musielak § 2290 aF Rn. 7; aA Staudinger/Kanzleiter BGB § 2292 Rn. 7.
32 MüKoBGB/Spickhoff § 107 Rn. 54.
33 Grüneberg/Weidlich BGB § 2290 Rn. 2; Staudinger/Kanzleiter BGB § 2290 Rn. 12.

Vertreter zustimmen müssten (§ 107 BGB), ist die familiengerichtliche Genehmigung erforderlich.

III. Aufhebung durch Testament

Wenn durch eine vertragsmäßige Verfügung ein Vermächtnis oder eine Auflage angeordnet oder eine Rechtswahl getroffen wurde, dann kann der Erblasser diese Verfügungen durch ein privatschriftliches bzw. notarielles Testament aufheben. Die Aufhebung von Erbeinsetzungen ist mit diesem Weg nicht möglich.[34] Zur Wirksamkeit der Aufhebung ist gem. § 2291 Abs. 1 S. 2 BGB die notariell beurkundete Zustimmung des Vertragspartners erforderlich. Die Zustimmung ist empfangsbedürftig und gem. § 2291 Abs. 2 Hs. 2 BGB nach Zugang unwiderruflich.[35] Die Zustimmung kann auch vor Errichtung des Testamentes erteilt werden; auch dann ist sie unwiderruflich.[36] 27

Die Zustimmung kann sowohl durch einen rechtsgeschäftlichen als auch durch einen gesetzlichen Vertreter notariell erklärt werden.[37] Sie ist kein höchstpersönliches Rechtsgeschäft.[38] 28

Muster: Aufhebungstestament 29

Ich habe am ... vor dem Notar ... mit der UR-Nr. ... einen Erbvertrag mit ... abgeschlossen, in dem ich u.a. dem ... ein Vermächtnis mit vertragsmäßiger Wirkung ausgesetzt habe. Dieses Vermächtnis hebe ich hiermit auf. Sämtliche weiteren letztwilligen Verfügungen bleiben von diesem Aufhebungstestament unberührt.

Muster: Zustimmung zum Aufhebungstestament 30

Vertragspartner, vertreten durch seinen Betreuer ...

Der (Erblasser) hat mit dem (Vertragspartner) am ... vor dem Notar ... mit der UR-Nr. ... einen Erbvertrag abgeschlossen Der Erblasser hat das in dem Erbvertrag enthaltene vertragsmäßige Vermächtnis durch privatschriftliches Testament vom ... aufgehoben. Da der (Vertragspartner) geschäftsunfähig ist, ist für ihn eine Betreuung eingerichtet worden. Der Erschienene ist zu seinem Betreuer mit dem Aufgabenbereich „Zustimmung zum Aufhebungstestament des ... vom ..." bestellt worden (AG ..., Az. ...).

Hiermit stimmt der Erschienene als gesetzlicher Vertreter des Erbvertragspartners der Aufhebung aus dem Testament zu.

Unterschrift / Notarieller Beurkundungsvermerk

Bei der Zustimmung durch gesetzliche Vertreter ist das gerichtliche Genehmigungserfordernis nach § 1851 Nr. 6 BGB (§ 2291 Abs. 1 S. 2 Hs. 2 BGB aF) zu beachten. 31

IV. Aufhebung durch gemeinschaftliches Testament

Haben Ehegatten oder eingetragene Lebenspartner einen Erbvertrag geschlossen, so kann dieser auch durch ein gemeinschaftliches Testament aufgehoben werden (§ 2292 BGB). Wenn beide Beteiligte letztwillig verfügt haben, müssen für die Wirksamkeit des gemeinschaftlichen Testamentes beide testierfähig sein, nicht wie bei dem Erbvertrag geschäftsfähig. Denkbar ist es, dass einer der Ehegatten nicht in dem ursprünglichen 32

34 OLG München ZEV 2008, 344 (346).
35 Grüneberg/Weidlich BGB § 2291 Rn. 2.
36 Erman/Kappler/Kappler BGB § 2291 Rn. 2; BeckOGK BGB/Müller-Engels § 2291 aF Rn. 12.
37 BeckOK BGB/Litzenburger § 2291 aF Rn. 4.
38 MüKoBGB/Musielak § 2291 aF Rn. 4.

Erbvertrag letztwillig verfügt hat, sondern nur die Verfügungen des anderen Ehegatten angenommen hat, damit die Vertragsmäßigkeit entstehen kann. Vereinzelnd wird vertreten, dass auch ein solcher Beteiligter sich nicht bei dem Aufhebungstestament vertreten lassen kann.[39] Begründet wird diese Auffassung damit, dass von dem Vertragspartner höchstpersönliches Handeln abverlangt würde. Das überzeugt nicht, weil § 1851 Nr. 6 BGB ein gerichtliches Genehmigungserfordernis für das gemeinschaftliche Testament nach § 2292 BGB vorsieht. Dieser Genehmigungstatbestand würde keinen Sinn ergeben, wenn die Vertretung bei Errichtung des gemeinschaftlichen Aufhebungstestamentes nicht zulässig wäre.[40] Das Aufhebungstestament kann sowohl privatschriftlich als auch notariell beurkundet errichtet werden.

33 **Muster: Gemeinschaftliches Aufhebungstestament mit Vertretung**

Die Ehegatten ... und ... haben am ... vor der Notarin ... mit der UR-Nr. ... einen Erbvertrag abgeschlossen, in dem der Ehemann seiner Nichte ... durch Vermächtnis mit vertragsmäßiger Wirkung seine Ferienwohnung (...) zugewendet hat. Der Ehemann hebt hiermit das Vermächtnis auf. Da die Ehefrau testierunfähig ist, wird sie bei diesem Aufhebungstestament durch ihren Betreuer vertreten. Dieser ist durch Beschluss vom ... durch das AG ..., Az. ..., zu ihrem Betreuer mit dem Aufgabenbereich „Vertretung bei dem gemeinschaftlichen Aufhebungstestament mit ... vom ...“ bestellt worden. Der Betreuer stimmt als Vertreter der Ehefrau der Aufhebung des Vermächtnisses zu.

Unterschriften des Ehemannes und des Betreuers für die Ehefrau

34 Das gemeinschaftliche Aufhebungstestament bedarf nach § 1851 Nr. 6 BGB (§ 2292 Hs. 2 BGB aF) der gerichtlichen Genehmigung.

F. Rückgabe eines Erbvertrags (§ 2300 BGB)

35 Da die Rückgabe eines Erbvertrags nur an den Erblasser persönlich erfolgen kann, § 2256 Abs. 2 S. 2 BGB, und die Rücknahme nach hM eine Verfügung von Todes wegen ist, ist wegen des Höchstpersönlichkeitsgrundsatzes, § 2064 BGB eine Stellvertretung bei der Rücknahme ausgeschlossen.[41] Die Herausgabe des Erbvertrags an einen bevollmächtigten Vertreter auch mit Generalvollmacht oder Boten hat keine Widerrufswirkung, auch nicht die Herausgabe eines Erbvertrags per Post an den Erblasser.[42] Ist der Erblasser nicht in der Lage, persönlich zur Rücknahme des Erbvertrags beim zuständigen Amtsgericht zu erscheinen, muss die Aushändigung im Wege der Rechtshilfe und bei Bettlägerigkeit des Erblassers durch den Verwahrungsbeamten am Krankenbett erfolgen.[43]

36 Geschäftsfähigkeit ist zur Rückgabe notwendig, da diese nach hM sowohl Rechtsgeschäft unter Lebenden als auch – wegen der Widerrufswirkung – Verfügung von Todes wegen darstellt.[44] Ein beschränkt geschäftsfähiger Erblasser bedarf wegen § 2290 Abs. 2 S. 2, Abs. 3 BGB auch nicht der Zustimmung seines gesetzlichen Vertre-

---

39 Staudinger/Kanzleiter BGB § 2292 Rn. 8; Burandt/Rojahn/Burandt BGB § 2292 Rn. 7.
40 Hierzu NK-BGB/Horn § 2292 Rn. 6.
41 OLG Hamm FGPrax 2012, 261; OLG Saarbrücken NJW-RR 1992, 586; LG Augsburg NJWE-FER 1998, 278; BeckOGK BGB/Grziwotz § 2256 Rn. 7.
42 BGH NJW 1959, 2113; OLG Saarbrücken NJW-RR 1992, 586; LG Augsburg Rpfleger 1998, 34.
43 Erman/Kappler/Kappler BGB § 2256 Rn. 5; Staudinger/Baumann BGB § 2256 Rn. 15.
44 NK-BGB/Horn § 2300 Rn. 9.

ters. Die wohl hM[45] vertritt die Ansicht, dass die Vertragspartei, die selbst keine Verfügungen von Todes wegen errichtet hat, bei der Rückgabe nach allgemeinen Regeln vertreten werden kann. Die Rechtslage entspreche daher derjenigen bei Erbvertrag und Erbverzicht, §§ 2274, 2347 Abs. 2 S. 1 BGB; im Übrigen spreche hierfür der Verweis auf § 2290 Abs. 2 und 3 BGB. Dagegen spricht Folgendes:[46] Wenn man in der Rückgabe zumindest auch eine Verfügung von Todes wegen sieht, dann ist eine Vertretung im letzten Willen nicht möglich, § 2064 BGB. Im Übrigen besteht eine Manipulationsgefahr, wenn Vertragsgegner und Vertreter (wie häufig in diesen Konstellationen) personenidentisch sind. Gem. § 1851 Nr. 8 BGB in der ab dem 1.1.2023 gültigen Fassung bedarf der Betreuer der Genehmigung des Betreuungsgerichts zu einer Rücknahme eines mit dem Erblasser geschlossenen Erbvertrags, der nur Verfügungen von Todes wegen enthält, aus der amtlichen oder notariellen Verwahrung gem. § 2300 Abs. 2 BGB.

Die Rückgabe ist vom Rechtspfleger anzuordnen und von ihm gemeinsam mit dem Urkundsbeamten zu bewirken, § 346 Abs. 1 FamFG. Keine Rückgabe mit Widerrufswirkung ist die Vorlage des Erbvertrags durch das Amtsgericht an den Erblasser zur Einsicht, auch wenn dabei der Erbvertrag versehentlich zurückgegeben wird. Nimmt der Erblasser dabei den Erbvertrag heimlich an sich, ist die Widerrufswirkung anzunehmen. 37

G. Abschluss und Aufhebung eines Erb- und Pflichtteilsverzichts (§§ 2347, 2351 BGB)

I. Sicht des Erblassers

Bei dem Abschluss (§ 2346 BGB) und der Aufhebung (§ 2351 BGB) eines Erb- bzw. Pflichtteilsverzichts ist zwischen dem potenziellen Erblasser und dem Verzichtenden zu unterscheiden. Der Verzichtende kann sich vertreten lassen, der Erblasser nur im Falle seiner Geschäftsunfähigkeit. So geht der historische Gesetzgeber bei einem solchen Verzicht von einer Art negativem Testament aus[47] und ordnet daher in § 2347 S. 1 BGB (§ 2347 Abs. 2 S. 1 BGB aF) die Höchstpersönlichkeit an. Nur für den Fall, dass der Erblasser geschäftsunfähig ist (§ 104 BGB), kann der Verzichtsvertrag gem. § 2347 S. 2 BGB von seinem gesetzlichen Vertreter geschlossen werden. Damit ist die rechtsgeschäftliche Vertretung ausgeschlossen.[48] Die gesetzliche Vertretung des Erblassers führt aber nur dann zu einer wirksamen Vertretung, wenn der Erblasser tatsächlich geschäftsunfähig war. Der geschäftsfähige und der beschränkt geschäftsfähige Erblasser muss schließlich nach § 2347 S. 1 BGB den Vertrag höchstpersönlich abschließen.[49] Ist zweifelhaft, ob der Erblasser geschäftsfähig ist, sollten den Verzichtsvertrag vorsorglich sowohl der Erblasser höchstpersönlich als auch dessen gesetzlicher Vertreter unterzeichnen.[50] 38

45 Keim ZEV 2003, 55 (56) Erman/Kappler/Kappler BGB § 2300 Rn. 3; BeckOK BGB/Litzenburger § 2300 aF Rn. 9.
46 NK-BGB/Horn § 2300 Rn 10.
47 Vgl. BeckOGK BGB/Everts § 2347 aF Rn. 22.2.
48 Damrau/Tanck/Kurze BGB § 2347 Rn. 2; BeckOGK BGB/Everts § 2347 aF Rn. 22.
49 BGH NJW 1996, 1062 (1064); Erman/Simon BGB § 2347 Rn. 2.
50 NK-BGB/Kroiß § 2347 Rn. 12.

39 Ferner kann der beschränkt Geschäftsfähige, also Kinder nach Vollendung des 7. Lebensjahrs (§ 106 BGB), ohne Zustimmung seines gesetzlichen Vertreters einen solchen Verzichtsvertrag abschließen. Natürlich irritiert es schon, dass etwa ein 8-jähriges Kind als potenzieller Erblasser höchstpersönlich den Notarvertrag unterschreiben soll. Aber § 2347 S. 1 BGB normiert das Erfordernis der Höchstpersönlichkeit. Läßt der beschränkt Geschäftsfähige sich vertreten, würde das zu einem unwirksamen Verzicht führen.[51] Zudem ist der reine Verzicht, also das Verfügungsgeschäft, für den Minderjährigen nach hM ein lediglich rechtlich vorteilhaftes Rechtsgeschäft[52] und bedarf daher nicht der Zustimmung durch den gesetzlichen Vertreter nach § 107 BGB. Deswegen bedarf ein solcher Verzicht auch nicht der familiengerichtlichen Genehmigung.[53] Bei einem Verzicht gegen Abfindung handelt es sich aber nicht mehr um ein rein rechtlich vorteilhaftes Geschäft, so dass dann die Zustimmung durch den gesetzlichen Vertreter[54] und die gerichtliche Genehmigung erforderlich wird.

40 Die Aufhebung eines Erb- bzw. Pflichtteilsverzichtsvertrags (§ 2351 BGB) stellt indes für den beschränkt Geschäftsfähigen kein lediglich rechtlich vorteilhaftes Geschäft dar, so dass hierzu die Zustimmung durch dessen gesetzlichen Vertreter erforderlich ist.[55] Der geschäftsunfähige Volljährige kann durch seinen Betreuer und der geschäftsunfähige Minderjährige durch seine Eltern, seinen Vormund oder durch seinen Ergänzungspfleger bei der Aufhebung vertreten werden.[56]

41 Aus § 1851 Nr. 9 BGB ergibt sich das **Genehmigungserfordernis** durch das Familien- bzw. das Betreuungsgericht bei dem Abschluss eines Erb- bzw. Pflichtteilsverzichts (→ § 19 Rn. 80).

II. Sicht des Verzichtenden

42 Der Verzichtende kann sich sowohl gesetzlich als auch rechtsgeschäftlich bei dem **Abschluss** eines Erb- bzw. Pflichtteilsverzichts vertreten lassen. Eine Vollmacht bedarf keiner Form (§ 167 Abs. 2 BGB).[57] Der nach § 104 BGB geschäftsunfähige Verzichtende kann sich gesetzlich durch seine Eltern, seinen Vormund, seinen Betreuer mit entsprechendem Aufgabenbereich und – bei Vertretungsausschlüssen – durch seinen Ergänzungspfleger vertreten lassen.[58] Der beschränkt Geschäftsfähige kann den Verzichtsvertrag selber unterschreiben, bedarf aber der Zustimmung seines gesetzlichen Vertreters (Eltern, Vormund oder bei deren Vertretungsausschluss Ergänzungspfleger), da es sich nicht um ein lediglich vorteilhaftes Rechtsgeschäft handelt.[59] Aber der beschränkt Geschäftsfähige kann sich auch von seinen gesetzlichen Vertretern vertreten lassen.[60]

---

51 Staudinger/Schotten BGB § 2347 Rn. 28.
52 NK-BGB/Kroiß § 2347 Rn. 6; MüKoBGB/Wegerhoff § 2347 aF Rn. 9; Staudinger/Schotten BGB § 2347 Rn. 28; krit. BeckOGK BGB/Everts § 2347 aF Rn. 29.1.
53 BeckOK BGB/Litzenburger § 2347 aF Rn. 11.
54 BeckOK BGB/Litzenburger § 2347 aF Rn. 11; BeckOGK BGB/Everts § 2347 aF Rn. 26.1.
55 Grüneberg/Weidlich BGB BGB § 2351 Rn. 1.
56 Staudinger/Schotten BGB § 2351 Rn. 8.
57 NK-BGB/Kroiß § 2347 Rn. 4.
58 BeckOGK BGB/Everts § 2347 aF Rn. 8.
59 Grüneberg/Weidlich BGB § 2347 Rn. 2.
60 MüKoBGB/Wegerhoff § 2347 aF Rn. 4; Staudinger/Schotten BGB § 2347 Rn. 11.

Der Verzichtende kann sich grundsätzlich bei dem **Aufhebungsvertrag** nach § 2351 BGB eines Erb- bzw. Pflichtteilsverzichts rechtsgeschäftlich und gesetzlich vertreten lassen.[61] Der beschränkt geschäftsfähige Verzichtende bedarf hierzu nicht der Zustimmung seines gesetzlichen Vertreters, da die Aufhebung für ihn nur vorteilhaft ist:[62] Er erhält sein Erb- bzw. Pflichtteilsrecht zurück. Ist aber der Verzicht mit einer Abfindung verbunden, die zurückzugewähren ist, gelten die allgemeinen Regeln für die Vertretung Minderjähriger.[63] Dennoch kann er sich aber auch vollständig von seinem gesetzlichen Vertreter vertreten lassen, da auch die Aufhebung durch den Verzichtenden nicht für diesen ein höchstpersönliches Rechtsgeschäft ist. 43

Aus § 1851 Nr. 9 BGB ergibt sich grundsätzlich das **Genehmigungserfordernis** durch das Familien- bzw. dem Betreuungsgericht bei der Aufhebung eines Erb- bzw. Pflichtteilsverzichts (→ § 19 Rn. 80). 44

H. Widerruf und Rücktritt von letztwilligen Verfügungen

Ein Erblasser kann sich von seinen wechselbezüglichen Verfügungen bzw. von seinen vertragsmäßigen Verfügungen lösen wollen. Dies ist nur möglich, wenn der Erblasser selbst testier- bzw. geschäftsfähig ist. Jedoch kann sein Ehegatte bzw. sein Vertragspartner nicht mehr testier- bzw. geschäftsfähig sein, so dass es für den Erblasser bedeutsam sein kann, ob er sich ohne Mitwirkung des anderen Teils von seinem letzten Willen lösen kann: 45

- Bei einem gemeinschaftlichen Testament kommt der Widerruf in Betracht, wonach der Erblasser den Widerruf bei einem Notar beurkunden lassen und gegenüber dem anderen Ehegatten erklären muss (§ 2271 BGB, der auf § 2296 BGB verweist).
- Bei einem Erbvertrag kommt ein Rücktritt in Betracht. Liegen nicht die besonderen Voraussetzungen nach §§ 2394 f. BGB vor, ist ein Rücktritt nur möglich, wenn dieser in dem Erbvertrag ausdrücklich vorbehalten ist (§ 2293 BGB). Der Rücktritt ist notariell zu beurkunden und gegenüber dem anderen Vertragspartner zu erklären (§ 2296 BGB).

Beiden Varianten ist auch gemeinsam, dass der Widerruf bzw. der Rücktritt nicht durch einen Vertreter erfolgen kann (§ 2296 Abs. 2 BGB). Das Verbot der Vertretung gilt aber nicht für die Entgegennahme der jeweiligen Erklärung. Sowohl der rechtsgeschäftliche als auch der gesetzliche Vertreter kann eine solche Erklärung entgegennehmen. Dagegen wird teilweise argumentiert, dass der testier- bzw. geschäftsunfähige Erklärungsempfänger sich nicht darauf einstellen und entsprechend anderweitig testieren kann. Einem Testier- bzw. Geschäftsunfähigen könne ein Widerruf bzw. ein Rücktritt nicht zugehen.[64] Der BGH hat sich indes in seinem Grundsatzbeschluss vom 27.1.2021[65] dagegen 46

61 NK-BGB/Kroiß § 2351 Rn. 5.
62 Staudinger/Schotten BGB § 2351 Rn. 19; NK-BGB/Kroiß § 2351 Rn. 6.
63 NK-BGB/Kroiß § 2351 Rn. 6.
64 Damrau/Tanck/Klessinger BGB BGB § 2271 Rn. 11; Damrau/Bittler ZErb 2004, 77 (80); in diese Richtung auch MüKoBGB/Musielak § 2296 Rn. 5, jedenfalls, wenn der potenzielle Erklärungsempfänger auch letztwillig verfügt hat.
65 BGH ErbR 2021, 410 (411) mzustAnm Horn und mit weiteren Nachweisen.

ausgesprochen und sich der hM[66] angeschlossen: § 2298 Abs. 2 S. 2 BGB sehe den Tod des anderen Vertragsschließenden als Zäsur vor, bis wann das Rücktrittsrecht auszuüben sei. So seien tatsächliche Unsicherheiten, ob der Erklärungsempfänger testier- oder geschäftsunfähig ist, ausgeschlossen. Dass der Rücktrittsempfänger nicht auf die neue erbrechtliche Situation reagieren könnte, sei als allgemeines Risiko hinzunehmen.

47 In seinem Grundsatzbeschluss vom 27.1.2021[67] hat der BGH auch festgestellt, dass der Rücktritt gegenüber einem rechtsgeschäftlich Bevollmächtigten erklärt werden kann. Deswegen hat er die Auffassung der Vorinstanzen bestätigt, dass zur Entgegennahme der Erklärung keine Betreuung einzurichten ist. Auch kann der Rücktritt nach §§ 2293 ff. BGB – und nichts anderes kann für den Widerruf nach § 2271 BGB gelten – gegenüber einem gesetzlichen Vertreter erklärt werden.[68] Einem Betreuer muss stets ein entsprechender Aufgabenbereich zugewiesen worden sein. Überwiegend wird als Aufgabenbereich „Vermögenssorge" oder „Vermögensangelegenheiten" als ausreichend für die Entgegenahme einer solchen Erklärung gesehen.[69]

48 Rein deklaratorisch: Ein gerichtliches Genehmigungserfordernis sieht das Gesetz zur Entgegennahme eines Widerrufs bzw. eines Rücktritts nicht vor.

49 **Muster: Rücktritt von einem Erbvertrag**

Ich trete hiermit gegenüber ... von dem zwischen uns beiden am ... vor dem Notar ..., UR-Nr. ..., geschlossenen Erbvertrag zurück. Wir beide hatten uns jeweils vorbehalten, von dem Erbvertrag zurücktreten zu können (§ 2293 BGB). Ich beauftrage den amtierenden Notar, eine Ausfertigung dieses Rücktritts an ... förmlich per Gerichtsvollzieher zustellen zu lassen. Der Rücktritt ist jedoch dem gesetzlichen Vertreter zuzustellen, da ... geschäftsunfähig ist. ... ist durch das AG ... als Betreuungsgericht, Az. ..., zum Betreuer von ... mit dem Aufgabenbereich „Vermögenssorge" bestellt.

Unterschrift / Notarieller Beurkundungsvermerk

I. Verwaltung, Auseinandersetzung und Abschichtung von Erbengemeinschaften

I. Minderjährige Mitglieder einer Erbengemeinschaft

50 Sind Minderjährige Mitglied einer Erbengemeinschaft, so benötigt jeder von ihnen für den Abschluss einer Auseinandersetzungsvereinbarung einen besonderen gesetzlichen Vertreter (Pfleger), §§ 181, 1795 Abs. 2, 1909 BGB aF.[70] Das gilt auch, wenn vereinbart wird, dass ein Miterbe den Nachlass gegen Abfindung der übrigen Miterben übernimmt.[71] Nur wenn die vereinbarte Auseinandersetzung völlig den Anordnungen des Erblassers oder – sofern solche nicht vorhanden sind – den gesetzlichen Regelungen entspricht, sind gem. § 181 BGB aE Selbstkontrahieren und Mehrfachvertretung wirksam möglich.[72] § 1629a BGB beschränkt die Haftung des minderjährigen Erben für

---

66 OLG Hamm FamRZ 2014, 1484 (1485); BeckOK BGB/Litzenburger § 2271 Rn. 17; NK-BGB/Müßig § 2271 Rn. 15.

67 BGH ErbR 2021, 410 (412).

68 Kroiß ErbR 2022, 193 (194).

69 OLG Hamm ZErb 2014, 81 („Vermögensangelegenheiten"); Zimmermann ZEV 2007, 159 (161) („Vermögensangelegenheiten"); LG Hamburg BeckRS 2015, 13647; MüKoBGB/Musielak § 2271 Rn. 8.

70 BGH FamRZ 1968, 245 f.; Rißmann Erbengemeinschaft/Möller/Damrau § 12 Rn. 54.

71 NK-BGB/Eberl-Borges Vor §§ 2042–2057a Rn. 20; aA RGZ 93, 334 (335); BGHZ 15, 97 (99); MüKoBGB/Ann § 2042 Rn. 39.

72 RGZ 93, 334 (336); BGHZ 21, 229 (232); OLG München ZEV 2015, 530 (532); Roth NJW-Spezial 2013, 615; Damrau ZEV 1994, 1 (3).

Verbindlichkeiten, die aufgrund eines während der Minderjährigkeit erfolgten Erwerbs von Todes wegen entstanden sind, auf den Bestand des bei Eintritt der Volljährigkeit vorhandenen Kindesvermögens, § 1629a Abs. 1 S. 1 BGB.[73] Der volljährig gewordene Erbe kann sich auf die Haftungsbeschränkung dann selbst berufen, so dass die §§ 1990, 1991 BGB entsprechend gelten (§ 1629a Abs. 1, 2 BGB). Die richtige Beurteilung der Vertretung Minderjähriger in einer Erbengemeinschaft beim Verkauf von Nachlassgegenständen erfordert eine präzise Trennung des Innenverhältnisses zwischen den Erben vom Außenverhältnis zum Erwerber.[74] Insoweit ist ein kondiktionsfester Verkauf von Nachlassgegenständen nur möglich, wenn der Minderjährige sowohl beim Erbenbeschluss als auch beim Kaufvertrag wirksam vertreten wird.

Verwaltungsmaßnahmen der Erbengemeinschaft, der Minderjährige oder Betreute angehören, bedürfen keiner familien- oder vormundschaftsgerichtlichen Genehmigung.[75] Dies gilt nicht für die Nachlassauseinandersetzung. 51

Bei Rechtsgeschäften im Zusammenhang mit der Auseinandersetzung stellt sich auch die Frage, inwieweit der Vertreter eines Minderjährigen der Genehmigung des Familiengerichts bedarf. Des Weiteren ist in Fällen der Beteiligung Minderjähriger zu klären, inwieweit die Eltern als die gesetzlichen Vertreter ausnahmsweise von der Vertretung des Kindes ausgeschlossen sind und es der Bestellung eines Ergänzungspflegers bedarf.[76] 52

Für die Frage des Genehmigungserfordernisses verweist § 1799 BGB auf § 1851 BGB. 53

§ 1799 BGB Genehmigungsbedürftige Rechtsgeschäfte

(1) Der Vormund bedarf der Genehmigung des Familiengerichts in den Fällen, in denen ein Betreuer nach den §§ 1848–1854 Nr. 1–7 der Genehmigung des Betreuungsgerichts bedarf, soweit sich nicht aus Abs. 2 etwas anderes ergibt.

(2) [1]Der Vormund bedarf abweichend von § 1853 S. 1 Nr. 1 der Genehmigung des Familiengerichts zum Abschluss eines Miet- oder Pachtvertrags oder eines anderen Vertrags, durch den der Mündel zu wiederkehrenden Leistungen verpflichtet wird, wenn das Vertragsverhältnis länger als ein Jahr nach dem Eintritt seiner Volljährigkeit fortdauern soll. [2]Eine Genehmigung ist nicht erforderlich, wenn

1. **der Vertrag geringe wirtschaftliche Bedeutung für den Mündel hat oder**
2. **das Vertragsverhältnis von dem Mündel nach Eintritt der Volljährigkeit spätestens zum Ablauf des 19. Lebensjahres ohne eigene Nachteile gekündigt werden kann.**

Gem. § 1851 Nr. 2 BGB in der ab dem 1.1.2023 gültigen *Fassung* bedarf es der Genehmigung des Betreuungsgerichts zu einem Rechtsgeschäft, durch das der Betreute zu einer Verfügung über eine ihm angefallene Erbschaft, über seinen künftigen gesetzlichen Erbteil oder seinen künftigen Pflichtteil verpflichtet wird. Auch eine Verfügung über den Anteil des Betreuten an einer Erbschaft oder zu einer Vereinbarung, mit der der Betreute aus der Erbengemeinschaft ausscheidet, ist genehmigungspflichtig, § 1851 Nr. 3 BGB. 54

Sowohl Erbteilsübertragungen als auch Abschichtungsvereinbarungen bedürfen nach diesen Vorschriften einer Genehmigung, und zwar unabhängig davon, ob zu der Erbschaft Grundbesitz gehört oder nicht. 55

73 Roth NJW-Spezial 2019, 615.
74 Mahlmann ZEV 2009, 320.
75 Damrau ZEV 2006, 190.
76 MAH ErbR/Koslowski § 26 Rn. 222.

56 Von der Frage, ob eine Genehmigung für ein bestimmtes Rechtsgeschäft erforderlich ist, ist die Frage zu trennen, ob der gesetzliche Vertreter bzw. Vormund ausnahmsweise an der Vertretung gehindert ist und es deshalb der Bestellung eines Ergänzungspflegers bedarf. Dies ist dann der Fall, wenn Eltern (bzw. der Vormund) und Kinder wechselbezügliche Verpflichtungen eingehen, die ihre Rechtfertigung nicht ausschließlich in den gesetzlichen Teilungsregeln finden.[77]

57 Soweit eine persönliche Teilauseinandersetzung durch **Abschichtung** vorgenommen wird, bedarf es, soweit es nur um die Seite der Abschichtenden geht, keiner Bestellung eines Ergänzungspflegers, wenn Minderjährige auf dieser Seite stehen.[78] Insoweit gilt nichts anderes als bei der vertraglichen Erbauseinandersetzung.

II. Betreuer und Betreuter als Mitglieder einer Erbengemeinschaft

58 Sind Betreuer und Betreuter Mitglied derselben Erbengemeinschaft, muss für bestimmte Handlungen im Rahmen der Auseinandersetzung dem Betreuten vom Betreuungsgericht ein Ergänzungsbetreuer bestellt werden, § 1824 BGB (§§ 1908i Abs. 1 S. 1, 1795 Abs. 2 aF), § 181 BGB.[79]

J. Beantragung eines Erbscheines

I. Erbscheinsantrag

59 Ein minderjähriger Erbe benötigt bei der Beantragung eines Erbscheins einen gesetzlichen Vertreter, § 9 Abs. 2 FamFG. Minderjährige, die nicht unter elterlicher Sorge stehen, werden durch einen Vormund bzw. Pfleger vertreten, §§ 1773, 1793 BGB. Nichteheliche Kinder werden vertreten durch die Mutter, § 1626a Abs. 2 BGB bzw. durch beide Eltern, wenn eine formgerechte Sorgeerklärung vorliegt, § 1626a Abs. 1 BGB; eventuell durch Vormund, Pfleger.[80] Die Eltern können das Kind aber nicht vertreten, wenn sie nach § 1638 BGB von der Vermögensverwaltung ausgeschlossen wurden.[81]

60 Ein geschäftsfähiger Betreuter kann einen Antrag auf Erteilung eines Erbscheins selbst stellen, es sei denn es liegt ein entsprechender Einwilligungsvorbehalt vor. Auch der Betreuer mit dem Aufgabenkreis Vermögenssorge ist daneben antragsberechtigt.[82] Ein geschäftsunfähiger Betreuter ist hingegen mangels Verfahrensfähigkeit, § 9 FamFG, nicht zur Antragstellung befugt. Insoweit bleibt es bei der alleinigen Antragsberechtigung des Betreuers, wenn ein entsprechender Aufgabenkreis („Vermögenssorge“) angeordnet wurde. Eine Genehmigung durch das Betreuungsgericht ist nicht erforderlich, § 1851 BGB (§ 1822 BGB aF).

77 MAH ErbR/Koslowski § 26 Rn. 230.
78 Rißmann Erbengemeinschaft/Möller/Damrau § 12 Rn. 82.
79 OLG München NJW-RR 2015, 1222.
80 Keidel/Sternal FamFG § 9 Rn. 21.
81 OLG Frankfurt FamRZ 1997, 1115.
82 MüKoBGB/Grziwotz § 2353 aF Rn. 108; Erman/Simon BGB § 2353 Rn. 11; Lange/Kuchinke ErbR § 39 II 3.

II. Eidesstattliche Versicherung

61 Regelmäßig verlangt das Nachlassgericht vom Antragsteller die Versicherung, dass er seine Angaben wahrheitsgemäß gemacht habe, § 352 Abs. 3 FamFG. Kann der Erbe die in § 352 Abs. 3 FamFG vorgesehen eidesstattliche Versicherung nicht selbst abgeben, weil er aufgrund seiner Geschäftsunfähigkeit daran gehindert ist, kann eine eidesstattliche Versicherung des gesetzlichen Vertreters (Eltern, Betreuer) ausreichend sein.[83] Voraussetzung dafür ist, dass der Vertreter eidesfähig ist.[84] Der über 16 Jahre alte minderjährige Erbe kann also die Versicherung selbst abgeben, § 455 Abs. 2 ZPO. Jedoch kann das Nachlassgericht dann noch diejenige des gesetzlichen Vertreters verlangen.[85] Insbesondere bei einem Berufsbetreuer kommt häufig ein Erlass in Betracht, § 352 Abs. 3 S. 4 FamFG, wenn er nicht den entsprechenden persönlichen Kontakt hatte und daher nicht das entsprechende Wissen über die maßgeblichen Umstände besitzt.[86] In Literatur und Rechtsprechung ist streitig, ob die eidesstattliche Versicherung durch einen Vorsorgebevollmächtigten erklärt werden kann[87] oder ob es notwendig ist, zu diesem Zweck einen Betreuer als gesetzlichen Vertreter des Betroffenen zu bestellen.[88] Für die erstgenannte Auffassung spricht, dass der mit der eidesstattlichen Versicherung verfolgte Zweck der Schaffung einer möglichst wahrheitsgetreuen Tatsachengrundlage für die Entscheidung des Erbscheinsantrags im Regelfall zuverlässiger dadurch erreicht wird, dass ein naher Angehöriger des Antragstellers, der idR das Vertrauen des Vorsorgevollmachtgebers genießt, die Erklärung abgibt, als wenn dies durch einen vom Betreuungsgericht eingesetzten (möglicherweise Berufs-)Betreuer erfolgt.[89] Schließlich hat zuletzt der BGH im ähnlichen Problemfall der von einem Geschäftsunfähigen abzugebenden Vermögensauskunft nebst Erklärung an Eides Statt (§ 802c ZPO) deren Abgabe durch einen Vorsorgebevollmächtigten ausdrücklich zugelassen.[90]

III. Europäisches Nachlasszeugnis

62 Soweit für den Nachweis der Erbenstellung im Ausland ein Europäisches Nachlasszeugnis nach Art. 62 ff. EuErbVO, §§ 33 ff. IntErbRVG beantragt wird, gelten die zum Erbschein gemachten Ausführungen entsprechend. Ist der Antragsteller nach seinem insofern maßgeblichen Personalstatut nur durch einen gesetzlichen Vertreter handlungsfähig (zB bei Minderjährigen oder Geisteskranken), so hat dieser den Antrag für ihn zu stellen.[91]

---

83 OLG Celle NJW-Spezial 2018, 455; Keidel/Zimmermann FamFG § 352 Rn. 79.
84 BayObLGZ 1961, 4 (10).
85 Keidel/Zimmermann FamFG § 352 Rn. 79.
86 Litzenburger ZEV 2004, 450; Zimmermann ZErb 2008, 151 (154).
87 Dafür: OLG Celle ZEV 2018, 728 mAnm Litzenburger; Prütting/Helms/Fröhler FamFG § 352 Rn. 20, 30; Litzenburger ZEV 2004, 450.
88 Grüneberg/Weidlich BGB § 2353 Rn. 28; Bahrenfuss/Schaal FamFG § 352 Rn. 5; Keidel/Zimmermann FamFG § 352 Rn. 78; MüKoFamFG/Grziwotz § 352 Rn. 94.
89 OLG Bremen ZEV 2021, 765.
90 BGH NJW 2020, 1143.
91 BeckOGK EuErbVO/J. Schmidt Art. 65 Rn. 6; Schmitz RNotZ 2017, 269 (276).

K. Vertretung im Pflichtteilsrecht

63 Besonderheiten sind bei der gesetzlichen Vertretung von Pflichtteilsberechtigten zu beachten. Steht der Pflichtteilsberechtigte unter Betreuung, so wird er von seinem Betreuer mit entsprechendem Aufgabenbereich nach § 1823 BGB vertreten. Falls ein Vergleich über die Pflichtteilsforderung angeschlossen werden soll, bedarf der Betreuer der Genehmigung nach § 1854 Nr. 6 BGB (oberhalb von 6.000 EUR ist keine Genehmigung erforderlich, wenn der Vergleich einem schriftlichen oder protokollierten Vergleichsvorschlag entspricht). Entsprechendes gilt, wenn die betreute Person als Erbe von einem Pflichtteilsberechtigten in Anspruch genommen wird.

64 Sind für einen Minderjährigen Pflichtteilsansprüche durchzusetzen, dessen Eltern beide nicht mehr leben, dann ist zur Pflichtteilsdurchsetzung der Vormund nach § 1789 Abs. 2 S. 1 BGB zur Vertretung berufen. Ein Vergleich bedarf der familiengerichtlichen Genehmigung (§§ 1799 Abs. 1, 1854 Nr. 6 BGB). Entsprechendes gilt, wenn der Minderjährige als Erbe Pflichtteilsansprüche erfüllen muss. Ist einer von beiden Elternteilen verstorben, ist der längerlebende Elternteil der alleinige Vertreter des Minderjährigen (§ 1629 Abs. 1 S. 2 BGB). Wenn aber – wie bei einem Berliner Testament üblich – der längerlebende Elternteil auch der Alleinerbe des vorverstorbenen Elternteils ist, kann dieser wegen einer Interessenkollision von der Vertretung seines Kindes ausgeschlossen sein. Er würde schließlich als Vertreter des Kindes gegen sich selbst als Alleinerbe Pflichtteilsansprüche geltend machen. Nach § 1629 Abs. 2 S. 1 BGB sind Eltern von der Vertretung ihres Kindes ausgeschlossen, wenn nach § 1824 BGB ein Betreuer von der Vertretung eines Betreuten ausgeschlossen ist. Grundsätzlich bleibt es Kindern überlassen, ob sie später den Pflichtteil verlangen. Zu bedenken ist, dass Ansprüche gegen den längerlebenden Elternteil bis zum 21. Lebensjahr gehemmt sind (§ 207 Abs. 1 S. 2 BGB).[92] Gleichwohl kann ein Familiengericht in einer solchen Situation eine Interessenkollision sehen[93] und dem längerlebenden Elternteil die Vertretungsbefugnis für den Teilbereich Pflichtteilsansprüche entziehen; es hat dann einen Ergänzungspfleger zu bestellen (§ 1809 BGB).

92 Vgl. BayObLG FamRZ 1989, 540 (541); Groll/Steiner ErbR-HdB/Fröhler § 14 Rn. 187.
93 Hierzu ausführlich Tanck/Krug/Süß AnwForm Testamente/Horn § 16 Rn. 17 ff.

§ 24 Letztwillige Verfügungen durch Minderjährige und durch Betreute

A. Testamentserrichtung durch Minderjährige

1 Voraussetzung für die Wirksamkeit eines eigenhändigen privatschriftlichen Testaments ist die Testierfähigkeit des Erblassers, § 2229 BGB. Testierunfähig sind Minderjährige unter 16 Jahren, § 2229 Abs. 1 BGB. Minderjährige vor Vollendung des 18. Lebensjahrs, § 2 BGB, können ein eigenhändiges Testament nicht errichten, § 2247 Abs. 4 BGB, die Errichtung eines eigenhändigen Testaments setzt also die Volljährigkeit des Erblassers voraus. Minderjährige ab 16 Jahren haben nur die Testiermöglichkeit nach § 2233 Abs. 1 BGB durch Erklärung gegenüber dem Notar und Übergabe einer offenen Schrift.

B. Testamentserrichtung durch den Betreuten

I. Persönliche Errichtung

2 Grundsätzlich kann auch ein Betreuter gemäß § 2247 BGB privatschriftlich oder gemäß § 2232 BGB in notarieller Form ein Testament errichten. Bei Schreibunfähigen bleibt nur die Möglichkeit des öffentlichen Testaments.[1] Bei Leseunfähigen ist § 2233 Abs. 2 BGB zu beachten, wonach er das Testament nur durch Erklärung gegenüber dem Notar errichten kann. Daneben gibt es unter bestimmten Voraussetzungen noch Nottestamente, §§ 2249 ff. BGB.[2]

II. Testierfähigkeit

3 Die Tatsache, dass der Erblasser unter Betreuung stand, sagt grundsätzlich nichts über seine Testierfähigkeit aus.[3] Testierfähigkeit setzt voraus, dass der Erblasser sich über die Tragweite seiner Anordnungen und ihre Folgen für die persönlichen und wirtschaftlichen Verhältnisse der Betroffenen im Klaren und frei von Einflüssen Dritter zu handeln in der Lage ist.[4] Nach dem Betreuungsgesetz richtet sich die Testierfähigkeit eines Betreuten allein nach § 2229 Abs. 4 BGB: *„Wer wegen krankhafter Störung der Geistestätigkeit, wegen Geistesschwäche oder wegen Bewusstseinsstörung nicht in der Lage ist, die Bedeutung einer von ihm abgegebenen Willenserklärung einzusehen und nach dieser Einsicht zu handeln, kann ein Testament nicht errichten."*

1 OLG Karlsruhe ZEV 2020, 221.
2 Vgl. dazu Kroiß ErbR 2020, 463.
3 BayObLG FamRZ 1994, 593; OLG Hamm FamRZ 2004, 659 (661); KRKB AnwaltForm ErbR/Krug § 8 Rn. 144.
4 OLG Hamm ErbR 2020, 482.

4 Der Betreute ist danach nur dann testierunfähig, wenn er wegen krankhafter Störung der Geistestätigkeit oder wegen Bewusstseinsstörung nicht in der Lage ist, die Bedeutung einer von ihm abgegebenen Willenserklärung einzusehen. Zur Klärung der Testierfähigkeit bedarf es einer Gesamtwürdigung aller Umstände des Einzelfalles. Zugunsten des Betreuten besteht die Vermutung der Testierfähigkeit.[5] Nach § 1825 Abs. 2 Ziff. 2 BGB (bislang § 1903 Abs. 2 BGB) kann sich ein Einwilligungsvorbehalt nicht auf Verfügungen von Todes wegen erstrecken. Der Betreuer hat damit keine rechtliche Möglichkeit, auf die Errichtung, Änderung oder Aufhebung eines Testaments durch den Betreuten einzuwirken.[6] Der Betreute ist damit auch hinsichtlich der Formen der Testiermöglichkeiten nicht beschränkt. Das Betreuungsgericht kann deshalb im Einzelfall nicht anordnen, dass der Betreute nur ein notarielles Testament errichten könne.[7]

5 Da die Störung der Geistestätigkeit die Ausnahme bleibt, geht das Gesetz von der Testierfähigkeit jedes Testiermündigen aus, die Testierfähigkeit des Testierenden wird vermutet. Entsprechend diesem Grundsatz, dass die Störung der Geistestätigkeit die Ausnahme ist, ist ein Erblasser so lange als testierfähig anzusehen, als nicht die Testierunfähigkeit im maßgeblichen Zeitpunkt der Testamentserrichtung zur *vollen Überzeugung*, zur Gewissheit des Gerichts feststeht. Wird im Erbscheinsverfahren die Testierunfähigkeit des Erblassers eingewandt, so ist das Nachlassgericht wegen der Amtsermittlungspflicht gemäß § 26 FamFG gehalten, naheliegenden Ermittlungsansätzen nachzugehen.[8] Stand der Erblasser im Zeitpunkt der Testamentserrichtung unter gesetzlicher Betreuung, so kann für das Nachlassgericht Veranlassung bestehen, Einsicht in die Betreuungsakten zu nehmen, wenngleich auch für den Betreuten der Grundsatz der Testierfähigkeit gilt. Weitere Ermittlungen sind dann anzustellen, wenn sich aus dem Inhalt der beigezogenen Betreuungsakten konkret begründete Zweifel an der Testierfähigkeit ergeben.[9] Bei Zweifeln über die Testierfähigkeit ist ein Sachverständigengutachten, in der Regel von einem Facharzt für Psychiatrie, erforderlich.[10] Gutachten im Betreuungsverfahren nach § 280 FamFG können dabei dem vom Nachlassgericht bestellten Sachverständigen Anknüpfungstatsachen liefern. Auch der Betreuer kann als Zeuge zu Anknüpfungstatsachen vernommen werden. Bezüglich möglicher Angaben zur Testierunfähigkeit steht ihm kein Zeugnisverweigerungsrecht gemäß §§ 383 Abs. 1 Nr. 6 ZPO, 30 FamFG zu.[11] Für die Beratungspraxis empfiehlt sich eine Klärung der Testierfähigkeit zu Lebzeiten des Betreuten etwa mittels eines psychiatrischen Gutachtens. Ein selbstständiges Beweisverfahren nach § 485 ZPO zur Klärung der Testierfähigkeit im Zeitpunkt der Testamentserrichtung eines noch lebenden Erblassers auf Antrag des enterbten gesetzlichen Erben ist unzulässig.[12]

5 OLG Hamm FamRZ 2004, 659; Grüneberg/Weidlich BGB § 2229 Rn. 5.
6 MüKoBGB/Sticherling § 2229 Rn. 17.
7 NK-BGB/Kroiß § 2229 Rn. 19.
8 OLG Hamm ErbR 2021, 1048; MüKoBGB/Sticherling § 2229 Rn. 69.
9 OLG Hamm ErbR 2021, 1048; MüKoBGB/Sticherling § 2229 Rn. 17, 18, 70.
10 BayObLG FamRZ 2001, 55; OLG München FamRZ 2020, 802; NK-BGB/Kroiß § 2229 Rn. 30.
11 OLG Köln NJWE-FER 1999, 191.
12 OLG Frankfurt aM NJW-RR 1997, 581.

Fazit: 6

- Es bedarf zur Beurteilung einer Gesamtwürdigung aller Umstände des Einzelfalles. Zugunsten des Betreuten besteht die Vermutung der Testierfähigkeit. Nach § 1903 Abs. 2 BGB kann sich ein Einwilligungsvorbehalt nicht auf Verfügungen von Todes wegen erstrecken.
- Der Betreuer hat damit keine rechtliche Möglichkeit, auf die Errichtung, Änderung oder Aufhebung eines Testaments durch den Betreuten einzuwirken.
- Der testierfähige Betreute ist damit auch hinsichtlich der Formen der Testiermöglichkeiten nicht beschränkt.
- Das Betreuungsgericht kann deshalb im Einzelfall nicht anordnen, dass der Betreute nur ein notarielles Testament errichten könne.

III. Relative Erbunfähigkeit

Wird der Betreuer zum Erben eingesetzt, führt dies weder nach den Landesheimgesetzen noch nach § 14 HeimG zur Unwirksamkeit der letztwilligen Verfügung. Jedoch kann im Einzelfall die Sittenwidrigkeit nach § 138 BGB zur Nichtigkeit führen. Nach Ansicht des OLG Celle[13] kann ein notarielles Testament zugunsten einer Berufsbetreuerin und eines „Seniorenbetreuers“ sittenwidrig sein, wenn eine Berufsbetreuerin ihre gerichtlich verliehene Stellung und ihren Einfluss auf einen älteren, kranken und alleinstehenden Erblasser dazu benutzt, gezielt auf den leicht beeinflussbaren Erblasser einzuwirken und ihn dazu zu bewegen, vor einer von ihr herangezogenen Notarin in ihrem Sinne letztwillig zu verfügen. Bei der Prüfung der Sittenwidrigkeit sei dabei auf den konkreten Einzelfall und insoweit auf die Verhältnisse zum Zeitpunkt der Vornahme des Rechtsgeschäfts abzustellen.[14] Die Sittenwidrigkeit, für die ein objektiver Maßstab gilt, kann sich demnach sowohl aus dem Inhalt des Rechtsgeschäfts als auch aus dessen Gesamtcharakter ergeben, wobei es in keinem Fall auf ein Bewusstsein der Sittenwidrigkeit ankommt und eine Schädigungsabsicht nicht erforderlich ist, sondern es genügt, wenn der Handelnde die Tatsachen kennt, aus denen sich die Sittenwidrigkeit ergibt, wobei dem gleichsteht, wenn sich jemand bewusst oder grob fahrlässig der Kenntnis erheblicher Tatsachen verschließt.[15] 7

IV. Gemeinschaftliches Testament

Soll ein gemeinschaftliches Testament widerrufen werden und steht der andere Ehegatte unter Betreuung, stellt sich die Frage, ob ein Widerruf gemäß §§ 2271 Abs. 1, 2296 Abs. 2 S. 2 BGB überhaupt möglich ist und wenn ja, wem gegenüber er in welcher Form zu erklären ist. 8

Teilweise wird vertreten, dass der Zulassung des Widerrufs des gemeinschaftlichen Testaments gegenüber einem testierunfähigen Ehepartner entgegenstehe, dass dieser hierauf nicht mit einer neuen letztwilligen Verfügung reagieren könne.[16] Nach der 9

13 OLG Celle NJW 2021, 1681.
14 BGH NJW 2018, 3637 Rn. 10; BGH NJW 1956, 865.
15 BGH NJW 2019, 676 Rn. 11.
16 Damrau/Bittler ZErb 2004, 77 (79).

Rechtsprechung kann der Widerruf wechselbezüglicher Verfügungen in einem gemeinschaftlichen Testament auch gegenüber einem testierunfähigen Ehegatten erklärt werden.[17] Grundsätzlich können ein gemeinschaftliches Testament und die in diesem enthaltenen Verfügungen auch gegenüber einer geschäfts- bzw. testierunfähigen Person widerrufen werden.[18] Ansonsten würden das zu Lebzeiten beider Ehegatten nach dem Gesetz bestehende Widerrufsrecht und damit die Testierfähigkeit des widerrufswilligen Ehegatten praktisch aufgehoben und ihm die Möglichkeit genommen, sich aus der erbrechtlichen Bindung zu lösen. Im Übrigen ist bei ähnlicher Interessenlage mit § 2282 Abs. 2 BGB die Möglichkeit der Lösung vom Erbvertrag auch bei Geschäftsunfähigkeit eines Vertragsschließenden ausdrücklich zugelassen.

10 Der Widerruf gegenüber einem testierunfähigen Ehegatten erfordert den Zugang der Erklärung beim Betreuer als dessen gesetzlichem Vertreter, § 131 BGB. Dieser muss für den erforderlichen Aufgabenkreis bestellt sein, wobei nach zutreffender Ansicht eine Bestellung wenigstens für die Vermögenssorge genügt. Der Widerruf des gemeinschaftlichen Testaments stellt eine Verfügung von Todes wegen dar. Die Erklärung eines Ehegatten über den Widerruf eines gemeinschaftlichen Testaments kann dem Betreuer des anderen Ehegatten jedenfalls nicht aufgrund dessen Geschäftskreis „Postvollmacht" wirksam zugestellt werden.[19] Mit dem Begriff „Postvollmacht" wird kein eigenständiger Aufgabenkreis beschrieben. Die in § 1815 Abs. 2 Ziff. 5 BGB (bislang § 1896 Abs. 4 BGB aF) eigenständig geregelte Vollmacht trägt vielmehr dem Postgeheimnis, Art. 10 Abs. 1 GG, Rechnung und führt dazu, dass der Betreuer Briefsendungen an den Betroffenen nur dann eigenständig öffnen darf, wenn ihm die Postvollmacht ausdrücklich vom Gericht übertragen worden ist. Das führt nicht zu einer Erweiterung seiner Aufgaben, sondern soll ihm – im Sinne einer Annexkompetenz – die sachgerechte Erledigung der übertragenen Aufgaben ermöglichen.

V. Erbvertrag

11 Dass der andere Vertragschließende geschäftsunfähig geworden ist, schließt auch den vertraglich vorbehaltenen Rücktritt vom Erbvertrag, § 2293 BGB, ihm gegenüber nicht aus.[20] Der Rücktritt vom Erbvertrag kann bei Geschäftsunfähigkeit des anderen Vertragschließenden jedenfalls grundsätzlich wirksam gegenüber dem Betreuer erfolgen.[21] Denn anders als bei der Abgabe der Rücktrittserklärung, die gemäß § 2296 Abs. 1 BGB nicht durch einen Vertreter erfolgen kann, handelt es sich bei der Entgegennahme nicht um eine höchstpersönliche Angelegenheit. Der Vertragschließende ist insoweit rein passiver Empfänger der Willenserklärung eines anderen, die mit dem Zugang bei ihm ohne Weiteres ihre Wirksamkeit entfaltet. Mangels Höchstpersönlichkeit ist daher im Rahmen des § 2296 Abs. 2 S. 1 BGB nach allgemeinen Grundsätzen eine Vertretung zulässig.[22]

17 OLG Nürnberg NJW 2013, 2909.
18 Grüneberg/Weidlich § 2271 Rn. 6; aA Damrau/Bittler ZErb 2004, 77 (79 f.).
19 OLG Karlsruhe NJW-RR 2015, 1031.
20 BGH FamRZ 2021, 708.
21 NK-BGB/Horn § 2296 Rn. 8b.
22 BeckOGK BGB/Müller-Engels § 2296 Rn. 10.

C. Testamentsvollstreckung und Betreuung

Ist der Betreute Erbe und ist Testamentsvollstreckung angeordnet, stellt sich die Frage nach dem Verhältnis des Testamentsvollstreckers zum Betreuer. Der Testamentsvollstrecker übt ein privates, vom Erblasser angeordnetes Amt aus. Er ist nicht Vertreter der Erben, § 2197 BGB, während der Betreuer gesetzlicher Vertreter des/der Erben ist. Ist der Testamentsvollstrecker nicht nur für einen bestimmten Aufgabenbereich bestellt, so haben die Erben keine Verfügungsmacht hinsichtlich des Nachlasses, § 2205 BGB. Ist der betreute Erbe noch geschäftsfähig, wird seine Handlungsmacht durch den Betreuer nicht begrenzt. Das Amt des Testamentsvollstreckers beginnt mit der Erklärung der Amtsannahme, § 2202 BGB, während für den Betreuer die Bekanntgabe des Bestellungsbeschlusses an ihn maßgeblich ist. Das Amt des Testamentsvollstreckers endet mit Kündigung, Entlassung oder Aufgabenerledigung, das des Betreuers mit Tod des Betreuten. Der Aufgabenkreis und die Rechte des Testamentsvollstreckers ergeben sich aus dem Testament, §§ 2203 ff. BGB. Für den Betreuer sind die Angaben im Bestellungsbeschluss maßgeblich, §§ 1814 ff. BGB (bislang §§ 1896 ff. BGB aF). Steht der volljährige Behinderte unter Betreuung, ist folgendes zu beachten: Hinsichtlich der Wahrnehmung der Rechte gegenüber dem Testamentsvollstrecker ist die Bestellung eines Ergänzungsbetreuers jedenfalls dann im Regelfall erforderlich, wenn der Betreuer, zB der überlebende Elternteil, zum Testamentsvollstrecker ernannt wird.[23] 12

Ist für einen Testamentsvollstrecker Betreuung angeordnet, kommt es auf seine Geschäftsfähigkeit an. Ist er geschäftsunfähig, endet sein Amt, § 2201 BGB,[24] genauso, wie wenn nach § 1814 BGB (bislang § 1896 BGB aF) zur Besorgung seiner sämtlichen Vermögensangelegenheiten ein Betreuer bestellt wird.[25] Tritt die Geschäftsunfähigkeit nach Antritt des Amtes ein, erlischt das Amt gemäß §§ 2225, 2201 BGB.[26] Gegebenenfalls kommt auch ein Entlassungsantrag, § 2227 BGB, in Betracht. 13

Der betreute Erbe hat gegenüber dem Testamentsvollstrecker einen Anspruch auf: 14

- Mitteilung eines Nachlassverzeichnisses, § 2215 BGB
- ordnungsgemäße Verwaltung des Nachlasses, § 2216 BGB
- Unterlassung von Schenkungen, § 2205 S. 3 BGB
- laufende Information, §§ 2218, 666 BGB.

Die Vergütung des Testamentsvollstreckers ist in § 2221 BGB, die des Betreuers in §§ 1875 ff. BGB (bislang § 1836 BGB in Verbindung mit §§ 1, 4 ff. VBVG) geregelt. 15

Grundsätzlich kann auch ein Betreuer vom Erblasser oder auch vom Nachlassgericht nach § 2200 BGB auf Ersuchen des Erblassers in seinem Testament zum Testamentsvollstrecker bestellt werden. Aufgrund der verschiedenen Interessenlagen und der unterschiedlichen Kompetenzen ist aber eine solche Ämterhäufung/Ämtervermischung im höchsten Maße unzweckmäßig.[27] 16

23 Nieder/Kössinger Testamentsgestaltung-HdB/R. Kössinger/Zintl § 21 Rn. 94.
24 Vgl. Zimmermann ErbR 2020, 457.
25 BayObLG NJW-RR 1995, 330; BeckOGK BGB/Tolksdorf § 2225 Rn. 9.
26 NK-BGB/Kroiß § 2225 Rn. 10.
27 Bengel/Reimann TV-HdB/Pauli § 4 Rn. 306.

D. Betreuungsorganisationsgesetz BtOG

17 Im Zuge der Reform des Betreuungsrechts gilt ab 1.1.2023 auch das Betreuungsorganisationsgesetz (BtOG). In Gestalt des § 30 BtOG wurde eine neue Vorschrift erlassen, die dem unlauteren Verhalten von beruflichen Betreuern entgegenwirken soll.[28]

§ 30 BtOG Leistungen an berufliche Betreuer

(1) [1]Einem beruflichen Betreuer ist es untersagt, von dem von ihm Betreuten Geld oder geldwerte Leistungen anzunehmen. [2]Dies gilt auch für Zuwendungen im Rahmen einer Verfügung von Todes wegen. [3]Die gesetzliche Betreuervergütung bleibt hiervon unberührt.

(2) Absatz 1 Satz 1 und 2 gilt nicht, wenn

1. andere als die mit der Betreuervergütung abgegoltenen Leistungen vergütet werden, insbesondere durch die Zahlung von Aufwendungsersatz nach § 1877 Absatz 3 des Bürgerlichen Gesetzbuchs, oder
2. geringwertige Aufmerksamkeiten versprochen oder gewährt werden.

(3) [1]Das Betreuungsgericht kann auf Antrag des Betreuers im Einzelfall Ausnahmen von dem Verbot des Absatzes 1 Satz 1 und 2 zulassen, soweit der Schutz des Betreuten dem nicht entgegensteht. [2]Entscheidungen nach Satz 1 sind der für den beruflichen Betreuer zuständigen Stammbehörde mitzuteilen.

18 § 30 BtOG betrifft nur berufliche Betreuer.[29] Die Vorschrift begründet, anders als § 14 HeimG bzw. die entsprechenden Regelungen der Landesheimgesetze, kein gesetzliches Verbot im Sinne des § 134 BGB, sondern eine berufsrechtliche Verpflichtung zur Ausschlagung der Erbschaft. Insoweit wurde aber auch keine Ausnahme vom Annahmeverbot bei „stillen Verfügungen" zugelassen. Die Folgen eines Verstoßes ergeben sich aus § 27 BtOG:

§ 27 BtOG Widerruf, Rücknahme und Löschung der Registrierung

(1) Die Stammbehörde widerruft die Registrierung unbeschadet der landesrechtlichen Vorschriften, die § 49 des Verwaltungsverfahrensgesetzes entsprechen, wenn

1. begründete Tatsachen die Annahme rechtfertigen, dass der berufliche Betreuer die persönliche Eignung oder Zuverlässigkeit nicht mehr besitzt; dies ist in der Regel der Fall, wenn einer der in § 23 Absatz 2 genannten Gründe nachträglich eintritt, der Betreuer gegen das Verbot nach § 30 oder beharrlich gegen die Pflichten nach § 25 verstößt, …

19 Die Stammbehörde kann also die Registrierung widerrufen. Auch kann die Betreuungsbehörde von künftigen Vorschlägen absehen, § 11 Abs. 1 Nr. 2 BtOG, bzw. den Wegfall der Eignung bei anderen Betreuungen feststellen, § 23 Abs. 2 BtOG und gegebenenfalls die Entlassung anregen. Daneben bleibt die Prüfung der Sittenwidrigkeit der letztwilligen Verfügung, § 138 BGB, möglich.[30]

20 Will der Betreuer seiner Berufspflicht nachkommen, muss er, wenn er als Erbe eingesetzt wurde, die Ausschlagung gegenüber dem Nachlassgericht erklären. Wurde ihm ein Vermächtnis zugewandt, erfolgt die Erklärung der Ausschlagung gegenüber dem Erben, § 2180 Abs. 2 BGB.

21 Probleme werden sich im Zusammenhang mit einer möglichen Ausnahmegenehmigung nach § 30 Abs. 3 BtOG ergeben. Eine solche kann nur der Betreuer zu Lebzeiten des Betreuten beantragen. Das Gericht muss dazu wohl den potenziellen Erblasser anhö-

28 Leipold ZEV 2021, 485.
29 Zimmermann ZErb 2021, 418; eine Definition für den Berufsbetreuer findet sich in § 19 Abs. 2 BtOG.
30 Leipold ZEV 2021, 485.

ren.[31] Auch ist nicht klar geregelt, nach welchen Kriterien das Betreuungsgericht zur Genehmigungserteilung prüfen soll. Die Gesetzesmaterialien schweigen insoweit.

Was den zeitlichen Anwendungsbereich anbelangt, gilt das neue Recht für alle Sterbe- 22
fälle nach dem 1.1.2023.[32]

31 Zimmermann ZErb 2021, 418 (421).
32 Art. 16 d. Gesetzes vom 4.5.2021, BGBl. 2021 I 882.

§ 25 Besonderheiten bei minderjährigen und betreuten Beteiligten sowie bei der Nachlasspflegschaft

A. Der Minderjährige im Zivilprozess

Ist ein Minderjähriger Partei eines Zivilprozesses, ist der gesetzliche Vertreter zu bezeichnen. 1

Beim Minderjährigen sind auch dessen Geburtsdaten anzugeben sowie die Namen und die Anschriften der gesetzlichen Vertreter, zB: 2

geboren am 30.11.2007, gesetzlich vertreten durch ...

Sind die **Anschriften** der Partei und ihres gesetzlichen Vertreters identisch, wird das von der Praxis meist mit Bezeichnungen wie „daselbst" oder „ebenda" zum Ausdruck gebracht, etwa: 3

In dem Rechtsstreit

des Auszubildenden Wolfgang Weber, geboren am ..., Luxemburger Straße 118, Saarbrücken, gesetzlich vertreten durch seine Eltern ..., wohnhaft ebenda, ...

Kläger

B. Der Betreute im Zivilprozess

§ 53 ZPO lautete bislang: 4

§ 53 ZPO Prozessunfähigkeit bei Betreuung oder Pflegschaft

Wird in einem Rechtsstreit eine prozessfähige Person durch einen Betreuer oder Pfleger vertreten, so steht sie für den Rechtsstreit einer nicht prozessfähigen Person gleich.

Die Vertretung durch rechtliche Betreuung verdrängt die rechtlich betreute Person aus dem Verfahren. Ihre Prozessfähigkeit kann nicht wiederhergestellt werden. Letztlich besteht eine Alleinhandlungsbefugnis des Betreuers für das gesamte Verfahren.

Die Vorschrift wird mit Wirkung zum 1.1.2023 neu wie folgt gefasst: 5

§ 53 ZPO Prozessfähigkeit bei rechtlicher Betreuung

(1) Bei Personen, für die ein Betreuer bestellt ist, richtet sich die Prozessfähigkeit nach den allgemeinen Vorschriften.

(2) [1]Wird ein Betreuter in einem Rechtsstreit durch einen Betreuer vertreten, kann der Betreuer in jeder Lage des Verfahrens gegenüber dem Prozessgericht schriftlich oder zu Protokoll der Geschäftsstelle erklären, dass der Rechtsstreit fortan ausschließlich durch ihn geführt wird (Ausschließlichkeitserklärung). [2]Mit Eingang der Ausschließlichkeitserklärung steht der Betreute für den weiteren

Rechtsstreit einer nicht prozessfähigen Person gleich. [3]Der Betreuer kann die Ausschließlichkeitserklärung jederzeit mit Wirkung für die Zukunft zurücknehmen.

6 Danach ist ein gemeinsames Handeln im Verfahren möglich. Mit dem Instrument der Ausschließlichkeitserklärung soll der Betreute geschützt werden. Es kann eingesetzt werden, wenn zB die Gefahr besteht, dass der Betreute aufgrund einer Erkrankung den dem Verfahren zugrundeliegenden Sachverhalt verkennt und durch das eigene Handeln das für ihn positive Verfahrensergebnis gefährdet. Ist die Krankheit geheilt, kann die Ausschließlichkeitserklärung zurückgenommen werden. Der Betreute ist dann im Verfahren wieder voll handlungsfähig. Einer Begründung der Abgabe und der Rücknahme der Ausschließlichkeitserklärung bedarf es nicht. Im Innenverhältnis, § 1821 BGB, bedarf es aber einer Begründung gegenüber dem Betreuungsgericht. Nach der Änderung des § 53 ZPO kann der Betreute in eigenen Verfahren vollumfänglich handeln. Insoweit muss der Sozialleistungsträger alle möglichen Unterstützungen so gewähren, als ob die rechtliche Betreuung nicht bestünde.[1]

7 Neu gefasst werden auch die Zustellungsregeln:

§ 170a ZPO Zustellung bei rechtlicher Betreuung

(1) Wird an eine Person zugestellt, für die ein Betreuer bestellt ist, ist diesem eine Abschrift des zugestellten Dokuments mitzuteilen, soweit er bekannt ist und sein Aufgabenkreis betroffen ist.

(2) Wird nach § 170 Absatz 1 an den Betreuer zugestellt, ist dem Betreuten eine Abschrift des zugestellten Dokuments mitzuteilen.

Damit wird der Betreuer in die Lage versetzt, soweit erforderlich, in das Verfahren einzugreifen.

8 Für die **Vollstreckung** gegen eine unter Betreuung stehende Person ist folgendes zu beachten:

> Steht der geschäftsunfähige Schuldner unter gesetzlicher Betreuung und erstreckt sich diese auf Prozesshandlungen, wird der Schuldner durch die bestellte Person im Vollstreckungsverfahren vertreten.[2] Ist der prozessunfähige Auskunftsschuldner nicht in der Lage, die titulierte Auskunft selbst zu erteilen, können gegen sein Vermögen gleichwohl Zwangsgelder gem. **§ 888 ZPO** festgesetzt werden, wenn die geschuldete Auskunft durch einen Vertreter erteilt werden kann.[3] In diesen Fällen, in denen die Möglichkeit der Vornahme einer Handlung von der Mitwirkung eines Dritten abhängt und diese Mitwirkung zweifelhaft ist, ist es die Verpflichtung des Schuldners, die Handlung des ihm gegenüber mitwirkungspflichtigen Dritten mit der gebotenen Intensität einzufordern. Der Vollstreckungsschuldner muß die ihm zustehenden tatsächlichen und rechtlichen Möglichkeiten ausschöpfen, um den Dritten zur Mitwirkung zu bewegen und alle diesbezüglichen zumutbaren Maßnahmen ergreifen. Er muss alles in seiner Macht Stehende getan haben, um die Mitwirkung zu erlangen, und er muss die darauf gerichteten Bemühungen im Einzelnen gegenüber dem Gericht darlegen.[4] Soweit es um die Erzwingung einer Aus-

1 Thar BtPrax 2022, 8 (11).
2 Hergenröder DGVZ 2021, 185.
3 OLG Hamburg NJW-RR 2021, 572.
4 OLG Stuttgart ErbR 2020, 198.

kunftspflicht mittels Zwangshaft und Ersatzzwangshaft gehe, darf diese nicht gegen den (Vorsorge-)Bevollmächtigten einer prozessunfähigen Partei vollstreckt werden; es müsse vielmehr gegen den Betreuer als gesetzlichen Vertreter der Partei vorgegangen werden.[5] Der Aufgabenkreis des Betreuers sollte in diesen Fällen sein: Auskunftserteilung über alle Vorgänge zur Ermittlung eines eventuellen Pflichtteilsanspruchs nebst Ergänzungsanspruch und anschließende eventuelle Durchsetzung eines Anspruchs.[6]

C. Der Minderjährige im FamFG-Verfahren

Neben der Anpassung der verfahrensrechtlichen Vorschriften an die Neufassung der vormundschaftsrechtlichen Regelungen im BGB wird die Bestellung aller Vormundtypen durch Beschluss nunmehr einheitlich im FamFG geregelt. Verfahrensrechtliche Vorschriften aus dem BGB, wie etwa die Anhörungspflichten im gerichtlichen Verfahren zur Bestellung eines Vormunds sowie in wichtigen Angelegenheiten, werden ins Verfahrensrecht überführt. Gleiches gilt für die Erteilung der Bestellungsurkunde.[7] 9

I. Verfahrensstandschaft und Aktivlegitimation beim minderjährigen Kind im FamFG-Verfahren

Die Aktivlegitimation für den Kindesunterhaltsanspruch besteht bei dem Kind. Während der Minderjährigkeit ist das Kind aber nicht verfahrensfähig § 113 Abs. 1 S. 2 FamFG, § 51 ZPO, sondern wird durch den gesetzlichen Vertreter vertreten. Bei gemeinsamer elterlicher Sorge sind eigentlich beide Eltern vertretungsberechtigt, § 1629 Abs. 1 S. 1 BGB, so dass im Unterhaltsverfahren regelmäßig ein Pfleger zu bestellen wäre. Dies vermeidet § 1629 Abs. 2 S. 2 BGB, der eine Alleinvertretung des Elternteils zulässt, bei dem sich das Kind in Obhut befindet. Antragssteller und entsprechend im Rubrum so zu bezeichnen ist also das Kind, vertreten durch zB die Mutter. Der Antrag lautete daher: 10

... der Antragsgegner wird verpflichtet, an den Antragsteller, vertreten durch seine Mutter oder zu Händen der ... – **Obhutsfall**

Anders bei gemeinsamer Sorge von Eheleuten, die getrennt leben oder zwischen denen eine Ehesache anhängig ist. Hier besteht eine zwingende, gesetzliche Verfahrensstandschaft sowohl bei Aktiv- als auch bei Passivverfahren. Antragsteller ist zB die Mutter. Wegen der in Verfahrensstandschaftsfällen geltenden Relevanztheorie ist der Antrag aber dann auf Leistung an den Berechtigten zu stellen. Der Antrag lautet daher: 11

... der Antragsgegner wird verpflichtet, an die Antragsgegnerin für das Kind ... – **Verfahrensstandschaftsfall**

5 BGHZEV 2022, 23 Rn. 50 ff. mAnm Damrau.
6 Damrau ZEV 2022, 121.
7 BT-Drs. 19/24445, 157.

12 Probleme können entstehen, wenn während der Rechtshängigkeit Änderungen eintreten. Folgende Fälle sind denkbar:

- Kind wird volljährig.
- Es tritt ein Obhutswechsel ein.
- Scheidung wird rechtskräftig.

13 Diese sind wie folgt zu lösen:

- Ist Antragsteller das Kind vertreten durch … (Obhutsfall), ändert sich nur das Rubrum dadurch, dass der Vertretungszusatz wegfällt, da der Beteiligte (Kind) gleich bleibt.
- Ist Antragsteller ein Elternteil (Verfahrensstandschaftsfall), endet mit Volljährigkeit die Verfahrensstandschaft nach § 1629 Abs. 3 BGB, so dass der Antrag infolge fehlender Verfahrensbefugnis unzulässig wird. Rückstand und laufenden Unterhalt kann nur noch das Kind selbst geltend machen. Der BGH[8] hat seine frühere Rechtsprechung aufgegeben, wonach in diesen Fällen ein gesetzlicher Beteiligtenwechsel stattfindet. Aus Sinn und Zweck der gesetzlichen Verfahrensstandschaft nach § 1629 Abs. 3 BGB folgt vielmehr, dass es der freien Entscheidung des volljährigen Kindes überlassen bleiben muss, ob es sich am Verfahren beteiligt und dieses fortsetzt. Dies lässt sich nur durch einen gewillkürten Antragstellerwechsel sicherstellen, da sonst bei der Entscheidung, das Verfahren nicht weiterzuführen, der Unterhaltsantrag mit Kostenfolge nach §§ 113 Abs. 1 S. 2 FamFG, 269 Abs. 3 ZPO zurückgenommen werden müsste. Da der Beteiligtenwechsel allein im Wegfall der Verfahrensführungsbefugnis begründet liegt und nicht mit einer Änderung des Streitstoffs verbunden ist, bedarf es keiner Zustimmung des Gegners. Der Beteiligtenwechsel ist dementsprechend auch noch in der Rechtsbeschwerdeinstanz zulässig. Ein im Verbund gestellter Antrag auf Kindesunterhalt ist nach § 140 Abs. 1 abzutrennen, da ein Dritter Beteiligter wird und nach § 137 der Verbund nur für Ansprüche zwischen den Ehegatten gilt.
- Auch beim Obhutswechsel endet die Verfahrensstandschaft und der Antrag wird unzulässig. Der Antrag ist für erledigt zu erklären oder nach § 113 Abs. 1 S. 2 FamFG, § 264 Nr. 3 ZPO auf einen familienrechtlichen Ausgleichsanspruch umzustellen.[9]
- Wird die Scheidung rechtskräftig, so bleibt nach richtiger Ansicht[10] die Verfahrensstandschaft so lange bestehen, als der immer noch sorgeberechtigte Antragssteller die Obhut über das Kind hat.

II. Die Verfahrenspflegschaft

14 Auch die Regeln zur Verfahrenspflegschaft wurden reformiert:

§ 276 FamFG Verfahrenspfleger

(1) [1]Das Gericht hat dem Betroffenen einen geeigneten Verfahrenspfleger zu bestellen, wenn dies zur Wahrnehmung der Interessen des Betroffenen erforderlich ist. [2]Die Bestellung ist in der Regel erforderlich, wenn

---

8 BGH NJW 2013, 295.

9 Zu den Voraussetzungen HK-FamR/Pauling BGB § 1606 Rn. 10 ff.; OLG Rostock NJW 2012, 942.

10 HK-FamR/Schmid BGB § 1629 aF Rn. 5.

1. von der persönlichen Anhörung des Betroffenen nach § 278 Abs. 4 in Verbindung mit § 34 Abs. 2 abgesehen werden soll oder
2. die Bestellung eines Betreuers oder die Anordnung eines Einwilligungsvorbehalts gegen den erklärten Willen des Betroffenen erfolgen soll.

(2) [1]Von der Bestellung kann in den Fällen des Absatzes 1 Satz 2 abgesehen werden, wenn ein Interesse des Betroffenen an der Bestellung des Verfahrenspflegers offensichtlich nicht besteht. [2]Die Nichtbestellung ist zu begründen.

(3) [1]Der Verfahrenspfleger hat die Wünsche, hilfsweise den mutmaßlichen Willen des Betroffenen festzustellen und im gerichtlichen Verfahren zur Geltung zu bringen. [2]Er hat den Betroffenen über Gegenstand, Ablauf und möglichen Ausgang des Verfahrens in geeigneter Weise zu informieren und ihn bei Bedarf bei der Ausübung seiner Rechte im Verfahren zu unterstützen. [3]Er ist nicht gesetzlicher Vertreter des Betroffenen.

(4) [1]Als Verfahrenspfleger ist eine natürliche Person zu bestellen. [2]Wer Verfahrenspflegschaften im Rahmen seiner Berufsausübung führt, soll nur dann zum Verfahrenspfleger bestellt werden, wenn keine andere geeignete Person zur Verfügung steht, die zur ehrenamtlichen Führung der Verfahrenspflegschaft bereit ist.

(5) Die Bestellung eines Verfahrenspflegers soll unterbleiben oder aufgehoben werden, wenn die Interessen des Betroffenen von einem Rechtsanwalt oder einem anderen geeigneten Verfahrensbevollmächtigten vertreten werden.

(6) Die Bestellung endet, sofern sie nicht vorher aufgehoben wird, mit der Rechtskraft der Endentscheidung oder mit dem sonstigen Abschluss des Verfahrens.

(7) Die Bestellung eines Verfahrenspflegers oder deren Aufhebung sowie die Ablehnung einer derartigen Maßnahme sind nicht selbstständig anfechtbar.

(8) Dem Verfahrenspfleger sind keine Kosten aufzuerlegen.

Die Aufgabe des Verfahrenspflegers wird in § 276 FamFG nun deutlicher darauf fokussiert, den Betroffenen einerseits ebenfalls über das gerichtliche Verfahren zu informieren und andererseits – als Hauptaufgabe – dessen Wünsche oder ggf. den mutmaßlichen Willen in das Verfahren einzubringen und damit dessen Mitwirkungsmöglichkeiten zur Stärkung seines Selbstbestimmungsrechts zu verbessern.[11] Zudem ist als Verfahrenspfleger eine natürliche Person zu bestellen. Ist ein Verfahrenspfleger bestellt, soll die persönliche Anhörung des Betroffenen in Anwesenheit des Verfahrenspflegers stattfinden. 15

In § 276 Abs. 1 S. 2 Nr 2 FamFG wird als Regelbeispiel für die Bestellung eines Verfahrenspflegers bisher der Fall genannt, dass Gegenstand des Verfahrens die Bestellung eines Betreuers zur „Besorgung aller Angelegenheiten des Betroffenen oder die Erweiterung des Aufgabenkreises hierauf ist“. Diese Fallgruppe wird es in Zukunft nicht mehr geben, da gem. § 1815 Abs. 1 BGB der Aufgabenkreis eines Betreuers aus einzelnen oder mehreren vom Betreuungsgericht im Einzelnen anzuordnenden Aufgabenbereichen besteht, was eine Betreuung zur „Besorgung aller Angelegenheiten des Betroffenen“ ausschließt.[12] 16

§ 277 FamFG Vergütung und Aufwendungsersatz des Verfahrenspflegers

(1) [1]Die Verfahrenspflegschaft wird unentgeltlich geführt. [2]Der Verfahrenspfleger erhält Ersatz seiner Aufwendungen nach § 1877 Absatz 1 bis 2 und 4 Satz 1 des Bürgerlichen Gesetzbuchs. [3]Vorschuss kann nicht verlangt werden.

(2) [1]Wird die Verfahrenspflegschaft ausnahmsweise berufsmäßig geführt, ist dies in der Bestellung festzustellen. [2]Die Ansprüche des berufsmäßig tätigen Verfahrenspflegers auf Vergütung und Auf-

11 BT-Drs. 19/24445, 158.
12 BT-Drs. 19/24445, 330.

wendungsersatz richten sich nach § 2 Absatz 2 Satz 1 und den §§ 3 bis 5 des Vormünder- und Betreuervergütungsgesetzes.

(3) [1]Anstelle des Aufwendungsersatzes und der Vergütung nach Absatz 2 kann das Gericht dem Verfahrenspfleger eine Pauschale zubilligen, wenn die für die Führung der Pflegschaftsgeschäfte erforderliche Zeit vorhersehbar und ihre Ausschöpfung durch den Verfahrenspfleger gewährleistet ist. [2]Bei der Bemessung des Geldbetrags ist die voraussichtlich erforderliche Zeit mit den in § 3 Absatz 1 des Vormünder- und Betreuervergütungsgesetzes bestimmten Stundensätzen zuzüglich einer Aufwandspauschale von 4 Euro je veranschlagter Stunde zu vergüten. [3]In diesem Fall braucht der Verfahrenspfleger die von ihm aufgewandte Zeit und eingesetzten Mittel nicht nachzuweisen; weitergehende Aufwendungsersatz- und Vergütungsansprüche stehen ihm nicht zu.

(4) [1]Der Aufwendungsersatz und die Vergütung des Verfahrenspflegers sind stets aus der Staatskasse zu zahlen. [2]§ 292 Absatz 1 und 5 ist entsprechend anzuwenden.

17 Die Aufgaben der Betreuungsbehörde im Rahmen des gerichtlichen Verfahrens werden in § 11 BtOG gegenüber der geltenden Regelung in § 8 BtBG teilweise erweitert sowie weiter konkretisiert.[13] Hierzu werden der bisherige Regelungsinhalt des § 8 Abs. 1 BtBG und die inhaltlichen Anforderungen an den im Rahmen der richterlichen Anhörung von der Betreuungsbehörde zu erstattenden Sozialbericht aus § 279 Abs. 2 S. 2 FamFG in einer Norm zusammengeführt.

18 In § 8 Abs. 3 BtOG wird die in § 8 Abs. 2 BtOG nach Ermessen der Behörde durchzuführende erweiterte Unterstützung auch im gerichtlichen Verfahren eingeführt.[14] Die Behörde hat danach im Rahmen der Erstellung des Sozialberichts zunächst zu prüfen, ob zur Vermeidung einer Betreuung eine erweiterte Unterstützung nach § 8 Abs. 2 BtOG in Betracht kommt. In geeigneten Fällen hat die Behörde mit Zustimmung des Betroffenen eine erweiterte Unterstützung durchzuführen.

D. Der Betreute im FamFG-Verfahren

19 Die Bestellung eines Betreuers hat für sich gesehen keinen Einfluss auf die rechtliche Handlungsfähigkeit des Betreuten; vielmehr ermöglicht es erst das Rechtsinstitut des **Einwilligungsvorbehalts,** die Teilnahme eines geschäftsfähigen Betreuten am Rechtsverkehr in der Weise zu beschränken, dass er der Zustimmung seines Betreuers bedarf.[15] Ist der Betreute geschäftsunfähig, wird er im Rahmen des Aufgabenkreises durch den Betreuer vertreten, §§ 1814, 1823 BGB.[16]

E. Der Nachlasspfleger als gesetzlicher Vertreter der unbekannten Erben

20 Um einen Fall der gesetzlichen Vertretung handelt es sich auch bei der Nachlasspflegschaft. Die Nachlasspflegschaft ist eine **Nachlasssache** nach § 342 Abs. 1 Nr. 2 FamFG. Zugleich ist sie aber auch als Pflegschaft eine **„betreuungsrechtliche Zuweisungssache"** gem. § 340 Nr. 1 FamFG.[17] Sie kommt in Betracht, wenn ein Bedürfnis für die Sicherung des Nachlasses besteht, § 1960 Abs. 1 BGB, insbesondere wenn der Erbe unbekannt ist oder Ungewissheit über die Annahme der Erbschaft besteht, § 1960 Abs. 1 S. 2 BGB. Die Nachlasspflegschaft stellt eine wirkliche **Pflegschaft im Sinne der §§ 1909 ff. BGB**

---

13 BT-Drs. 19/24445, 356.
14 BT-Drs. 19/24445, 358.
15 BeckOK FamFG/Burschel § 9 Rn. 12b.
16 Keidel/Sternal FamFG § 9 Rn. 21.
17 BT-Drs. 16/6308, 283.

dar. Der Nachlasspfleger ist dabei gesetzlicher Vertreter des noch unbekannten Erben und nicht Amtsträger wie der Testamentsvollstrecker oder der Nachlassverwalter. Das **Nachlassgericht** tritt funktional an die Stelle des Betreuungsgerichts, § 1962 BGB.[18]

Voraussetzung für eine Nachlasspflegschaft sind ein **Sicherungsanlass** und ein **Sicherungsbedürfnis.** 21

I. Sicherungsbedürfnis

Über das Vorhandensein eines **Fürsorgebedürfnisses** hat das Nachlassgericht von Amts wegen zu prüfen[19] und nach pflichtgemäßem Ermessen zu entscheiden. Abzustellen ist dabei auf das Interesse des endgültigen Erben an der Sicherung und Erhaltung des Nachlasses.[20] Die Prüfung der Anordnung einer Nachlasspflegschaft erfolgt im FamFG-Verfahren. 22

Zuständig ist auch das Amtsgericht, in dessen Bezirk ein Bedürfnis der Fürsorge für die Sicherung des Nachlasses auftritt, § 344 Abs. 4 FamFG. Die internationale Zuständigkeit folgt dabei aus der örtlichen Zuständigkeit, § 105 FamFG. Funktionell zuständig ist der Rechtspfleger, § 3 Nr. 2c RPflG, sofern kein Richtervorbehalt nach § 16 RPflG besteht. 23

Auch im **Zivilprozess** kann die Bedürfnisprüfung eine Rolle spielen, zB in einem Rechtsstreit, den ein Nachlasspfleger führt.[21] Ist ein Testamentsvollstrecker oder ein Bevollmächtigter vorhanden, dessen Vollmacht über den Tod hinausreicht, wird ein Fürsorgebedürfnis meistens zu verneinen sein.[22] 24

II. Unbekannter Erbe

Voraussetzung für die Anordnung einer Nachlasspflegschaft ist, dass der **Erbe unbekannt** ist. Dies ist bei folgenden Konstellationen denkbar: 25

- erhebliche, nicht sofort entkräftbare Zweifel an der Testierfähigkeit des Erblassers bei Vorliegen eines Testaments[23]
- Streit zwischen mehreren Erbprätendenten über die Erbfolge[24]
- Unklarheit über die Wirksamkeit einer Erbschaftsausschlagung[25]
- beachtliche Unwirksamkeitsgründe, bspw. bei evtl. Sittenwidrigkeit eines Testaments[26]
- die Vaterschaft eines nichtehelichen Kindes ist beim Erbfall noch nicht festgestellt; uU auch bei Unklarheit über die Höhe der Erbquoten[27]

18 Zimmermann ZEV 2009, 57.
19 BayObLG ZEV 2003, 202.
20 OLG Köln NJW-RR 1989, 454.
21 KG ZEV 1999, 395.
22 Zu Einzelheiten siehe BGH NJW 1969, 1245; Hopt ZHR 133, 305.
23 OLG Celle FamRZ 1959, 33; OLG Stuttgart BWNotZ 1978, 163; OLG Köln FamRZ 1989, 547; BayObLG FamRZ 1996, 308.
24 OLG Köln FamRZ 1989, 547; OLG Düsseldorf ZEV 1995, 111 mAnm Zimmermann = FamRZ 1995, 815.
25 LG Oldenburg Rpfleger 1982, 105.
26 OLG Celle FamRZ 1959, 33.
27 BayObLGZ 1982, 284 (2?1).

- der Erbe ist vor dem Erbfall gezeugt, aber noch nicht geboren (§ 1923 Abs. 2 BGB „nasciturus") – die lediglich theoretische Annahme, es könnten weitere bisher unbekannte Kinder geboren oder gezeugt sein, reicht nicht aus
- bei Einsetzung einer genehmigungspflichtigen Stiftung zur Erbin ist bis zur Erteilung der Genehmigung die Erbfolge unklar.[28]

26 Ist die Wirksamkeit der Annahme der Erbschaft bzw. deren Anfechtung zweifelhaft, so besteht eine **Ungewissheit über die Erbschaftsannahme** iSd § 1960 Abs. 1 S. 2 BGB.[29] Insbesondere in den Fällen, in denen die Annahme der Erbschaft angefochten wird (§§ 1954, 1956 BGB), ist ungewiss, ob der Erbe die Erbschaft angenommen hat. Darüber ist letztlich in einem Erbscheinsverfahren oder in einem Erbenfeststellungsprozess zu entscheiden.

III. Die Anordnung der Nachlasspflegschaft

27 Die Aufzählung in § 1960 Abs. 2 BGB ist nicht abschließend. Das Gesetz unterscheidet drei Fälle der Nachlasspflegschaft:

- **Sicherungspflegschaft** nach § 1960 BGB
- **Klagepflegschaft** nach § 1961 BGB
- **Nachlassverwaltung** der §§ 1975 ff. BGB.[30]

28 Die **Sicherungspflegschaft** stellt das für die Praxis bedeutsamste Sicherungsmittel dar. Den noch unbekannten endgültigen Erben wird ein Vertreter (Personenpfleger) bestellt,[31] dessen Aufgabe es ist, den Nachlass zu sichern und zu erhalten, ihn zu verwalten, erforderlichenfalls auch zu versilbern, und die Erben zu ermitteln.

29 Allerdings wird das Vorhandensein des **Fürsorgebedürfnisses** für eine Nachlasspflegschaft nicht vermutet. Seine Bejahung verlangt vielmehr über den Sicherungsanlass hinaus konkrete Anhaltspunkte für eine weitergehende Gefährdung des Nachlasses.[32] Führt der Nachlasspfleger einen Rechtsstreit, so kann das Prozessgericht das Bedürfnis für eine Nachlasspflegschaft prüfen.[33] Der Nachlasspfleger ist grundsätzlich nicht befugt, den Nachlass auseinanderzusetzen.

1. Gerichtliche Zuständigkeit

30 Zuständig für die Anordnung der Nachlasspflegschaft ist das **Nachlassgericht,** §§ 1960, 1961 BGB, **§ 23a Abs. 2 Nr. 2 GVG.**

31 Für die **örtliche Zuständigkeit** gelten die allgemeinen Regeln der §§ 343, 344 FamFG. Grundsätzlich ist das Amtsgericht, in dessen Bezirk der Erblasser seinen letzten gewöhnlichen Aufenthalt hatte, zur Entscheidung berufen. Daneben ist jedes Amtsgericht zuständig, in dessen Bezirk das Bedürfnis für die Sicherung besteht, **§ 344 Abs. 4 FamFG.** Das nach § 344 Abs. 4 FamFG zuständige Gericht soll, soweit es Maßnahmen

---

28 RGZ 75, 406; 76, 385; KG OLGZ 32, 90.
29 MüKoBGB/Leipold § 1960 Rn. 10.
30 Vgl. Formulierungsbeispiele aus dem Bereich der Nachlasspflegschaft bei KRKB AnwaltForm ErbR/Kroiß § 7.
31 BGH NJW 1983, 226.
32 OLG Düsseldorf FamRZ 1998, 583.
33 KG ZEV 1999, 395.

zur Sicherung des Nachlasses angeordnet hat, das nach § 343 FamFG örtlich zuständige Nachlassgericht hiervon unterrichten, § 356 Abs. 2 FamFG.

Der Nachlasspfleger wird vom **Rechtspfleger** ernannt, §§ 3 Nr. 2 lit. c, 16 Abs. 1 Nr. 1 RPflG. Handelt es sich um den Nachlass eines Ausländers, ist der Nachlassrichter für die Anordnung der Nachlasspflegschaft zuständig, §§ 16 Abs. 1 Nr. 1, 14 Abs. 1 Nr. 4 RPflG.[34] 32

2. Der Anordnungsbeschluss

Der Wirkungskreis des Nachlasspflegers wird im **Anordnungsbeschluss** des Nachlassgerichts, **§ 38 FamFG**, festgelegt. Er muss nicht zwingend umfassend sein, sondern kann sich auf einzelne Aufgaben beschränken, wenn nur insofern ein Sicherungsbedürfnis besteht.[35] Dies kann evtl. nur die Führung eines konkreten Prozesses oder die Verwaltung eines einzelnen oder mehrerer Nachlassgegenstände sein.[36] In der Praxis wird häufig dem Nachlasspfleger die Aufgabe übertragen, die Erben zu ermitteln. 33

So kann auch für einen nach der HöfeO vererbten Hof Nachlasspflegschaft angeordnet werden, wenn der Hoferbe unbekannt oder ungewiss ist, ob er die Erbschaft angenommen hat, ohne dass auch für den übrigen Nachlass Nachlasspflegschaft angeordnet werden müsste.[37] 34

Muster: Protokoll der Nachlasspflegerbestellung 35

Geschäftsnummer: VI .... ./. ..

Niederschrift in der Nachlasssache ...

Vor der Rechtspflegerin ... fand sich ein, persönlich bekannt, Herr Rechtsanwalt ....

Der Erschienene soll als Nachlasspfleger für die unbekannten Erben von ..., geboren am ..., gestorben am ..., zuletzt wohnhaft ... bestellt werden. Der Nachlasspfleger führt die Nachlasspflegschaft berufsmäßig. Der Wirkungskreis umfasst die Sicherung und Verwaltung des Nachlasses und die Ermittlung der Erben.

Soweit bekannt, steht der Bestellung kein Hinderungsgrund entgegen. Ein Ablehnungsgrund wurde nicht geltend gemacht.

Der Erschienene erklärte sich zur Annahme des Amtes bereit und wurde deshalb zu treuer und gewissenhafter Führung des Amtes durch Handschlag an Eides Statt verpflichtet. Eine Bestallung samt Merkblatt für den Nachlasspfleger wurde ausgehändigt.

Der Nachlasspfleger wurde darauf hingewiesen, dass die Bestallung bei Beendigung des Amtes zurückzugeben ist. Er wurde über seine Pflichten belehrt, insbesondere über die Pflicht zur Einreichung eines Nachlassverzeichnisses, über seine steuerlichen Pflichten und die Haftung gem. §§ 34 und 69 AO sowie § 31 ErbStG.

Dem Nachlassgericht ist unverzüglich ein Verzeichnis über das Vermögen des Verstorbenen vorzulegen. In der Folge ist mindestens jährlich einmal Rechnung über die Vermögensverwaltung zu legen. Das Rechnungsjahr beginnt mit der heutigen Verpflichtung.

Die verwahrten Gegenstände (Schlüssel etc) wurden ausgehändigt.

Auf Rechtsmittel gegen den heutigen Beschluss wird verzichtet.

Vorgelesen, genehmigt und unterschrieben

---

34 OLG Hamm Rpfleger 1976, 94; Zimmermann Das neue FamFG, 2. Aufl. 2011, Rn. 665; aA MüKoBGB/Leipold § 1960 Rn. 56.
35 BayObLG MDR 1960, 674; KG NJW 1965, 1719.
36 KG OLGZ 1982, 398.
37 Lüdtke-Handjery/von Jeinsen HöfeO/Brinkmann § 18 Rn. 2.

...

Rechtsanwalt

...

Rechtspflegerin

36 **Muster: Bestellung des Nachlasspflegers**

Geschäftsnummer: 7 VI ...

Das Amtsgericht – Nachlassgericht – ...

erlässt in der Nachlasssache

...., geb. am ..., gestorben am ..., zuletzt wohnhaft ...

an der beteiligt sind:

1. Nachlasspfleger ...
2. ...

durch den/die Rechtspfleger/in

am ... folgenden

Beschluss

Für die unbekannten Erben von

...., geb. am ..., gestorben am ..., zuletzt wohnhaft ...

wird **Nachlasspflegschaft** angeordnet.

Als Nachlasspfleger wird ausgewählt: Rechtsanwalt ...

Der Nachlasspfleger führt die Nachlasspflegschaft berufsmäßig. Der Wirkungskreis umfasst die Sicherung und Verwaltung des Nachlasses sowie die Ermittlung der Erben.

Rechtsbehelfsbelehrung:

...

IV. Der Nachlasspfleger im Zivilprozess

37 Auch im Zivilprozess kann der Nachlasspfleger als gesetzlicher Vertreter der unbekannten Erben agieren. Voraussetzung ist das Wirksamwerden seiner Bestellung, § 40 Abs. 1 FamFG. Ob die Voraussetzungen für eine Bestellung vorlagen, entzieht sich der Prüfungskompetenz des Prozessgerichts.[38]

1. Klage des Nachlasspflegers

38 Klagt „der Nachlasspfleger" einen zum Nachlass gehörenden Gegenstand ein, zB eine Forderung, lautet das Klage- und Urteilsrubrum entsprechend der Vertretertheorie: „Die unbekannten Erben des E, gesetzlich vertreten durch den Nachlasspfleger ... ". Ebenso ist bei der Bezeichnung als Beklagter zu verfahren.[39]

39 Macht der Nachlasspfleger eigene Ansprüche geltend, wird die Parteibezeichnung lediglich „... als Nachlasspfleger" oder „... als Nachlasspfleger über den Nachlass des ..." lauten.

40 Ist der Nachlasspfleger Rechtsanwalt, kann er sich selbst zum Prozessbevollmächtigten bestellen, §§ 78 Abs. 4, 91 Abs. 2 S. 3 ZPO. Der anwaltlich tätige Nachlasspfleger kann

38 OLG Köln JMBlNRW 1954, 187.
39 Zimmermann ZEV 2011, 631.

nach § 1877 BGB (früher nach § 1835 BGB) ein Anwaltshonorar für solche Tätigkeiten abrechnen, für die ein anderer Pfleger einen Anwalt beauftragen würde.[40]

2. Klage eines Nachlassgläubigers vor Annahme der Erbschaft

Vor Annahme der Erbschaft kann ein Anspruch gegen den Erben gerichtlich nicht gel- 41
tend gemacht werden, § 1958 BGB. Eine entsprechende Klage wäre unzulässig. Auch kann der Gläubiger vor Annahme der Erbschaft einen Titel, den er gegen den Erblasser erwirkt hat, nicht auf den Rechtsnachfolger im Klauselverfahren nach § 727 ZPO umschreiben lassen, da § 1958 BGB nach hM auch insoweit gilt. Der Erbe kann sich durch Ausschlagung nach § 1942 BGB entziehen.

§ 1958 BGB findet keine Anwendung bei Testamentsvollstreckung, § 2213 Abs. 2 BGB, 42
und Nachlasspflegschaft, § 1960 Abs. 3 BGB. Für den Gläubiger besteht in den Fällen, in denen noch kein Erbe die Erbschaft angenommen hat bzw. der Erbe unbekannt ist, die Möglichkeit, eine Nachlasspflegschaft zu beantragen.

40 OLG Rostock NJW-Spezial 2021, 647 mAnm Roth.

§ 26 Überblick – Gesetzliche Vertretung/Betreuung im internationalen Kontext

Die Auslandsbezüge nehmen im täglichen Leben einen immer größeren Raum ein, so auch im Bereich des Betreuungsrechts oder bei der gesetzlichen Vertretung Minderjähriger. Erforderlich ist zur Prüfung des internationalen Privatrechts immer ein („relevanter") Auslandsbezug.[1] Dies kann bei der Betreuung zB deswegen der Fall sein, weil eine Betreuung für ausländische Staatsangehörige, die in Deutschland ihren gewöhnlichen Aufenthalt haben, oder für deutsche Staatsangehörige, die einen Teil des Jahres im Ausland verbringen, eingerichtet werden soll.[2] Ob es für die Einrichtung einer Betreuung ausreicht, dass ein deutscher Staatsangehöriger Vermögen im Ausland hat,[3] erscheint fraglich, da es in Bezug auf die rechtliche Betreuung wohl keinen relevanten Auslandsbezug darstellt. Ob der Betreuer dann ggf. im Ausland über etwaiges Vermögen verfügen kann und ob ausländische Behörden den von einem deutschen Gericht eingesetzten Betreuer „anerkennen", ist eine andere Frage. Im Bereich der elterlichen Sorge liegt ein relevanter Auslandsbezug zB vor, wenn das Kind oder ein Elternteil eine ausländische Staatsangehörigkeit besitzen oder wenn ein Elternteil im Ausland und der andere Elternteil in Deutschland lebt. 1

Es stellen sich für den Rechtsanwender in solchen Fällen zwei Fragen: 2

1. Welches Land bzw. die Gerichte welches Landes sind (international) zuständig und
2. Welches materielle Recht ist anwendbar.

1 Vgl. MüKoBGB/v. Hein EGBGB Art. 3 Rn. 9 ff. insbes. Rn. 13 zur praktischen Vorgehensweise.
2 Vgl. Hausmann/Odersky/Hausmann Internationales Privatrecht in der Notar- und Gestaltungspraxis, 4. Aufl. 2021, Teil 2 § 5 Rn. 82.
3 So Hausmann/Odersky/Hausmann Internationales Privatrecht in der Notar- und Gestaltungspraxis, 4. Aufl. 2021, Teil 2 § 5 Rn. 82 mwN auch zur Gegenmeinung.

A. Betreuung

I. Rechtsquellen

3 Für Deutschland kommen insbesondere das Haager Schutzübereinkommen über den internationalen Schutz von Erwachsenen vom 13.1.2000[4] (**ErwSÜ**) und das deutsch-iranische Niederlassungsabkommen in Frage.[5] Vorrangige EU-Verordnungen gibt es bisher nicht.

1. Das deutsch-iranische Niederlassungsabkommen

4 Das Niederlassungsabkommen zwischen dem Deutschen Reich und dem Kaiserreich Persien[6] ist am 11.1.1931 in Kraft getreten[7] und gilt nach dem zweiten Weltkrieg weiter.[8] Es ist gegenüber dem ErwSÜ gem. Art. 49 Abs. 1 ErwSÜ vorrangig.[9] Es ist nach hM nicht anwendbar auf deutsch-iranische Doppelstaater.[10] Bei anderen Doppelstaatern kommt (der Rechtsgedanke des) Art. 5 EGBGB zur Anwendung, so dass auf die effektive Staatsangehörigkeit abzustellen ist.[11]

2. Das Erwachsenenschutzübereinkommen (ErwSÜ)

5 Wenn kein vorrangiger Staatsvertrag anwendbar ist, kommt in der Regel das ErwSÜ zum Tragen. Gem. Art. 50 Abs. 1 ErwSÜ ist das Übereinkommen auf Maßnahmen anzuwenden, die in einem Staat getroffen werden, nachdem das Übereinkommen für diesen Staat in Kraft getreten ist. **Zeitlich und räumlich** ist der Staatsvertrag für Deutschland am 1.9.2009 in Kraft getreten.[12] Dabei ist es unerheblich, ob der zu Betreuende die Staatsangehörigkeit eines Vertragsstaates besitzt oder seinen gewöhnlichen Aufenthalt nicht in einem solchen hat, vgl. Art. 18 ErwSÜ. **Sachlich** ist das ErwSÜ gem. Art. 1 Abs. 1 ErwSÜ bei internationalen Sachverhalten auf den Schutz von Erwachsenen anzuwenden, die aufgrund einer Beeinträchtigung ihrer persönlichen Fähigkeiten nicht in der Lage sind, ihre Interessen zu schützen. Zu den Schutzmaßnahmen gehören nach Art. 3 ErwSÜ u.a. die Einrichtung einer Schutzordnung, die Unterstellung des Erwachsenen unter den Schutz eines Gerichts oder einer Behörde, die Vormundschaft, Pflegschaft oder einer entsprechenden Einrichtung, die Verwaltung oder Erhaltung des Vermögens des Erwachsenen oder die Verfügung darüber und die Erlaubnis eines bestimmten Einschreitens zum Schutz der Person oder des Vermögens des Erwachsenen. **Ziel des Abkommens** ist es nach Art. 1 Abs. 2 ErwSÜ u.a., die internationale Zuständigkeit der Behörden zu bestimmen, die Maßnahmen zum Schutz der Person oder des Vermögens des Erwachsenen treffen (also zB die Anordnung einer Betreuung oder die Erteilung von gerichtlichen Genehmigungen). Weiter sind Ziel des ErwSÜ das von den Behörden anzuwendende Recht und das Recht, das auf die Vertretung des Erwachsenen

---

4 BGBl. 2007 II 323.
5 Gojowczyk FamRZ 2020, 1615 (1616).
6 Abgedruckt bei Jayme/Hausmann Internationales Privat- und Verfahrensrecht, 20. Aufl. 2020 unter Ordnungsnummer 20.
7 RGBl. 1931 II 9.
8 BGBl. 1955 II 829.
9 Ludwig DNotZ 2009, 251 (258); Gojowczyk FamRZ 2020, 1615 (1616).
10 BVerfG FamRZ 2007, 615; OLG München Rpfleger 2010, 428 (429); AG Hamburg-St. Georg ZEV 2015, 580; Wurmnest IPRax 2016, 447 (449).
11 Wurmnest IPRax 2016, 447 (449 mwN).
12 BGBl. 2009 II, 39; Ludwig DNotZ 2009, 251 (258).

Anwendung findet, zu bestimmen. **Personell** ist das Abkommen nach Art. 2 ErwSÜ auf Erwachsene anwendbar, die das 18. Lebensjahr vollendet haben.

3. Autonomes Recht

6 Wenn sich aus den genannten Staatsverträgen keine Regelung ergibt, was sehr selten der Fall sein dürfte, ist auf das nationale Recht abzustellen, das in Art. 24 EGBGB und §§ 97, 104 FamFG geregelt ist.

II. Internationale Zuständigkeit

1. Deutsch-iranisches Niederlassungsabkommen

7 In Art. 8 Abs. 3 des Abkommens finden sich keine Regelungen zur internationalen Zuständigkeit. Da das Niederlassungsabkommen das ErwSÜ nach Art. 49 Abs. 1 ErwSÜ nur insoweit verdrängt wird, als es Regelungen enthält, sind Art. 5 ff. ErwSÜ anwendbar.[13]

2. ErwSÜ[14]

8 Gem. **Art. 5 Abs. 1 ErwSÜ** sind die **Behörden eines Vertragsstaates** für Maßnahmen zum Schutz der Person oder des Vermögens des Erwachsenen zuständig, **in dem der Erwachsene seinen gewöhnlichen Aufenthalt hat.**

9 Vertragsstaaten sind derzeit Belgien, Deutschland, Estland, Finnland, Frankreich, Lettland, Monaco, Österreich, Portugal, Schottland, die Schweiz, die tschechische Republik und Zypern.[15]

10 **Der gewöhnliche Aufenthalt** wird im ErwSÜ nicht definiert. Er ist (staatsvertrags-)autonom auszulegen, also nach dem Verständnis der Vertragsstaaten.[16] Gewöhnlich wird er als Lebensmittelpunkt in familiärer und sozialer Hinsicht definiert, wobei eine Gesamtbeurteilung aller Umstände des Einzelfalles zu erfolgen hat.[17] Hier werden sich ähnliche Probleme wie im Rahmen der EuErbVO stellen, so dass zB bei Verlegungen in ein ausländisches Pflegeheim immer sorgfältig zu prüfen sein wird, ob der gewöhnliche Aufenthalt verlegt wurde.[18] Fraglich ist hier insbesondere, ob es auf einen subjektiven Willen des Erwachsenen ankommt[19] und wenn ja, was passiert, wenn der Erwachsene diesen nicht mehr bilden kann, wenn er ins Ausland verbracht wird. Der EuGH hat jüngst (im Rahmen der VO (EG) 2201/2203 oder Brüssel IIa-VO) neben objektiven Elementen auch ein subjektives Element gefordert.[20] Wenn man dem auch für das ErwSÜ folgt, was möglich sein sollte, stellt sich die Frage, was passiert, wenn der Betreute einen Willen nicht mehr bilden kann oder er gegen seinen Willen ins Ausland verbracht wird. Es könnte entweder auf den Willen des Betreuers ankommen oder auf rein objektive

13 Vgl. Grüneberg/Thorn EGBGB Art. 24 Rn. 8.
14 Vgl. dazu Finger FuR 200[illegible], 537 (539 f.).
15 https://www.bundesjustizamt.de/SharedDocs/Downloads/DE/ErwSUE/Vertragsstaatenliste.pdf?__blob=publicationFile&v.=1 (Stand 24.11.2020; zuletzt besucht am: 23.8.2022).
16 LG Augsburg FamRZ 2018, 1433 (1435); Helms FamRZ 2008, 1995 (1996).
17 Vgl. LG Augsburg FamRZ 2018, 1433 (1435); Schulte-Bunert FuR 2014, 334 (335 mwE).
18 Vgl. Staudinger/v. Hein ErwSÜ Art. 5 Rn. 1.
19 So der EuGH NJW 2021, 3771; MüKoBGB/Lipp ErwSÜ Art. 5 Rn. 5; ausführlich: Staudinger/v. Hein ErwSÜ Art. 5 Rn. 2–5.
20 EuGH NJW 2021, 3771 Rn. 41.

Kriterien oder man könnte annehmen, dass ein Wechsel des gewöhnlichen Aufenthaltes dann nicht (mehr) möglich ist.

11 Hat eine Person (mit ausländischer Staatsangehörigkeit) seinen **gewöhnlichen Aufenthalt in Deutschland**, sind deutsche Gerichte nach **Art. 5 Abs. 1 ErwSÜ** international zuständig.

12 Deutsche Gerichte können aber nach **Art. 8 ErwSÜ** die Behörden eines anderen Vertragsstaates ersuchen, Maßnahmen zu treffen, so dass die Zuständigkeit im Falle der Annahme des Ersuchens entfällt, Art. 8 Abs. 2 ErwSÜ.

13 Falls der gewöhnliche Aufenthalt aus Deutschland in ein anderes Land wechselt, dann hat dies Einfluss auf die Zuständigkeit, Art. 5 Abs. 2, Abs. 1 ErwSÜ und die Behörden des anderen Vertragsstaates des (neuen) gewöhnlichen Aufenthaltes sind international zuständig.

14 Gem. **Art. 7 Abs. 1 Hs. 1 ErwSÜ** sind die **Behörden des Vertragsstaats als Heimatstaat** ausnahmsweise international zuständig, wenn Sie der Auffassung sind, dass sie besser in der Lage sind, das Wohl des Erwachsenen zu beurteilen und nachdem sie die nach Art. 5 oder Art. 6 Abs. 2 ErwSÜ zuständigen Behörden verständigt haben und diese Behörden nicht schon Maßnahmen getroffen haben oder entschieden haben, keine Maßnahmen zu treffen. Dies gilt nicht bei Flüchtenden oder für Erwachsene, die aufgrund von Unruhen in ihrem Heimatstaat in einen anderen Staat gelangt sind, Art. 7 Abs. 1 Hs. 2 ErwSÜ.

15 Konkret bedeutet das, dass wenn ein **Deutscher seinen gewöhnlichen Aufenthalt nicht in Deutschland und auch nicht in einem anderen Vertragsstaat hat,** Art. 5 Abs. 1 ErwSÜ nicht einschlägig ist. Dann kommt, wenn kein Fall von Art. 7, 8 ErwSÜ vorliegt, allenfalls eine subsidiäre Zuständigkeit eines Vertragsstaates nach Art. 10 ErwSÜ für dringliche Schutzmaßnahmen in Frage, wenn sich der Erwachsene oder ihm gehörendes Vermögen in diesem Vertragsstaat befindet.

Ansonsten ist nationales Recht anwendbar:

3. Nationales Recht

16 Mangels einschlägiger vorrangiger Regelungen wären dann nach **§ 104 Abs. 1 Nr. 1, § 97 FamFG** deutsche Gerichte international zuständig, sofern der volljährige Pflegling Deutscher ist. Hat ein Deutscher also seinen gewöhnlichen Aufenthalt nicht in einem Vertragsstaat, sind deutsche Gerichte grundsätzlich international zuständig für „Betreuungs- und Pflegschaftssachen". Hat also zB ein Deutscher seinen gewöhnlichen Aufenthalt in Spanien oder in Thailand, sind deutsche Gerichte international zuständig.

17 Wenn die Person nicht Deutscher Staatangehöriger ist, dann sind deutsche Gerichte zuständig, wenn der gewöhnliche Aufenthalt in Deutschland liegt, § 104 Abs. 1 Nr. 2 FamFG.

III. Anwendbares (materielles) Sachrecht

18 Die Feststellung der (eigenen) internationalen Zuständigkeit an sich trifft noch keine Aussage darüber, welches Recht angewendet wird. Dies regeln **Kollisionsnormen,** wie

Art. 8 Abs. 3 des deutsch-iranisches Niederlassungsabkommens und Art. 13 ff. ErwSÜ oder Art. 24 EGBGB.

1. Art. 8 Abs. 3 deutsch-iranisches Niederlassungsabkommen

In Bezug auf das […] Familienrecht […] bleiben die Angehörigen jedes der vertrags- 19
schließenden Staaten im Gebiet des anderen Staates jedoch den Vorschriften ihrer heimischen Gesetze unterworfen.

Deutsche in Iran werden nach deutschem Sachrecht und Iraner in Deutschland nach 20
iranischem Sachrecht beurteilt. Dies gilt sowohl für die Einrichtung einer Betreuung, für das Erfordernis einer gerichtlichen Genehmigung oder der Erteilung einer solchen.[21] Zu beachten ist, dass die Volljährigkeit im Iran früher eintritt als in Deutschland: Für Jungen liegt die Altersgrenze bei 15 Jahren, für Mädchen bei 9 Jahren.[22]

2. ErwSÜ

Das ErwSÜ enthält bei allen gleich zu erörternden Kollisionsnormen nach Art. 13 ff. 21
ErwSÜ Verweisungen auf Sachnormen, Art. 19 ErwSÜ. Es ist das materielle (Betreuungs-)Recht des Staates anwendbar. Dabei kommt es nicht darauf an, ob das anwendbare Recht das Recht eines Vertragsstaates ist, Art. 18 ErwSÜ.[23]

a) Art. 13 ErwSÜ

Die Gerichte/Behörden eines Vertragsstaates, die nach Art. 5 ff. ErwSÜ zuständig sind, 22
wenden ihr eigenes Recht an. Art. 13 ErwSÜ gilt u.a. für die Anordnung der Betreuung[24] und die Festlegung des Aufgabenkreises, die Erteilung von betreuungsgerichtlichen Genehmigungen oder die Entlassung des Betreuers.[25]

Für einen Deutschen mit gewöhnlichem Aufenthalt in Spanien würde daher Art. 13 23
ErwSÜ nicht zum Tragen kommen; umgekehrt, für einen Spanier mit gewöhnlichem Aufenthalt in Deutschland, schon.[26] Entgegen dem Wortlaut muss Art. 13 Abs. 1 ErwSÜ auch für die Reichweite der gesetzlichen Vertretungsmacht gelten, was man Art. 1 Abs. 2c); 3f) ErwSÜ entnehmen kann.[27]

Nach **Art. 13 Abs. 2 ErwSÜ** kann ausnahmsweise auch ein anderes Recht angewendet 24
werden, zu dem der Sachverhalt eine engere Verbindung hat, sofern es der Schutz der Person oder des Vermögens erfordert.[28]

---

21 Vgl. Hausmann Internationales und Europäisches Familienrecht, 2. Aufl. 2018, Teil 1 J. Rn. 161; Hausmann/Odersky/Hausmann Internationales Privatrecht in der Notar- und Gestaltungspraxis, 4. Aufl. 2021, Teil 2 § 5 Rn. 79.

22 https://www.bamf.de/SharedDocs/Anlagen/DE/Behoerde/Informationszentrum/Laenderreporte/2020/laenderreport-28-iran.pdf?__blob=publicationFile&v.=3 (Stand: Juli 2020, zuletzt besucht am 23.8.2022).

23 BGH Rpfleger 2021, 694 (695).

24 BGH Rpfleger 2021, 694 (695).

25 Hausmann Internationales und Europäisches Familienrecht, 2. Aufl. 2018, Teil 1 J. Rn. 29; Grüneberg/Thorn EGBGB Art. 24 Rn. 2; Helms FamRZ 2008, 1195 (1999).

26 Helms FamRZ 2008, 1995 (1998); Schulte-Bunert FuR 2014, 401.

27 Helms FamRZ 2008, 1195 (1999); aA Hausmann Internationales und Europäisches Familienrecht, 2. Aufl. 2018, Teil 1 J. Rn. 175, der auf Art. 24 EGBGB zurückgreifen möchte.

28 Vgl. dazu die Ausführungen des BGH Rpfleger 2021, 694 f.

b) Art. 14 ErwSÜ

25 Wird eine in einem Vertragsstaat getroffene Maßnahme in einem anderen Vertragsstaat durchgeführt, so bestimmt das Recht dieses anderen Staates die Bedingungen, unter denen sie durchgeführt wird.

26 Hier wird u.a. auf gerichtliche Genehmigung als „Bedingung" abgestellt.[29] Wenn zB nach deutschem Recht keine Genehmigung erforderlich wäre, nach dem Recht eines anderen (nicht Vertrags-) Staates hingegen schon und eine Behörde in diesem Staat die Genehmigung verlangt, richtet sich das anwendbare Recht entgegen Art. 13 ErwSÜ nach dem Recht der Belegenheit des Grundstücks.[30]

c) Art. 15

27 Für die **Vorsorgevollmacht** besteht die **Möglichkeit einer ausdrücklichen, schriftlichen Rechtswahl** gem. **Art. 15 Abs. 2, Abs. 1 aE ErwSÜ.** Gewählt werden kann das Recht eines Staates, dessen Staatsangehörigkeit der Erwachsene hat, in dem der Erwachsene einen früheren gewöhnlichen Aufenthalt hatte oder das Recht der Belegenheit von Vermögen in Bezug auf dieses Vermögen. Die Art und Weise der Ausübung richtet sich nach dem Recht des Staats, in dem die Vollmacht ausgeübt wird, Art. 15 Abs. 3 ErwSÜ.

28 **Mangels einer wirksamen Rechtswahl** richtet sich das Bestehen, der Umfang, die Änderung und die Beendigung einer Vorsorgevollmacht nach dem Recht des Staates, in dem der Erwachsene seinen gewöhnlichen Aufenthalt bei Erteilung der Vollmacht oder bei Abschluss des Rechtsgeschäftes seinen gewöhnlichen Aufenthalt hatte, Art. 15 Abs. 1 ErwSÜ.

29 Wenn eine Vorsorgevollmacht nicht so ausgeübt wird, dass der Schutz der Person oder des Vermögens des Erwachsenen ausreichend sichergestellt ist, kann sie durch Maßnahmen einer nach diesem Übereinkommen zuständigen Behörde aufgehoben oder geändert werden, wobei bei einer Aufhebung oder Änderung das nach Art. 15 ErwSÜ maßgebliche Recht so weit wie möglich zu berücksichtigen ist, Art. 16 ErwSÜ.

3. Nationales Recht

30 Wenn keine vorrangigen Regelungen eingreifen, ist auf Art. 24 EGBGB zurückzugreifen.

Die Entstehung, Änderung und das Ende der Betreuung unterliegen dem Recht des Staates, dem der Betreute angehört, Art. 24 Abs. 1 S. 1 EGBGB. Wenn ein fremder Staatsangehöriger seinen (gewöhnlichen) Aufenthalt in Deutschland hat, kann auch ein Betreuer nach deutschem Recht bestellt werden, Art. 24 Abs. 1 S. 2 EGBGB.[31] Auch die Genehmigungsbedürftigkeit fällt nach hM unter Art. 24 Abs. 1 EGBGB.[32] Nach Art. 24 Abs. 3 EGBGB unterliegen vorläufige Maßregeln sowie der Inhalt der Betreuung dem Recht des anordnenden Staates.

---

29 Münch FamR-NotGP/Süß Rn. 472; Staudinger/v. Hein ErwSÜ Art. 14 Rn. 6.
30 Staudinger/v. Hein ErwSÜ Art. 14 Rn. 6.
31 Vgl. dazu BayObLGZ 2001, 324; BeckOK BGB/Heiderhoff EGBGB Art. 24 Rn. 31.
32 BeckOGK BGB/Boentke EGBGB Art. 24 Rn. 59; BeckOK BGB/Heiderhoff EGBGB Art. 24 Rn. 32; FAKomm ErbR/Martiny EGBGB Art. 24 Rn. 5.

B. Gesetzliche Vertretung Minderjähriger

I. Rechtsquellen

Für Deutschland kommen die Verordnung (EU) 2019/1111 des Rates vom 25.6.2019 über die Zuständigkeit, die Anerkennung und Vollstreckung von Entscheidungen in Ehesachen und in Verfahren betreffend die elterliche Verantwortung und über internationale Kindesentführungen (im Folgenden: **Brüssel IIb-VO**[33]), das Haager Übereinkommen über die Zuständigkeit, das anzuwendende Recht, die Anerkennung, Vollstreckung und Zusammenarbeit auf dem Gebiet der elterlichen Verantwortung und der Maßnahmen zum Schutz von Kindern vom 19.10.1996[34] (Kinderschutzübereinkommen, **KSÜ**), das Haager Übereinkommen über die Zuständigkeit der Behörden und das anzuwendende Recht auf dem Gebiet des Schutzes von Minderjährigen vom 5.10.1961[35] Minderjährigenschutzübereinkommen (**MSA**) und das deutsch-iranische Niederlassungsabkommen in Frage. 31

1. Die Brüssel IIb-Verordnung

Die Verordnung gilt **zeitlich** gem. Art. 100 Abs. 1 Brüssel IIb-VO für Verfahren, die am oder nach dem **1.8.2022** eingeleitet wurden (davor gilt die Brüssel IIa-VO, Art. 100 Abs. 2 Brüssel IIb-VO). **Sachlich** gilt die Brüssel IIb-VO gem. Art. 1 Abs. 1b) für die Zuweisung, Ausübung, Übertragung und Entziehung der elterlichen Verantwortung, wozu nach Art. 1 Abs. 2 Brüssel IIb-VO auch die Vormundschaft, Pflegschaft und entsprechende Rechtsinstitute sowie Maßnahmen zum Schutz eines Kindes im Zusammenhang mit der Verwaltung und Erhaltung des Vermögens des Kindes und der Verfügung darüber zählen. **Personell** gilt die Verordnung für Kinder, worunter gem. Art. 2 Abs. 2 Nr. 6 Brüssel IIb-VO jede Person unter 18 Jahren zu verstehen ist. **Räumlich** ist die Verordnung in allen Mitgliedstaaten, also auch in Deutschland anwendbar, vgl. unter Art. 105 Abs. 2 Brüssel IIb-VO. 32

2. Das deutsch-iranische Niederlassungsabkommen

Das Abkommen ist gem. Art. 52 Abs. 1 KSÜ, Art. 18 Abs. 2 MSA grundsätzlich vorrangig gegenüber dem KSÜ und dem MSA. 33

3. Das Minderjährigenschutzabkommen, MSA – Hinweis

Das MSA wird im Verhältnis zwischen den Vertragsstaaten gem. Art. 51 Abs. 1 KSÜ durch das KSÜ verdrängt, so dass das MSA derzeit nur noch im Verhältnis zu Macau (Sonderverwaltungszone Chinas) gilt, also wenn ein Kind dort seinen gewöhnlichen Aufenthalt hat.[36] Daher wird von einer Erörterung abgesehen. 34

33 https://eur-lex.europa.eu/legal-content/DE/TXT/PDF/?uri=CELEX:32019R1111&from=IT (zuletzt besucht am 23.8.2022).
34 BGBl. 2009 II 603.
35 BGBl. 1971 II 217.
36 Hausmann Internationales und Europäisches Familienrecht F. Rn. 10.

4. Das Kinderschutzübereinkommen, KSÜ

35 Das Übereinkommen ist **zeitlich** und **räumlich** für Deutschland ab dem 1.1.2011 in Kraft getreten und anwendbar.[37] **Sachlich** ist es u.a. anwendbar, um die Gerichte des Staates zu bestimmen, die Maßnahmen zum Schutz des Kindes treffen, das anzuwendende Recht zu bestimmen und das auf die elterliche Verantwortung anzuwendende Recht, wobei unter dem Begriff der elterlichen Verantwortung die elterliche Sorge[1] und jedes andere entsprechende Sorgeverhältnis zu verstehen ist, das die Rechte, Befugnisse und Pflichten der Eltern, des Vormunds oder eines anderen gesetzlichen Vertreters in Bezug auf die Person oder das Vermögen des Kindes zu bestimmt, Art. 1 Abs. 1a)-c), Abs. 2 KSÜ. **Personell** ist das Übereinkommen gem. Art. 2 KSÜ auf Personen bis zur Vollendung des 18. Lebensjahres anwendbar.

5. Nationales Recht

36 Art. 21, 24 EGBGB, §§ 97, 104 FamFG treffen Regelungen, die jedoch durch das KSÜ bzw. die Brüssel IIb-VO verdrängt werden.

II. Internationale Zuständigkeit

1. Brüssel IIb-VO

37 Gem. **Art. 7 Abs. 1 Brüssel IIb-VO** sind die **Gerichte des Mitgliedstaates** international zuständig, in dem **das Kind zum Zeitpunkt der Antragstellung seinen gewöhnlichen Aufenthalt hat.**[38] Im Sinne dieser Verordnung ist darunter der Ort zu verstehen, an dem eine soziale und familiäre Bindung besteht, die durch eine Gesamtbetrachtung festzustellen ist, wobei eine Beständigkeit und Regelmäßigkeit und Sprachkenntnisse des Kinders zu berücksichtigen sind (wobei häufig nach 6 Monaten von einer Vermutung des gewöhnlichen Aufenthaltes ausgegangen wird).[39]

2. KSÜ

38 Gem. Art. 5 Abs. 1 KSÜ sind die Behörden des Vertragsstaates für Maßnahmen zum Schutz der Person oder des Vermögens des Erwachsenen zuständig, in dem das Kind seinen gewöhnlichen Aufenthalt hat. Die Regelung wird jedoch von der Brüssel IIb-VO verdrängt, da EU-Verordnungen vorrangig sind, vgl. Art. 95 ff. Brüssel IIb-VO, Art. 52 Abs. 2–4 KSÜ. Gleiches gilt für

3. Nationales Recht, §§ 97 ff. FamFG

III. Anwendbares (materielles) Sachrecht

39 Kollisionsnormen finden sich in Art. 8 Abs. 3 des deutsch-iranischen Niederlassungsabkommens und Art. 15 ff. KSÜ sowie Art. 21, 24 EGBGB. Die Brüssel IIb-VO enthält keine Regelungen diesbezüglich und ist daher nicht vorrangig.

---

37 BGBl. 2010 II 1527.
38 Ausführlich zur Begriffsbestimmung: MüKoBGB/Heiderhoff Brüssel IIa-VO Art. 8 Rn. 6.
39 Geimer/Schütze/Dilger Internationaler Rechtsverkehr in Zivil- und Handelssachen, 63. EL Oktober 2021, Brüssel IIa-VO Art. 8 Rn. 3–5 mwN.

1. Art. 8 Abs. 3 deutsch-iranisches Niederlassungsabkommen

Deutsche im Iran werden nach deutschem Sachrecht und Iraner in Deutschland nach iranischem Sachrecht beurteilt. Dies gilt sowohl für die Einrichtung einer Vormundschaft, für das Erfordernis einer gerichtlichen Genehmigung oder der Erteilung einer solchen.[40] Zu beachten ist, dass die Volljährigkeit für Jungen nach iranischem Recht ab 15 Jahren beginnt, für Mädchen ab 9 Jahren.[41] 40

2. KSÜ

Das KSÜ enthält grundsätzlich bei allen Kollisionsnormen nach Art. 15 ff. KSÜ Verweisungen auf Sachnormen, Art. 21 Abs. 1 KSÜ. Es ist das materielle Recht des ermittelten Staates anwendbar. Dabei kommt es nicht darauf an, ob das anwendbare Recht das Recht eines Vertragsstaates ist, Art. 20 ErwSÜ. Eine Ausnahme ergibt sich nur für Art. 16 KSÜ aus Art. 21 Abs. 2 KSÜ, auf die mangels ausreichender Relevanz nicht eingegangen werden soll. 41

a) Art. 15 KSÜ

Die Behörden eines Vertragsstaates wenden bei der Ausübung ihrer Zuständigkeit nach Kapitel II (= Art. 5–14 KSÜ) ihr eigenes Recht an, Art. 15 Abs. 1 KSÜ. Da, wie oben festgestellt wurde, dieses Kapitel wegen der Vorrangigkeit der Brüssel IIb-VO nicht zum Tragen kommen kann, würde diese Regelung vom Wortlaut her ins Leere laufen. Es war daher nicht unumstritten (aber hM), ob Art. 15 KSÜ in diesem Fall Anwendung findet.[42] Aufgrund des Erwägungsgrundes 92 zur Brüssel IIb-VO dürfte diese Frage nunmehr geklärt sein: Danach soll bei der Anwendung von Art. 15 KSÜ in Verfahren vor einem Gericht eines Mitgliedstaats, in dem die Brüssel IIb-VO gilt, die Bezugnahme in Art. 15 Abs. 1 KSÜ auf die Bestimmungen des Kapitels II auch als Bezugnahme auf die Brüssel IIb-VO verstanden werden. 42

Art. **15 Abs. 1 KSÜ** gilt u.a. für die **Einrichtung einer Vormundschaft,**[43] die **Bestellung eines Ergänzungspflegers** oder die **Erteilung einer gerichtlichen Genehmigung.**[44] 43

Nach **Art. 15 Abs. 2 KSÜ** kann ausnahmsweise ein anderes Recht angewendet oder berücksichtigt werden, zu dem der Sachverhalt eine enge Verbindung hat, soweit es der Schutz der Person oder des Vermögens des Kindes erfordert. 44

Ein praktischer Anwendungsfall soll hier insbesondere sein, wenn nach deutschem Recht keine gerichtliche Genehmigung erforderlich ist (zB bei der Ausschlagung einer Erbschaft durch die Eltern, § 1643 Abs. 3 BGB), das ausländische (insbes. polnische) Recht eine solche Genehmigung aber vorsieht (obwohl das ausländische Sachrecht nicht anwendbar ist) und die ausländischen Behörden diese Genehmigung dann dennoch 45

40 Vgl. Hausmann Internationales und Europäisches Familienrecht, 2. Aufl. 2018, Teil 1, J. Rn. 161.; Hausmann/Odersky/Hausmann Internationales Privatrecht in der Notar- und Gestaltungspraxis, 4. Aufl. 2021, Teil 2 § 5 Rn. 79.

41 https://www.bamf.de/SharedDocs/Anlagen/DE/Behoerde/Informationszentrum/Laenderreporte/2020/laenderreport-28-iran.pdf?__blob=publicationFile&v.=3 (zuletzt besucht am 23.8.2022).

42 BeckOGK BGB/Markwardt KSÜ Art. 15 Rn. 5.

43 Andrae Internationales Familienrecht, 4. Aufl. 2019, Teil II § 9 Rn. 124.

44 MüKoBGB/Staudinger KSÜ Art. 15 Rn. 18; wohl auch, aber etwas unklar: Hausmann/Odersky/Hausmann Internationales Privatrecht in der Notar- und Gestaltungspraxis, 4. Aufl. 2021, Teil 2 § 5 Rn. 57; vgl. auch Reithmann/Martiny/Hausmann Internationales Vertragsrecht, 9. Aufl. 2022, 6.1125.

verlangen.[45] Dann wird ausländisches (polnisches) Sachrecht zumindest berücksichtigt bzw. angewendet.

46 Wenn der gewöhnliche Aufenthalt in einen anderen Vertragsstaat wechselt, sieht Art. 15 Abs. 3 KSÜ vor, dass das Recht des anderen Vertragsstaates ab diesem Zeitpunkt die Bedingungen bestimmt, unter denen die im Staat des früheren gewöhnlichen Aufenthalts getroffenen Maßnahmen angewendet werden.

b) Art. 16 KSÜ

47 Die elterliche Verantwortung kraft Gesetzes, das sog. ex-lege Rechtsverhältnis, das in Deutschland in §§ 1626 ff. BGB geregelt ist, unterliegt gem. **Art. 16 Abs. 1 KSÜ** dem Recht des Staates des gewöhnlichen Aufenthalts des Kindes.[46]

48 Gem. **Art. 16 Abs. 2 KSÜ** richtet sich die Zuweisung oder das Erlöschen der elterlichen Verantwortung durch eine Vereinbarung oder ein einseitiges Rechtsgeschäft ohne Einschreiten eines Gerichts oder einer Verwaltungsbehörde ebenfalls nach dem Recht des Staates des gewöhnlichen Aufenthalts des Kindes in dem Zeitpunkt, in dem die Vereinbarung oder das einseitige Rechtsgeschäft wirksam wird.

49 Auch bei einem späteren Wechsel des gewöhnlichen Aufenthaltes besteht die elterliche Verantwortung nach dem Recht des bisherigen gewöhnlichen Aufenthaltes fort, **Art. 16 Abs. 3 KSÜ**. Gem. Art. 16 Abs. 4 KSÜ bestimmt sich in einem solchen Fall eine neue Zuweisung hingegen nach dem Recht des Staates des neuen gewöhnlichen Aufenthaltes.

c) Art. 17 KSÜ

50 Die Ausübung der elterlichen Verantwortung richtet sich wegen **Art. 17 S. 1 KSÜ** ebenfalls nach dem Recht des Staates des gewöhnlichen Aufenthalt des Kindes. Bei einem Wechsel bestimmt sie sich nach dem neuen gewöhnlichen Aufenthalt, **Art. 17 S. 2 KSÜ**.

51 Hierunter fallen Regelungen, die den Inhalt und Umfang der elterlichen Verantwortung konkretisieren.[47] Dazu gehören u.a. die Frage einer Genehmigungsbedürftigkeit[48] und wohl auch die eines Vertretungsausschlusses.[49]

3. Nationales Recht

52 Art. 21, 24 EGBGB finden wegen des vorrangigen KSÜ keine Anwendung.

---

45 OLG Hamm FGPrax 2020, 129; OLG Koblenz FamRZ 2019, 367; OLG Saarbrücken Rpfleger 2021, 157 mAnm Lamberz.
46 Zum Begriff: Andrae Internationales Familienrecht, 4. Aufl. 2019, Teil II § 9 Rn. 34–40.
47 MüKoBGB/Staudinger KSÜ Art. 17 Rn. 1.
48 Heinze NJW 2019, 2909 (2910).
49 Schulte-Bunert RpflStud 2018, 57 (61).

Stichwortverzeichnis

Fette Zahlen bezeichnen die Paragrafen, magere die Randnummern.

FSC
www.fsc.org
MIX
Papier | Fördert gute Waldnutzung
FSC® C083411

Kolibri 360 GmbH
Ferdinand-Jühlke-Straße 7
99095 Erfurt, Deutschland
produktsicherheit@kolibri360.de